ISBN : 2-7021-3527-7
N° d'éditeur : 13998/01
Dépôt légal : octobre 2005
Imprimé en France par Kapp Lahure

Réalisation : Éditions 360 / French Book Factory
Conception de la maquette : Gérard Schneider
Mise en pages : Jacqueline Leymarie
Iconographie et coordination : Isabelle Danel

Danièle Heymann,
Isabelle Danel,
Pierre Murat

L'ANNÉE DU CINÉMA 2005

Avec Gérard Lenne, Xavier Leherpeur et Gérard Camy

Hommage à

Serge Reggiani

«Quand je regarde ma carrière,
je me sens comme émigré de moi-même.»

Page de droite : Serge Reggiani et Simone Signoret dans «Casque d'Or» de Jacques Becker, en 1951.

Remerciements

Les photos qui illustrent cet album ont été gracieusement fournies par les maisons de production et de distribution, dont nous remercions les attachés de presse :
Michele Abitbol-Lasry, Viviana Andriani, Tony Arnoux, Manuel Attali, Stéphanie Azerad, Mounia Bainouti, Bruno Barde, Fabien Baron, Sophie Bataille, Joelle Benchimol, Florence Bory, Isabelle Buron, Myriam Bruguiere, Michel Burstein, Jean-Charles Canu, Agnes Chabot, Valérie Chabrier, Carole Chomand, Laurence Churlaud, Anne Crozat, Marie-Christine Damiens, Claude Davy, Florence Debarbat, Alexis Delage-Toriel, Françoise Dessaigne, Alexandre Di Carlo, Marquita Doassans, Monica Donati, Blanche-Aurore Duault, Hervé Dupont, Isabelle Duvoisin, Karine Ellena, Jean-Bernard Emery, Fabienne Ferreira, Jean-Marc Feytout, Grégory Fleuriet, Sylvie Forestier, Marie-Laure de Frescheville, François Frey, Vanessa Fröchen, Astrid Gavart, Élise Girard, Cécile Giraud, Agnes Goldman, Laura Gouadain, Laurence Granec, François Guerrar, Olivier Guigues, Laurent Guyot, Matilde Incerti, Fabienne Isnard, Nathalie Iund, Vanessa Jerrom, Jérome Jouneaux, Naomi Kato, Mary Anne Kiremidjian, Séverine Lajarrige, Sandrine Lamantowicz, Cédric Landemaine, Annelise Landureau, Anne Lara, Pascal Launay, Anais Lelong, Cécile Léobon, Thierry Lenouvel, Étienne Lerbret, Fabrice Leroy, Hélene Lombard, Chloé Lorenzi, Émilie Maison, Olivia Malka, Dany Martin-De Seille, Sophie Martins, Floriane Mathieu, Annie Maurette, Karine Ménard, Laurette Monconduit, Delphine Olivier, Thomas Percy, Céline Petit, Marie-Laurence Petiteau, Eugénie Pont, Marie Queysanne, Cécile Rebbot, Laurent Renard, Matthieu Rey, Stéphane Ribola, André-Paul Ricci, Leslie Ricci, Christopher Robba, Rodolphe Rouxel, Alexis Rubinowicz, Sophie Saleyron, Alexandra Schamis, Robert Schlockoff, Dominique Segall, Éva Simonet, Liliane Sloimovits, Aude Thomas, François Vila, Jean-Pierre Vincent, Claire Viroulaud, Claire Vorger, Akinhola Wazi, Emmanuelle Zinggeler.

Nos films phare ont bénéficié du talent de : Ariane Allard (La Provence), Sophie Avon (Sud-Ouest), Audrey Avram (Marseille-L'Hebdo), Antoine de Baecque (Libération), Sandra Benedetti (Ciné Live), Florence Ben Sadoun (Elle), Patrice Blouin (Les Inrockuptibles), Dominique Borde (Le Figaro), Émile Breton (L'Humanité), Olivier de Bruyn (Le Point), Thierry Cheze (Studio Magazine), Clélia Cohen (Numéro), Annie Coppermann (Les Échos), Jean-Pierre Coursodon (Positif), Isabelle Danel (Les Échos), Jean-Luc Douin (Le Monde), Jean-Pierre Dufreigne (L'Express), Patrick Fabre (Studio), Aurélien Ferenczi (Télérama), François Forestier (Le Nouvel Observateur), Frank Garbarz (Positif), Michel Grisolia (Lire), Sabine Gros-Lafaige (Rolling Stone), Benoit Heimermann (L'Équipe), Daniele Heymann (Marianne), Serge Kaganski (Les Inrockuptibles), Jean-Pierre Lacomme (Le Journal du Dimanche), Philippe Lagouche (La Voix du Nord), Jean-Marc Lalanne (Les Inrockuptibles), Jean-Pierre Léonardini (L'Humanité), Éric Libiot (L'Express), Philippe Mangeot (Les Cahiers du cinéma), Jacques Mandelbaum (Le Monde), Pascal Mérigeau (Le Nouvel Observateur), Jacques Morice (Télérama), Pierre Murat (Télérama), Vincent Ostria (Les Inrockuptibles), Anthony Palou (Le Figaro Magazine), Annick Peigné-Giuly (Libération), Didier Péron (Libération), Stéphane Piatzszek (Libération), Philippe Piazzo (Aden), Jean-Luc Porquet (Le Canard enchainé), Élisabeth Quin (Elle), Jean-François Rauger (Le Monde), Philippe Rouyer (Positif), Benjamin Rozovas (Glamour), Olivier Séguret (Libération), Jean Serroy (Le Dauphiné libéré), Thomas Sotinel (Le Monde), Frédéric Strauss (Télérama), Jean-Philippe Tessé (Chronic'Art), Frédéric Théobald (La Vie), Jean-Baptiste Thoret (Charlie Hebdo), Noel Tinazzi (La Tribune), Yann Tobin (Positif), David S. Tran (Le Progres), Pierre Vavasseur (Le Parisien/Aujourd'hui en France), Gilles Verdiani (Elle), Genevieve Welcomme (La Croix), Dominique Widemann (L'Humanité).

Remerciements particuliers à :
Anne Lara, et toute l'équipe de Columbia Film.
Ainsi qu'à Henry Béhar, Blandine de Dreux, Sabine Gros-Lafaige, Cécile Mury, Philippe Piazzo.
Et au service documentation et à la phototheque de Télérama.

Crédits des photographies :
Les photographies ont été réalisées par les photographes de plateau dont les noms suivent : S. Allnutt, P. Antonello, R. Arpajou, J. Barrat, G. Berquet, A. Berlowitz, A. Borrel, J. Boumendil, S. Brigeot, C. Cabrol, B. Calvo, P. Camboulive, M. Crotto, M. Deville, J. English, N. Eno, G. Ferrandis, M. Ferrero, O. Garron, N. Goode, D. Goudrouffe, T. Grabherr, É. George, É. Guidicelli, R. Grandroques, E. de la Hosseraye, M. Jamet, J-P. Kieffer, D. Koskas, J-M. Leroy, D. Le Stratt, J-Cl. Lother, J. Maison, J-Cl. Moireau, E. Moulin, E. Peterman, P. Prandini, J. Plon, J-F. Robert, F. Roche, V. Saint-Martin, S. Sieff, M. Stalens, T. Valletoux, N. Wall, B. Wanselius.

Couverture :
La photographie de Natalie Portman est tirée du film «Closer – Entre adultes consentants» de Mike Nichols © Columbia Film

Hommage :
La photographie de Serge Reggiani et Simone Signoret est tirée du film «Casque d'or» de Jacques Becker © Stills

Sommaire

PREMIER TRIMESTRE

Spider-Man 2

JUILLET

Fahrenheit 9/11

AOÛT

Le Village

SEPTEMBRE

Le Terminal

Éros thérapie

Inside Job

Love Object

ÉROS THÉRAPIE

DANIÈLE DUBROUX

Maître, maîtresse, on joue sur les mots et sur les maux, c'est assez dingo et plutôt rigolo. Armée d'un féminisme décalé sans se prendre trop au sérieux, Danièle Dubroux raconte l'accablement d'Adam (François Berléand). L'homme est avocat et exilé dans le garage depuis que sa femme (Catherine Frot) l'a chassé du lit conjugal au profit d'une jeune critique de cinéma (Isabelle Carré) obsédée par David Cronenberg. Que ne va-t-il pas inventer pour reconquérir sa place ? Voici Julie Depardieu en psychanalyste, Melvil Poupaud en valet transformable et une très divertissante Claire Nebout en thérapeute sadomaso. Il y a quelques cadavres dans les placards. Au propre ? Au figuré ? Allez savoir…

INSIDE JOB

NICOLAS WINDING REFN

Harry (John Turturro) est devenu un zombie depuis la mort non élucidée de sa femme, dans le parking du centre commercial où il travaille comme vigile. Si la police a renoncé à retrouver l'assassin, lui non. Un détail l'amène à une piste qui le conduit dans une ville où il a séjourné, jadis… Un polar, bien sûr, mais, surtout, une plongée dans un univers (l'inconscient du héros ?) où tout se délite, où la proie devient chasseur, où la victime et l'assassin semblent les deux faces d'un même être, et où l'homme n'est que le jouet de forces qui le dépassent. Le réalisateur ne parvient qu'à surligner le mystère du scénario écrit par le romancier Hubert Selby Jr., décédé en 2004. Dommage, car John Turturro et James Remar – chacun tour à tour poursuivant et poursuivi – sont troublants. Comme la photo sombre et rouge de Larry Smith, le chef opérateur du Kubrick de «Barry Lyndon» et d'«Eyes Wide Shut».

FAHRENHEIT 9/11

MICHAEL MOORE

Après «Bowling for Columbine», son brillant brûlot contre le *lobby* des armes, oscarisé et primé à Cannes 2002, Michael Moore a carrément reçu la Palme d'Or 2004 pour sa formidable machine de guerre anti-Bush, «Fahrenheit 9/11». Salubre et terrifiant, iconoclaste et irritant, accumulant images connues ou inédites, témoignages et documents de toutes sortes, suscitant alternativement, grâce à l'usage intensif du coup de poing narratif et à un véritable génie du montage, le rire et l'horreur, le film caricature, ridiculise, dénonce, vilipende sans trêve George W. Bush, «ce médiocre pétrolier texan devenu maître du monde libre». Sa quête obsessionnelle de déboulonnage du président entraîne parfois Moore trop loin (une présentation idyllique de Bagdad avant le déclenchement du conflit en Irak), mais la démonstration imparable des liens de la famille Bush avec les Saoudiens, les fleuves sales de pétrole coulant entre eux, les mensonges, tous les mensonges, les lois iniques (le *Patriot Act*), la politique de la peur pour justifier la guerre, l'incroyable arrogance des agents recruteurs draguant les mômes les plus pauvres de l'Amérique profonde pour les envoyer au front, le désarroi mutilé des vétérans de l'Irak, toutes ces scènes forment une mosaïque implacable – tout ce qu'on savait déjà, qu'on ne voulait pas savoir, qu'on ignorait… Michael Moore n'a pas empêché la réélection de George W. Bush. Personne ne peut l'accuser de n'avoir pas essayé.

LOVE OBJECT

ROBERT PARIGI

Écrire des modes d'emploi lisibles est un métier, c'est celui de Kenneth (Desmond Harrington), un as dans sa partie, qui travaille toujours seul. Aussi, sa vie est-elle bouleversée quand on lui 0adjoint une assistante, Lisa (Melissa Sagemiller), fort séduisante par ailleurs. Mais le timide Kenneth n'ose l'aborder, il préfère commander sur internet une poupée à l'image de sa dulcinée. L'illusion est parfaite. Alors Kenneth s'enhardit, se met à courtiser Lisa, à la grande jalousie de la poupée devenue possessive… Tout bascule alors dans un délire qu'il serait cruel de dévoiler. Le fantasme de l'amour fou dans un contexte de film d'horreur donne lieu à un ovni cinématographique si vertigineux qu'on se demande ce que pourra être le deuxième film de Robert Parigi.

CATWOMAN

PITOF

Elle bondit, grimpe aux murs, file comme l'éclair, saute de toit en toit, insaisissable, mystérieuse alliance de la femme et du chat… Création de Bob Kane comme Batman, dont elle fut l'ennemie ambiguë avant de devenir une super-héroïne à part entière, Catwoman prit les traits de Michelle Pfeiffer dans «Batman 2 – Le défi». Halle Berry lui succède, plus féline et plus sexy que jamais, en costume de cuir affriolant, tenant à la main un fouet de dominatrice – qui est d'ailleurs sa seule arme face aux pétoires des policiers et des bandits. Car elle est au-delà du Bien et du Mal, même si elle déjoue ici un complot où les méchants sont Lambert Wilson (pince-sans-rire) et Sharon Stone (superbe). Réalisé par notre compatriote Pitof, ce divertissement attendu et quelque peu monotone suit pas à pas un scénario très simple, pour ne pas dire simpliste.

Catwoman

SPIDER-MAN 2

SAM RAIMI

Rien ne va plus pour Peter Parker (Tobey Maguire), plus connu sous le nom de Spider-Man. Écartelé entre sa vie d'étudiant et son boulot de super-héros, perturbé par ses amours difficiles avec Mary-Jane (Kirsten Dunst), il a du mal à payer son loyer. Et son meilleur ami Harry, fils du Bouffon Vert éliminé dans le premier épisode, le tuerait s'il savait qu'il est Spider-Man! Le docteur Octavius (Alfred Molina), génial savant, se greffe sur la moelle épinière quatre bras mécaniques articulés et devient alors le maléfique Octopus, ennemi juré de Spider-Man. Lequel commence (horreur !) à perdre ses super-pouvoirs. Sur la lancée de son premier et brillant opus, Sam Raimi nous convie ici à une réflexion inhabituelle sur le déchirement du super-héros en quête de son identité véritable et en proie aux tourments du doute. L'auteur du vertigineux «Darkman» n'avait pas dit son dernier mot.

LE VILLAGE

M. NIGHT SHYAMALAN

Le principal problème du cinéaste de «Sixième sens», «Incassable» et «Signes», au seuil de son quatrième film, réside en l'équation à une inconnue qui est sa marque de fabrique : quelle va être la grosse surprise finale, le «twist», comme on dit ? Dès les premières minutes, le spectateur est partagé entre ce qu'il voit, ce qu'il entend, et ce qu'il anticipe. L'énigme posée par «Le Village» n'étant pas un parangon de subtilité, le plus moyennement attentif prendra de vitesse un scénario dont le tort est de reposer sur cet unique mystère. Soit un village dont les habitants végétariens vivent à l'écart du monde, dirigé par un Conseil des Anciens, cerné par une forêt où rôde un ennemi invisible. Celui qui sait tout est le chef (William Hurt) ; celui qui veut tout savoir, l'amoureux (Joaquin Phoenix) de sa fille aveugle (Brice Dallas Howard) ; celui qui va tout découvrir est... l'idiot du Village (Adrien Brody).

LE TERMINAL

STEVEN SPIELBERG

Après le succès d'«Arrête-moi si tu peux» – où sous le doux glaçage de la comédie perçait heureusement un peu d'amertume –, Steven Spielberg récidive, en plus *soft,* en suivant le destin piégé de Viktor Navorski, citoyen de Krakosie, petite république imaginaire de l'ancien bloc soviétique (c'est Tom Hanks cabotinant assez génialement). Arrivant à New York pour tenir une attendrissante promesse filiale, il est soudain bloqué pour une période indéterminée dans l'enceinte de l'aéroport (somptueusement reconstitué) par un coup d'État survenu dans son pays. Plus de visa, plus de passeport, il est désormais un *alien,* un prisonnier libre de circuler dans cet immense espace étranger où il va, incapable de s'exprimer ou de comprendre, plonger dans le *melting-pot* américain selon Spielberg. L'administration, en la personne du commissaire des douanes, se montre certes bornée et tatillonne, mais Dieu que le petit peuple modeste et cosmopolite, qui est la sève de l'Amérique (Indiens, Hispaniques, Noirs), est inventif, industrieux et compatissant ! Viktor, adopté par les bagagistes, les hommes de ménage, tous chaleureux et débrouillards, va trouver une nouvelle famille et aussi le temps d'apprendre l'anglais (il est doué), de dénicher un job rémunérateur (la libre entreprise), d'entamer une liaison platonique avec une très belle hôtesse de l'air (Catherine Zeta-Jones). Démagogique et distrayant.

Any Way the Wind blows

FILLES DE BONNE FAMILLE

BOAZ YAKIN

Petite fille riche, héritière d'une rock star décédée alors qu'elle n'était qu'une enfant, Molly (Britanny Murphy) se retrouve ruinée du jour au lendemain. Adieu vie facile et crédits illimités, il lui faut s'assumer et trouver un boulot. Une comédie initiatique, sans saveur ni originalité.

MADAME BROUETTE

MOUSSA SENE ABSA

Des coups de feu éclatent. Un homme s'écroule devant la porte de Mati (Rokhaya Niang), surnommée Madame Brouette. Au gré des témoignages, le fil de l'histoire se déroule depuis le début : la rencontre entre cette jolie divorcée, vivant avec sa fille de dix ans et Naago (Aboubacar Sadikh Bâ), policier ripoux et dragueur. Parée de naïveté, et sous couvert d'une fable parfois très appuyée, cette coproduction franco-canado-sénégalaise parvient à dresser un constat de la condition féminine au Sénégal... pas très glorieux pour les hommes.

CONNIE ET CARLA

MICHAEL LAMBECK

Chanteuses au talent relatif, Connie (Nia Vardalos) et Carla (Toni Collette), obligées de fuir un trafiquant vindicatif, se déguisent en *drag queens* et connaissent enfin la gloire dans un cabaret *gay* de LA... Mignon, généreux et politiquement correct : les «drags» sont des gens comme les autres, nous sommes tous les «queens» de quelqu'un, etc. Le plus surprenant ? L'apparition de Debbie Reynolds dans son propre rôle. Le plus drôle ? Boris McGiver, tueur russe patibulaire, lentement métamorphosé en fan de *musicals* ringards.

MRS DALLOWAY

MARLEEN GORRIS

Sans doute doit-on au succès de «The Hours», dont l'intrigue tourne autour de Virginia Woolf, la sortie tardive ce «Mrs Dalloway» télévisuel datant de 1997. La Hollandaise Marleen Gorris («Antonia et ses filles»), en tentant d'adapter ce roman inadaptable, l'a réduit à sa plus simple expression : une série d'allers-retours entre la jeune Clarissa (Natasha Mc Elhone) et la Clarissa plus âgée (Vanessa Redgrave) qui s'apprête à donner son annuelle réception londonienne... La grande Redgrave est formidable, mais la mise en scène reste constamment en deçà de la terrifiante mélancolie de Virginia Woolf.

ANY WAY THE WIND BLOWS

TOM BARMAN

Transfuge du groupe belge rock Deus et membre actuel de Magnus, Tom Barman souhaitait réaliser «un film *groovy,* pulsant et qui bégaie parfois». Ça balance pas mal à Anvers : en cette chaude journée de juin 2004, des hommes et des femmes se croisent, vaguement reliés entre eux par un gars dégingandé – qui se balade au gré du vent, d'où le titre – avant de se rejoindre dans une soirée. La bande-son déverse du Yazoo, du Queen, du Charlie Mingus et du Magnus. Un chercheur transporte un virus en éprouvette, des flics participent à un mouvement artistique, des substances – licites ou non – sont copieusement ingérées et Andy Warhol s'invite subséquemment à la soirée. C'est joyeusement disjoncté dans la forme, un peu trop «bégayant» dans le fond. Mais pas forcément réservé aux seuls *aficionados* de Barman et aux musiciens...

MARIAGE ET CONSÉQUENCES

JOEL HOPKINS

George (Tunde Adebimpe) est un Nigérian sage. À soixante-douze heures du mariage traditionnel exigé par son papa, il tombe raide dingue d'une ravissante Espagnole (Natalia Verbeke), fiancée à un crétin. Passe par là un *French lover* plaqué par sa petite amie qui va jouer les Cupidon... Hippolyte Girardot interprète ce hâbleur sympa et dépassé (il roule en D.S. !), lui aussi en quête d'amour. Il est drôle comme tout et apporte constamment au film son rythme et sa fantaisie. Heureusement qu'il est là...

TROIS PETITES FILLES

JEAN-LOUP HUBERT

Trois amies (Morgane Cabot, Sabrina Ouazani, Lucie de Saint Thibault) se réfugient en Corse pour soustraire l'une d'elles à un mariage forcé. Leur espoir : rallier à leur cause le couple Johnny Depp – Vanessa Paradis. En route, elles croisent un couple étrange (Gérard Jugnot, Adriana Karembeu). À l'image de ses héroïnes, le film a du mal à choisir entre la candeur de l'enfance et la brutalité du monde adulte. Il n'en reste pas moins porté par la vitalité de ses trois comédiennes et par la justesse du dialogue «ado».

UNE AFFAIRE DE CŒUR

PETER HOWITT

Audrey Woods (Julianne Moore) et Daniel Rafferty (Pierce Brosnan) sont avocats. Elle est sincère, travailleuse et légèrement coincée. Lui est léger, séduisant et plus profond qu'il n'y paraît. Ils sont amants et ennemis. Et les voilà amenés à défendre, lui, une rock star stupide,

Atomik circus

Tout le plaisir est pour moi

elle, une styliste déjantée, qui se disputent un château irlandais. Venus sur place pour leur enquête, Audrey et Daniel se retrouvent mariés, après une nuit trop arrosée... Charmant et désuet. Tous les ingrédients de la comédie romantique sont en place, de la mère de l'héroïne, visiblement attirée par son gendre, jusqu'aux seconds rôles – Parker Posey et Michael Sheen – qui tiennent joliment tête au couple vedette. Seul manque un réalisateur doué pour la fantaisie...

LA TERRE VUE DU CIEL

RENAUD DELOURME

Le travail photographique de Yann Arthus-Bertrand est magnifique. Était-ce une raison pour réunir ses clichés dans ce diaporama avec le commentaire «sauvez ma planète» tellement convenu qu'il crée l'effet inverse ? Les livres, les calendriers, les cartes postales, les T-shirts... Ça suffit peut-être pour les produits dérivés, non ?

CETTE SALE TERRE

ANDREW KÖTTING

Une adaptation de *La Terre,* roman rural de Zola, passée à la moulinette d'un cinéaste expérimental anglais. De recherches visuelles inégales en métaphores appuyées censées exprimer la décrépitude du milieu rural, ce film déconcerte.

ATOMIK CIRCUS

DIDIER ET THIERRY POIRAUD

Le propriétaire du dancing d'un trou perdu (Jean-Pierre Marielle) organise chaque année un «festival de la tarte à la vache». L'an dernier, le cascadeur James Bataille (Jason Flemyng) est tombé amoureux de sa fille Concia (Vanessa Paradis), puis a été jeté en prison. Mais il vient de s'évader. Un imprésario douteux, Allan Chiasse (Benoît Poelvoorde), et des extraterrestres grotesques vont semer une pagaille indescriptible. Ce premier film a été vendu comme un «nanar» délirant et ses auteurs, les frères Poiraud, comme les dignes descendants d'Ed Wood. À ceci près qu'on ne retrouve pas ici l'innocence du réalisateur de «Plan 9 from outer Space», ni le charme du second degré. Juste beaucoup de bêtise et pas mal de vulgarité.

L'AMOUR SIX PIEDS SOUS TERRE

NICK HURRAN

Le croque-mort d'un petit village (Alfred Molina) est, depuis plus de trente ans, amoureux de Betty (Brenda Blethyn), qui en a épousé un autre. Aujourd'hui, ils pourraient peut-être, enfin, trouver le bonheur ensemble. Pour s'enfuir en évitant un divorce, ils décident de simuler la mort de Betty. Les ennuis commencent lorsqu'un entrepreneur de pompes funèbres concurrent (Christopher Walken) vient mettre son nez dans leurs affaires. Quoique rigolo, l'argument grand-guignolesque ne crève pas l'écran et les situations de cette (toute) petite comédie britannique s'enchaînent avec mollesse...

RIDING GIANTS

STACY PERALTA

Documentaire ou campagne de promotion ? Le commentaire de ce long métrage ressasse en boucle le slogan extatique : surf = jeunesse + liberté + aventure. Une culture du dépassement de soi et de l'adrénaline glorifiée sur fond de tubes des Beach Boys. Pour les fans des déferlantes.

TOUT LE PLAISIR EST POUR MOI

ISABELLE BROUÉ

On aime s'exhiber, de nos jours. La littérature, la télé bruissent de confidences intimes et impudiques. S'estimant, sans doute, originale et courageuse, la réalisatrice a décidé d'aborder la jouissance féminine : comment en parler à la famille, à un amant, à la radio, au gynéco et au sexologue ? La douce Marie Gillain court après son clitoris en une suite de sketches peu drôles et à la morale très sage. Grossièrement résumé : sans sentiments, pas de plaisir. Ben voyons...

MÊME PAS MAL !

RAWSON MARSHALL THURBER

Le «Dodgeball» (titre original de ce film) est l'équivalent du «ballon prisonnier». C'est le jeu auquel décident de s'affronter les patrons de deux chaînes de télévision consacrées à la gym. D'un côté, Peter La Fleur, dit «M. Tout le monde» (Vince Vaughn), de l'autre, White Goodman, ex-obèse (Ben Stiller, producteur du film et visiblement ravi d'en faire des tonnes). C'est parfois drôle, parfois méchant, souvent stupide, toujours rythmé. Tout le monde en prend plein les gencives, à commencer par les «guest stars» : Chuck Norris, David Hasselhof, William Shatner et... Lance Armstrong !

NE QUITTEZ PAS !

ARTHUR JOFFÉ

Sur le papier, c'est drôle : un quadragénaire (Sergio Castellitto) hanté par son père, mort depuis deux ans, se met à communiquer avec lui par téléphone portable. Mais les conversations avec l'au-delà sont ruineuses et le voilà sur la paille. Sa femme (Isabelle Gélinas), qui voudrait qu'il grandisse, finit par le quitter. Lui continue ses appels et échoue en prison. Manque de rythme, charisme très relatif des comédiens, statisme des situations : un homme au téléphone, ce n'est pas très cinématographique, même s'il gigote et lève les bras au ciel. Raccrochez !

16 **IL DONO**

MICHELANGELO FRAMMARTINO

Un village de Calabre... Ces mots, à eux seuls, évoquent des images. Et ce film sans surprise ressemble exactement à ce qu'on attend. À ce qu'on redoute, même. Pas d'intrigue. Quelques autochtones solitaires, forcément vieux, forcément burinés, forcément silencieux. Et les images superbes d'une petite ville pentue, où il suffit qu'un gamin laisse échapper un ballon pour qu'on le voie dévaler jusqu'à la mer, après que l'enfant a vainement tenté de le rattraper. C'est une scène magnifique. Mais, à elle seule, elle ne réussit pas à donner de la vie à ce docu-fiction qui confond profondeur et lenteur.

CABIN FEVER

ELI ROTH

Une bande d'ados en vacances dans une campagne hostile croise un inconnu atteint d'une terrible maladie de peau. La peur les gagne, puis la panique. Ils tentent de fuir, mais la malchance les poursuit. On se croirait dans un film d'épouvante des années 1970, style «Vendredi 13» ou «Massacre à la tronçonneuse». Mais Eli Roth rompt avec la veine parodique à la mode. À la façon de Victor Salva et de ses «Jeepers Creepers», il nous livre un produit efficace, sans bavures, exempt de toute analyse sociologique, mais baigné d'un climat d'angoisse convaincant. N'est-ce pas ce qu'on lui demande ?

COMING APART

MILTON MOSES GINSBERG

Un studio new-yorkais. Un canapé. Une caméra. Un axe fixe. Un immense miroir mural. Un homme (Rip Torn). Différentes femmes auxquelles il tente avec plus ou moins de succès de faire l'amour. Ce dispositif permet au cinéaste de se livrer à une sorte de psychanalyse de la sexualité masculine et de sa décrépitude. Paradigme du cinéma-vérité expérimental des années 1960, réalisé en 1969 et jamais sorti en France, le film finit à la longue par être victime de sa répétitivité, toute volontaire soit-elle.

CRIME CONTRE L'HUMANITÉ

NORMAN JEWISON

Milicien sous Vichy, Pierre Brossard (Michael Caine) a réussi à s'échapper à la Libération et a survécu depuis en se cachant. Suite à une modification de la loi en 1992, il risque de devoir répondre de ses crimes. Chargée de son dossier, la juge Livi (Tilda Swinton) en fait une affaire personnelle et, avec le concours du colonel Roux (Jeremy Northam), active les recherches. Bénéficiant du soutien de l'Église catholique et de personnalités haut placées, Brossard reste introuvable. Mais un groupuscule est également à ses trousses, avec l'intention de l'éliminer... Cinéaste habitué aux grands sujets politico-sociaux, Norman Jewison s'est mis, comme toujours, au service de son scénario – plutôt crédible en l'occurrence, et inspiré de plusieurs cas réels, de Bousquet à Touvier.

I, Robot

STEAMBOY

KATSUHIRO ÔTOMO

Ray est un gamin surdoué de huit ans. Ayant reçu de son père un colis renfermant une machine étrange à la puissance impressionnante, il va se retrouver au cœur d'un complot qui pourrait bien, en ce milieu du XIXe siècle, renverser la donne mondiale. Après «Ghost in the Shell» et «Le Château dans le ciel», le rapport de l'homme à la machine est une nouvelle fois le thème moteur d'un dessin animé japonais. Sur fond d'Angleterre victorienne et de révolution industrielle, l'auteur d'«Akira» déploie une impressionnante virtuosité, se focalisant sur des décors dantesques sans pour autant oublier les personnages. Perdu dans une aventure frénétique et haletante, le héros veut avant tout de se rapprocher de son père et fait l'apprentissage de la maturité. Un scénario intelligent et complexe, à la hauteur d'une réalisation spectaculaire.

I, ROBOT

ALEX PROYAS

Chicago, en 2035, est peuplée d'autant de robots que d'humains. Comment faire la différence entre ceux-ci et ceux-là, sachant que les uns sont les esclaves mécaniques des autres ? Inspiré du livre fondateur d'Isaac Asimov, le recueil de nouvelles «Les Robots», le film d'Alex Proyas («The Crow», «Dark City») est fidèle à sa trouvaille essentielle – les lois de la robotique –, même s'il est aussi un peu simplificateur. Au départ, l'assassinat déguisé en suicide d'un savant : aux yeux de l'enquêteur (Will Smith), le principal suspect est un robot – ce qui est impossible, celui-ci étant programmé pour ne jamais attaquer un humain. Un bon film d'action n'est pas forcément stupide. Proyas en fait la démonstration en mettant en scène les plus réussis (et les plus... humains !) des robots.

SIETE DIAS, SIETE NOCHES

JOEL CANO

Cette comédie sociale et dramatique suit, sept jours durant, le quotidien de trois femmes cubaines (Orisel Gasper, Eruadyé Muñiz, Ludmila Alonso-Yodu). Trois portraits sensibles filmés avec une énergie farouche et de manière parfois brouillonne. Un film sincère qui dénonce la complexité et la dureté de l'existence sur l'île de Cuba.

KHORMA LE CRIEUR DE NOUVELLES

JILANI SAADI

À Bizerte, petite ville de Tunisie, l'orphelin Khorma, albinos roux, est le protégé et l'assistant du vieux Bou Khaleb, dont le métier est de colporter les nouvelles – naissances, mariages, décès… Lorsque son mentor perd peu à peu son statut et sa raison, Khorma prend sa place avec la bénédiction des notables. Mais le garçon décide de changer les règles et d'accéder désormais à plus de plaisirs. Il sera châtié pour tant de témérité... Voici une fable étrange et dérangeante. Vaguement inaboutie dans sa forme, elle n'en reste pas moins attachante. On craint un moment d'assister au parcours christique de ce «simple d'esprit», il s'agit en fait d'une parabole sur la folie qui sauverait de bien des maux d'aujourd'hui (besoin de pouvoir, amour de l'argent... etc.) avec des accents de comédie à l'italienne, genre «Affreux, sales et méchants».

POUPÉES D'ARGILE

NOURI BOUZID

Le plus grand cinéaste tunisien poursuit brillamment l'exploration clinique de son pays. Après la politique («Les Sabots en or»), le tourisme sexuel («Bezness»), il s'attaque à l'exploitation humaine. Omrane (Ahmed Hafiane) place comme bonnes à tout faire, à Tunis, des jeunes villageoises. C'est lui qui perçoit leurs salaires et en reverse une partie aux parents. Le trouble qu'il éprouve devant le gâchis de sa propre vie s'amplifie lorsqu'il met en présence deux de ses protégées : la petite Fedhah, huit ans (Oumeya Ben Afsia), qui sculpte interminablement des figurines d'argile, et Rebeh (Hend Sabri), éternelle rebelle qui, après être tombée enceinte, s'est enfuie de chez son employeur... Une fois encore, Nouri Bouzid parle des humiliés et des offensés et observe «comment la société les casse». Il montre la vie dans ce qu'elle a de cru et de cruel, sans jamais verser dans la complaisance. Au contraire, «Poupées d'argile» est un hymne à l'espoir, symbolisé par Rebeh, sensible et sensuelle, à qui Hend Sabri prête son innocence, sa mélancolie et sa force.

LA FEMME DE SEISAKU

YASURO MASUMURA

Un inédit d'un auteur méconnu. En 1965, Yasuro Masumura (décédé en 1986) tourne l'adaptation d'un roman célèbre, écrit par Genjiro Yoshida en 1918. Sur fond de guerre russo-japonaise, c'est une rencontre passionnée. La belle Okane (Ayako Wakao), revenue riche et déshonorée dans son village – elle a été la concubine d'un vieillard – croise la route de Seisaku (Takahiro Tamura), soldat modèle soudain embrasé d'amour, au point de vouloir l'épouser. La mise en scène épouse l'ardeur des sentiments et des pulsions pour verser, dans la seconde partie, dans une violence glaçante, même si constamment suggérée. Le film, flamboyant, est un hymne à la beauté et à la sensualité d'Ayako Wakao, héroïne de «La Rue de la honte» de Mizoguchi : son interprétation magnifique fait de ce mélo une superbe tragédie, habitée par une rage sourde.

EN EAUX PROFONDES

CHRIS KENTIS

Un couple d'Américains aisés (Blanchard Ryan et Daniel Travis) s'offre des vacances idylliques pour se livrer à leur sport favori, la plongée sous-marine. À la suite d'un contretemps, ils se retrouvent isolés en plein océan. On les a tout bêtement oubliés. Le cauchemar peut commencer. À mesure que la tension monte, ils vont se déchirer, puis lutter ensemble contre tous les dangers : méduses, requins... Si le film ne dure que 80 minutes, il semble pourtant très, très long ! L'histoire a beau être vraie, on s'en lasse vite car ce huis clos maritime est filmé à la va-comme-je-te-pousse. Heureusement, la noirceur audacieuse du dénouement rétablit *in extremis* l'intérêt qui s'était noyé dans l'intervalle.

Goodbye, Dragon Inn

GOODBYE, DRAGON INN

TSAI MING-LIANG

Une vieille salle de cinéma joue sa dernière séance. Sur l'écran, on projette «Dragon Inn», de King Hu, film mythique d'arts martiaux de 1966 et énorme succès populaire asiatique, dans lequel une auberge est le théâtre d'un règlement de comptes au sabre et au bâton. Dehors, il pleut des cordes. Sous les combles, l'eau tombe en rythme dans des seaux en plastique. Dans les toilettes, des hommes, tristement, accostent d'autres hommes. Le long des couloirs, la caissière au pied bot boîte à la recherche du projectionniste, qui semble en permanence absent... Des ombres, des esprits, qui n'existent déjà plus, comme si la fermeture imminente les avait tous condamnés à errer dans les limbes. Voilà ce que filme Tsai Ming-Liang en plans larges. Comme dans la plupart de ses films, on se guette, on s'épie, on se rejoint rarement, et chacun repart un peu plus seul. L'argument de «Goodbye, Dragon Inn» est ténu, l'image est d'une beauté époustouflante, les dialogues sont avares. Le pouvoir de fascination des plans séquences quasi immobiles, palpant le vide immense des vies, est tenace. La nostalgie, douce mais poignante, vous prend à la gorge comme une chanson rétro – celle qui clôt le film et dont le dernier mot est : «regrets».

Carnets de voyage

Walter Salles

L'idéal, ce serait d'entrer vierge dans la salle. Oublier l'auteur célèbre du livre qui a inspiré Walter Salles. Et ne voir, tout au long de ce *road movie* initiatique, que l'odyssée de deux jeunes gens anonymes et joyeux, encore étrangers à leur destin, découvrant insensiblement un sens à leur vie. Nous sommes en janvier 1952. Le 4, très précisément, deux copains quittent Buenos Aires pour un périple de quelques mois à la découverte de l'Amérique latine. Un voyage de plusieurs milliers de kilomètres à travers la Patagonie, le Chili, le Pérou, pour aboutir à l'extrême nord du Venezuela.

Alberto (Rodrigo De la Serna) frôle les 30 ans. Un rien enveloppé, il se dit «scientifique errant autoproclamé», aime manger, boire, danser et séduire : une fille dans chaque ville, telle voudrait être sa devise. Ernesto (Gael García Bernal), dit «Fuser», 23 ans, est étudiant en médecine. Il est mince, beau, chouchou de sa riche famille et asthmatique. Don Quichotte et Sancho Pança avaient leur Rossinante. Ernesto et Alberto ont une moto nettement moins fringante que sa marque (une Norton 500) et que son nom : «la Poderosa», autrement dit la Vigoureuse.

Tant pis : les deux amis sillonnent les routes, s'engueulent à qui mieux mieux à propos d'une tente emportée par le vent, ou de la manie absurde d'Ernesto de vouloir dire la vérité, toute la vérité, rien que la vérité, à ceux qui ne la lui demandent pas. Alberto a beau lui répéter que les gens n'aiment entendre que ce qu'ils veulent, Ernesto l'idéaliste s'obstine...

Et Walter Salles filme avec bonheur et drôlerie les incidents cocasses vécus par ces deux inséparables complémentaires. Alberto drague tout ce qui bouge. Ernesto se fait draguer, sur un air de «Chipi Chipi», par l'épouse d'un garagiste chilien qui a momentanément remis en état une «Poderosa» à bout de souffle. Mais avec une finesse que ne révélaient pas toujours ses autres films («Terre lointaine», «Central do Brasil»), Walter Salles laisse peu à peu deviner la découverte, par deux bourgeois plutôt sages, au destin apparemment tout tracé, d'une réalité qu'ils ne faisaient que soupçonner. La beauté de leur terre. La misère de ceux qui y vivent.

Appelé auprès d'une vieille servante sur le point de rendre l'âme, Ernesto découvre un «cœur simple» à la Flaubert dont «les yeux, au seuil de la mort, exprimaient le désir éperdu d'être pardonnée et le besoin ardent d'être consolée». Autre choc : la rencontre avec des journaliers chiliens : «Vous aussi, vous cherchez du travail ?», demandent l'homme et la femme aux deux amis.«Non», répondent-ils. «Alors, pourquoi vous voyagez ?», réplique la femme. Car eux, s'ils errent ainsi à la recherche d'un travail, même dangereux, c'est parce qu'ils ont été chassés de chez eux pour s'être déclarés communistes. Comment lutter contre les propriétaires tyranniques ? C'est un paysan péruvien qui le fait comprendre à Ernesto :

Norton

il faut s'unir entre déshérités. C'est auprès de plus opprimé que soi qu'on peut trouver de l'aide.
Ce qu'apprennent les deux jeunes gens, c'est l'idée de la révolte permanente. Ne jamais accepter l'inacceptable. Débusquer l'injustice tapie, parfois, au cœur même de la générosité, comme le découvrent Ernesto et Alberto dans cette léproserie où la mère supérieure refuse de nourrir ceux qui ne vont pas à la messe... À la fin de ce voyage picaresque où Walter Salles parvient à rendre beaux les bons sentiments, les deux copains se séparent. Alberto Granado s'apprête à devenir adulte : il veut un métier, une femme, des enfants. Ernesto Guevara, lui, reste encore au seuil de l'existence, sans se rendre compte que ce périple a changé sa vie.
Seulement, l'engagement révolutionnaire, ce sera pour plus tard. Et l'héroïsme romantique, le surnom du «Che» (dans le film, deux Chiliennes se moquent gentiment de cette manie argentine de mettre des «che» partout !), la mort en Bolivie et la photo célèbre, reprise sur des millions de T-shirts, qui feront de lui l'icône de toutes les jeunesses. Ce sera une autre histoire. Un autre film.

Pierre Murat
Télérama

L'authenticité du film vient de ce refus délibéré des personnages de se prendre au sérieux, de leur sens de l'humour et de l'autodérision. Mais aussi de l'osmose qui s'opère entre la fiction et le message. «Carnets de voyage» arbore un aspect documentaire qui ne métamorphose pas seulement les deux compères lâchés par leur bécane. Salles et son équipe sont aussi en pleine conversion. L'empathie du cinéaste pour les populations rencontrées est communicative. Sa façon de refléter la diversité des visages, des tempéraments, est particulièrement palpable dans les nombreuses scènes de bals populaires qui rythment l'odyssée. Ces guinches à la bonne franquette, ces pas de mambo, cette petite fête d'anniversaire chez les lépreux, exhalent en même temps qu'une fraternelle simplicité une grande vitalité.
Insensiblement, «Carnets de voyage» se mue en reportage sur une Amérique latine contemporaine. Les notes de Guevara sont synchrones avec les problèmes économiques et sociaux découverts dans les pays traversés pendant le tournage. Walter Salles développe un projet qui transcende l'adaptation du livre de Guevara, et justifie doublement sa sélection au Festival de Cannes. Il s'agit de jeter les bases d'un cinéma sud-américain dépassant les frontières de chacune des nations visitées : une certaine façon de repenser le monde à travers une fraternité culturelle.
Jean-Luc Douin
Le Monde

Le Che sur les routes, dans l'élan de sa jeunesse, c'est un peu comme Rimbaud sur les sentiers : l'image de la liberté, la naissance d'un mythe. Mais aussi un moment très mystérieux : de cette confrontation au monde va surgir une conscience, un destin. On s'imagine donc que Walter Salles est parti sur la piste d'un secret. En fait, il se contente de suivre la moto de son héros. Vroum, vroum, le Che vient de passer. Son copain blagueur pèse lourd sur la selle, mais rien ne les arrêtera : ils tracent. Le paysage défile, et l'apprentissage de la vie tient alors en peu de mots : gare aux sorties de route, gaffe aux troupeaux de vaches ! Une vie de Che à la va-comme-je-te-pousse.
Walter Salles ne semble pas réaliser qu'il

passe à côté de son film. Il est bien trop occupé à faire en sorte qu'on ne sente précisément rien passer. Comme si ce Brésilien un peu trop international avait mis sa bonne volonté dans une morale du spectacle à l'américaine : surtout, ne pas ennuyer le spectateur !

Frédéric Strauss
Télérama

«Carnets de voyage» est un film qu'on a envie d'aimer et qu'on aime par morceaux, un voyage qui pousse à crapahuter à travers le continent. On a parfois accusé le film d'académisme, et c'est injuste car on sent, au contraire, combien Walter Salles et son chef opérateur Éric Gautier ont tenu à offrir à leur film du mouvement, du tremblé, du document, une authenticité qui n'est pas seulement la conséquence d'un filmage à la hussarde, caméra à l'épaule. Souvent, ces «Carnets» vibrent, et on vibre avec eux. Mais il y manque l'étincelle qui mettrait le feu à la mythologie attendue.

Antoine de Baecque
Libération

Les épisodes se succèdent, drolatiques souvent, mais peu à peu, de plus en plus, l'épopée intimiste traversant des paysages sublimes est zébrée d'éclairs de misère. Une géographie humaine prend le pas sur l'autre, se dessine douloureusement au fil de rencontres brèves, Indiens sans terre, paysans spoliés, couple errant dans une nuit trop froide, lépreux au bord du fleuve Amazone. Et l'on voit alors, sans pathos excessif, monter chez Ernesto Guevara, ce joli jeune homme qui ne sait pas danser, le désir encore vague « d'envoyer la mort au diable »... On pourra trouver le portrait du futur Che, bien doux, bien tendre, sa prise de conscience bien peu violente, mais après tout que savons-nous vraiment aujourd'hui du «commandante» devenu au fil de l'histoire ou tout blanc ou tout noir ? L'hypothèse humaniste de Walter Salles est peut-être trop paisible, mais elle a bien du charme, après tout, il sera temps plus tard de prendre les armes. À Cannes, où le film de Salles était présenté, il y eut la présence émouvante d'un vieux monsieur à la fois grave et rieur, Alberto Granado, 83 ans. Il vit toujours à Cuba, où il avait rejoint son ami Che Guevara. Il se regardait sur l'écran de sa jeunesse, était-ce la vérité ou déjà la légende, il n'en dit rien. Puisque l'image était belle.

Danièle Heymann
Marianne

Plus le film avance, plus il devient vrai, en ce sens que son enjeu se déplace, de l'évocation d'un personnage ordinaire dont nous savons qu'il est devenu mythe, à la relation d'une histoire qui est d'abord celle du film en train de se faire, celle d'une suite de rencontres, celle d'une aventure humaine. Si «Carnets de voyage» est un film politique, c'est en cela, et en cela seulement. Son existence même, sa nature enfin le fondent en tant que tel. Jusque dans ses défauts, caractère répétitif de certaines péripéties, un certain manque d'aspérité des personnages, déjà icônes avant d'exister à l'écran (le film s'est fait, bien sûr, avec l'accord de la famille Guevara), durée excessive de la séquence de la léproserie, avec cette traversée de fleuve filmée sans recul, le film est porté par la générosité et l'humanité sans lesquelles l'évidente sincérité du projet ne serait rien. Il ne lui manque, peut-être, qu'un peu de distance, voire de cruauté, comme si le cinéaste répugnait à laisser celle-ci s'exprimer, tout en sachant pourtant que, sans elle, il ne peut représenter l'humain tel qu'en lui-même. «Carnets de voyage» est un film fervent.

Pascal Mérigeau
Le Nouvel Observateur

Ce périple initiatique où le « Che » a puisé les fondements de ses idéaux et de son désir de tout changer, Walter Salles le ressuscite avec une empathie tangible pour ceux qui, aujourd'hui encore, n'ont souvent guère plus de chance que leurs prédécesseurs d'il y a cinquante ans. Dans des paysages à couper le souffle – le film est aussi, d'abord, un magnifique reportage touristique –, les hommes et les femmes croisés par les deux voyageurs ont, et pour cause puisqu'ils sont d'authentiques ouvriers, paysans, Indiens d'aujourd'hui, des visages parfois inoubliables. Tout est vrai, sans doute, puisque, pour évoquer les deux hommes et conter leur fabuleux voyage, le réalisateur et son scénariste se sont inspirés très directement de leurs écrits. Mais on ne peut s'empêcher d'éprouver une sorte de gêne : interprété, face au remarquable Argentin Rodrigo De la Serna, par le très séduisant Mexicain Gael García Bernal (le travesti du dernier film d'Almodovar, «La Mauvaise Éducation»), le « Che » paraît d'emblée trop beau, trop lisse, trop gentil, trop... christique. Ce qui n'empêche pas le film (qui était en compétition à Cannes) d'être incontournable.

Annie Coppermann
Les Échos

Qu'importe que l'histoire soit vraie ou que l'un des baroudeurs devienne dix ans plus tard une figure de la révolution cubaine : il n'y a là que deux hommes en quête d'eux-mêmes, découvrant la misère et l'injustice au fil de leur odyssée. Une réalité d'alors et d'aujourd'hui capturée au vol par la sensibilité d'un Salles documentariste dans l'âme. Ce n'est qu'une fois dans la léproserie amazonienne que le réalisateur laisse parler la légende, à coups de scènes symboliques appuyées où Guevara prend soudain des allures christiques. Au final, ce n'est pas tant la prestation tout en intériorité de Gael García Bernal qu'on retiendra que la gaieté attachante de Rodrigo De la Serna, véritable découverte de cette belle embardée humaniste.

Sandra Benedetti
Ciné Live

Ici, point de dévotion, de discours politiques enflammés ou de combats héroïques, juste des pannes, des chutes, de grosses fatigues et de maigres repas mendiés aux quidams du coin. Guevara est un juvénile idéaliste qui s'adonne au romantisme de la route – c'est l'époque de la beat generation *– et un aventurier insouciant et libre. Mais derrière ces kilomètres de paysages et de visages qui défilent, ces «Carnets de voyage», filmés au plus près du terrain et des hommes, sont aussi des chroniques sociales : celles d'une Amérique latine figée dans le temps, où les Indiens sont encore opprimés, les ouvriers exploités et les lépreux exilés sur une île. À travers les yeux du Che (et la caméra de Salles, réalisateur humaniste et avide de fraternité culturelle), on est du voyage, nous aussi, embarqués par ces fragments de vie croisés au bord de la route. À l'arrivée de ce voyage initiatique, on ne sait pas vraiment à quel moment Guevara est devenu le Che. Mais on comprend au moins pour qui.*

Sabine Gros La Faige
Rolling Stone

La Femme de Gilles

LA FEMME DE GILLES
FRÉDÉRIC FONTEYNE

Dans les années 1930, Élisa (Emmanuelle Devos) ne vit que pour son mari Gilles (Clovis Cornillac), ouvrier des hauts-fourneaux, et pour leurs enfants. Son monde s'écroule quand sa jeune sœur Victorine (Laura Smet) devient la maîtresse de Gilles. Petit à petit, au fil d'un montage souple, la caméra de Frédéric Fonteyne accompagne Élisa à travers ses doutes, ses tâtonnements, sa douleur. Ce beau film rigoureux, aux interprètes inspirés, respire une vérité plutôt rare dans les «reconstitutions d'époque».

GOZU
TAKASHI MIIKE

Ozaki (Sho Aikawa) est un *yakuza* paranoïaque dont le comportement excessif – par exemple, éliminer un chien qu'il soupçonne d'être «anti-*yakuza*»! – finit par gêner son chef de gang. Ce dernier charge un de ses hommes de s'en débarrasser. Le film de Takashi Miike évoque ce voyage qui, d'un bout à l'autre du Japon, à la suite de décalages successifs, mène du polar classique à l'objet filmique non identifié, insolite et délirant. On perd pied, les autochtones se conduisent de façon étrange, et toute raison s'évanouit définitivement quand Osaki, tué dans un accident, ressurgit sous la forme d'une jeune femme en laquelle il prétend s'être réincarné ! Ce conte fantastique réussit ce tour de force de nous offrir ce que le cinéma n'avait jamais montré.

FENÊTRE SUR L'ÂME
JOÃO JARDIM ET WALTER CARVAHLO

Les deux documentaristes sont allés à la rencontre de ceux qui, littéralement, voient le monde d'un mauvais œil. Autrement dit, les myopes, les astigmates... et même les aveugles ! Tous ceux qui n'ont de notre univers qu'une vue déformée, mais aussi, souvent, poétisée et réinventée. Artistes (Agnès Varda, Wim Wenders...), médecins et anonymes évoquent avec humour et tendresse cette relation biaisée mais enchantée au concret et au réel.

CINEVARDAPHOTO
AGNES VARDA

Drôle de collection. Drôle d'idée. Pendant une décennie, l'artiste Ydessa Hendeles a glané deux mille photos en noir et blanc où apparaissaient un nounours, seul ou accompagné. Exposée à Berlin en un gigantesque jeu de piste où l'on cherche le nounours, d'un cliché à l'autre, comme dans le jeu des sept erreurs, cette récolte, baptisée le «Teddy Bear Project» a intrigué une des spectatrices, Agnès Varda. Aussitôt rentrée à Paris, elle a pris sa caméra et l'avion pour Toronto, où vit Ydessa.

Comme pour «Les Glaneurs et la glaneuse», la cinéaste fait le commentaire, à la fois informatif et amusé, de son voyage au creux des images. Exprimant et exposant (c'est son tableau à elle) le cheminement de sa pensée en une litanie qui devient poème. Que signifie pour eux, sur la photo, et pour nous, de l'autre côté de la photo, ce nounours qui va de cadre en cadre ? L'exposition d'Ydessa pose la question, le film d'Agnès la rend brûlante. C'est un marabout-bout-de-ficelle. Ce nounours serait notre mémoire. Précise ou vacillante, trop floue ou trouée, reconstituée ou colmatée à coups d'imaginaire... «Ydessa, les ours et etc.» est présenté dans le programme intitulé «Cinevardaphoto» en compagnie de deux autres courts métrages sur la photographie signés Varda, non inédits et plus anciens : «Ulysse» et «Salut les Cubains !».

THE COAST GUARD
KIM KI-DUK

Militaire basé sur la frontière entre les deux Corées, Kang (Dong-gun Jang) prend sa mission très à cœur contrairement à ses camarades pour lesquels cette affectation est une corvée. Un soir, croyant avoir débusqué des espions, il tire, mais, au matin, découvre qu'il a abattu un simple civil... Kim Ki-duk parvient, sans aucune rupture de ton, à faire cohabiter réalisme sombre, critique acerbe et symbolisme politique. Son héros est tiraillé entre ses certitudes et une expérience de vie remettant définitivement celles-ci en cause. Commence alors le chemin vers une rédemption violente et douloureuse, thème récurrent dans l'œuvre du réalisateur de «L'Île» et «Printemps, été, automne, hiver... et printemps». Dommage que la séquence finale du match de football, métaphore explicite de la fracture coréenne et de son impossible réconciliation, demeure un rien trop simpliste en regard de la complexité du conflit.

5 x 2
FRANÇOIS OZON

Au cinéma comme ailleurs, le couple est un sujet inépuisable. Comment donc le renouveler ? François Ozon relève le défi en réunissant Valeria Bruni-Tedeschi et Stéphane Freiss (voilà pour le chiffre 2) et en choisissant de retracer leur itinéraire en cinq moments, autant de jalons à travers le temps, d'épisodes de leur feuilleton intime. D'où vient l'originalité ? À l'instar du Gaspar Noé d'«Irréversible», Ozon raconte cette histoire à l'envers. Partant du divorce pour en arriver à la première rencontre, il passe par les scènes de ménage, les crises puis le mariage... Et cela change tout. *Exit* le suspense, on sait que tout finira plutôt mal. Mais en nous permettant de l'oublier peu à peu, son film résonne d'un étrange optimisme. Géraldine Pailhas, Françoise Fabian et Michael Lonsdale apportent la contribution de leur talent à cette fable subtilement décalée.

5 x 2

Manifesto

Exils

MANIFESTO

JOAQUIM ORISTRELL

Une troupe de comédiens s'apprête à interpréter *La Pièce sans titre* de Federico Garcia Lorca. Comme dans l'œuvre, où une représentation est interrompue par la révolution en marche, la tournée est perturbée par l'annonce de la participation espagnole au conflit irakien. Cette transposition, risquée sur le papier, se révèle pertinente. Grâce à un scénario intelligent et à des acteurs convaincants, ce manifeste militant se double d'une réflexion sur l'engagement de l'artiste.

FOLLE EMBELLIE

DOMINIQUE CABRERA

On a beaucoup aimé l'âpreté généreuse des films précédents de Dominique Cabrera («Nadia et les hippopotames», «L'autre côté de la mer»). On n'est que plus perplexe devant cette «Folle embellie», qui lâche des comédiens appréciés (Miou-Miou, Jean-Pierre Léaud, Marilyne Canto) sur les routes de l'exode de 1940, libérés par le chaos ambiant de l'asile d'aliénés où ils végétaient. On comprend bien qu'il s'agit de parler de liberté individuelle et collective, de la frontière indécise qui sépare la folie de la raison, et d'autres choses importantes... Le jeu outré, le retour à l'état de nature exacerbé, le mélange souhaité mais gênant entre faux fous (les acteurs) et véritables malades, créent un malaise, certes. Pas celui que souhaitait sans doute la réalisatrice...

TIC TROUBLE INVOLONTAIRE COMPULSIF

PHILIPPE LOCQUET

Un homme de science, vaguement azimuté, emmène ses «tiqueurs » (sic) pour un stage campagnard. À savoir des patients, victimes de troubles involontaires compulsifs, connus sous le nom de «syndrome de La Tourette». L'équipée tourne au désastre... Le réalisateur y croit, ses comédiens, aussi : ils sont bien les seuls, hélas.

TOUT PRÈS DU SOL

CAROLE LAURE

Actrice et chanteuse, Carole Laure est devenue réalisatrice avec «Les Fils de Marie». Son deuxième film est centré sur le personnage de Rachel, une fille de 17 ans brouillée avec sa mère, qui se lie avec une danseuse venant de purger une peine de prison. Celle-ci l'aidera à se dépasser par le biais de son art... Le mal de vivre et la révolte de l'adolescence sont incarnés avec une justesse parfois confondante par Clara Furey (fille de l'auteur et de Lewis Furey), pour qui cet envol «tout près du sol» pourrait être le premier pas vers une belle carrière.

EXILS

TONY GATLIF

Tony Gatlif (prix de la mise en scène surprise au Festival de Cannes 2004) déborde de chaleur, d'énergie, il déborde tout court. C'est ce qui fait son charme, sa singularité. Avec «Exils», il rentre chez lui, et c'est loin, chez lui. Pour donner à voir, à comprendre la distance, celle qui sépare l'Algérie (où il est né) de la France, il lance sur 7 000 km de route son gadjo préféré qui l'accompagne pour la troisième fois, Romain Duris, acteur délicieusement polymorphe. Ici, il est Zano. Et Zano a décidé de partir, de marcher droit au sud, léger, sans bagages, presque sans argent, mais avec à ses côtés sa belle compagne Naïma (Lubna Azabal, déjà si bien dans «Loin» de Téchiné et «Viva Laldjérie» de Nadir Moknèche). Son rôle est plus difficile, exilée d'elle-même, elle n'est longtemps que celle qui suit. Les voilà en Espagne. C'est beau, l'Andalousie, et le flamenco aussi. Quelquefois le film musarde, puis se reprend, la musique (de Gatlif) lui donne un coup de fouet. Et puis, soudain, avec douleur, avec colère, le réalisateur chasse la fiction de son film : lorsqu'il arrive en Algérie, le terrible tremblement de terre vient d'avoir lieu. Parmi les ruines de son école, les survivants pleurent, ses personnages aussi. Puis la musique et la danse reviennent, jusqu'à la transe.

DEBOUT

LIU HAO

Durant la Révolution culturelle chinoise, beaucoup d'intellectuels furent envoyés en rééducation à la campagne. La génération suivante retourna peu à peu à la ville. Meiting (Du Huanan) et Chen Mo (Wang Lingbo) sont de ceux-là. Elle est coiffeuse, il vend des fleurs à la sauvette. Elle est sûre d'elle et sait le pouvoir de son charme sur les hommes. Il est naïf, entier, et dissimule mal ses origines rurales. Pour saisir leur rencontre et leur histoire d'amour chaotique, le réalisateur de ce beau premier film emprunte au documentaire la frontalité de son rapport aux personnages. Rien ne coule, tout est accidenté, abrupt, à l'image de leur relation, mais aussi de leur rapport à une société en pleine mutation.

MODIGLIANI

MICK DAVIS

Andy Garcia n'est pas gâté par Hollywood, ces derniers temps. Certes, il est difficile de refuser le rôle de Modigliani – même si l'interprétation de Gérard Philipe dans «Montparnasse 19» de Jacques Becker ne s'est pas laissé

L'Après-midi de Monsieur Andesmas

Bonjour, monsieur Shlomi

oublier. Encore faut-il ne pas se tromper de metteur en scène. Du destin tragique du peintre, le malheureux Mick Davis tire un mélo exotique et vieillot. On ne sait ce qui est le plus déconcertant, d'Hippolyte Girardot, curieux interprète de Maurice Utrillo ou du mannequin Eva Herzigova, promue madame Picasso. Le plus ridicule, assurément, est d'entendre Édith Piaf chanter «La Vie en rose»... en 1920 !

SALVADOR ALLENDE
PATRICIO GUZMAN
Patricio Guzman n'en finit pas d'explorer l'histoire de son pays. Après «La Bataille du Chili» et «Le Cas Pinochet», il revisite la vie du président Allende reconstituée par des images d'archives – certaines déjà vues, mais toujours aussi bouleversantes, et beaucoup d'autres plus rares. Comme on pouvait s'y attendre, le réalisateur dépasse la simple biographie filmée. Tout en s'impliquant lui-même, en évoquant son propre exil, il recueille de multiples témoignages et pose une série de questions qui éclairent les balbutiements, la chute et la renaissance de la démocratie chilienne. Un didactisme qui n'a rien de pesant ni de rigide, tant il est proche de la vie, scrutant les visages, observant les lieux mêmes où s'est déroulée la tragédie.

LA LÉGENDE DU CID
JOSE POZO
Pensum des lycéens, la légende de Rodrigue sert ici de base à un dessin animé épique. Édulcorées, ses peines de cœur et d'honneur deviennent le moteur d'une aventure initiatique plutôt enlevée. Les personnages secondaires subissent un lifting manichéen – Chimène en héroïne batailleuse et émancipée, son père en patriarche borné –, ce qui permet de conquérir un public plus jeune mais efface du même coup les aspérités lyriques de la tragédie de Corneille.

L'APRÈS-MIDI DE MONSIEUR ANDESMAS
MICHELLE PORTE
Les mots sont de Marguerite Duras. On reconnaît leur simplicité apparente, la mélodie saccadée que compose leur répétition et on se laisse bercer. D'autant que les voix sont belles : celle, hésitante et fatiguée, de Michel Bouquet ; celle, ferme et pourtant brisée par un sanglot réprimé, de Miou-Miou. Il est question d'amour, il n'est question que de cela, et de deux personnes qui ne sont pas là et qui ne viendront pas : la fille de Monsieur Andesmas et le mari de Madame Arc – deux personnes qui, parce qu'elles s'aiment, en laissent deux autres sur le carreau. Mais la musique des mots suffit-elle à faire un film ? Michelle Porte tente bien de capter le vent et la sauvage et impérieuse beauté d'une forêt de pins, mais sa mise en scène, désespérément statique, finit par glacer le refrain des tourments de la passion. On devrait être bouleversé, on est juste un peu engourdi par l'ennui.

UTOPIA
MARIA RIPOLL
Ayant le don de voir l'avenir, Adrian (Leonardo Sbaraglia) est chargé de retrouver une jeune femme embrigadée dans une secte. Un ex-policier aveugle (Tchéky Karyo), dont l'épouse et le fils ont été tués dans un attentat terroriste, remonte lui aussi la piste. Entre thriller banal et fantastique de pacotille, le cœur de la réalisatrice balance.

BONJOUR, MONSIEUR SHLOMI
SHEMI ZARHIN
Shlomi (Oshri Cohen), adolescent sensible et généreux, essaie tant bien que mal de trouver sa place dans une cellule familiale totalement hystérique. Variation sur le thème du candide, le film voudrait porter un regard décalé et lucide sur la société israélienne contemporaine. Des personnages hauts en couleur mais trop monolithiques et une poésie surréaliste appuyée empêchent malheureusement cette ambition de se concrétiser tout à fait.

BALLISTIC
WYCH KAOSAYANANDA
Jeremiah Ecks (Antonio Banderas), ex-agent du FBI dépressif donc mal rasé, s'oppose à Sever (Lucy Liu), implacable tueuse à l'impeccable coiffure, dans une course effrénée pour récupérer une nouvelle arme microscopique (à l'image du scénario). Pyrotechnie envahissante, ralentis stylisés, combats en apesanteur... Le film aligne les figures imposées, sans songer un seul instant ni à les justifier ni à les renouveler.

LES PETITS BRAQUEURS
BART FREUNDLICH
Maddy (Kristen Stewart) est passionnée d'escalade. Suite à l'accident ayant laissé son père paralysé, elle décide de cambrioler une banque pour payer l'opération nécessaire à son rétablissement. Remake apparemment fidèle d'un succès du cinéma danois inédit chez nous, cette comédie pour *teenagers* séduit grâce à un scénario plutôt inventif, à ses fréquents clins d'œil au cinéma d'action («Mission Impossible», «60 secondes»...) et à l'énergie communicative de ses jeunes interprètes.

La Mort dans la peau

Les Clefs de la maison

Just a Kiss

Land of Plenty

Old Boy

Mean Creek

LA MORT DANS LA PEAU
PAUL GREENGRASS

Matt Damon alias Jason Bourne n'a toujours pas retrouvé la mémoire, mais sa retraite tranquille en Inde est soudain menacée. Sa compagne (Franka Potente) est assassinée, il est accusé du meurtre d'un chef d'État, ses anciens collègues de la CIA semblent vraiment décidés à le faire sortir de sa cachette. Dans quel but ? Après «La Mémoire dans la peau» de Doug Liman, «La Mort dans la peau», sorte de James Bond sans les gadgets, est encore plus rapide et efficace. Matt Damon prend de l'épaisseur, face à lui Joan Allen et Brian Cox sont machiavéliques à souhait. Le tout est rythmé et rondement mené. Ça ne va pas loin, mais ça détend.

LES CLEFS DE LA MAISON
GIANNI AMELIO

Un film où Gianni Amelio retrouve la grâce qui habitait «Les Enfants volés» (1992), et réussit à éviter tous les pièges d'un sujet douloureux en déployant des trésors de pudeur et de tendresse. Un père, Gianni (Kim Rossi Stuart, loin de ses rôles de joli jeune homme transparent), rencontre son fils handicapé de 15 ans qu'il n'a jamais vu auparavant – lorsque sa femme est morte en le mettant au monde, il a fui. Et voilà Paolo, bien amoché mais plein de vie, d'humour, de colère, claudiquant vers ce père inconnu, éperdu d'amour maladroit et de remords inutiles. Tous deux partent pour Berlin vers un centre de rééducation. C'est dur, il y a des rires mais aussi de sales moments. Il y a cette rencontre lumineuse avec une mère si digne, et si désespérée auprès de sa fille incurable (Charlotte Rampling, impressionnante). Pas d'apitoiement, pas la moindre complaisance, pas de pathos, une émotion constante, une énergie vitale extraordinaire, et la présence miraculeuse d'Andrea Rossi, l'adolescent handicapé qui joue Paolo. «C'est lui, a dit Gianni Amelio, qui m'a dicté le film en me permettant de le regarder, en me dévoilant ses pensées.»

JUST A KISS
KEN LOACH

On pourrait presque parler d'une comédie familiale ! Cela se passe à nouveau à Glasgow, mais ce n'est plus la tristesse, la rudesse absolue de la vie comme dans «My Name is Joe» ou «Sweet Sixteen». Malgré le sujet grave – le choc des cultures et des communautés –, malgré le contenu social (on ne se refait pas), insufflant comme toujours à ses acteurs une surdose d'humanité, Ken Loach laisse enfin le soleil filtrer à travers le crachin écossais, un soleil de tendresse et de révolte adoucie. Casim (Atta Yaqub) est très brun, très beau. DJ dans une discothèque, fils idolâtré d'une famille pakistanaise traditionaliste, il doit être marié prochainement, et évidemment selon le rite musulman, à une cousine qu'il ne connaît pas. Roisin (Eva Birthistle) est irlandaise, ravissante, blonde, professeur de musique dans une école privée, et catholique. Malgré tout, et ce «tout» veut dire beaucoup, ces deux-là vont persévérer dans l'idée de s'aimer, vérifiant chaque jour, dans leurs milieux respectifs, combien l'intolérance est la chose la mieux partagée au monde. Aucun pathos, de la pudeur, une drôlerie combative, «Just a Kiss» tourne crânement le dos au malheur.

UNE JOURNÉE À NEW YORK
DENNIE GORDON

Deux jumelles aux caractères opposés enterrent la hache de guerre à l'occasion d'une journée de galère dans la Grande Pomme. Vedettes incontournables du petit écran depuis l'âge de neuf mois, Mary-Kate et Ashley Olsen passent au cinéma. Jeu mécanique, mièvrerie du scénario et absence de mise en scène sont les trois marraines de ce baptême.

LAND OF PLENTY
WIM WENDERS

«Land of Plenty» est un film politique et affectif, auquel la caméra numérique donne vitesse, souplesse, sans que la lumière, superbe, en pâtisse. Un film touchant, sincère, avec de très beaux personnages, certes symboliques, emblématiques – on ne peut exiger de Wenders l'impossible... Paul (John Diehl, formidable d'exaltation pathétique), vétéran de la guerre du Vietnam complètement allumé après son exposition à un agent chimique, s'est autoproclamé «chargé de surveillance antiterroriste», le traumatisme du 11 Septembre ne l'ayant évidemment pas arrangé... Défenseur dérisoire et solitaire de la patrie en danger, il sillonne les rues dans sa vieille camionnette banalisée bourrée de gadgets obsolètes, voit des ennemis partout, entame la filature suspicieuse d'un «enturbanné»... Lana (Michelle Williams, discrète, intense), sa nièce, revient sans bagages d'un séjour en Israël. Elle est militante de la cause palestinienne, elle a foi en Dieu comme son oncle a foi en l'Amérique. Leurs religions sont différentes, mais devant la Mission catholique où Lana travaille, «l'enturbanné» est abattu. Il s'appelait Hassan. Alors, l'homme calciné et la jeune fille engagée vont s'unir pour mener l'enquête. Ils ramènent le corps à sa famille, dans un village de mobil-homes au milieu de nulle part. Wenders sait toujours filmer la route, l'errance, ces absences en mouvement. Sur la bande, son très travaillée, très présente, où pulsent les bruits de la ville, on entend bien sûr la chanson de Leonard Cohen qui a donné son titre au film : «Puissent les lumières de la terre d'abondance éclairer un jour la vérité...»

OLD BOY
PARK CHAN-WOOK

Ce Grand Prix contesté du Festival de Cannes peut rebuter par ses bouffées de violence explicite (dents arrachées en gros plan, automutilation de la langue, dégustation sans truquage d'un poulpe vivant), mais on ne peut nier sa beauté furieuse, la splendeur de sa photographie souvent nocturne, et l'émotion que finissent par provoquer les terrifiants déboires de son héros. Il s'appelle Dae-Soo, c'est Choi Min-sik qui l'incarne, tout aussi déchiré et puissant que dans son film précédent, «Ivre de femmes et de peinture» de Im Kwon-Taek. Dae-Soo, marié, père de famille, est enlevé et retenu prisonnier pendant quinze ans. Il ne sait pas pourquoi (nous non plus)... Puis il sort, toujours sans savoir pourquoi (nous non plus), et le cauchemar s'aggrave. Une très jeune et délicieuse serveuse de bar à sushis (Gang Hye-jung) entre dans sa vie, il y a des bagarres terribles à coups de bâton. Le tortionnaire invisible se manifeste enfin. Il est très beau, très riche, très tordu (Yoo Ji-tae), c'est un ancien condisciple de Dae-Soo. On revient à leurs années lycée, les secrets inavouables sont logés là. La fin est plus sereine, un soupçon d'espérance interdite volette sur un paysage figé par l'hiver.

MEAN CREEK
JACOB AARON ESTES

Au départ, une promenade en bateau punitive, mais insignifiante. Avec l'aide de Rocky, son frère aîné (Trevor Morgan), et de ses copains, Sam (Rory Culkin) va faire payer à George (Josh Peck), ado obèse et sadique, les humiliations qu'il lui fait subir à longueur de temps. La copine de Sam essaie de les détourner de leur projet imbécile : forcer George à rentrer nu chez lui. Mais une maladresse transforme un accident en meurtre... Une vraie noirceur cerne ce conte cruel qui, dans ses meilleurs moments, évoque à la fois «Stand by me» de Rob Reiner et «Sa Majesté des mouches» de Peter Brook. On pourra refuser le regard un rien moralisateur du cinéaste qui rend ces adolescents éternellement coupables d'un crime qu'ils n'auront pas commis. On lui accordera, en revanche, dès ce premier film, une habileté à créer une tension entre les personnages. Et à maintenir, entre eux, jusqu'au dénouement, des rapports féroces et troubles.

Le Cou de la girafe

Alexandrie... New York

LE COU DE LA GIRAFE

SAFY NEBBOU

Mathilde (Louisa Pili) sort son grand-père (Claude Rich) de l'hospice où il s'ennuie pour aller retrouver, à Biarritz, une grand-mère, jadis infidèle, dont elle vient d'apprendre l'existence. La mère de Mathilde (Sandrine Bonnaire) se joint à l'odyssée pour récupérer sa fille et régler cette affaire de famille. Comme il se doit dans le cinéma français actuel, tout de gentillesse ouatée, le règlement de comptes père-fille se révèle aigu, mais tendre. On n'est pas chez Pialat, ni chez Bergman. Douleur douce, donc, pour une indéniable réussite sentimentale.

MÉMOIRE D'UN SACCAGE

FERNANDO E. SOLANAS

Corruption au plus haut niveau de l'État, dénationalisations sauvages, libéralisme à outrance, explosion de la dette extérieure, amnistie pour les hommes de la dictature... En images rageuses et féroces, Fernando E. Solanas («Tangos, l'exil de Gardel») démolit le prétendu «miracle argentin» et dénonce les agissements de Carlos Menem, Fernando de la Rúa, et de tous ceux qui, depuis la démocratisation du pays, se sont succédé au pouvoir. Par moments, l'homme de spectacle prend le dessus sur le documentariste, notamment lorsqu'il filme un haut tribunal de justice, avec éclairs et ténèbres, comme dans un film d'horreur. Foisonnant et terrifiant.

LE MIRACLE SELON SALOMÉ

MARIO BARROSO

Une jeune femme (Ana Bandeira) à la beauté envoûtante, figure de proue d'un bordel de Lisbonne du XIXe siècle, exacerbe les passions d'un lieutenant (Filipe Duarte), d'un poète (Ricardo Pereira) et d'un riche banquier (Nicolau Breyner). Une fable païenne faussement moraliste, rehaussée d'une pointe d'érotisme discret, filmée avec volupté à la frontière de l'image d'Épinal et de la lithographie coquine.

ADIEU

ARNAUD DES PALLIERES

Deux histoires parallèles : le périple d'un immigré clandestin algérien, le deuil d'une famille qui enterre son plus jeune fils, tué dans un accident... Mise en scène ambitieuse, volontairement lente et, parfois, inspirée : ces camions blancs, «durasiens» qui sillonnent les routes ; ces plans presque fantastiques de Laurent Lucas, comme noyé dans sa baignoire, à la poursuite de son frère... Mais le plus souvent, le réalisateur de «Drancy Avenir» semble réfugié dans une orgueilleuse solitude qui exclut toute complicité avec le spectateur. Son bel objet conceptuel devient franchement vain lors des scènes de repas funéraire où un prêtre, en pleine crise de foi, oppose ses balbutiements aux convives qui lui demandent de prouver l'existence de Dieu. N'est pas Bresson qui veut.

ALEXANDRIE... NEW YORK

YOUSSEF CHAHINE

Contraint et forcé – enfin, pas trop – Yéhia (Mahmoud Hemeida) se rend en Amérique, dont il condamne la politique anti-palestinienne, pour assister à la rétrospective que lui consacre un cinéma de Hollywood. Il y retrouve son amour de jeunesse, Ginger. Celle-ci lui apprend qu'il a un fils de 25 ans, danseur étoile, qui le rejette... Youssef Chahine aime la stylisation, le baroque, voire le kitch. Ici, il n'y va pas de main morte. Dans son Amérique, tout le monde parle égyptien ; lors des flash-backs, l'université californienne où étudie le jeune Yéhia (Ahmed Yéhia) ressemble à un lycée albanais de second ordre ; quant à l'adaptation cinématographique de *Carmen* à laquelle l'apprenti metteur en scène assiste, elle est à peine digne d'un spectacle de patronage. Reste le message pacifiste. Et le goût de Chahine pour la beauté physique et morale : les jeunes gens et jeunes filles qui débutent dans le film sont tous beaux et droits. Reste aussi sa façon ingénieuse et charmeuse de se rendre hommage à lui-même : référence à ses anciens films («Gare centrale»), extraits de l'hommage que lui a rendu, il y a quelques années, le Festival de Cannes... Après «Alexandrie pourquoi» (1978), «La Mémoire» (1982), «Alexandrie encore et toujours» (1990), c'est la quatrième fois que Youssef Chahine convoque à l'écran son double Yehia.

25° en hiver

Ana et les autres

25° EN HIVER
STÉPHANE VUILLET

Un homme endetté jusqu'au cou (Jacques Gamblin), dont l'épouse est partie tenter sa chance aux États-Unis, élève seul sa petite fille. Une jeune Ukrainienne sans papiers (Ingeborga Dapkunaite) va bouleverser leur vie. Le film se veut l'affrontement entre des personnages burlesques et une réalité sociale dramatique – en l'occurrence, la cause des immigrés clandestins. Mais, exposé de façon trop sommaire, le sujet ne prend jamais corps.

ET L'HOMME CRÉA LA FEMME
FRANK OZ

Joanna (Nicole Kidman), présentatrice télé virée donc dépressive, s'installe avec son mari (Matthew Broderick) à Stepford, bourgade paumée du Connecticut. Paisible ? Exagérément. Les hommes, heureux, passent leur temps à leur club. Les femmes, toutes blondes, toutes soumises, sont soigneusement chaperonnées par Claire (Glenn Close). Bizarre, bizarre. Flanquée d'une copine hystérique et de l'homosexuel de service, Joanna enquête... Remake du film de Bryan Forbes (1975) qui s'inspirait d'un roman où Ira Levin (*Rosemary's Baby*) parlait de la robotisation des femmes dans un style qui évoquait l'univers SF de Philip K.Dick. Autres temps, autre style. Frank Oz a fait de ce mini-conte philosophique une comédie plus poussive que grinçante. De solides seconds rôles (Bette Midler, Christopher Walken) entourent une Nicole Kidman franchement mal à l'aise...

LE SOLEIL ASSASSINÉ
ABDELKRIM BAHLOUL

Jean Senac, poète homosexuel d'origine française, fut l'une des figures martyres de l'après-guerre d'Algérie. Connu pour avoir défendu la liberté de parole du peuple algérien, il fut retrouvé assassiné un matin d'août 1973. Le film retrace les derniers jours de ce franc-tireur, tout en reconstituant en arrière-plan le tableau d'une période politique très perturbée. Une évocation sensible servie par un excellent groupe d'acteurs, Charles Berling en tête.

OSEAM
SUNG BAEK-YEOP

Entre le conte pour enfants et le récit initiatique, ce dessin animé raconte l'histoire d'un petit garçon, Gamie, et de sa sœur aveugle. Depuis la mort de leur mère, ils parcourent le pays, survivant grâce à la générosité de ceux qu'ils rencontrent, jusqu'au jour où ils trouvent refuge dans un monastère. Mais la joie de vivre et l'extravagance du héros perturbent rapidement la quiétude de ce lieu voué à la méditation. Après «Mari Iyagi» et «Wonderful Days», cette nouvelle production atteste de l'excellente santé du dessin animé coréen. Là où les actuelles productions occidentales privilégient le rythme et la sophistication, souvent vaine, de la mise en scène, le réalisateur fait le choix d'une narration plus contemplative, préférant s'attacher à ses personnages et à leur cheminement personnel. Le recours aux techniques traditionnelles de l'animation et le soin apporté aux décors comme à la lumière offrent un écrin de toute beauté à cette chronique tendre et poignante.

ANA ET LES AUTRES
CELINA MURGA

On a associé, lors de sa sortie, l'adjectif «rohmérien» à cette balade urbaine légère et inégale. Certes, son héroïne ne déparerait pas dans la galerie de personnages féminins de l'auteur des «Comédies et proverbes» : Ana (Camila Toker), jeune fille aux yeux rêveurs revient à Paranà, son village natal, après quelques années d'études à Buenos Aires. Au hasard des rues écrasées de soleil, elle renoue des amitiés passées et cherche la trace de son ex-petit ami... La réalisatrice privilégie le non-dit, la nonchalance et une narration suspendue. D'où une impression de fugacité qui, sans nuire au charme de ce premier film, le rend parfois inconsistant.

PÈRE ET FLIC
MICHAEL CATON-JONES

Un flic (Robert De Niro), hanté par le fantôme d'un père accusé et condamné pour le meurtre d'un enfant, est amené à enquêter sur l'assassinat d'un dealer. Or, le principal suspect n'est autre que son propre fils (James Franco). Fatalité, damnation, culpabilité... le scénario emprunte à la tragédie ses grands thèmes. Trop simpliste et linéaire, il est toutefois réhabilité en partie par la sobriété conjointe de la mise en scène et de l'interprétation.

Le Bois lacté

Mon boss, sa fille et moi

LE BOIS LACTÉ
CHRISTOPH HOCHHAÜSLER

Comme dans les livres de notre enfance, il y a une «méchante» belle-mère (Judith Engel), deux enfants grandis trop vite (Sophie Conrad et Leonard Bruckman), un père incapable de voir la réalité en face et un territoire (la frontière entre l'Allemagne et la Pologne) où rôde le danger. Pour son premier film, l'Allemand Christoph Hochhaüsler s'inspire d'*Hansel et Gretel,* des frères Grimm et livre un conte cruel et presque sans paroles. Qui dit l'incompréhension entre voisins – il n'y a pas qu'une frontière entre cette Allemagne glacée et cette Pologne où survivre semble le lot de chacun, il y a un monde ! Qui souligne l'incommunicabilité entre mari et femme et entre parents et enfants. Qui constate le manque de tout. Partout. Le manque d'amour, de générosité, d'attention... Et la catastrophe dans laquelle cela vous précipite. Irrémédiablement.

LES TÉMOINS
BRIAN GILBERT

Renversée en Angleterre par une voiture, Cassie, une jeune Américaine (Christina Ricci), devient amnésique. Elle est hébergée par la conductrice, Marion (Kerry Fox), dont elle garde les enfants. Mais elle va être confrontée à un mystère redoutable qui semble hanter le village. La découverte récente d'une église souterraine met Cassie sur la piste d'une étrange malédiction, portée par un petit groupe d'inconnus dont la présence est régulièrement attestée, depuis une vingtaine de siècles, lors d'épisodes dramatiques et macabres. Dans la ligne du fantastique religieux, une histoire qu'on jurerait avoir déjà vue quelque part... Il faut bien la présence de Christina Ricci pour en ranimer (un peu) l'intérêt vacillant.

HIGHWAYMEN
ROBERT HARMON

Nouveau calvaire pour Jim Caviezel, qui fut le Christ de Mel Gibson. Il assiste ici au meurtre de sa femme bien-aimée, fauchée délibérément par un chauffard, l'immonde hémiplégique Fargo (Colm Feore). Désormais, ne se fiant pas à la police, il va traquer l'assassin aussi longtemps qu'il le faudra. Cinq ans plus tard, il s'allie à Molly (Rhona Mitra) qui, elle aussi, a vu disparaître sa meilleure amie sous les roues de ce pervers diabolique et sadique... Le réalisateur, Robert Harmon, s'est fait connaître en 1986 par le brillant «Hitcher», qui déjà se déroulait sur les grandes routes autour d'un meurtrier implacable. Son savoir-faire est intact mais, signe des temps, on a droit cette fois à un *happy end* qui amoindrit singulièrement l'impact du film.

MON BOSS, SA FILLE ET MOI
DAVID ZUCKER

Tom (Ashton Kutcher, fadasse à souhait) accepte de veiller, une nuit, sur la luxueuse maison de son patron (Terence Stamp, visiblement navré d'être là, mais sans doute pas autant que nous), parce qu'il est amoureux de sa fille (Tara Reid). Hélas, le faucon chéri du boss s'échappe et des gêneurs, dont un tueur pataud (Michael Madsen), provoquent des catastrophes... But évident de David Zucker : retrouver la folie dévastatrice et l'insolence du trio «ZAZ» (David *himself,* son frère Jerry, et Jim Abrahams au milieu), scénaristes déjantés et incorrects de «Hamburger Film Sandwich» et «Y a-t-il un pilote dans l'avion ?». Loupé.

UN FILS
AMAL BEDJAOUI

La nuit, Selim (Mohamed Hicham) vend son corps. Le dimanche, il retrouve son père (Hammou Graïa) pour essayer vainement de briser la barrière de silence qui les sépare. La réalisatrice de ce premier film évite les clichés sur la prostitution et l'intégration pour se focaliser sur la douleur de cette relation impossible. Parfois un peu appliqué, son film ménage de fulgurants instants d'émotion douloureuse et pudique.

ESPRIT LIBRE
ANDY CADIFF

Afin d'échapper aux exigences de la vie de fille du président des États-Unis, Anna Foster (Mandy Moore) décide de prendre le large et parvient à convaincre un séduisant jeune homme (Matthew Goode) de lui faire visiter l'Europe. Dans ce remake inavoué de «Vacances romaines», la Vespa devient une moto, Rome cède la place à Prague et l'esprit de liberté se transforme en une morale pesante sur la prise de responsabilité de la jeunesse. Une fois de plus, méfions-nous des imitations.

Clean

CLEAN
OLIVIER ASSAYAS

«Clean» a valu à Maggie Cheung le prix d'interprétation au dernier Festival de Cannes et raconte l'histoire d'Emily, compagne d'un rocker, Lee, qui, lorsque celui-ci meurt d'une overdose, est emprisonnée, dépossédée de tout. À sa sortie, il faudra qu'elle prouve sa volonté de s'amender, sa capacité à gagner sa vie sans plus la gâcher, son désir de s'occuper de Jay, son petit garçon... C'est donc un parcours de rédemption, chaotique et douloureux, que filme Olivier Assayas, avec une élégance certaine. Sur sa route qui la mène de Hamilton au Canada à San Francisco en passant par Paris, Emily retrouve les anciens amis qui ne croient pas une seconde en son avenir de femme «neuve» (Jeanne Balibar et Béatrice Dalle, formidables dans des seconds rôles). Et puis, il y a un homme, vieillissant, un homme au beau visage fatigué qui ne faisait pas partie de ce monde : Albrecht, le propre père de Lee, le rocker disparu. Le portrait de cet homme, interprété par Nick Nolte, incarnation évidente et touchante d'une «force tranquille», celle du pardon, est le bonheur du film et sa vraie réussite. «Les gens changent... S'il le faut, ils changent», dit-il. Et cela vaut aussi pour lui qui, dans un premier temps, rejetait Emily, n'imaginait pas lui faire confiance. Albrecht n'a pas de réponses évidentes aux questions que la vie lui pose soudain – il ignore la dépendance à la drogue, il ne comprend rien aux rêves de chanteuse qu'Emily nourrit encore –, mais il connaît l'amour. Pour sa femme, en train de mourir d'un cancer. Pour l'enfant qu'il a eu avec elle, et qui est mort. Pour l'enfant que celui-ci a eu à son tour... La beauté de ce sentiment à l'œuvre traverse et transcende «Clean».

Infernal Affairs

NOS AMIS LES FLICS
BOB SWAIM

Un caïd méditerranéen (Daniel Auteuil) engage une bande de bras cassés pour commettre un hold-up dans une galerie d'art. En réalité, les malfrats à la manque sont là pour faire diversion et ils seront amenés, pour se sauver de ce piège, à se déguiser en flics. Ce qui provoquera de plaisants quiproquos... Bob Swaim n'avait rien tourné depuis «Le Défi» (1998), son meilleur film. Il a tout fait pour que son retour soit un succès commercial en réunissant une troupe de comédiens à la mode : Fréderic Diefenthal, François Levantal, Atmen Kélif, Lorant Deutsch et Armelle Deutsch. Ils se dépensent avec énergie.

INFERNAL AFFAIRS
ANDREW LAU

Du cinéma hongkongais de ces dix dernières années, l'Occident a surtout retenu les *gunfights* survoltés de John Woo et les *wu xia pian* (combats de cape et d'épée) pittoresques aux chorégraphies époustouflantes genre «Tigre et dragon». Ce long métrage prend à rebours tous ces clichés, même si le postulat reste assez classique. Il s'agit des destins croisés de deux «taupes» (Andy Lau et Tony Leung). Le premier est infiltré dans les rangs de la police ; le second, dans la mafia locale. Mais l'un et l'autre aspirent à changer d'existence et retrouver une nouvelle vie. S'il n'est pas, *a priori,* d'une originalité débordante, le scénario est l'un des points forts du film, merveille d'équilibre entre les exigences du cinéma d'action, une étude psychologique fouillée et une dose d'humour à froid. La caméra, élégante et nerveuse, optimise à merveille les moindres recoins de ce labyrinthe schizophrène interprété par deux des meilleurs comédiens asiatiques.

ELENI

THEO ANGELOPOULOS

La tragédie est au cœur d'«Eleni» dont il ne faut pas redouter la noire splendeur. La tragédie, celle des mythes, des origines, d'«Œdipe roi», des «Sept contre Thèbes». On est bien dans l'Histoire, celle de la Grèce, à travers le destin d'une femme qui est la grâce, qui est la Grèce, qui s'appelle Hélène (Alexandra Aidini)... On pourrait se décourager, dire qu'il lui arrive trop de malheurs, dès l'enfance, dans la colonie grecque d'Odessa en 1919... Et tellement après. Mais on est enchaîné à elle, à son sort, entraîné par les images, la musique, à la suivre. On entre avec elle dans une sorte de splendide cauchemar éveillé de près de trois heures dont on ne veut plus sortir. Des moutons morts pendent aux branches d'un arbre comme de gros fruits vénéneux, des villages engloutis frémissent de drapeaux noirs, des pupitres sans écoliers dérivent au fil de l'eau. La beauté de tout cela est poignante.

Head-on

HEAD-ON

FATIH AKIN

Dans une Allemagne triste, la rencontre de deux Turcs paumés. Cahit, la quarantaine, revenu de tout, en partance pour nulle part, et Sibel qui, après une tentative de suicide, demande à ce semi-clochard de l'épouser, pour échapper à sa famille traditionaliste et étouffante... C'est un film sombre et clair où les personnages défient le Mal, y succombent, mais trouvent en eux-mêmes une lueur. Fatih Akin n'a pas le désespoir elliptique. Mais il ne sombre pas pour autant dans la complaisance et utilise à bon escient la musique comme une pause dans la fatalité en marche. Et puis, ses interprètes sont formidables : Sibel Kekilli, débutante très douée, et Birol Ünel, sorte de Pacino usé avant l'âge, *alter ego* visible du cinéaste. «Head-on» a remporté l'Ours d'Or à Berlin en 2004.

RADIO

MIKE TOLLIN

L'entraîneur de l'équipe locale de football d'une bourgade de l'Amérique profonde (Ed Harris) aide un garçon handicapé mental (Cuba Goodis Jr.) à trouver sa place dans la société. Inspiré d'une histoire vraie, le scénario repose sur des rouages dramatiques très visibles et des héros redoutablement monocordes. Avec, en filigrane, un hommage sans faille aux grandes valeurs du rêve américain.

SAN ANTONIO

FRÉDÉRIC AUBURTIN

On se croirait dans un nanar des années 1960, signé Jacques Besnard, Richard Balducci ou Guy Lefranc. Ce dernier avait réalisé, jadis, deux adaptations ringardo-kitch, inspirées de Fréderic Dard : «Sale temps pour les mouches» et «Béru et ces dames». Où – incroyable mais vrai – le fade Gérard Barray était plus charmant que Gérard Lanvin ici. Et où – encore plus incroyable, mais toujours aussi vrai –, Jean Richard s'avérait beaucoup plus rigolo que Gérard Depardieu dans le rôle de Bérurier. Dans le film de Frédéric Auburtin, l'enlèvement du président de la République par un membre d'un «sous-SPECTRE jamesbondien» donne lieu à une suite de péripéties maladroites et poussives, à la triomphante vulgarité.

UN MARIAGE À BOSTON

JOSEPH L. MANKIEWICZ

Comédie alerte et inédite d'un Mankiewicz débutant – c'est, en 1947, son troisième film après «Le Château du Dragon» et «Quelque part dans la nuit»... Ce portrait d'un Bostonien pur jus, prisonnier de certitudes qui s'effritent et d'un monde qui s'efface (l'action se situe en 1912), est observé avec une gourmandise cruelle. George Apley (Ronald Colman) est un héros «moliéresque», dont la philosophie se révèle dans cette réplique à sa future bru, qui lui demande pourquoi il n'aime pas sa robe : «Qui a dit que je ne l'aimais pas, ma chère ? Nous l'aimerons tous quand nous nous y serons habitués.» De ce film superbement dialogué, filmé avec une élégance qui rend dérisoires les comédies américaines actuelles, on retient la gravité secrète. Révélée par la réplique d'un Apley soudain perdu : «Je ne sais pas ce qu'il faut attendre de la vie. Elle a une curieuse façon de vous échapper, de vous filer entre les doigts.» Les grands héros de Mankiewicz ne sont pas loin : Humphrey Bogart dans «La Comtesse aux pieds nus», James Mason dans «L'Affaire Cicéron»...

GAMBLING, GODS AND LSD

PETER METTLER

Quoi de commun entre une séance d'évangélisation à l'aéroport de Toronto, la traversée accélérée de Monument Valley, une course de caniches à Zurich, le tournage d'un film «Bollywoodien» à Interlaken, quelques cérémonies brahmanes, un type qui conserve sa femme en osselets et Albert Hofmann, l'inventeur du LSD ? Le LSD, précisément ! Chef opérateur des premiers films d'Atom Egoyan, le Canadien Peter Mettler restitue les effets de l'acide sur le cerveau humain en s'attardant de longues minutes sur une goutte d'eau qui coule d'un pare-brise. Décuplement de la perception, dilatation du temps... Une expérience limite, en quelque sorte...

Cause toujours !

Mensonges et trahisons et plus si affinités

CAUSE TOUJOURS !

JEANNE LABRUNE

Les personnages de Jeanne Labrune parlent, parlent, jusqu'à en perdre la raison – ou du moins le raisonnement. Après «Ça ira mieux demain» et «C'est le bouquet !», voici donc «Cause toujours !», annoncé comme «une fantaisie sur le soupçon et son contraire, la confiance». Les «caractères» représentés ressemblent comme des frères à ceux des deux films précédents, ce sont des «bobos» avec des métiers de «bobos» (ici, la traduction et l'édition), un train de vie de «bobos» (jolis appartements, vêtements modes, maison à la campagne). La mise en scène est alerte, les dialogues sont brillants et les comédiens – qu'ils soient des habitués comme Jean-Pierre Darroussin, Didier Bezace et Richard Debuisne, également co-scénariste, ou de nouveaux venus comme Victoria Abril, Sylvie Testud et Claude Perron – sont très à l'aise. Pourtant, après un joli début autour d'une invasion d'insectes nuisibles, quelque chose bloque : le système, très bien huilé, n'est plus qu'un système, l'exercice de style s'affiche comme tel.

RAIN

CHRISTINE JEFFS

Premier film de la Néo-Zélandaise Christine Jeffs, «Rain», adapté d'un roman de Kirsty Gunn, installe une atmosphère particulièrement réussie, celle d'un été torride dans la vie d'une famille des années 1970. Janey a 13 ans, cet âge de lisière où l'on nage entre deux eaux. Le monde des adultes, avec leurs jeux incompréhensibles mais si excitants, est représenté par les parents, la mère de Janey surtout : belle femme consciente de sa séduction et qui entend bien en user encore, avant qu'il soit trop tard. Le monde des enfants, c'est celui dans lequel barbote encore Cady, son petit frère, assez pot de colle, dont elle aimerait parfois se débarrasser. Lorsqu'un séduisant photographe commence à fréquenter la famille, la mère et la fille, inconsciemment, deviennent rivales, avec leurs armes respectives... L'image est superbe, l'ambiance est moite à souhait. Dommage que la fin véhicule, via une «punition» inacceptable, une morale vaguement rance.

MENSONGES ET TRAHISONS ET PLUS SI AFFINITÉS

LAURENT TIRARD

Portrait d'un velléitaire qui ne s'est jamais vraiment assumé, à la croisée des chemins de la trentaine. Raphaël (Édouard Baer) est «nègre», il rédige les biographies de gens connus. C'est frustrant. Il rêve évidemment de publier son propre roman, encouragé par sa copine Muriel (Marie-Josée Croze). En attendant, on lui propose d'écrire la vie d'un footballeur (Clovis Cornillac). Or, la compagne de celui-ci (Alice Taglioni) n'est autre que son grand amour de jeunesse. Pour la reconquérir, Raphaël abandonne Muriel. Le jeu des fantasmes, des désirs confrontés à la fadeur du quotidien est la matière de cette comédie (premier film d'un journaliste de «Studio Magazine») allègrement tournée et jouée, autour d'un Édouard Baer souverain, parfaitement à l'aise, drôle et touchant à la fois.

LA PELOTE BASQUE : LA PEAU CONTRE LA PIERRE

JULIO MEDEM

À l'origine de ce documentaire sur le conflit basque, une intention louable : plutôt que de jouer la carte de l'analyse et de risquer de prendre parti, le cinéaste choisit de laisser la parole aux deux camps. Recherchant sans doute le maximum d'objectivité, il laisse ainsi plus de soixante personnes s'exprimer. Ce chiffre conséquent finit pourtant par nuire à la lisibilité d'un sujet dont la complexité n'est, du coup, jamais éclaircie.

TAXI

Collateral

Michael Mann

Avant l'action, les sensations. Max (Jamie Foxx), le chauffeur de taxi qui parcourt la nuit les rues de Los Angeles, ne nous a pas encore été présenté que Michael Mann nous invite à la rêverie en une suite de plans très courts, entre lyrisme et abstraction. Le clinquant des néons est promesse d'ailleurs, mais les rêves d'évasion butent contre un espace clos par les immeubles et par les parois métalliques, vitrées ou bétonnées. Que veut Max ? S'envoler vers cette plage paradisiaque des Maldives photographiée sur la carte postale qu'il a insérée dans son pare-soleil, ou bien monter cette chimérique affaire de limousines pour VIP qu'il évoque devant le procureur Annie Farrell (Jada Pinkett Smith) ? Le rare moment de complicité qu'il partage avec cette passagère, au mépris de toutes les barrières sociales, en ferait presque oublier l'intrigue policière qu'il faut bien nouer et qui semble littéralement tomber du ciel avec le premier cadavre. Le temps d'une nuit, Max doit mettre sa vie entre parenthèses et faire corps avec son véhicule pour conduire Vincent (Tom Cruise), son criminel passager dont le programme (quatre autres meurtres à exécuter) devient brusquement celui du film. Passé le choc de la surprise, Max, qui rêvait de sortir de son taxi, comprend que l'aventure de cette nuit pourrait lui en fournir l'occasion.

Le huis clos s'esquisse bientôt dans l'opposition de deux volontés : celle du «melvillien» Vincent, attaché à suivre la ligne qu'il s'est fixée, contre celle de Max, désireux de l'en détourner par tous les moyens. La force brute est du côté de Vincent avec ses armes, sa technologie et son cynisme de tueur professionnel. Mais, à force de s'effacer derrière un *look* élégant et un hiératisme désenchanté qui renvoie à une vision du monde où l'homme ne serait qu'un grain de sable dans l'univers, Vincent a perdu cette étincelle de vie que Max trouve en lui-même.

Le parallèle entre le flic et le voyou, présentés comme les deux faces d'une même pièce, est une figure archétypique du polar que Michael Mann avait déjà utilisée dans «Manhunter» et dans «Heat». Il la revisite ici à travers cette fable dont les deux héros solitaires sont des zombies dans la cité. La différence, c'est que pour survivre, Max doit laisser remonter sa vraie personnalité, tandis que l'aspiration de Vincent à devenir un être de chair et de sang est tellement incompatible avec son métier (sur ses précédents coups, il n'a jamais laissé de trace ni de signalement) qu'il ne peut s'incarner qu'en mourant. D'où cette discussion sur l'anonymat du cadavre dans le métro.

Comme un vampire, Vincent se nourrit du sang des autres et tire sa force de l'obscurité. C'est en apparaissant en pleine lumière dans l'immeuble où il doit perpétrer son cinquième meurtre qu'il commence à perdre la partie. Mais son dérè-

glement en tant que machine à tuer était amorcé précédemment. Après deux premiers meurtres si faciles qu'ils demeurent hors-champ, il doit redoubler d'efforts pour exécuter son programme. Son troisième meurtre (dans la boîte de jazz) est le fruit d'un *bluff* qui témoigne d'une incroyable *maestria* psychologique, alors que le quatrième doit tout à ses dons de stratège et à sa lucidité. Cette séquence, la plus spectaculaire du film, suffirait à elle seule à ravir les amateurs d'action, tant elle réussit à faire vivre la fusillade de l'intérieur tout en gardant un point de vue général afin de suivre la progression des personnages dans la foule.

Car Michael Mann n'oublie jamais qu'il est à la tête d'un *blockbuster* et qu'il doit satisfaire le public le plus large dans un *crescendo* de tension. Qu'il fasse un retour au polar après un film-dossier («Révélations», 1998) et un *biopic* («Ali, 2002») importe peu, puisqu'il reprend chaque fois la formule gagnante élaborée dans «Heat, 1995» : concilier les impératifs du cinéma de genre et la volonté de dépeindre les pensées des personnages. Non pas avec des mots comme un romancier, mais avec des sons et des images. D'où son art de faire des temps forts de ce qui ne serait chez d'autres, au mieux, que des scènes de transition. C'est, dans «Révélations», la tapisserie qui s'anime sur les murs de la chambre d'hôtel pour faire apparaître au héros ses deux fillettes, ou encore la scène du métro d'«Ali», quand le moral du champion est au plus bas. Dans «Collateral», outre la scène d'ouverture, il y a tous ces beaux moments où les deux hommes roulent dans le silence de la nuit.

La musique à dominante de blues, mélange de partition originale et de morceaux préexistants, qui semble flotter par nappes, contribue à créer cette atmosphère spécifique aux films de Mann où le geste le plus anodin semble magnifié. Le cinéaste n'a pas son pareil pour inscrire les corps dans le paysage urbain. Le soin qu'il apporte à ses cadrages composés avec minutie, fussent-ils filmés caméra à l'épaule, est devenu légendaire. Il y ajoute un travail inédit sur la couleur en abandonnant, pour les extérieurs, le 35 mm au profit de la vidéo numérique haute définition sur laquelle il peut agir à la manière d'un peintre. Considérer «Collateral» comme un chant d'amour du réalisateur à sa ville de Los Angeles n'est pas exagéré. Il y montre des lieux et des atmosphères jamais vus à l'écran, et même trois coyotes à un feu rouge. Leur apparition insolite repose sur un souvenir du cinéaste qui assure avoir vu une nuit ces animaux sortis du désert «traverser posément la rue, comme s'ils étaient les maîtres de la ville, comme si la civilisation n'était que temporaire et superficielle».

Pour autant, la scène reste courte. Elle suggère plus qu'elle ne démontre, à l'image d'un film où la symbolique de la moindre péripétie semble calculée : témoin ces parois vitrées que Max, enfin sorti de son bocal à roulettes, abat dans l'avant-dernière scène. Suprême élégance, Mann – et c'est une première chez lui – manie dans les dialogues un humour qui désamorce le petit côté «donneur de leçons» qui guettait le projet. Peu importe si ce genre de répliques relève du marketing *blockbuster*. Elles participent ici d'un projet autrement ambitieux : capter l'intangible.

Philippe Rouyer
Positif

«Collateral», c'est «L'Emmerdeur» qui rencontre «Terminator», le tout filmé sans aucun humour. Chez Weber, les emmerdeurs sont les plus forts car ils restent jusqu'au bout corrosifs. Le moraliste Mann, lui, est persuadé que les hommes doivent s'amender, changer grâce à l'échange. La rencontre se solde donc par le gâchis de deux personnages en bouillie, le thriller est brutalement «déceptif». Cruise n'impressionne guère en tueur à gages très très méchant, rôle trop viril pour l'acteur post-adolescent qu'il ne cesse d'être. Michael Mann n'y croit pas non plus : il lui préfère un personnage secondaire, le plus beau du film, le flic Fanning (Mark Ruffalo), buté sans pitié par le scénario au mitan de «Collateral» après une scène de gunfight en boîte de nuit promise à l'anthologie. Ce personnage est un accident, la scorie d'un Mann précédent, «Heat», beaucoup plus réussi, qui explorait la proximité flic-voyou. Fanning émeut parce qu'il est de trop dans cette histoire.

Stéphane Piatzszek et Olivier Séguret
Libération

S'il est vrai que l'on reconnaît les authentiques cinéastes à la façon dont ils traitent les petits sujets, alors Michael Mann est un authentique cinéaste. «Collateral» permet de vérifier cette assertion faussement paradoxale. Après les ambitieux «Révélations» et «Ali», le nouvel opus de Mann prendrait presque l'allure d'une pause, d'un piédestal pour vedette, d'un pas de côté permettant à son auteur de se conformer aux exigences du divertissement pour Major Companies *et public du samedi soir, au mieux d'un retour aux contraintes d'un cinéma de genre transcendé par une grâce essentiellement formelle. Mais la valeur d'un cinéaste, c'est aussi sa capacité à faire tenir debout un projet impossible, un parti pris purement théorique auquel le cinéma, et plus exactement la mise en scène, conférera de la substance. Tout y est à la fois si fragile, si forcé, si invraisemblable et tout y est si miraculeusement évident que «Collateral» s'ouvre* in fine *sur des perspectives qui auraient sans doute été imperceptibles dans toute autre circonstance.*

Jean-François Rauger
Le Monde

Cette virée en roue libre se révèle très balisée. Par un curieux effet boomerang, la volonté d'échapper aux conventions ne fait que souligner, en retour, celles auxquelles le film ne renonce pas. Ainsi, le chauffeur de taxi est un personnage très standardisé : il est là pour apporter de la cocasserie et de l'humanité, mettre de l'émotion dans la peur, mais il est aussi mécanique que le tueur qu'interprète un Tom Cruise crispant. Michael Mann n'arrive à rien arracher à l'acteur que celui-ci n'ait déjà donné ailleurs : son numéro de méchant est fabriqué selon les normes d'une performance de star dont les dérapages sont malheureusement contrôlés. Quant au scénario, il ne nous épargne ni les invraisemblances ni les ficelles d'un rebondissement final prévisible, et il se boucle sur un bon vieux happy end.

Frédéric Strauss
Télérama

L'interrogation qui travaille «Collateral» est la même qui hante nombre de productions américaines depuis le 11 Septembre. Pourquoi le malheur nous a-t-il frappés ? Avons-nous commis une faute ? Qui sont les responsables ? Pour Michael Mann, comme pour une majorité de ses collègues hollywoodiens, ce problème ne peut connaître de résolution qu'en le limitant d'entrée au seul territoire national. C'est précisément cet entre-nous américano-américain que désigne ici le terme de «collatéral» (Max parle de «dommage collatéral» pour qualifier sa propre prise en otage). Victimes et coupables sont tous convoqués dans un seul et même espace. Et il n'y a nulle coïncidence à ce que l'agenda des victimes respecte un strict panel racial : un Mexicain, un Blanc, un Noir, un Asiatique. C'est à la fois la cartographie des communautés composant aujourd'hui les États-Unis, et, dans le même temps, la représentation sélective des diverses populations du globe – à l'exception notable du monde arabe. Mais la «perte des valeurs» intéresse moins le réalisateur qu'une question plus vaste encore : le monde a-t-il un sens ? Respecte-t-il un plan ou n'est-il que le fruit d'un hasard aveugle ?

Patrice Blouin
Les Inrockuptibles

«Collateral», soit le cauchemar ouaté de cette mégapole artificielle et sauvage qui, entre deux échangeurs autoroutiers, voit surgir des coyotes aux yeux scintillant. Image paradoxale et magnifique, qui exprime avec fulgurance la grâce qui émane du cinéma de Mann : deux hommes encagés dans leur prison minérale face à deux bêtes libres, deux trajectoires possibles au sein d'une ville réseau dont la cartographie induit le croisement, parfois l'accident, mais rarement la rencontre. «Collateral» est l'histoire de cette rencontre et des déviations à emprunter pour retrouver notre sauvagerie. Ou notre humanité.

Jean-Baptiste Thoret
Charlie Hebdo

Duel dans la nuit. Le réalisateur de «Heat» et «Révélations» affronte la plus grande star de ces vingt dernières années : Tom Cruise. Vainqueur : le film, magnifique voyage au bout de l'enfer urbain où un modeste chauffeur de taxi noir embarque un client chic aux cheveux argentés sans savoir qu'il va jouer pour lui les passeurs. Car c'est la mort qui ponctue le trajet (le passager est un tueur à gages et ne quittera le taxi qu'une fois toutes ses cibles atteintes), avec détour par l'hôpital et échange de personnalités. Plus le film avance au creux des heures sombres, plus il devient métaphorique. Mais plus son symbolisme est puissant, plus il est, aussi, spectaculaire avec un (logique) cache-cache mortel dans un immeuble de verre plongé dans le noir, jusqu'au dernier tunnel, celui du métro, moderne embarcation pour traverser le fleuve Styx. «Collateral» est le triomphe du système américain quand celui-ci est mis en œuvre par des artistes (de la mise en scène à la photo, jusqu'au montage…) : le divertissement y est à son comble (la tension monte d'un cran à chaque séquence), mais c'est pour laisser le spectateur, au final, seul face à lui-même, face à l'expérience d'un récit qui, malgré ses atours modernes, puise dans tous ceux qui, de la mythologie grecque au roman noir, racontent aux hommes comment s'en sortir avec eux-mêmes.

Philippe Piazzo
Aden

Garfield

RENDEZ-VOUS AVEC UNE STAR
ROBERT LUKETIC
Afin de redorer l'image de marque très écornée du comédien Tad Hamilton (Josh Duhamel), les studios décident de faire gagner une journée en sa compagnie à une adolescente (Kate Bosworth). Mais Pete (Topher Grace), amoureux de la jeune fille, redoute cette entrevue. La seule justification de cette comédie moraliste et insipide est de faire figurer au générique trois vedettes du petit écran américain.

LA FERME SE REBELLE
WILL FINN ET JOHN SANFORD
Rien ne va plus dans ce paisible ranch du Far West, autrefois prospère et serein. Victime des agissements d'un louche individu déterminé à ruiner tous les fermiers en leur dérobant leur cheptel bovin, la vieille propriétaire s'apprête à mettre la clé sous la porte. Trois «bovidées» à la langue bien pendue décident de mener l'enquête… Le dernier opus fabriqué chez Disney met en évidence la crise que traverse ce studio autrefois omnipotent dans l'industrie du dessin animé. À l'ombre envahissante des longs métrages Pixar et Dreamworks, le film tente de résister, écartelé entre le second degré, la référence et le très étouffant cahier des charges d'un film pour tout-petits. Le rythme n'y est pas, le dialogue est inégalement drôle et l'animation, paresseuse.

GARFIELD
PETER HEWITT
Curieuse idée que de porter au cinéma la formidable bande dessinée de Jim Davis en mélangeant l'animation 3D (pour le chat Garfield) et les acteurs (pour les autres). Le matou est physiquement convaincant, mais, moralement, cette peste saturée de défauts est devenue le plus angélique et le plus serviable des félins (malgré la voix en VO du très sarcastique Bill Muray), héros d'un récit à l'eau de rose où il facilite les amours de son maître, Jon (Breckin Meyer), au lieu de lui empoisonner la vie. Bref, d'une BD réjouissante par son mauvais esprit, de l'apologie d'un goinfre égoïste et fainéant, la 20th Century Fox a tiré une série de saynètes inoffensives pour enfants sages. Trahison !

LA CAMÉRA DE BOIS
NTSHAVENI WA LURULI
Au Cap, deux adolescents suivent des chemins différents. Avec le pistolet qu'il a trouvé sur un cadavre, Sipho (Innocent Msimango) devient un petit gangster. Madiba (Junior Singo), qui a hérité de la caméra vidéo du mort, découvre sa vocation d'artiste en filmant la misère de son quartier, encouragé par un prof de musique farfelu (Jean-Pierre Cassel, épatant). On suit avec attendrissement des péripéties prévisibles, portées par la sincérité manifeste des auteurs et des interprètes. Mention spéciale à la jeune Dana de Agrella –

Hellboy

déjà actrice professionnelle contrairement aux deux garçons. Elle apporte à son personnage d'ado bourgeoise qui refuse son milieu un érotisme et une insolence magnifiques.

A GUY THING
CHRIS KOCH

Paul (Jason Lee) enterre sa vie de garçon et a la surprise de retrouver dans son lit, au matin, une inconnue (Julia Stiles) qui se révèle être la cousine de sa future femme (Selma Blair)... Variation réussie sur un thème classique de la comédie américaine : la rencontre contrariée de deux êtres faits l'un pour l'autre. Quand il ne cède pas à un goût fâcheux pour le gag scatologique, Chris Koch penche du côté de Blake Edwards. Le personnage du flic, ravagé et jaloux, semble droit sorti de «Boire et déboires». La dinguerie culmine lors d'un mariage, célébré par un pasteur vraiment peu enclin à unir les deux fiancés. Rythmé et sympathique.

HELLBOY
GUILLERMO DEL TORO

À la fin de la Deuxième Guerre mondiale, des nazis, avec l'aide de l'immortel et toujours malfaisant Raspoutine, arrachent des enfers un ravissant diablotin. Plus d'un demi-siècle plus tard, sous l'influence de son père spirituel, le Professeur Broom (John Hurt), Hellboy est devenu un géant rougeaud qui fume le cigare et lime consciencieusement ses cornes pour paraître un peu plus humain.
Avec l'aide d'un homme amphibie et d'une jolie détraquée capable de faire jaillir le feu quand elle le désire, Hellboy devient l'arme américaine n°1 pour faire régner la paix sur terre... On redoute un banal «blockbuster» de plus. Mais, grâce au rythme frénétique imposé par Guillermo del Toro, la BD célèbre de Mike Mignola se métamorphose en conte touchant : l'amour impossible d'une Bête (que Ron Perlman interprète avec une ironie séduisante) pour une Belle indifférente (Selma Blair). Alors, une étrange nostalgie, un curieux vague à l'âme adoucissent les effets spéciaux et transcendent les clichés.

ORDO
LAURENCE FERREIRA BARBOSA

Un film de Laurence Ferreira Barbosa n'est jamais indifférent. Transposant ici un récit de l'écrivain américain Donald Edwin Westlake, elle se l'approprie et on est aussitôt sous le charme. Ordo le marin (Roschdy Zem) découvre que celle qu'il a épousée fugacement jadis est devenue la star de cinéma Louise Sandoli (l'envoûtante Marie-Josée Croze). Intrigué, il se fait inviter chez elle le temps d'une permission – et d'une description au scalpel d'un univers bien éloigné du sien. Caractères bien dessinés, situations proches des clichés mais n'y tombant jamais... Les mystérieux parcours d'Ordo et de Louise sont singuliers et prenants.

La Niña santa

Père et fille

LA NIÑA SANTA
LUCRECIA MARTEL
Le premier film de la jeune réalisatrice argentine Lucrecia Martel, «La Cienaga» (nom de sa province natale), avait fait grande impression en 2001. C'était une chronique familiale étouffante et charnelle dans la chaleur de l'été. Elle revient chez elle en hiver, dans un hôtel thermal où se déroule un congrès médical pour une plongée dans les troubles exaltés et secrets de l'adolescence. Pour Amalia (Maria Alché) et Josefina (Juliette Zylberberg), mystique rime avec érotique, c'est l'âge qui veut ça et la réalisatrice sait à merveille filmer de près cette indécision-là, cette innocence factice : élévation des âmes, vertige des cantiques, mais aussi bouleversement des corps, tentations exquises du péché. Un médecin (Carlos Belloso) qui courtise la mère d'Amalia (Mercedes Moràn) sera le révélateur de cet état bouleversant, le tentateur malgré lui et peut-être la victime d'Amalia, la «niña santa», séduisante et cruelle petite sorcière pieuse. Le film est produit par Pedro Almodovar. Rien d'étonnant à cela.

POURQUOI (PAS) LE BRÉSIL ?
LAETITIA MASSON
Laetitia Masson, une réalisatrice en panne (interprétée par elle-même et par Elsa Zylberstein) qui vit une relation sentimentale difficile, accepte la proposition d'un producteur (Bernard Le Coq) : adapter l'inadaptable roman de Christine Angot, *Pourquoi le Brésil ?* C'est-à-dire l'histoire d'une romancière en panne qui vit une relation sentimentale difficile. Jeu de miroirs. Puzzle qui devrait fasciner. La satire des milieux cinématographique et littéraire, bien que juste et suffisamment cruelle, manque cependant de nerf. On retiendra, néanmoins, de cette mise en abyme ambitieuse, son évident humour masochiste : Laetitia M. se filmant en train de se faire jeter comme une malpropre par tous les comédiens auxquels elle propose de jouer dans son film – notamment Francis Huster dans un numéro de cabotinage assez éblouissant…

PÈRE ET FILLE
KEVIN SMITH
De l'auteur des grinçants «Clerks» et «Dogma», il était permis d'attendre autre chose que cette comédie dramatique guimauve d'une rare platitude. Dans le rôle du père veuf et chômeur – mais méritant – essayant de concilier vie familiale et professionnelle, Ben Affleck en fait des tonnes, sans doute persuadé que ce genre de rôle est un tremplin pour une statuette.

MAFIA LOVE
MARTYN BURKE
Ignorant qu'elle était la fille d'un parrain de la mafia récemment assassiné, une bourgeoise coincée (Madeleine Stowe) voit débarquer dans sa vie un tueur à gages galant (Sylvester Stallone), censé la protéger des meurtriers de son père. Le couple dissonant est un classique de la comédie romantique. Faute de véritable structure scénaristique et d'une interprétation convaincante, il est ici inopérant.

Mon père est ingénieur

AUTOROUTE RACER

MICHAEL KEUSCH

De charmants jeunes gens roulent à 240 km/h sur l'autoroute (il paraît que c'est autorisé en Allemagne). Des flics un peu neuneus les confondent avec de méchants Russes, voleurs de voitures. Inspiré d'un jeu vidéo, c'est «un parcours initiatique», selon le réalisateur. Luke J.Wilkins, qui interprète le jeune flic découvrant la vitesse, lui, est plus modeste : «C'est, surtout, une aventure méga cool !» Ce garçon est dans le vrai.

MON PÈRE EST INGÉNIEUR

ROBERT GUÉDIGUIAN

La troupe de Robert Guédiguian est à nouveau réunie, à Marseille, pour un beau film casse-gueule, une «pastorale» mélancolique où le constat amer sur la fin des utopies – comme dans «Dieu vomit les tièdes» et «La ville est tranquille» – est un peu adouci par une indéfectible confiance dans la pérennité du couple. Au début, on peut être déconcerté. Dans le style naïf des crèches provençales, on voit Joseph et Marie, harassée, sur le point d'accoucher. L'étable sera un hangar, le bœuf et l'âne, deux SDF... Puis Marie (Ariane Ascaride) devient Natacha, pédiatre à présent aphasique, frappée, on ne sait pourquoi, de «sidération psychique». Et Joseph (Jean-Pierre Darroussin) devient Jérémie, médecin lui aussi, ayant quitté ses missions humanitaires lointaines pour venir au chevet de son premier amour et tenter de comprendre, d'aider. Ils se sont connus à 17 ans – au cours de russe, il ne parvenait pas à prononcer la phrase «mon père est ingénieur» –, ils ont milité ensemble, ils ont cru ensemble et dur comme fer aux lendemains qui chantent. Jérémie sait que Natacha a aimé un autre homme, pas de leur bord (Gérard Meylan), et puis voilà, tout a changé. Peut-on encore espérer une nativité, celle d'un avenir, par exemple à bâtir sur les décombres des espérances ? En bas de la barre HLM, des jeunes «des cités» attendent, ils sont calmes comme des bergers...

LE CADEAU D'ELENA

FRÉDÉRIC GRAZIANI

Socrate (Michel Duchaussoy) a quitté l'île de Beauté, il y a quarante ans. Accompagné de son fils (Stéphane Rideau), il effectue un retour au pays. Mais les secrets enfouis menacent peu à peu de ressurgir. Si le scénario cherche tant bien que mal à prendre ses distances avec les clichés inhérents au peuple corse (orgueil, loi du silence et code de l'honneur...), il est regrettable de voir la direction d'acteur y foncer tête baissée.

Mon voisin le tueur 2

MON VOISIN LE TUEUR 2

HOWARD DEUTCH

C'était à craindre : l'incompréhensible succès rencontré par le premier volet (Jonathan Lynn, 2000) ne pouvait rester sans suite. Le principe du *buddy movie* réunissant deux caractères antagonistes – ici, un tueur à gages pantouflard (Bruce Willis) et un voisin anxieux et pleutre (Matthew Perry) – tourne particulièrement à vide. Les rares gags proviennent directement du précédent opus – déjà poussif.

Comme une image

Agnès Jaoui

Tous les hommes doivent-ils arborer la virilité menaçante de Robert Mitchum ? Les filles sont-elles condamnées à ressembler aux pin-up des magazines de charme ou modèles sexy des publicités ? Pourquoi les artistes acceptent-ils d'aller se ridiculiser devant les caméras paillettes ? Il n'y a rien de tel que la télévision pour inculquer ce type de dictature. Mais le petit écran n'est pas seul à en prendre pour son grade dans la comédie morale d'Agnès Jaoui, qui dénonce l'état de soumission admise par nos concitoyens, tant en famille que dans les relations amoureuses, amicales, professionnelles. Y a-t-il une manière d'échapper aux tyrannies sociales ? La cinéaste donne de la voix pour s'interroger sur l'inertie des souffre-douleur et plaider le réveil contre les mal embouchés.

C'est l'une des belles trouvailles de ce film choral voué à clouer le bec aux sopranos trop tonitruants. Complexée par ses kilos en trop, transparente aux yeux de son père, l'héroïne, qui n'a de Lolita que le prénom (c'est le premier grand rôle de Marilou Berry, la fille de Josiane Balasko), ne parviendra à se faire respecter et admirer que lorsqu'elle ouvrira grand la bouche, émouvante cantatrice, pour exprimer sa richesse intérieure, une légèreté puisée chez Mozart.

Car le film ne dénonce pas seulement la prétendue obligation d'être belle comme une image pour être remarquée, il capte ces concerts de pollutions sonores qui, quotidiennement, paralysent, écrasent, humilient les plus faibles, les plus fragiles, les moins égocentriques. À travers le profil d'un écrivain vieillissant, voué au paraître, Agnès Jaoui explore les mille et un symptômes et ravages de l'incommunicabilité : malentendus, gaffes, mépris inconscient, humour cinglant, refus d'avoir tort, incapacité à écouter. Piques conjugales, repas sans politesse, cocktails hypocrites. Le langage, ici, est faussé. On ne s'entend pas.

Ces maltraitances trahissent un amour de soi destructeur (et parfois autodestructeur). Elles sont favorisées par l'ivresse du pouvoir. Agnès Jaoui a choisi de dépeindre un milieu dans lequel évoluent des écrivains en mal de reconnaissance. Mais les coulisses de l'édition ne sont qu'un prétexte à une palette des comportements qu'adoptent les gens prêts à faire des folies pour obtenir un carton d'invitation à une soirée où il y aura des stars, qui acceptent de se laisser tyranniser pour être vus et célèbres. «Comme une image» n'est pas une charge contre les puissants, c'est une satire des «pauvres gens» que le succès pourrit et aveugle, qui renient leurs amis, leur éditeur et leur âme, se compromettent, changent d'attitude quand ils croient pouvoir tirer quelque profit d'une relation valorisante, guettent les compliments.

Cette trahison de soi-même est-elle le prix à payer d'un épanouissement factice ? Interprétant le rôle d'un professeur de chant lucide sur l'opportunisme de son romancier de mari,

mais elle-même non exempte de réflexes intéressés, Agnès Jaoui a réussi là un beau film, sensible, souvent drôle, qui met le doigt sur l'une des plaies de notre société. Doté d'une mise en scène fluide et de dialogues qui emportent l'adhésion, «Comme une image» apparaît comme une nouvelle variation sur des thèmes qui lui sont chers, à elle et à son co-scénariste Jean-Pierre Bacri : la fascination, béate et sans recul, des apparences ; la culture de la frime ; la tyrannie subie par tous ceux qu'hypnotise la réussite ; l'exclusion pratiquée par certains mondes ; le miroir aux alouettes ; les préjugés qui conduisent des individus à cataloguer autrui à mauvais escient.

Il n'y a ni bons ni méchants dans cette fresque désolée. La Lolita mal fagotée souffre tant de vivre dans un monde régi par l'intérêt, elle est si mal remise d'une fausse idylle avec un garçon opportuniste, si habituée à n'être que la «fille de…», si prompte au soupçon, qu'elle se renferme dans un fatalisme stérile. «Comme une image» est aussi un film sur la solitude.

Jean-Luc Douin
Le Monde

On a les tyrans et les tyrannies qu'on mérite. À l'heure de l'infantilisme généralisé, où l'embonpoint est en passe d'être un délit et la célébrité une vertu, Jaoui remet, non sans humour, les pendules à l'heure. Si Cassard est d'une goujaterie sans nom, les autres sont empêtrés dans des doutes, des lâchetés ou un besoin de reconnaissance qui leur font faire n'importe quoi. Entre volonté d'avoir le dernier mot et culpabilisation, chacun tente d'échapper à une dépendance avec plus ou moins de réussite. Se soumettre peut aussi arranger, permet de ne pas grandir et de fuir ses responsabilités. Le film choral est donc tout en nuances, servi par un scénario de Bacri/Jaoui – primé à Cannes – qui fonctionne à merveille. Où l'on retrouve leur goût sûr pour la formule qui tue («Et toi, tu faisais quoi avant ? – J'étais dans le terrorisme.»), leur savoir-faire dans la polyphonie et le retournement d'image des personnages. Il fallait pour cela une direction d'acteurs irréprochable, elle l'est ; de bons comédiens, ils le sont tous, à commencer par Bacri, toujours imbattable (sauf peut-être par Bill Murray…) dans le registre du râleur désenchanté, fatigué par ses propres mots. Un genre en soi.

Mais la qualité originale de «Comme une image» tient aussi à sa tension formelle. Comme s'il y avait deux films en un, une comédie d'épinglage disons «sociopsy» et un autoportrait déguisé sous les traits, à la fois, de Lolita et de Sylvia. Tout ce qui est lié au chant (Monteverdi, Mozart, Schubert, etc.) libère la réalisatrice de la mécanique scénaristique et de la satire. Dans les scènes de répétition de Lolita avec son ensemble vocal, puis lors du concert dans l'église romane, Jaoui capte des moments de vérité purement cinématographique qui disent le trac, l'envol de la voix, la communion. Elle crée là un rythme fluide, une respiration gracieuse – beau mouvement que cette caméra qui se rapproche avec une douceur résolue de Lolita révélée, au visage de madone.

À travers ce personnage enfin en accord avec elle-même et les autres, à travers aussi son rôle de Sylvia, qui dirige l'ensemble dans l'ombre comme un cinéaste ses acteurs, Jaoui trouve la note juste et une forme plus personnelle que d'habitude. Comme une image harmonieuse d'émancipation.

Jacques Morice
Télérama

Jeux de dupes, faux-semblants, triche affective ne sont pas l'apanage de l'univers germano-pratin. Mais ce décor sociologique est plus que crédible quand il s'agit de mettre en scène la médiocrité des rapports humains. Désir de paraître, soif d'être reconnu… semblent intrinsèquement liés à

cet écosystème. Au-dessus de ces misères, Lolita la solitaire hisse courageusement son rêve : devenir chanteuse lyrique. Et la voix de la jeune fille, son talent soutenu par un professeur de chant qui porte en elle toutes les ambiguïtés de la nature humaine, révélera peu à peu son propre pouvoir de séduction. Le chant, voie d'accès à l'amour. Trop beau pour être vrai ? Sympathique en tout cas.

Geneviève Welcome
La Croix

La pointe sèche n'empêche pas l'émotion. Il n'y a pas de bons et de méchants dans «Comme une image». Juste des hommes et des femmes pris au piège de leurs sentiments et de leurs intérêts sur fond de contradictions. Lolita trouvera sa voie par le chant, cependant que son père replongera avec délice dans l'écriture. On ressort du film apaisé, le cœur étreint d'avoir passé deux heures en compagnie d'une si riche humanité, défauts compris. «Comme une image» est tout sauf sage.

Jean-Pierre Lacomme
Le Journal du Dimanche

On croisera donc une ado déprimée, une star de best-sellers imbuvable, un écrivain qui perce d'un coup et devient distant, et une prof de musique qui voudrait en être sans vouloir vraiment en être. Bref, tout ce beau monde n'est pas très beau, entre déprime, aigreur, jalousie, mesquinerie, égoïsme… Heureusement, il y a ceux qui aiment les autres pour ce qu'ils sont plutôt que pour ce qu'ils représentent, par exemple un jeune Beur khâgneux ou notre héroïne rondouillarde. Jaoui livre quelques révélations : le milieu littéraire n'est que foire aux vanités, les élites culturelles sont pourries, le succès corrompt, tous les Beurs ne sont pas des cailleras et l'être vaut mieux que le paraître – leçon de chose à deux balles empaquetée dans une mise en scène sage comme une image, formatée comme une sitcom. Jaoui invente ici, non sans un certain savoir-faire, la comédie humaine dépressive moralisante et légèrement «démagauche».

Serge Kaganski
Les Inrockuptibles

Tel un La Bruyère d'aujourd'hui, le duo Jaoui/Bacri, justement récompensé à Cannes (prix du scénario), n'a pas d'égal pour élaborer une galerie de personnages avec autant de justesse et de précision. L'acuité de leur regard donne naissance à des hommes et des femmes que les pessimistes jugeront réalistes, et les optimistes incroyablement noirs. Des hommes et des femmes que l'on aimerait loin de nous, mais que leurs petits travers et grandes lâchetés nous rendent proches. «Comme une image» se lit alors comme une tragicomédie sur le pouvoir, son attraction et l'incapacité de celui qui y est confronté à s'y opposer. Les membres de cette petite troupe se parlent beaucoup mais ne s'écoutent jamais. Cependant, les questions affleurent, soulignant la difficulté de vivre, entre toutes ces images pas forcément cohérentes : celle que l'on se fait de soi, celle que l'on donne et celle que l'on a des autres…
Pour autant, «Comme une image» est moins démonstratif que «Le Goût des autres». Le silence et la musique y prennent une place plus importante. Et la mise en scène de Jaoui se met au diapason, plus fluide, moins à l'affût de la réplique qui va faire mouche. Ce film ne manque pas de saillies verbales, mais elles sont également réparties entre les personnages, de moins en moins manichéens. Moins que jamais, prenant un malin plaisir à jouer avec leur propre image, Jaoui et Bacri se posent en donneurs de leçons. Plus que jamais, leur sens de la comédie inhumaine est affûté. Passionnant !

Thierry Chèze
Studio Magazine

Les dialogues précis sonnent toujours juste, les hommes et les femmes sont ancrés dans une réalité toujours perceptible, les situations sont plausibles. On esquisse même une petite critique des émissions people pseudo-littéraires et des beaufs mal embouchés. Et alors ? La vérité construit-elle un scénario ? Le mot juste fait-il naître une situation dramatique ? L'authenticité dessine-t-elle des caractères ? Le parti pris d'Agnès Jaoui, qui peut faire furtivement penser au Sautet des années 1970, est inverse. Ni critique, ni complaisante, elle se contente de regarder et d'offrir son constat en partage, sans plus d'ambition. Avec tous les matériaux de construction d'un édifice, elle bâtit ainsi une maison de plain-pied. On connaît la topographie, mais la visite donne envie d'inventer des dépendances, de découvrir un grenier, de visiter une cave. Après la vie, de ressentir le frisson du vécu.

Dominique Borde
Le Figaro

Oui, c'est toujours la même histoire. Mais c'est un autre film, moins dur, et plus noir que les précédents. La caricature s'est affinée, même si le propos reste parfois «sanglant», surtout lorsqu'il s'agit d'épingler telle émission de divertissement dont «tout le monde parle». Et on commence à entrevoir la conclusion du raisonnement entamé il y a quelques années avec «Cuisine et dépendances». Les personnages n'ont plus l'excuse de s'abriter derrière une quelconque pression sociale. L'égoïsme, la mesquinerie, les abus de pouvoir existent. Jaoui 1-la société 0. Et le match est loin d'être fini, car la réalisatrice a gardé quelques piques en réserve. Par exemple, elle s'attaque à la tyrannie de l'image. Comme dans la vie, on la retrouve dans le film. Les corps «parfaits» pullulent, sur les panneaux publicitaires, à la télé, ou dans une boîte de nuit, ondulant au rythme d'un tube estival, «Obsession»…
Et la touche d'espoir dans tout ça ? Pour une fois, ce n'est certainement pas du côté du personnage de Bacri qu'il faudra la chercher. Ce «petit roi» n'est entouré que de vassaux. Avec une fille et une femme en attente d'amour, des collaborateurs soumis, et des lecteurs acquis, difficile de se remettre en question. Dans «Comme une image», le « mec bien » a vingt ans, pied de nez à la théorie «la sagesse vient avec l'âge». Ça commence pourtant mal pour le «héros», qu'on découvre au début du film bourré, et gisant dans un caniveau. Mais Sébastien aime Lolita, vraiment. Et il se contrefout de la célébrité de son père, vraiment. C'est le seul qui échappe aux rapports de pouvoir qui régissent le petit monde d'Agnès Jaoui. Peut-être justement parce qu'il n'en fait pas vraiment partie.

Audrey Avram
Marseille-L'Hebdo

Pour le plaisir

Je suis un assassin

POUR LE PLAISIR
DOMINIQUE DERUDDERE

Joli scénario amoral. Comme l'un de ses clients, Maurice le garagiste (François Berléand), lui avoue que sa femme, Julie (Nadia Farès), fantasme sur les assassins, son psy envieux (Samuel Le Bihan) lui conseille de s'inventer un meurtre. Hélas, un crime est commis dans son village et Maurice devient le héros d'une farce tragique... C'est précisément ce mélange d'humour et de noirceur que le réalisateur peine à réussir. Sa comédie, bien partie, n'arrive que très passagèrement à faire affleurer le trouble indispensable et l'angoisse espérée.

JE SUIS UN ASSASSIN
THOMAS VINCENT

Écrivain de talent qui n'est plus édité, Ben (François Cluzet) rencontre par hasard un romancier à succès dont il fut jadis l'ami, Brice Kantor (Bernard Giraudeau). Celui-ci, noyé dans les soucis d'un divorce difficile, a perdu l'inspiration. Il propose à Ben un étrange marché : il fera publier son roman sous son nom, à condition que Ben le débarrasse de sa femme Lucie (Anne Brochet). Sur une situation de départ qui s'apparente à celle de «L'Inconnu du Nord Express» d'Hitchcock et d'après un roman de Donald Westlake, Thomas Vincent («Karnaval») se livre ici à un exercice de haute voltige, redoublant de raffinement dans la perversité, notamment avec le personnage de l'épouse de Ben (Karin Viard). Le suspense, souligné par une partition musicale impressionnante de Krishna Levy, va jusqu'au bout, jusqu'aux limites du supportable, mais il dépasse parfois celles du ridicule, dans sa tentative d'analyser les ravages du mal sur tous les personnages.

ILS SE MARIÈRENT ET EURENT BEAUCOUP D'ENFANTS
YVAN ATTAL

«Ma Femme est une actrice», titre constat et premier film d'Yvan Attal avec sa compagne Charlotte Gainsbourg, avait du charme, de la fraîcheur et la pertinence de l'autofiction tellement à la mode en littérature. «Ils se marièrent et eurent beaucoup d'enfants» réitère dans la même veine avec un peu moins de bonheur. Comme si Yvan Attal n'avait pas eu assez confiance en son film, n'avait pas jugé suffisant d'explorer avec justesse la crise de la quarantaine, la sienne, celle de son couple, celle de deux copains (Alain Chabat, Alain Cohen). Alors, il plaque sur la séduisante comédie de mœurs quelques scènes burlesques assez pataudes, bataille de polochons et jets de ketchup, qui n'ap-

Ils se marièrent et eurent beaucoup d'enfants

30 ans sinon rien

portent rien. Reste sa façon délicieuse, amoureuse, de filmer Charlotte Gainsbourg, de lui rendre un permanent hommage, de nous dire – mais nous le savions déjà – «ma femme est une (grande) actrice». On remarque évidemment la présence insolite de Johnny Depp dans le rôle court et muet d'un fantasme…

30 ANS SINON RIEN
GARY WINICK

Grandir d'un coup, c'est arrivé à d'autres. Mais Jenna bat tout le monde à plate couture en se réveillant, le lendemain de ses 13 ans, dans la peau d'une ravissante publicitaire de 30 ans. Il lui faut s'habituer à la fois à la femme qu'elle est devenue physiquement et occulter toutes les bassesses qu'elle a dû commettre pour accéder à cet enviable statut social... Les scénaristes ne peuvent pas revendiquer la trouvaille du siècle (cf. «Big» de Penny Marshall avec Tom Hanks) mais, sans faire d'étincelles, le film se pose de jolies questions sur le prix à payer pour trouver sa place dans un monde de requins. Jennifer Garner – Sidney Bristow dans la série «Alias» – s'essaie pour la première fois à la comédie romantique sur grand écran et ça lui va plutôt bien. Quant à son petit ami, il est interprété par l'excellent Mark Ruffalo («In the Cut», «Ma vie sans moi», «Collateral») qui, à lui seul, vaut le déplacement.

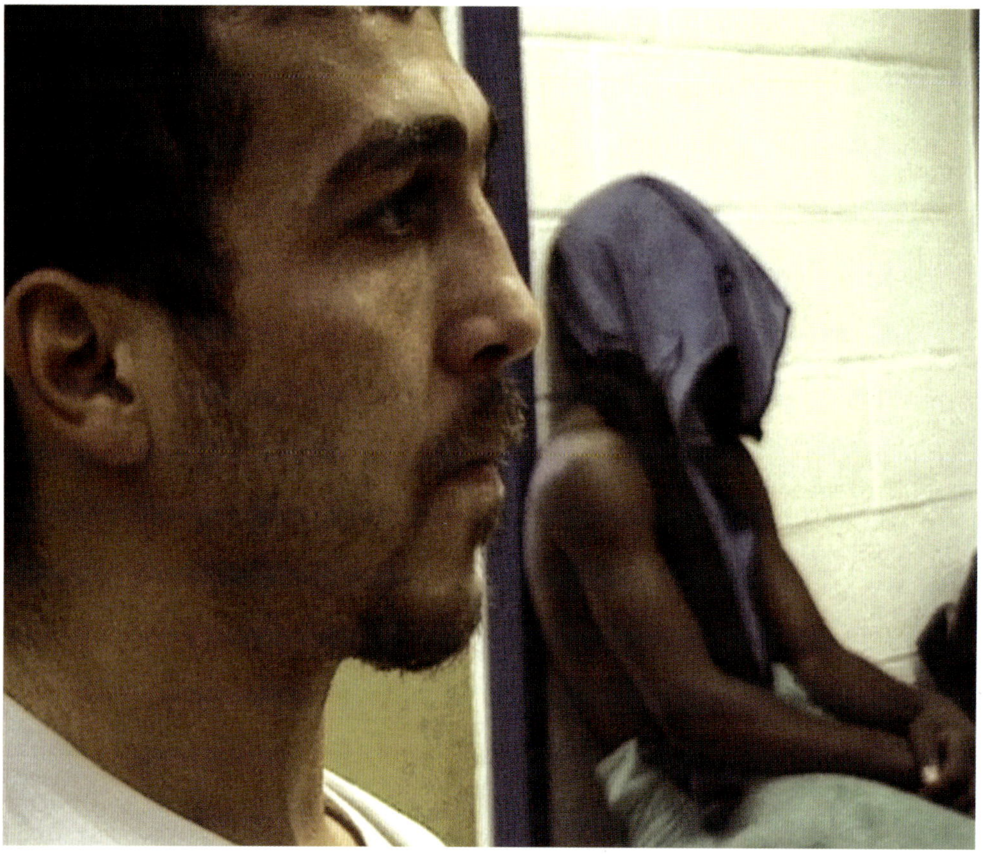

Noble art

Tolérance zéro

Lady Chance

TOLÉRANCE ZÉRO
KEVIN BRAY

De retour son village natal, un vétéran des Forces spéciales découvre qu'il vit désormais sous le joug autocrate d'un homme d'affaires véreux. Armé de ses deux bras et d'un long bâton, ce pèlerin moderne prônant l'autodéfense et le droit à la propriété décide de nettoyer cette fange. Ni le scénario ni la prestation toute minérale de l'acteur principal, The Rock, n'apportent le moindre gramme de finesse dans ce monde de brutes.

LADY CHANCE
WAYNE KRAMER

On aime bien ce Bernie auquel William H. Macy (éternel et indispensable second rôle chez les frères Coen) prête son air fripé. Sorti d'un roman noir ou d'une série B des *fifties*, Bernie est payé pour jouer les porte-poisse dans le casino de Shelly (Alec Baldwin, excellent) : dès qu'il apparaît à une table de jeu, les clients perdent instantanément leur mise... Faire ainsi le malheur de ses contemporains ne rend pas Bernie extrêmement gai. Alors qu'il songe sérieusement à tout plaquer, il rencontre Nathalie (Maria Bello), une serveuse encore plus paumée que lui. Parallèlement, Wayne Kramer filme l'histoire de Shelly, qu'on pourrait croire sympa, d'abord, dans son désir de privilégier le monde de jadis, le Las Vegas de ses rêves. Jusqu'à ce que sa vraie nature soit révélée par deux passages à tabac d'une violence inouïe. La noirceur qui enveloppe le film rend bien dérisoire le *happy end* artificiel, probablement imposé au réalisateur débutant.

NOBLE ART
PASCAL DEUX

Un documentaire ? Oui, mais pas seulement. Pascal Deux s'attache au destin de Fabrice Bénichou (trois fois champion du monde et six fois champion d'Europe), alors qu'il tente un retour, en 1997-98, après avoir été ruiné par des indélicats. Très vite, à force de contempler ce boxeur de 33 ans encore très doué, mais qui semble ne plus y croire, le film devient une méditation sur le doute et l'angoisse. Bénichou est l'héritier de ces champions magnifiques et paumés, rongés de l'intérieur, usés par la vie et le temps, qu'interprétaient, dans les mélos flamboyants du Hollywood de jadis, Robert Ryan ou John Garfield. Par moments, «Noble art» est aussi mélancolique et beau que «Fat City» de John Huston, l'un des plus grands films jamais consacrés à la boxe, ce «noble art » qui, selon les témoins du film, l'est de moins en moins.

LES GAOUS
IGOR SK

Exemple type de la comédie dite de «confrontation», où le principe comique repose sur la cohabitation de deux milieux radicalement opposés, cette opposition systématique des ruraux (Matthias Van Khache, Hervé Lassince) et des Parisiens (Maréva Galanter, Élise Perrier) tourne à vide. L'humour niveau «parigot-tête de veau» et les clichés effarants sur le bon sens campagnard enfoncent le clou du retour aux vraies valeurs du terroir.

LES MAÎTRES DU JEU
DAMIAN NIEMAN

Initié il y a quelques années par David Mamet avec l'excellent «Engrenages» (1988), le film sur les arnaqueurs sachant arnaquer plus arnaqueurs qu'eux est devenu un genre en soi. Celui-ci se coule dans le moule avec une certaine aisance, mais sans nouveauté. Nous sommes à Los Angeles, où un jeune as des cartes récemment sorti de prison s'associe à un couple d'amis pour monter plusieurs coups fumants qui devraient

N'oublie jamais

les mener jusqu'au plus grand joueur de tous les temps. Trahisons à tous les étages seront donc de mise. L'intérêt principal réside dans un casting de haut vol : l'homme à abattre est Sylvester Stallone, sa compagne, Melanie Griffith, et le trio s'associant pour causer sa perte, Stuart Townsend, Gabriel Byrne et Thandie Newton. Voilà ce qui s'appelle avoir quelques atouts dans sa manche.

N'OUBLIE JAMAIS

NICK CASSAVETES

Tous les jours, dans cet hospice luxueux, le vieux Duke (James Garner) raconte à une dame, atteinte de la maladie d'Alzheimer (Gena Rowlands) une histoire qu'elle oublie aussitôt. La même histoire. Une histoire d'amour, évidemment. Celle d'Allie et Noah. Années 1940. Le sud des États-Unis. Allie (Rachel McAdams) est riche et gâtée. Noah (Ryan Gosling, très bien) est pauvre, mais amoureux. Lorsque la société les sépare, il lui écrit une lettre par jour pendant un an, toutes dérobées par la mère de la jeune fille. Mais un jour, sur le point d'épouser le mari parfait, Allie retrouve Noah... On devrait être en larmes. On se contente d'attendre que l'émotion surgisse. Elle n'arrive que lors des scènes finales entre James Garner et Gena Rowlands. Sans doute parce que ces deux-là peuplent avec grâce notre mémoire d'un cinéma hollywoodien disparu. Pour le reste, Nick Cassavetes, fils de papa John qui a déjà dirigé maman Gena dans «Décroche les étoiles», réussit là un honnête roman-photo à partir d'un honnête roman de gare (signé Nicholas Sparks).

L'AMÉRICAIN

PATRICK TIMSIT

Francis Farge (Lorant Deutsch), Français moyen arrogant et grande gueule, est convaincu d'être... un Américain. Un avocat sceptique (Thierry Lhermitte), flairant le coup de publicité, lui prête main forte dans cette quête obstinée d'une autre nationalité. Le postulat est amusant, mais le réalisateur de «Quasimodo d'el Paris» et «Quelqu'un de bien» ne traite jamais son sujet à bonne distance. De sa propre fascination pour la patrie de l'Oncle Sam, il ne fabrique ici qu'une suite de clichés de propagande assez maladroits, qui virent parfois à une sorte d'allégeance servile dans ses excès caricaturaux.

LE GENRE HUMAIN : LES PARISIENS

CLAUDE LELOUCH

Le Genre humain : les Parisiens

«Les Parisiens» résume, rassemble, embrasse tout ce que Claude Lelouch a déjà fait et déjà dit. Il pourrait aussi bien reprendre à son compte un titre précédent, s'appeler «Les Uns et les autres», «Vivre pour vivre» ou «La Vie, l'amour, la mort». C'est une foisonnante histoire chorale (on y chante aussi beaucoup) où Dieu est un clochard qui va mourir (Ticky Holgado dans son dernier rôle), où une jeune fille ambitieuse (Maïwenn) finit par se suicider pour avoir volé le talent d'un autre (Massimo Ranieri), où Paris n'est peuplé que de pauvres et de nantis, où gravitent avec conviction une multitude de personnages : Mathilde Seigner – titulaire du double rôle de sœurs jumelles –, Arielle Dombasle, Michèle Bernier, Michel Leeb, Francis Perrin, Claude Lelouch lui-même et, dans de brèves apparitions, quatre de ses enfants, etc. Cette critique échevelée et musicale de la société du spectacle a finalement quelque chose de très touchant, de très personnel pour peu qu'on accepte de le voir. Cela n'a pas été le cas, et «Les Parisiens», premier volet d'un triptyque annoncé sur «le genre humain», a connu un grave échec critique et public.

J'me sens pas belle

Le Roi Arthur

Les Chroniques de Riddick

J'ME SENS PAS BELLE
BERNARD JEANJEAN
Trentenaire et toujours célibataire, Fanny (Marina Foïs) invite chez elle son collègue Paul (Julien Boisselier) pour un dîner en tête-à-tête. Mais, malgré sa détermination à passer au plus tôt à la bagatelle, rien ne se passe comme prévu. Le repas s'éternise, et Paul est un couche-tôt qui ne veut pas rater son dernier train de banlieue... Inversant drôlement le schéma habituel, Paul semble tout faire pour échapper à son hôtesse, dont il ne perçoit même pas les intentions lubriques. Une seule idée, en fait, mince et exploitée jusqu'à la corde, dans un contexte qui rappelle le Boulevard le plus suranné, alors que les deux interprètes sont plutôt dans le vent...

LE ROI ARTHUR
ANTOINE FUQUA
Les chevaliers de la Table ronde sont parachutés mercenaires en plein Empire romain pour y mener la quête d'une liberté qu'un évêque félon leur refuse toujours... Conséquence inattendue de cette transposition invraisemblable : Lancelot (Ioan Gruffudd) n'a que le temps de croiser le regard de Guenièvre (Keira Knightley) avant d'être occis. Laquelle Guenièvre – corps superbe et nu recouvert de peintures indiennes – tire à l'arc comme Diane chasseresse et met à mal tous les mâles du coin. Le seul à se tirer indemne de ce méli-mélo bruyant et laid est Clive Owen, interprète d'Arthur. Peut-être parce que, dans certains plans et de profil, il a de faux airs de Richard Burton. Et parce qu'il s'emploie vaillamment à nous (se) persuader qu'il joue du Shakespeare.

LES CHRONIQUES DE RIDDICK
DAVID TWOHY
Le futur est proche. L'univers, menacé. Air connu. Ici, les méchants Necromongers ont pris le pouvoir et risquent d'écraser les rares rebelles qui osent encore résister... Envoyez le sauveur ! Un seul homme pourrait renverser la situation, Riddick, tout en muscles durs et en nerfs d'acier. Vin Diesel retrouve le personnage de mercenaire interstellaire qu'il campait dans «Pitch Black» du même David Twohy. Sauf que le premier était un petit film fait avec des bouts de ficelles mille fois plus inventif que ce gros déballage de gros sous pour pas grand-chose.

NE DIS RIEN
ICIAR BOLLAIN
Elle ne dit rien. Parce qu'elle croit, après chaque crise de violence conjugale, retrouver celui qu'elle a épousé et qu'elle aime encore. À la suite d'un éclat de plus, d'un éclat de trop, Pilar (Laia Marull) s'enfuit chez sa sœur, avec son petit garçon. Antonio (Luis Tosar) accepte alors, enfin, de voir un spécialiste pour comprendre les crises de rage qui le submergent... On n'est pas dans le sensationnel, mais dans le film-document, tel que le concevait Yannick Bellon lorsqu'elle tournait «L'Amour violé». La réalisatrice ne simplifie jamais rien, et surtout pas le personnage masculin que l'on devine, peu à peu, aussi apeuré que celle qu'il bouscule, insulte et frappe. Apeuré, mais sans excuse : le regard du spectateur épouse constamment celui de l'héroïne. Immense succès en Espagne, curieusement passé inaperçu, chez nous.

Ne dis rien

Assassination Tango

Un duplex pour 3

UN DUPLEX POUR 3

DANNY DEVITO

«Soyons méchants, il en restera toujours quelque chose», doit être la devise de Danny DeVito lorsqu'il est derrière la caméra (se souvenir de «Balance Maman hors du train» ou de «La Guerre des Rose» !). Un gentil petit couple (Drew Barrymore et Ben Stiller) achète pour pas cher un magnifique duplex en plein cœur de New York. Mais, très vite, la douce grand-mère vivant à l'étage leur fait vivre l'enfer ! Mollement réalisé et habité par des acteurs aux mimiques redoutables, le film finit pourtant par être drôle à force d'accumulation.

ASSASSINATION TANGO

ROBERT DUVALL

Ce quatrième film derrière la caméra, Robert Duvall y songeait depuis dix ans. Il s'y présente en cinéaste complet, comme il y a des athlètes complets : acteur, scénariste, metteur en scène, producteur (avec Francis Ford Coppola). Mari aussi, car y apparaît sa femme (Lucianna Pedraza), d'une très convaincante beauté. Le personnage central d'«Assassination Tango» n'a rien d'original : un tueur à gages vieillissant, impitoyable artisan du crime mais en même temps tellement attaché à sa jeune compagne et surtout à la petite fille de celle-ci avec laquelle il partage une complicité plus que parfaite. Pègre et pantoufles, on connaît l'histoire. Oui, mais c'est Robert Duvall qui la raconte, et elle reprend des couleurs. Il est John J. Pas jeune, le corps sec et soigné – chez lui, aucun masochisme de l'âge à la Eastwood. Il est chargé d'une nouvelle mission, trois jours en Argentine, un général de la dictature à abattre, vite fait bien fait. Mais la cible est mouvante et la mission, pourrie. Voilà John J. perdu dans Buenos Aires, et le tango, danse d'amour et de mort, soudain l'ensorcelle. Le tango qui change tout mène la danse, impose au film ses pulsations charnelles, et transforme le tueur solitaire en humble serviteur des pas de la passion.

LE TOUR DU MONDE EN 80 JOURS

FRANCK CORACI

Phileas Fogg fait donc le pari d'effectuer le tour du monde en 80 jours. Il part de Londres en compagnie de son domestique Passepartout, rencontre à Paris une jeune femme peintre et est suivi de près par l'inspecteur Fix, qui va tenter de lui mettre des bâtons dans les roues… Même si la trame initiale du roman de Jules Verne a été conservée, les différences sont de taille, évidemment dues à la présence, dans la peau du valet français, de la star de Hong Kong Jackie Chan ! Le résultat, pas désagréable et même distrayant, ne dépasse pas les adaptations plus fidèles, notamment celle de Michael Anderson en 1956 avec David Niven, Cantinflas et Shirley MacLaine.

DEUXIÈME TRIMESTRE

Un long dimanche de fiançailles

OCTOBRE

Quand la mer monte

NOVEMBRE

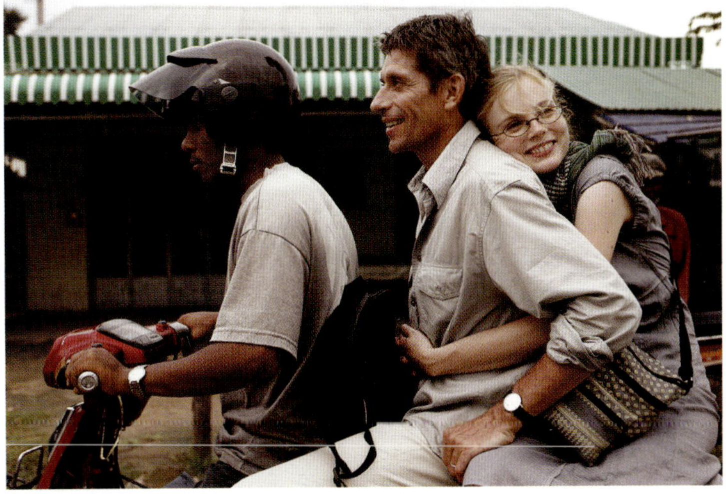

Holy Lola

DÉCEMBRE

Les Sœurs fâchées

36, Quai des Orfèvres

UN LONG DIMANCHE DE FIANÇAILLES

JEAN-PIERRE JEUNET

Mathilde (Audrey Tautou) est jeune, jolie, orpheline, boiteuse. Elle vit avec ses oncle et tante, deux crèmes d'humains (Dominique Pinon – un des pensionnaires habituels de la maison Jeunet – et Chantal Neuwirth, épatants). On est en 1914, son fiancé est parti à la guerre, c'est Manech (Gaspard Ulliel), la douceur encore de l'enfance. Mathilde, en l'embrassant, a caressé la longue fossette qui creuse sa joue maigre. Très vite, l'avis de décès de Manech est arrivé. Mais Mathilde ne croit pas, ne veut pas que Manech soit mort, attachée comme à un fil ténu à sa folle certitude, elle dit que s'il casse, elle «pourra toujours se pendre avec». Magnifique départ. Le film dès lors s'emballe, tel un cœur qui bat la chamade, celui de la fiancée obstinée. Son farouche déni du veuvage va prendre la forme d'une véritable enquête policière (elle reçoit l'aide cocasse du détective privé Ticky Holgado), et sa course énergique, tonique (elle court beaucoup malgré sa jambe malade), à travers un Paris «d'époque» réinstallé à grands renforts d'effets spéciaux, ne s'interrompt que pour nous entraîner dans un va-et-vient permanent et brutalement contrasté au fond boueux des tranchées.

Le décor est saisissant, sur la plaine déchiquetée s'ouvrent ces précaires saignées. La brumeuse couleur des batailles prend les nuances sépia de la mémoire. Voici Manech et son destin incertain, condamné à mort avec quatre autres poilus épuisés pour mutilation volontaire. L'évocation «light» des mutineries de 1917 produit son effet. Jeunet choisit de suggérer l'horreur plutôt que de la montrer comme Steven Spielberg au début de «Il faut sauver le soldat Ryan» : la pluie, la boue, le froid sont là, la puissance narrative aussi. Et comme dans le cinéma français d'hier, il y a cette chaleureuse floraison de grands rôles secondaires assurés par une famille d'acteurs formidables : Jean-Pierre Darroussin, Clovis Cornillac, Albert Dupontel, André Dussollier… Mais, de ce mariage entre un retour séduisant au passé et les gages brillants donnés à la modernité, naît pourtant une étrange nostalgie. Celle du cinéma d'avant, justement : d'avant les effets spéciaux et les trucages numériques. Le film de Jeunet est sincère, accompli, vraiment beau de tout ce qu'on a dit. Alors, pourquoi ne parvient-il que rarement à son but légitime qui est, à l'évidence, d'émouvoir ?

36, QUAI DES ORFÈVRES

OLIVIER MARCHAL

On est au seuil de l'univers de Jean-Pierre Melville. Ici, les aubes sont grises et les flics, fatigués, presque morts, déjà. Olivier Marchal, ex-policier lui-même, décrit à l'ancienne, avec une force de conviction étonnante, le duel sourd auquel se livrent deux hommes à l'honneur entaché. Léo Vrinks (Daniel Auteuil) a accepté de fournir un alibi à un truand (Roschdy Zem), en échange d'informations sur un gang de braqueurs. Totalement ivre, Denis Klein (Gérard Depardieu) a déclenché une fusillade dans laquelle le copain de Vrinks (Daniel Duval) a été tué. Dès lors, la fatalité, chère au film noir, peut frapper. Et seule une ultime ironie du destin rétablira, par l'absurde, une éphémère justice… Les corps massifs des deux stars – et la photo glauque de Denis Rondeau – parent le film d'une lenteur implacable. La musique, en revanche, signée Erwann Kermorvant et Axelle Renoir, hélas, omniprésente, souligne chaque réplique, chaque effet, jusqu'à l'absurde.

HOLY LOLA

BERTRAND TAVERNIER

Au début de ce récit de l'incroyable parcours du combattant imposé à des couples français candidats à l'adoption au Cambodge, les personnages se pressent nombreux et chacun semble investi de la mission (ardue) d'énoncer une partie des règles, lois, formulaires, démarches, embûches, obstacles que tout adoptant connaîtra. Puis, assez vite, on s'embarque pour ce voyage où la misère est présente et l'espérance, violente. Comme l'équipe du film elle-même, on se laisse envahir par la moiteur ambiante, par la beauté de ce pays martyrisé visité avec pudeur. On fait la connaissance de cette poignée de femmes et d'hommes qui n'ont en commun que ce manque, cette amputation de leur vie. On s'attache à Géraldine (Isabelle Carré) et à son mari Pierre (Jacques Gamblin), amoureux et désar-

Brodeuses

més, comme orphelins de l'enfant qu'ils n'ont pas ; mais aux autres aussi, aux femmes si robustes dans l'attente (Séverine Caneele, Lara Guirao), et aux hommes moins assurés, exclus ou rageurs (Bruno Putzulu, Gilles Gaston-Dreyfus). Tous se cognent à la résistance kafkaïenne de l'administration ou aux intermédiaires véreux, tous arrivent à se poser la question interdite : ne sont-ils pas en train d'acheter un enfant ? Mais voici Lola, et tout en est changé.

ET LES LÂCHES S'AGENOUILLENT
GUY MADDIN

Un homme nommé Guy Maddin (Darcy Fher), homonyme du cinéaste mais joueur de hockey, tombe sous la coupe d'une femme envoûtante. Dans le but d'en faire l'instrument de sa vengeance, cette dernière cherche à lui greffer les mains de son père défunt. Un hommage au cinéma d'horreur muet et expressionniste, au travers duquel le cinéaste canadien prolonge une œuvre expérimentale, hantée par les sexualités troubles et la recherche formelle.

BRODEUSES
ELEONORE FAUCHER

Claire, elle se prénomme Claire, elle a 17 ans. Et elle est enceinte. Ce bébé, elle l'a gardé. Mais elle va le donner, c'est décidé, ça s'appelle accoucher sous X. Ses copines au lycée rigolent : «Tu grossis.» Alors Claire improvise : «C'est le traitement, pour mon cancer.» Les copines ne rigolent plus. Claire cache ses cheveux roux et libres sous un turban. C'est dans cet état, cette rogne, qu'elle commence à travailler chez Madame Mélikian, brodeuse à façon pour la haute couture, artisane inspirée et noire statue de la douleur. Madame Mélikian vient de perdre son fils unique. Fil ténu, fils qu'on tisse, et ce fils qu'on perd, qu'on a perdu, la métaphore pourrait être pesante, non, on est dans la fragilité et la transparence des relations, de la transmission, de la filiation. Claire a le visage nouveau, le talent neuf de Lola Naymark : peur de rien, à grands pas, d'un bloc, elle fait tout passer. Et Ariane Ascaride est Madame Mélikian. Allégée de l'accent marseillais qu'elle offre sans barguigner aux films de Robert Guédiguian, elle est régénérée.

LES SŒURS FÂCHÉES
ALEXANDRA LECLÈRE

L'une est provinciale, l'autre parisienne. Arrivant du Mans, Louise (Catherine Frot) vient passer trois jours chez sa sœur Martine (Isabelle Huppert), femme – en apparence – comblée. Au fond, cette frustrée méprise son mari (François Berléand) et ne s'entend qu'avec son amie, une snob pimbêche de la plus belle eau (Brigitte Catillon). Tout de suite, la simplicité «naïve» et la bonne humeur de sa sœur l'agacent, puis l'exaspèrent. Cinéaste débutante, Alexandra Leclère décrit la relation entre ces deux femmes si dissemblables avec une acuité étonnante, même si elle se laisse aller souvent à grossir le trait. D'où une suite de saynètes dont certaines sont de véritables morceaux de bravoure (le salon de coiffure, le magasin de vêtements, la soirée à l'Opéra), Isabelle Huppert jouant la «méchante» avec une jubilation qui fait plaisir à voir tandis que Catherine Frot incarne l'épanouie, innocente aux mains pleines.

QUAND LA MER MONTE
YOLANDE MOREAU, GILLES PORTE

Ça a été long à monter, à produire, et maintenant, le producteur, Humbert Balsan, n'est plus là, il est mort, et les César (du premier film et de la meilleure actrice) ont été récoltés sans lui. Reste cette histoire d'amitié, de patience, une histoire du Nord, un petit miracle de film, de premier film, co-réalisé par Yolande Moreau et Gilles Porte. Yolande Moreau est née à Bruxelles. Il y a longtemps, au début des années 1990, elle faisait ce *one-woman show,* «Une sale affaire», où une femme, derrière un masque, raconte qu'elle «a trempé dans un crime». Le film commence par cette femme, derrière son masque, qui fait ce show. Elle est seule, sur la route, et elle rencontre cet homme, du Nord aussi, parce qu'elle tombe en panne. Il vit petitement bien qu'il construise des «Géants», ces grandes marionnettes de carnaval. Il devient «son poussin», son partenaire, et aussi son amoureux. Yolande Moreau est extraordinaire de présence, de liberté, avec son corps, avec son jeu. Rien de sordide dans ce roman d'amour de peu de gestes, de peu de mots. On rit souvent, mais surtout on aime ces gens.

Cellular

Benjamin Gates et le Trésor des Templiers

CELLULAR
DAVID R. ELLIS
Après «Phonegame» et son héros coincé dans une cabine téléphonique, le scénariste Larry Cohen continue d'exploiter le filon du film au bout du fil. Cette fois Kim Basinger, séquestrée par des méchants dans un grenier où gisent les restes d'un téléphone fracassé, parvient à pirater la conversation du portable de Chris Evans, surfeur des plages qui n'en demandait pas tant. Du coup, il se transforme en Zorro, tente de localiser la belle, braque un magasin de téléphonie pour y voler un chargeur (forcément, sa batterie faiblit), va, court, vole et la venge. Le scénario épuise la situation avec une belle exhaustivité. Lassé d'anticiper, le spectateur décroche.

LOS MUERTOS
LISANDRO ALONSO
Il a peut-être tué ses frères, jadis, parce qu'ils avaient faim. Bien des années plus tard, il sort de taule. Drôle de prison, au demeurant, sans murs ni grilles, où de petits bungalows presque coquets donnent sur une cour aérée, bordée d'arbres... Paradoxalement, c'est en quittant son lieu de détention que Vargas (Argentino Vargas) se retrouve prisonnier de grands espaces argentins qu'il ne connaît plus. On le suit, silencieux, opaque, dans son périple à travers le pays qui le ramène auprès de sa fille. On chemine à son rythme, on le regarde se nourrir, boire, faire l'amour, dépecer une chèvre. Lisandro Alonso («La Libertad») filme exactement comme agit son héros. Aucune explication, aucune justification. À la fin, il nous laisse au seuil d'un nouveau meurtre, aussi sanglant et incompréhensible que le premier. Comme s'il voulait suggérer que la liberté individuelle se heurte toujours à un déterminisme absolu. La rigueur de la mise en scène fait de son film un cauchemar glaçant.

BENJAMIN GATES ET LE TRÉSOR DES TEMPLIERS
JON TURTELTAUB
Benjamin Gates (Nicolas Cage) est un spécialiste en histoire et en archéologie. Depuis sa plus tendre enfance, il rêve de mettre la main sur l'inestimable trésor des Templiers. Ses relations avec son père (Jon Voight) sont plutôt conflictuelles et la blonde demoiselle (Diane Kruger) qu'il embarque dans ses aventures lui donne du fil à retordre... On l'aura compris, ce film ne brille guère par son originalité. La comparaison inévitable avec «Indiana Jones» joue évidement en sa défaveur : plus bavard, moins alerte dans sa mise en scène, nettement moins charismatique côté interprètes... Néanmoins, on finit par se laisser prendre à cette haletante course au magot. Énigmes indéchiffrables, ennemis impitoyables, touches d'humour décalé : la recette est classique, mais appliquée ici avec le savoir-faire d'un honnête exécutant. À défaut de la patte d'un vrai réalisateur.

KAMCHATKA
MERCELO PIÑEYRO
Il a 10 ans et ne comprend pas pourquoi ses parents l'emmènent, lui et son petit frère, dans une maison isolée. Pourquoi ils lui demandent de changer de nom (il choisit de s'appeler «Harry», comme son idôle, Houdini le magicien). En cette année 1976, il y a des patrouilles plein les rues de Buenos Aires. Les militaires contrôlent les véhicules et «Harry» (Matias del Pozo) sent le soulagement de sa mère, lorsqu'un soldat permet à la voiture d'avancer... Marcelo Piñeyro filme la dictature comme un orage lointain qui gronde. Mais la menace pèse constamment dans les regards brouillés de chagrin des parents (Ricardo Darín et Cecilia Roth). Dans la terreur qui les pousse à accourir dans la chambre des enfants, la nuit, au moindre bruit suspect. Dans la tendresse éperdue dont ils les entourent, comme si leurs caresses devaient être les dernières... Impossible de ne pas songer à «Cría cuervos», où Carlos Saura dénonçait l'Espagne franquiste à travers les yeux de la petite Ana Torrent. «Kamchatka», dont le titre s'inspire du jeu de dés auquel jouent souvent «Harry» et son père, est une magnifique chronique, où douceur et douleur se mêlent insidieusement, pour aboutir à un pamphlet politique.

BLADE TRINITY
DAVID S. GOYER
Le vaillant Blade (Wesley Snipes) est un superhéros qui a du sang de vampire dans les veines mais a pris le parti des humains et s'emploie à exterminer les créatures des ténèbres... Voici donc le troisième round d'un combat plus acharné que jamais, car la secte immonde a des complices partout ! Heureusement, Blade est assisté par de jeunes et efficaces combattants (Ryan Reynolds, Jessica Biel...). Mais les teigneux buveurs de sang, pour assurer leur hégémonie, vont ressusciter le plus puissant d'entre eux... Dracula lui-même, rebaptisé Drake (Dominic Purcell). Voici donc une trilogie qui s'achève sur un point d'orgue, pariant sur le spectacle et l'action, avec montage rapide et bande-son tonitruante.

LE MOINDRE GESTE
FERNAND DELIGNY, JOSÉE MANENTI, JEAN-PIERRE DANIEL
Au début des années 1960, Deligny, éducateur aux méthodes singulières, filme Yves un adolescent considéré par les psychiatres comme «inéducable». Entre fiction et documentaire, cet essai expérimental, inédit depuis plus de trente ans, vaut pour le regard frontal et libertaire qu'il porte sur l'enfant malade.

L'Équipier

The Grudge – Ne pas oublier, ne jamais pardonner

L'ÉQUIPIER
PHILIPPE LIORET

Une jeune femme se rend dans l'île d'Ouessant pour y vendre la maison de famille. Elle y découvre un secret. Cette introduction était-elle justifiée ? On aurait pu se contenter de la belle histoire qui nous est ensuite contée, celle de ses parents, en 1963. Gardien de phare, son père (Philippe Torreton) voit ses habitudes heurtées lorsque lui est imposé comme équipier un étranger, un «terrien», inexpérimenté de surcroît (Grégori Derangère). Sa mère (Sandrine Bonnaire) se rapproche insensiblement de cet intrus que les villageois rejettent sans le connaître. Au delà de l'histoire discrète d'un amour impossible, c'est un véritable document sur la vie des gardiens de phares (au temps où ceux-ci n'étaient pas automatisés) que propose Philippe Lioret. Et Philippe Torreton s'y implique avec une remarquable intensité.

INNOCENCE – GHOST IN THE SHELL 2
MAMORU OSHII

Passé inaperçu à Cannes, en 2004, cet étrange objet animé, aux dessins fulgurants, au rythme lourd et sensuel, recrée brillamment l'univers des films noirs d'autrefois. Et notamment les thrillers nostalgiques qu'interprétait Robert Mitchum, avec son habituelle nonchalance. Ils sont deux, ici, à mener l'enquête : Batou, détective fatigué, aussi désabusé à propos des cyborgs que le grand Bob l'était à propos des êtres humains. Avec son jeune équipier, Tegusa, encore fringant, lui, encore naïf, il travaille sur une série de crimes inexplicables : soudain saisies de folie meurtrière, des «gynoïdes» – robots féminins destinés au plaisir – ont sauvagement tué leurs propriétaires, avant de se suicider l'une après l'autre... Hélas, lorsque Batou est plongé dans un labyrinthe où il ne cesse de revivre les mêmes scènes – un peu comme le héros de «L'Invention de Morel» de Bioy Casares –, c'est tout le film qui se met à tourner en rond. Mais la première heure passionne, où le plus âgé aura, en quelque sorte, passé le pouvoir au plus jeune, en lui révélant, pêle-mêle, les beautés de Confucius, de Milton et des frères Grimm. Sans oublier Descartes, le plus proche de la philosophie des cyborgs, selon Batou, puisqu'il avait reporté tout l'amour qu'il éprouvait pour sa fille décédée sur une poupée, une «gynoïde» du XVIIe siècle...

TABOUS
MITRA FARAHANI

Témoignages d'hommes et de femmes sur la sexualité en Iran. Réprimée, mais d'une puissante vie secrète, affirme la réalisatrice, inconnue des Occidentaux («Juste une femme», 2002). Aux mollahs bornés, elle oppose – on aimerait la croire – «une culture *underground* vivante, ouverte sur l'échange et de plus en plus audacieuse». Diffusé en Iran dans des «circuits privés», le film lui donne l'occasion d'illustrer un conte persan en montrant des corps dénudés. On pourra, à juste titre, trouver ces images d'un esthétisme factice. Mais, toujours selon Mitra Farahani, «elles font preuve d'une puissance symbolique explosive, dont vous n'avez pas idée en France». Dont acte.

LE GÉNIE HELVÉTIQUE
JEAN-STÉPHANE BRON

Des débats préliminaires au vote parlementaire final, le documentariste suit au jour le jour la genèse d'une loi centrée autour du génie génétique. Intérêts idéologiques ou financiers contradictoires, charisme imprévu des politiques et confessions à la caméra souvent savoureuses pimentent cette plongée démocratique dans les arcanes de la politique.

THE GRUDGE – NE PAS OUBLIER, NE JAMAIS PARDONNER
TAKASHI SHIMIZU

Selon un processus désormais habituel, hélas, les Américains ont produit ce remake d'un film japonais (en l'occurrence, le film d'épouvante «Ju on» de Shimizu) pour le rendre plus propre à leur consommation locale. Le réalisateur d'origine étant lui-même chargé du boulot (c'est un moindre mal), la différence essentielle tient dans l'interprétation, qui introduit ici, dans le rôle principal, la star du petit écran Sarah Michelle Gellar («Buffy contre les vampires»).
Étudiante américaine séjournant à Tokyo, elle est censée s'occuper d'une vieille dame muette et se retrouve dans un immeuble où des monstres immondes s'emparent des jeunes filles et où des enfants sont enfermés dans les placards. Dans le genre film hanté par des créatures-évanescentes-aux-longs-cheveux-noirs-dans-les-yeux avec coups de cymbale toutes les trois minutes, celui-ci atteint des sommets. On n'est pas déçu du voyage.

TATOUAGE
YASUZO MASUMURA

Même thème ou presque que dans «La Femme de Seizaku», autre film de Masamura, redécouvert le trimestre dernier. Une jeune femme rebelle (toujours Ayako Wakao, sorte d'Adjani avant la lettre) sème, encore une fois, le désordre et la désolation, dès lors qu'elle est vendue comme geisha dans une maison close. C'est là qu'un visiteur nocturne lui tatoue sur le dos une araignée, une espèce de «veuve noire» qui lui pervertit l'âme. La séquence, placée en ouverture, tel un prologue funèbre, est fascinante. Le reste est plus conventionnel, un peu agaçant, par moments, dans sa violence et sa sensualité calculées au millimètre.

Arsène Lupin

60 **LES PETITES VIEILLES**

GENNADI SIDOROV

Dans ce hameau de la Russie profonde, les bonnes femmes, les vieilles, les «babouchki» font tout toutes seules. Du ramassage de bois pour se chauffer à la distillation de la «samagonka», cette vodka qui brûle les estomacs et les peines. Après la mort de l'une d'elles, les survivantes reçoivent deux visites. Pour commencer, le petit-fils de la morte, chanteur d'opéra à Moscou, sympa, bouffi et pleurard. Puis des Ouzbeks fuyant la guerre civile et qui s'installent dans une maison abandonnée. Ces drôles de types qui prient Allah, tournés vers La Mecque, provoquent d'abord, chez les petites vieilles, force commentaires racistes. Avec le temps, cependant, naît une complicité inattendue... Dans ce premier film au scénario brinquebalant d'un acteur producteur règne une fantaisie à mi-chemin entre Kusturica et «Bagdad Café». Quelques personnages secondaires brisent la mièvrerie qui menace : cette épouse infidèle rouée de coups sur une route. Ou ce déserteur qui préfère aller mourir en Tchétchénie plutôt que de vivre la vie qu'il vit. La violence est tapie sous les rires et les chants, comme en attente.

PAR-DEVANT NOTAIRE

MARC-ANTOINE ROUDIL, SOPHIE BRUNEAU

Un notaire de province reçoit ses clients (devrait-on dire ses patients ?). Caméra cachée ? Plutôt caméra à peine visible. Application du système Depardon (police, médecine, justice) au cabinet feutré d'un notaire peu conforme au stéréotype mais attestant par ailleurs la pérennité d'une corporation qui s'adapte astucieusement à l'évolution de la société. Quelques scènes vraies, dignes de Pagnol ou du René Clair de «Tout l'or du monde».

UN SOUPÇON DE ROSE

IAN IQBAL RASHID

Faire du fantôme de Cary Grant le protecteur d'un gentil couple *gay* anglo-indien est une idée piquante. Mais voir l'assez fade Kyle MacLachlan se planter devant nous et déclarer tout de go : «Hello, I'm Cary Grant» provoque, tout de même, un léger désappointement... But évident du réalisateur : convaincre la communauté indo-pakistanaise musulmane qu'avoir un fils homo n'est pas une tare. Lourdement didactique au début, le film devient plus insolent avec l'arrivée de l'ex-amant du héros, un jeune musulman hypocrite et sage, qui se marie pour faire plaisir à maman et rassurer sa communauté... Le titre original, «A Touch of Pink» parodie gentiment «That Touch of Mink» («Un soupçon de vison»), l'un des derniers succès du grand Cary.

LE SORTILÈGE DES TROIS LUTINS

KAREL ZEMAN

Jeannot, berger protégé depuis sa tendre enfance par trois lutins malicieux, tombe amoureux d'une fée. Ayant décidé de renoncer à son immortalité, celle-ci est retenue prisonnière par le cruel Lutin Noir. Pour son ultime opus, réalisé en 1980, le maître du dessin animé tchèque rend hommage aux contes médiévaux, tout en injectant à ces aventures épiques un appréciable humour aux accents... rabelaisiens !

ELLE CRITIQUE TOUT

ALAIN RIOU, RENAN POLLÈS

Troquant la plume contre la caméra, Alain Riou, journaliste et critique de cinéma au *Nouvel Observateur* devenu scénariste et désormais réalisateur, nous propose (en collaboration avec Renan Pollès) une comédie à la Guitry, tournée entre copains. Il y incarne un romancier réputé dont la jeune femme (Élisabeth Quin) devient critique littéraire dans un grand quotidien et le rend jaloux en multipliant les louanges aux jeunes et brillants écrivains. Des moyens microscopiques et une interprétation amateur, mais des situations amusantes et des dialogues savoureux.

ARSÈNE LUPIN

JEAN-PAUL SALOMÉ

Jean-Paul Salomé a un penchant pour les œuvres cultes. Noble ambition que son enthousiasme. Mais son savoir-faire et les moyens dont il parvient à disposer ne suffisent pas tout à fait à satisfaire... Après avoir tenté de ressusciter «Belphégor», monument de l'ORTF, il s'approprie donc l'immortel héros de Maurice Leblanc (que la télévision avait d'ailleurs joliment réussi à apprivoiser, dans les années 1970, sous les traits de Georges Descrières). Retournant à l'enfance du héros pour d'assez pesantes échappées psychologiques, utilisant avec goût des décors fastueux, Jean-Paul Salomé a réuni une distribution plutôt pertinente. Malgré des manières un peu frustes, plus cambrioleur que gentleman, Romain Duris endosse le rôle-titre avec une belle énergie et Pascal Greggory, l'habit du (très) méchant avec une évidente délectation. Les femmes sont les plus convaincantes, Kristin Scott-Thomas est une comtesse, amante et rivale de Lupin pleine d'élégance et d'humour, et la jeune Eva Green est mieux que jolie. Explosions, poursuites, complications, les péripéties s'enchaînent sans nous faire vibrer.

Ocean's Twelve

OCEAN'S TWELVE

STEVEN SODERBERGH

Danny Ocean (George Clooney) et ses malfrats désinvoltes (Brad Pitt, Matt Damon, Bernie Mac...) reprennent donc du service sous la houlette habile de Steven Soderbergh, sommés qu'ils sont de rembourser au méchant Andy Garcia le fruit juteux de leur précédent hold-up à Las Vegas. L'intrigue importe peu, elle est confuse, vagabonde, vaguement flemmarde, et le plaisir qu'on y prend est de la même veine. On regarde s'agiter gaiement, nous faisant la grâce de sembler parfois improviser, une guirlande de stars : Catherine Zeta-Jones en superbe femme flic atypique, la vraie Julia Roberts jouant une fausse Julia Roberts et rencontrant le vrai Bruce Willis (moment charmant), et enfin «notre» Vincent Cassel, très séduisant en musculeux et tortueux bandit de charme, *so french*...

THE CORPORATION

JENNIFER ABBOTT, MARK ACHTAR

Ce fascinant documentaire canadien n'aurait sans doute pas accédé au grand public sans la brèche ouverte par le trublion désormais oscarisé et palmé, Michael Moore (qui apparaît dans le film). D'une intelligence qui n'a d'égale que sa mauvaise foi, aussi polémique et orienté que les travaux de Moore mais avec des manières moins brutales, moins populistes, plus policées, «The Corporation» part d'un postulat osé. D'après un amendement de la Constitution américaine, l'entreprise est une «personne morale». Dans la mesure où sa seule obligation est d'apporter par tous les moyens des bénéfices à ses actionnaires, quel genre d'individu est-elle ? Et la réponse ne tarde pas : l'entreprise est un dangereux psychopathe. Grands patrons, prix Nobel, journalistes, professeurs, témoins à charge et à décharge se succèdent à la barre, on passe du rire nerveux à la colère bienfaisante.

LES TROIS ROIS MAGES

ANTONIO NAVARRO

Personnages plutôt secondaires de la crèche, Melchior, Gaspard et Balthazar sont les héros de cette version peu orthodoxe de l'histoire de la Nativité. Pour vaincre la malédiction d'Hérode et sauver l'enfant à naître, les trois magiciens devront déployer des trésors d'ingéniosité, de solidarité et user de quelques passes de kung-fu. Un dessin animé amusant et rythmé.

L'AMITIÉ PLUS FORTE QUE LA HAINE

DANIEL KUPFERSTEIN

Rosie est juive ; Hanicia, arabe. Elles vivent depuis douze ans une amitié sans faille dans une cité de la région parisienne. Rien n'a pu les séparer, ni la guerre israélo-palestinienne charriant chaque jour son lot de victimes, ni les positions discriminatoires de leurs proches. Avec pour fil conducteur cette fraternité que d'aucuns estiment «contre-nature», le documentariste signe un manifeste pour la paix. Peut-être utopique, mais toujours bienvenu.

MÉMOIRE EFFACÉE

JOSEPH RUBEN

Cauchemar : Telly vient de perdre son fils. Pire : son mari, ses amis nient l'existence de l'enfant. De fait, toutes les traces de celui-ci ont disparu. Serait-elle en train de devenir folle ? Julianne Moore a beau se démener, rien ne fonctionne vraiment dans ce suspense hurluberlu, cerné par le ridicule et les extraterrestres. Grand moment comique : un témoin qui menace de révéler la vérité à l'héroïne se dissout dans l'atmosphère, happé par les vilains petits monstres. Fou rire (nerveux) garanti...

62 **TARNATION**

JONATHAN CAOUETTE

Sur le répondeur, il y a l'annonce que sa mère, Renée, vient de faire une overdose de lithium : Jonathan Caouette, 31 ans, narcisse assumé, spectateur de sa propre vie depuis l'enfance, décide alors de retourner en arrière, de remonter le fil et de reconstituer le puzzle. Autoportrait éclaté d'un garçon en miettes, «Tarnation» utilise tous les moyens du bord : photomatons et cassettes audio, *home movies* et petites fictions en super 8, VHS ou DV, tout est bon à prendre pour approcher la vérité d'une histoire familiale floue à force de mensonges, de violences, d'aberrations. Traces d'une vie pas toute tracée. Un petit garçon joli élevé par ses grands-parents, puis par des familles d'accueil, à Houston, Texas. Sa mère est absente, sa mère est folle : quand elle était jeune, elle était très belle et un peu exaltée, et puis ses parents l'ont soumise aux électrochocs et plus rien n'a été comme avant... L'image est moche, le film a coûté trois cacahuètes (218 dollars). Mais de ce journal intime et dérangeant naît une étonnante radiographie d'une Amérique peu cinématographique, monstrueuse et humaine à la fois.

LES ENFANTS DE RUSSIE

JAIME CAMINO

En 1937, en pleine guerre civile, quelques centaines de petits Basques sont envoyés en URSS par des parents qui craignent pour leur vie. Ils sont accueillis comme des héros – caviar à chaque repas, eux qui n'aiment que la morue ! Puis vient la guerre et les privations. Et Staline qui, à la fin du conflit, refuse de rendre à Franco ces «émigrés politiques»... Ce documentaire passionnant nous montre des gamins, exilés de force, devenant lentement des adultes étrangers à leur vie. Revenus dans les années 1950 en Espagne, ils avouent leur solitude, l'indifférence à leur terre, à leurs parents. Beaucoup sont repartis, d'ailleurs, à Cuba ou en Russie. Mais tous se demandent s'ils ne viendront pas, en définitive, finir leurs jours au pays natal, qui n'a jamais été le leur.

PLUME, LE PETIT OURS POLAIRE

PIET DE RYCKER ET THILO GRAF ROTHKIRCH

En se liant d'amitié avec un phoque, Plume, ourson malicieux, a interrompu la chaîne alimentaire naturelle. Joli point de départ pour ce dessin animé écolo et rigolo, au cours duquel ce héros d'albums à succès connaîtra bien d'autres aventures. Réservée au très jeune public, cette production séduit par les décors et la tendresse des personnages, mais déçoit quelque peu par l'inertie de sa mise en scène.

Anacondas – À la poursuite de l'orchidée de sang

ANACONDAS – À LA POURSUITE DE L'ORCHIDÉE DE SANG

DWIGHT H. LITTLE

Des savants se rendent à Bornéo à la recherche de l'orchidée rouge qui permettra aux hommes de devenir immortels. Mais des anacondas géants les avalent les uns après les autres (à commencer par les plus méchants)... Dwight Little n'est pas un aigle côté mise en scène, mais il a du savoir-faire. De péripéties prévisibles, il tire une sorte de pastiche rythmé, rigolo et spectaculaire. Les comédiens sont approximatifs, à l'exception de Johnny Messner, parfait en aventurier viril, revenu de pas grand-chose et prêt à tout pour la future femme de sa vie.

MUR

SIMONE BITTON

Construit à l'initiative d'Ariel Sharon, ce mur est censé séparer Israël de la Cisjordanie. «Il s'agit de réduire les infiltrations terroristes», selon le général Amos Yaron, qui semble à peine y croire lui-même. Distance : 500 kilomètres de long. Coût : deux millions de dollars le kilomètre. Employés engagés pour l'édification : des Palestiniens, ce qui est le comble de l'ironie. Réaction unanime des deux côtés de cette frontière ubuesque : l'incompréhension et la désolation. «Si le mur était une solution, on l'aurait construit, il y a cinquante ans», observe un Israélien fataliste. Pas très loin, à l'abri de toute surveillance, un vieil Arabe, une femme et son bébé, font le mur. Ouf, ça s'est bien passé, encore une fois, et les trois clandestins voient dans leur réussite la main de Dieu. En de tels instants, le document sec, épuré, désolé, se teinte d'un humour féroce. Le reste du temps, la réalisatrice observe, essaie de tout entendre, à défaut de pouvoir comprendre.

DIAS DE CAMPO

RAOUL RUIZ

Raoul Ruiz revient sur sa terre natale où il n'avait plus tourné depuis 1973. Plus qu'une adaptation de la nouvelle d'un écrivain chilien admiré, c'est, de l'aveu du cinéaste «un film sur les souvenirs que la lecture, à l'âge de huit ans, des œuvres de Federico Ganas a provoqués chez l'adulte que je suis». D'où l'impression somnambulique que dégage ce film où se mêlent l'insolence surréaliste de la jeunesse et la mélancolie apaisée de l'âge mûr. Dès le départ, deux vieillards évoquent le temps où ils étaient vivants. Don Federico (Mario Montilles le joue lorsqu'il a 90 ans, Marcial Edwards, lorsqu'il n'en a que 60) parle d'un livre qu'il doit écrire et évoque son passé de riche propriétaire terrien. C'était le temps où il conversait avec Paulita : sa vieille servante (Bélgica Castro), lui lisait les lettres de son fils, parti dans le Nord. Lettres dont il apprendra plus tard que cette femme soi-disant illettrée les écrivait elle-même... Tout est, ainsi, en porte-à-faux, dans ce film sans repères où le temps se rétrécit et se dilate, où les fantômes s'invitent chez les vivants sans qu'on puisse les distinguer.

IMPRESSION DE MONTAGNE ET D'EAU ET AUTRES HISTOIRES

HU JINGING, ZHOU KEQIN ET TE WEI

Quatre courts métrages d'animation, produits en Chine, de 1981 à 1988. Élégance du trait. Beauté des couleurs pastel. Le film-titre est une petite merveille de 19 minutes à l'incroyable fluidité, réalisé selon une technique créée par le peintre caricaturiste Tei Wei – le lavis à l'encre de Chine. Il a nécessité pas moins de 12 000 peintures et 20 000 clichés... Autre joli moment : «Les singes qui voulaient attraper la lune» (10 minutes), où Zhou Kejin a utilisé du papier découpé dont les fibres, imbibées de couleur, rendent magique la fourrure de ces petits singes malicieux mais candides, qui cherchent vainement le reflet de la lune à la surface de l'eau...

L'Histoire du chameau qui pleure

Le Dernier Trappeur

L'ENNEMI NATUREL
PIERRE ERWAN GUILLAUME
Un jeune enquêteur de la police judiciaire débarque en Bretagne pour élucider le meurtre d'un adolescent. Fragile et timide, il se retrouve rejeté par la population, mais étrangement attiré par le principal suspect, le père de la victime... Dans ses courts métrages, on avait vite remarqué l'aptitude du réalisateur à saisir l'étrangeté des lieux et des êtres. Là encore, les extérieurs, soignés, au cadrage curieusement sophistiqué, créent la bizarrerie souhaitée. Côté psychologie, c'est nettement moins réussi : la sensibilité effarouchée de Jalil Lespert lasse vite, tout comme l'hypervirilité exhibée d'Aurélien Recoing. Leur jeu sadomasochiste finit par prêter à sourire, notamment lors d'une scène où le jeune homme regarde dormir l'objet de son désir défendu...

L'HISTOIRE DU CHAMEAU QUI PLEURE
BYAMBASUREN DAVAA ET LUIGI FALORNI
L'été, dans le désert de Gobi, une famille de nomades se concentre sur la naissance des bébés chameaux du troupeau. Une des chamelles refuse d'allaiter son petit, qui pleure à vous fendre le cœur. Il faut sacrifier au rituel qui veut que seul le son d'un violon puisse émouvoir la maman et la réconcilier avec son enfant... La coréalisatrice Byambasuren Davaa est originaire de Mongolie et ses grands-parents étaient nomades. Elle a retracé la réalité de ces gens qui vivent, aujourd'hui encore pour certains, loin de la ville et de toute civilisation. Entre documentaire et fiction, cette première œuvre est une étonnante plongée dans un monde simple et beau.

SI SEULEMENT
GIL JUNGER
Pour faire une bonne comédie romantique, mieux vaut éviter les interprètes charismatiques comme des platanes ! Ici, un garçon (anglais) aime une fille (américaine), mais ne sait pas comment le lui montrer. C'est le choc des cultures. Heureusement, les scénaristes lui en donnent l'occasion par deux fois, car suite à un accident, l'histoire repart à zéro. Jennifer Love Hewitt exploite à fond tout le registre de ses deux seules expressions – elle sourit avec émotion ou bien elle est émue aux larmes – face à Paul Nicholls, qui n'en a aucune à sa disposition.

LE DERNIER TRAPPEUR
NICOLAS VANIER
Dans le Grand Nord canadien, du côté des montagnes Rocheuses, vit Norman Winther, trappeur amoureux de la nature. Nicolas Vanier, documentariste, s'emploie à faire «fictionner» l'univers de son héros (mort d'un chien de traîneau, dialogues minimalistes mais sonnant faux). Or, c'est dans la beauté brute des images d'un quotidien très répétitif (chasse, pêche, lutte contre les éléments) que son film touche et captive. Une ode à un style de vie rude et nécessaire, malheureusement amené à disparaître.

G.O.R.A.
ÖMER FARUK SORAK
Kidnappé par des *aliens*, un roublard vendeur de tapis (Cem Yilmaz) se retrouve impliqué dans un complot interplanétaire et sauve la paix universelle. Si la parodie assumée des films de la SF (du «Cinquième élément» à «Matrix») fait mouche dans cette série B bricolée en provenance de Turquie, côté humour, les choses se gâtent. Le message d'amitié interracial est entaché de gags limite homophobes.

2046

Wong Kar-wai

Il serait juste de débuter par les sensations pures. Rares sont les films à provoquer une impression physique aussi manifeste : frisson jubilatoire, délicieuse chair de poule, intense sourire intérieur. Non pas la brutale réaction du corps à la vitesse et au suspens – façon Hollywood. Mais une sorte de béatitude émerveillée, une heureuse empathie avec la beauté à l'œuvre sur l'écran. Entre autres, en vrac et en majesté, l'apprentissage du japonais par une jeune femme (adorable Faye Wong), saisi à travers un élégant jeu de jambes. L'érotisme juvénile – et moqueur – d'une amoureuse courtisane (Zhang Ziyi, dont le visage de porcelaine s'anime enfin). Des corps, des visages, des étoffes. Plus obstinément, la fine moustache désabusée de M. Chow, ce viveur triste, traversant les couloirs de l'Oriental Hotel au milieu des années 1960, les salles de restaurant enfumées, les ruelles pluvieuses. Une Chine dont on rêve : le spleen enjoué de ce paumé magnifique devient, par ricochet, le nôtre.

Le cinéphile sait que Wong Kar-wai a l'art de filmer comme aucun autre un Hongkong stylisé et chatoyant, une certaine idée de l'Orient et du désir. Qu'il manie en maître les couleurs du songe ou du souvenir (ici, ocre et émeraude), mais que jamais ce maniérisme ne fait obstacle à l'ivresse des yeux – et des oreilles, le cinéaste n'étant pas sourd aux bandes originales langoureuses. On sait aussi qu'il ne cesse d'explorer son sujet de prédilection, le temps qui passe et les amours qui filent. On le sait, au moins depuis «In the Mood for Love», dont «2046» est... quoi, au juste ? La suite officieuse ? Le dérivé officiel ? La version «upgradée» – comme on dit d'un logiciel qu'il est «mis à jour » ? Le cinéaste brouille les pistes. L'identité des personnages en est une. Donc, M. Chow – toujours interprété par le magique Tony Leung – est bien, à nouveau, ce plumitif payé à la ligne. Le voilà dans sa chambre d'hôtel, aux prises avec ses romans de gare – et avec les femmes qui l'en distraient. Il boucle un récit de science-fiction – lui-même baptisé *2046* – dont on voit la trame : des personnages hagards arpentent la planète à bord de bolides ferroviaires. Leur destination ? Une ville mythique où le temps s'arrête, où les souvenirs ne se perdent plus.

Le romancier lui-même est hanté par le regret d'un amour passé. Il s'y accroche au point de ne pouvoir vivre ces passions qui, apparemment, s'offrent à lui. L'exquise demoiselle de joie de la chambre voisine – et le jeu de cache-cache amoureux qui va les unir, puis les séparer –, offre ses plus belles scènes au film. La fille «nippophile» du patron de l'hôtel. Ou encore cette joueuse mystérieuse croisée à Singapour, comme un fantôme de grand amour. Cette dernière, que joue Gong Li, porte le même nom que la femme aimée jadis ; et ce patronyme, Su Li Zhen, était bel et bien celui du personnage de Maggie Cheung dans «In the Mood for Love». Mais s'agit-il

vraiment du même couple, des mêmes amoureux, délaissés par leurs conjoints, dont la chaste histoire nous avait captivés, il y a quatre ans ? Et est-ce si important de le savoir ?
Au souvenir de l'amour que le héros a laissé filer s'associe pour certains spectateurs celui d'un film aimé plus que de raison. Et même de deux films. Ici vient la parenthèse un peu cuistre, pardon : en mai dernier, à Cannes, où «2046», arrivé avec un an de retard, fut présenté chaud sorti du labo, bobines larguées en parachute d'un avion-cargo ou tout comme, les festivaliers – des privilégiés – ont vu une copie de travail, effets spéciaux crayonnés (pour les scènes futuristes), projo comme un événement «live», ces conditions ajoutant au frémissement ambiant. Cinq mois plus tard, «2046» a encore changé : des scènes ont été remontées – et visiblement un peu raccourcies – pour laisser plus de place à la partie SF, plus symbolique que technologique. Wong Kar-wai l'a promis : d'ici à la sortie en DVD, «2046» changera encore.
Revu à Paris, «2046» paraît légèrement moins saisissant, perdant en tension narrative ce qu'il gagne en onirisme. Mais est-on sûr de regretter le film ou le moment de sa découverte ? Plus largement, un film existe-t-il dans l'instant de sa projection, la mémoire du spectateur, le contenant de la bobine ou de la galette DVD ? «2046» pose ces questions de perception, plaçant le spectateur dans la position du personnage principal, éprouvant dans un même mouvement la jouissance et le regret. Saisir, grâce à ces images d'une stupéfiante beauté, les contradictions les plus intimes de l'âme humaine, c'est évidemment du très grand art.

Aurélien Ferenczi
Télérama

C'est par l'écriture du roman de ce train de fiction fonçant vers les brumes des avenirs possibles que Chow explore sa mémoire et sa vérité. Il a aimé sans le savoir, aimé celle qu'il n'a pas eue. La seule pour laquelle il ait montré une vraie générosité, loin de son égoïsme au sourire enjôleur. Roman de la solitude dans le futur, film de la solitude dans le passé qui engrosse un présent où le cynisme joué préserve des vrais sentiments, ce bouleversement.
Wong Kar-wai, dans sa quête du passé retrouvé, ne craint pas de se citer, ce qui est logique. Les déambulations nocturnes dans des rues désertes ou sous la pluie de couples, unis un instant puis défaits par la vie, arrivent en direct de «In the Mood for Love», dont la musique flatte aussi notre propre mémoire. Les interpolations audacieuses entre un avenir de robot et un présent de nuits de Noël à répétition, célébrées par la beauté des visages, des corps, des étreintes et de la mise en scène, font de «2046», film de grande complexité (s'activer les neurones est un bienfait), une œuvre inclassable mais que nous classerons déjà parmi les inoubliables.

Jean-Pierre Dufreigne
L'Express

Plus que jamais, Wong Kar-wai reste un amoureux, et plus, un amoureux du sentiment amoureux. Son seul sujet scénaristique est d'un incurable romantisme : les débuts et les fins de liaisons. Et il n'aime rien tant que tourner autour de ce mystère de l'alchimie amoureuse, le conjuguer à tous les temps (présent, futur, passé, conditionnel, futur antérieur…), circuler entre ces extrêmes que sont la promesse et la déception, le plein et le manque, comme il oscille entre bluette de midinette et profonde tragédie. Les mille miroitements de la relation de couple sont pour Wong Kar-wai une drogue, une addiction, un monde en soi.
Resserrement sur le couple, donc, en excluant l'environnement, les extérieurs, le temps social. Mais aussi profusion du décorum fétichiste qui plaît tant à tous les fans du cinéaste : acteurs et actrices à tomber raide dingue, robes et costumes coupés au millimètre, luxe maniaque des objets et des détails, volupté des éclairages et savante précision des cadrages, patine rétro, élégance suprême de la fumée de cigarette, musiques délicieusement romantiques, sensualisme coloriste, floral, parfumé de la mise en scène… «2046», c'est comme un croisement sublime entre un vieux mélo chatoyant et une radiographie désenchantée des sentiments, les noces étranges mais éclatantes de Joseph von Sternberg et Philippe Garrel, ou d'Antonioni et Visconti.
Rétro, classique, moderne, «2046», est surtout un film postmoderne, un objet très contemporain, structuré en boucles sérielles. Le confinement dans la chambre numéro 2046 et le défilé des actrices et des différents morceaux d'histoires produisent un étrange balancement entre éternel retour et subtile variation. «2046» est un juke-box, une compile, un enchaînement de clips qui proposeraient différents remixes de la même chanson («Je t'aime moi non plus» ou «Not in the Mood for Love» ?). L'incomplétude est peut-être le mot-clé chez Wong Kar-wai, puisqu'il est constitutif de ses récits (truffés de parenthèses et de points de suspension), de sa mise en scène (trouée d'ellipses), de ses

cadrages (zones d'ombre et caches divers) et de sa filmographie. «2046» est ainsi travaillé par le hors-champ de «In the Mood...», ce qui rend indissociables ces deux films piochés dans le même matériau de tournages au long cours.

Serge Kaganski
Les Inrockuptibles

La chambre des amants inoubliables de «In the Mood for Love» portait le numéro 2046. Quatre années ont passé, le film est resté. Son auteur, durant tout ce temps, a travaillé à le prolonger, à le revisiter, à le sublimer. Ce serait un nouveau film, et le même aussi. Une version inachevée, mais déjà si séduisante, en a été proposée au Festival de Cannes, elle fut accueillie avec une étrange légèreté. Revoici «2046», un peu changé, à peine, et tel qu'il est, un rêve de film, un film rêvé, une spirale de sensations et de sentiments, un vertige d'images venues d'ailleurs et de nous-mêmes, une Asie intérieure sensuelle et mélodique, à la puissante, à la grisante mélancolie. Le héros silencieux au charme gominé de «In the Mood for Love», l'écrivain Chow Mo Wan (Tony Leung) est là, il parle d'un train pour 2046, de cette destination dont personne ne revient, il en est revenu, lui, pour écrire ce livre au titre inéluctable, «2046», retourner à l'Oriental Hotel, demander la chambre 2046.

Dès lors, il faut abdiquer toute défense, céder à l'envoûtement, s'embarquer pour un voyage en apesanteur au pays secret des souvenirs amoureux, où passé, présent, futur font une ronde nocturne sans commencement ni fin. La musique, les musiques, diverses, nostalgiques, référentielles, entraînent délicieusement dans ce grand flou temporel, sensoriel, à la «Casta Diva» de Norma répond un cha-cha-cha, on est dans le temps poignant des rendez-vous manqués, des émotions perdues et retrouvées. Chow est seul, il écrit, et sa mémoire, comme lui infidèle, vagabonde à la rencontre des femmes de sa vie, elles sont si belles, a-t-il su les aimer ? Pourquoi l'ont-elles quitté ? La femme du passé est la plus émouvante, c'est Su Li Zhen (Gong Li), Chow la revoit sans cesse, plus morte peut-être que vivante, d'une si somptueuse et vénéneuse tristesse. Ravissante et plus légère, se jouant de lui, tour à tour traîtresse et trahie est la femme du présent (Zhang Ziyi), dans le ciel noir quelques idéogrammes blancs disent le temps qui passe, on est dans les années 1960, Noël n'est plus que la balise de détresse des solitudes, parfois, un peu vainement, des stridences de lumière figurent le train pour 2046, brefs éclairs d'un futur sans avenir malgré le charme fragile d'un androïde androgyne (Faye Wong).

C'est beau, constamment beau. Beauté des actrices, de leur bouche rouge, de leurs jambes gainées de noir sur de hauts talons, beauté des décors, le toit de l'hôtel comme un plongeoir vers l'inconnu, beauté de la photographie (Christopher Doyle), de cette nuit lumineuse où palpitent les cœurs... Maggie Cheung, la sublime épouse de «In the Mood for Love» est le «bonus caché» de «2046», elle apparaît quelque part dans le film, éphémère, fugace comme un regret. On retient cette phrase qui doucement résonne : «Tout souvenir est baigné de larmes.»

Danièle Heymann
Marianne

«2046» déploie une érotique complexe à partir des larmes inévitables des femmes confrontées à celui qui perpétuellement se dérobe, dans le jeu de bascule du «je te prends, je te quitte, je te mets dans la marmite», que disait chez nous une comptine enfantine. La part d'enfance n'est-elle pas bel et bien citée dans le film, quand la fille de l'hôtelier, chevilles fines, escarpins noirs, se livre de façon récurrente à une sorte de marelle, en une figure obsessionnelle saccadée d'adhésion et de retrait ? De la gravité à l'enjouement, Wong Kar-wai valorise un dolorisme qu'on qualifierait volontiers de parfumé, tant est soigné le rendu sensuel du moindre geste au sein du monde des objets, fussent-ils les plus prosaïques : un bijou de prix, un gant noir couvrant le mystère de la main d'une joueuse professionnelle, un cendrier empli de mégots, un bas très fin qu'une femme enfile à son bras gracieux. L'inépuisable catalogue des moues, des bouderies, des chatteries, des coquetteries, toutes les fêtes et les feintes du théâtre de la séduction sont passés en revue avec art.

Jean-Pierre Léonardini
L'Humanité

Dans les champs de bataille

The Assassination of Richard Nixon

La Plus Belle Victoire

Le Secret des poignards volants

Massaï – Les guerriers de la pluie

70 **LA PLUS BELLE VICTOIRE**

RICHARD LONCRAINE

Jadis classé 11e mondial de tennis, le Britannique Peter Colt n'est plus que 119e. Personne ne donne cher de sa peau pour son dernier tournoi de Wimbledon avant sa «retraite» – il est sur le point de signer comme professeur dans un club pour bourgeoises sexagénaires, sportives et sur-liftées ! Mais voilà qu'il croise l'Américaine Lizzie Bradbury, nouvelle étoile montante de la balle jaune. Au lit, ça fait des étincelles. Et, sur le court, des miracles ! Évidemment, on ne croit pas un instant que nos deux champions puissent remporter un seul de leurs matches après chacune de leurs nuits torrides (et sans aucun entraînement préalable !). Mais on se moque de cette véracité-là comme de sa première raquette. C'est le couple qui nous intéresse : Kirsten Dunst est délicieuse en fossettes et en jupette et Paul Bettany s'affirme de film en film («Un homme d'exception», «Master and Commander... De l'autre côté du monde», «Dogville») comme l'un des acteurs les plus séduisants et doués de la nouvelle génération. Ils sont très jolis, l'alchimie entre eux apparaît donc parfaitement évidente. Enfin, les dialogues échangés sont fort bien troussés.

DANS LES CHAMPS DE BATAILLE

DANIELLE ARBID

C'est la guerre à Beyrouth en cette année 1983. Mais, reflétée dans les grands yeux de Lina (Marianne Feghali), la guerre est aussi, surtout, à l'intérieur de la famille. Son père dilapide tout l'argent du ménage en perdant aux cartes, sa mère, enceinte, fait régulièrement appel à un prêtre pour exiger de son mari qu'il jure «devant Dieu et sa fille» que jamais plus il ne jouera. La seule vraie amie de Lina s'appelle Siham (Rawia Elchab). Un peu plus âgée, beaucoup plus délurée, Siham est la bonne de la tante Yvonne, qui vit à l'étage au-dessus. «Pendant la guerre, dans ma famille, on vivait comme les bêtes ou comme les fous, mais on vivait quand même», déclare la réalisatrice dans le dossier de presse. Observation douce-amère des années de guerre au Liban, ce premier long métrage est aussi la chronique d'une enfance perdue, où le Bien et le Mal ne sont pas toujours très identifiables. Porté littéralement par des comédiens débutants, transporté par une puissance innée du regard, «Dans les champs de bataille» vous poursuit longtemps. Comme le constat de ce tremblement de terre que constitue le passage de l'enfance à l'âge adulte. Comme le témoignage sur un pays à feu et à sang, secoué de violences.

Resident Evil : Apocalypse

THE ASSASSINATION OF RICHARD NIXON

NIELS MULLER

Citoyen américain effacé, Sam Bicke (Sean Penn) accumule désillusions, rancœurs et frustrations. Personne ne prête attention à lui. Entre sa femme (Naomi Watts) qui l'a quitté par lassitude de le voir végéter et le banquier qui lui refuse le prêt indispensable pour lancer sa petite entreprise, Sam ne rencontre autour de lui qu'indifférence et incompréhension. Il décide donc de frapper un grand coup et de tuer le président Nixon – le vrai Sam Bicke, lui, avait tenté de s'attaquer à Johnson, mais l'histoire a été déplacée dans le temps, nous sommes en 1974. Le constat des inégalités devant le rêve américain reste entier. Sean Penn est magnifique, il a tenu à incarner ce personnage, et a suscité pour cela la production de ce film en forme d'étude clinique implacable.

LE SECRET DES POIGNARDS VOLANTS

ZHANG YIMOU

Il paraît que cela se passe en 859... Dynastie menacée, complots, trahisons, organisations secrètes, bandits mystérieux, espionne aveugle, officier amoureux, jalousie meurtrière... l'histoire, d'un romanesque échevelé, a peu d'importance. Seul compte le plaisir des yeux et il est total, intense, vertigineux. Dispensé déjà par la beauté des trois interprètes principaux, la somptueuse Zhang Ziyi et ses deux prétendants, Andy Lau et Takeshi Kaneshiro. Puis viennent les ballets acrobatiques et poétiques (la scène des tambours), les chevauchées fantastiques, les combats aériens dans une forêt de bambous (ceux de «Tigre et dragon» paraissent soudain étriqués), les sabres et les poignards volants (forcément), la nature parée de couleurs inconnues... Plaisir des yeux, décidément.

MASSAÏ – LES GUERRIERS DE LA PLUIE

PASCAL PLISSON

Huit jeunes guerriers massaï partent dans la savane pour y tuer le lion qui décime leur village. Au cours de cette longue marche, ils traversent toutes sortes de dangers... L'intérêt de ce long métrage de fiction est sa part documentaire : les Massaï sont un peuple fascinant du Kenya et les regarder vivre d'aussi près est un privilège rare.

CHRONIQUES INDIENNES

BUDDHADEB DASGUPTA

L'Inde en 1969. Tandis que l'homme s'apprête à marcher sur la Lune, au village de Gospeira, rien n'a changé d'un pouce depuis des siècles. La vie s'organise autour d'une maison de prostitution. L'une des pensionnaires, Rajani (Rituparna

L'Enlèvement

Sengupta), caresse l'espoir de quitter le métier en donnant sa fille adolescente en mariage à l'un de ses riches clients. Mais Lati (Samata Das), élève brillante à l'école, rêve de s'enfuir à Calcutta avec son prof. D'autres péripéties émaillent le quotidien… L'accueil d'une jeune courtisane débutante, l'abandon d'un vieux couple par sa famille, l'errance du chat famélique qu'on tente de perdre comme le Petit Poucet et qui retrouve immanquablement le chemin du village… Ce pourrait être éprouvant et déprimant, mais Buddhadeb Dasgupta a pris le parti de la sérénité optimiste, avec naturel, d'une caméra limpide dont les mouvements et les cadrages respirent le plaisir de filmer.

RESIDENT EVIL : APOCALYPSE
ALEXANDER WITT

Le jeu continue ! Milla Jovovich – plus musclée, plus armée mais guère plus expressive – reprend du service dans la guerre aux zombies. Toute la population de Raccoon est maintenant contaminée par l'horrible virus, et la compagnie Umbrella a programmé un monstrueux exterminateur, Némésis, pour nettoyer tout ça. Hécatombes en série, spectaculaires et horriblement monotones.

L'ENLÈVEMENT
PIETER JAN BRUGGE

Un homme part de chez lui un matin, sa femme le regarde s'éloigner sans savoir qu'elle le voit pour la dernière fois. Robert Redford et Helen Mirren jouent avec panache leur unique scène ensemble, celle du couple vieillissant aux tendres relations. Un troisième acteur entre en scène, c'est Willem Dafoe, inquiet, minutieux, dangereux dans sa normalité d'homme gris. À partir de ce moment, l'intérêt véritable de «L'Enlèvement» se révèle : Wayne et Helen ne vivent plus dans le même espace ni dans la même durée. Aux interminables minutes à marcher dans la forêt avec le ravisseur sur les talons, s'opposent les innombrables heures, puis les jours, à espérer le retour, discuter avec la police, entrevoir l'évidence, attendre la demande de rançon, et, finalement, au bout du bout, accepter l'inacceptable. Voilà un premier film ambitieux : le suspense s'évente vite pour ne laisser la place qu'à l'inadmissible et fatale issue. Les deux temps de narration permettent une belle réflexion sur notre refus de voir l'horreur en face et le spectateur se retrouve dans la peau de l'épouse luttant avec l'inéluctable. Le procédé contient en lui-même ses propres limites (on frôle l'exercice de style), mais la qualité de la mise en scène et de l'interprétation emportent l'adhésion.

Le Pôle Express

VOYAGE DANS L'IRRÉALITÉ IMMÉDIATE
JEAN LEFAUX ET ANCA HIRTE
Généralement stigmatisée comme la lie de l'Europe, la Roumanie est victime d'une image de marque aussi défavorable qu'injustifiée. En rendant la parole aux principaux intéressés, c'est-à-dire les Roumains eux-mêmes, les deux documentaristes ambitionnent de dépasser ces stéréotypes infondés. Mais fallait-il pour autant choisir une forme aussi austère ?

VICTOIRE
STÉPHANIE MURAT
L'assassinat à la portée de tous, et non plus réservé aux seuls «professionnels», cela évoque «Noblesse oblige», perle inégalée de l'humour noir anglais. Soixante ans plus tard, on est assez loin du modèle... Certes, une avenante trentenaire (Sylvie Testud) se met à supprimer gaiement tous ceux qui lui pourrissent la vie (vaste programme !). Mais le ressort paraît usé et l'hécatombe trop systématique pour qu'on puisse en mourir... de rire. Quelques bonnes répliques, le charme évident de Sylvie Testud, entourée d'excellents comparses – Mylène Demongeot, Pierre Arditi, Philippe Khorsand... Mais tout cela paraît bien laborieux.

LE CARTON
CHARLES NEMES
Adapté de la pièce éponyme, le film raconte les mésaventures d'Antoine (Vincent Desagnat) obligé de déménager avec un jour d'avance. En dépit de l'énergie des comédiens, le passage de la scène à l'écran est terriblement statique. Côté humour, les personnages archétypaux (le fiancé dragueur infidèle, la concierge acariâtre, l'abruti de service...) le disputent à des gags tombés dans le domaine public depuis belle lurette. Bref, une comédie générationnelle déjà désuète.

LE PÔLE EXPRESS
ROBERT ZEMECKIS
Parce qu'il ne croit plus en la magie de Noël, un jeune garçon est invité à monter à bord du Pôle Express, un train menant directement au pays de Santa Claus. Grâce à la complicité du contrôleur (Tom Hanks) et d'un mystérieux clochard (Tom Hanks, le retour) il redécouvrira le sens de cette fête familiale et rencontrera le jovial bonhomme rouge (Tom Hanks, la revanche). Annoncée comme une innovation spectaculaire, la technique employée pour ce dessin animé consiste à capter les mouvements des comédiens afin de recréer entièrement ceux-ci en 3 D. Au bout du compte, avec ces visages figés et leurs expressions réduites à quelques tics faciaux, le résultat mirifique promis est esthétiquement inégal. Autre prouesse, l'ordinateur permet au cinéaste de lancer à toute vitesse le convoi sur de vertigineuses voies ferrées, à la manière de montagnes russes. Un «comme si vous y étiez» virtuose et saisissant, mais qui, à force d'être monté en boucle, finit par donner le mal de mer.

OUTFOXED
ROBERT GREENWALD
Voilà un percutant pamphlet contre l'empire de Robert Murdoch, et surtout sa chaîne de télévision Fox News. On y voit des journalistes aux ordres multiplier les contre-vérités et des présentateurs serviles faire taire les contestataires anti-Bush. On y voit, surtout, l'animateur vedette Billy O'Reilly devenir tout rouge à l'écoute des propos tenus par le jeune Jeremy Glick : malgré la disparition de son père dans l'attentat du 11 Septembre, ne s'obstine-t-il pas à critiquer l'invasion de l'Irak ? «Votre mère doit avoir honte de vous !», finit par hurler O'Reilly, avant de chasser de son plateau ce jeune homme indigne à ses yeux qui conserve jusqu'au bout – comment fait-il ? – son impressionnante impassibilité...

Cinq enfants et moi

L'EXORCISTE - AU COMMENCEMENT

RENNY HARLIN

Trente ans après «L'Exorciste» de William Friedkin, celui de Renny Harlin nous reporte 25 ans en arrière, à la fin des années 1940. Le père Merrin, que jouait Max von Sydow, est donc un jeune prêtre, interprété par Stellan Skarsgard, qui a vécu aux Pays-Bas les atrocités de l'occupation nazie. Envoyé au Kenya, il va rencontrer dans une église enfouie, une entité diabolique à laquelle il sera opposé plus tard (dans le premier film, donc !). Résultat : une caricature éhontée de «prequel» horrifique, composée de clichés et facilités à gogo.

GIRL NEXT DOOR

LUC GREENFIELD

Danielle emménage en face de chez Matthew (Emile Hirsch) et celui-ci commence à fantasmer. La réalité dépasse ses rêves les plus fous lorsqu'il découvre qu'elle est une star du porno. Mais, paradoxalement, la belle saura le remettre dans le droit chemin. Cette pathétique pochade sur l'industrie du sexe ne serait sans doute jamais sortie chez nous sans la présence d'Elisha Cuthbert, fille de Jack Bauer dans la série télé «24 heures chrono».

MY ARCHITECT

NATHANIEL KAHN

Hommage d'un fils à l'œuvre de son père. Louis Khan a notamment construit l'institut de biologie de Salk, en Californie, et le Parlement de Dacca, au Bengladesh. À travers entretiens et témoignages, le fils dessine le portrait d'un homme perpétuellement absent, volage, semant monuments et enfants avec le même enthousiasme. Un homme perpétuellement en fuite, mais qui l'aura marqué. «Construit, même en creux», dit-il, non sans humour. Bourreau de travail et Juif errant, Louis Kahn est mort d'un infarctus, dans la gare de Penn Station à New York...

CINQ ENFANTS ET MOI

JOHN STEPHENSON

En Angleterre, lors de la Première Guerre mondiale, cinq frères et sœurs sont envoyés à la campagne, chez un oncle excentrique (Kenneth Branagh), tandis que leurs parents servent la patrie sur le front. Bien qu'il leur ait été formellement défendu de se rendre dans une énigmatique serre du domaine, Robert (Freddie Highmore) et sa fratrie bravent l'interdit. Ils découvrent un étrange œuf renfermant un personnage vert et poilu, tout aussi bizarre, prénommé Moi. Ce dernier va leur offrir d'exaucer un de leurs vœux, le temps d'une journée et jusqu'au dernier rayon du soleil (à la tombée du jour, plus de magie).

Ce grand classique de la littérature britannique du début du XXe siècle, mélange réussi de conte initiatique et fantastique, connaît une nouvelle jeunesse grâce à cette adaptation honnête et souvent plaisante. La mise en scène exploite habilement l'humour du scénario, l'ambiance mystérieuse du sombre manoir anglais et le jeu plein de fraîcheur des jeunes interprètes.

BANLIEUE 13

PIERRE MOREL

On est en 2013. Les banlieues sont devenues de véritables cités interdites. Le caïd de la B13 (Bibi Naceri, frère de Sami et co-scénariste du film avec Luc Besson) vole une bombe atomique. Un voyou, qui veut délivrer sa sœur prisonnière du gangster, s'associe à un flic pour lui régler son compte... Follement rythmé et totalement prévisible. Les deux héros cascadeurs (Cyril Raffaelli et David Belle) visent visiblement la popularité du duo Sami Naceri/Fréderic Diefenthal de la série des «Taxi», (autre production de Luc Besson). Pas sûr qu'ils y parviennent.

FBI : fausses blondes infiltrées

À boire

FBI : FAUSSES BLONDES INFILTRÉES
KEENEN IVORY WAYANS

La comédie de travestissement est un exercice délicat, requérant doigté et finesse. Qui s'étonnera de découvrir que le trio responsable des parodiques «Scary Movie» en manque terriblement ? Cette histoire de deux flics noirs (Shawn et Marlon Wayans) obligés d'endosser l'identité de deux blondes riches (donc vulgaires) touche le fond du machisme le plus graveleux.

CATERINA VA EN VILLE
PAOLO VIRZI

À treize ans, Caterina (Alice Teghil) quitte sa province avec sa famille pour s'installer à Rome. Son père (Sergio Castellito) est prof, romancier raté et aigri, perpétuellement agacé par une épouse charmante mais pas très futée (Margherita Buy). Non sans arrière-pensées, il pousse Caterina à se lier, au lycée, avec des élèves de familles influentes. Le cœur de l'adolescente va ainsi osciller entre une brune rebelle, aux parents intellos, et une blonde arrogante, fille d'un ministre berlusconien. Cette comédie de mœurs, vivante et bien rythmée, saluée et soutenue par Martin Scorsese, bénéficie de jeunes interprètes aussi ravissantes que douées. Au-delà de la schématisation des caractères, des traits exagérément grossis, on perçoit, entre les images, une description sans concessions (et donc assez accablante) de l'Italie d'aujourd'hui.

BASSE NORMANDIE
PATRICIA ET SIMON MAZUY-REGGIANI

Simon est comédien. Il prépare une pièce littéraire (il lira du Dostoïevski) et équestre (il montera à cheval). Voilà du «cinéma réalité» qui suit pas à pas les démarches et les répétitions. Le couple de metteurs en scène donne à voir, sans complaisance et avec une certaine autodérision, la genèse d'un spectacle en marche. Entre comédie et tragédie, un portrait sans fard de l'acteur au travail.

À BOIRE
MARION VERNOUX

On est loin de «L'Assommoir» de Zola, mais il y a les réalités de l'alcoolisme d'aujourd'hui. Décor snob et huppé pour une observation délicate des méfaits de l'alcool par Marion Vernoux : une station de sports d'hiver. Les cobayes sont un jeune médecin (Édouard Baer) qui effectue un remplacement, une cliente d'hôtel abandonnée par son ami (Emmanuelle Béart) et un skieur beur néophyte et maladroit (Atmen Kelif). Plus amère que douce, cette comédie de mœurs ne propose pas d'extraordinaire revirement. Elle est linéaire, chacun des trois personnages suivant une progression inéluctable – et très titubante – qui les mènerait logiquement à la catastrophe si la réalisatrice ne leur offrait in extremis un *happy end* fort peu vraisemblable.

ALIÉNATIONS
MALEK BENSMAIL

Fils du cofondateur d'un des premiers pavillons psychiatriques algériens, à la fin des années 1960, le documentariste ose un rapprochement souvent pertinent entre les pathologies des hommes et les crises politiques, religieuses et économiques traversées récemment par son pays. Toutefois, son admiration aveugle pour l'œuvre paternelle semble l'empêcher de s'interroger sur la persistance de pratiques thérapeutiques barbares et d'un autre âge.

PÉDALE DURE
GABRIEL AGHION

Suite empesée de «Pédale douce». Seule rescapée de l'épisode n° 1, Marie Hagutte (Michèle Laroque) vit avec un couple *gay* (Gérard Darmon et Dany Boon) et porte leur enfant. Bonheur gâché par sa rencontre avec un homme, un «vrai»... Sauf que Charles (Jacques Dutronc) est hétéro, mais séropositif... Osmose improbable entre la gentillesse vaguement mièvre de Gabriel Aghion et la rosserie méprisante du scénario, signé Bertrand Blier. Résultat : cette farce pathétique (on voit Gérard Darmon en grande folle ressentir les affres d'une grossesse nerveuse) n'arrache pas un sourire.

BIRTH
JONATHAN GLAZER

Un gamin étrange sonne à la porte d'Anna (Nicole Kidman) qui s'apprête, après dix ans de veuvage, à épouser l'homme qui, si longtemps, a accepté de l'attendre. Sean (Cameron Bright) prétend être la réincarnation de son mari bien-aimé. Anna, son entourage et les parents du gamin hurlent à la blague de mauvais goût, mais Sean persiste. Il donne des détails que nul ne saurait connaître et Anna, dont la raison chancelle, s'éprend de ce mari enfant, revenu d'entre les morts... Coauteur de ce scénario audacieux : Jean-Claude Carrière, dont on connaît la longue collaboration avec Luis Buñuel et le goût pour éclairer les zones troubles de l'être humain (ainsi,

Pédale dure

Birth

Nicholas Nickleby

la bizarre passion de Charlotte Rampling pour un chimpanzé dans «Max, mon amour» de Nagisa Oshima). Tout ce que l'histoire devait avoir d'élégamment équivoque, de subtilement provocant, se retrouve noyé, hélas, dans la mise en scène académique de Jonathan Glazer qui rend le projet vaguement choquant. Nicole Kidman, pas vraiment gâtée (la rendre presque moche est un prodige que le réalisateur est, pour l'instant, le seul à avoir réussi), semble constamment regretter d'avoir accepté ce conte maléfique, devenu, par maladresse, un produit de plus sur l'au-delà tel que le conçoit Hollywood.

NICHOLAS NICKLEBY
DOUGLAS MCGRATH
À première vue, c'est une adaptation proprette de Charles Dickens : beaux décors et élégants costumes. Le jeune héros (Charlie Hunnam) est fort affligé par la vie – son père mourant ruiné, sa mère, sa sœur et lui se retrouvent sans le sou, à la merci d'un méchant oncle (Christopher Plummer, adéquat). Pourtant, le charme opère peu à peu : la relation de Nicholas et du jeune handicapé Smike (Jamie Bell) est belle, leur rencontre avec une troupe de théâtre est joyeuse, et l'énergie qu'ils mettent à combattre le mal et à rassembler et reconstruire la famille est communicative.

CONTES PERSANS
MOHAMMAD MOGHADAM, MOZZAFAR ET RAMIN SHEDYAI, VADJOLLAH FARD MOGHADAM, FATEMEH GOUDARZI
Une chenille aventurière («Le plus long voyage du monde»), une pomme échappée d'une récolte («La Pomme»), un corbeau frileux cherchant un abri («Le Retour») et une vache faisant la rencontre d'un paysan («La Vache et le fermier») sont les héros de ces quatre courts métrages d'animation iraniens. Un quatuor ludique et poétique, réalisé, entre autres, grâce à la technique trop rarement usitée de la peinture sur verre. Le résultat est subjuguant de beauté.

Les Temps qui changent

BIGUINE
GUY DESLAURIERS
Selon la légende, la Biguine serait née à Saint-Pierre de Martinique, à la fin du XIXe siècle. Un mélange entraînant d'instruments populaires et de chants contestataires, inventé par un couple sans emploi (Max Téléphe et Micheline Mona). Soutenu par un long monologue signé Patrick Chamoiseau, le film rend un hommage vibrant à cette musique, intégrée à part entière à la narration et à la dramaturgie.

DOGORA – OUVRONS LES YEUX
PATRICE LECONTE
Des images du Cambodge, sans histoire ni commentaire, filmées pour et montées sur une musique symphonique d'Étienne Perruchon, accompagnée de chœurs d'enfants. Des images humaines, sensibles, qui disent un pays et ses habitants, l'énergie et le courage, la beauté aussi.

LES TEMPS QUI CHANGENT
ANDRÉ TÉCHINÉ
Dans Tanger qu'il semble tant aimer depuis «Loin», André Téchiné a filmé, caméra à l'épaule, avec une intensité qui manquait à ses derniers films, les zigzags de personnages en devenir ou plongés dans le passé. Cécile et Antoine se sont aimés, jadis, follement, et se sont séparés depuis longtemps. Cécile a refait sa vie avec un homme plus jeune qu'elle, Nathan (Gilbert Melki), elle travaille (vaguement) dans une radio, accueille (de temps à autre) son fils, Sami (Malik Zidi), partagé, lui, entre ses goûts homosexuels et son affection pour une jeune mère de famille, Nadia (Lubna Azabal). Antoine, ingénieur de renom, chargé de superviser la construction d'un centre audiovisuel, n'a rien oublié : sa passion est intacte, il a toujours suivi le parcours chaotique de Cécile et le voilà qui resurgit, fantôme encombrant et embarrassé, malade d'amour comme un adolescent et totalement décidé à reconquérir la femme de sa vie... Gérard Depardieu, troublant, touchant, interprète, comme éclairé de l'intérieur, ce personnage décalé, presque démodé dans son romantisme obstiné. Tandis que Catherine Deneuve, une fois encore portée par l'affection visible de son metteur en scène, joue à toute allure, à tombeau ouvert, cette femme qui se croit revenue de tout, perdue, en fait, dans un *no man's land* sentimental... Autour de ce couple, le monde s'agite, fluctuant, incertain : l'intégrisme rôde, les cultures s'opposent, les sentiments s'évanouissent à force de méfiance, de lassitude et de lâcheté. Les temps changent, peut-être. Téchiné, lui, reste le même : il donne toujours, mais à sa façon, des nouvelles du monde.

MON TRÉSOR
KEREN YEDAYA
Ruthie (Ronit Elkabetz) se prostitue depuis vingt ans à Tel-Aviv. Elle vit dans un appartement exigu avec son adolescente de fille, Or (Dana Ivgy), qui tente de lui faire changer de vie. Telle une droguée qui rechute, Ruthie rejoint régulièrement en cachette le trottoir. Pendant ce temps, Or sèche le lycée pour multiplier les petits travaux afin de subvenir aux besoins de la maisonnée. Mais les choses ne s'améliorent pas pour Ruthie, qui doit bientôt entrer à l'hôpital. Or n'a plus d'autre moyen pour en sortir que de se prostituer elle-même... Tout ceci serait d'un naturalisme très noir et d'un pessimisme désespérant si Keren Yedaya ne traçait en toute délicatesse un portrait émouvant et vrai de ces deux femmes. Ce n'est pas à la fatalité qu'elles sont confrontées : le regard de la cinéaste est sans concessions dans son autopsie de la société israélienne où elles vivent. Une touchante mise en accusation, afin que change enfin la condition féminine.

MARIA PLEINE DE GRÂCE
JOSHUA MARSTON
Ce premier film tourné en espagnol, en Équateur (en Colombie, c'eût été trop dangereux) par un jeune étudiant en cinéma américain, est un petit miracle où Dieu n'est pas pour grand-chose.

Mon trésor

Bienvenue à Mooseport

Nicotina

Maria pleine de grâce

Maria (la lumineuse débutante Catalina Sandino Moreno) a 17 ans, elle s'écorche les mains aux épines de sa vie et aux épines des roses qu'elle arrache à la chaîne dans une usine de fleurs. Maria, pleine de grâce et de colère, est enceinte. Alors, pour échapper à sa misère, à sa famille à laquelle elle ne peut rien dire, elle va devenir une «mule» : avaler par dizaines des capsules de cocaïne, et transporter dans son corps – où déjà se fabrique son bébé – le lucratif poison, jusqu'à New York. À la fois porteuse de mort et porteuse de vie, perdue au milieu du drame qui la submerge (une jeune femme, mule comme elle, meurt dans d'horribles circonstances), paumée dans New York où elle fait équipe avec Blanca (Yenny Paola Vega), une petite râleuse sympathique, Maria va trouver assistance auprès de Don Fernando (Orlando Tobón), providence discrète des Colombiens en détresse. Cet homme n'est pas très bon acteur, mais il est mieux que cela : passionné par le film dont il est devenu coproducteur, il joue ce rôle qu'il tient dans la vraie vie, sous le couvert d'une petite agence de voyage anonyme dans le Queens. Depuis dix ans, il a aidé au rapatriement des corps de 400 mules colombiennes mortes en «mission»...

BIENVENUE À MOOSEPORT
DONALD PETRIE

Après deux mandats sans heurts, un ex-président américain (Gene Hackman) brigue la mairie du patelin où il s'est retiré. Mais la route toute tracée s'avère vite un cul-de-sac. Cette fable sur le pouvoir manque terriblement d'audace. Veillant à ne choquer personne et aucune conviction, le cinéaste met en scène sans y croire cette comédie neutre et moraliste où il nous est rappelé que rien n'est jamais acquis d'avance.

NICOTINA
HUGO RODRIGUEZ

Voyeur intempestif et *hacker* de talent, Lolo (Diego Luna) a choisi le jour où il débute sa carrière criminelle pour arrêter de fumer. Un acte de santé publique qui va déclencher une succession de morts violentes. Cette fable macabre et saignante, en dépit d'un démarrage laborieux et d'une mise en scène aux effets superflus, finit par se savourer au second degré.

Rois et reine

Arnaud Desplechin

Inégale, l'année du cinéma français se termine en beauté. Avec le sixième film d'un réalisateur quadragénaire, Arnaud Desplechin, jusqu'ici considéré comme très intello et qui, cette fois, devrait réconcilier cinéphiles et grand public dans un même élan d'émotion traversé d'éclats de rire.

«Rois et reine» fait alterner deux histoires qui se croisent au milieu du film pour se re-séparer ensuite. Celle, d'abord, de Nora, trente-cinq ans, veuve et mère d'un fils de dix ans, apparemment bien dans sa peau et heureuse, car elle est sur le point de se remarier avec Jean-Jacques, très riche et aux petits soins pour elle qui, justement, pense qu'«aimer c'est n'avoir pas à demander». Lumineuse et sûre d'elle, Nora ouvre le film en reine au bord du couronnement mais, bien sûr, perdra vite sinon son aura, du moins ses certitudes, et sa sérénité... L'autre histoire est celle d'Ismaël, altiste et bohême qui vit criblé de dettes dans un appartement capharnaüm, à proximité d'une corde de pendu, et que deux infirmiers viennent chercher parce qu'il fait l'objet d'une demande d'internement en hôpital psychiatrique : *a priori* pris au piège, mais bien sûr moins «fou» qu'on pourrait le croire, ce ludion loufoque, irrésistible de drôlerie (il finit par séduire la responsable du service, Catherine Deneuve), certes excentrique mais aussi philosophe, chemine, lui, *a contrario,* vers l'acceptation de soi, donc la sagesse...

Quel rapport entre les deux histoires ? On le comprend à la mi-temps. Ismaël et Nora ont vécu ensemble, pendant huit ans, il a en partie élevé Elias, elle voudrait justement qu'il adopte cet enfant dont le père est mort quand elle l'attendait... La réponse d'Ismaël, magnifique, un morceau d'anthologie, clôt le film. On ne la dévoilera pas. Mais on reviendra sur tout ce qui la précède, et qui fait la matière, riche, sensible, burlesque, bouleversante, de ce film arlequin, sur le fil du funambule, qui jamais ne tombe mais, toujours, ligote le spectateur au creux de son fauteuil...

Au cœur du film d'abord, comme toujours chez Desplechin, il y a la mort. La stupéfaction du deuil, l'impossibilité d'accepter cette injustice. Elle dévore Nora. D'abord parce que son premier mari, le père d'Elias, est mort tragiquement et que son fantôme vient la hanter de façon récurrente. Ensuite et surtout parce qu'elle est confrontée à l'agonie brutale, et insoutenable, de son père très aimé (Maurice Garrel, parfait comme toujours), qui se révèle atteint d'un cancer inopérable. Elle reste à son chevet, à l'hôpital puis chez lui, le voit entrer en agonie et craque... Desplechin, ici, ne nous cache rien, nous renvoyant à nos propres peurs, nos propres deuils, et nos propres relations, parfois complexes, avec nos parents, quand l'irrémédiable est derrière la porte, et que les sentiments se lâchent, parfois trop tard...

La mort, la folie, la difficulté de la paternité, l'adoption...

Comment ce film, cette fois, malgré son poids dramatique peut-il être, aussi, ludique, léger, parfois même aérien et drôle ? D'une brassée de personnages excentriques, l'ahurissant avocat d'Ismaël, drogué mondain speedé (Hippolyte Girardot, irrésistible), son père, à la fois beauf et invincible (Jean-Paul Roussillon, déjouant avec l'impassibilité d'un Superman des braqueurs dans son épicerie)... De dialogues bourrés d'humour, aussi, d'une mise en scène où l'enfermement des voix intérieures s'ouvre sur le soleil de paysages prometteurs de paix. Et bien sûr, des interprètes principaux magistraux, idéaux. Emmanuelle Devos, irrémédiablement réservée, douce, calme, équilibrée... en façade, mais qui sait, d'un léger voile assombrissant son œil, laisser deviner des gouffres de désarroi ; et, absolument génial en clown métaphysique et délibérément rigolard parce que la vie ne mérite pas autre chose, Mathieu Amalric, qui rencontre là, sans doute, l'un des rôles de sa vie.

Des rois, une reine et un réalisateur, prince du cinéma d'auteur à son meilleur : un cadeau pour les fêtes... et la nouvelle année.

Annie Coppermann
Les Échos

«Rois et reine» est un cauchemar faussement désaccordé avec scènes de fanfare et déchirant violoncelle. Que tout cela dure 2 h 30 n'a aucune importance. Héroïque et fragile dans sa partition burlesque, Amalric rappelle cet âge d'or du théâtre lorsque, dans les années 1970, Ariane Mnouchkine donnait des pièces flamboyantes, populaires, audacieuses, inventives, proches du spectateur à le toucher. À la fenêtre opposée, Emmanuelle Devos, César de la meilleure actrice en 2002 pour «Sur mes lèvres» de Jacques Audiard, invente quelque chose d'une pure vérité qui vous prend aux tripes. En souffrant, elle mue. On dirait qu'elle entre dans une seconde peau d'actrice et de femme. Il y a longtemps que la vie n'avait aussi bien été prise au piège dans un film.

Pierre Vavasseur
Le Parisien/ Aujourd'hui en France

Depuis la mort de François Truffaut et la disparition progressive de la Nouvelle Vague, souvent rejetée, d'ailleurs, par ses petits-enfants, Arnaud Desplechin est le seul jeune cinéaste français réellement romanesque, au sens où l'entendait la littérature du XIXe siècle. Il conçoit le cinéma comme Stendhal ses romans : «Un miroir qu'on promènerait le long du chemin.» Et il utilise sa caméra comme une plume, légère mais incisive. Même s'il affirme n'aimer que le cinéma de genre, Desplechin part toujours de lui-même pour créer ses fictions qui ne parlent que de lui-même. «La Vie des morts», «Comment je me suis disputé (ma vie sexuelle)», «Rois et reine» ont tous le goût du je. C'est à partir de ses émotions, et de celles de son entourage, qu'il invente son monde, au risque évident de s'égratigner, lui, et de blesser les autres. Qui plus est, il incarne cette tentation – romantique – d'une noirceur presque morbide qui le rend proche d'Edgar Poe, de Henry James ou de Gérard de Nerval.
Dans «La Vie des morts», il affirmait que les morts continuent de vivre leur vie. Sans nous. En nous. Dans «La Sentinelle», le héros héritait d'une tête de mort réduite et menait une enquête pour lui donner une identité, pour sauver un homme de l'oubli. Dans «Rois et reine», comme sorti du néant par une fenêtre rectangulaire qui évoque un écran Cinémascope, le premier mari suicidé de Nora lui apparaît, dans un hôpital où elle veille son père. Jeune homme tout pâle, tout beau, tout mort, il écoute, des sourires plein les yeux, cette femme en pleurs lui raconter son absence.

Splendide séquence où le fantastique devient naturel. Lumineux et apaisé. Mais les morts ne sont pas toujours bienveillants. Ils savent même devenir cruels. Et leurs mots, alors, brûlent la peau de Nora – au sens propre du terme...
Que sait-on des êtres que l'on croise, que l'on aime, sinon des bribes, des brisures ? Nora est-elle la Mère Courage qu'elle croit être ? Ou un monstre froid, qu'accompagne, lorsque sa silhouette se dédouble dans un miroir, une musique hitchcockienne (dans le style de «Marnie») ? Et qui est vraiment Ismaël, ce nombriliste généreux, cet égotiste chaleureux, toujours au bord du suicide, mais qui se découvre très à l'aise, en définitive, dans l'asile où on l'a enfermé ? Tous ces thèmes hantaient déjà les précédents films de Desplechin. L'originalité de «Rois et reine», c'est d'avoir fait coexister à part égale la gravité et la loufoquerie.
Pierre Murat
Télérama

Ce double portrait (et l'on ne se risquera pas à oser «autoportrait» de Desplechin, quoique...) n'aborde que des thèmes graves – la perte, la filiation, la trahison –, mais il est d'un comique fou, toujours surprenant. Et d'une liberté souveraine dans sa forme. Desplechin marie tous les genres, roman-photo, burlesque, mélo, film de fantômes et, même, le théâtre et le rap, parce que la vie elle-même opère sans cesse ses ruptures et sutures fécondes. Comment vous dire ? Il est si rare de tisser un lien d'amour avec un film pendant sa projection. Un lien très exclusif, comme une conversation avec des âmes sœurs dont on ignorait l'existence, mais qui n'empêche pourtant pas d'admirer le feu d'artifice, le jeu à l'état pur. Un grand film vivant. Laissons le mot de la fin à Ismaël, qui offre au fils de Nora un fragment de poème germanique, viatique sublime que chacun serrera jalousement contre son cœur une fois les lumières de la vie rallumées. «L'âme de ta mère fouette les requins devant toi...»
Élisabeth Quin
Elle

Avec «Rois et reine», Desplechin semble avoir dépassé une certaine idée (plastique, picturale) de la beauté – culminant dans l'effectivement superbe «Esther Kahn». Sa manière se fait plus directe, plus brutale. Les plans sont moins cadrés, heurtés par des coupes, bousculés de syncopes. Son cinéma gagne en immédiateté physique ce qu'il perd en magnificence. Les courts-circuits entre comique et pathétique, loin de se tempérer, libèrent des stridences et une énergie électriques. La caverne psy se métamorphose en trépidant (et parfois hilarant) train fantôme. Alors, portés par le vent de cette liberté conquise, les coups que décoche le film frappent plus fort, plus loin, plus profond encore. Souvent, par la précision analytique de sa description des tortures infligées par la simple présence au monde, «Rois et reine» fait mal. Mais tout aussi souvent, «Rois et reine» libère – comme un joyeux exutoire – de nos tourments finalement bien partagés par des prochains tellement aimables. Une souffrance, mais aussi une joie. Il suffisait, pour atteindre une telle plénitude, que le jeune cinéaste surdoué s'aventure aussi à tenir par à-coups la place du pitre.
Jean-Marc Lalanne
Les Inrockuptibles

De la lumière qui va s'assombrissant à la chute qui débouchera sur une renaissance, Desplechin regarde deux vies en parallèle distribuer leurs paradoxes. La normalité peut voisiner avec le malheur et le malaise alors que la folie passagère peut être un moyen d'accéder au bonheur. Entre ce roi déchu et cette reine rayonnante et meurtrie, le cinéaste redistribue les cartes en inversant la donne, deux moments qui échangent leurs certitudes et leurs incohérences. Soit une double image de l'existence qui échappe à la logique pour recréer l'équité entre ceux qui subissent et ceux qui décident. Ce qui donne un portrait à la fois réaliste et onirique d'un homme et d'une femme d'aujourd'hui pris dans la tourmente de la réalité. Celle que Desplechin envenime et exagère pour en faire le point d'orgue d'un nouveau départ.
Dominique Borde
Le Figaro

Pour comprendre l'affaire suscitée par le dernier film d'Arnaud Desplechin, il faut entrer dans le détail. «Rois et reine» met en scène deux personnages, dont l'un, Ismaël, musicien en pleine crise maniaque, rejeté par les siens pour excès d'égocentrisme, est interprété par Mathieu Amalric ; et l'autre, Nora, interprétée par Emmanuelle Devos, est une femme ambiguë, marquée par le destin, ancienne compagne du premier. Entre autres caractéristiques, cette Nora a perdu à 20 ans un fiancé dont elle était enceinte, et qu'elle a épousé ensuite de manière posthume pour donner son nom à leur enfant. Elle voit aussi, pendant le film, son père, universitaire et écrivain, succomber à un cancer de l'intestin. Deux drames identiques ont frappé l'actrice Marianne Denicourt, qui croit d'autant moins à la coïncidence qu'elle a eu, pendant deux ans, au début des années 1990, une liaison avec Arnaud Desplechin. Dans la mesure où Nora est la très belle figure centrale d'un film superbe, et où aucun spectateur non-averti ne peut reconnaître la véritable Marianne dans ce personnage, pourquoi s'en soucier ? On va comprendre : dans le même film, cette Nora, qui ressemble tant à Marianne Denicourt, demande à son ancien amant, Ismaël, d'adopter son fils. Ismaël refuse, non sans faire une longue déclaration d'affection au petit garçon. «Cette déclaration, explique Marianne Denicourt, reprend mot pour mot une lettre qu'Arnaud Desplechin a écrite à mon fils à la mort de son grand-père. Il n'y était absolument pas question d'adoption, et pour cause : je n'ai jamais demandé à Arnaud ni à quiconque d'adopter mon fils.» Que va penser le fils ? Entre le film majestueux, qui semble fait pour s'adresser à lui, et la parole de sa mère, peut-être embarrassée, qui va-t-il croire ? C'est en effet une question qui se pose. Mais il y a plus grave : dans «Rois et reine», le personnage de Nora est accusé à demi-mots d'avoir poussé son jeune fiancé à se suicider et d'avoir aidé son père à en finir. C'est peut-être ce qui a définitivement poussé la comédienne à réagir. Elle décide donc de publier le 5 janvier 2005, soit trois semaines après la sortie du film, un livre où elle brosse un portrait au vitriol du cinéaste, joliment intitulé «Mauvais Génie».
Gilles Verdiani
Elle

82 **MOI, PETER SELLERS**

STEPHEN HOPKINS

Passé à la postérité sous les travestissements désopilants de l'inspecteur Clouseau des «Panthère rose» de Blake Edwards et statufié pour les mémoires cinéphiles dans la pose délirante du «Dr. Folamour» de Stanley Kubrick, l'irrésisitble Peter Sellers n'était pas un rigolo. C'est ce que le *biopic* de Stephen Hopkins s'emploie à démontrer à l'envi. Dépressif, odieux, pénible pour ses réalisateurs (John Lithgow dans le rôle de Blake Edwards, Stanley Tucci dans celui de Stanley Kubrick) et pour ses femmes (Emily Watson, Charlize Theron) : Peter Sellers tel qu'il nous est montré finirait par lasser si on ne restait ébahi devant la performance de Geoffrey Rush qui ne le joue pas, mais le devient. Changeant d'âge, de rôle, de perruque, d'humeur avec une virtuosité sidérante, le comédien australien (après «Shine» notamment) démontre une fois encore qu'il est l'un des plus grands acteurs de composition de notre temps.

SHE HATE ME

SPIKE LEE

John Armstrong (Anthony Mackie), cadre supérieur dans une entreprise de biotechnologie, est licencié pour avoir dénoncé les malversations financières de ses patrons à la Commission des opérations de Bourse. Il accepte, contre dix mille dollars, de devenir le père biologique de l'enfant de son ex, devenue lesbienne. D'autres femmes, de plus en plus nombreuses, se présentent alors à la porte de son appartement… Une fois de plus, Spike Lee mélange tout – racisme, sexisme, dénonciation du tout profit – et se prend les pieds dans le tapis. Malgré des *guest stars* à sensation – Monica Belluci en aspirante parturiante, Jamel Debbouze en concierge dragueur et John Turturro en hommage vivant au «Parrain» de Coppola – et des intentions louables, son pamphlet quitte vite le terrain de la satire sociale et tourne à la pochade.

NUIT NOIRE

JOÃO CANIJO

Le propriétaire (Fernando Luis) d'un bar à hôtesses portugais s'apprête à vendre sa fille (Rita Blanco) à la mafia russe. Impuissantes, la mère et la sœur (Beatriz Batarda et Cléia Almeida) ne peuvent empêcher le sacrifice de la vierge innocente. Unité de lieu, de temps et d'action : le film reprend à son compte les codes de la tragédie classique pour cette version sexuée et violente d'*Iphigénie*. Mais, étouffée par un formalisme envahissant, l'émotion ne passe que sporadiquement.

Moi, Peter Sellers

Un Noël de folie

DIAS DE SANTIAGO

JOSUÉ MENDEZ

À travers le difficile retour au pays d'un jeune soldat (Pietro Sibille), héros de la lutte contre les narcotrafiquants, le cinéaste péruvien dresse un portrait désabusé des réalités politiques et sociales de son pays. À l'écart de tout manichéisme, son scénario fait exister à l'écran des personnages emblématiques et crédibles.

MORASSEIX

DAMIEN ODOUL

Petit village retiré de la campagne française, Morasseix abrite d'hirsutes villageois névrosés. Leur précaire équilibre psychique va être malmené par l'arrivée d'une belle institutrice (Valérie Allain). Avec ce premier film réalisé en 1992, l'auteur du «Souffle» s'est essayé à une écriture surréaliste. Le résultat est hystérique et brouillon.

UN NOËL DE FOLIE

JOE ROTH

Un couple d'Américains moyens (Tim Allen et Jamie Lee Curtis) est mis à l'index par leur voisinage pour avoir refusé de sacrifier à la folie consumériste des fêtes de Noël. Signé par le très conservateur Chris Colombus, le scénario survitaminé en gags éculés, rappelle qu'aux États-Unis tout comportement déviant est inacceptable et que le contrevenant doit être ramené dans le droit chemin.

LE RETOUR DE CAGLIOSTRO

DANIELE CIPRI ET FRANCO MARESCO

Dans de vieux cartons, un instituteur de Palerme découvre les bobines d'un film disparu : «Le Retour de Cagliostro», fleuron du cinéma sicilien, tourné au début des années 1950... Personne ne savait que Palerme s'était voulue, un temps, la rivale de Hollywood. Sauf les deux auteurs de ce faux reportage très rigolo. Avec une verve réjouissante, Daniele Cipri et Franco Maresco, célèbres en Italie pour leurs émissions de télévision délirantes, ont imaginé l'histoire des frères La Marca, fous de cinoche et vendeurs d'objets de culte. À la tête de la «Trinacria Films», ils produisent, pour l'honneur de la Sicile, une série de films qui se révèlent de redoutables navets. Pour «Le Retour de Cagliostro», le projet de leur vie et de leur carrière, leur «Citizen Kane» à eux, ils font venir à Palerme Erroll Douglas, star hollywoodienne alcoolique et déchue (Robert Englund, l'ex-Freddy de la série). Dérision absolue. Insolence permanente. Mais aussi, hélas, des moments ratés, le mauvais goût assumé des deux affreux jojos les poussant parfois vers une vulgarité difficilement excusable.

Genesis

GENESIS

CLAUDE NURIDSANY ET MARIE PÉRENNOU

Dans «Microcosmos», ils contemplaient l'infiniment petit. Ici, Claude Nuridsany et Marie Pérennou se confrontent à l'infiniment grand : le Big Bang et les origines du monde, en toute simplicité. Avec, pour guide, une sorte de meneur de jeu, mi-prof pontifiant, mi-philosophe ironique. Le formidable acteur de théâtre Sotigui Kouyaté n'est pas en cause, mais on n'a qu'une hâte : voir disparaître ce griot omniscient pour laisser place aux images. Superbes, évidemment. On vous recommande le classique, mais néanmoins spectaculaire, serpent gobeur d'œufs. Plus originaux avec leurs trognes cauchemardesques, le périophtalme, un poisson marcheur, et son lointain cousin, surnommé le «pêcheur» parce qu'il attrape ses proies à l'aide d'un piège agité sous leur nez. Quant à l'être humain (belle vision d'un fœtus dans le ventre de sa mère), il est replacé par les auteurs dans la grande chaîne de l'évolution, en gros entre l'amibe et la grenouille rouge de Madagascar. Nuridsany et Pérennou sont des scientifiques purs et durs et leurs films regorgent d'images somptueuses.

Yu-Gi-Oh ! Le film

YU-GI-OH ! LE FILM

HATSUKI TSUJI

Des adolescents s'affrontent en duel par l'intermédiaire de cartes représentant des créatures monstrueuses. Mais celles-ci peuvent prendre vie... Scénario incompréhensible, succession frénétique d'images saccadées, couleurs criardes, dialogues uniquement composés de noms inintelligibles hurlés par des héros menacés d'extinction de voix... Les enfants adorent la série et le film. Ils sont bien les seuls.

CARLITOS MEDELLIN

JEAN-STÉPHANE SAUVAIRE

Carlitos, treize ans, se balade avec une grande statue de la Vierge Marie dans les quartiers de Medellín, ravagés par la violence et la guerre. Il est le seul personnage de fiction de ce documentaire dont le but est de faire témoigner des hommes et des femmes sur la noirceur de leur quotidien. En se confessant à la Sainte Vierge de plâtre, ils nous prennent à témoin. Le procédé, lui, tient de la prise d'otages : on ne peut qu'adhérer à la douleur servie si crûment, mais le dispositif systématique et le manque de point de vue sur l'état des choses en Colombie accroissent le malaise et nous détachent petit à petit de ces *reality shows* miniatures. Se bornant à enchaîner ces instants d'horreur vécus, le réalisateur les banalise.

11 : 14

GREG MARCKS

Le titre précise l'heure où plusieurs faits divers indépendants se télescopent. Une convergence fatidique impliquant plus d'une douzaine de protagonistes parmi lesquels un père de famille (Patrick Swayze) veillant de très près sur sa progé-

Gang de requins

niture et une employée de station-service fauchée (Hilary Swank). Un récit gigogne plus malin qu'inspiré, baigné d'un savoureux mauvais esprit.

MÊ THAO – IL FUT UN TEMPS

VIET LINH

Sa fiancée étant décédée dans un accident de voiture, un riche propriétaire terrien du début du XXe siècle décide de rejeter toute modernité. Dans sa douleur, il ne voit pas la passion que lui porte une de ses domestiques. Un conte sensoriel et musical où la cinéaste vietnamienne rend hommage à l'histoire de son pays. Pas toujours maîtrisé, mais d'une délicate sensibilité.

SOUL PLANE

JESSY TERRERO

Une diarrhée infernale et des toilettes d'avion bouchées sont le point de départ de cette satire des films catastrophes aéroportés. Voilà pour le bon goût du projet. Grâce à ces contretemps, Nashawn (Kevin Hart) touche le pactole et inaugure la première compagnie d'aviation noire. Hélas, du stewart folle hystérique aux hôtesses de l'air nanties d'un 95 D, aucun cliché ne manque à bord.

Alien vs. Predator

GANG DE REQUINS

VICKY JENSON, ERIC BIBO BERGERON

Oscar, poisson rappeur et affabulateur (Will Smith en VO), suite à un de ces gros bobards dont il a le secret, se retrouve menacé par des requins mafieux (doublés par Robert De Niro et Martin Scorsese), dans une «New York sous-marine» digne des «Affranchis». On nage dans les références cinématographiques pour adultes, mais l'histoire elle-même, trop basique, manque de sel – fût-il marin. Surfant sur la vague des films d'animation tous publics façon «Shrek» (et amphibies façon «Nemo»), «Gang de requins» déçoit. Un coup d'épée dans l'eau…

ALIEN VS. PREDATOR

PAUL W.S. ANDERSON

Au rayon des poids lourds de la terreur, Jason ayant rencontré Freddy, il ne manquait plus que l'affrontement de ces deux monstrueux extraterrestres, Alien et Predator. Terrain de ce match impitoyable : un temple inca enfoui sous les glaces de la banquise du pôle Nord. Le scénario tient en une ligne, mais le décor est fascinant et les créatures sont solidement charpentées.

L'Enquête corse

Café Lumière

L'ENQUÊTE CORSE
ALAIN BERBERIAN
Alain Berberian a assis sa réputation sur des succès poids lourds («La Cité de la peur, une comédie familiale», «Le Boulet»). Son adaptation de la célèbre BD de Pétillon est plutôt plus légère, assez drôle, et jouée en farce sans complexes par la ligue dissoute des «Visiteurs» reconstituée, Jean Reno et Christian Clavier. Le héros récurrent de Pétillon, le détective privé Jack Palmer (Clavier), est donc envoyé sur l'île de Beauté par un faux notaire (un super flic) pour délivrer une fausse notification d'héritage à un vrai nationaliste, Ange Léoni (Reno). Les bistrots et les mairies sautent, on entend «boum» mais il n'y a pas mort d'homme, l'écobuage met le feu aux bergeries, les polyphonies corses fatiguent l'oreille, la liqueur de myrte tord les boyaux, il y a quelques poursuites automobiles dans des paysages de rêve, une très jolie fille (Caterina Murino) pour le plaisir des yeux...Tout cela est gentil et suit finalement le dessein de Pétillon qui était «d'égratigner tout le monde sans condamner personne».

PARFUM D'ABSINTHE
ACHIM VON BORRIES
Dans l'entre-deux-guerres, une *garden party* réunit un groupe d'adolescents beaux et décadents. La liqueur verte qui rendait fous les poètes du XIXe siècle va provoquer un meurtre et un suicide... Ces jeunes gens très vains passent leur temps à philosopher et se torturer, à citer Goethe, à célébrer Nietzsche. Le réalisateur, lui, semble plus doué pour filmer – esthétiquement, si possible – leurs formes que le fond de leurs pensées.

AZÉ
ANGE LECCIA
Montage anarchique, son inaudible, cadre fixant des bouts d'horizon ou des sandales... difficile de supputer ce qui se dissimule derrière cette mise en scène aléatoire. On comprend à peine que nous sommes au Moyen-Orient et qu'il s'agit de la découverte clandestine d'un pays malmené par les guerres et le terrorisme. Mais au-delà de ces thèmes génériques, rien ne vient guider le spectateur à travers ce magma informe.

CAFÉ LUMIÈRE
HOU HSIAO-HSIEN
Film de commande, censé rendre hommage à Yasujiro Ozu, pour le centenaire de sa naissance, célébré il y a deux ans. Il y a bien, ici, comme chez le Maître, des plans à hauteur de tatami et un «voyage à Tokyo» effectué par les parents d'une jeune femme, Yoko (Yo Hitoto). Le père a un secret à révéler, qu'il ne révélera pas, d'ailleurs, lors d'une scène toute de silence et, semble-t-il, improvisée – devant son comédien qui se taisait obstinément, au lieu de dire son texte, Hou Hsiao-hsien eut l'inspiration géniale de ne pas interrompre le plan. Yoko, elle, est enceinte d'un fils à maman, clouée à Taïwan. Elle prépare un documentaire sur un musicien célèbre au Japon et se livre à une enquête minutieuse, presque policière, sur les êtres qu'il aimait et les lieux qu'il fréquentait – notamment ce Café Lumière où elle se rend souvent. Sa route croise celle d'un jeune libraire, Hajime (Tadanobu Asano) ; il ne quitte son magasin que pour enregistrer des bruits de métros et de trains, qu'il s'obstine à croire et à entendre différents. Dans ces plans volés (Hou Hsiao-hsien n'a jamais pu obtenir la moindre autorisation des chemins de fer nippons), dans ces dizaines de wagons qui quadrillent la ville, le cinéaste s'approche, curieusement, de l'art d'Ozu : filmer chaque détail comme s'il contenait l'essentiel.

Le Grand Voyage

Aaltra

MONDOVINO
JONATHAN NOSSITER

Passionnant, gouleyant, militant, «Mondovino» est un documentaire vertigineux, réalisé par le seul cinéaste sommelier au monde, Jonathan Nossiter, pour qui «où va le vin, va le monde». Un film de plus de deux heures, à la fois western, saga, thriller, comédie, drame, histoire d'amour et de haine, de poésie et d'argent. Le tournage a duré trois ans, sur trois continents et sept pays, du Languedoc à l'Argentine, de l'Italie à la Californie, du Bordelais à Brooklyn. Armé de sa fausse innocence enjôleuse et d'une caméra numérique baladeuse, curieuse, parfois si proche de ce qu'elle montre qu'on en a un léger tournis, Jonathan Nossiter passe de chais en caves, de terroirs en domaines, et met en place une fascinante galerie d'ego d'où émergent deux personnages carrément terrifiants. Au premier rang, l'ayatollah du vin Robert Parker, l'homme qui fait et défait la cote d'une récolte, puis son copain – on pourrait presque dire son complice –, le jovial consultant œnologue Michel Rolland, ne se déplaçant que dans son bureau roulant, une Mercedes avec chauffeur…

LE GRAND VOYAGE
ISMAEL FERROUKHI

Pari risqué et réussi pour ce premier film d'Ismaël Ferroukhi, d'origine marocaine. Son grand voyage est celui qu'entreprend contraint et forcé Réda (Nicolas Cazalé). Il est français, né en France, en train de passer son bac. Mais voilà que son vieux père (Mohamed Majd), si marocain encore, veut faire le pèlerinage à La Mecque, et c'est lui, Réda, qui l'y conduira dans leur bagnole poussive. Ils traversent l'Italie, la Serbie, la Turquie, la Syrie, la Jordanie. Pas de tourisme, ou si peu, mais pas un instant on ne se lasse de l'exploration de ces deux continents étrangers, ce père et ce fils tellement séparés. La fin du film est étonnante, poignante. Soudain, après la solitude à deux, la blanche multitude de La Mecque, la frénésie calme d'une foule innombrable, la volonté de montrer un islam sans armes. Le bout de la route, on y arrive toujours, c'est ce que Ismaël Ferroukhi dit très bien.

AALTRA
BENOÎT DELÉPINE ET GUSTAVE KERVERN

Benoît Delépine (ex-pilier des Guignols de Canal+) n'avait pas vraiment réussi son coup au cinéma avec «Michael Kael contre la World News Company». Il s'est assuré cette fois la complicité de Gustave Kervern («Le Plein de super») pour un *road movie* drôle, touchant et inattendu : les deux compères l'effectuent entièrement en fauteuil roulant, du nord de la France à la Finlande. À rebours de bien des films qui s'élancent sur une bonne idée et s'essoufflent vite, la comédie noire (en noir et blanc !) des deux complices traîne un peu avant de trouver sa vitesse de croisière, s'achevant sur un point d'orgue où le Finlandais pince-sans-rire Aki Kaurismäki joue un rôle de choix.

BARBERSHOP 2
KEVIN RODNEY SULLIVAN

Trente ans après les films politiques et révoltés de la *blaxploitation,* le cinéma *black* n'a-t-il plus que ce genre de tiède comédie à nous offrir ? Du jeune homme méritant (Ice Cube) prêt à tout pour sauver le salon de coiffure hérité de son père à la ronde mamma *black* forte en gueule (Queen Latifah), en passant par le «brother» capitaliste, les personnages illustrent une caricature politiquement correcte de la communauté noire américaine.

Wilbur

Bridget Jones : l'âge de raison

Narco

NARCO

TRISTAN AUROUET ET GILLES LELLOUCHE

Gustave Klopp (Guillaume Canet) est narcoleptique, c'est-à-dire qu'il est sujet à de soudaines crises de sommeil. Il se met alors à rêver et se transforme en invincible super-héros. Secoué par son épouse (Zabou Breitman), Gus transpose en BD ses délires. Soutenu par son meilleur ami (Benoît Poelvoorde), escroqué par son psy (Guillaume Gallienne), il tombe dans les griffes d'un requin de la finance (l'inévitable Berléand en méchant ridicule). Lourd et laborieux est le scénario de cette comédie improbable, traitée sur le mode outrancier.

WILBUR

LONE SCHERFIG

La ville de Glasgow sied au cinéma. Après d'autres, la réalisatrice danoise Lone Scherfig a choisi son décor naturel : selon elle, on trouve en Écosse «de plus de belles librairies, plus d'humour, de meilleurs acteurs» qu'ailleurs. Contrat triplement rempli. Au centre, une vieille et charmante boutique de livres d'occasion, héritée par deux frères : Harbour (Adrian Rawlins), qui a les pieds sur terre, et son aîné Wilbur (Jamie Sives), séduisant suicidaire qu'il tente de protéger et dont il veut faire le bonheur, au besoin en lui dénichant une petite amie. Rien ne se déroulant comme on le prévoit, c'est Harbour qui tombe amoureux et épouse une jolie mère célibataire (Shirley Anderson). L'humour qui enrobe cette famille agrandie n'a rien de tonitruant, il fonctionne en demi-teintes, et les interprètes déploient beaucoup d'émotion et de justesse.

ON DIRAIT LE SUD

VINCENT PLUSS

Un jeune homme (Jean-Louis Johannides) s'incruste chez son ex-femme (Céline Bolomey) pour récupérer ses enfants. DV à l'épaule, le cinéaste, venu du documentaire, débarque dans l'intimité de cette famille recomposée à la manière de son héros : avec fougue, candeur et roublardise. Le scénario manque parfois de spontanéité, mais l'énergie des comédiens rattrape le coup.

BRIDGET JONES : L'ÂGE DE RAISON

BEEBAN KIDRON

Bridget (Renée Zellweger) est donc amoureuse de Mark (Colin Firth). Et réciproquement. Elle est aussi dodue, jalouse, un peu ridicule parfois et elle se retrouve en prison en Thaïlande. Ces nouvelles aventures de la journaliste midinette d'après les best-sellers d'Helen Fielding essaient d'innover (et de changer de décors), mais c'est dans sa première moitié, et dans l'exploitation des caractéristiques et tics du personnage, que le film est le plus drôle.

DANS LE ROUGE DU COUCHANT

EDGARDO COZARINSKY

Loin de Buenos Aires, trois personnes sans lien apparent (Marisa Paredes, Bruno Putzulu et Feodor Atkine) tentent de reconstruire une existence plombée par les événements historiques et économiques de l'Argentine. Mais les secrets enfouis refont surface et bouleversent leur destin. Un film exutoire, languide comme un cauchemar éveillé où la tragédie affleure sans jamais vraiment éclater.

STRUGGLE

RUTH MADER

Ewa (Aleksandra Justa), jeune Polonaise, survit grâce à des boulots précaires effectués en Autriche. Là, elle rencontre Marold (Gottfried Breitfuss), un divorcé s'adonnant à des plaisirs

Man on Fire

marginaux. Cadrages rigoureux, mise en scène impassible, jeu atone : la jeune réalisatrice offre une vision âpre et déshumanisée de l'Autriche, où les relations sadomasochistes des protagonistes résonnent comme une métaphore sociale.

MAN ON FIRE
TONY SCOTT

Ex-para, Creasy (Denzel Washington) est engagé par un pote comme garde du corps d'une fillette mexicaine, hélas enlevée. L'argent de la rançon est dérobé ; la gamine, tuée. Creasy devient cinglé et recherche des coupables qu'il élimine un par un, remontant jusqu'au cerveau de la machination... Le roman d'A.J.Quinell avait tellement impressionné Tony Scott qu'il avait essayé de l'adapter, il y a vingt ans, battu au poteau par... Élie Chouraqui. Après un début gnangnan (l'affection improbable entre un aventurier désabusé et une ado rayonnante, interprétée par Dakota Fanning), Tony Scott verse dans le bruyant : massacres sonores et explosions assourdissantes se succèdent avec une monotonie lassante. À noter, dans le rôle de la mère de la fillette, Radha Mitchell, l'héroïne de «Melinda et Melinda» de Woody Allen.

DE-LOVELY
IRWIN WINKLER

Biographie amidonnée du génial Cole Porter, auteur de standards mémorables, de «Night and Day» (dont on apprend qu'il le composa pour un chanteur qui lui plaisait) jusqu'à «So in love», en passant par «My Heart belongs to Daddy», immortalisé, des années plus tard, par Marilyn Monroe dans «Le Milliardaire». Construit comme «All that jazz» (Cole Porter qui va mourir revoit les principales étapes de sa vie), le scénario affirme le charme, le brio, le talent du compositeur, qualités qu'une mise en scène gentiment anodine ne parvient jamais à glorifier. Kevin Kline chante comme une casserole, ce qui est embêtant, et Ashley Judd est insupportable en épouse admirable, tolérant les frasques homosexuelles de son époux bien-aimé. Quelques artistes, d'Elvis Costello à une Lara Fabian, réduite à l'état de figurante dans un «musical» à peine entrevu, participent à l'hommage.

De-lovely

Saraband

Ingmar Bergman

Bien sûr, on connaît cette femme filmée de face, derrière une table couverte de photos. On sait même son nom, elle s'appelle Liv Ullmann, grande actrice que l'on a vue dans beaucoup de films, chez Bergman surtout. Cette voix, on l'a entendue déjà, mais ce n'est pas tant la voix que l'on entend, c'est la langue, cette langue qui, parlée au cinéma, est celle d'Ingmar Bergman. Le langage du cinéma. On se dit alors que cela fait longtemps, très longtemps que l'on n'a pas écouté ces mots, ces rythmes, cette brutalité douce, et puis le visage de Liv Ullmann n'est pas celui qu'elle montrait dans «Persona» ou «Scènes de la vie conjugale». Les années ont passé, pour elle, pour nous, et un instant on se demande si on a encore envie de ce cinéma-là. Un instant seulement, oublié avant même que la question ait pu être formulée, parce que, aussitôt vous êtes saisi, le film vous prend et ne vous lâche plus, et quand la lumière revient dans la salle, vous vous dites que vous aviez oublié ce qu'est le cinéma. Ce qu'il était, ce qu'il peut être encore. La preuve, la voici. La preuve par dix.

Dix dialogues. Quatre personnages. Marianne, avocate, rend visite à Johann dans sa maison près d'un lac. Ils ont divorcé il y a trente-deux ans, ont vécu ensemble de nouveau quelques années plus tard, se sont séparés. Près de là, vivent Henrik, le fils de Johann, dont la femme vient de mourir, et sa fille, Karin. Tous deux sont violoncellistes, il est son professeur, il rêve pour elle de la grande carrière qu'il n'a pas faite. Marianne, Liv Ullmann. Johann, Erland Josephson, dont Bergman a fait depuis longtemps son *alter ego*. Henrik, Börje Ahlstedt, que l'on découvrit jadis dans «Fanny et Alexandre», c'était il y a plus de vingt ans. Karin, Julia Dufvenius, une nouvelle venue de 25 ans, remarquée par Bergman dans un téléfilm. Dix rencontres, dix face-à-face, dix affrontements. Une simplicité ahurissante, une profondeur vertigineuse. Désarroi, cruauté, violence, tendresse, peur, amour, terreur. Amants et amis. Père et fille. Fils et père. Mère et fille. Inceste. Le vieil homme et la mort. Mise à nu. Comme dix concentrés de vie, encadrés par un prologue et un épilogue, qui montrent Marianne et les photos de sa vie.

Bergman a réalisé «Saraband» pour la télévision, pourtant il s'agit bien de cinéma, plus que la plupart des films qui sortent chaque semaine dans les salles. Le film a été tourné en numérique haute définition, Bergman refuse qu'il soit projeté autrement, mais ce n'est pas une question de technique, c'est affaire de relation au spectateur, tenu pour un être pensant, intelligent, capable d'écouter, de ressentir, de comprendre. À ce spectateur, Bergman n'impose rien, ne montre pas le chemin, il donne à regarder et à entendre, et «Saraband» est une œuvre limpide. Un film de chambre, comme une pièce de musique, orchestrée avec une préci-

sion qui se nourrit d'une connaissance approfondie de l'être humain, de sa grandeur et de ses faiblesses, de ses rêves et de ses peurs, avec une sûreté de geste qui imprime à chaque cadrage, chaque déplacement, chaque changement de plan la marque de l'évidence. Et quels interprètes ! Solistes d'exception qui s'accordent en un regard, concertistes brillantissimes qui s'effacent au profit de leur personnage et de leur partenaire, qui ne font qu'un avec lui, osent tout parce qu'ils sont libres, mettent leur âme à nu et offrent à la caméra, au spectateur, leur corps dénudé, sur lequel le temps a passé, qui porte la marque des ans, le poids de la vie. Impudeur bouleversante parce qu'en apparence quotidienne, banale, et qui en vérité relève du don absolu de soi. Si l'on avait, peut-être, oublié ce qu'est le cinéma, c'est aussi, sans doute, parce que l'on ne savait plus ce que c'est qu'un acteur.
Voilà. De «Saraband», Bergman affirme qu'il est son dernier film. Il a déjà dit cela, à plusieurs reprises, mais il a maintenant 86 ans. Le dernier film des grands cinéastes est parfois le film de trop, il est souvent la somme de tous les précédents, exaltée, sublimée par la conscience de soi et de son art, la certitude de n'avoir plus rien à prouver, plus rien à perdre. Je ne sais s'il existe un cinéaste au monde qui ne considère Bergman comme le plus grand d'entre tous. Avec «Saraband», le maître a donné l'œuvre ultime, la somme de toutes les sommes, l'œuvre absolue.

Pascal Mérigeau
Le Nouvel Observateur

Depuis 1967, depuis ce chef-d'œuvre absolu qu'est «Persona», Liv Ullmannn fut l'un des piliers essentiels du cinéma de Bergman. «J'étais lui», confiait-elle dans un entretien aux Cahiers du Cinéma. «Saraband» est leur dixième film ensemble. C'est dire que l'on ne retrouve pas seulement ici, avec une acuité terrible, la plupart des thèmes de toute une œuvre : la mort qui rôde, la foi qui obsède, l'égoïsme qui isole, le mépris qui brise, la transmission qui fait mal, l'amour qui ne suffit jamais et l'art (ici, la musique de Bach) qui sauve toujours. Ce que l'on retrouve, d'essentiel, c'est Liv Ullmannn, et, à travers elle, la certitude que la présence des femmes est, pour les hommes, la seule énergie qui leur permet de tenir face au néant. «Saraband» devait d'abord s'intituler «Anna», puisque la disparue continue d'influencer ses proches. Son image, sa photo, apparaît telle une icône. Une image sacrée. Mais une image, démontre le film, on peut aussi l'arrêter, la manipuler, la lancer loin devant soi… L'épilogue de «Saraband» répond alors exactement au prologue : c'est une photo que saisit la main de Marianne, de nouveau face à nous, à sa table. Elle jette le cliché parmi les autres, sans précaution. Mais son geste fait presque mal. Car, désormais, nous avons vu la chair des fantômes. Ces sanglots arrachés à la nuit, dans un corridor désert, cette ultime étreinte des amants…
«Vous voulez savoir comment tout cela s'est terminé ?», nous demande Marianne-Liv Ullmannn… Nous croyons le deviner. Car «Saraband», dédié à «Ingrid», la dernière femme de Bergman, aujourd'hui décédée, est le plus beau, mais aussi le plus âpre des testaments. Il laisse aux vivants la preuve que l'amour est nécessaire mais dévaste tout, et la conscience que la haine est tout à fait l'égale de l'amour. Après l'épilogue, quand tout semble fini, survient ainsi la scène la plus sublime du film. La plus déchirante aussi. Une mère y caresse simplement le visage de son enfant. Elle est bouleversée. Elle dit pourquoi. Mais nous savons aussi qu'il y a autre chose… Cet instant-là ne pourra jamais être une photo. Ni une image. Il n'y a plus de film. D'ailleurs, il s'achève – parce qu'il vient d'effleurer la vie.

Philippe Piazzo
Aden

Bergman imprime une structure musicale à son film. Sa construction est d'une belle symétrie (un prologue, un épilogue, et dix scènes, toutes des face-à-face entre deux personnages), avec crescendo dramatique, apogée à mi-parcours (l'unique rencontre de Marianne et Henrik, dans l'église), et decrescendo. Ces douze chapitres ont la rigueur d'une forme imposée, comme les douze demi-tons de la musique dodécaphonique ; l'une des lois de cette musique impose qu'on n'ait pas le droit d'entendre un son tant que les onze autres n'ont pas été entendus. Marianne, bien que jouant le rôle de l'observatrice détachée et sereine, garde elle aussi sans sa vie une faille immense : sa fille Marta. À la fin, lorsqu'un espoir de lien naît entre elles, on se dit que pour avoir obtenu cette douzième note miraculeuse, il n'aura pas été inutile d'entendre les onze précédentes. C'est que Bergman croit encore à la vie : «Sarabande» est aussi le nom d'une danse.

Yann Tobin
Positif

Ingmar Bergman n'a rien inventé, à la différence de Griffith, d'Eisenstein ou de Welles par exemple, qui, un jour, ont brutalement redistribué les cartes du cinéma. Mais si le réalisateur suédois demeure la référence, c'est sans doute qu'il a réussi à se tenir au plus près de ce que peut être une certaine idée (on ne dira pas «définition», mais on le pourrait presque) du cinéma : le verbe, l'acteur, l'image.
Le verbe. «Je préfère la franchise à ta mollesse chronique», dit Johan à Henrik. Le monde de Bergman et ce qu'il filme – les rapports cruels et amoureux entre les êtres – passent par la parole (ou le silence, ce

qui est la même chose). À travers le texte, encore une fois magnifique, Bergman affirme l'importance du mot comme vecteur d'une identité personnelle et universelle – ce que saisissent, par essence, la littérature, le théâtre et le cinéma.
L'acteur. Qui sont Arland Josephson et Liv Ullmannn, si ce n'est Johan et Marianne, aussi sûrement que tous les autres personnages qu'ils ont joués pour le réalisateur ? Chez Bergman, l'acteur occupe le temps et l'espace. Il donne chair au verbe, crée l'empathie, se retrouve sur les traces d'un autre et dans la peau de celui qui le regarde – ce que saisissent, par essence, le théâtre et le cinéma.
L'image. La mise en scène bergmanienne possède la simplicité de l'évidence. Sa caméra, toujours à bonne distance, est à la fois présente et absente. Sans jamais s'imposer, elle tisse entre le spectateur et le film ce fil sur lequel naissent les rêves et dansent les fantômes – ce que saisit, par essence, le cinéma.
Éric Libiot
L'Express

C'est dans l'absence qu'il faut aller chercher le sens que Bergman donne à sa sarabande : chez Anna, la morte. Seul personnage réellement aimant et aimé du film, dont la photographie en noir et blanc fait des apparitions régulières. Elle est l'icône de l'amour humain qui rend la vie possible. Désormais inaccessible, Anna a laissé ses proches dans une nostalgie douloureuse que seule la musique peut apaiser. La musique, théologie possible pour ceux qui rejettent toute croyance, a une place de choix dans «Saraband». C'est à elle, semble-t-il, que Johan, le corps penché entre deux enceintes à l'écoute de la «Neuvième symphonie» de Bruckner, tente d'arracher la vérité. Si la musique dit l'indicible, l'œuvre de Bergman fait longtemps ressentir son vibrato.
Geneviève Welcomme
La Croix

La haine irrémédiable qui oppose Johan et son fils Henrik, les déchirements de Karin, musicienne douée dont la carrière est devenue l'enjeu du conflit entre son père et son grand-père, l'amour incestueux de Henrik pour Karin et la présence obsédante du portrait d'une disparue, Anna, la mère de Karin, morte d'un cancer, deux ans auparavant, et que tous adoraient, sont les fils visibles de cette sarabande. Une danse de cour à trois temps, grave et lente, faite pour des couples qui se font et se défont. Mais une sarabande, c'est aussi beaucoup de bruit. Ici, la solitude, l'horreur de vieillir, la culpabilité, les tentatives de réconciliation sont les notes dissonantes d'une haine assourdissante. Avec sa caméra numérique, Bergman filme ses acteurs comme s'il les examinait. Sur Liv Ullmannn, qui disait refuser la chirurgie esthétique parce que «je suis trop curieuse de savoir ce que va devenir mon visage», le cinéaste traque les traces de la vie, celles des larmes aussi. Dans certains plans, elle ressemble à celle qui fut, au même âge, sa mère de cinéma, Ingrid Bergman dans «Sonate d'automne», film où la musique jouait un rôle séparateur entre la fille et la mère comme dans «Saraband» entre la fille et le père. De cette galerie de portraits serrés ressort une émotion pure. Quant, à l'heure du loup, Johan vient demander à Marianne de dormir dans son lit, plus comme un enfant que comme un amant, il se met nu devant elle dans toute la fragilité de son corps de vieillard et lui demande de se mettre nue aussi – ou, enfin, à nu ? Ce qui aurait dû être une scène de consolation devient une scène de désolation. Ils ne s'endorment pas dans les bras l'un de l'autre, mais dos à dos. On est inconsolables.
Florence Ben Sadoun
Elle

Ingmar Bergman est sans doute le seul cinéaste à filmer les âmes comme des paysages. Il pourrait filmer les quatre saisons, des tempêtes sous des crânes. C'est un compositeur d'images qui peut se permettre de mettre des visages et des corps non pas sur des mots, mais dans les mots, et c'est pour cela qu'on lit ses personnages comme on pourrait lire une partition, celle, ici, d'une sarabande familiale. Bergman ne tourne pas – sinon autour de son sujet, comme le chat le fait avec sa souris –, il dévisage. Il écorche vif et – paradoxalement – doucement ses interprètes. Il y a des scènes atroces chez Bergman, presque des scènes de guerre, de guerre intime : mari et femme, père et fils, père et fille, mère et fille. C'est le spécialiste nordique de la tragédie grecque. Il a inventé au cinéma les relations froides, congelées, mais qui se dégèlent parfois au forceps de la conversation. On cause beaucoup chez lui, on cause tellement que les silences parlent aussi. Bergman est un clinicien de l'âme, un obstétricien du cerveau humain. Intelligent et solide, il donne des explications, jamais d'excuses. À défaut d'être un moraliste, il est un métaphysicien du couple. Il transcende les situations, rend belle chaque horreur de la vie quotidienne. Ce magicien transformerait un verre de vin en ciguë ou vice versa.
Anthony Palou
Le Figaro Magazine

La confiance règne

La Demoiselle d'honneur

Un petit jeu sans conséquence

LA CONFIANCE RÈGNE
ÉTIENNE CHATILLIEZ

On a tendance à faire confiance à Étienne Chatilliez, à espérer en son humour acide, en son sens du dialogue (surtout lorsqu'il écrivait en tandem avec Florence Quentin). Aïe ! La confiance est trahie. L'histoire de deux crétins, Chrystèle (Cécile de France) et Christophe (Vincent Lindon) accouplés pour dévaliser les intérieurs bourgeois où ils se placent comme employés de maison est assez navrante, renvoyant dos à dos salauds de riches et salauds de pauvres avec un surprenant mépris pour tous les personnages. À signaler, une scène particulièrement fine : Chrystèle et Christophe sont au lit, pour faire partager le confort qu'ils y éprouvent, ils se lancent dans un concours de pets. Cécile de France tire son épingle du jeu.

UN PETIT JEU SANS CONSÉQUENCE
BERNARD RAPP

La transposition du «principe de Volpone» dans le domaine de la comédie sentimentale, et plus précisément de la rupture amoureuse, c'est l'idée de la pièce de Jean Dell qu'a adaptée Bernard Rapp. Claire (Sandrine Kiberlain) et Bruno (Yvan Attal), qui sont «ensemble» depuis douze ans, vont donc annoncer leur séparation, lors d'une journée à la campagne. Au départ, un quiproquo (à moins que ce ne soit un acte manqué de la part de Claire), mais le plus étonnant c'est la réaction des proches présents : nul, en effet, ne s'étonne, à leur grand étonnement ! Ni la famille (Annick Blancheteau, Josiane Lévêque, Lionel Abelanski...), ni les copains (Marina Foïs, Jean-Paul Rouve...). Ce qui était un jeu prend bientôt une autre allure au fil de cette comédie cruelle, ni assez écrite ni suffisamment mise en scène pour convaincre tout à fait.

LA DEMOISELLE D'HONNEUR
CLAUDE CHABROL

Une histoire d'amour très simple et très fêlée adaptée d'un roman de la noire dame du polar anglais Ruth Rendell que Claude Chabrol, en forme, transforme en un suspense macabre et léger. On est en province, bien sûr, vers Nantes. Assez longtemps, on ne voit pas la demoiselle du titre, on voit Philippe (Benoît Magimel, troublant de charme anxieux et de subtilité), sa petite vie, ses deux sœurs, dont l'une va se marier, et sa mère Christine (Aurore Clément), un peu coiffeuse à domicile, charmante, aimante. Dans le jardin, il y a cette statue, une tête de femme, un bien de famille. Est-il opportun de l'offrir au nouveau prétendant de Christine, jovial beauf à la muflerie grandiose (Bernard Le Coq) ? Le terrain est alors préparé, on ne sait pas où l'on va, tout est «normal», et pourtant... Voilà le mariage, et l'entrée en scène de Senta, la demoiselle d'honneur dans sa moche robe bleue. Elle a la beauté d'une chrysalide, l'opacité d'un mystère, c'est Laura Smet, elle est parfaite. Dès lors, tout se détraque et s'altère, se décale et s'accélère. Philippe se livre corps, cœur et âme à cette petite sorcière aux yeux de chat : Senta peut tout lui demander, par exemple de devenir un meurtrier... Où est la vérité, où est le fantasme ? Il y a du sang, le sang de qui ? Il y a un meurtre, qui a tué, et qui est mort ? La résolution de «La Demoiselle d'honneur» dans cette maison de cauchemar éveillé, avec cet escalier que la caméra est si habile à monter, ces portes entrouvertes où l'on voit une femme danser, semble revenir dans un instant de fugitive horreur à la réalité. Quoique...

INSURRECTION/RÉSURRECTION
PIERRE MEREJKOWSKY

Éric (Pierre Merejkowsky) est un écologiste en lutte contre le percement d'un tunnel, symbole selon lui de la course effrénée au progrès. Emporté par sa véhémence, il glisse vers la démence. Mise en scène type *happening* théâtral des années 1970, scénario découpant ce destin à la manière des stations de la croix (avec, en prime, une crucifixion symbolique) : cette passion païenne laisse sans foi.

Vipère au poing

VIPÈRE AU POING

PHILIPPE DE BROCA

Pour son dernier film, le délicieux Philippe de Broca disparu moins de deux mois après la sortie en salle a illuminé le terrible roman autobiographique d'Hervé Bazin de sa générosité coutumière. Il a fait du père (Jacques Villeret) un poète hors du monde, contemplant avec bonheur la voûte céleste en citant Voltaire. Et de Folcoche (abréviation de «foll» et de «cochonne»), une frustrée sexuelle, proche des sorcières des contes. Catherine Frot n'est donc, ici, qu'un avatar, plus pathétique que terrifiant, de la marâtre de Cendrillon. Même les gamins sont attendrissants : leurs tentatives de supprimer leur mère virent aux gags de potache.
Ce joli «Vipère au poing» presque tendre ne devient ambigu que lors des scènes entre Folcoche et son fils rebelle (Jules Sitruk), liés par une complicité haineuse. Bien plus tard, la vraie Folcoche ira, non sans humour, signer les livres d'Hervé Bazin. Comme s'il lui devait une partie de sa gloire.

ONE DOLLAR CURRY

VIJAY SING

Dans le panorama de la comédie française ethnique genre «Black Mic Mac», il manquait celle consacrée aux Indiens. Oubli réparé avec ce premier film centré sur la personnalité maladroite et expansive de Nishan (Vikram Chatwal), jeune sikh débarqué récemment à Paris. Son ambition : lancer le marché du «curry-fast-food»... Idée savoureuse mais que le cinéaste affadit dans un mélange indigeste de discours social, de poncifs appuyés et de comédie musicale à petit budget.

Nous étions libres

NOUS ÉTIONS LIBRES

JOHN DUIGAN

Une passion dévorante unit Gilda (Charlize Theron), femme aux mœurs libres, à Guy (Stuart Townsend), étudiant de Cambridge dans les années 1930. Elle doit aller habiter Paris où elle devient photographe. À la fin de ses études, Guy la rejoint et s'éprend quelque temps de son amie espagnole Mia (Penélope Cruz). De la guerre d'Espagne à l'occupation allemande, le couple connaît encore bien des vicissitudes, peu exaltantes, malgré la qualité honorable de l'interprétation. Trop long, trop lourd, trop peu crédible pour séduire vraiment.

UNCOVERED : TOUT SUR LA GUERRE EN IRAK

ROBERT GREENWALD

L'année 2004 aura été celle des documentaires dénonçant les mensonges de l'équipe Bush et le non-fondé de la guerre en Irak. Cet énième pamphlet n'apprend rien de très nouveau mais répète des vérités toujours bonnes à entendre. La personnalité des intervenants (ex-membres de la CIA, de l'ONU ou proches de la Maison Blanche), tous éminents spécialistes du sujet, donne à celui-ci un poids supplémentaire.

Un mariage de princesse

UN MARIAGE DE PRINCESSE

GARY MARSHALL

Après «Princesse malgré elle», Mia revient pour convoler. La loi des suites est dure, mais c'est la loi. Donc, Anne Hathaway, clone de Julia Roberts (sans la pincée de fantaisie), cherche le prince charmant qui sied à son rang. Casting classique de conte de fées, (celui-ci est trop moche, celui-là est trop niais), jusqu'au jackpot. On cherche des synonymes pour «affligeant». La chère Julie Andrews est toujours là. Ça nous consolerait, si une question ne nous taraudait : est-ce vraiment tout ce qu'il y a à proposer, à Hollywood, à cette légende vivante ?

LES DALTON

PHILIPPE HAIM

Désespoir de leur mère (Marthe Villalonga) et risée de Lucky Luke (Til Schweiger), les quatre frères Dalton (Éric, Ramzy, Javivi et Saïd Serrari) volent un sombrero magique censé les protéger des balles. Hormis quelques gags visuels et une poignée de saillies plaisantes égarées dans un dialogue bavard, cette adaptation de la célèbre bande dessinée se limite à un *two-men show* à la seule gloire d'Éric et Ramzy.

Nobody knows

Les Désastreuses aventures des orphelins Baudelaire

NOBODY KNOWS
KORE-EDA HIROKAZU

Quatre saisons dans la vie de quatre enfants, quatre «Petit Poucet» laissés à la charge de l'aîné de 12 ans, Akira (Yagira Yuuya, prix d'interprétation à Cannes). Installés clandestinement dans un minuscule appartement de Tokyo, les trois plus petits sont interdits d'école, de cris, de sortie. «Nobody knows», personne ne sait qu'ils sont là. Un jour, leur mère, séduisante et fantasque, disparaît, laissant un peu d'argent ; commence l'attente sans cesse déçue de son retour. Akira, industrieux chef de meute, improvise, organise pour ses cadets un quotidien de plus en plus précaire, tissé de petits bonheurs impromptus. Jusqu'à ce que survienne la tragédie... Au passage, on parle aussi du Japon, de ce pays de l'exiguïté, du confinement, du respect de la règle. Mais ce que Kore-Eda Hirokazu a réussi à montrer, superbement, c'est que l'enfance la plus terrible est irremplaçable.

ALIVE
FRÉDÉRIC BERTHE

Pour reconquérir celle qu'il aime encore (Valeria Golino), un metteur en scène (Richard Anconina) soulève des montagnes et monte une comédie musicale très «djeun'». On ne compte plus les copies et les ersatz de «Fame», la plus populaire étant la télévisuelle «Starac». Frédéric Berthe, après quelques séries télévisées dont «H», a pris en marche ce train prometteur. La bonne volonté des comédiens n'a d'égale que l'insignifiance du scénario. Quant aux numéros musicaux, ils sont aussi entraînants qu'impersonnels. Les paroles des chansons, elles, laissent rêveur. Un exemple : «La femme est l'avenir du futur, elle porte l'amour comme une blessure.»

LES DÉSASTREUSES AVENTURES DES ORPHELINS BAUDELAIRE
BRAD SILBERLING

Comme le dit Lemony Snicket, l'auteur de cette série de romans à succès pour adolescents, ça commence mal ! Un grand feu a ravagé la maison Baudelaire et les parents ont péri. Violette (Emily Browning), Klaus (Liam Aiken) et la petite Prunille sont seuls au monde et leurs «désastreuses aventures» en tant qu'orphelins peuvent débuter. Placés par Monsieur Poe le banquier en charge de leurs affaires (Timothy Spall) chez un lointain parent, les trois enfants arrivent dans une maison bizarre, un peu baroque et inquiétante. Mais bien sûr, le plus inquiétant, c'est encore le comte Olaf (Jim Carey, parfaitement génial), leur tuteur ! Ce grand méchant ogre n'en veut qu'à leur argent et il inventera des tas d'embrouilles pas nettes pour se débarrasser des enfants. Heureusement pour les orphelins, ils sont pleins de courage. Et de temps en temps, ils croisent la route de vrais gentils, comme la tante Agripine (Meryl Streep)... Adaptant les trois premiers tomes de cette série de best-sellers pour enfants, Brad Silberling («Casper»), grâce à la magnifique lumière du chef opérateur Emmanuel Lubezki, crée un univers gothique et fascinant. Une réussite.

LES REVENANTS
ROBIN CAMPILLO

Un jour, les rues du monde entier s'emplissent d'hommes et de femmes marchant lentement, le regard fixe, vers une destination inconnue. Ce sont des morts, sortis de leurs tombes. Leurs familles viennent bientôt à leur rencontre, bouleversées par ce retour aussi inattendu qu'inexpliqué. Ceux dont ils ont dû faire le deuil parfois depuis plusieurs années sont là, tels qu'ils étaient le jour de la disparition : sans blessures ni stigmates, un peu moins rapides, vaguement indifférents, mais là. Les pouvoirs publics se posent des questions d'intendance : que faire de cette surpopulation soudaine, où loger ceux que leurs proches n'ont pas «réclamés», comment les

Eternal Sunshine of the Spotless Mind

La première fois que j'ai eu vingt ans

réinsérer ? Sur un postulat de film d'horreur, mais sans le folklore de «La Nuit des morts vivants», Robin Campillon, scénariste et monteur de Laurent Cantet, nous entraîne dans une spirale de questions sur l'absence et le deuil. C'est oppressant, inabouti sans doute, mais culotté.

ETERNAL SUNSHINE OF THE SPOTLESS MIND

MICHEL GONDRY

Un hiver, au bord de la mer, Joel rencontre Clementine et ils tombent amoureux. Un an plus tard, pourtant, rien ne va plus. Et lorsqu'il lui rend visite pour tenter de la reconquérir, elle lui parle comme s'il était un parfait inconnu ! C'est le cas : Clementine ayant décidé d'effacer littéralement Joel de sa mémoire, elle a consulté un médecin qui est entré dans son cerveau et y a opéré une sorte de tri sélectif. Joel, effondré, veut faire de même. Mais son esprit résiste : les bons souvenirs se rebellent, ils ne veulent pas se laisser détruire comme ça... Voilà un film extraordinairement déjanté et d'un nouveau genre : la science-fiction romantique ! Qui dit beaucoup de choses belles et justes sur la difficulté d'aimer, sur le courage, l'énergie et la persévérance qu'il y faut. Sans bas, pas de hauts. Sans heurts, pas de bonheur possible : refuser les mauvais moments d'une relation, c'est à peu près comme aimer à moitié... On sort d'«Eternal Sunshine of the Spotless Mind» tout ragaillardi et réconcilié. Jim Carrey, sobre, est enfin convaincant en acteur «sérieux» et Kate Winslet est pétillante de charme et de fantaisie.

FAMILLE À LOUER

MIKE MITCHELL

De loin, le scénario ressemble à une pièce de Jean Anouilh. Un parvenu (Ben Affleck), qui craint la tristesse d'un Noël solitaire, engage, pour un soir, la famille occupant le pavillon de son enfance. Avec pour mission de le replonger dans la magie du passé... Le charme de l'histoire s'évapore vite au contact de ce héros braillard, capricieux et survolté. Avalanche de gags pas drôles.

WHISKY

JUAN PABLO REBELLA, PABLO STOLL

À Montevideo, Jacobo (Andrés Pazos) tient une petite manufacture de chaussettes, secondé par sa fidèle assistante Marta (Mirella Pascual). Quotidien monotone et répétitif. Jusqu'au jour où son frère Herman (Jorge Bolani), perdu de vue depuis une éternité, lui annonce sa visite prochaine. Jacobo a-t-il honte de son célibat ? Se sent-il inférieur à ce frère qui a réussi à l'étranger ? Il demande à Marta de passer pour sa femme. Elle accepte et se révèle plus fantaisiste qu'il n'aurait cru. Mais cette parenthèse dans la grisaille n'est-elle pas appelée à se refermer ? Surprise : on attend une œuvre austère, or le deuxième film de ces deux Uruguayens (après «25 watts») respire l'humour à froid et l'émotion contenue. Un petit régal pour fins connaisseurs.

LA PREMIÈRE FOIS QUE J'AI EU VINGT ANS

LORRAINE LÉVY

Années 1960. Adolescence, famille, religion et comme rêve, la musique. Hannah a des complexes (trop grosse) et elle joue de la contrebasse. Se faire admettre au jazz-band de son lycée (Quoi, une fille ?!) est un combat d'autant plus dur qu'il se double d'intolérance (pour l'éliminer, ses rivaux garçons allèguent sa judaïté). Marilou Berry, révélée par Agnès Jaoui dans «Comme une image», récidive dans le même registre, celui de la jeune fille mal dans sa peau. Hormis quelques exagérations, on créditera Lorraine Lévy, pour son premier film – adapté d'un joli roman pour adolescents de Susie Morgenstern –, de toutes les bonnes intentions du monde. De là à lui pardonner ses anachronismes (Françoise Hardy fut connue bien avant Mick Jagger !)...

Un crime dans la tête

Tropical Malady

UN CRIME DANS LA TÊTE
JONATHAN DEMME
Remake du film de Frankenheimer de 1955 avec Frank Sinatra ? Nouvelle adaptation plutôt, et totalement différente, quoique tissée de références biaisées, du best-seller de Richard Condon. Cette fois, le héros est un militaire noir (Denzel Washington), jadis tombé dans une embuscade au Koweit lors de la guerre du Golfe. Son ancien compagnon d'armes, le sergent Shaw (Liev Schreiber), est candidat à la Maison Blanche, poussé par son imposante maman (Meryl Streep). Complot, manipulation, lavage de cerveaux : tous ces thèmes sont énumérés dans un scénario compliqué qui a perdu, cette fois, toute crédibilité.

TROPICAL MALADY
APICHATPONG WEERASETHAKUL
Un soldat aimait un jeune homme. Entre eux, ce n'étaient que billets doux et sourires tendres car, en Thaïlande, il ne saurait être question pour deux hommes d'être amants. Un jour, Keng (Banlop Lomnoi) vit s'éloigner son ami sur son vélo et ne le revit plus. «Nous sommes tous des bêtes sauvages», assure la citation placée en épigraphe du film. Ce que va confirmer la suite, étonnante, aussi mystérieuse et sombre que la première partie était douce et sensuelle. Keng le soldat s'enfonce dans la jungle, à la poursuite d'un prédateur qui décime le bétail de la région. Son ennemi lui apparaît de temps à autre, brutalement : un tigre fantomatique aux yeux étincelants, qui semble l'attirer vers une vérité inattendue... Révélé par le troublant «Blissfully yours», en 2002, Apichatpong Weerasethakul est devenu, en deux ans, la coqueluche de la critique française branchée. Non sans raison. À chaque fois, le cinéaste filme des cérémonies secrètes dont le calme de surface dissimule des gouffres hantés par l'horreur et la douleur. Dommage, tout de même, que le réalisateur, aussi doué soit-il et malgré l'immense fascination qu'il exerce sur ses fans, se soit enfermé, si vite, dans une sorte d'hermétisme hautain. Qu'il se soit, en quelque sorte, réfugié, si jeune (il a 34 ans), quelque part entre son génie et lui.

MEMORIES
ROLAND SUSO RICHTER
Il se réveille dans un hôpital, à la suite d'un accident. En 2002. Pourtant, Simon (Ryan Phillippe) est sûr d'être déjà venu dans ces lieux. En 1999. Des flashs l'assaillent. Des êtres aimés semblent, soudain, le manipuler... Les histoires où la victime se fait enquêteur de son propre passé se doivent d'être implacablement logiques. Comme il se croit à l'abri de tout devoir d'explication, puisqu'il explore l'inconscient de son héros, le cinéaste s'offre quelques facilités. Jongleries gratuites qui finissent par masquer l'idée séduisante du roman de Michael Rooney : même dans l'au-delà, les coupables chercheraient à se persuader eux-mêmes de leur innocence...

IRRÉSISTIBLE ALFIE
CHARLES SHYER
En son temps, Michael Caine fut Alfie, gentleman dragueur du «swinging London» dans le film éponyme signé Lewis Gilbert (1966) et adapté d'une pièce de théâtre. C'était très macho, mais c'était d'époque ! Ce remake tient de la fausse bonne idée : notre dragueur impénitent semble être resté bloqué dans le siècle de son aîné, même si l'action se situe dans le New York d'aujourd'hui. Jude Law lui prêtant son indéniable charisme, Alfie est tout ce qu'il y a de séduisant. Mais ça ne suffit pas à racheter la succession de saynètes indélicates où se débattent avec beaucoup de courage de belles actrices comme Marisa Tomei, Nia Long, Jane Krakowski ou Susan Sarandon. Sur 1 h 46 de projection, compter 1 h 36 de machisme agaçant et dix minutes de rédemption, avec hommage vibrant mais tardif à LA femme – qui est si généreuse et sait si bien aimer...

INCIDENT AU LOCH NESS
ZACH PENN
Le cinéaste allemand Werner Herzog est sollicité pour réaliser un documentaire sur le monstre du Loch Ness. Voici le making-of de son film, resté inachevé. C'est du moins ce qu'on nous annonce au début, mais bientôt les indices troublants se multiplient, se contredisent, et le spectateur mystifié se demande comment démêler le vrai du faux, le document du canular. Qu'un artiste aussi sérieux et pénétré de sa valeur que Werner Herzog se soit prêté à ce (double) jeu donne à celui-ci toute sa saveur. Dans le genre, c'est du grand art.

LES FAUTES D'ORTHOGRAPHE
JEAN-JACQUES ZILBERMANN
Année scolaire 1967-68. Fils mal-aimé du proviseur brutal (Olivier Gourmet) et de la mielleuse directrice des études (Carole Bouquet), mère possessive et hypocrite, Daniel (Damien Jouillerot) n'est guère à l'aise dans leur internat privé. D'abord brimé par ses camarades, il se lie avec certains d'entre eux, surtout un marginal rebelle (Raphaël Goldman) qui se fait exclure. Une vraie déclaration de guerre ! Daniel et sa bande sèment la pagaille jusqu'au *crescendo* final de la grande révolte, occasion d'une belle scène, style «Potemkine au réfectoire». Sympathique et stimulant.

La Porte du soleil

À tout de suite

LA PORTE DU SOLEIL
YOURY NASRALLAH

Younès va mourir et on nous retrace son histoire. Sous différents noms, il a toujours lutté pour le salut et la survie de la Palestine. Contre les Anglais, d'abord, en 1943. Puis contre l'occupation des terres par les Juifs. À ses côtés, Nahila, épousée à 12 ans sans amour, devient cette complice de lutte qu'il va retrouver, entre deux combats, dans une grotte de Galilée, appelée «la porte du soleil»... C'est une fresque romanesque qui célèbre, à travers le destin de héros sentimentalement tourmentés, mais politiquement inébranlables, cinquante ans de lutte palestinienne. Un peu comme Youssef Chahine, son maître, Youry Nasrallah prétend moins à la vérité historique qu'à la force de l'émotion. Mais, conscient d'écrire une page d'Histoire, il devient solennel et emprunté. Si certaines scènes – les femmes en révolte portant leurs enfants à bout de bras – évoquent le lyrisme des grands films soviétiques de jadis, son ambitieux projet semble esthétiquement très vieillot, alors qu'il prétend affronter l'Histoire de plein fouet.

BAD SANTA
TERRY ZWIGOFF

Le Père Noël serait-il (pour de bon) une ordure ? En houppelande rouge et barbe blanche, le formidable Billy Bob Thornton est un escroc qui profite de manière éhontée des traditions festives : ayant mené à bien ses repérages, il dévalise les grands magasins qui l'emploient avec son complice nain et noir (Tony Cox). Jusqu'au jour où il rencontre sur sa route un ado obèse (Brett Kelly) qui croit obstinément en lui ! Dès lors, tout se complique. Une farce grinçante, politiquement incorrecte en diable, malgré une fin hollywoodienne totalement plaquée.

LE SILENCE
ORSO MIRET

Une battue au sanglier dans une montagne corse. Le souffle court, Olivier (Mathieu Demy) rate la bête : «j'ai vu quelque chose et puis après, je ne l'ai plus vu», dira-t-il. Le personnage est entre deux mondes : ni tout à fait un étranger (sa mère est corse), ni tout à fait un enfant du pays. Il apparaît immature, troublé que sa compagne Marianne (Natacha Régnier) soit enceinte, encore enfant lui-même. Alors, quand il assiste à un braquage dans une station-service et voit un homme tirer à bout portant sur la caissière, Olivier, déjà en manque de repères, ne sait que choisir. Appeler la police et se porter témoin ou se taire et attendre ? Il prend un peu de chaque solution : il signale le meurtre sans décliner son identité, puis s'enfuit, hanté par le souvenir de la jeune femme... Après «De l'histoire ancienne» (2002), son premier film très remarqué, autour d'une fratrie bouleversée par le décès du père, héros de la Résistance, Orso Miret continue à creuser le sillon d'un cinéma exigeant, pénétrant dans la tête des personnages, y constatant les ravages de la culpabilité. Même si les scènes oniriques – rêves en noir et blanc au symbolisme trop appuyé – nuisent un peu à la fluidité de l'ensemble, Orso Miret n'a pas son pareil pour faire sourdre les sentiments en des échappées inattendues.

À TOUT DE SUITE
BENOIT JACQUOT

Cette histoire est vraie, elle a été vécue, le film qui la raconte est vrai, il est vécu par l'actrice qui le joue avec une vérité confinant au mystère. Isild Le Besco est cette jeune fille des années 1970, solitaire, rêveuse et comme un peu perdue dans le grand appartement bourgeois de ses parents. Elle a 19 ans, elle aspire à une liberté qu'elle espère, qu'elle ignore. Au premier regard, dans un bar, elle appartient à ce jeune homme inconnu, très beau avec son visage de masque africain (Ouassini Embarek). Un voyou, un braqueur d'occasion, et d'ailleurs son premier braquage tourne mal, c'est la cavale. La jeune fille fuit avec lui, elle n'a pas de prénom, elle fuit, mais elle vit, ce qui lui arrive ne l'abîme pas – l'Espagne, le Maroc, la Grèce, l'attente, l'abandon, la solitude... Benoît Jacquot est profondément respectueux du visage, du corps, de la personne d'Isild Le Besco qu'il filme dans l'intemporalité du noir et blanc, il la regarde souvent en très gros plan, il écoute ses silences parfois longtemps, elle ne sait pas où l'amour la mène, mais elle le suit. Jusqu'au bout.

COUP DE FOUDRE À BOLLYWOOD
GURINDER CHADHA

Bollywood, méprisé de longues années en France, semble avoir conquis, aujourd'hui, un public fidèle. Pour le satisfaire, voici une comédie musicale – chatoyante, forcément chatoyante – et un rien longuette, inspirée – plaisante idée – par «Orgueil et préjugés» de Jane Austen. Soit quatre demoiselles à marier, au moins autant de prétendants qui font assaut d'émois sentimentaux, plus quelques quiproquos bien venus. En prime, l'histoire d'amour, plus ou moins contrariée, de Lalita (la superbe Aishwarya Rai, révélée au yeux du monde grâce à «Devdas», en 2002) et d'un jeune Américain, William Darcy (Martin Henderson). Le charme des chorégraphies et des interprètes fait (presque) oublier la pâleur de la mise en scène de Gurinder Chadha, déjà auteur d'un «Joue-la comme Beckham» sympathique et inabouti.

Samaria

Le Grand Rôle

SAMARIA

KIM KI-DUK

Une adolescente (Seo Min-jung) se prostitue pendant que son amie (Lee Uhl) fait le guet. La première meurt pour échapper à la police. La seconde se met alors à coucher avec ses clients pour leur rendre l'argent et racheter l'âme de la disparue. Mais le père de cette dernière (Kwak Ji-min) la surprend et, pris de folie meurtrière, tue l'un des amants de passage. L'auteur de «Printemps, été, automne, hiver... et printemps» signe un film âpre sur la société coréenne contemporaine. Comme toujours, il s'interroge sur la complexité de la nature humaine et sur ses contradictions. Une parabole sur la déchéance et la rédemption hantée par les thématiques religieuses mais réfutant, par la distanciation clinique de sa mise en scène, tout jugement moral.

En chantant derrière les paravents

EN CHANTANT DERRIÈRE LES PARAVENTS

ERMANNO OLMI

Nous sommes dans un théâtre. Au parterre, une maison de plaisirs où échoue, par hasard, un jeune et timide étudiant en cosmologie. Sur scène, un galion. Il servira de décor multiple à l'histoire de la veuve Ching (Jun Ichikawa), célèbre femme pirate chinoise du XIXe siècle, devenue corsaire après la mort de son beau mari assassiné. Ce conte nous est narré par un marin à la réjouissante barbe bifide (Bud Spencer, oui, c'est bien lui, l'ex-complice tonitruant de Terence Hill, ici sobre et touchant). Du va-et-vient constant entre le carton-pâte et le réalisme (les fleuves chinois sont reconstitués sur un lac du Monténégro), Olmi fait naître une étrange fascination. Comme il a toujours aimé les marginaux, les exclus, il peint ses pirates avec la même tendresse que le clochard magnifique de «La Légende du saint buveur» ou les premiers chrétiens, marchant sans fin «À la Poursuite de l'étoile». Le film est un hymne à la sagesse de quelques hommes – en l'occurrence, une femme – courageux au point de préférer la reddition à la mort. Utopiste sans illusions, Olmi espère en vain la venue d'un temps où «les hommes vendront leurs épées pour labourer la terre, où les voix des femmes égaieront les jours en chantant derrière les paravents».

LE GRAND RÔLE

STEVE SUISSA

Comédien raté, Maurice (Stéphane Freiss) adore sa femme Perla (Bérénice Béjo). Arrive à Paris un grand cinéaste américain (Peter Coyote) qui prépare une adaptation filmée du «Marchand de Venise». Maurice décroche le rôle de Shylock, puis le perd. Or Perla va mourir d'un cancer. Comment faire pour ne pas gâcher le dernier bonheur de la jeune femme ? Tout les copains s'allient pour fabriquer et faire exister un pieux mensonge. Un film bon sur la bonté, l'amour conjugal et la compassion.

Voyage en famille

LES PETITS-FILS

ILAN DURAN COHEN

Une grand-mère généreuse et envahissante (Reine Ferrato) forme avec son petit-fils (Guillaume Quatravaux) un duo peu banal. Disputes, reproches, bouderies et tendresse indéfectible... pour un peu, on les prendrait pour un véritable couple. L'arrivée d'un séduisant homme de ménage (Jean-Philippe Sêt) va bouleverser ce quotidien déjà mouvementé. Après l'incisif «La Confusion des genres», le cinéaste écrivain investit ce ménage à trois sans que le spectateur ne sache jamais très bien quelle part occupe la vérité dans cette fiction où les deux acteurs principaux jouent leur propre rôle. Mais le scénario comme la mise en scène, faussement légère et désinvolte, évitent superbement le piège du cinéma-vérité. De vrais sentiments en rebondissements fictionnels, le réalisateur réécrit cette atypique histoire d'amour, pleine d'une douce chaleur et d'une mélancolie latente.

VOYAGE EN FAMILLE

PABLO TRAPERO

Durant un temps, on se demande où veut en venir le cinéaste de «El Bonaerense» : bouts d'intrigue à peine amorcés, personnages épars, juste esquissés et aussitôt abandonnés. On s'aperçoit, ensuite, que cette dispersion est précisément le sujet même de cette comédie allègre, cocasse et enlevée... Un camping-car brinquebale sur la route qui conduit de Buenos Aires à Misiones. À son bord, les nombreux membres d'une seule et même famille, accompagnent la grand-mère Emilia (Grazia Chironi, dont Pablo Trapero est réellement le petit-fils), bien décidée à assister au mariage de sa nièce. Parmi la douzaine de personnages joyeusement dessinés : un mari jaloux, une femme encore coquette, le beau-frère amoureux, trois ados obsédés par le sexe, la fille aînée qui vient de quitter à regret le macho dont elle est folle... Pannes d'essence, flirts, bagarres, arrivée motorisée et tonitruante du macho repentant, rage de dents intempestive, gifles et baisers volés se succèdent avec un entrain communicatif. La chaleur du regard, l'amour visible du réalisateur pour les petites gens confirment l'étroite parenté de la récente nouvelle vague argentine («Historias minimas», «Le Fils d'Elias») avec la comédie italienne de jadis.

LE DERNIER JOUR

RODOLPHE MARCONI

Simon (Gaspard Ulliel) amène Louise (Mélanie Laurent), une inconnue rencontrée dans un train, passer les fêtes de fin d'année dans la villa triste et bretonne de ses parents (Nicole Garcia et Christophe Malavoy), séparés par un secret. D'étranges rapports, sensuels et chastes, naissent entre les deux jeunes gens... Dès «Stop», court métrage primé à Cannes, Rodolphe Marconi a démontré son aptitude à créer un climat, une tension. Quelque chose va craquer, on ne sait quoi, ni où, ni quand, et c'est cette attente qu'il filme, de scènes rapides en moments heurtés, avec affrontements brusques et pauses prolongées. Ici, ce n'est pas entièrement réussi, mais passe tout de même la nostalgie du cinéaste pour la pureté perdue de l'adolescence. Et son goût pour les jeunes gens beaux et furieusement romantiques, à la sexualité hésitante ou inaboutie, marchant en aveugles vers des adultes qui se dérobent ou les enrobent de noirceur.

LES INDESTRUCTIBLES

BRAD BIRD

Les temps ont changé : condamné avec sa femme et ses enfants à l'anonymat d'une petite vie grise, devenu un agent d'assurances bedonnant faute d'entraînement, Bob (alias M. Indestructible), ci-devant super-héros destitué sur les plaintes de ses concitoyens (ses hauts faits provoquaient trop de dégâts), a été condamné à mettre en sourdine ses super-pouvoirs. Lorsqu'un mystérieux commanditaire (dont on découvrira les sombres desseins) le force à reprendre du service. Impeccable technique des Studios Pixar – pour la première fois appliquée exclusivement à des personnages «humains» –, évocations multiples de «super-collègues» de M. Indestructible (James Bond, Batman, Superman, Spiderman...), satire plaisante de la bureaucratie, scènes d'action spectaculaires, exaltation de l'esprit de famille... Le divertissement est irréprochable, un peu écartelé cependant entre sa virtuosité technologique et la nostalgie de ses références.

TROISIÈME TRIMESTRE

Melinda et Melinda

JANVIER

Prendre femme

FÉVRIER

Vera Drake

MARS

Tout pour plaire

MELINDA ET MELINDA

WOODY ALLEN

Voilà quelque temps que cela dure, une lassitude… On dit que la livraison annuelle de Woody Allen prend des allures de symptôme saisonnier, quelque chose comme le rhume des foins, que ses chefs-d'œuvre sont loin… Ces considérations ne devraient en aucun cas empêcher de prendre un plaisir réel, et même un plaisir double à «Melinda et Melinda». Cela commence comme un Woody Allen, par une conversation d'après dîner entre intellectuels new-yorkais : deux auteurs de théâtre (Wallace Shawn, un habitué, et Larry Pine) s'affrontent. La vie est-elle une comédie ou un drame ? Prenez le personnage de Melinda (joué avec une énergie dédoublée par l'actrice australienne Rhada Mitchell). Elle débarque sans prévenir, luttant contre une overdose de somnifères (comédie, eh oui !), chez ses voisins du dessous (Amanda Peet et William Ferrel) ou, paumée (drame !), chez une ancienne amie de fac (Chloé Sevigny). Des adultères bavards se profilent, un *crooner* délicieux trouble le jeu (Chiwetel Ejiofor), les répliques rebondissent, si alléniennes : «Tu pratiques un sport ? – Oui, la crise d'angoisse.» À la fin reviennent nos auteurs, ils avaient évidemment raison tous les deux. Woody aussi.

LOLITA MALGRÉ MOI

MARK WATERS

En anglais, ce sont des «Mean Girls», des «méchantes filles», *fashion victims* hantant un lycée huppé des États-Unis. Alors qu'elle a toujours vécu en Afrique et n'a été scolarisée qu'à domicile, Cady (Lindsay Lohan, «Dans la peau de ma mère») y débarque littéralement et découvre les rites et les codes de ce lieu étrange. Plutôt copine avec les «ringards», elle entre dans la bande des «plastiques» (aussi froides et lisses que leurs cartes bancaires), soi-disant pour les «dynamiter» de l'intérieur, mais se prend au jeu et devient une Lolita (malgré elle). Les références très américaines n'empêchent pas une certaine adhésion au propos sur le désir d'appartenance à un clan et l'apparence qui régit tout. Dommage que la seconde partie soit gentiment consensuelle.

INNOCENCE

LUCILE HADZIHALILOVIC

Dans un pensionnat isolé au cœur d'une forêt, des adolescentes apprennent la danse et les sciences naturelles avec de bien jolies profs (Marion Cotillard et Hélène de Fougerolles). Entre leur arrivée dans un cercueil – sans qu'on comprenne jamais pourquoi – et leur départ dans un train souterrain, elles ne sortent pas de ce lieu clos. Au fur et à mesure qu'elles progressent, la couleur de leur ruban va changer. Elles vont même danser sur la scène d'un petit théâtre privé, pour un public invisible. Étrange film opaque, scénario insolite (inspiré d'une nouvelle de l'Autrichien Frank Wedekind, datant de 1888), dont on se demande à chaque instant s'il va bifurquer, et vers quelle provocation ? C'est que l'obsession pédophile est telle, de nos jours, qu'on ne saurait filmer des fillettes sans être suspect. Les moralistes anxieux en sont cependant pour leurs frais. Le mystère du film de Lucile Hadzihalilovic («La Bouche de Jean-Pierre») reste total. Et si la métamorphose de la puberté, génératrice de tant d'angoisses, plane en filigrane de la métaphore, celle-ci reste (volontairement) opaque et frustrante.

PRENDRE FEMME

RONIT ET SHLOMI ELKABETZ

«Elle n'est que tambours et trompettes», se plaint son mari Eniahou (Simon Abkarian). Et c'est vrai que Viviane, cette femme maelström (interprétée par l'excellente Ronit Elkabetz, vue et aimée notamment dans «Mon trésor»), ne cesse de brasser l'air en hurlant. Si la paix et la liberté sont possibles dans certaines parties du monde et dans le Haïfa de 1979, pourquoi Viviane ne parvient-elle pas à s'en approcher ? Dans le petit appartement familial où elle vit avec ses trois enfants, son mari et la mère de celui-ci, la guerre, les querelles et la tristesse sont omniprésentes. Comme si rien, jamais, n'allait de soi. Viviane, pourtant, veut des choses simples. Un peu moins de traditions, un peu plus de progrès. Un peu moins de religion, un peu plus d'amour… Ce portrait vivant d'une féministe israélienne se double de la radiographie d'une époque et d'un pays. Et marque la naissance de deux réalisateurs (frère et sœur dans la vie) à suivre.

VERA DRAKE

MIKE LEIGH

Toujours souriante, généreuse, affairée, Vera Drake trottine sur le pavé des ruelles londoniennes. Son cabas à la main, vêtue de son manteau vert, coiffée de son petit bibi, elle fait le ménage ici, retape le lit d'un malade là et invite à dîner tel jeune homme dont elle sait qu'il ne mange pas toujours à sa faim. Vera a un gentil mari (Phil Davis), mécanicien dans le garage de son frère, et deux grands enfants, un fils et une fille, qui travaillent, l'un chez un tailleur et l'autre dans une usine d'ampoules électriques. Les jours se suivent et se ressemblent. Vera se rend parfois chez une jeune femme en larmes pour laquelle elle prépare du thé et une bassine remplie d'eau savonneuse, à qui elle demande de se détendre et d'écarter les jambes, puis conseille de se reposer en attendant que «ça parte»… C'est seulement le jour où des policiers débarquent chez elle que Vera semble considérer pour la première fois que ces «services» qu'elle rend à des jeunes filles en détresse – secrètement, bénévolement et à l'insu de sa famille – s'appellent des avortements et sont sévèrement punis par la loi. Lion d'Or à Venise 2004 et prix d'interprétation pour Imelda Staunton, «Vera Drake» est un grand film. Jamais appuyé, le constat de Mike Leigh sur la Grande-Bretagne des années 1950 est implacable. Une époque d'après-guerre où les mœurs se libèrent, mais où les lois restent de fer, où la pauvreté, l'absence de choix, sont le lot quotidien des petites gens. C'était hier, mais ça ressemble à aujourd'hui. C'est ce qui est beau et terrible à la fois.

TOUT POUR PLAIRE

CÉCILE TELERMAN

Le premier film de Cécile Telerman, ex-juriste et distributrice, surprend agréablement dès la première scène où une Mathilde Seigner, tonitruante dans un rôle de «célibattante» écrit sur mesure, balance trois vacheries hilarantes à une vendeuse pincée dans une boutique de luxe. De la cabine d'essayage d'à côté, Anne Parillaud et Judith Godrèche n'en croient pas leurs oreilles. Ainsi réunies, les trois vieilles copines qui se sont connues au lycée, Juliette, l'avocate fauchée, Florence, la publicitaire coincée, et Marie, la femme médecin, maintenant attablées devant un café, peuvent s'adonner à leur sport favori : le récit commenté de leur vie amoureuse. Visiblement influencé par les comédies américaines à la mode type «Le Journal de Bridget Jones» ou les séries télévisées «Sex in the City» et «Ally McBeal», «Tout pour plaire» en recycle habilement les atouts – fraîcheur des interprètes, justesse des situations, langage imagé.

LA MARCHE DE L'EMPEREUR

LUC JACQUET

Ils ont bien du courage, ces forçats en smoking qui claudiquent en longues processions sur la neige et sur la glace de l'Antarctique. Ce sont les manchots empereurs filmés par Luc Jacquet, biologiste de formation, pendant plus d'un an. Documentaire exceptionnel, document rare : on suit, à la fois désolé par la dureté de leur sort et émerveillé par l'héroïsme de leur survie, l'étrange, l'incroyable périple hivernal de ces somptueux oiseaux qui ne savent pas voler. Du nord au sud, serrés les uns contre les autres sous le blizzard

La Marche de l'empereur

meurtrier, ils accomplissent chaque année l'impossible, se reproduire, protéger leurs œufs du froid (jusqu'à – 65° C), repartir péniblement vers la mer poissonneuse pour se nourrir, revenir encore sur la banquise inhospitalière «élever leurs petits ». Les images sont magnifiques, les «personnages» attachants, et Luc Jacquet, s'approchant au plus près d'eux, réussit à éviter tout anthropomorphisme. Il n'en est que plus regrettable qu'en guise de commentaire, on ait choisi de «faire parler» la famille empereur – papa, maman et leur enfant –, avec les voix de Charles Berling, Romane Borhinger et Jules Sitruk. Un bel exemple de fausse bonne idée.

LES EX DE MON MEC

NICK HURRAN

Jalouse des précédentes conquêtes de son petit ami, Stacy (Brittany Murphy) convoque celles-ci sur le plateau de l'émission de télé-réalité dont elle est productrice. Tour à tour moderne (la dénonciation de la télé poubelle) et désuet (l'idée surannée d'être la «première»), le scénario ressert toutes les recettes éculées de la comédie pour *teenagers*.

LES GENS HONNÊTES VIVENT EN FRANCE

BOB DECOUT

Le candide Rodolphe découvre le monde des pourris – une attachée de presse amoureuse d'un politicien, prête à tout pour devenir épouse d'élu, même à adopter un enfant colombien... Il y gagne un look vestimentaire très mode et évite (de peu) la contamination. Cette comédie sur les gens de pouvoir et l'apparence ne grince ni ne fait rire – la partie abordant l'adoption est très embarrassante. Reste l'énergie sincère et désarmante des acteurs – Bruno Putzulu, Victoria Abril, Artus de Penguern, Hélène de Fougerolles – qui les sauve de la caricature. Vingt ans après «Adieu Blaireau», son premier et unique film jusqu'alors, Bob Decout, ex-parolier de Christophe récidive sans faire mouche.

BLONDE ET BRUNE

CHRISTINE DORY

Un des quatre films sortis dans la série «Décadrages». Blonde (Christèle Tual) quitte son mari et ses trois enfants pour rejoindre Brune (Aude Briant) qui la remplace, un moment, dans sa vie de famille. Ce sont les deux facettes d'une même femme, bien sûr, que saisit la réalisatrice, lors de ce périple décalé, où une robe noire, talisman pour l'une, empruntée et échangée par l'autre, sert de lien étrange. On est d'abord intéressé par l'insolence, très noire, des dialogues. Mais l'inconsistance vaguement snob finit par l'emporter.

JOUR ET NUIT
DE WANG CHAO

Guangsheng (Liu Lei) travaille dans une mine vétuste. Jour après jour, il descend dans les entrailles d'une terre hostile en compagnie de son maître (Sun Guilin). Et chaque soir, le disciple retrouve l'épouse (Wang Lan) de ce dernier dont il est l'amant. Mais un jour, les fondations de la fosse s'effondrent, provoquant la mort du vieil homme. Dans la lignée de Jia Zhang Ke («Xiao Wu artisan pickpocket») et de Li Yang («Blind Shaft»), l'auteur de «L'Orphelin d'Anyang», cinéaste et écrivain, ausculte les bouleversements de la société chinoise avec une lucidité amère. L'accès au capitalisme (le héros entreprend de rouvrir le puits de forage) et l'exacerbation des inégalités économiques entre les grandes villes et une campagne dévastée par la précarité sont au cœur du film. Équilibre réussi entre un néoréalisme sombre et un doigt de surnaturel – le fantôme du vieux maître «hante» les deux amants pour les inviter à refaire leur vie ensemble.

AU SUD DES NUAGES
JEAN-FRANÇOIS AMIGUET

Un éleveur bovin bourru (Bernard Verley) et son neveu jacasseur (François Morel) quittent leur Suisse natale pour aller en train à la découverte de la Chine continentale. Une balade initiatique, ludique et mélancolique, mise en scène par l'auteur de «La Méridienne», où se retrouve sa tendresse pour des personnages décalés.

ADRESSE INCONNUE
KIM-KI DUK

Antérieur à «Printemps, été, automne, hiver... et printemps» et «Samaria», ce film est fortement emprunt de la violence des premières œuvres de l'auteur de «Cost Guard». À travers le destin de trois adolescents solitaires et renfermés, le cinéaste dresse un portrait sombre et désespéré de la société coréenne. Entre Chang-Guk (Dong-Kun Yang), jeune métis, né des amours d'un GI noir et d'une prostituée, Eunok (Min-Yung Ban), orpheline blessée à l'œil, et Jihum (Young-Min Kim), garçon timide épris d'elle, toute espèce de relation, qu'elle soit amoureuse ou amicale, est impossible. Coups, blessures et brutalités sont les seuls modes de communication pour ces êtres perdus dans une campagne hostile, où l'homme ne vaut guère plus que les chiens abattus pour leur viande. Un film choc, mis en scène et monté de manière frontale, abrupte, où le ressenti est plus insupportable que le visible. Une descente dans un enfer terrestre, hanté par la mort et les instincts délétères, où la rédemption est interdite.

Hitch, expert en séduction

HITCH, EXPERT EN SÉDUCTION
ANDY TENNANT

Pour la première fois depuis «Le Prince de Bel Air», la série télévisée qui le fit connaître, Will Smith grand champion du box-office dans la catégorie action et aventure, revient à la comédie, versant romantique. Il incarne le mystérieux Hitch, que des hommes amoureux, timides et incapables de déclarer leur flamme à l'être aimé, approchent via un numéro secret pour qu'il leur prodigue ses conseils avisés. La plupart du temps, ses «clients» lui envoient ensuite des remerciements chaleureux au dos de leur faire-part de mariage. Mais voilà qu'une belle journaliste spécialisée en potins mondains (Eva Mendes) croise sa route… Le scénario, signé Kevin Bisch, est joliment tricoté. Plutôt drôle et bien vu en ce qui concerne les rapports hommes/femmes (et réciproquement), avec en prime, une jolie visite à Ellis Island, haut lieu de l'immigration new-yorkaise. Et Will Smith est parfait en Docteur Love.

MARSEILLE
ANGELA SCHANELEC

C'est un premier film, mais déjà Angela Schanalec sait filmer l'indécision. Par exemple, les longues promenades d'une jeune Allemande, Sophie (Maren Eggert), dans une Marseille débarrassée de tout exotisme, où elle prend des photos comme on envoie des bouteilles à la mer. La réalisatrice sait, aussi, saisir l'euphorie passagère d'une rencontre (celle de Sophie avec un jeune garagiste, interprété par Alexis Loret). Ou le face-à-face très âpre de Sophie, de retour à Berlin, avec sa meilleure amie (Amily Atef), dont le mari lui plaît. Entre ces moments réussis, Angela Schanelec se laisse aller à ce qui semble être déjà, hélas, son péché mignon : la conceptualité. D'ou lenteur, langueur et obscurité : que vient faire, dans cette histoire, la pièce longuement répétée par la copine de l'héroïne ? Mystère. Cet intellectualisme exhibé finit par refléter une impuissance formelle et non le vide supposé de personnages blessés.

À CORPS PERDUS
SERGIO CASTELLITO

Chirurgien renommé, Timoteo (Sergio Castellito) voit arriver aux urgences sa fille de quinze ans accidentée. Flash-back sur une scène analogue, celle de l'avortement clandestin d'une femme qu'il aima follement, Italia (Penélope Cruz). Procédé assez convenu, au fil de l'opération de sa fille, Timoteo reconstitue le puzzle de sa liaison avec Italia : comment il l'a rencontrée, violée, puis aimée, et quittée quand il a appris que sa femme légitime était enceinte... La présence étonnante d'une Penélope Cruz en paumée enlaidie donne sa touche d'originalité à un film qui sans elle en manquerait singulièrement, englué qu'il est dans les stéréotypes sur la passion amoureuse. Est-ce suffisant ?

Crustacés et coquillages

CRUSTACÉS ET COQUILLAGES

OLIVIER DUCASTEL ET JACQUES MARTINEAU

«On est en vacances, il fait beau et notre fils est homo», dit paisiblement Béatrix (Valeria Bruni-Tedeschi) à son mari, Marc (Gilbert Melki). Mais non : Charly (Romain Torres) n'est pas *gay*, mais le copain qu'il a invité pour l'été, Martin (Édouard Collin), si. À ce malentendu initial s'ajoutent quelques gags récurrents (la douche de la villa symbolise, pour chacun des personnages, le lieu de l'épanouissement sexuel de l'autre). Et l'arrivée impromptue d'un *deus ex machina* en la personne de Didier le plombier (Jean-Marc Barr), l'ex-amant secret de Monsieur Marc, le cachottier... De ce scénario léger jusqu'à l'évanescence, Olivier Ducastel et Jacques Martineau, inégaux depuis leur hommage réussi à Jacques Demy («Jeanne et le garçon formidable»), ont réussi une suave mise en boîte de notre société bourgeoise et faussement tolérante. La morale de ce conte utopiste est vigoureusement exprimée par une Valeria Bruni-Tedeschi dépassée par les événements, mais exaspérée de voir son fils, le pas *gay*, refuser avec véhémence le désordre amoureux des adultes. «On fait ce qu'on peut !», hurle-t-elle, folle de rage. «Attends d'avoir vécu avant de donner des leçons !» Donner des leçons, c'est précisément ce que Ducastel et Martineau refusent de faire dans ce film qui frappe à boulets rouges sur les hypocrites et les méchants. Et c'est charmant.

NE FAITES PAS DE CINÉMA

OREN NATAF

On ne verra sans doute jamais «Le Festin de la mante», film d'horreur fauché et essentiellement focalisé sur les formes avantageuses de son interprète principale (Lou Broclain), dont ce documentaire n'est autre que le making-of. C'est dommage. Car après avoir suivi pendant quatre-vingts minutes hilarantes les tribulations de son auteur Marc Levie, cinéaste iconoclaste, radin, vampirique et autoritaire, on aimerait découvrir son travail. Juste pour un petit plaisir honteux.

QUAND JE SERAI STAR

PATRICK MIMOUNI

Comme Paul Vecchiali, jadis, et ses disciples (Jean-Claude Guiguet, Jacques Davila), Patrick Mimouni prône l'irréalisme comme seul moyen d'atteindre la vérité des sentiments. L'artifice le séduit. La théâtralité le passionne. Ici, le personnage incarné par Arielle Dombasle n'est qu'une diva d'opérette dont l'exubérance et le panache masquent tant bien que mal le vide et le snobisme. Mais Diane se rêve tellement star que, d'une certaine façon, elle le devient. C'est parce qu'à chaque instant, elle fait face à la vie en trichant avec elle-même, que Mimouni, fasciné, filme son parcours presque grotesque à la manière d'un chemin de croix digne des grands mélos de jadis... Il tente la même approche avec le fils de l'héroïne, Marc (Yvan Fahl), steward *gay* qui entreprend, lui, un périple initiatique au Maroc et, par jeu, séduit un homosexuel excentrique (Eliane Pine Carrington). Mais le comédien est bien trop fade pour rivaliser avec la flamboyance d'Arielle Dombasle. On reste donc perplexe devant ce marivaudage *queer* qui, sur le fil d'un ridicule assumé, prétend frôler la tragédie pure.

TU MARCHERAS SUR L'EAU

EYTAN FOX

Curieux film au scénario touffu : un agent secret du Mossad, Eyal (Lior Ashkenazi), dont la femme s'est suicidée, reçoit l'ordre de servir de guide à Axel. Ce jeune Allemand homosexuel (Knut Berger) vient retrouver en Israël sa sœur, Pia (Carolina Peters), qui vit dans un kibboutz, sans doute pour racheter le lourd passé familial. Les deux jeunes gens sont, en effet, les petits-enfants d'un nazi qu'Axel croit mort, mais que Pia sait vivant... Eytan Fox a visiblement voulu rassembler tous les thèmes qui lui sont chers : la Shoah, Israël, l'homosexualité, la possibilité d'une entente entre les peuples, la crainte de voir ressurgir l'antisémitisme. Traité comme une ballade mélancolique, par moments souriante (Eyal l'homophobe s'avérant secrètement troublé par la naïveté épanouie d'Axel), le film se mue en polar dans sa partie berlinoise. Car le vieux nazi réapparaît, soudain, dans une famille qui, constate Axel avec horreur, l'accueille avec joie. Il s'agit, alors, et pour le jeune homme et pour Eyal qui l'a suivi, de faire justice... Toutes ces péripéties sont menées tambour battant, avec une sincérité qui fait pardonner invraisemblances et maladresses.

GARÇON STUPIDE

LIONEL BAIER

Portrait sans complaisance mais tendre de Loïc (Pierre Chatagny) qui travaille, le jour, à la chaîne, dans une chocolaterie suisse. Et la nuit, enchaîne les aventures avec des mecs, rencontrés sur internet : parce que le sentiment, c'est du temps perdu. Mais voilà : Loïc rêve d'autre chose. Et il le raconte à Marie (Natacha Koutchoumov, formidable en nounou attendrie et exaspérée). Jusqu'au jour où il se prend de passion (platonique) pour un joueur de foot local (Rui Pedro Alves)... Questions posées au héros : il répond face à la caméra qui le suit dans sa vie quotidienne, comme dans un reportage. Boulot, orgasmes et rêves sont mis sur le même plan, avec crudité. Car la quête inconsciente de Loïc aboutit à une initiation qui rappelle les romans d'apprentissage de jadis. Quelques afféteries (la fin, notamment, très «chabadabada») n'affaiblissent pourtant pas le regard droit et juste posé sur ce garçon paumé, pas si stupide que ça.

DEAR FRANKIE
SHONA AUERBACH

Frankie (Jack McElhon) a neuf ans, il est sourd et vit avec sa mère et sa grand-mère. Depuis plusieurs années, le garçon entretient une relation épistolaire avec son père, soi-disant matelot sur un gros bateau. Mais, en réalité, c'est sa maman (Emily Mortimer) qui lui écrit pour pallier l'absence du géniteur. Lorsque le cargo s'annonce au port, il faut donc trouver un «père» (Gerard Butler) pour passer quelques heures avec l'enfant. Le mensonge, si pieux soit-il, prend des proportions qui dépassent tout ce petit monde... Ça se passe en Écosse, entre conte cruel touchant et constat d'une réalité sociale pas toujours rose.

CINÉASTES À TOUT PRIX
FRÉDÉRIC SOJCHER

Un document exceptionnel, émouvant et drôle, sur trois cinéastes belges qui font de vrais films avec les (très modestes) moyens du bord. Projectionniste de cinéma, Max Naveaux tourne des films de guerre à balles réelles... par économie. Prof de lycée, Jacques Hardy passe tous les genres en revue, du péplum au polar en passant par la comédie musicale. Ouvrier maçon, Jean-Jacques Rousseau (c'est son nom !) qui n'apparaît que dissimulé sous une cagoule, rivalise avec Spielberg. L'enthousiasme, l'obstination, de ces artistes «naïfs» fait plaisir à voir. Le documentaire le plus émouvant de la saison.

LA PETITE CHARTREUSE
JEAN-PIERRE DENIS

Sauver ou être sauvé ? Là est parfois la question ! La vie d'Étienne Vollard (Olivier Gourmet), ancien alcoolique, est un champ de ruines depuis que sa femme l'a quitté. Un jour, Eva (Bertille Noël-Bruneau), une fillette rentrant seule de l'école, passe sous les roues de sa camionnette. Ravagé par la culpabilité, Étienne se rend à son chevet à l'hôpital et, pendant son coma, lui raconte de merveilleuses histoires. Libraire, lecteur assidu et en outre hypermnésique, il en a d'innombrables en mémoire. Il devient d'autant plus présent que la mère de la petite (Marie-Josée Croze) se révèle incapable d'assumer son rôle. Dans ce conte en demi-teintes, adapté d'un roman de Pierre Péju, les adultes sont paumés et l'enfant tient le rôle de la princesse endormie. L'argument est ténu ; la mise en scène de Jean-Pierre Denis («La Palombière», «Les Blessures assassines»), très sage ; les dialogues sont, un peu trop appuyés. Mais il y a aussi de belles échappées dans des paysages de montagne et dans les élans secrets des cœurs, beaucoup de choses inexpliquées, et le charme, finalement, opère.

Dear Frankie

La Petite Chartreuse

LA RAISON DU PLUS FORT
PATRIC JEAN

Dans «Les Enfants du Borinage», son précédent documentaire, Patric Jean s'insurgeait contre une société qui trouvait normal de piétiner les faibles. «On ferme une usine, on ouvre une prison», disait l'un des témoins. Ici, de la Belgique à la France, d'un tribunal de Lyon à une cité de Marseille, il s'attaque au rêve de consommation insidieusement insufflé dans l'esprit des plus démunis. Selon lui, la dernière ruse – la plus habile, peut-être – du capitalisme pour se débarrasser des pauvres, c'est de les endetter à mort, et les emprisonner ensuite, faute de fric : le luxe serait l'arme ultime du capitalisme pour éliminer les masses laborieuses. La thèse est hardie ; le pamphlet, convaincant.

ANDRÉ VALENTE
CATARINA RUIVO

André Valente (Leonardo Viveiros), 8 ans, ne comprend pas pourquoi sa mère s'emporte, pourquoi ce père, qu'il aime, apparaît et disparaît de sa vie, sans crier gare... C'est la partie la plus réussie, filmée en scènes courtes et fébriles : une silhouette de femme qui court à la recherche d'un fantôme déjà évanoui, le désespoir du petit garçon qui s'enferme de plus en plus dans la solitude. Plus convenue, en revanche, la jalousie de l'enfant envers l'amant que prend la mère (Rita Durao), lorsque son mari ne donne plus du tout de nouvelles. Le film retrouve vite sa fraîcheur, lorsqu'André se met en tête de trouver un père de substitution. À savoir son voisin de palier, patineur ukrainien qui gagne sa vie en slalomant entre les allées d'un supermarché pour servir les clients... Triomphe inattendu au Festival de Locarno 2004, ce premier film inabouti mais prometteur fourmille de détails justes sur un petit garçon sensible qui, à travers ses chagrins, trouve la force de réinventer l'amorce du bonheur.

ZE FILM
GUY JACQUES

Profitant d'un hasard plus ou moins provoqué, Kubrick (Clément Sibony), Karim (Micky El Mazroui) et Toxic (Dan Herzberg), trois stakhanovistes du cinéma, utilisent du matériel volé pour tourner leur premier film à Bobigny. Une comédie tonique, portée par la fougue de ses jeunes comédiens mais désamorcée par une écriture manichéenne et une vision simpliste de la banlieue.

FABLES D'ÉTÉ, FABLES D'HIVER
FABRICE LUANG-VIJA, CHRISTA MOESKER, CECILIA MARREIROS MARUM, ISABELLE FAVEZ

Un collectif de courts métrages avec en vedette un lion, une poule et un renard, héros d'improbables contes animaliers («Les fables en délire»), un gastéropode recueillant dans sa coquille un pachyderme («L'éléphant et l'escargot»), un garçonnet prêt à tout pour sauvegarder son bonhomme de neige («Bonhommes» [sic]) et des volatiles nouveaux parents («Les Voltigeurs»). Tour à tour tendres, loufoques et trépidants, ces dessins animés mettent en avant les vertus de l'amitié, de la solidarité et de la tolérance.

Assaut sur le central 13

Bloom

LE SOUFFLEUR
GUILLAUME PIXIE

Félix (joué par le réalisateur) est souffleur dans un théâtre. Dans la vie, il est complètement inhibé, ce qui bloque ses relations avec la comédienne Clara (Linda Hardy), dont il est amoureux. Par déformation professionnelle, il la courtise en s'aidant d'antisèches, de notes où il copie les poèmes bêtas qu'elle lui inspire. Mais il a un rival en la personne de son meilleur ami (Frédéric Diefenthal). Une seule idée, très laborieusement étirée, pour ce premier long métrage.

ASSAUT SUR LE CENTRAL 13
JEAN-FRANÇOIS RICHET

Un commissariat de police perdu dans une banlieue déserte de la région de Los Angeles, le soir du 31 décembre, à la veille de sa fermeture définitive. Une tempête de neige oblige un transport de détenus à y faire halte. Parmi les prisonniers, le caïd de la drogue Bishop (Laurence Fishburne). Et voilà que des hommes en cagoule assiègent le bâtiment, afin de délivrer Bishop. Dans le brillant thriller de John Carpenter (1976), il s'agissait de ses propres hommes. Signe des temps, les assaillants sont ici des policiers ripoux, le conflit qui les oppose aux gangsters aboutissant à leur volonté de «libérer» Bishop pour l'éliminer. Le lieutenant Roenick (Ethan Hawke), en charge du commissariat, refuse de le livrer. La tension monte, les altercations se multiplient... Le remaniement du scénario, pour une fois, n'est pas gratuit, et on peut sans arrière-pensée approuver ce remake habilement réalisé par notre compatriote Jean-François Richet.

BLOOM
SEAN WALSH

Irlandais de Dublin comme James Joyce, Sean Walsh nous propose cette nouvelle version d'«Ulysse», la présentant comme la première, feignant ainsi d'ignorer (ou ignorant vraiment ?) celle de Joseph Strick (1967). À cette belle adaptation fidèle en noir et blanc, il substitue une illustration clinquante de l'aventure de Leopold Bloom (Stephen Rea, tristounet). À l'arrivée, un tour de force : il réussit à filmer les vertiges et les délires joyciens de façon fade et ennuyeuse. Un bon point toutefois pour Angeline Ball, qui, dans le rôle jamais évident de Molly, se tire à son honneur du fameux monologue final.

LES PETITS SOLDATS
FRANÇOIS MARGOLIN

Ça commence presque dans les rires : ils ne semblent pas bien redoutables, ces petits combattants de la guerre civile du Libéria, affublés de surnoms sympathiques (Chat Noir, My Friend) ou cinématographiques (Jungle Fever, Notorious Big). Et leurs récits guerriers semblent inventés. Mais non : tout est vrai. Plus le documentaire avance, plus l'horreur s'installe. Un gamin raconte comment il a mitraillé cette fille en treillis dont le visage hante ses cauchemars. Un autre évoque ce chef qui forçait sa petite troupe, droguée, à manger le cœur d'ennemis tués. Il se souvient comme si un autre avait vécu cette vie-là, comme s'il pouvait, un jour, revivre normalement. C'est ce qu'espèrent les éducateurs chargés de la réinsertion de ces bourreaux victimes, devenus, à leur insu, des monstres : «On peut toujours, dit l'un d'eux, extirper le mal chez un enfant. C'est ôter le bien qui est impossible. »

MARIA
PETER CALIN NETZER

C'est l'histoire vraie d'une mère de sept enfants (Diana Dumbrava) dont la vie en Roumanie est un chemin de croix qui mène à la télé-réalité puis à la mort. Tout cela devrait être bouleversant, mais la surenchère dans le sordide décourage notre compassion.

Closer – Entre adultes consentants

CLOSER – ENTRE ADULTES CONSENTANTS
MIKE NICHOLS

Dan (Jude Law), spécialiste ès nécrologies dans un quotidien londonien, rencontre par hasard Alice (Natalie Portman), une Américaine qui, peu habituée à la circulation britannique, se fait renverser sous ses yeux. La vie plutôt chaotique d'Alice lui donne l'argument d'un livre. Pour la couverture, il se fait photographier par Anna (Julia Roberts), dont il s'éprend. L'ironie du destin – et d'internet – va faire que Dan précipitera la rencontre d'Anna avec Larry (Clive Owen), un dermatologue fruste et viril... Quarante ans après «Qui a peur de Virginia Woolf ?», autre huis clos à quatre, Mike Nichols adapte une pièce de Peter Marber où le plaisir du sexe masque mal la panique devant le sentiment. Personnages enfantins qui s'amusent à changer de rôle, d'identité (au cours d'un «chat» érotique, Dan se fait passer pour une femme, ce dont se moquera, plus tard, son rival, qui niera sa virilité). Personnages cruels, aussi, qui cessent d'aimer aussi brutalement qu'ils avaient voulu séduire. Des quatre comédiens, beaux et parfaits, on remarque plus particulièrement Clive Owen, impérial dans une scène de rupture sadomaso, à l'étonnante perversité verbale. Le thème musical obsédant, «The Blower's Daughter», est interprété par Damien Rice, l'une des révélations américaines de 2004.

LA VISITE
NICOLAS GUICHETEAU

Dans la série «Décadrages» (quatre moyens métrages réunis pour leur originalité), celui-ci répond le plus à ce vague critère. Il ne s'y passe presque rien, on est dans un cinéma orgueilleusement minimaliste, mais le réalisateur parvient à créer un réel mystère dans le rituel qu'il met en place entre l'écran et le spectateur... Une jeune femme (Joanna Grudzinska) descend à Paris d'un train en provenance de Bruxelles. Elle zone dans la banlieue, frappe à la porte de pavillons, quémande un repas, du repos – de l'aide, en fait. Des gens l'accueillent, qui ne sont pas interprétés par des acteurs et dont la caméra enregistre sur le vif les réactions. Pas de psychologie, pas de tendresse dans cette cérémonie secrète, entre documentaire et fiction. On n'en sort, donc, ni bouleversé ni émerveillé. Juste intrigué par la vision sans âme et sans désir que se fait le jeune cinéaste de ses contemporains et du cinéma.

MYSTIFICATION OU L'HISTOIRE DES PORTRAITS
SANDRINE RINALDI

D'après Diderot, un moyen métrage abscons où il est question de chagrins, de regrets et de photos à récupérer. Nouveau langage cinématographique revisitant Rohmer et Eustache pour les uns, exercice intellectuel avec acteurs jouant mal pour les autres...

HÔTEL RWANDA
TERRY GEORGE

Terry George, scénariste d'«Au nom du père» de Jim Sheridan, croit encore que l'art peut changer la vie. L'émotion facile ne lui fait pas peur : c'est, à ses yeux, le prix à payer pour informer le public et le forcer à réagir. Donc, il fonce... Printemps 1994. Alors que le Rwanda plonge dans l'horreur, Paul Rusesabagina (Don Cheadle), manager du meilleur hôtel de Kigali, transforme son palace en camp de réfugiés. Il y cache sa famille, ses voisins, les pensionnaires d'un orphelinat, et, au péril de sa propre vie, sauve ainsi un millier d'innocents. On oublie quelques silhouettes maladroites (Jean Reno en directeur de la compagnie aérienne belge Sabena) pour ne voir que la passion et la sincérité d'un cinéaste, bien décidé à dénoncer l'horreur, et qui y parvient haut la main.

L'ŒIL DE L'AUTRE
JOHN LVOFF

Engagée pour achever le travail d'un confrère mystérieusement disparu, Alice (Julie Depardieu, impeccable comme toujours) est tenue de faire exactement les mêmes photos que lui. Une démarche plus mécanique qu'artistique au terme de laquelle la jeune femme s'interrogera sur son propre regard sur le monde. Un essai de cinéma où la théorie et la réflexion formelle limitent l'éclosion de la moindre émotion.

De battre mon cœur s'est arrêté

PROFILS PAYSANS CHAPITRE II : LE QUOTIDIEN
RAYMOND DEPARDON
Deuxième volet du documentaire consacré par Depardon aux «gens d'un autre âge», comme il dit, derniers témoins d'une civilisation en sursis, éparpillés dans de petites propriétés entre Lozère et Haute-Loire. On retrouve des silhouettes, devenues familières depuis «Profils paysans : l'approche» : Paul Argaud le solitaire, Robert Maneval le fort en gueule, et Marcelle Brès, 87 ans, toute gracieuse et alerte, malgré sa maladie de Parkinson... Peu de jeunes dans ce portrait : ils sont quelques couples à tenter d'assurer la relève, mais c'est dur. Depardon ne désespère pas, pourtant, de clore sa série sur «une note plus optimiste». Un mariage, qui sait, ou une naissance.

UNE FEMME CORÉENNE
IM SANG-SOO
Un avocat, Young-jak (Hwang Jeongmin), sa femme, Hojung (Moon So-ri) qui s'ennuie au point d'entrer dans le jeu d'un jeune voyeur, son père (Chang-keun), au seuil de la mort, son fils adoptif (Jang Jun-young), victime d'une vengeance ourdie par un ouvrier : ces personnages sont pour Im Sang-soo la métaphore de son pays en pleine mutation. Dans une Corée du Sud où la liberté soudaine semble avoir provoqué d'étranges déséquilibres, ce sont les hommes les plus démunis : le père professe un attachement fanatique aux valeurs du passé et l'avocat lui-même semble socialement et sexuellement coincé. Les femmes, elles – l'avenir de l'homme, comme le prétend un autre film sud-coréen récent, signé Hong Sang-soo – ont moins d'états d'âme : la mère, devenue veuve, trouve un nouvel amant et l'héroïne entame une liaison passionnée avec un voyeur qu'elle décide, non sans mal, à passer à l'acte. La mise en scène très classique – un rien trop – balade le film, au gré des événements, entre comédie, mélo, polar et conte érotique.

DE BATTRE MON CŒUR S'EST ARRÊTÉ
JACQUES AUDIARD
Audiard, avec brio, avec constance, le confirme : il a une couleur à lui, ni tout noir ni tout blanc, la couleur rare des pénombres de la vie. On aime sa façon d'aimer les acteurs, sa manière aussi de donner leur chance à des héros cabossés, lézardés par un chagrin et un secret. Tom (Romain Duris) fait un sale métier, celui de son père. Magouilles immobilières rentables, expulsions mafieuses de familles mal logées avec lâcher de rats dans l'escalier. Tom aime son père, aide son père, hait son père, vieil ogre dévalué, condamné, auquel Niels Arestrup donne une extraordinaire puissance. La mère de Tom était pianiste, et, depuis sa mort, Tom a tué la musique en lui. Une rencontre fortuite, et tout change, tout pourrait changer. Tom se remet au piano, il prend des leçons avec une jeune Vietnamienne (Linh-Dan Pham), elle est jolie, ne parle pas un mot de français, leurs rencontres sont rudes et drôles, l'implacable beauté d'une toccata de Bach lentement les rapproche... Il y a des bouffées de violence, des hauts, des bas, des femmes qui passent. Tom opère sa mue, s'extirpe peu à peu de sa peau de sale type, arrache dans la douleur ce qui l'a fait riche pour tenter de conquérir ce qui le fera homme. Romain Duris est magnifique, physique. Comédien éclectique, aventureux et gourmand, il est ici un corps présent tout en mouvement entrant, vainqueur, dans l'univers sans certitude de Jacques Audiard.

SAW
JAMES WAN
On a beau avoir le cœur bien accroché, certaines dérives du film d'horreur vous le soulèvent au sens propre. Le sadisme ici à l'œuvre se rattache sans doute à la galaxie née avec «Le Silence des agneaux» et «Seven» : un tueur psychopathe y place ses victimes dans des situations gênantes par leur raffinement de cruauté. Ainsi, enfermer ensemble deux quidams en promettant la vie sauve à celui qui zigouillera l'autre rappelle par trop le postulat de «L'Enclos» de Gatti, où un officier SS traitait de la sorte deux détenus d'un camp. Les astuces, devinettes et puzzles macabres d'un scénario alambiqué, qui s'achèvent en double ou triple revirement, ne parviennent pas à dissiper ce malaise.

Pinocchio, le robot

Le Fils de Chucky

Kié la petite peste

Vaillant, pigeon de combat !

LILA DIT ÇA

ZIAD DOUEIRI

Chimo (Mohammed Khouas), adolescent timide, aime Lila (Vahina Giocante), à l'arme de séduction imparable : un langage cru et sexué, sans tabou ni pudeur. Retranscrire au cinéma le pouvoir sulfureux des mots est un exercice redoutable. Surtout, comme ici, lorsque la mise en scène manque de sensualité, préférant se reposer sur celle – présumée – des acteurs.

PINOCCHIO, LE ROBOT

DANIEL ROBICHAUD

Le célèbre pantin de bois au nez télescopique devient ici le héros d'un film de science-fiction. Si le point de départ est conforme au conte de Collodi, le scénariste a pris quelques libertés (le héros entre en lutte contre un maire avide de pouvoir) qui, sans dénaturer le versant initiatique de l'histoire, lui donnent un tonique coup de jeune, toutefois insuffisant pour pallier le manque de poésie de l'animation.

LE FILS DE CHUCKY

DON MANCINI

Résumé des épisodes précédents : Chucky, la poupée diabolique, habitée par l'âme d'un tueur psychopathe à la suite d'un sortilège vaudou, collectionne les forfaits. Dans le quatrième film de la série, «La Fiancée de Chucky» de Ronny Yu, il rencontrait son équivalent féminin, ce qui lui permettait d'assurer la continuité de sa lignée. Quelques années plus tard, nous faisons ici la connaissance de leur rejeton. Surprise : le fils du macho et de la bimbo est un gentil ado tout timide, révulsé par les habitudes sanguinaires de ses criminels géniteurs. Cela donne le ton au film le plus drôle et le plus délibérément parodique de tous. L'action étant située cette fois à Hollywood, il est de surcroît bourré de références cinéphiliques, de clins d'œil et de gags, avec une Jennifer Tilly succulente, qui joue le jeu dans son propre rôle !

VAILLANT, PIGEON DE COMBAT !

GARY CHAPMAN

La Grande-Bretagne, durant les heures les plus sombres de la Seconde Guerre mondiale. Pour assurer sa suprématie dans les airs, l'armée recrute des pigeons voyageurs chargés de passer des messages secrets en France. Mais, les retors

Bob l'éponge

nazis ont, de leur côté, dressé de sanguinaires faucons, dont la mission est simple : exterminer les locataires privilégiés de Trafalgar Square. La bonne idée du film est de ne pas avoir cédé à l'anthropomorphisme presque automatique dans les films d'animation.
Dans l'histoire, les pigeons ont une fonction propre, spécifique à leur condition de volatile et complémentaire de celle des combattants humains. Mais, trop soucieux de plaire à un très jeune public, le scénario se limite à un récit lisse, auquel manquent les rebondissements et le tragique inhérents à un long métrage épique. Démarrage longuet, humour sporadique, ambitions inégales – d'époustouflantes mais trop brèves séquences de batailles aériennes... Vol agréable mais sans grande surprise.

BOB L'ÉPONGE
STEPHEN HILLENBURG

C'est l'histoire d'un petit rectangle jaune vif, naïf et généreux, dont les espoirs d'être nommé directeur du fast-food viennent d'être réduits à néant. Accusé d'immaturité, il décide de prouver à la population de Bikini Bottom (son village immergé au fond des mers) qu'il est apte à relever n'importe quel défi. Comme, par exemple, aller récupérer la couronne dérobée du roi Neptune, monarque autocrate et vitupérant, à Shell City, lieu-dit réputé pour son extrême dangerosité. Débute un voyage initiatique au cours duquel Bob apprendra que garder son âme d'enfant et sa part de candeur est parfois salvateur. Cette version longue d'un des *cartoons* les plus populaires aux États-Unis (tous âges confondus) est un hommage réussi au burlesque (façon Tex Avery) et au non-sens. Second degré ravageur et gags loufoques garantis.

KIÉ LA PETITE PESTE
ISAO TAKAHATA

Avec son cartable sur le dos et son unique couette, elle ressemble à plein de gamines du monde entier. Mais les problèmes qu'elle affronte sont immenses : elle doit aller à l'école, servir dans le restaurant familial, subir les faiblesses de son père qui boit et perd au jeu et voir en cachette sa mère qui a déserté le domicile familial. Ce joli dessin animé japonais observe avec justesse et tendresse le quotidien d'une pré-adolescente confrontée à des difficultés bien trop grandes pour elle. Coloré, rigolo, émouvant et vrai.

Le Cauchemar de Darwin

Hubert Sauper

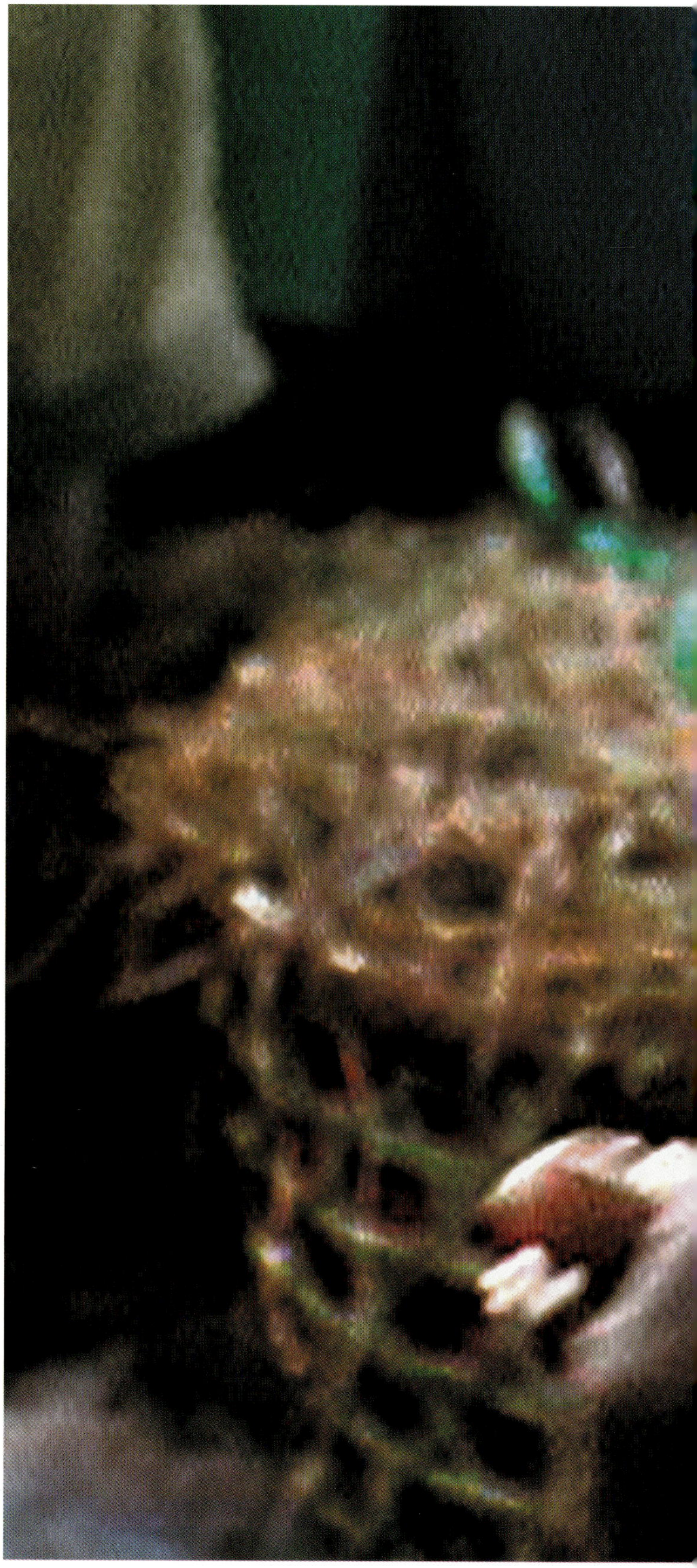

En 1954, une main anonyme introduit quelques perches du Nil dans le lac Victoria, l'une des plus grandes étendues d'eau douce de la planète. La perche du Nil se met à tout bouffer. C'est un carnassier formidable. Les 300 espèces de cichlidés qui y évoluaient paisiblement sont décimées. Tant pis pour les biologistes qui voyaient dans ce lac un fabuleux laboratoire naturel où vérifier les théories de Darwin. Tant mieux pour ceux qui se sont mis à exploiter la perche du Nil, énorme poiscaille de deux mètres de long, dans lequel on peut tailler de beaux filets sans arêtes, devenu le premier produit d'exportation de la Tanzanie. Mais il leur faut faire vite : comme le monstre aquatique a bouleversé l'équilibre écologique du lac, et détruit les poissons herbivores, les algues se sont mises à proliférer, l'oxygène à se raréfier, et le lac agonise. Sa mort est programmée pour les années 2050.

En attendant, sur les étals de supermarchés européens débarquent les filets de perches du Nil à bas prix, tandis que les pêcheurs du lac et les ouvriers exploités dans les ateliers de conditionnement, subventionnés par l'Union européenne, sont trop pauvres pour s'en offrir. Chaque jour, des Lliouchine emportent les filets congelés vers le Nord. Et lorsqu'ils débarquent sur la piste de Mwanza, c'est chargés de caisses d'armes et de munitions. Car, dans cette région des Grands Lacs, les guerres civiles menacent ou font rage : le Rwanda est proche, comme le Burundi et le Congo, où les tueries sont quotidiennes. C'est justement en tournant dans la région, en 1997, un film sur les réfugiés fuyant la guerre du Congo que le réalisateur Hubert Sauper a découvert ce trafic inouï. Il est retourné à Mwanza à quatre reprises. À enquêter, nouer des liens d'amitié avec les équipages russes des avions-cargos, les pêcheurs, les enfants orphelins vivant à la rue, les prostituées, un gardien de nuit… Il s'est fait une conviction, qu'il résume par cette simple phrase : «On ne trouverait pas de perche du Nil dans nos supermarchés s'il n'y avait pas de guerre et de famine en Afrique.» Et cette histoire est devenue pour lui «une allégorie ironique et effrayante du nouvel ordre mondial». Car, dit-il, «la démonstration serait la même en Sierra Leone, et les poissons seraient des diamants ; au Honduras, ils seraient des bananes ; au Nigeria ou en Angola, ils seraient du pétrole brut». Il le revendique pleinement : ce film ne relève pas du reportage objectif et tempéré, c'est avant tout une démonstration, mieux, un réquisitoire : «Mwanza est une ville quelconque du tiers-monde, dans n'importe quelle ville du tiers-monde, on peut faire un film sur les gens qui dansent…» Ce n'est pas le choix qu'il a fait. À ceux qui l'accuseraient de noircir le tableau, il répond qu'il essaie au contraire d'avoir «un regard radiologique», de chercher à voir derrière les apparences. Et ce qu'il montre, les femmes de pêcheurs atteintes du sida, les enfants des rues

faisant chauffer les sacs en plastique servant à emballer les perches pour en faire une colle hallucinogène, le cynisme des pilotes russes, le curé qui déconseille la capote aux foules sidéennes, les hangars puants croulant sous les carcasses de poissons, le directeur de l'usine régnant sur cet enfer de son bureau climatisé, etc., ce qu'il montre est suffocant : une terre saccagée, une humanité broyée.

Qu'espère-t-il, ce jeune réalisateur, qui s'est battu pour ce projet, s'endettant auprès de ses amis, ne trouvant un financement qu'à son troisième voyage (budget : 40 000 euros seulement), restant en tout six mois sur place, qu'espère-t-il, lui qui avoue : «J'aimerais bien avoir la solution, mais c'est la dernière chose que j'ai. J'espère qu'en sortant, le spectateur va réfléchir» ? «Le Cauchemar de Darwin» est un film cruel, éprouvant, provocateur au meilleur sens du terme. Un film qui donne à penser. Ce n'est pas sur TF1 qu'on verrait ça.

Jean-Luc Porquet
Le Canard enchaîné

Ni simple militant, ni juste journaliste, Sauper se veut visiblement aussi cinéaste. Et c'est avec une grande habileté qu'il se distingue du lot des «docus choc» en cours aujourd'hui. De «Fahrenheit 9/11» de Michael Moore aux «Chroniques de la violence ordinaire» récemment diffusées sur France 2. Lui aussi, pourtant, prétend révéler là une vérité, en partie cachée. Dénoncer un scandale. Mais il ne table pas seulement sur la force de sa démonstration en images, interviews et commentaires ; il se sert des procédés du cinéma pour mettre le spectateur en condition d'extrême bouleversement. D'extrême culpabilité aussi : ce sont les mêmes – des Blancs – qui bouffent les filets de perche et voient le film. Première réaction des spectateurs à la sortie du film : «Finis les filets de perche !» En attendant peut-être : «À bas le nouvel ordre mondial !» Mais au-delà du sujet, et de la rage qu'il provoque, comment ne pas être troublé par l'efficacité formidable du film de Sauper ? Plus efficace qu'un discours militant, plus percutant qu'une enquête journalistique. Et cette affaire de trafic d'armes qu'il fouille depuis le début ? Pas d'image, pas de témoignage tangible, juste quelques propos suggestifs du pilote russe un soir de biture. Du coup, le trafic d'armes est à ranger dans un vaste hors-champ du film, où grouillent les guerres larvées des pays alentour, le versant européen du marché de la perche, les quelques ouvriers qui bénéficient de l'usine de poisson et que l'on entrevoit derrière la vitre du laboratoire, les conditions de tournage aussi… Sauper a choisi de ne peindre qu'un pan du triptyque.

Annick Peigné-Giuly
Libération

On dira que l'engagement de Sauper est cinématographique, et c'est ce qui fait le prix de son film : la rigueur dont il se prévaut – et que certifie la cohérence de son dispositif – se juge à une tout autre aune que les critères exigibles d'une enquête journalistique ou d'un rapport d'expertise. Reste qu'un documentaire dont l'enjeu si manifestement politique se juge aussi à ce qu'il produit, c'est-à-dire à la façon dont il arme – ou désarme – ceux qu'il filme comme ceux qui le regardent. Peut-on le dire ? On a beau être convaincu que la situation de l'Afrique des Grands Lacs est à verser au livre noir du capitalisme, difficile de se satisfaire d'un réquisitoire qui ne spécule que sur son intime conviction. Entre témoignage et rumeur, Sauper table sur une indignation dont il coupe les bras. Un exemple ? Au cours du tournage, la belle Eliza a été assassinée par un client australien. Le cinéaste projette à ses amies prostituées l'entretien qu'il avait fait d'elle, et enregistre leur chagrin. Dans ce bouclage du documentaire sur lui-même, il y a comme l'aveu d'un cinéma qui ne sait être que le tombeau de ceux qu'il filme.

Philippe Mangeot
Les Cahiers du cinéma

Ce film est à la fois terrible, effrayant, voire accablant, tant il concentre de fléaux et d'horreurs – ou tant Mwanza concentre de fléaux et d'horreurs –, et splendide en raison de sa forme inventive, circonvolution qui n'épouse aucune logique linéaire et parvient à traiter tous ses sujets de façon éminemment personnelle, allusive et profonde. D'abord, il y a le travail sur l'image. Elle n'est pas clinique, tramée, aplatie comme dans les documentaires ordinaires. Voir ces plans nocturnes ou diurnes, granuleux, parcellaires ; des métonymies de réel où un fragment, un gros plan, est plus éloquent qu'un champ/contrechamp accompagné par un long commentaire. Exemple entre mille et qui reste en mémoire longtemps après : les asticots proliférant sur les carcasses de poissons foulées par les pieds nus de ceux qui trient ces carcasses, seuls produits de l'industrie de la pêche accessibles aux autochtones. Car bien que la ville de Mwanza vive essentiellement de la pêche de la perche du Nil, la quasi-intégralité est exportée en Europe par des commerçants indiens très florissants – contrairement à leurs employés africains. Par quelque bout qu'on le prenne, le tableau que peint Sauper est bien un cauchemar. Du Jérôme Bosch plongé dans de l'encre de Chine. L'air nonchalant, erratique et assez impressionniste du film, pour ne pas dire pointilliste, provient non seulement du montage, mais aussi de la proximité du cinéaste avec ses sujets, avec les gens sur qui il pointe son objectif – tout en restant sur un pied d'égalité avec eux. Au lieu de fabriquer de la logique et du didactisme par le montage, Sauper avance par mouvements circulaires, revenant cycliquement aux mêmes groupes de personnes – qui ont tous leurs raisons, y compris les plus malsains et inquiétants, comme les Ukrainiens transporteurs de poissons sur leurs avions géants, ou le gardien de nuit de la pêcherie, à l'étrange regard écarquillé, qui tue ceux qui pénètrent dans l'enceinte de l'usine avec un arc et des flèches empoisonnées… On pourrait énumérer sans fin toutes les victimes, tous les effets d'un système économique mis en place par et pour les Occidentaux : prostituées, enfants des rues camés au plastique brûlé, malades du sida, etc. Toute l'Afrique semble concentrée dans cette vision apocalyptique. Rarement on aura exprimé autant de désespoir avec autant de grâce.

Vincent Ostria
Les Inrockuptibles

Fils d'écrivain, globe-trotter, prof de cinéma, Hubert Sauper, qui vit depuis dix ans à Paris, est né autrichien dans un pimpant village tyrolien. Il a l'Afrique aux tripes. Son documentaire «Loin du Rwanda» qui accompagnait les réfugiés congolais fuyant la guerre avait déjà frappé fort, «Le Cauchemar de Darwin» est une violente, salutaire, terrifiante révélation. Sans commentaire, laissant filtrer d'un peu loin ses questions anodines, Sauper écoute ceux qu'il regarde. On est au bord du lac Victoria, en Tanzanie. Le ciel est blanc, le lac est gris, la perche du Nil un jour y a été jetée. Depuis, elle a tué toutes les autres espèces, est devenue énorme, rentable. Transformée en filets, elle est transportée par centaines de tonnes en Europe dans de vieux Lliouchine déglingués, les usines prospèrent, les commissions internationales se congratulent, et tout autour les femmes, les hommes, les enfants crèvent. Le sida galope, les orphelins des rues sniffent du plastique fondu, Liza la jolie prostituée est poignardée par un client australien, les carcasses de poisson grouillantes d'asticots sont jetées en pâture à une population infiniment digne et résignée. Honte, colère, cauchemar, celui de Darwin sûrement, le nôtre maintenant. Vous reprendrez bien un beau filet de perche du Nil ?

Danièle Heymann
Marianne

*«Le Cauchemar de Darwin» suit un chemin sinueux, procédant par petites touches et petits pas, par détours précautionneux. Ponctuant cette subtile maïeutique, des moments de vérité viennent zébrer l'apparence des choses, clouer le spectateur sur son fauteuil, lui faire honte d'appartenir, sinon à l'espèce humaine, du moins à son hémisphère Nord. En un mot, le film de l'Autrichien Hubert Sauper montre avec les armes du cinéma (autrement dit par comparaison d'images et confrontation de plans) cent fois plus et cent fois mieux que ce que produirait n'importe quelle rhétorique militante. Le premier plan du film illustre à lui seul cette méthode. On y voit, détachée sur le reflet bleu d'un lac tranquille, l'ombre silencieuse d'un avion qui passe, au rythme d'une mélodie slave. Ce plan d'ouverture suggère au premier abord la sérénité d'un monde pacifié où technique et nature cohabiteraient pour le meilleur et pose en réalité les deux pôles dialectiques d'un ordre socio-économique où les plus forts et les plus riches dépècent dans l'indifférence les plus faibles. Ces deux pôles sont symbolisés dans le film par l'avion et le lac. L'avion est russe ; le lac, africain. L'avion s'appelle Lliouchine, c'est le plus gros porteur actuellement en activité ; le lac se nomme Victoria, situé en Tanzanie, il est l'un des plus grands du continent.
Leur confrontation confère au film d'Hubert Sauper sa structure originale. D'un côté la mobilité de l'avion, son incessant survol du lac, le vrombissement inquiétant de ses turbines, le mystère de sa cargaison, la discrétion suspecte de son équipage. De l'autre, la stagnation du lac, son écosystème ravagé par l'introduction d'un poisson (la perche du Nil) qui a dévoré en quelques décennies toutes les autres espèces existantes, la rentabilisation de ce fléau au profit de quelques industriels, la vie saccagée des autochtones autour de cette zone censément propice à l'économie de la région.*

Jacques Mandelbaum
Le Monde

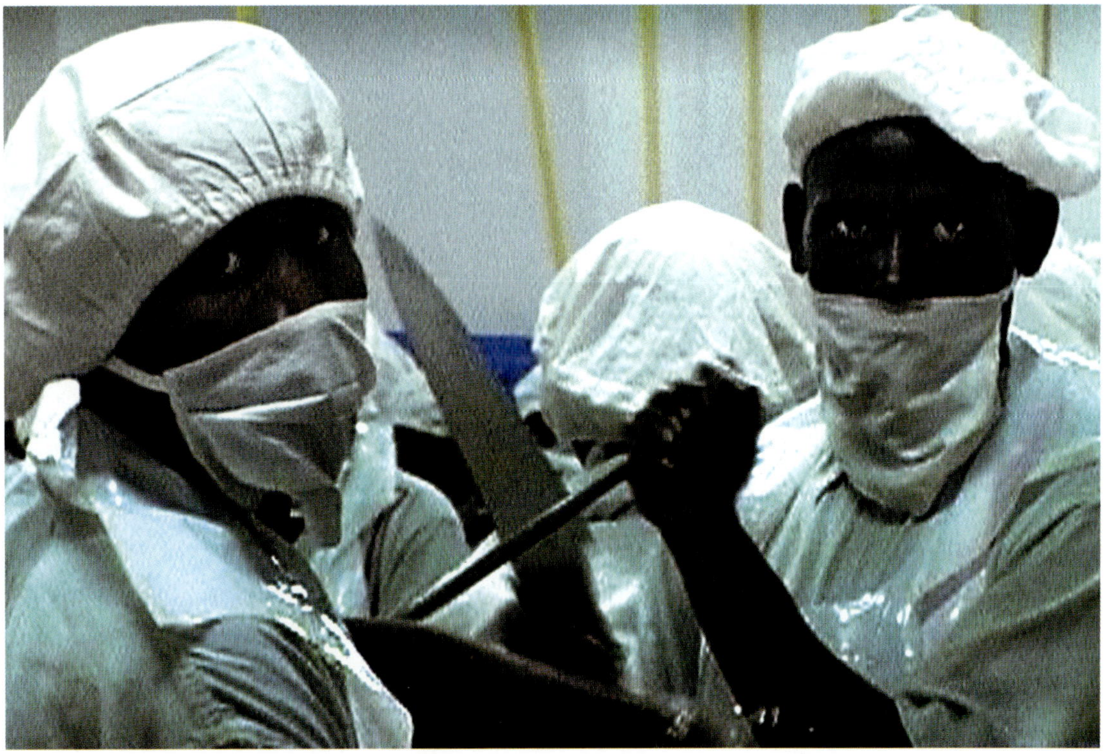

Before Sunset

Elektra

L'Ex Femme de ma vie

Criminal

Mon ange

Be Cool

Ayurveda

Gardien de buffles

AYURVEDA
PAN NALIN
Le documentaire permet de se faire une idée générale de la médecine holistique, considérée comme la plus ancienne au monde. Écorces, minéraux, glaises, cendres... les vertus de ces produits naturels semblent manifestes. Mais, trop occupé à en affirmer la suprématie sur l'allopathie (miracles en direct *live* !), le cinéaste fait office de bonimenteur de foire et son film frôle le télé-achat.

BEFORE SUNSET
RICHARD LINKLATER
On se souvient (ou non) de la bluette donnée il y a dix ans par la même équipe : Linklater à la réalisation, Ethan Hawke et Julie Delpy en amoureux romantiques. «Ce n'est pas vraiment une suite, déclare Julie, par ailleurs coscénariste, c'est une continuation.» Comprenez que c'est toujours la même promenade sentimentale et bavarde, toujours située dans un Paris touristique. Jesse (Ethan H.) est devenu écrivain à succès, Céline (Julie D.) écrit des chansons, il est marié et père de famille, elle vit avec un photographe, mais ils vont bien sûr se retrouver et renouer, après tout ce temps, l'occasion manquée de leur rendez-vous... À dans dix ans !

ELEKTRA
ROB BOWMAN
Les «super-héroïnes» ne sont pas si fréquentes. On est d'autant plus marri que les retrouvailles de Jennifer Garner avec son personnage fugitivement esquissé dans «Daredevil» ne soient pas plus réussies. Elektra, revenue d'entre les morts et entraînée par le sage Stick (Terence Stamp, si élégant, si éternellement sous-employé par le cinéma hollywoodien), est désormais une experte en arts martiaux et une tueuse à gages sans émotions ni sentiments. Mais sa dernière mission consistant à tuer un père et sa fille (Goran Visnjic et Kirsten Prout) semble soudain la réveiller au monde : elle change de camp et doit combattre toutes sortes de malfaisants aux pouvoirs obscurs. Au lieu d'une réflexion sur la solitude et sur l'instinct maternel, les aventures de la super-tueuse vêtue de tenues sexy en cuir rouge donnent lieu à une suite fatigante de combats chorégraphiés tournés façon clip et montés à la hache.

TENJA
HASSAN LEGZOULI
Nordine (Roschdy Zem), immigré issu de la seconde génération, se rend au Maroc pour enterrer son père. En route, il découvre un pays quasi inconnu et rencontre ses compatriotes, dont la séduisante Nora (Aure Atika). Un premier film tout en pudeur, où l'écriture, dense et précise, riche en détails faussement anodins, décrit avec une belle justesse l'éveil d'un déraciné à sa culture d'origine.

GARDIEN DE BUFFLES
MINH NGUYEN-VÔ
Le scénario de ce premier long métrage s'inspire d'un recueil de nouvelles de Son Nam, écrivain renommé dans son pays. Il évoque cette époque des années 1940 où le Vietnam, sous domination française, s'appelait Indochine. À la saison des pluies, le héros, Kim (Le The Lu), découvre de nouveaux horizons en quittant ses parents pour aller faire paître les buffles dans des terres non inondées. Film initiatique et contemplatif un peu obscur et littéraire, «Gardien de buffles» distille des sentiments contradictoires. Sans doute parce que le film tout entier est placé sous le signe de l'ambivalence : bien et mal, vie et mort, sagesse et liberté, vérité et mensonge, respect des femmes et abus sexuels, saison des pluies et saison sèche...

L'EX FEMME DE MA VIE
JOSIANE BALASKO
Fiancé à une belle attachée de presse, Tom Steiner (Thierry Lhermitte) est un romancier à succès comblé. L'arrivée de son ex-femme Nina (Karin Viard), enceinte jusqu'aux yeux et sans un sou en poche, flanquée de sa psy encombrante (Josiane Balasko), va venir relativiser tout ça. De sa pièce de théâtre enjouée, Balasko a tiré un film pataud où les acteurs se démènent sans résultat. Elle est la seule à s'en sortir, grâce à un personnage «hénaurme» qu'elle habite avec une véhémence salvatrice.

CRIMINAL
GREGORY JACOBS
Rodrigo (Diego Luna), un escroc débutant mais déjà doué, croise la route de Richard Gaddis (John C. Reilly), lui-même virtuose de l'escroquerie. Ils s'allient pour tenter un gros coup dans un hôtel de luxe où travaille la sœur de Richard (Maggie Gyllenhaal). Le but : vendre à un collectionneur européen (Peter Mullan) une (fausse) planche rarissime du XIXe siècle, le «Certificat Monroe»,

Alexandre

Rêves de sable

pour la modique somme de 500 000 dollars. Remake américain des «Neuf Reines» de l'Argentin Fabian Bielinski, produit par Soderbergh et Clooney, ce premier film sur des arnaqueurs sachant arnaquer d'autres arnaqueurs n'en est qu'une pâle copie habitée par des acteurs sympathiques. Vaguement inutile sans être désagréable.

ALEXANDRE
OLIVER STONE

Un énorme péplum d'une énorme ambition, c'est la moindre des choses lorsqu'il s'agit de retracer la glorieuse existence d'Alexandre le Grand (356 av. J.-C. – 323 av. J.-C.). On y rencontre du beau monde, notamment Ptolémée (Anthony Hopkins) ou Aristote (Christopher Plummer). Oliver Stone, pour s'attaquer à la figure légendaire du conquérant, qui, a-t-il dit, hante ses rêves depuis l'enfance, n'a pas lésiné. Il s'est entouré – sinon de généraux ou de philosophes –, de techniciens hors pair, de conseillers divers (militaires, historiques), il a transporté ses équipes des montagnes neigeuses aux déserts arides, il a convoqué des milliers de figurants, dont l'armée marocaine (augmentés grâce à l'efficace – mais déjà lassante – multiplication numérique) pour reconstituer les batailles les plus mémorables. Il a donné à son Alexandre aux cheveux oxygénés (Colin Farrell, vaillant mais monotone), une famille suffisamment déstabilisante, un père autoritaire (Val Kilmer) une mère gironde mais castratrice (Angelina Jolie), sans oublier un favori langoureux, le bel Hephraïstion (Jared Leto). Il a reconstruit les portes de Babylone et quelques autres monuments aussi modestes. Il a réussi vers la fin, vers la fin seulement, un beau moment de cinéma, cette dernière bataille contre le roi indien Poros où s'affrontent chars antiques et éléphants déchaînés, où Bucéphale, le cheval compagnon d'Alexandre est mortellement blessé... Noyé sous la partition envahissante de Vangelis, étonné de n'être pas plus touché, emporté et abasourdi, le spectateur respecte l'entreprise, mais le grand film attendu n'est pas sur l'écran.

MON ANGE
SERGE FRYDMAN

Comme elle est bizarre, décevante, la carrière cinématographique de Vanessa Paradis. Elle était si bien, prometteuse, dans son premier film, «Noces blanches» de Jean-Claude Brisseau, il y a quinze ans déjà. Bien aussi dans «La Fille sur le pont» de Patrice Leconte (1998). Le scénariste en était Serge Frydman. On comprend qu'il a dû écrire «Mon ange» pour elle avec beaucoup de plaisir et d'espérance, passant du même coup à la mise en scène. Le désir de filmer une actrice ne suffit pas toujours, hélas. «Mon ange» est un *road movie* «poétique» qui a du mal à arriver quelque part, bien qu'on y marche beaucoup. Vanessa Paradis est Colette, une jeune femme qui se prostitue dans le seul but de trouver un «client» qui lui ferait un enfant. Elle hérite d'un adolescent bientôt orphelin, Billy (Vincent Rottiers), que sa mère lui a confié en sortant de prison. Il y a une dangereuse histoire de magot à la clé. Les sentiments qui passent entre Colette et Billy, de la brusquerie tendre au trouble pudique, sont jolis. À la fin, vêtus de noir, ils marchent encore, dans un grand champ de tulipes multicolores. C'est très joli aussi...

RÊVES DE SABLE
SEPIDEH FARSI

Un camion roule sur des routes écrasées de soleil. À son volant, un homme sans âge (Hossein Mahjoub), et, à ses côtés, un garçon de dix ans (Mohamad Hemassi). En chemin, ils recueillent une jeune mariée (Roya Nonahali), un peu plus loin, le véhicule fatigué fait une embardée... Dans des paysages désolés et arides, la réalisatrice iranienne suit avec une belle sensibilité ces fantômes en quête d'un paradis. Un conte mystique et païen, aux dialogues rares, à la forme apaisée, sans aspérité. Mais qui, dans sa façon de travailler l'arrière-plan, restitue en filigrane le contexte social de l'Iran d'aujourd'hui.

BE COOL
F. GARY GRAY

On avait découvert Chili Palmer, imaginé par le romancier Elmore Leonard, dans «Get shorty». Dix ans plus tard, Chili (toujours John Travolta) se lance dans le show-biz pour une firme de disques dont s'occupe une veuve affriolante (Uma Thurman)... Si l'intrigue tient sur un timbre-poste, on s'amuse devant cette ahurissante galerie de gangsters déjantés, crétins et bousilleurs. Lequel est le plus tordu ? Le bon père de famille noir, producteur avisé et gangster cruel (Cedric the Entertainer) ; ses hommes de main, tous habillés de jeans baggy descendant à mi-fesses, dont le gaffeur Dabu (André Benjamin) ; ou l'affairiste blanc (Vince Vaughn, déchaîné) qui arbore un look et un parler *black* démodés, très *seventies*.

Le Cercle 2 – The Ring 2

Tu vas rire, mais je te quitte

LE CERCLE 2 – THE RING 2
HIDEO NAKATA
Rachel Keller (Naomie Watts) croyait en avoir fini avec l'entité maléfique qui la poursuivait dans le précédent opus. Mais la cassette et son fantôme revanchard reviennent terroriser la mère et son fils (David Dorfman). Après avoir signé la trilogie «Ring» (1, 2 puis... 0), l'auteur phare du cinéma d'horreur nippon a accepté de réaliser la suite du remake américain «Le Cercle» de Gore Verbinski. Si ce retour aux origines a de quoi titiller la curiosité des amateurs du genre, fort est de constater qu'en gagnant Hollywood, l'auteur de «Dark Water» a dû renoncer à la plupart de ses exigences formelles. La rareté des mouvements de caméras, doublée d'un travail très sophistiqué sur le cadre et le montage, est ici sacrifiée au profit de nombreux panoramiques à 360° et de rapides travellings dont la seule justification est de donner coûte que coûte du mouvement. Le recours quasi ascétique aux effets distillant une angoisse exponentielle et poétique, marque de fabrique de Nakata, cède aux exigences de la surenchère : alors que quelques gouttes d'eau suffisaient à terroriser, les torrents convoqués ici laissent indifférent.

BUKOWSKI
JOHN DULLAGHAN
Des images d'archives montrant quelques lectures publiques passionnantes, des témoignages – notamment celui de son premier éditeur –, Charles Bukowski, mort en 1994 d'alcool, de rage et d'insatisfaction, sort à la fois grandi et diminué de ce documentaire. Grandi parce que John Dullaghan révèle bien la vulnérabilité que cachaient les provocations arrosées du romancier (on se souvient de son célèbre passage éructant à «Apostrophes», maîtrisé tant bien que mal par un Bernard Pivot dépassé). Diminué, parce que l'homme et ses errances l'emportent, une fois encore, sur l'œuvre. Pourtant, avant tout, Bukowski est un grand auteur. Comme le prouve, à elle seule, sa définition de l'amour : «une brume, au matin, avant que la lumière ne vienne tout brûler».

LA VOIX DES MORTS
GEOFFREY SAX
Un architecte (Michael Keaton), dépressif depuis l'assassinat de son épouse (Chandra West), entre en contact «vocal» avec la disparue grâce à l'EVP, un phénomène électronique et paranormal. Une série B où le mélange des codes du thriller et des effets du fantastique fonctionne en habile synergie. À l'exception d'une conclusion bâclée et grand-guignolesque.

TU VAS RIRE, MAIS JE TE QUITTE
PHILIPPE HAREL
Comédienne en quête d'emploi, Élise Vérone (Judith Godrèche), 28 ans, est blonde et sexy, mais hélas on ne lui propose que des rôles bébêtes, des pubs ou des *sitcoms*. Pourtant elle ne se décourage pas, fait la noce avec ses copines, et côté cœur tombe de Charybde (Sagamore Stévenin) en Scylla (Wladimir Yordanoff). Philippe Harel brode librement son film autour de cette Élise à qui rien ne réussit, un joli personnage illuminé par la grâce de Judith Godrèche. Jusqu'à un dénouement inattendu, dont l'humour ne surprendra pas les familiers de son cinéma.

LE FANTÔME D'HENRI LANGLOIS
JACQUES RICHARD
Pour évoquer une personnalité de l'envergure du fondateur de la Cinémathèque française, il fallait plus qu'un simple document. Le projet de Jacques Richard manifeste une haute ambition : composer à la fois un portrait et une histoire à partir d'une multitude de témoignages. Un ensemble (d'une durée de 3h32), vivant et passionnant sur ce personnage hors norme que fut Langlois, amoureux fou des films, initiateur de plusieurs générations de cinéphiles et de cinéastes.

LEON ET OLVIDO
XAVIER BERMUDEZ
Leurs parents sont morts et Leon, jeune trisomique de 20 ans, n'a plus que sa sœur jumelle, Olvido, au monde. Lorsque le turbulent garçon est prié, une fois de plus, de quitter l'institution spécialisée où il était placé, celle-ci l'installe dans son appartement. Entre eux, l'amour est aussi fort que la haine, avec un supplément de culpabilité, pour Olvido – après-tout, le chromosome surnuméraire aurait tout aussi bien pu lui échoir à elle. Ce qui est bien dans ce film espagnol,

La Fiancée syrienne

Va, vis et deviens

c'est la méchanceté assumée : embarrassée de ce frangin rigolo, affectueux mais encombrant, Olvido a des envies de meurtre, même si elle ne passe jamais à l'acte... Malheureusement, au-delà de ce principe insolent, le film ne fait que se répéter. Dommage pour le sujet et les acteurs – Guillem Jimenez (Leon) et Marta Larralde (Olvido) –, tous deux convaincants.

HECTOR
GRACIA QUEREJETA
Hector (Damián Alcázar), adolescent taciturne et orphelin de mère, doit choisir entre vivre avec sa tante (Adriana Ozores) ou son père (Nilo Mur), qu'il n'a jamais vu. Problèmes dits «de société», psychologie sommaire, dialogues simplistes sur la difficulté de faire des choix dans la vie... tous les ingrédients d'un téléfilm de *prime time* pour service public sont réunis.

SCHULTZE GETS THE BLUES
MICHAEL SCHORR
Étrange film à l'humour nordique : la tendresse désolée d'Aki Kaurismäki n'est pas loin ; le burlesque d'Alex van Warmerdam, non plus. Schultze (Horst Krause) est un bon bougre d'Allemand au bide généreux. À la retraite anticipée, cet ancien mineur picole, pêche et joue de l'accordéon dans des fêtes de village. Comme il est plutôt doué, le voilà invité à participer à un concours de blues et de musique cajun, en Louisiane... De pince-sans-rire, le film devient presque lyrique, avec le périple de ce personnage dans les marais où il finira par disparaître, non sans y avoir connu l'aventure et, peut-être même, l'amour. Le charme inattendu de l'interprète aide le réalisateur débutant à créer un univers étrange, fait de mystère et de mélancolie.

VA, VIS ET DEVIENS
RADU MIHAILEANU
En 1984, Israël invite des milliers de juifs éthiopiens à se réfugier chez eux. Dans un campement, une femme chrétienne pousse son fils de neuf ans dans la file des prétendants à ce sauvetage. À partir de là, il devient Moshe (Moshe Agazai) et ment à tous pour survivre. Adopté par une gentille famille (Yaël Abecassis, Roschdy Zem), il découvre un monde complexe où amour, religion, racisme, survie et guerre sont des mots – et parfois des maux – majeurs. Malgré des longueurs, un souffle humaniste indéniable traverse ce beau témoignage d'une vie sauvée en même temps que perdue.

LA FIANCÉE SYRIENNE
ERAN RIKLIS
Mona (Clara Khoury) s'apprête à épouser un jeune Syrien qu'elle n'a jamais vu. Comme elle vit dans un village druze sur le plateau du Golan occupé par les Israéliens, cette noce est presque un adieu à son clan : en acquérant la nationalité de son mari, elle ne sera plus admise dans son pays natal. Cette journée est, donc, l'occasion de revoir une dernière fois sa famille : Marwan, le frère affairiste (Ashraf Barhoum), Hattem (Eyad Sheety), à qui nul n'a vraiment pardonné son mariage avec une femme médecin russe, Evelyna (Evelyne Kaplun). Et surtout, sa sœur aînée, Amal (Hiam Abbass), dont le mari borné refuse qu'elle devienne assistante sociale et que leur fille fréquente un pro-israélien... Eran Riklis prête une attention extrême au désespoir sourd des femmes (Amal, bien sûr, mais aussi cette Russe, étrangère à cette terre qui ne fait que la rejeter). Il se livre, également, à une satire féroce des frontières géographiques et mentales que tracent les fanatiques, qu'ils soient militaires ou politiques, pour le malheur des pauvres gens.

EN ATTENDANT LE DÉLUGE
DAMIEN ODOUL
Isolé dans son château, un aristocrate moribond (Pierre Richard) invite une troupe de théâtre hétéroclite à égayer ses derniers jours en jouant, pour lui seul, une pièce sur le thème de Dionysos... Dans un entretien, Damien Odoul a expliqué sa conception de la mise en scène sur un tournage : dire «Moteur» et attendre que l'émotion surgisse. Mais, lui fait observer son interlocuteur interloqué, si elle ne surgit pas ? La réponse fuse : «Eh bien tant pis !» Fidèle illustration de ses théories, «En attendant le déluge», qui porte bien son titre, alterne moments drôles et ennui vertigineux, éclats surprenants et n'importe quoi mystico-potache. Plutôt doué comme comédien, Damien Odoul impose à ses scènes un absurde décalé que ses partenaires – Anna Mouglalis en tête – ont du mal à imiter.

ESPACE DÉTENTE
BRUNO SOLO ET YVAN LE BOLLOC'H

«Caméra café» était une excellente série télévisée quotidienne sur M6. Durant quelques minutes rosses et rondement menées, les employés d'une PME de province laissaient deviner leurs rancœurs, leurs rivalités, leurs frustrations. Avec «Espace détente», le duo fondateur de la série culte Solo-Le Bolloc'h a donc logiquement tenté de l'amplifier pour le grand écran. La caméra bouge davantage que dans la série, mais, hélas, pas bien. Tous les personnages nous sont familiers, mais Hervé le syndicaliste magouilleur (Bruno Solo), Jean-Claude le vendeur inculte et vulgaire (Yvan Le Bolloc'h), Jean-Guy le patron fielleux (Gérard Chaillou), Maeva la cruche (Armelle), Nancy l'ambitieuse (Shirley Bousquet), Sylvain le fils à maman (Alexandre Pesle) et Philippe l'homo à la houppette de Tintin (Alain Bouzigues) errent au gré d'une intrigue banale autour de la promotion d'un appareil de musculation faussement révolutionnaire. Un petit nouveau, ex-patron, devenu clodo (Thierry Frémont) symbolise, lui, assez lourdement l'intrusion du capitalisme sauvage contre l'éternelle débrouillardise française... La mollesse du rythme et les gags scatologiques n'ont pas empêché la réaction enthousiaste (deux millions d'entrées) d'un public sans doute conquis d'avance.

FINAL CUT
OMAR NAIM

De la science-fiction inhabituelle, un postulat troublant, un scénario excellent signé par le réalisateur d'origine libanaise, Omar Naim, dont c'est le premier film. Tout tourne autour du personnage mélancolique et précis d'Alan Hackman (Robin Williams). Toujours vêtu de sombre, il ressemble à un pasteur, c'est le meilleur «monteur-mémoire» de la place : lorsqu'un décès survient, la famille (aisée) lui confie «la puce Zoé» implantée dans la nuque du défunt à sa naissance, et qui contient toutes les images de sa vie, y compris celles des secrets coupables, et des trahisons enfouies. Le travail du monteur consiste à laisser du cher disparu un souvenir flatteur, offrant un *digest* de son existence qui, par occultations, coupes et omissions, sera devenue tout à fait vertueuse. Excellent sujet donc, sur la manipulation de l'image et la sélectivité de la mémoire. Les incessantes plongées psychanalytiques dans l'enfance perturbée d'Alan et l'impassibilité douloureuse de Robin Williams que l'on a connu plus déluré dans des rôles «sérieux» («Photo Obsession», «Will Hunting») plombent malheureusement le film, où Mira Sorvino et Jim Caviezel sont, eux, sacrifiés.

Le Fils du Mask

JE PRÉFÈRE QU'ON RESTE AMIS
ÉRIC TOLEDANO ET OLIVIER NAKACHE

Informaticien falot et timide, Claude Mendelbaum (Jean-Paul Rouve) a la charge de sa mère (Annie Girardot) atteinte de la maladie d'Alzheimer et a des problèmes avec les filles. Lors d'un mariage, il fait la connaissance d'un pique-assiette d'envergure, Serge (Gérard Depardieu), qui se met en tête de l'initier à la recherche de l'âme sœur. Quête improbable aux péripéties drolatiques, mais dont les rebondissements s'effacent devant l'amitié vraie de ces deux paumés dissemblables. Une de ces comédies à base de tandem selon l'inusable recette des Oury et des Veber, fondée ici sur l'osmose entre Gérard Depardieu et Jean-Paul Rouve, le vieux routier et l'*outsider*.

LE FILS DU MASK
LAWRENCE GUTERMAN

Le Mask revient... et il n'est pas content. Eh bien, nous non plus ! Dans la série des suites, celle-ci est la plus tarte que l'on ait vue depuis longtemps. Les fadasses Jamie Kennedy et Traylor Howard remplacent désavantageusement Jim Carrey et Cameron Diaz (il grimace, elle est blonde). Le bébé, conçu alors que monsieur était sous l'emprise du Mask, danse la gigue en regardant la télévision. Il y a aussi un méchant polymorphe et sardonique (Alan Cumming) sans intérêt. De l'esprit de Tex Avery ne reste que le nom de famille du pseudo-héros. Du film initial, seul le chien nous arrache encore quelques (brefs) sourires.

BUENA VIDA (DELIVERY)
LEONARDO DI CESARE

Hernán (Ignacio Toselli) croit avoir décroché le gros lot en rencontrant la magnifique Pato (Moro Aghileri). Mais leur idyllique intimité s'achève brutalement le jour où débarquent les beaux-parents. Censés ne rester qu'une nuit, les voilà qui s'incrustent, transformant le salon en usine à churros et les autres pièces de la maison en dortoir pour ouvriers clandestins. Littéralement mis hors de chez lui, trahi par une police et une justice corrompues, notre héros essaie vaille que vaille de récupérer ses biens et de sauver son couple. Avec cette comédie douce-amère, le jeune cinéaste met en évidence les carences du système politique et social argentin. Car, à l'évidence, la crise inextricable et quasi surréaliste qu'affronte le personnage principal est une métaphore de celle traversée par ses compatriotes depuis de nombreuses années.

BOUDU
GÉRARD JUGNOT

Réalisateur et acteur, Gérard Jugnot reprend sa défroque de cocu débonnaire. Son épouse dépressive (Catherine Frot) bovaryse tandis qu'il courtise lourdement sa naïve secrétaire (Constance Dolle). Sa vie va être perturbée, et au-delà, par la rencontre d'un SDF malotru (Gérard Depardieu), son exact contraire. Il le repêche dans un canal d'Aix-en-Provence, et non dans la Seine comme dans le film de Renoir, dont Jugnot «a choisi de ne pas tenir compte». Nulle trace ici, en effet, du clochard anarcho-dionysiaque qu'incarnait Michel Simon et qui fit scandale en 1932. Cet ouragan sur un univers bourgeois n'est plus qu'un profiteur désinvolte, un parasite mollasson. *Exit* la grandiose provoc de Renoir-Simon, les bons sentiments (douteux) l'emportent dans la comédie paresseuse et fade de Jugnot-Depardieu.

Espace détente

Final Cut

Je préfère qu'on reste amis

LES BOUCHERS VERTS
ANDERS THOMAS JENSEN

De la légende de saint Nicolas au «Delicatessen» de Caro et Jeunet, le mythe du boucher vendant de la chair humaine a la vie dure. Il est ici transposé au Danemark par Anders Thomas Jensen sous la forme d'une comédie grinçante à échappées romantiques. Svend (Mads Mikkelsen) et Bjarne (Nikolaj Lie Kaas) composent un duo croquignolet de bouchers assassins par inadvertance puis par habitude. On évitera charitablement de noter l'énorme invraisemblance du scénario bâti sur le succès démesuré de leur boutique alors que chacun sait que la viande en question se distingue par son insipidité. Reste l'amusante description d'un pittoresque bourg danois. L'humour noirâtre de cette œuvrette lui a valu d'être acclamée dans maints festivals et aux Oscar.

THE EDUKATORS
HANS WEINGARTNER

De nos jours, en Allemagne, une fille et deux garçons (Julia Jentsch, Daniel Brühl, Stipe Erceg) forment un groupuscule radical, poétique et non-violent, les Edukators. Leur but : mettre en garde les riches aveuglés par leur confort. Leur méthode : s'introduire chez eux, sans voler quoi que ce soit et déplacer les meubles d'une manière insolite, susceptible de destabiliser ses propriétaires. Mais voilà qu'à la suite d'un malencontreux hasard, ils sont conduits à kidnapper un affreux capitaliste qui se révèle être un ancien militant d'extrême gauche. Celui-ci va-t-il renouer avec les idéaux de sa jeunesse ? Sujet intéressant, jeunes acteurs motivés… Mais Hans Weingartner jongle avec les clichés, défendant une thèse pessimiste (et démago) : l'inéluctable mutation des révolutionnaires d'hier en ultraconservateurs… D'où un goût amer.

ARNOLD À LA CONQUÊTE DE L'OUEST
ALEX COOKE

La faillite de l'État de Californie, pendant l'été 2003, aboutit à la destitution de son falot gouverneur démocrate. L'artisan républicain de cette victoire, désireux de lui succéder, est cependant contraint de s'effacer devant le candidat choisi par son parti, l'acteur Arnold Schwarzenegger. Réalisatrice de la BBC, Alex Cooke a filmé sans sympathie ni antipathie excessive la campagne de ce virtuose de la démagogie, champion du martèlement des slogans. Le documentaire est pétillant, on a vite l'impression d'assister à une farce (de nombreux candidats au poste de gouverneur participant même à des jeux télévisés) à laquelle la démocratie n'a rien à gagner. On rit, oui… mais jaune.

Le Couperet

Costa-Gavras

On reproche souvent au cinéma français de se désintéresser de la contemporanéité dans ce qu'elle a de plus âpre : paupérisation, recrudescence de salariés sans domicile fixe, et bien sûr pérennisation du chômage de longue durée. Pourtant, une poignée de cinéastes plus ou moins audacieux ont tenté de tirer la sonnette d'alarme : Pierre Jolivet avec «Fred» (1997), où l'oisiveté forcée mène au crime ; Marion Vernoux avec «Rien à faire» (1999), où chômage devient synonyme de dépression ; et surtout Laurent Cantet avec «L'Emploi du temps» (2002), où le protagoniste glisse vers la mythomanie pathologique suite à la perte de son emploi. C'est dans la veine de ce dernier film que s'inscrivent Costa-Gavras et son scénariste Jean-Claude Grumberg avec «Le Couperet», macabre fable sociale adaptée du formidable polar de Donald Westlake.

En transposant l'intrigue dans le contexte français, le réalisateur n'en a pas moins gommé tous les repères géographiques et spatiaux : les zones pavillonnaires périurbaines qui semblent s'étaler à l'infini définissent une sorte de non-lieu, particulièrement anxiogène. C'est là qu'habitent Bruno (José Garcia, impérial) et sa famille ; c'est là qu'il travaillait et c'est aussi là (tout près de chez lui ou à trois cents kilomètres de distance, peu importe) qu'il met son plan à exécution – liquider ses concurrents potentiels. Cet effacement des repères urbains traditionnels, qui va de pair avec la désagrégation du lien social comme avec le phénomène du chômage de longue durée, accentue la dimension de fable et d'universalité du film : on est ici dans un espace chargé de signes, davantage symbolique que réel, à l'image du monde parallèle des Sims. D'où la présence d'énigmatiques affiches publicitaires (sans slogan ni marque d'aucune sorte, mais signées Toscani) montrant des corps de femmes à moitié dénudés qui semblent s'adresser à Bruno, ou même le posséder : après avoir assassiné sa première victime, il se réfugie dans un motel minable et aperçoit alors une affiche représentant une montre qu'une main de femme tient comme un poignard.

Du coup, il n'est guère surprenant qu'une fois son forfait accompli, le protagoniste lâche fièrement en voix *off* : «Zappé comme à la télé !». Car «Le Couperet» est aussi une réflexion (qui n'échappe pas toujours à un certain didactisme) sur la déréalisation de notre monde. Déréalisation de la ville au profit d'un espace périurbain sans âme, déréalisation d'une situation sociale aussi inacceptable qu'absurde, et déréalisation de l'horreur du monde à travers l'écran de la télévision. Dès lors, si Marlène (Karin Viard dans un rôle proche de celui qu'elle tenait dans «L'Emploi du temps»), l'épouse de Bruno, s'oppose d'abord à ce que ses enfants assistent au suicide d'un malheureux retransmis «en direct» au journal télévisé, la petite famille finit par s'esclaffer de manière quasi obscène. Comme si eux aussi, femme et enfants compris, avaient lâché le couperet sur la gorge du pauvre suicidaire.

Franck Garbarz
Positif

Quinze années de sécurité, d'efficacité, de confiance n'y font rien : un jour, le cadre supérieur José Garcia (impressionnant de retenue, de force et d'imprévisible, comme le furent un Jack Lemmon, un Marcello Mastroianni) est, à l'image de tant d'autres, brutalement remercié. Alors, trois ans de chômage plus tard, ce père de famille exemplaire se met à éliminer, par arme à feu, ses concurrents sur le marché. Ainsi, dans un monde d'absolue inhumanité, le seul être humain est-il un criminel… Fable cruelle, d'un bel humour noir. Qui pourrait éveiller du souci dans les entreprises : imaginons que le personnage fasse naître des vocations… Cela se pourrait : on a rarement vu le cinéaste de «Z», de «L'Aveu» et d'«Amen» plus convaincant, plus virulent que dans cette acclimatation à la France, par lui-même et Jean-Claude Grumberg, du merveilleux «Couperet» de Donald Westlake (Rivages). Serial killer *contre grand capital : jubilatoire hécatombe.*

Michel Grisolia
Lire

Guerre économique : la métaphore sonne bien. Bruno, brillant cadre supérieur, est venu grossir l'armée des sans-emploi. Une délocalisation, et ce quadra s'est retrouvé privé de travail, spolié de son statut, bref, dépossédé de sa vie. On lui serine « guerre économique ». Il ne se laisse pas abattre et dégaine son pistolet – un vieux Lüger pris à l'ennemi en d'autres temps plus héroïques – et s'en va trucider ses concurrents, des chômeurs qui pourraient lui disputer un possible poste. L'image est radicale, caricaturale presque, mais Costa-Gavras maintient le cap d'un thriller réaliste. Bruno est un tueur en série, mais plus encore l'avorton d'une société sans âme qui se moque des moyens et consacre l'individu roi. Le constat se veut sans appel, tragique ; le ton, empreint d'humour noir. Mais pas dénué de compassion : aux côtés de José Garcia, terrifiant de froideur et de solitude, Karin Viard compose une épouse blessée, victime collatérale de cette guerre qui menace de lui ôter jusqu'à son humanité.

Frédéric Théobald
La Vie

C'est sans doute Michel Houellebecq qui a lancé fortuitement cette vague de films avec son roman, Extension du domaine de la lutte. *Cette œuvre séminale sur la sauvagerie feutrée de notre civilisation avait aussi été portée à l'écran, par Philippe Harel, avec déjà José Garcia en cadre mal à l'aise dans ses Weston. Garcia incarne ici Bruno, cadre sup licencié par son groupe pour cause de délocalisation après quinze années d'excellents et loyaux services. Quelques mois de chômage plus tard, Bruno présente sa candidature à un haut poste dans une autre entreprise. Estimant que le job lui est destiné, il décide de supprimer ses principaux concurrents. Bruno devient* serial killer *en costard cravate pour le bien de sa famille, une sorte de guerrier de l'emploi, antithèse du héros dépressif de «L'adversaire».*
Le sujet du «Couperet» est universel parce qu'il touche à des questions de plus en plus envahissantes dans nos vies : angoisse du chômage, concurrence exacerbée, individualisme pathologique, mise en crise de la masculinité, incidence du travail sur la vie privée, peur généralisée, guerre de tous contre tous…
Ces thèmes touchent aussi les couches sociales aisées qui sont à la merci d'une décision stratégique de leurs patrons et peuvent se retrouver à la porte de leur pavillon acheté à crédit. La lutte des classes s'est transformée en plusieurs sous-divisions, dont celle entre actionnaires et salariés, au cœur de ce film. La réponse à l'horreur économique n'est plus collective et politique, mais radicale et individuelle. «Le Couperet» plante son fer dans les préoccupations sociales contemporaines et José Garcia porte le film avec l'abattage impressionnant qu'on lui connaît mais aussi avec la subtilité nécessaire pour composer un personnage à la fois sympathique et ignoble, froidement logique et chaudement maboul. Un homme à la lisière de la folie, mais qui ne fait finalement que refléter la folie et la brutalité de notre société.
Si «Le Couperet» accroche par son sujet, Costa-Gavras ne fait pas dans la dentelle et pratique plutôt le surlignage épais (recadrages voyants, plans de coupe insistants, dialogues explicatifs…) que l'ellipse élégante. Il a aussi tendance à bâcler les autres personnages sur l'autel du one-man show *Garcia. L'ancien parangon des fictions de gauche des années 1960 ne se refait pas et garde une propension à éditorialiser entre les photogrammes. On est loin de la sobre ligne claire de Laurent Cantet, sans parler du génie conceptuel et poétique d'un Tati qui avait déjà tout dit, tout montré de la froideur à la fois repoussante et fascinante du monde moderne.*

Serge Kaganski
Les Inrockuptibles

C'est la curieuse osmose entre un polar, dont Costa-Gavras respecterait les règles à la lettre, et un pamphlet social, genre où il se sent à l'aise depuis longtemps. Par moments, il a la patte un peu lourde et le scénario démonstratif de Jean-Claude Grumberg n'allège rien, au contraire. Ce qu'il réussit en revanche très bien, c'est à rendre sensible, meurtre après meurtre, l'aliénation d'un homme cerné par une société de « winners » et qui se laisse couler dans sa psychose avec une désarmante ingénuité. Car enfin, qu'ont seriné à cet homme, depuis l'enfance, ses parents, ses profs, ses psys, ses patrons, bref, tout notre système éducatif et social ? Qu'il n'existait que par ce qu'il produisait. Je suis rentable, donc je suis. En toute logique, sans emploi, Bruno n'est plus. À sa femme (Karin Viard, une fois de plus formidable) qui lui demande si elle peut l'aider, Bruno répond en ricanant : «Pourquoi ? Tu peux me trouver un job ?» Le pire, pour lui, c'est de surprendre chez ceux qu'il croit ses ennemis la même détresse que la sienne. D'où l'intensité des séquences où il manque de tuer un ex-cadre devenu modeste vendeur de fringues sous les ordres d'un tyran minuscule. Un type comme lui, mais qui a choisi de se laisser mourir plutôt que de tuer (Ulrich Tukur, déjà remarquable dans «Amen»). La grande intelligence de Costa-Gavras, c'est, évidemment, d'avoir choisi José Garcia pour interpréter Bruno. Quoi qu'il fasse, celui-ci a le don de susciter la connivence. Et l'art, aussi, de ce qu'on pourrait appeler le «rire à l'italienne», talent dont seul s'était servi, jusqu'alors, Philippe Harel dans «Extension du domaine de la lutte». Le mélange entre la démesure et la finesse. La délicate balance entre la drôlerie et l'effroi.

Pierre Murat
Télérama

Bienvenue dans un monde atroce. Machin me fait de l'ombre ? Je le tue. Bidule occupe un poste qui pourrait être le mien ? Je le flingue. Bruno n'a pas le choix. La vilaine toile économico-sociale dans laquelle il est empêtré lui impose un défi terrible : il lui faut devenir serial killer pour sauver sa peau… Bruno s'exécute. Et le film, entre série noire et métaphore politique, suit pas à pas son itinéraire pragmatique. Depuis ses débuts, Costa-Gavras a toujours fait preuve d'une colère féroce contre l'oppression sous toutes ses formes. Aujourd'hui, les temps ne sont plus à la dénonciation des dictatures de partout mais au décryptage nerveux d'une horreur économique qui pousse les gens à devenir les prédateurs de leurs semblables. À ce petit jeu, «Le Couperet» a l'efficacité d'une double lame. Le monde décrit est le nôtre. Les angoisses qui s'y expriment itou. José Garcia incarne la déraison effrayante de son personnage (effrayante car logique) avec une sobriété remarquable. La mise en scène, efficace, est la plupart du temps synchrone. Malgré quelques lourdeurs du côté des personnages secondaires, Costa-Gavras conjugue avec bonheur lois du film noir et analyse acérée de la très sauvage modernité néolibérale. Efficace et terrible.

Olivier de Bruyn
Première

Costa-Gavras bouclerait-il la boucle ? Quarante après avoir filmé dans «Compartiments tueurs» (son premier long métrage) des assassins insouciants qui abattaient les obstacles sur la route de la fortune, il met en scène dans «Le Couperet» un serial killer chômeur en voie de reconversion. Entretemps le grand metteur en scène a fait du chemin, inventant avec «Z» ou avec «L'Aveu», une forme de cinéma politique qu'il a exportée jusqu'en Amérique. Là-bas, il avait déjà filmé dans «Mad City», les dérapages d'un sous-emploi aux abois. Avec «Le Couperet», il va plus loin, beaucoup plus loin, remuant le couteau dans l'une des plaies de notre société afin de mieux analyser ce qui la gangrène. Au passage, il lacère ce voile dont on se protège trop souvent pour ne pas regarder autour de nous. Son héros, c'est n'importe quel employé de n'importe quelle entreprise florissante licenciant au nom du profit. Autant dire que, demain, ce peut être vous ou moi. Alors, que ferons-nous ? Comment survivrons-nous à cette petite mort ? Prendrons-nous les armes nous aussi pour retrouver notre dignité et subvenir à ces besoins artificiels créés par la société de consommation ? Toutes ces questions, Costa-Gavras les pose brillamment avec une froideur clinique, qui génère forcément le frisson, mais aussi parfois, en réaction, le rire. Le rire dont le cinéaste a choisi l'un des princes. José Garcia, comme interprète principal. L'acteur construit un personnage tout en façade dont il laisse parfois entr'apercevoir dans une faille, le mécanisme de sa folie. Contrairement à lui, avec un tel talent, Garcia ne devrait pas connaître le chômage.

Patrice Fabre
Studio

Ça arrive du jour au lendemain, lundi au boulot, samedi à la porte. Au lieu de se laisser abattre, un cadre préfère flinguer ses concurrents potentiels, dont le CV pourrait lui faire de l'ombre. Et le voilà aspiré par une spirale de violence, de paranoïa, et de mensonges vis-à-vis de sa famille, la seule cellule qui le raccroche à la réalité. À partir de ce cas clinique proposé par Donald Westlake, auteur récemment porté à l'écran par Laurence Ferreira Barbosa («Ordo») et Thomas Vincent («Je suis un assassin»), Costa-Gavras réussit un vrai polar social, à la fois excellent thriller et subtil pamphlet militant. Sans oublier l'humour noir, culotté, qui surpasse en qualité toutes les poursuites artificielles et les coups de feu qu'on ne voit pas. Au lieu de forcer sur le sang, le cinéaste reste au plus près des personnes, celles qui survivent comme celles qui tombent. Rien n'est gratuit, tout est dit en quelques mots assassins. Les dialogues font froid dans le dos, les acteurs sont humains à en mourir, Karin Viard (l'épouse) comme Olivier Gourmet (un grand patron) et les victimes (formidable Ulrich Tukur). C'est José Garcia, arme fatale, qui porte le film sur ses épaules. Comme tout grand comique, il dégage un désespoir menaçant qui crève l'écran. Il ne devrait pas pointer au chômage de sitôt.

David S. Tran
Le Progrès

The Machinist

Aviator

THE MACHINIST
BRAD ANDERSON

Trevor Reznik travaille de nuit dans une usine, ses yeux lui mangent le visage, il ressemble à un cadavre. La prostituée dont il est le client le plus régulier (Jennifer Jason Leigh) et la douce serveuse du bar de l'aéroport où il va boire son café après le boulot (Aitana Sanchez-Gijon) lui répètent la même chose : «Si tu continues à maigrir, tu n'existeras plus du tout.» Un collègue est amputé par sa faute, un homme étrange le poursuit. Trevor voit des choses que les autres ignorent, croise des êtres que personne d'autre ne voit... Jouant sur plusieurs pistes – folie pure ou complot ourdi par d'hypothétiques méchants –, cet habile scénario de Scott Kosar permet au réalisateur Brad Anderson («Et plus si affinités») de créer des ambiances étouffantes, entre cauchemar expressionniste et conte fantastique. Même si l'on devine les causes de l'enfer vécu par Trevor, même si la composition de Christian Bale, méconnaissable et fantomatique, prend une place paradoxalement envahissante, cet exercice de style (un peu trop) brillant intrigue jusqu'au bout.

AVIATOR
MARTIN SCORSESE

Martin Scorsese a aimé ce personnage flamboyant et fragile, ce héros «négatif», car chez lui, on le sait, de «Mean Streets» à «Casino», de «Raging Bull» à «La Dernière Tentation du Christ», plus dure et plus belle sera la chute. Orphelin et milliardaire à 18 ans, Howard Hugues produit des films, invente des avions, séduit des actrices, bat des records extravagants, sans cesser d'être le petit garçon trop aimé, trop lavé par une mère obsédée d'hygiène... C'est cette existence hors normes qui permet à Scorsese, le plus cinéphile, le plus érudit de tous les réalisateurs américains de revisiter avec maestria tous les genres du cinéma, de reconstituer jusqu'à la palette chromatique du Technicolor des origines, de donner un film de guerre (le tournage de «Hells Angels»), un film d'aviation, évidemment, un film catastrophe (le crash d'Hugues sur Beverly Hills), un film glamour sur l'Hollywood des années 1930, où Jude Law en Errol Flynn ne fait que passer, où Gwen Stefani n'a de Jean Harlow que la blondeur crantée, où Kate Beckinsale loupe carrément son Ava Gardner, où seule des stars évoquées Cate Blanchett, dans une imitation réjouissante de Katharine Hepburn (qui sera récompensée par un Oscar), apporte de la vie, du charme, de la drôlerie à l'histoire. Au cœur d' «Aviator» dont il a porté le projet, glorieux ou misérable, plus amoureux de ses avions que de ses femmes, Leonardo DiCaprio noie enfin l'image trop lisse du fameux passager du «Titanic»... Scorsese l'avait écrasé sous la violence surchargée de «Gangs of New York», il le magnifie aujourd'hui, semblant trouver en lui le successeur de son acteur roi pendant tant d'années, Robert De Niro.

CROISIÈRE
NATACHA CAGNARD

C'est une sorte de «Projet Blair Witch» sur l'eau : une luxueuse croisière gagnée grâce à internet par sept jeunes gens (dont Caroline Ducey) tourne au cauchemar lorsqu'ils se retrouvent coincés en pleine mer sans skipper. Personnages caricaturaux, scénario idiot, image moche et final surfant sur un phénomène à la mode (la téléréalité) sans nous surprendre une seule seconde... Un grand plouf !

Capitaine Sky et le monde de demain

CAPITAINE SKY ET LE MONDE DE DEMAIN
KERRY CONRAN

La difficulté, avec le genre rétro-futuriste, c'est qu'il y faut un charme suranné. Spielberg avait réussi le pari avec «Indiana Jones», retrouvant l'esprit du *serial* des années 1930-40 et les «comic books». Kerry Conran, qui signe ici son premier long métrage, a voulu faire encore plus fort : les acteurs ont tourné toutes leurs scènes devant des écrans bleus, les décors et accessoires étant rajoutés numériquement après coup. En tout, 2 000 effets spéciaux ! Tout cela est beau à l'œil, mais l'intrigue sans ressort – une journaliste intrépide (Gwyneth Paltrow) et un aviateur casse-cou (Jude Law) vont déjouer les plans maléfiques du méchant Dr Totenkopf qui a enlevé tous les savants de la planète – et les acteurs très fades font pencher la balance du mauvais côté. Restent des images inédites, mais froides, d'un dirigeable approchant l'Empire State Building par une nuit neigeuse ou de gigantesques robots foulant de leurs grands pieds l'asphalte de New York…

SPANGLISH
JAMES L. BROOKS

Elle ne parle pas un mot d'anglais et pratique à peine le «spanglish», le sabir anglo-espagnol, équivalent de notre franglais. Néanmoins, par sa sagesse et sa générosité, Flor (Paz Vega), sorte de Mary Poppins hyper sexy, est engagée comme gouvernante dans une famille américaine huppée. C'est la fille de Flor, Cristina (Shelbie Bruce) qui, quelques années plus tard, raconte comment le luxe californien a failli lui tourner la tête. James L. Brooks, qui avait réussi «Pour le pire et pour le meilleur» (sans doute grâce à l'étincelant duo Jack Nicholson-Helen Hunt), se prend les pieds dans un genre – le film familial – qu'il maîtrise mal et qu'on croyait disparu depuis les joyeux navets produits par les studios Walt Disney des années 1960. L'idylle qui naît entre le maître de maison (Adam Sandler) et sa Mary Poppins restant d'une chasteté extrême, le brave père de famille incompris peut retourner sans remords à sa femme hystérique (Téa Leoni), à sa belle-mère alcoolique (Cloris Leachman) et à ses deux gamins obèses…

DE NUREMBERG À NUREMBERG
FRÉDÉRIC ROSSIF

Le cinéaste retrace l'histoire du parti nazi, depuis les premiers rassemblements fanatiques de 1935 à Nuremberg jusqu'à la chute finale. Ce montage pertinent d'images d'archives, accompagné par le commentaire rigoureux de l'éditorialiste Philippe Meyer, réalisé en 1994 mais jamais sorti sur grand écran, reste un impeccable travail de mémoire, plus que jamais indispensable par les temps qui courent.

POLLUX, LE MANÈGE ENCHANTÉ
JEAN DUVAL, FRANCK PASSINGHAM ET DAVE BORTHWICK

La nostalgie est décidément le dernier refuge des producteurs en mal d'idées nouvelles. «Le Manège enchanté», programme pour enfants créé par Serge Danot dans les années 1960, fait ici les frais des exigences de la modernisation. Le scénario est calqué sur les principes des jeux vidéo : la bande d'amis menée par le chien gourmand doit franchir divers «niveaux» pour secourir Margote, congelée sur le carrousel. Animation en 3 D d'une regrettable froideur, casting vocal prestigieux mais inégal (Danny Boon, Valérie Lemercier, Vanessa Paradis…) : difficile de retrouver la poésie d'origine.

BYE BYE TIGER
HÉLENA VOLLOVITCH

Paul (Armando Navarro), apprenti cinéaste armé d'une caméra super-huit, filme sans le moindre point de vue un voyage vers Berlin, un mariage raté, une soirée de beuverie entre potes, les fesses de ces derniers et ses tentatives avortées pour séduire Anna (Anna Koch). Au gré d'images saccadées, la voix *off* parle d'une «nouvelle expérience filmique», enfile les clichés existentiels et déplore, dans un excès de lucidité, «qu'il ne se passe rien».

OMAGH
PETE TRAVIS

C'est un film indispensable sur l'impensable. L'histoire cruellement vraie de l'attentat d'Omagh en Irlande du Nord, qui laissa toute une communauté blessée à jamais. Vers 15h10, le samedi 15 août 1998, une bombe a explosé dans ce quartier commerçant, tuant vingt-neuf personnes et en blessant plus de deux cent cinquante autres. Paul Greengrass, déjà réalisateur du puissant «Bloody Sunday», est à l'origine de ce projet, dont il est le coscénariste et l'un des producteurs. Et Pete Travis, réalisateur débutant, trouve le ton juste, l'exacte distance pour retracer ce moment sanglant de l'Histoire récente. Avec la force du reportage pris sur le vif, «Omagh» installe les préparatifs des poseurs de bombes, l'inacceptable boucherie et le traumatisme qui s'ensuit. Puis, nous suivons les pas d'un homme, Michael Gallagher (Gerard McSorley), dont le fils est parmi les victimes, un homme gris sans qualité particulière, sans bagout spécifique, qui devient le porte-parole de ceux qui réclament, en toute légitimité, que justice soit faite. Les acteurs ressemblent si peu à des acteurs, le film est si loin de ces fictions qui vous prennent en otage que le résultat, sur l'écran, est saisissant, inconfortable, glaçant.

ÉTAT DE GUERRE
BÉATRICE PIGNÈDE ET FRANCESCO CONDEMI

La question posée ici est claire : les actualités politiques internationales avec l'aggravation de la situation au Proche-Orient et la montée de l'antisémitisme sont-elles comparables à celles qui engendrèrent les deux précédentes guerres mondiales ? Une interrogation paranoïaque sagace et opportune. Mais la présence du médiatique et controversé Dieudonné parmi les intervenants était-elle nécessaire à l'objectivité ?

Omagh

LA PEAU TROUÉE
JULIEN SAMANI

Le documentariste a filmé durant plusieurs mois le quotidien de cinq pêcheurs de requins au cours de l'une de leurs expéditions. En réfutant tout commentaire et en privilégiant le temps réel dans les séquences, il nous permet d'appréhender la vie solitaire et ardue de ces hommes. Il questionne ainsi, en arrière-plan, notre rapport à l'animalité et à la bestialité.

LES MÉTAMORPHOSES DU CHŒUR
CLAUDE-MARIE TREILHOU

Dans la foulée du succès des «Choristes», l'auteur du «Jour des rois» pratique une opération… à chœur ouvert. Plantant sa caméra dans un conservatoire de quartier, elle scrute jour après jour les efforts, les déceptions et les réussites d'une poignée de chanteurs de tous âges. Un hommage sensible à ces amateurs passionnés et anonymes.

L'ENVOÛTEMENT DE SHANGHAI
FERNANDO TRUEBA

Dans la Barcelone de l'après-guerre, un jeune garçon (Fernando Tielve) fait l'apprentissage de l'engagement politique et du trouble amoureux, tout en s'évadant grâce à des récits haletants où s'affrontent fascistes, tueurs à gages et troublantes espionnes chinoises. Décors d'opérette, flash-back maladroits, personnages emblématiques (la femme fatale, le gauchiste...), mélange inopérant des intrigues... l'enchantement promis n'a pas lieu, hélas.

EN ROUTE
JAN KRÜGER

L'irruption d'un séduisant auto-stoppeur (Martin Kiefer) dans l'intimité d'un couple (Anabelle Lachatte et Florian Panzner) sur la route des vacances bouleverse l'équilibre précaire des sentiments amoureux. Sur le thème de la confusion des genres et des attirances, un premier long métrage allemand où sensualité et violence cohabitent subtilement jusqu'à la catharsis finale.

PIERRE VERGER, MESSAGER ENTRE DEUX MONDES
LULA BUARQUE DE HOLLANDA

Entre le Brésil et l'Afrique, une approche sensible de la spécificité du travail de cet ethnologue atypique. Aux habituels détails biographiques, le cinéaste et les interlocuteurs (dont le chanteur brésilien Gilberto Gil) convoqués dans ce documentaire préfèrent se pencher sur les thèmes de prédilection de l'intéressé : les rites tribaux et la culture musicale... Un choix pertinent.

J'IRAI CRACHER SUR VOS TONGS
MICHEL TOESCA

Charles (Romain Longuépé), metteur en scène néophyte, rencontre Micha (Sacha Bourdo), dragueur hâbleur et maladroit. Ce dernier accepte d'être suivi durant ses tentatives de conquêtes. Très librement inspiré des «Carnets du sous-sol» de Dostoïevski, cet essai maladroit de cinéma dans le cinéma laisse parfois affleurer de justes questions sur la relation ambiguë entre filmeur et filmé.

LE PROMENEUR DU CHAMP-DE-MARS

ROBERT GUÉDIGUIAN

François Mitterrand, dans une fiction de cinéma, dissertant brillamment sur son agonie. Pourquoi maintenant, pourquoi déjà ? Drôle d'idée, pari risqué. Et c'est Robert Guédiguian qui l'a relevé, partant loin de Marseille, loin de son Estaque solidaire, exilé volontaire et fasciné sous les ors de l'Élysée. Le film n'est pas une superproduction «à l'américaine», pas une reconstitution fastueuse, il prend quelques trains, raconte quelques repas, visite une plage, un jardin, montre des livres, il est de facture modeste, et cela lui sied plutôt, avec une photo très belle, très hivernale du chef opérateur Renato Berta. Le film n'est pas non plus un grand monument politique, Guédiguian ne règle aucun compte et on peut lui en savoir gré. Il s'appuie sur «Le Dernier Mitterrand», le livre de Georges-Marc Benamou fondé sur des conversations menées les derniers mois, lorsque la maladie gagne la partie. Benamou a collaboré au scénario, et c'est un peu agaçant, presque comique, cette façon dont il s'est donné le beau rôle à travers le personnage de Jalil Lespert qui est censé l'incarner : si pur, si innocent, si intelligent, si insolent...

Ce n'est pas très important, car «Le Promeneur du Champ-de-Mars» provoque une émotion insolite, s'apparente à une véritable expérience de spiritisme, se révèle infiniment passionnant et troublant. Pour la seule raison que Michel Bouquet, acteur absolu, joue François Mitterrand. Bien qu'on n'oublie jamais que c'est lui qui prononce ces paroles alternativement de haute culture et de sublime vacherie, la voix de François Mitterrand se superpose à la sienne, nous parvient à travers ce médium habité ne cédant pas un instant au devoir de transparence qu'il s'est imposé, transparence si géniale qu'elle mène à une sorte de transcendance.

CHOK DEE
XAVIER DURRINGER

En thaïlandais, «Chok Dee» signifie «Bonne chance». Jean (Bernard Giraudeau, impeccable, droit sorti d'un film français à l'ancienne, style «Le Trou» de Jacques Becker) a tatoué cet encouragement sur le bras de Ryan, le jour de sa sortie de prison, après l'avoir initié à la boxe thaïe... Xavier Durringer aime les rites, les parcours initiatiques. Dans «J'irai au paradis car l'enfer est ici», un petit truand renonçait au royaume malfaisant de son père pour atteindre une pureté proche de la sainteté. C'est un périple semblable qu'entreprend Ryan (Dida Diafat, véritable champion dont la vie a inspiré le scénario). En Thaïlande, les maîtres thaïs lui refusent l'entrée du temple, puis l'acceptent, dans un premier temps, comme homme à tout faire. Le jeune homme apprend la patience et l'humilité, autant que l'art de jouer du poing et des coudes. Durringer se tire avec brio de toutes les figures qu'impose le genre et peint le monde de la boxe thaïe avec férocité : mélange de noblesse et de magouilles.

Chok Dee

GÖNÜL YARASI
YAVUZ TURGUL

Nazim (Sener Sen), enseignant idéaliste et humaniste à la retraite, Dünya (Meltem Cumbul), chanteuse en fuite avec sa petite fille, et Halil (Timuçin Esen), son mari irascible et violent, se croisent dans les rues brûlantes d'Istanbul. Les passions s'exacerbent jusqu'à une apothéose tragique. Sans renouveler le genre, le cinéaste turc signe un mélo assumé et efficace, soulignant au passage les mutations d'une société en pleine contradiction.

Iznogoud

IZNOGOUD
PATRICK BRAOUDÉ

Le plaisir des yeux est convenable, les décors orientaux sont fastueux, les costumes colorés et nombreux, la bande dessinée culte de René Goscinny et Jean Tabary a certainement été abordée avec respect, moyens, et même enthousiasme par Patrick Braoudé, ci-devant auteur de comédies familiales à succès («Génial, mes parents divorcent», «Neuf mois»). La déception est donc à la hauteur des ambitions. Ce n'est pas la faute de Michaël Youn, ici plutôt gentil en méchant vizir furieusement déterminé à devenir «calife à la place du calife». Pas la faute du cher Jacques Villeret dans un de ses derniers rôles : il apparaît certes un peu las et éteint en calife Haroun El Poussah, mais si gentil, lui aussi, sous son gros turban. Pas la faute de Kad et Olivier, plutôt sympathiques en génies de la lampe, même pas la faute d'Elsa Pataky, jolie Espagnole à l'accent si prononcé qu'on la comprend à peine... Alors, la faute à qui ? À un scénario honteusement bâclé, à des dialogues ineptes, à une gesticulation laborieuse qui voudrait tant se faire rythme et ne parvient qu'à accentuer le vide.

SUSPECT ZÉRO
E. ELIAS MERHIGE

Un agent du FBI sur la touche (Aaron Eckart) traque un tueur en série (Ben Kingsley) dont les victimes sont des tueurs en série. Dans ce thriller sous forte influence télévisuelle (le feuilleton

L'Empreinte de la mort

L'Autre Rive

«Profiler») et cinématographique («Seven» de David Fincher), la surprise vient d'une déclinaison inédite de la typologie des héros : il y a le bon-bon, le bon-méchant et le méchant-méchant ! Résultat : il faut vraiment bien suivre pour comprendre…

TEAM AMERICA – POLICE DU MONDE
TREY PARKER ET MATT STONE
Le duo le plus irrévérencieux de la télévision américaine frappe de nouveau. Détournant «Les Sentinelles de l'air» (une série d'action filmée avec des marionnettes), les auteurs de «South Park» inventent une équipe d'interventionnistes musclés qui, sûrs de leur droit, résolvent les problèmes terroristes en détruisant tout sur leur passage. Mécanique, manipulé, sans l'ombre d'une expression humaine… le pantin à fil est ici une représentation symbolique et caustique du «héros» made in USA. Mais si le film s'ouvre sur une première partie résolument «de gauche» (parodie des *blockbusters* patriotiques, critique de l'ingérence politique des États-Unis…), il opère un virage à 180° pour ridiculiser ouvertement les pacifistes d'Hollywood. Du coup, il semble s'achever sur une apologie des valeurs réactionnaires de l'Amérique contemporaine. Ce changement de cap laisse perplexe.

L'EMPREINTE DE LA MORT
PHILIPPE MARTINEZ
Image étonnante : l'impavide Jean-Claude Van Damme, l'homme aux muscles et aux aphorismes d'acier, pleure à gros sanglots. Sa femme a été tuée par un mafieux chinois (Simon Yam), dont elle avait recueilli la fille en fuite. Qu'on se rassure : Van Damme reprend vite ses esprits et court se venger. Plutôt doué pour filmer les scènes d'action, Philippe Martinez, producteur français qui a fait carrière en Amérique, utilise les ralentis et les gros plans comme un sous-Sergio Leone. Côté violence, il y va fort.

L'AUTRE RIVE
DAVID GORDON GREEN
Dans le sud profond des États-Unis, Chris (Jamie Bell) et Tim (Devon Alan) mènent une vie tranquille avec leur père (Dermot Mulroney). À peine sorti de prison, l'oncle Deel (Josh Lucas) leur rend visite. Apparemment à la recherche d'un trésor familial, il tue son frère sous les yeux des deux enfants qui s'enfuient… Entre violence gratuite et poésie de pacotille, David Gordon Green («George Washington») ne parvient pas toujours à trouver le ton. Le spectre de «La Nuit du chasseur», inégalable chef-d'œuvre de Charles Laughton, plane sans jamais imprégner de sa marque une œuvre intéressante mais hybride sur les terreurs adolescentes et le long et douloureux chemin à parcourir pour devenir adulte.

VOYAGE SCOLAIRE
HENNER WINCKLER
Au cours d'un voyage avec sa classe, Ronny (Steven Sperling) fait la rencontre d'Isa (Sophie Kempe). Mais celle-ci est également courtisée par un jeune Polonais. Éveil troublé des sens, première expérience de la jalousie… Le jeune cinéaste germanique cerne d'un trait mélancolique les désarrois de l'adolescence.

The Yes Men

THE YES MEN

CHRIS SMITH, SARAH PRICE, DAN OLLMAN

Un documentaire un peu désordonné révèle les pouvoirs salutaires de deux jeunes activistes américains surdoués, Andy Bichlbaum et son complice Mike Bonanno. Ils ont fait leurs crocs en créant en 2000 un faux site internet de George W. Bush. Puis, étendant leur ludique champ d'action à la planète entière, ils ont décidé de se faire passer pour des cadres de l'OMC, chargés de répandre l'ultra libérale parole de la mondialisation dans de très sérieuses conférences internationales. Sauf que... Dynamitant le discours dominant en le retournant comme un gant (de crin), ils réussissent de désopilantes et édifiantes démonstrations. Un exemple, en Finlande. Thème du jour : «Le textile du futur». Andy pérore sur les avantages du travail des enfants esclaves dans le tiers-monde, lorsque soudain Mike bondit sur le podium, arrache le costume sombre de cadre rangé porté par l'orateur qui apparaît alors moulé dans une combinaison en lurex doré, équipée d'un gigantesque pénis gonflable. Au sommet de l'appendice monstrueux, un petit écran de télévision «permettant une surveillance constante des personnels». Dans l'assistance amorphe, pas un cri, quelques rires polis, des compliments aberrants : «C'était très intéressant...»

LA PORNOGRAPHIE

JAN JAKUB KOLSKI

Deux intellectuels blasés et cyniques (Krzystof Majchrzak et Adam Ferency) manipulent les sentiments de deux adolescents (Krzystof Globisz et Grazyna Blecka-Kolska) pour les pousser au meurtre. Du roman phare de Witold Gombrowicz ne subsiste ici qu'une adaptation scolaire. Les ambiguïtés, l'amoralité et la critique sociale du roman passent au second plan, égarés dans de longs tunnels de dialogues.

BAB EL WEB

MERZAK ALLOUACHE

La vie de Bouzid (Faudel), c'est l'ordinateur qu'il loue. Comme pour beaucoup de jeunes Algériens, c'est son évasion, sa drogue. «Quand l'ordinateur s'allume, dit-il, c'est comme si je respirais de l'air pur. Sinon, j'étouffe.» Ô surprise, une de ses correspondantes, Laurence, accepte de venir le rencontrer. Bouzid parvient à faire partir sa mère et sa sœur à la campagne, s'endette à mort et, avec son frère aîné, Kamel (Samy Nacéri) s'en va découvrir Laurence à l'aéroport. Et si elle était moche ? Aucune chance : c'est Julie Gayet qui apparaît, très vite amoureuse de Kamel et secrètement à la recherche de son père qui s'avère être un mafieux local... Comme (presque) toujours chez Merzak Allouache, le scénario brinquebale, s'égare, ralentit et repart, poussé par l'évidente complicité du réalisateur avec ses interprètes. L'important reste sa façon de peindre, de film en film, un pays au passé douloureux et à l'avenir incertain, avec une jeunesse figée dans le désenchantement. Et la tendresse de son regard sur les personnages : les deux frères, et aussi leur sœur qui ne peut se marier avant ses aînés, mais fréquente secrètement deux mecs qu'elle rencontre, l'un dans un cimetière catholique, l'autre dans un cimetière juif, parce que, dit-elle, «ce sont les endroits les plus tranquilles d'Alger»...

Ray

RAY

TAYLOR HACKFORD

C'est pour ne pas être confondu avec le boxeur Ray Sugar Robinson que Ray Charles Robinson ne garda que ses prénoms, et conquit sous ce patronyme sa renommée mondiale de chanteur *soul* et de pianiste. Si on ne connaissait pas ce détail, on l'apprendra dans cette biographie filmée avec d'autres qui touchent ce qu'on peut appeler la face obscure («the dark side»), peu connue chez nous, du personnage. Ainsi, les blessures incurables de Ray qui le menèrent à des abus divers, provenaient-elles du grand drame de son enfance : il se croyait responsable de la mort de son petit frère par noyade, et le choc devait le rendre aveugle… (Il perdit en fait la vue à l'âge sept ans en raison d'un glaucome mal soigné.) D'où une incessante série de flash-backs sur les traumas de son enfance. Un produit aussi conventionnel ne serait guère visible s'il n'était sauvé par sa qualité musicale irréprochable, les tubes somptueux que le «genius» composa au début de sa carrière, sont littéralement ressuscités en play-back par Jamie Foxx, en osmose totale avec son modèle et dont l'interprétation tout à fait saisissante lui valut un Oscar.

LA CAROTTE ET LE BÂTON

STÉPHANE ARNOUX

Trois ans après la présidentielle de 2002 et l'invention du concept du «Français d'en bas», le documentariste tend à cet anonyme générique le micro auquel il a rarement droit. De témoignages en entretiens, ce film militant dresse un bilan pessimiste de l'évolution sociale française, de sa régression à sa fin programmée. Glaçant.

J'AIME TRAVAILLER

FRANCESCA COMENCINI

Mère célibataire, employée discrète, Anna (Nicoletta Braschi) fait l'expérience du harcèlement moral sur son lieu de travail. À la grisaille de ce quotidien constitué de tâches harassantes et humiliantes, la cinéaste italienne répond par un film sombre, servi par une mise en scène anxiogène. Inspirée de faits réels, une sobre et efficace dénonciation des dérives du libéralisme.

ET SI JE PARLE

SÉBASTIEN GABRIEL

Trois couples et autant de parcours amoureux, semés de désirs mais aussi d'inhibitions et de doutes... Six voix pour dire des choses simples et élémentaires sur notre aspiration au bonheur et à la tendresse. Mais le choix d'un cadre instable et d'un montage saccadé tient à distance une grande partie de l'émotion. Dommage.

Danny the Dog

Palindromes

Le Fil de la vie

DANNY THE DOG

LOUIS LETERRIER

Danny (Jet Li) est comme un chien : Bart (Bob Hoskins) l'a arraché à sa mère et dressé pour tuer. Après un règlement de comptes, Danny se retrouve seul, perdu. Il est recueilli par un accordeur de piano aveugle (Morgan Freeman) et par sa belle-fille (Kerry Condon). Producteur et scénariste, Luc Besson retrouve pour la deuxième fois, après «Le Baiser mortel du dragon», la star de Hong Kong, Jet Li. Combats supervisés par Yuen Wo Ping («Matrix»), hyper-violence dite «graphique», musique tonitruante de «Massive Attaque», propos platement binaires... Devant des acteurs qu'on aime, réduits à l'état de monolithes, on se pince, mais on ne rêve pas.

PALINDROMES

TODD SOLONDZ

«Bienvenue dans l'âge ingrat», le premier long métrage de Tod Solondz, en 1995, décrivait avec une lucidité, une justesse, un pessimisme remarquables ce moment flou et douloureux où l'enfance s'efface en se débattant. «Palindromes», film touffu, déroutant, culotté, plein de tristesse et d'humour sombre, va beaucoup plus loin dans la même veine et s'ouvre d'ailleurs sur l'enterrement de l'héroïne de «Bienvenue dans l'âge ingrat», Dawn Wiener, qui s'est suicidée (oui, Tod Solondz a un regard particulièrement euphorique sur l'humanité..). Aviva, 12 ans, est enceinte et veut à toute force garder son bébé. Entre le moment où sa mère (Ellen Barkin) la contraint à avorter, sa décision de fuguer, ses rencontres apaisantes ou traumatisantes (notamment avec un camionneur pédophile ou une chrétienne intégriste qui a adopté une «famille» d'enfants handicapés), et son retour à la case départ familiale, Aviva aura subi de multiples métamorphoses. Le propos est si fort, la conviction si profonde qu'avant de se résigner à l'âge adulte, tout tâtonnement existentiel est légitime, qu'on va accepter presque sans réticence de voir Aviva interprétée successivement par deux femmes (dont Jennifer Jason Leigh), quatre adolescentes (dont une noire obèse), une petite fille de six ans (noire elle aussi)... et même un garçon de 12 ans. Oui, bien sûr, c'est une fable. Et elle est cruelle.

LE FIL DE LA VIE

ANDERS RONNOW-KLARLUND

Pour venger la mort de son père, roi d'Hébalon, le jeune Prince Hal Tara part à la recherche des Zériths qu'il prend pour ses ennemis jurés alors que les vrais fourbes sont à chercher à l'intérieur du royaume. C'est une tragédie, un conte, une histoire éternelle ! Et un sacré pari complètement réussi par le Danois Anders Ronnow-Klarlund : animer des marionnettes, pantins de bois dont les fils apparaissent à l'image, et nous faire partager leurs aventures comme s'ils étaient des êtres de chair et de sang. Le fil de la vie, c'est celui qui tient la tête de chacun des personnages : si on le coupe, ils meurent. Décors fabuleux, éléments (pluie, neige, vent) déchaînés : le résultat est miraculeux et un peu mystérieux.

LA CHUTE

OLIVER HIRSCHBIEGEL

Près de cinq millions d'Allemands ont vu «La Chute», le film consacré aux derniers jours d'Hitler, douze jours de funèbre macération dans le bunker nauséabond, du 20 avril 1945, date de l'ultime anniversaire du Führer, au 2 mai, trois jours après son suicide. On peut comprendre le soulagement ambigu qu'éprouvent les spectateurs d'outre-Rhin à se réapproprier leur propre Histoire. Et nous ? Que ressentons-nous devant ce *lamento* morbide de deux heures et demie ? Un malaise. Celui-ci pourrait être fécond, pédagogique, atteindre une dimension de révolte tragique, donner, soixante ans après, un point de vue, une opinion, rendre à la poignée de criminels terrés au fond du bunker la monnaie de leurs crimes. Ce n'est pas le cas. Hirschbiegel et son producteur-scénariste Bernd Eichinger s'appuyant sur deux livres – celui du professeur d'Histoire Joachim Fest et celui de Traudl Junge, dernière secrétaire de Hitler –, posent très vite

Les tortues volent aussi

9 Songs

Tellement proches !

leurs conditions : ce que vous allez voir est la vérité vraie, voici les derniers jours d'Hitler comme si vous y étiez. Et devant ce hold-up empathique et fasciné, notre réponse est non. Non à l'idée de tout nous faire voir à travers les yeux de quelqu'un qui ne voit rien, à travers les yeux effarouchés d'une Traudl Junge de cinéma (Alexandra Maria Lara), la petite secrétaire munichoise, blonde, dévouée corps et âme à son maître, modeste héroïne d'un nazisme humanisé. La prestation impressionnante, remarquable, «humaine» justement, de Bruno Ganz en Hitler n'arrange rien.

LES TORTUES VOLENT AUSSI
BAHMAN GHOBADI

Ce film-là est un crève-cœur et, par son énergie, sa pudeur, une sorte de splendeur. Il faut accepter d'en sortir sonné, admettre qu'il n'a de fiction que le nom et l'histoire, mais que la vérité qui l'habite est plus forte que tout. Bahman Ghobadi a 35 ans, il est né au Kurdistan iranien. Il sait dire son pays, l'enfance et sa douleur. Dans un camp de réfugiés kurdes, juste avant la chute de Saddam, il montre le froid, les mines, un garçon débrouillard et chef de bande, un petit devin sans bras, sa sœur portant un bébé aveugle au destin arrêté. Les Américains arrivent, les enfants qui restent sont des ombres têtues qui tournent le dos aux chars…

JE T'AIME TOI
OLGA STOPOLSKAYA ET DMITRI TROITSKY

C'est un point de vue : Moscou aurait tellement changé qu'on se croirait à New York ! Même luxe, même solitude. Une présentatrice de télévision, vaguement boulimique mais canon (Lioubov Tolkalina), s'éprend d'un beau publicitaire (Evgueni Koryakovsky). Celui-ci découvre sa bisexualité en hébergeant Uloomji, un jeune Kalmouk (Damir Badnaev)… En Russie (comme ailleurs ?), les femmes n'aiment pas que leurs amants couchent avec des garçons et les parents n'apprécient pas que leurs rejetons soient *gays.* D'où quelques ennuis, vite effacés par un dénouement à la «Jules et Jim». Un plan ravira les amateurs de kitch onirique : Uloomji, qui effectue son service militaire, s'envole dans la chambrée, auréolé de guirlandes fleuries… C'est dire si la mise en scène patauge dans le cliché branché.

LA VIE DE MICHEL MULLER EST PLUS BELLE QUE LA VÔTRE
MICHEL MULLER

Le comique provocateur signe un premier film en équilibre plutôt instable entre parodie féroce de la télé-réalité (il accepte d'être suivi 24 heures sur 24 par une équipe de cameramen) et autoportrait désabusé. Une sorte de journal intime factice où la farce outrancière le dispute à une amertume touchante.

9 SONGS
MICHAEL WINTERBOTTOM

Pour beaucoup, ce n'est qu'un exercice de style, comme un défi : réussir à glisser quelques images érotiques non simulées dans une suite de concerts londoniens de rock contemporain (Von Bondies, Franz Ferdinand, Dandy Warhols, Black Rebel Motorcycle Club…). Avec en corollaire la sempiternelle question sur le métier d'acteur et ses limites – les deux jeunes interprètes, payant de leur personne, n'ont pas de lien dans la vie (ou en ont-ils ?). Tout ceci détourne l'attention de l'essentiel, la description par Winterbottom du couple en question, et sa façon de cerner leur deux personnalités (sans les juger, ou bien le personnage féminin serait singulièrement déprécié) à travers leur comportement sexuel.

TELLEMENT PROCHES !
TERESA DE PELEGRI, DOMINIC HARARI

Un été, à Madrid, dans une famille juive pas religieuse pour deux pesetas (à l'exception du fils qui, par réaction, donne dans la bigoterie), Leni (Marían Aguilera) a décidé de présenter son fiancé Rafi (Guillermo Toledo) à ses parents. Seul hic : il est palestinien. Comment l'avouer ? La bonne idée est de traiter ce sujet comme une comédie de Boulevard. Dans cette famille quelque peu foldingue, l'irruption de l'étranger va faire des éclats… de rire !

Neverland

Constantine

La Vie aquatique

NEVERLAND
MARC FORSTER

Londres, 1903. Sa dernière pièce est un flop et son mariage, un échec : l'écrivain James M. Barrie se réfugie souvent dans un jardin public en compagnie de son chien. C'est là qu'il rencontre Sylvia, une jolie veuve accompagnée de ses quatre enfants, George, Jack, Peter et Michael. Leur amitié, leurs rires, leurs jeux remplissent la vie de James et lui rendent son inspiration littéraire. Il écrit «Peter Pan» dont les représentations sur scène sont un succès... Très librement inspiré de la vraie vie de l'auteur de «Peter Pan», «Neverland» est une rêverie sur la part de réel dans la fiction d'un artiste et sur la force de l'imagination. La première phrase du célébrissime livre de Barrie convient parfaitement au James du film, toujours prêt à inventer des jeux : «Tous les enfants, sauf un, grandissent.» Johnny Depp, éternellement joli et joliment sobre, apporte au rôle sa poésie un peu décalée. Face à lui, Kate Winslet et les enfants sont formidables – mention particulière au jeune interprète de Peter, Freddie Highmore («Deux frères», «Cinq enfants et moi»).

CONSTANTINE
FRANCIS LAWRENCE

Une BD de type fantastique religieux. John Constantine (Keanu Reeves) est doué d'un super-pouvoir : il voit les anges et les démons qui nous sont invisibles. Du coup, il a embrassé la carrière d'exorciste. Efficace, cynique et gros fumeur guetté par le cancer, il n'est pas mys-

Le Château ambulant

tique pour autant. La rencontre d'une inspectrice de police (Rachel Weisz), inquiète de la disparition de sa sœur jumelle, va l'entraîner dans une aventure qui met en jeu le sort du monde, et lui faire rencontrer Satan lui-même (Peter Stormare). Kitsch !

LA VIE AQUATIQUE

WES ANDERSON

Il faut accepter de se laisser embarquer à bord du sous-marin jaune dirigé par le capitaine Steve Zissou (Bill Murray, plus «lost in translation» que nature), le célèbre explorateur au bonnet rouge. À bord, il n'y a que du beau monde (Anjelica Huston et Cate Blanchett, divines, Willem Dafoe et Owen Wilson, loufoques) et vous fredonnerez des standards de David Bowie repris à la guitare et en portugais ! Vous croiserez aussi la route de créatures merveilleuses comme l'hippocampe arc-en-ciel et le requin-jaguar. C'est loufoque et rigolo, et même parfois vaseux, ça ne sert à rien, mais s'en passer serait idiot : c'est «La Vie aquatique», nouvel opus de l'indépendant-chic Wes Anderson («Rushmore», «La Famille Tenenbaum»).

LE CHÂTEAU AMBULANT

HAYAO MIYAZAKI

S'inspirant d'un conte de fées contemporain – et anglais – de Diana Wynne Jones, le maître japonais bat une fois encore en brèche la perfection numérique des dessins animés hollywoodiens. Une ville d'opérette à l'époque indécise, clin d'œil en forme d'hommage, on y est vêtu comme dans «Le Roi et l'oiseau» de Paul Grimault, mais de menaçants engins, requins guerriers d'acier gris zèbrent furieusement le ciel. Toute jeune fille orpheline et rêveuse, Sophie a repris la chapellerie de son défunt père. Dans une rue déserte, elle est attaquée par des monstres gluants et sauvée *in extremis* par Hauru, très joli prince transformiste (il endosse plusieurs identités). Hauru est assez indolent, mais doué pour le décollage vertical. Il est le propriétaire du Château ambulant, énorme tas de ferraille volant aux pattes de gallinacé géant, mû par la seule force vacillante d'un démon captif, Calcifer. C'est un feu. Oui, un feu, personnage à part entière que Miyazaki réussit à rendre vivant, babillant et brasillant. Mais voilà Sophie envoûtée par une sorcière, devenue une vieillarde podagre errant dans «les terres désolées» où elle rencontre un sympathique épouvantail à tête de navet. Lorsque son destin se fait plus riant, Sophie se redresse et rajeunit… pour se rider et se voûter à nouveau quand la solitude l'envahit. Cette instabilité de l'âge, cette représentation à la fois frontale et subtile de la puissance du regard – celui que l'on reçoit ou que l'on donne –, est une des marques de Miyazaki, sa liberté d'artiste et de poète.

Sideways

LE PLUS BEAU JOUR DE MA VIE
JULIE LIPINSKI
Sur le thème de l'ancestrale guerre des sexes, la réalisatrice signe une comédie faussement branchée et subversive. Opposant de façon très systématique le romantisme benêt de Lola (Hélène de Fougerolles) et l'anticonformisme buté d'Arthur (Jonathan Zaccaï), le scénario égrène un chapelet de gags poussiéreux dont la seule finalité est de vanter les mérites du bon vieux mariage en grande pompe.

HÔTEL
JESSICA HAUSNER
L'une des figures de proue du nouveau cinéma autrichien, connue pour le radicalisme de son travail («Lovely Rita»), se frotte au genre fantastique. Nommée réceptionniste dans un grand hôtel situé en pleine forêt, une jeune femme (Franziska Weisz) enquête sur les étranges disparitions de celles qui l'ont précédée. Si la piste d'une lecture politique du film est amorcée, elle reste cependant en friche. Troublant sur la forme, mais flou sur le fond.

SIDEWAYS
ALEXANDER PAYNE
En vieille Saab, on prend la route des vins d'une belle Californie méconnue pour un voyage dépressif et savoureux. Miles (Paul Giamatti) et Jack (Thomas Haden Church), la quarantaine pas glorieuse, sont amis depuis la fac. Miles est un petit prof un peu chauve, délicieusement cafardeux. Jack, d'un format plus flatteur, semble se porter mieux – bien qu'il soit un acteur assez dévalué. Il va bientôt se marier et compte bien, avec Miles, son futur témoin, fêter l'enterrement de sa vie de garçon. Au programme, un peu de golf, beaucoup de vin et, pour lui, des filles. Voilà, c'est tout : le si classique alliage de deux personnages antinomiques pour un *road movie* un peu hors du temps. Mais ce cinéma d'intimité est si bien écrit, si bien joué que le spectateur se sent soudain tout revigoré. Le duo en goguette va se muer en quatuor avec l'entrée en scène de Maya (Virginia Madsen), douce, blonde, serveuse et œnologue, et de Stephanie (Sandra Oh), belle mère célibataire asiatique et employée dans une cave pour touristes. Les quatre comédiens sont formidables, avec une mention toute particulière à Paul Giamatti, infiniment triste et constamment comique, dont on avait déjà pu juger la géniale capacité à s'autodénigrer dans «American Splendor». On ne peut ici que saluer son charme hébété, sa sobriété dans l'ébriété. Santé !

DISPARITIONS
CHRISTOPHER HAMPTON
Fin des années 1970, la dictature en Argentine. Cecilia, journaliste hostile au régime, est arrêtée. Carlos, son mari, a des «visions» : en tenant la main des proches des disparus, il découvre l'endroit où ils sont séquestrés et le sort qui leur est réservé. Commence alors un long chemin semé de signes pour retrouver Cecilia vivante… Il est bon, certes, de reparler de l'Argentine et de ces 30 000 hommes et femmes assassinés pour leurs idées. Mais Christopher Hampton et ses comédiens, Antonio Banderas et Emma Thompson, s'apparentent à ces footballeurs désorientés qui marquent un but contre leur camp. S'il faut parler de l'Argentine, peut-on en parler n'importe comment ?

Mar adentro

MAR ADENTRO
ALEJANDRO AMENABAR
Ramon (Javier Bardem) est tétraplégique depuis qu'il a plongé d'une falaise à marée basse. Il dépend constamment de sa famille – sa belle-sœur dévouée et surtout son neveu (Tamar Novas). Bientôt trente ans de ce calvaire : il voudrait que quelqu'un l'aide à en finir, mais la loi l'interdit, ce serait de l'euthanasie. Ramon entame alors un combat, avec le soutien d'une association pour le droit de mourir dans la dignité. Il est rejoint par une avocate (Belén Rueda), elle-même atteinte d'une maladie dégénérative, et par une animatrice de radio, mère célibataire (Lola Dueñas). L'une et l'autre tombent amoureuses de lui. Alejandro Amenabar (qui a débuté dans le fantastique avec «Tesis» puis «Les Autres») s'est inspiré de la vie du véritable Ramon Sampedro. Un film terrible, certes, mais aussi exaltant, poétique, émouvant. Lion d'Argent à Venise 2004, soutenu par l'interprétation impressionnante d'un Javier Bardem méconnaissable, il défend une cause plus que jamais d'actualité depuis le drame de Vincent Humbert.

APRÈS, UN VOYAGE DANS LE RWANDA
DENIS GHEERBRANT
Parti à la rencontre de survivants et de tortionnaires emprisonnés, le documentariste – se rendant pour la première fois au Rwanda dix ans après le génocide – tente de comprendre l'incompréhensible. Son regard néophyte restitue avec clarté les dimensions historiques, politiques et humaines de cette tragédie.

AVANIM
RAPHAEL NADJARI
Le cinéma de Raphaël Nadjari affiche ses affinités à la fois avec les romans de Dostoïevski et les films de Cassavetes. Dans ses deux premiers films, «The Shade» et «I am Josh Polonsky's Brother», il déroulait la spirale d'une fatalité un peu noire dans un New York très sombre. Il suit cette fois le parcours d'une femme en pleine lumière, à Tel Aviv. Apparemment libre et pourtant prisonnière des règles et de la religion, ainsi que des hommes – son père, son mari et même son fils qu'elle aime tendrement –, Michale ne se libérera qu'après la mort de son amant dans un attentat. Cette saisissante radiographie de la société israélienne est toujours étonnante, jamais appuyée. L'actrice Asi Levi, démarche déterminée et masque quasi-impassible, est une impressionnante héroïne.

LES CONSÉQUENCES DE L'AMOUR
PAOLO SORRENTINO
Quinquagénaire distingué, Titta di Girolama (Toni Servillo) vit à l'hôtel, dans une petite ville suisse. Régulièrement, il se rend à la banque voisine où il apporte des valises. Le manège dure depuis huit ans. Imperturbable, il passe de longues heures au bar de l'hôtel, éveillant la curiosité d'une jeune serveuse (Olivia Magnani). Mais il se mure et ne lui répond pas, jusqu'au jour où… Ce pourrait être mortellement ennuyeux, mais la mise en scène de Paolo Sorrentino est constamment surprenante, stimulante, vivante. Mi-désopilant, mi-tragique, Toni Servillo incarne un antihéros impassible. Quant à Olivia Magnani, elle a, indéniablement, quelque chose ! Ce n'est sans doute pas un hasard si elle est la petite-fille de la grande Anna Magnani.

Million Dollar Baby

Clint Eastwood

Une clameur. Et un ring. Est-ce que ça peut faire une vie ? Maggie Fitzgerald le pense. C'est pourquoi elle demande à Frank Dunn, manager et soigneur, de faire d'elle une boxeuse. Mais Frankie «n'entraîne pas les filles». Le lendemain pourtant, au «Hit Pit», son club miteux d'un quartier pourri de Los Angeles, parmi les petits gars qui frappent le sac de sable ou sautent à la corde, il y a Maggie, gants rouges, mâchoires serrées. «Je lui avais dit que j'entraînais pas les filles», maugrée Frank. Mais Maggie a payé six mois d'avance et Maggie en veut, alors Maggie reste. Jour et nuit, dès qu'elle a fini son boulot de serveuse, elle s'entraîne comme elle peut, avec son courage et sa hargne, avec son cœur aussi. Scrap, ancien boxeur borgne et homme à tout faire du lieu, lui a prodigué quelques conseils. Frank, finalement touché par sa flamme, condescend à lui donner les rudiments. «Après, je te trouve un manager», prévient-il. Frank, c'est vrai, n'entraîne pas les filles...

«Million Dollar Baby» délivre, via la chaleureuse voix *off* de Morgan Freeman, quelques considérations sur la boxe, ce sport «contre-nature» où il est beaucoup question de respect – «celui qu'on gagne, celui qu'on ôte au perdant». Et, comme tout grand film de boxe (de «Nous avons gagné ce soir» de Robert Wise à «Rocky» de John G. Avildsen en passant par «Sang et or» de Robert Roosen, «Fat City» de John Huston, «Raging Bull» de Martin Scorsese), il déroule un parcours humain, le combat pour un rêve «qu'on est le seul à voir». Les scènes de matches, filmées à hauteur de cordes, avec la lumière crue tombant en pluie sur le ring et les spectateurs hurlant ou frémissant tout autour, sont ce rêve à chaque fois davantage exaucé. Mais il y a plus. Il y a tout ce peuple de l'ombre, qui s'entraîne sans aucune certitude de «monter là haut», encore moins de gagner. Il y a les regrets, quand les ombres redescendent et redeviennent des ombres. Frank a été le soigneur-manager de Scrap et il ne se pardonne pas de l'avoir laissé aller jusqu'au bout de ce 109e match où il a perdu son œil. D'ailleurs, Frank ne se pardonne pas grand-chose... Chaque jour, depuis vingt-trois ans, il se rend à l'église catholique irlandaise et chicane le curé sur la sainte Trinité ou l'Immaculée Conception. Chaque semaine, il envoie à sa fille une lettre qui revient avec la mention «retour à l'envoyeur». Surtout, Frank a cessé de prendre des risques. Il perd ses boxeurs au profit de coachs moins timorés, il apprend le gaélique et lit Yeats dans le texte, il se chamaille avec Scrap et se protège derrière des évidences rassurantes – «le détergent sent le détergent» !

Nous n'apprendrons jamais ce qui s'est passé – ou ne s'est pas passé – entre Frank et sa fille, mais nous verrons la naissance de l'amour entre Maggie et lui. Ami, nounou, confident, souffre-douleur, l'entraîneur est souvent un personnage

secondaire au cinéma. Ici, Frank et Maggie font armes égales et l'évolution de leur relation – une fille qui aurait enfin trouvé un père et réciproquement – est le cœur du film, sa force et sa raison d'être. Un couple incongru en quête de réparation : «J'ai que toi, Frankie», dira Maggie un peu plus tard. «Mais tu m'as», répondra-t-il.

Avec «Million Dollar Baby», Eastwood brasse ses éternelles obsessions – faute originelle et rédemption, famille de sang et famille choisie, droit de vie ou de mort – et livre un film baigné d'ombres et de lumière, d'amour et de musique jazzy (dont il est l'auteur). Il incarne avec Hilary Swank (époustouflante) et Morgan Freeman (magistral) une sorte de «sainte Trinité» païenne – le père, la fille et le sain d'esprit. Quelque chose entre une parabole sur le combat de toute vie, un mélodrame hollywoodien (dans des tons bruns et noirs seulement troués par la blancheur des rencontres sportives et le vert brillant du peignoir de Maggie brodé des mots magiques «Mo Cuishle») et une tragédie grecque avec Scrap dans le rôle du chœur antique ! Un film sur le temps qui passe et sur la chance – celle qu'on n'a pas su voir, celle qu'on vous donne, celle qu'on prend. Vivre, est-ce pleurer sur ce qu'on n'a pas fait ou se battre pour réaliser ses désirs ? Maggie aura rendu sa vie à Frank et elle aura fait quelque chose de la sienne. Le prix est exorbitant ? Million Dollar Baby ! Qui a dit que ça devait être gratuit ? «Les gens criaient mon nom… Enfin, le nom que tu m'as donné» : une clameur et un ring. Ça peut faire une vie.

Isabelle Danel
Les Échos

Ce qui frappe toujours, dans le cinéma d'Eastwood, c'est l'extrême élasticité de son talent : les films se suivent et ne se ressemblent jamais, et pourtant s'en exhale chaque fois le doux parfum des retrouvailles. Ce n'est pas seulement dû au rendez-vous avec une silhouette, devenue si familière que depuis longtemps déjà chacun des personnages qu'il incarne draine avec lui tous les autres, si bien que même les films qu'il réalise sans y jouer sont habités par son ombre en surplomb, devenue indépendante, comme dans un conte pour enfants à la Peter Pan. C'est aussi que son cinéma recèle quelque secret immédiatement reconnaissable, une manière toute personnelle de lier le raffinement limpide du classicisme à des éclats libertaires directement hérités du cinéma-vérité. Ainsi, la rigueur implacable des combats de boxe est précédée d'un moment de flottement pur à deux personnages... Cette élasticité spatio-temporelle trouve une ampleur particulière dans «Million Dollar Baby», où Los Angeles prend des airs inédits de ville industrielle (on se croirait à Detroit ou Pittsburgh), refroidie dans des tons de noirs et de bleus, bien loin des couleurs acidulées de la Californie des Beach Boys ou de Melrose Place. Ici, les corps, fatigués ou musclés, ne sont pas bronzés. L'époque où se situe l'action, quant à elle, est indécidable. La salle de gym où officient Frankie et Scrap, avec ses parquets qui craquent et ses vestiaires vintage, pourrait appartenir aux années 1940 ou 1970, indifféremment.

Pourtant, la démarche du réalisateur est résolument contemporaine, même si plusieurs histoires du cinéma se superposent harmonieusement dans son dernier film. Lorsque, dans un couloir d'hôpital miraculeusement déserté, sa silhouette dégingandée s'avance en contre-jour, on se prend à imaginer un instant la démarche emblématique d'un inspecteur Harry assagi au poing duquel ne manquerait que le flingue surdimensionné, remplacé ici par une petite mallette de soigneur funeste. On est également tenté de distinguer dans la douloureuse tâche qu'il s'assigne à la fin du film un lointain écho des figures d'ange exterminateur caractéristiques de ses premiers westerns, de ceux de Leone à «L'Homme des hautes plaines» ou «Pale Rider». Mais l'homme est facétieux et pleinement conscient de ses mythologies, et le fantôme annoncé par la très bluesy voix off de Morgan Freeman au terme du film n'est pas celui qu'on croit.

Là où ce placide acrobate expert en sauts de l'ange excelle, c'est encore dans sa façon de faire coexister dureté tranchante et tendresse assumée : «Million Dollar Baby» est un film violent, qui s'attarde sur les blessures à vif lors des combats de boxe, qui s'acharne sur l'Amérique «trailer trash» (les deux scènes inouïes de cruauté dans la famille de Maggie), qui n'élude aucun détail clinique d'un corps dégradé dans un accident fatal, et qui pourtant ne perd pas une miette des regards échangés entre un vieil homme et une jeune femme. Du sang qui gicle, un cœur qui bat. Eastwood ou l'art de rentrer dans les chairs, et d'effleurer les sentiments.

Clélia Cohen
Numéro

Le scénario pose au départ une situation triangulaire archétypale (deux hommes, une femme) dont toutes les conséquences prévisibles sont systématiquement éludées : Maggie ne s'«interpose» pas entre les deux hommes, sa présence n'entraîne ni conflit ni jalousie, Frankie ne désire pas Maggie, il ne tombe pas amoureux d'elle, ni elle de lui (toute sexualité est évacuée du film), à moins qu'il ne s'agisse d'un amour vaguement incestueux qui demeure inconscient. Car Frank et Maggie sont faits l'un pour l'autre : il remplacera le père qu'elle a perdu, elle remplacera la fille qui l'a rejeté. L'un et l'autre dénient avec vigueur ce besoin d'un substitut. Elle ne veut voir en Frankie qu'un mentor, un entraîneur. Il ne veut voir en elle qu'une «cliente» qui se fait des illusions et qui d'ailleurs n'est pas (c'est le cas de le dire) «dans ses cordes» : «Je n'entraîne pas les filles», lui répète-t-il lors de leur première rencontre.

Jean-Pierre Coursodon
Positif

«Million Dollar Baby» n'aurait pu être qu'un film de boxe, une sorte de «Nous avons gagné ce soir» de Robert Wise (la référence souterraine du film). Ce qu'il n'est pas, puisqu'il progresse dans les interstices du genre et prend à contre-courant sa vitesse : combat gagné en un coup de poing (pas de suspense) ou perdu à jamais (pas de success story). Il aurait pu être un mélodrame façon «Tendres Passions», filmé à hauteur d'un chevet d'hôpital lorsque Frankie veille sur sa protégée en ruine. Ce qu'il n'est pas, puisque la mort n'est pas ici le carburant émotionnel que l'on distille à petites doses au spectateur KO jusqu'à l'épuisement du stock (et du film) mais le point à partir duquel, tragiquement, quelque chose de vital va naître. «Million Dollar Baby», après «Breezy», «Honkytonk Man», «Sur la route de Madison», et autre «Mystic River», est juste un (très) grand film qui creuse un peu plus le sillon de la filiation, thème eastwoodien par excellence. Cela dit, la filiation ne constitue pas ici le moyen de vérifier rétrospectivement une origine (D'où venons-nous ? De qui et de quoi sommes-nous comptables ?), mais d'envisager le passé. À presque quatre-vingts ans, Frankie Dunn, le coach, et Clint Eastwood, le cinéaste, sont toujours en phase d'apprentissage : l'un deviendra le père qu'il n'a jamais été (autrement que civilement), l'autre, trente ans après «Un frisson dans la nuit», tente d'affiner encore son style, de délimiter plus précisément les contours de son continent. Il ne s'agit donc pas de régler son compte au passé, de lui rendre hommage ou de le ressusciter (Ford, Hawks, etc.) mais de l'accomplir. Devenir ce que l'on croyait être (un père, un cinéaste «classique») et ce que, peut-être, un jour, on sera enfin. La fille fonde le père, comme l'origine fonde le devenir.

Chez Eastwood, la filiation n'est pas donnée mais se conquiert, ce qui, incidemment, permet de saisir quelque chose de ce qu'on appelle, souvent à tort, le classicisme, tant il est vrai que celui-ci n'est pas un état mais une dynamique, une limite mais un horizon. Tel est le petit secret que possède le grand Clint : viser un point mais, surtout, prendre soin de ne jamais l'atteindre.

Jean-Baptiste Thoret
Charlie Hebdo

Le classique parcours d'une incompatibilité sublimée ? Mieux. Sur ce beau film plane une ambiance mélodramatique qui, pour une fois, n'a pas peur d'avancer ses raisons. Ce n'est pas à proprement parler un film de boxe. Mais la boxe, et ses principes fondamentaux – le travail, l'humilité, la souffrance –, lui offre un contexte idéal pour dérouler le fil de son récit. Cet espoir illuminé sitôt rattrapé par l'impermanence et la volonté des choses. On est bien plus près de «Fat City» que de «Raging Bull». Dans une atmosphère d'église plus que dans une démonstration d'école. Mais le «gym» pourri est là, avec ses boxeurs naturels, ses vérités crues et surtout cette sincérité préliminaire qui veut que, à l'heure de la pesée, les vertus de l'âme comptent toujours plus que les expériences accumulées. Un climat hérité du très beau travail mené par F. X. Toole, auteur inspirateur de ce «Million Dollar Baby». Alcoolique repenti, soigneur respecté, longtemps planqué derrière un pseudonyme improbable (F. X. comme François-Xavier, le jésuite philosophe, et Toole comme l'acteur irlandais évaporé) qui, pour son malheur, fut victime d'une crise cardiaque avant même le premier coup de manivelle du film justement oscabrion (sept nominations, quatre récompenses).

Benoît Heimermann
L'Équipe

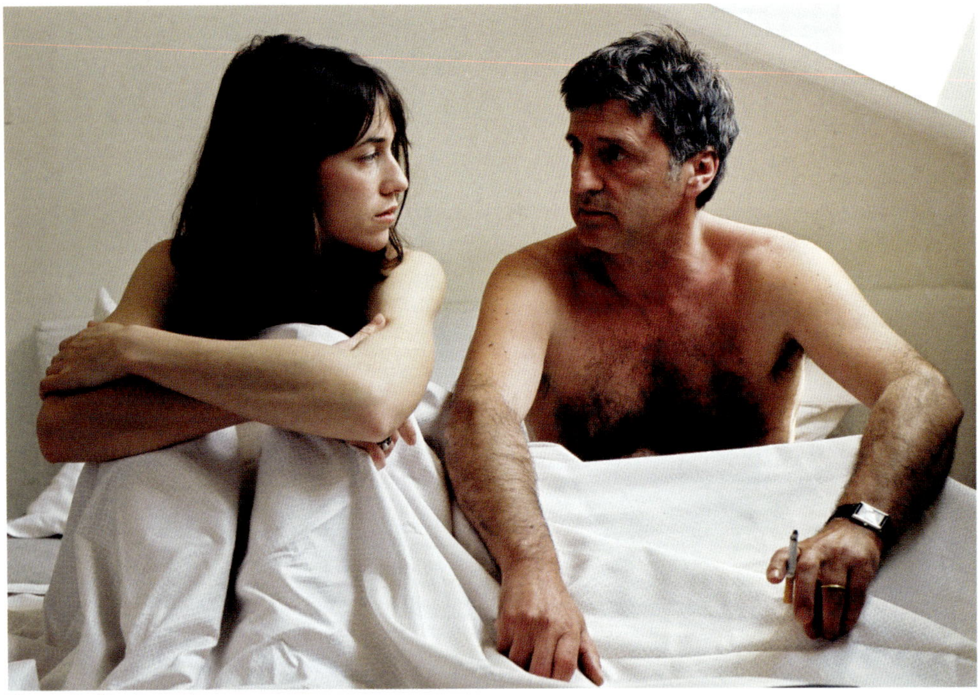

L'un reste, l'autre part

Matrubhoomi, un monde sans femmes

Terre et cendres

TERRE ET CENDRES

ATIQ RAHIMI

La présence d'un vieil homme et d'un enfant, perdus dans le désert, attire le regard d'Atiq Rahimi qui, au début des années 1980, effectue en Afghanistan un reportage sur la vie des mineurs. Il en fera les héros d'un roman, puis les personnages de ce film lent et mystérieux… Le vieil homme de l'histoire se nomme Dastaguir (Abdul Ghani). Avec son petit-fils Yassin (Jawan Mard Homayoun), il attend près d'une guérite, en plein désert, que passe un camion afin de rejoindre la mine où travaille son fils. Si loin de chez lui, ce dernier ne sait pas encore qu'un bombardement a tué sa mère et sa femme… Le film semble se dérouler en apesanteur, suspendu entre les chagrins qui hantent les souvenirs et les malheurs qui menacent l'avenir. On aurait, néanmoins, préféré une mise en scène moins hiératique, rendant plus sensible la détresse de Dastaguir, étranger à ce monde dont les valeurs ont volé en éclats, et celle du petit garçon qui parle trop fort, parce que le silence le cerne, parce qu'il cherche les voix qui se sont tues.

L'UN RESTE, L'AUTRE PART

CLAUDE BERRI

La veine autobiographique a toujours donné chez Claude Berri des films sincères, sensibles. Du «Pistonné» à «Je vous aime», en passant bien sûr par «Le Cinéma de papa». Cette fois, sous couvert d'une fiction ou presque, des masques sont hâtivement posés sur un vaudeville triste ou bien une comédie tragique : le mélange des genres est hardi, qui raconte deux histoires d'adultère et d'amour pouvant n'en faire qu'une. Deux amis dans le monde des galeries d'art – Berri connaît bien ce monde-là –, ils ont la cinquantaine, des mariages qui tiennent. Daniel (Daniel Auteuil) est celui qui voudrait rester, mais qui va partir. Le jour même où il apprend l'accident qui rendra son fils Julien (Nicolas Lebovici) tétraplégique, il tombe amoureux d'une jeune femme, Judith (Charlotte Gainsbourg), qui l'a surpris en train de pleurer. Et voici, venue au chevet de Julien, Anne-Marie. C'est Miou-Miou, pâle, retenue, un beau fantôme d'épouse, de mère… En parallèle de ce temps qui, pour Daniel, est le temps agité des chagrins, des ruptures et des tendresses nouvelles, on suit les émois plus coquins du copain Alain (Pierre Arditi), celui qui veut partir mais va rester. Très épris de sa superbe maîtresse sénégalaise (Aïssa Maïga), il est surveillé (et aimé) par sa «légitime» (Nathalie Baye), épaulée en permanence dans ses suspicieuses initiatives par sa sœur (la très comique, très tonique Noémie Lvovsky). Les portes claquent. Il y a des boutiques achetées en guise de cadeau de rupture, des chambres d'hôtels et des garçonnières. On est en droit de moins aimer.

MATRUBHOOMI, UN MONDE SANS FEMMES

MANISH JHA

Une fable futuriste, terrifiante parce qu'elle est ancrée dans une terrible réalité d'aujourd'hui. Une femme est en train d'accoucher, tous les mâles de la famille attendent et se réjouissent, l'enfant naît, c'est une fille. On voit alors une barrique de lait, et les mains d'un homme y noient le bébé. Ce n'est que le prologue. Dans cette douce campagne, il n'y a plus de femmes, et Ramcharan a cinq fils à marier. Un paysan cache un trésor, Kalki, sa fille (Tulip Joshi). Elle a 16 ans, et on l'entend chanter. Kalki sera vendue, mariée, violée par ses beaux-frères et son beau-père, tentera de fuir, sera rattrapée, attachée, humiliée, encore et encore soumise à la

Terre promise

brutalité de ses bourreaux légaux. Jamais Manish Jha ne cède à la complaisance, au sordide. Les violences sont lues sur le visage de Kalki et la beauté, la souffrance de ce visage disent tout. Kalki est enceinte, on ne peut savoir de qui, ils sont innombrables à revendiquer la paternité de l'enfant de cette mère martyre. Elle accouche seule. On peut le deviner, c'est une fille. Mais son cri est puissant, comme le sont la rage et l'espérance. Manish Jha a 26 ans, ce jeune homme, dont «Matrubhoomi» est le premier long métrage, a beaucoup de courage et de talent.

J'AIME LA VIE, JE FAIS DU VÉLO, JE VAIS AU CINÉMA

FRANCIS FOURCOU

À l'occasion de l'ouverture de la toute dernière salle bordelaise du réseau de distribution Utopia, le documentariste s'interroge sur la guerre fratricide entre multiplexes et salles indépendantes. Chiffres et témoignages à l'appui, il analyse ce conflit culturel, économique et politique (le maire de la ville, Alain Juppé, favorisant ostensiblement la construction d'usines à écrans). Partisan, certes, mais lucide.

TERRE PROMISE

AMOS GITAI

Dès les premières minutes, on est bien chez Amos Gitaï : des voitures tournent en rond, la nuit, dans le désert du Sinaï. Éclairées par les phares, des jeunes femmes, visiblement étrangères, clairement paumées, sont vendues aux enchères, menées avec autorité par une Française, Anne (Anne Parillaud). Les plus belles vont errer de bordel en bordel, d'Eilat à Tel-Aviv, sous l'autorité d'une Madame allemande, enturbannée et nostalgique (interprétée par Hannah Schygulla ou son fantôme)... Dans le conflit permanent et fécond qu'Amos Gitaï entretient avec Israël, cette terre natale qu'il châtie d'autant plus qu'il l'aime, «Terre promise» risque de rester comme l'épisode le plus brouillon et le moins convaincant : intrigue lâche, personnages approximatifs au symbolisme appuyé... Seul le dénouement frappe par sa force cynique : un attentat terroriste permet à ces femmes prisonnières d'échapper à leur destin d'esclaves. La liberté peut-elle naître du sang des autres ? C'est, évidemment, le vrai sujet de ce film qui se clôt là où il devrait commencer.

UNE FAMILLE ALLEMANDE

OSKAR ROEHLER

Un transsexuel (Martin Weiss), un bibliothécaire voyeur (Moritz Bleibtreu) et un politicien vert aux nombreux problèmes relationnels (Herbert Knaup) forment une fratrie peu conventionnelle. Si les intentions du cinéaste sont évidentes, son portrait au vitriol de l'Allemagne contemporaine rate sa cible, faute d'une empathie possible pour ses personnages, réduits à de simples figures illustratives.

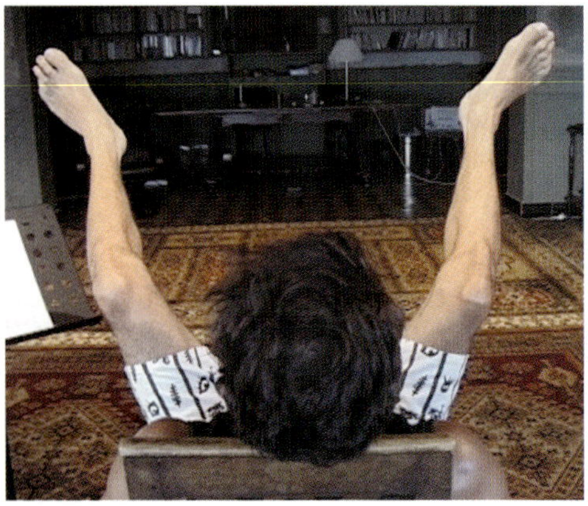

En plein Caubère

Les Mots bleus

Mon beau-père, mes parents et moi

EN PLEIN CAUBÈRE

ANNE-LAURE BRÉNÉOL

Philippe Caubère est un des plus grands et des plus énigmatiques acteurs de son époque. Transfuge du Théâtre du Soleil d'Ariane Mnouchkine et inoubliable «Molière» à l'écran, il raconte depuis plus de 25 ans sa vie seul en scène dans des spectacles autobiographiques hilarants et émouvants. En 2000, il préparait pour Avignon «Claudine et le théâtre», très inspiré de son tout premier spectacle, «La Danse du diable». Anne-Laure Brénéol l'a suivi dans ses répétitions, ses repas en famille, ses doutes et ses interrogations. Le résultat laisse perplexe : ce portrait d'un génie pas très sympathique n'éclaire guère le mystère. En outre, il ne devient vraiment captivant que dans le dernier quart d'heure, lorsque l'approche de la montée sur scène rend soudain l'art du grand homme plus concret.

LES MOTS BLEUS

ALAIN CORNEAU

Une petite fille jolie (Camille Gauthier) au regard clair souvent en colère n'a jamais parlé ; elle vit une relation fusionnelle avec sa mère (Sylvie Testud, formidable en maman louve, pleine de brusqueries et d'élans arrêtés). Le silence de l'enfant est un rempart contre les autres, contre la peur des autres. La mère tient une oisellerie qui ressemble à une boutique de conte de fées où la clientèle semble rare. Plus tard, on verra une plage, une mouette morte, ici les oiseaux sont en cage ou sans vie... Un homme timide (Sergi Lopez), éducateur dans une école pour sourds, va prendre la petite fille – et sa mère – sous son aile. Le premier cadeau qu'il leur fait est un flacon de bulles de savon. Chacun est dans sa bulle, en effet, enfermé. Les tâtonnements de ces trois-là pour s'approcher, pour se trouver, sont délicats, jolis, sans excessive tristesse. Il faudra seulement du temps, de la patience, pour que se rejoignent les solitudes, pour qu'enfin crève pour de bon la bulle étouffante de silence. La chanson de Christophe (paroles de Jean-Michel Jarre) semble avoir été écrite pour le film, «Je lui dirai les mots bleus/Les mots qu'on dit avec les yeux»...

MON BEAU-PÈRE, MES PARENTS ET MOI

JAY ROACH

Après avoir (dans «Mon Beau-père et Moi») gagné ses galons de gendre potentiel auprès de son psychorigide beau-père (Robert De Niro), une nouvelle épreuve attend le gaffeur Greg (Ben Stiller) sur la route mouvementée de l'union conjugale. Car l'heure est venue pour lui de confronter sa famille à celle de sa promise. Soit deux versants très opposés de l'Amérique contemporaine : d'un côté l'austérité républicaine BCBG de l'ex-agent du FBI, de l'autre la douce folie libérale de ses propres parents, un psychiatre et une sexologue (Dustin Hoffman et Barbra Streisand). Un ressort vieux comme le monde du comique de situation qui, s'il lance plutôt nerveusement cette suite d'un succès international, se relâche rapidement. Le consensuel réconciliateur (le mariage, la tolérance réciproque...) sévit une fois encore, abandonnant en route l'humour gentiment sardonique de la première partie.

TROUBLE

HARRY CLEVEN

Matyas (Benoît Magimel) est marié à Claire (Natacha Régnier). Le couple a un enfant, Pierre, et en attend un deuxième. C'est le moment que choisit Thomas pour apparaître dans la vie de son jumeau. Et avec lui, un passé que Matyas a oublié – ou refoulé... La sophistication extrême de sa mise en scène permet à Harry Cleven de réussir, au début, des scènes étrangement belles

Trouble

Coup d'éclat

Mysterious Skin

sur l'intimité charnelle qui lie Matyas à sa famille. Dès lors que le jumeau (est-il bon, est-il méchant ?) entre en scène, un air de déjà-vu se met à planer sur ce «thriller sexe et psy» qui parodie Brian de Palma imitant Hitchcock. Benoît Magimel, toujours impeccable, se tire sans mal d'un piège auquel peu de comédiens résistent : interpréter la double face d'un même être.

VOYAGE EN MÉMOIRES INDIENNES

JO BÉRANGER ET DORIS BUTTIGNOL

Il y a plusieurs façons de commettre un génocide. Au vingtième siècle, au Canada et aux États-Unis, des générations d'enfants indiens ont été retirées à leurs parents et placées dans des pensionnats ou des familles blanches sous prétexte d'intégration. Sally Tisiga, parmi des milliers d'autres, a subi ce traumatisme alors qu'elle n'avait que quatre ans. Il lui a fallu vingt-huit ans pour retourner dans la réserve de Lower Post : toute une vie de femme pour faire face à ce passé douloureux et renouer avec ses racines. Elle est le guide des deux réalisatrices pour ce voyage fait de témoignages et d'images d'archives. Sally est aujourd'hui une femme épanouie, la mère aimante et aimée de deux adolescents. Elle semble s'en être mieux sortie que certains, devenus alcooliques ou SDF. Le destin de ce peuple dont l'identité a été volée, niée, piétinée, est terrifiant.

MYSTERIOUS SKIN

GREGG ARAKI

Ce pourrait être sordide, et pourtant non. Gregg Araki («Doom Generation», «Nowhere») adapte le roman de Scott Heim et en tire un film à la grâce douloureuse sur l'un des sujets les plus sensibles qui soient, la pédophilie. «L'été de mes huit ans, cinq heures ont disparu de ma vie.» Tandis que Brian, ignore tout de ce qu'il a vécu ce jour de pluie où ses parents ne l'ont pas retrouvé immédiatement après le match de baseball, Neil a toujours recherché les sensations de «bonheur» provoquées par son «amitié» avec le bel entraîneur moustachu. L'un nie, l'autre transcende. Dix ans après, le premier continue inlassablement à vouloir comprendre pourquoi il a été enlevé par des extra terrestres, tandis que l'autre s'abîme dans une escalade de passades plus ou moins scabreuses et désastreuses avec des hommes âgés. Il faudra leurs retrouvailles et les mots chuchotés par Neil (Joseph Gordon Leviitt) à l'oreille de Brian (Brady Corbet) pour que les deux accèdent à la conscience de leur enfance saccagée. Toujours sur le fil, jamais voyeur, «Mysterious Skin» explore l'horreur avec une troublante justesse.

COUP D'ÉCLAT

BRETT RATNER

Par deux fois, l'agent du FBI Stan Lloyd (Woody Harrelson) s'est laissé berner par Max Burdett (Pierce Brosnan), qui a dérobé, sous son nez, deux des trois diamants qui ornaient le sabre de Napoléon (les historiens connaissent-ils l'existence de ces diamants ? Pas sûr). Officiellement, l'escroc a pris sa retraite aux Bahamas. Mais son éternelle complice (Salma Hayek) est avec lui. Et voilà que s'annonce, exposé sur un cargo de luxe, le troisième diamant de l'Empereur… Curieusement, le hold-up attendu est bâclé en deux trois scènes à peine spectaculaires. Faute de moyens, sans doute. Le réalisateur a donc misé sur un badinage érotico-pervers, prétexte que saisit un Woody Harrelson en liberté totale pour inventer un personnage loufoque, plus ou moins naïf, vaguement gaffeur : une sorte d'inspecteur Clouseau viril. Sa joie à cabotiner au-delà de toute mesure fait plaisir à voir.

L'Antidote

152 **L'ANTIDOTE**

VINCENT DE BRUS

Une jolie situation de comédie : le patron d'une multinationale, Jacques-Alain Marty, dit JAM (Christian Clavier), a toutes les qualités du «winner», sauf une : par moments, il bafouille, bégaie, incapable d'articuler une phrase. C'est la cata... Mystère insondable : la présence d'un comptable insignifiant, petit actionnaire de son groupe et communiste convaincu (Jacques Villeret) lui permet de retrouver ses esprits. Il engage aussitôt son sauveur, d'autant qu'il s'apprête à lancer une OPA sur un bouquet satellite. Parce que son chef a confondu calmants et somnifères, le candide prend le pouvoir... Jacques Villeret pose, une dernière fois, sur le monde qui l'entoure son regard de gros nounours candide (important, le nounours dans le complexe dont souffre JAM !). Clavier, lui, se tire plutôt bien, cette fois, de son éternelle imitation d'un Louis De Funès au cube.

MOOLAADÉ

OUSMANE SEMBENE

Dans un village africain, quatre fillettes apeurées se réfugient chez Collé (Fatoumata Coulibaly), celle qui a refusé, jadis, d'exciser sa fille. Devant le portail de sa case, elle tend, alors, des fils jaunes, noirs et rouges, symboles de ce «moolaadé» qui équivaut à un droit d'asile... Le film d'Ousmane Sembene, l'un de ses plus combatifs et des plus réussis, est une satire virulente contre tous les préjugés et les traditions imbéciles. Il s'attaque autant à la coutume qui permet à un Occidental de se fiancer avec une gamine de onze ans qu'à celle qui autorise, encore aujourd'hui, la lapidation d'une jeune fille non excisée, donc impure. «Garce d'Afrique», murmure un marchand ambulant, surnommé «Mercenaire». Ce dragueur arnaqueur est, de toute évidence, le porte-parole du cinéaste, à la fois tendre et amer face aux errances de son pays bien-aimé. Alors que les hommes du village confisquent aux femmes leurs transistors, source de folies dangereuses, Ousmane Sembene clôt son film sur l'image d'une antenne de télévision. Seul moyen de relier cette «garce d'Afrique» au monde. De la changer. Et donc, de la sauver.

MON AMI MACHUCA

ANDRES WOOD

Santiago du Chili, en 1973, quelques semaines avant le putsch. Un collège, tenu par un religieux américain progressiste, accueille parmi les enfants de la bourgeoisie quelques indiens des bidonvilles. Gonzalo (Matias Quer) se lie avec l'un d'entre eux, Pedro (Ariel Matulena), qui lui présente son amie, la jolie Silvana (Manuela Martelli). La liberté sexuelle de cette fille du peuple stupéfie Gonzalo. Ensemble, ils forment un trio amoureux et manifestent pour l'Unité populaire menacée de Salvador Allende, tandis que la mère de Gonzalo et ses amies militent pour la chute du gouvernement... Mais, le 11 septembre, la tragédie éclate. C'est un récit en grande partie autobiographique qu'a filmé ici Andrès Wood. L'émotion passe.

Moolaadé

Mon ami Machuca

PIÈGE DE FEU

JAY RUSSELL

Dix ans après «Backdraft» de Ron Howard, un nouvel hymne à la gloire des pompiers, devenus encore plus populaires, si possible, depuis leur conduite héroïque lors de la tragédie du 11 Septembre. L'un d'eux, Jack Morrison (Joaquin Phoenix) se retrouve prisonnier d'un entrepôt en flammes. Pendant que ses collègues tentent de le dégager, il se souvient des dix années écoulées : son amitié avec Mike (John Travolta) dont la voix, au téléphone, le soutient dans cette épreuve, sa rencontre avec sa future femme Linda (Jacinda Barrett), sa rivalité avec Lenny (Robert Patrick). Moins spectaculaire que psychologique, le film flirte avec les clichés pour mieux célébrer, sans trop en faire, les valeurs habituelles : fraternité, courage, abnégation. Un spectacle sans surprise et sans ennui.

NÈG MARON

JEAN-CLAUDE FLAMAND BARNY

Dans ce quartier populaire des Petites Antilles, Josua et Silex, amis d'enfance, vivent d'expédients dans l'insouciance la plus totale. L'assassinat d'un de leurs commanditaires entraîne Josua dans des abîmes d'angoisse. Un premier film maladroit mais plein de bonnes intentions, coproduit par Mathieu Kassovitz et interprété par d'excellentes stars du rap (Admiral T., D. Daly, Stomy Bugsy...) pas tout à fait aussi convaincantes dans la peau d'acteurs. Le titre et l'image finale sont à comprendre en référence à des siècles d'esclavage : le «Nèg maron» fut le premier à s'en affranchir.

STAGE BEAUTY

RICHARD EYRE

Nous sommes en 1660. Hier encore, le beau et bi Kynaston (Billy Crudup) régnait sur le théâtre londonien. Les femmes se pâmaient devant ses interprétations d'Ophélie et de Desdémone. Et les hommes, en le séduisant, s'imaginaient dans les bras des héroïnes shakespeariennes. Mais le roi Charles II (Rupert Everett), pour faire plaisir à sa maîtresse, autorise les femmes à monter sur scène. Kynaston commence par se moquer : nulle ne pourra égaler sa féminité. Sauf que soudain éclipsé par son habilleuse (Claire Danes), il déprime à mort... La mise en scène, luxueuse et ami-

Le Livre de Jérémie

donnée, affadit un scénario insolent qui fait la part belle à l'ambiguïté sexuelle, à l'hypocrisie de la cour et à la versatilité du public. On notera la réplique vipérine et très *british* du Premier ministre à son roi qui lui rapporte qu'une loi française a permis l'existence d'actrices : «Chaque fois qu'on menace d'édicter une loi horrible, on nous dit que la France l'a adoptée depuis longtemps.»

VILLA-LOBOS, UNE VIE PASSIONNÉE
ZELITO VIANA
Cette biographie du plus grand compositeur brésilien, Heitor Villa-Lobos (Antonio Fagundes) vaut plus pour son versant pédagogique que cinématographique. Le film se concentre essentiellement sur les difficultés de l'artiste, conjointement boudé par le succès et le bonheur conjugal. Décoratif, coloré, mais un peu atone.

TROUBLE JEU
JOHN POLSON
Après la mort tragique de sa femme (Amy Irving), retrouvée dans sa salle de bains baignant dans son sang, le docteur Callaway (Robert De Niro) quitte New York pour oublier et s'installe à la campagne avec sa fille Emily (Dakota Fanning). Celle-ci, traumatisée, se renferme et explique à son père qu'elle s'est liée avec un certain Charlie. Le spectateur qui en a vu d'autres se rengorge aussitôt : encore une histoire de compagnon imaginaire que s'inventent les enfants isolés ! Sauf que les événements se succèdent, de plus en plus inquiétants, donnant à penser que Charlie est un être bien réel, prêt à perpétrer les plus horribles méfaits. La tension et l'angoisse montent au fil d'un scénario habilement agencé, qui ménage une surprise finale assez percutante, gros atout du film de John Polson. La petite Dakota Fanning est très convaincante, et les figures féminines (Famke Janssen, Elizabeth Shue) intéressantes, tandis que De Niro se débat dans un numéro d'introspection tourmentée.

LE LIVRE DE JÉRÉMIE
ASIA ARGENTO
Objet mode, le premier film d'Asia Argento, «Scarlet diva», avait tout d'un caprice de star. On avait quelque raison de rester prudent face au deuxième, précédé d'une rumeur de scandale. Or le choix du roman autobiographique de J.T. Leroy «Sarah» est judicieux, tant Asia Argento se surpasse dans le rôle de cette jeune paumée, camée, prostituée, qui entraîne son fils Jérémie sur les routes dans une suite de galères insensées. Si la mise en scène sacrifie aux tics à la mode dans un premier temps, bientôt notre agacement cède la place à une véritable fascination. Les rôles secondaires sont tenus par Peter Fonda (le grand-père), Winona Ryder (la psychologue), Marilyn Manson (Jackson, un des amants de Sarah)…

LE FANTÔME DE L'OPÉRA
JOEL SCHUMACHER
On connaît par cœur la ténébreuse et romantique histoire imaginée par Gaston Leroux : un artiste spolié de son œuvre, défiguré et masqué, réfugié dans les caves de l'Opéra de Paris, tombe amoureux d'une jeune cantatrice. On ne compte plus les versions cinématographique de ce conte subtilement mythologique. Il y eut aussi l'avatar de la comédie musicale, record de longévité à New York comme à Londres, une édulcoration éhontée de l'original dont le film de Joel Schumacher est, hélas, la réplique exacte sur grand écran. À l'amour absolu et impossible se substitue l'amourette gnangnan, qui élimine soigneusement toute dimension horrifique. D'où l'ennui distingué qu'exhale cette interminable illustration, au sirop musical douceâtre.

RENCONTRE À WICKER PARK
PAUL MCGUIGAN
Alors qu'il va se marier, Matthew (Josh Harnett) croit retrouver le grand amour de sa vie, Lisa (Diane Kruger), disparue mystérieusement deux ans plus tôt. De «L'Appartement» de Gilles Mimouni, ce remake n'a gardé qu'une intrigue inutilement alambiquée. L'absence de mise en scène achève de nous égarer dans ce récit labyrinthique.

CALVAIRE
FABRICE DU WELZ
«Calvaire» est une épreuve, pour le spectateur comme pour le personnage central. Marc Stevens (Laurent Lucas), chanteur itinérant spécialisé dans les spectacles ringards pour maisons de retraite, semble être le dernier fantasme d'une population féminine et frustrée. Alors qu'il part donner un récital le jour de Noël, il tombe en panne et se réfugie dans une auberge. Mais peu à peu, l'accueil doucereux de Monsieur Bartel (Jackie Berroyer, vraiment effrayant à force d'obsession tranquille) se transforme en menace sourde : quitté par sa femme, celui-ci semble considérer que Marc est cette dernière, revenue à lui ! Pour qu'«elle» ne reparte plus jamais, Bartel l'assomme puis l'enferme, l'habille en femme, lui rase les cheveux, se glisse dans son lit… Bientôt, les autres villageois – armés de fusils et tenant cochons en laisse – semblent également s'intéresser à «elle». Marc Stevens, ou la dernière femme ? L'escalade des événements, la violence des sévices, l'incongruité permanente évoquent les pires cauchemars et le réalisateur semble prendre un plaisir infini à les égrener. Film de genre gratuit pour les uns, parabole sur le manque d'amour et la solitude pour les autres. En tout cas, un metteur en scène est né.

QUATRIÈME TRIMESTRE

The Taste of Tea

AVRIL

Breaking News

MAI

3 extrêmes

JUIN

La Pègre

THE TASTE OF TEA
KATSUHITO ISHII

Tendre (mièvre, diront certains) chronique familiale. Dans un Japon de carte postale, ou de conte magique, vivent les Haruno. Le grand-père, dessinateur de mangas, passe son temps à déclarer son amour... à l'eau de son bain ! Le père, hypnotiseur, soigne des patients que des anges rieurs chatouillent dans leurs rêves. L'aîné des enfants fantasme à mort sur son vélo. La cadette est poursuivie par son double géant. Quant aux oncles, ils rêvent ou chantent, au choix... Passionné d'animation (il a imaginé, pour Quentin Tarantino, une séquence de «Kill Bill : volume I»), Katsuhito Ishii mêle la BD aux 3D, la douceur du pastel à la frénésie du hip-hop. Son film est un hymne à la fantaisie permanente, aux petits plaisirs, ceux que défend, chez nous dans ses livres, un romancier comme Philippe Delerm.

BREAKING NEWS
JOHNNIE TO

Des flics cernent l'immeuble où se sont réfugiés des voyous et font pan pan pan. En guise d'armes, les bons et les méchants utilisent surtout la télévision. Grâce à elle, les policiers diffusent les images de leur déploiement, tandis que les truands montrent leur «vérité à eux», captée par des webcams ou des téléphones portables... Le prolifique Johnnie To se livrerait-il, en prenant le film d'action pour base, à une méditation sur la fiabilité de l'information ? Ou à une réflexion sur l'illusion des apparences, comme dans le «Rashomon» du génial Kurosawa ? Certains ont pu le croire. Mais la vision, au Festival de Cannes 2005, d'«Election», son nouveau film, a remis les pendules à l'heure et le cinéaste à sa vraie place : un faiseur doué, mais brouillon.

LA FEMME D'EAU
HIDENORI SUGIMORI

Ryo (Ua) aime l'eau et celle-ci le lui rend bien. La pluie, compagne fidèle de cette jeune femme étrange, rythme depuis toujours chaque moment important de son existence. Demeurée seule après la mort de son petit ami, elle reprend la direction de l'entreprise familiale de bains douches. C'est là qu'un jeune homme troublant et pyromane à ses heures (Tadanobu Asano) vient trouver refuge. La rencontre impossible de ces deux éléments antinomiques prend les allures d'une fable naturaliste où le réalisateur s'essaie à la poésie surréaliste. S'il lui manque encore l'aisance des grands maîtres (on pense à « De l'eau tiède sous un pont rouge» d'Imamura), l'originalité formelle de la mise en scène laisse présager qu'un cinéaste est né.

Miss FBI divinement armée

MISS FBI DIVINEMENT ARMÉE
JOHN PASQUIN

Gracie Hart (Sandra Bullock) reprend du service pour porter secours cette fois à Miss USA (Heather Burns), victime d'un kidnapping. Plombée par la caricature, cette suite de «Miss FBI» ne parvient jamais à renouer avec la satire et l'humour décalé.

LES AVENTURES DE LOLO
KENJIRO YOSHIDA, GUÉNNADI SOKOLSKI

Lolo, un adorable bébé manchot, découvre au cours de multiples aventures ludiques et pédagogiques la dure loi de la banquise. Le succès de «La Marche de l'empereur» est sans doute à l'origine de la distribution de ce dessin animé pataud mais plutôt attendrissant, à l'image de ses gentils héros.

DES ÉTOILES PLEIN LES YEUX
FOREST WHITAKER

La fille du président des États-Unis (Katie Holmes) parvient à convaincre son père de la laisser mener une scolarité normale, à l'écart de toute surveillance. Mais elle découvre que son petit ami (Marc Blucas) est un agent des services secrets chargé de sa sécurité. Une comédie bancale, gentiment acidulée, mais très vite rattrapée par une déferlante de politiquement correct et de bons sentiments.

SANS ELLE
ANNA DA PALMA

Jo (Aurélien Wiik) est passionnément attaché à sa sœur Fanfan (Bérénice Bejo), au point que cette dernière étouffe et part se réfugier au pays de leurs parents, au sud du Portugal. Jo est écartelé, d'autant que son père veut rentrer à son tour et que sa mère préfère rester en France. Dans la mouvance rock, il se rapproche d'un ex de Fanfan, Léonard (Jocelyn Quivrin), qui professe une idéologie néonazie. Ce singulier scénario ne manque pas d'originalité. Dommage qu'Anna da Palma, sans doute contaminée par une fausse idée de la modernité, filme à la va-comme-je-te-pousse : caméra baladeuse et image numérique particulièrement médiocre...

CREEP
CHRISTOPHER SMITH

De tous les lieux propices à la terreur (château hanté, forêt hostile, musée de cire, ascenseur bloqué, hôpital...), le métro n'a guère été utilisé, si ce n'est par quelques films anglais comme «Le Métro de la mort» de Gary Sherman (1972). C'est ici le cas, grâce au très efficace Christopher Smith, qui applique la recette imparable de la belle blonde sans défense (Franka Potente, abonnée aux rôles de victime éplorée) enfermée pour une nuit dans ce huis clos souterrain. Claustrophobie et paranoïa sont les deux mamelles de ce suspense d'épouvante assez glauque avec tueur psychopathe sadique, monstre dégénéré rôdant dans les tunnels, capturant et massacrant tout ce qui tombe sous ses griffes... Un produit impeccablement manufacturé, sans défaut, mais aussi sans surprise.

3 EXTRÊMES
FRUIT CHAN, PARK CHAN-WOOK, TAKASHI MIIKE

Sur le même modèle que les «3 histoires de l'au-delà» (sorti en 2003), voici la réunion de trois films courts en provenance d'Extrême-Orient, ce qui explique en partie le titre choisi. «Dumplings» («Nouvelle cuisine») est la version courte d'un long métrage de Fruit Chan (Hongkong). Une ancienne actrice (Ching Lee) lutte contre le vieillissement en consommant chez Mei (Bai Ling) un plat mystérieux de raviolis, confectionné en fait à partir de fœtus humains. Le héros de «Cut» («Coupez !»), du Coréen Park Chan-wook, est

Brice de Nice

un cinéaste célèbre (Lee Byung-hun) victime d'un terroriste (Lim Won-hee) qui l'oblige à étrangler un enfant, faute de quoi il coupera un à un les doigts de sa femme pianiste. Quant à «Box» («La Boîte»), signé par le Japonais Takashi Miike, il met en scène une romancière (Kyoko Hasegawa), qui, écrivant ses mémoires, découvre qu'elle a tué par jalousie sa sœur jumelle. Trois films vénéneux, trois formes d'envoûtement et de malaise, le plus «gore» n'étant pas forcément le plus inquiétant.

LA PÈGRE

IM KWON-TAEK

Quatre-vingt-dix-neuvième film d'Im Kwon-taek, cinéaste sud-coréen dont on n'a vu que peu de films, en France (trois, dont le splendide «Ivre de femmes et de peinture»). Thriller emporté et brutal à la Scorsese, «La Pègre» retrace le parcours d'un gangster (Cho Seung-woo) des années 1950 à 1970. Qu'il tente de passer entre les gouttes (sanglantes) de gangs rivaux, qu'il se lance brièvement dans la production cinématographique, qu'il essaie de protéger sa famille en se rapprochant de la loi, le héros est la proie – pas vraiment innocente et c'est tout l'intérêt du film – de mondes corrompus, frénétiquement assoiffés de pouvoir. L'histoire de la Corée (la révolution étudiante de 1960, la dictature militaire, le soulèvement de mai 1961) sert d'arrière-fond politique à cette fresque poétique et funèbre. Reste que ces soubresauts historiques risquent de décontenancer un spectateur occidental dépourvu de repères. La confusion plane sur ce bel objet virtuose.

BRICE DE NICE

JAMES HUTH

Ne parlons pas cinéma, mais phénomène de société. Le film (plus de quatre millions d'entrées) a confirmé l'engouement des jeunes pour le personnage créé, il y a quelques années, par Jean Dujardin : un ado attardé et snob, fils d'un homme d'affaires douteux, rêvant d'imiter, en pleine et calme Baie des Anges, les exploits de son idole : Patrick Swayze, le surfeur fou de «Point Break». Tout en jaune, des cheveux filasse au T-shirt, «Braïsse de Naïsse» organise, la nuit, autour de la piscine parentale, des soirées où il se paie la tête de ses invités à coup de formules fielleuses et lapidaires… Toute la France s'est donc mise à imiter la gestuelle de Jean Dujardin et sa réplique favorite («Je l'ai cassé !»). Sans s'apercevoir que le grand comédien du film n'était pas le gentil Jean, mais Clovis Cornillac, irrésistible, lui, dans le rôle d'un bafouilleur incapable de terminer ses phrases…

SHADOWING THE THIRD MAN

FREDERIK BAKER

Film mythique dont la force ne s'émousse pas avec le temps, «Le Troisième Homme» de Carol Reed (Grand Prix à Cannes en 1951) a toujours été entouré d'une foule d'assertions fausses, notamment celles concernant la part prise par Orson Welles dans la réalisation. Le documentaire très documenté de Frederik Baker remet les pendules à l'heure – seuls les célèbres dialogues de Harry Lime sur le coucou suisse ont été inventés par Welles au cours d'une improvisation géniale. L'enquête menée par le réalisateur, plus de cinquante ans après, est exhaustive et passionnante. Surtout grâce au témoignage précis de Guy Hamilton, assistant réalisateur de Reed qui réalisa ensuite plusieurs «James Bond».

Madagascar

Winnie l'ourson et l'éfélant

Hair high

Robots

MADAGASCAR
ERIC DARNELL, TOM MCGRATH

Un lion casanier, une girafe hypocondriaque, une dame hippopotame élégante et un zèbre excentrique, tous quatre stars dorlotées du zoo de New York, détournent un bateau pour satisfaire les velléités de l'un d'eux à renouer avec ses origines sauvages et échouent sur une plage déserte. Après «Shrek» et «Gang de requins», les studios Dreamworks recyclent – avec savoir-faire mais sans originalité – la recette du dessin animé vitaminé par le second degré et la référence cinéphilique. Après un démarrage poussif, le film trouve son rythme grâce à de réjouissantes saillies burlesques décochées sans temps mort.

WINNIE L'OURSON ET L'ÉFÉLANT
FRANK NISSEN

L'habituelle quiétude de la forêt des rêves bleus est bouleversée par des bruits effrayants... Seul un animal féroce peut produire de tels cris et Winnie et ses amis doivent le capturer. Principal obstacle : leur couardise. Une nouvelle aventure de l'ourson glouton, pleine de tendresse et de cocasserie, destinée aux tout-petits.

SUMMER STORM
MARCO KREUTZPAINTNER

Lors d'une compétition d'aviron, un jeune rameur (Robert Stadlober) découvre son homosexualité dans les bras d'un membre de l'équipe adverse. Après les atermoiements de circonstance, il finit par s'assumer. Tout est bien qui finit bien dans cette comédie du «coming out» où le prosélyte message de tolérance et d'acceptation de soi est assené avec une certaine insistance.

HAIR HIGH
BILL PLYMPTON

Après les voyages dans l'espace, le roi du dessin animé déjanté Bill Plympton situe son nouvel opus dans un lycée américain comme tant d'autres. Les mœurs des lycéens lui permettent de déchaîner sa verve iconoclaste, soutenue par un dessin à la hideur volontaire, nourrie de gags d'une vulgarité également délibérée, le tout composant un cocktail qui pourrait être un «exercice de mauvais goût» à la John Waters, s'il ne tombait le plus souvent à plat. Le combat de Spud, le «nouveau» timide et maladroit, contre Rod et Cherri, le couple-vedette de l'établissement, est prétexte à un étalage d'outrances où l'horreur (le prof qui crache littéralement ses poumons) rejoint un sadomasochisme de pacotille (la pin-up traitant son chevalier servant en esclave, le masochiste qui se fait arracher les ongles). En fin de compte, c'est surtout fatigant.

ROBOTS
CHRIS WEDGE, CARLOS SALDANHA

Chris Wedge, heureux concepteur de «L'Âge de glace», a créé un nouveau héros grinçant et tintinnabulant, le petit robot Rodney. Androïde métallique très sympathique, il est arrivé en pièces détachées chez ses parents, mais faute de lui avoir boulonné une pièce essentielle, il s'en est fallu de peu que Rodney soit une fille ! À Robot City, mégapole futuriste à la Metropolis, dont les bas-fonds recèlent beaucoup de misère cachée, Rodney, montrant de grande dispositions d'inventeur, va devenir la providence des rouillés, des cabossés, des robots de rebut, luttant de toute la force imaginative de ses pistons contre un redoutable exterminateur de robots obsolètes... Une fable gentille et amusante, un (tout petit) peu cousue de fer blanc.

CONTES D'ISTANBUL
ÜMIT ÜNAL, KUDRET SABANCI, YÜCEL YOLCU, ÖMÜR ATAY

Idée séduisante, mais qui se révèle vite répétitive : transposer, dans l'Istanbul d'aujourd'hui, une guerre des gangs liée au meurtre d'un «parrain» et en habiller les épisodes d'oripeaux de contes de fées. Des contes nettement revisités : Cendrillon est une prostituée transsexuelle, Blanche-Neige est la victime d'un tueur, plus ou moins engagé par l'affreuse marâtre qui, elle, roule en Mercedes à fond la caisse... L'inexpérience des réalisateurs, tous débutants, plombe vite, malheureusement, ce sympathique fourre-tout dont le rythme flanche périodiquement.

JUSQU'AU COU
STEVEN BRILL

Pour rendre hommage à leur pote décédé, trois copains trentenaires (Matthew Lillard, Seth Green et Dax Shepard) partent sur les traces d'un trésor qui aurait été caché en Oregon par un pilote disparu. Là, ils rencontrent une ourse maternelle, deux femmes hippies adeptes de l'orgasme tantrique et deux ploucs fous furieux qui cultivent du cannabis. Sans oublier Burt Reynolds qui hérite du rôle d'un trappeur barbu, isolé du monde depuis des années. Tout ça se voit sans déplaisir. Et s'oublie idem.

LÉO, ROI DE LA JUNGLE
YOSHIO TAKEUCHI

C'est à la fin des années 1960 que Léo, lion blanc majestueux et monarque éclairé, fait son apparition à la télévision japonaise puis dans les lucarnes du monde entier. Lorsque les studios Disney mettent leur «Roi Lion» en chantier, les ressemblances sont si patentes que le studio nippon songe d'abord à se retourner contre la firme américaine. Mais, plutôt que de risquer un procès à l'issue incertaine, il préfère, en guise de réponse, produire un long métrage inspiré de la série. Sur une trame assez similaire (la naissance de l'héritier, la lutte pour un monde plus équitable dans le respect de toutes les espèces...), ce film fait le choix d'un scénario nettement moins lénifiant et beaucoup plus sombre sur les ambiguïtés du pouvoir. L'animation, quintessence de la stylisation japonaise, réserve quelques moments époustouflants, en particulier dans le choix de perspectives audacieuses et de très beaux décors.

PEAU DE COCHON
PHILIPPE KATERINE

Le chanteur Philippe Katherine empoigne sa petite caméra DV pour un journal intime qui ressemble à ses chansons. Il touche lorsqu'il suit dans la rue la femme qu'il aime ou refait le chemin qu'il empruntait enfant pour aller à l'école. Il déconcerte et ennuie lorsqu'il compare longuement, en compagnie du critique de cinéma Thierry Jousse, des matières fécales recueillies dans des barquettes en plastique...

LA BLESSURE
NICOLAS KLOTZ

Écrit à partir d'entretiens recueillis auprès des sans-papiers, interprété par des non-professionnels eux-mêmes en situation irrégulière, le nouveau film de l'auteur de «Paria» est un témoignage poignant sur la situation de ces interdits de séjour. Depuis l'aéroport où ils attendent leur extradition jusqu'au squat où ils trouvent refuge, on suit le parcours de Blandine (Noëlla Mossaba), jeune Africaine blessée lors d'un embarquement forcé, et de son mari Papi (Adama Doumbia). C'est le long calvaire de cette femme, son irrépressible glissement vers la dépression que filme le cinéaste à la manière d'une tragédie moderne. La plaie et sa cicatrisation impossible ne sont que l'extériorisation de la meurtrissure psychique dont souffre cette victime des politiques d'immigration. Un plaidoyer indispensable.

REGARDE CETTE CHANSON
CARLOS DIEGUES

Quatre standards de la chanson populaire servent de fil conducteur à autant de courts métrages où amours impossibles côtoient passions dévorantes. Avec ce projet, l'auteur d'«Orfeus» rend hommage au romantisme échevelé de ces couplets dignes des *novelas*. Mais, alourdi par un décorum pittoresque, le résultat reste purement illustratif.

Camping à la ferme

Chiens égarés

LE SEPTIÈME JOUR

CARLOS SAURA

Qui d'autre que Carlos Saura pouvait mêler avec panache tragédie antique et comédie musicale ? S'appuyant sur un fait divers qui a décimé un village espagnol dans les années 1990, il met en images austères et superbes une très sombre histoire de rancune et de vengeance qui oppose depuis plus de trente ans deux familles, pour l'affront jamais lavé d'une fiancée abandonnée... Rien ne peut réconcilier les belligérants – qui, aux moments les plus inopportuns, se mettent soudain à chanter et à danser – jusqu'à ce dimanche sanglant qui donne son titre au film, où le drame trouve sa terrible conclusion. Deux étrangetés donnent à ce «Septième jour» un sel inattendu : la présence de la piquante, pétulante Victoria Abril dans un rôle de composition où elle est carrément méconnaissable en vieille fille ravagée par la haine, et celle de «notre» José Garcia, retrouvant sa langue maternelle avec une aisance et un plaisir visibles.

LE COURAGE D'AIMER

CLAUDE LELOUCH

Son précédent film, qui devait être le premier volet d'un triptyque imprudemment titré «Le Genre humain», a été éconduit par la critique (beaucoup), par le public (un peu), par Claude Lelouch lui-même finalement. En reprenant certains éléments, y ajoutant une partie de ce qui était déjà tourné du deuxième, abandonnant l'idée d'entreprendre le troisième, réinventant cette histoire où les ambitions sont cruelles et les succès illusoires, Claude Lelouch a refait un film, le bien nommé «Courage d'aimer». Il y a énormément de monde, Mathilde Seigner se dédouble en sœurs jumelles, Maïwenn et Massimo Ranieri sont toujours là, comme le dernier sourire de Ticky Holgado en clochard céleste. Arielle Dombasle, diva mélancolique mariée au roi de la pizza, Michel Leeb, lui-même épatant, est époustouflante, on chante encore beaucoup (eh ! oui, «le bonheur c'est mieux que la vie»...), entre deux suicides, un meurtre et quelques autres désagrément existentiels, et ça se termine par un mariage. C'est formidable d'énergie, d'autodérision et d'un talent de filmer unique, intact.

CAMPING À LA FERME

JEAN-PIERRE SINAPI

Un éducateur plein de bonne volonté (Roschdy Zem) est chargé de superviser les TIG – Travaux d'Intérêt Général – à la campagne de six jeunes délinquants des cités. Une sorte de «Clochemerle» contemporain où l'auteur de «Nationale 7» confronte les mœurs bourrues des ruraux et les modes de vie décalés des banlieusards. Un appel parfois caricatural mais toujours humaniste au droit à la différence, qu'elle soit religieuse, sociale ou sexuelle.

CHIENS ÉGARÉS

MARZIYEH MESHKINI

À Kaboul, deux enfants errent dans les rues. Leur père, un taliban, a fait mettre en prison leur mère parce qu'elle s'était remariée le croyant mort. La fillette et le garçon (Gol-Ghoti et Zahed) sont seuls, désemparés. Ils recueillent un chien que d'autres gamins voulaient lapider et ne désirent qu'une seule chose : dormir auprès de leur mère. Ils finiront par commettre des délits pour être enfermés à leur tour... Cette fiction raconte la réalité terrifiante de l'Afghanistan. Les enfants ne sont pas des comédiens professionnels et semblent jouer leur vraie vie – ou quelque chose qui y ressemble très fort. Poignant.

SAVED !

BRIAN DANNELLY

Dans un lycée bien pensant, une jeune chrétienne (Jena Malone), élevée par des crétins, réussit à se faire faire un enfant par un niais qui n'était pas encore tout à fait sûr d'être homosexuel... Gags prétendument drôles et rythme soi-disant trépidant. Le degré zéro de la comédie américaine pour adolescents.

Cursed

Lemming

CURSED
WES CRAVEN
Un loup-garou ensanglante Los Angeles. Ayant assisté au massacre d'une automobiliste, un frère et une sœur ont été mordus par la Bête. Ils vont donc être victimes de la malédiction, à moins que ?... On était en droit d'attendre, de la part de l'auteur de «Scream», davantage que cette série Z soignée, mais au scénario sans surprise. Heureusement, la présence d'une Christina Ricci bien photographiée rehausse le spectacle, et certains dialogues sont assez drôles, comme celui du coming-out simultané des deux lycéens rivaux : «Je suis gay ! – Moi, je suis loup-garou !».

DIG !
ONDI TIMONER
À 12 ans, Ondi Timoner, déjà rousse, acquiert une guitare. À 16, elle achète une caméra, ce qui lui permet de rencontrer Bob Dylan. En 1995, avec une autre caméra, DV celle-là, elle entreprend la traque de deux groupes musicaux aux destins opposés : d'un côté, Brian Jonestown Massacre dont le leader est Anton Newcombe, adepte du rock métaphysique. De l'autre, plus hédoniste, plus énergique, Courtney Taylor et ses Dandy Warhols... Sept ans de tournage, 1 500 heures de rushes. À l'arrivée, 107 minutes consacrées aux concerts, mais aussi aux mariages et aux bagarres de ces deux rivaux. Jaloux, qui de l'originalité, qui de la popularité de l'autre... Entre les deux, le cœur d'Ondi Timoner n'a jamais cessé de balancer...

TROIS COUPLES EN QUÊTE D'ORAGES
JACQUES OTZMEZGUINE
Et un film choral de plus ! Adaptant un roman de Lionel Duroy, Jacques Otzmetguine réunit donc trois couples. En crise, plus ou moins, forcément. À la base, trois amis de longue date, Rémi (Aurélien Recoing), Olivier (Samuel Labarthe) et Pascale (Philippine Leroy-Beaulieu). Les femmes des uns, le mari de l'autre, la rupture d'anévrisme d'Olivier, Rémi que cet accident bouleverse, Estelle (Claire Nebout) dont les sculptures sont les enfants qu'elle n'aura pas, Marianne (Laurence Côte) qui sème une légère pagaille... Les couples auront donc obtenu les orages désirés, on s'en réjouit pour eux. Les comédiens ont du mérite.

LEMMING
DOMINIK MOLL
«Lemming» reprend quasiment le même dispositif, diaboliquement efficace, de «Harry un ami qui vous veut du bien», et le même acteur aussi, Laurent Lucas, sachant à merveille exprimer un effroi raisonnable. On perd donc la force explosive de la surprise, mais on retrouve le plaisir d'un thriller intime, le glissement progressif vers une horreur insidieuse laquée d'humour. Alain et Bénédicte Getty (Laurent Lucas et Charlotte Gainsbourg) forment un petit couple charmant, convenablement heureux. Ils attendent le patron d'Alain et sa femme Alice (André Dussollier et Charlotte Rampling) pour dîner. C'est alors que l'évier se bouche. Et l'on découvre qu'un lemming, petit mammifère nordique assez antipathique, s'est coincé dans le conduit. Le lemming, métaphore couinante de la perte de contrôle... Après un surprenant pugilat verbal avec son mari, dès son arrivée, Alice devient maître du jeu, présente, absente, morte, vivante, qui sait ? Elle régit les pulsions, change le cours des destins – surtout le sien et celui de Bénédicte, dont elle pénètre le corps et l'esprit. Pendant ce temps, Alain est brisé, au propre et au figuré. Fantasmes, réalité, les lemmings croissent et multiplient, etc. On s'amuse, on frisonne un peu, on se laisse assez volontiers mener par le bout du nez.

LOCATAIRES
KIM KI-DUK
À l'instar du coucou, le jeune Tae-suk (Jae Hee) s'introduit dans les maisons vides. Ce n'est pas un voleur, il remet tout en ordre et va même jusqu'à réparer les objets qu'il a trouvés cassés. Le hasard lui fait choisir un jour une maison encore occupée par Sun-houa (Lee Seung-yeon), une jeune femme maltraitée par son mari, Min-kyu (Kwon Hyuk-ho). Aussitôt, il quitte les lieux. Mais il revient la chercher, la défend contre les brutalités de Min-kyu et l'emmène avec lui. Ensemble, sans une parole, ils continuent le même manège. Mais la société va tout faire pour les séparer, les policiers corrompus prenant le parti de l'époux tyrannique... Images limpides, aucun délayage psychologique. Prolifique et hyper doué, le cinéaste coréen Kim Ki-duk propose un film lumineux, lyrique et optimiste. Le dénouement, insolite, relève du fantastique, voire du merveilleux.

Mon petit doigt m'a dit

Les Trois Chambres de la mélancolie

MON PETIT DOIGT M'A DIT
PASCAL THOMAS

Ils s'appellent Prudence et Bélisaire, du moins dans cette version française des aventures des Beresford, couple farfelu imaginé par Agatha Christie. Pascal Thomas ayant francisé les personnages et les lieux du roman choisi, ils habitent en Haute-Savoie. Colonel en retraite, Bélisaire (André Dussollier) a bien du mal à empêcher la fantasque Prudence (Catherine Frot) de se livrer à son passe-temps favori : l'enquête policière sur les mystères qui les entourent. Pour le reste, leur souci essentiel est d'éviter les fâcheux, au nombre desquels leurs enfants et petits-enfants, et, surtout, de ne jamais s'ennuyer. Les dons de détective amateur sont réveillés chez Prudence par la visite à une vieille tante de Bélisaire dans une maison de retraite où tout le monde semble un peu fou. En fait, l'intrigue, compliquée à plaisir, importe peu. Ce qui compte, c'est le plaisir, précisément, que Pascal Thomas et sa bande y ont pris, c'est la verve et l'alacrité des dialogues. De Geneviève Bujold à Laurent Terzieff, de Bernard Verley à Alexandra Stewart, en passant par la revenante Valérie Kaprisky, tous ont joué le jeu avec un bonheur évident.

VILLA PARANOÏA
ERIK CLAUSEN

N'ayant pas été choisie pour le rôle d'Angélique dans «Le Malade Imaginaire», une jeune Autrichienne, Anna (Sonja Richter), accepte un boulot d'infirmière auprès d'un paysan (Erik Clausen). Découvrant que ce dernier possède de réels talents de comédien, la jeune femme décide de jouer auprès de cet amateur bougon le rôle dont elle rêvait tant. Un conte caustique et loufoque sur l'adoption mutuelle entre une intello des villes et un manuel des champs, mis en images par un cinéaste ayant le goût des couleurs vives et maîtrisant avec talent un montage dynamique. Mais, à force de vouloir brasser trop de sujets (les sans-papiers, la solitude des personnes âgées, l'individualisme de notre société...), il dilue la morale humaniste de son histoire.

LA NOUNOU 3
GARI BARDINE

Est-il encore besoin de présenter cette baby-sitter véloce se déplaçant à toute allure sur ses patins à roulettes ? Dans ce troisième épisode, elle recueille un adorable chiot, provoquant du même coup la jalousie du petit garçon dont elle a la charge. Ce dernier va tout faire pour se débarrasser de l'encombrant canidé. Un conte moral, où l'animation d'objets atteint des sommets de virtuosité et de poésie.

HOMO SAPIENS
JACQUES MALATERRE

Énorme succès à la télévision, petite sortie en salle : le docu-fiction de Jacques Malaterre repose sur les thèses du célèbre paléontologue Yves Coppens. Donc – pour faire court – «Homo sapiens» résume 300 000 ans d'évolution humaine. Sapiens, fils d'Erectus parcourt le monde, rencontre son frère Neandertal, s'embarque en mer (spectaculaire séquence digne d'un film catastrophe) et débarque en Australie. Sapiens, qui est loin d'être sot, invente, peu à peu, des rituels et des croyances qui ont traversé le temps... Cette leçon d'Histoire à la portée de tous possède un charme roué auquel il est difficile de résister.

LES TROIS CHAMBRES DE LA MÉLANCOLIE
PIRJO HONKASALO

Un documentaire, et aussi une œuvre, celle d'une cinéaste finlandaise, Pirjo Honkasalo. Tragique, poignant, évitant toute poétisation de la misère, c'est un voyage en trois stations, trois «chambres» au cœur désolé des enfants d'une guerre qui finit sans s'arrêter, la guerre en Tchétchénie. D'abord, l'Académie militaire de Kronstadt près de Saint-Pétersbourg, où des enfants soldats, 10 ans, 11 ans, orphelins souvent, forment une étrange armée de nains angéliques en uniforme. Ils marchent au pas, mais chantent «Laissez le cheval courir en liberté» en chœur... La deuxième «chambre», Grozny, est en ruines : les images n'ont plus de couleur, la vie non plus. En noir et blanc, des maisons éventrées, des spectres industrieux s'y accrochent, des chiens errent, des enfants dans les décombres jouent à la guerre. Plus tard, on sera en Ingouchie, à quelques kilomètres de la frontière avec la Tchétchénie. Un camp de tentes, des chevaux dans la brume frémissent au lointain grondement d'une bataille, et des enfants sans rêve refusent au matin la douleur du réveil.

Last Days

Gus Van Sant

Le Rock'n roll est mort et on ne se sent pas très bien à la sortie de ce film que Gus Van Sant dédie à la mémoire de Kurt Cobain, disparu en 1994. Comme dans les deux précédents films du cinéaste, «Elephant», Palme d'Or à Cannes en 2003, et «Gerry», sorti en 2004, le scénario s'inspire de faits réels relatés par les médias. Et improvise avec les matériaux de l'imaginaire. «Last Days» n'est pas une biographie du musicien. À peine une proposition, tant le parcours intérieur de cet homme déjà en fuite de lui-même ne peut se concevoir au crible de la raison. De ses émotions restent l'écume et le mystère des jours. Les derniers jours.

Seul dans une forêt obscure, un jeune homme que l'on croirait bien éloigné du milieu de sa vie, vomit entre les arbres. On le suit tandis qu'il glisse vers des rapides. Filmés de l'autre rive, son corps vulnérable, sa marche bancale ne vaudraient pas grand-chose s'il était un animal dans la jungle. Mais il se trouve dans une nature aussi enchantée que celle décrite par le poète Thoreau. Et c'est en humain qu'il contemple les chutes d'eau et ajoute à leur vitalité un pauvre filet d'urine. Il marmonne, chantonne, minuscule dans sa tentative de vivre sur terre. Au cœur de ces terres, justement, un grand manoir de pierre dont la façade en impose, à l'inverse de l'intérieur délabré où l'on verra Blake le musicien (Michael Pitt) errer dans ses fantasmes avec quelques membres de son groupe auxquels il est indifférent jusqu'à la transparence.

Plus solitaire, plus fantomatique, plus fou encore que Hamlet dans son Elseneur, Blake ne peut plus rien dire de son histoire. Et puis, ce serait trahir le vrai Kurt Cobain. Celui dont la légende sulfureuse a donné lieu à des flots d'explications vaseuses, d'ordures parfois. Gus Van Sant ne nous en livrera que des fragments infimes, des signes comme abandonnés et laissés sur la rive par des voies extérieures. Quelques visiteurs viennent de l'autre monde, celui où l'on démarche les clients pour les publicités des Pages jaunes, où des chrétiens prosélytes qui se nomment tous Elder Friberg déversent leurs contes à dormir assis, où le téléphone ne sonne que quand ça urge pour la future tournée, un morceau de contrat, un bout de famille.

Vêtu des oripeaux de sa propre tragédie, Blake sait qu'il a perdu quelque chose en route. De quoi se souvient-il ? Peut-être cette campagne, cette maison ont-elles un jour représenté le rêve de tout groupe qui grimpe : assez d'argent pour s'offrir l'amitié, la paix et la joie du rock. Il y aurait des lits partout, des guitares posées dans le salon, de la dope et des plâtrées de macaronis au fromage. Et de la musique. Gus Van Sant a choisi note par note celle de son film, avec les conseils de Thurston Moore de Sonic Youth. Les chansons d'amour au sirop sont interprétées par le groupe de jeunes Noirs Boyz II Men. Lou Reed et le Velvet Underground distillent

le poison de «Venus in Furs». L'acteur Michael Pitt, lui-même musicien, révèle son talent.
Tout ce que nous aimons retrouver chez Gus Van Sant se tient dans le lieu unique d'où il compose cette méditation. Sons décalés, caméras qui ne s'empressent pas de saisir ce qui ne passe pas dans leur champ, sensibilité des acteurs. On sent à chaque seconde le respect qu'il leur porte. Point d'interrogation fêlé, Blake n'est jamais ridicule. Filmé à distance ou de trop près, derrière des vitres ou de guingois, il offre pour seule certitude sa souffrance. Si Gus Van Sant parvient à ce que les clichés du Rock'n roll qu'incarne Blake s'effacent sous le pouvoir de ses démons, leurs œuvres sont mornes. Restent quelques accords et un peu de cendres.

Dominique Wideman
L'Humanité hebdo

Il n'y a pas de romantisme dans «Last Days», surtout pas celui des anges fatigués, des rock stars en tourments. C'est, très sèchement, un film sur la dépression. Comment elle modifie la perception des choses, perturbe l'appréhension des distances, trouble la température du monde. D'un bout à l'autre, Blake est seul. Saisi dans une forêt quand s'ouvre le film, le garçon aux cheveux blonds dont on n'apercevra que très rarement le visage, marche automatiquement ; traverse à la nage une rivière ; fait sécher ses vêtements au feu près duquel il passera la nuit. On songe d'emblée à la «Reflecting Pool» de Bill Viola, au moins pour cette carrure forestière de l'image, pour ce sol aquatique, cette suspension dans un temps intime et sans fenêtres qui est le temps de la dépression. Dépression, comme on devine celle dont parle la météorologie : masse impénétrable posée sur nos têtes. Ensuite le film n'enregistre que les circulations de Blake à travers une grande maison nichée dans les bois. Dans la demeure végète une petite troupe d'individus grunge *; instruments de musique jonchant le sol, disposés à rien, sinon à être empoignés le temps d'une complainte ; visite impromptue d'un représentant des Pages jaunes venu vendre un espace publicitaire à Blake, qu'il croit être négociant en matériel de chemins de fer. Blake s'endort au cours de la conversation, l'une des seules qu'il aura durant ses derniers jours. Évoquer une vie (celle de Blake, celle de Kurt Cobain) par ce bout-là, par ce qui s'échappe au dedans d'un esprit, d'une souffrance : solide et doux projet de «Last Days».*

Jean-Philippe Tessé
Chronic'Art

S'avouant influencé par le «Jeanne Dielman» de Chantal Akerman (début des années soixante-dix, c'est tout dire !) «Last Days» se veut «méditation sur les démons intérieurs qui ravagent un jeune musicien talentueux dans les dernières heures de son existence». Talentueux ? C'est Gus Van Sant qui le dit car rien dans la bande-son, d'une pauvreté maladive, ne vient soutenir cette affirmation. Ceux qui espèrent quelques références à Kurt Cobain, censé être à la source de l'inspiration de l'auteur, peuvent déjà aller se rhabiller et laisser aux acteurs – Asia Argento en tête – le soin de se balader cul nu dans cette ballade délabrée qui mélange humour et trash, divagations réalistes et envolées poétiques sans queue ni tête. D'accord pour le cinéma minimaliste, encore faut-il qu'il soit au service d'une cause, d'une émotion, d'un projet, tout ce que viennent démentir les errements d'une mise en scène incarnant les clichés du Rock'n roll récupérés par un vieux charognard. Reste Michael Pitt. Un acteur ? Vu de loin, de très loin…

Philippe Lagouche
La Voix du Nord

«Last Days» fait d'abord l'événement pour de mauvaises raisons : parce que Van Sant a reçu la Palme d'Or il y a deux ans pour le formidable «Elephant» , et parce qu'il s'agit d'une libre adaptation de l'histoire réelle de Kurt Cobain, leader suicidé (en 1994) du groupe Nirvana. Mais si l'on doit une fois encore distinguer son cinéma, c'est pour sa respiration singulière, qui, basée sur le ressassement, donne curieusement au spectateur une liberté, un souffle inégalé. Nulle thèse, nulle accusation, donc. En accompagnant ici les derniers jours hébétés d'une jeune rock star, dans une maison décrépie et glacée,

nichée dans la forêt, Gus Van Sant parvient très finement, très doucement, à saisir l'essentiel : une présence au bord de l'absence. Ce, en suivant les flux et reflux d'une conscience altérée, bouleversée : c'est d'une grande et triste beauté, sans que jamais le romantisme noir et cliché du rock'n roll ne vienne ternir cette ultime errance. «J'ai joué ce personnage comme quelqu'un qui se souvient de sa mort tout au long de sa propre vie. Avec l'idée, au fond, qu'il savait ce qui allait se passer», commentait, entre deux cigarettes, le jeune Michael Pitt, révélation du film. D'une joliesse adolescente tout aussi... brumeuse au naturel, camouflé lui aussi derrière une tignasse et un T-shirt aléatoires. «Michael se tient mal dans la vie et, en jouant ce personnage, j'avais toujours l'impression qu'il portait quelque chose de lourd», souriait, à ses côtés, le cinéaste, conscient de la justesse hallucinée de son interprète. Et flottante, pourtant, comme les intentions du metteur en scène expérimental qu'il n'a jamais cessé d'être... Quelque chose qui échappe et qui en fait toute la valeur : l'une des dernières images du film montre ainsi l'esprit de Blake s'extirpant de son corps gisant, et grimpant vers le ciel. Flottant... au-dessus de la mêlée, tout simplement.

Ariane Allard
La Provence

Souvenez-vous ! Les ripolinés «Great Balls of Fire» ou «Ray», le calamiteux «Doors», le plus âpre quoique cinématographiquement très prévisible «Sid & Nancy», le grossier «Podium», les médiocres «Lady sings the Blues» ou «Tina»... Van Sant, lui, évite tous les pièges : le voyeurisme crapoteux, l'obligatoire dyptique «montée vers la gloire puis déchéance», la scène de concert, l'engueulade avec le manager véreux, l'explication psychologisante, la trajectoire édifiante... En concentrant le temps (une journée, une nuit), Van Sant se livre à un travail de condensation, de pure observation comportementaliste, qui lui permet de saisir, avec intensité et poésie, les gestes, le corps et les sensations d'un jeune homme en train de couler. Autour de cet astre noir, de cet ange déchu, le monde, l'entourage, sont perçus comme à distance, dans un brouillard ouaté. Des copains musiciens qui glandent, ou parlent trop. Une manageuse qui ressemble plutôt à une mère protectrice (Kim Gordon de Sonic Youth). Un employé des Pages jaunes ou un couple de mormons qui font du porte-à-porte (incises drolatiques et surréelles dans un film plutôt sombre et torturé). Et si «Last Days» raconte une perdition, il le fait avec une étrange douceur, une mise en scène voluptueuse, comme pour conjurer la mort au travail sur un corps trop jeune et trop beau pour pourrir par un geste artistique plein de sève et d'inspiration. Gus Van Sant est devenu en trois films le roi du létal sexy, de l'adolescence radieuse et foudroyée. Après le désert magnifié et le lycée labyrinthique, l'enfer possède ici les traits d'une vaste demeure victorienne et d'un beau parc arboré. Van Sant paraît boucler là une trilogie soufflant une vision de l'Amérique plus intuitive et poétique que politique : cette société semble inhabitable pour ses enfants. D'ailleurs, Van Sant ne fait pas d'enfants mais des films, rejetons brillants dont il peut être fier.

Serge Kaganski
Les Inrockuptibles

Deux options pour tenter d'élucider le mystère de la mort de Kurt Cobain : se lancer, comme le documentariste anglais Nick Broomfield, dans une enquête filmée périlleuse («Kurt & Courtney»). Ou, comme Gus Van Sant, contourner les problèmes (de Courtney, de droit, de réalisme à tout prix) en réalisant un film de «fiction» où la seule atteinte à la vérité historique consiste à changer le nom du héros. Dans «Last Days», présenté au Festival de Cannes 2005, Kurt s'appelle Blake (Michael Pitt, excellent). Sinon, tout le reste est à sa place : les gilets de laine mités, les lunettes blanches fantaisie, les marmonnements de l'idole grunge, sa solitude de génie oppressé. Moins raconté que ressenti, le film poursuit l'expérimentation narrative des deux précédents opus de Van Sant en court-circuitant le récit par une succession de saynètes à la temporalité décousue qui impriment une grande empathie pour le personnage. Un vrai Rock'n roll Suicide, lent, patient, immobile, d'autant plus déchirant quand s'enfuit le fantôme silencieux de l'artiste maudit.

Benjamin Rozovas
Glamour

Cette vie, celle de Blake, mais celle aussi de Kurt Cobain dont elle est comme la projection, Gus Van Sant en raconte les derniers jours. Ou, plutôt que de les raconter, il en imagine le déroulement, jusqu'à ce terme qu'on sent d'emblée inévitable et qui sera la vision fugitive, vue de l'extérieur, comme à travers l'objectif d'un paparazzi fixant l'image floue sans en pénétrer le sens, d'un corps sans vie, d'où s'échappe – en un plan soudain surréel – un corps nu grimpant les barreaux d'une échelle, comme une âme trouvant enfin son nirvana. Pour en arriver là, Gus Van Sant emprunte une route qui est celle-là même qu'il avait empruntée dans ses deux précédents films, «Gerry», histoire de deux types perdus dans le désert, et «Elephant», évocation des deux adolescents venant mettre leur lycée à feu et à sang. La part de mystère contenue dans ces itinéraires de mort, on la retrouve dans cette dérive finale d'un homme qui ne parle presque plus, qui se cache sous ses cheveux tombants, qui circonscrit sa vie à quelques gestes, quelques chuchotements inaudibles. Cela donne parfois, lorsqu'un vendeur de Pages jaunes ou deux mormons venant annoncer leur sauveur poussent la porte, des rencontres proprement délirantes ; cela donne surtout avec les quelques copains-copines musiciens qui, eux aussi, cuvent leur drogue dans les chambres et paraissent aussi décavés que leur pote auquel manifestement ils ne peuvent plus apporter aucune aide, le sentiment d'une solitude déchirante, que vient traduire, dans un moment de grâce ultime, une ballade de la mort triste, «Death to Birth», que chante Blake. La caméra, qui n'enregistre ce qui se passe que sous un seul angle et qui, comme dans «Elephant», suit à la trace, en de longs travellings errants, la marche titubante du personnage, le mène inexorablement vers la fixité finale sans que, à aucun moment, elle ne donne la clé de quoi que ce soit. Laissant le spectateur subjugué, et lui aussi hébété, se faire son propre cinéma.

Jean Serroy
Le Dauphiné Libéré

LE VOL DU PHŒNIX

JOHN MOORE

C'est le fils du grand Robert Aldrich qui a eu l'idée de coproduire un remake de l'un des films de papa (pas le meilleur, d'ailleurs). Le canevas est le même : douze intrépides construisent un petit avion à partir des restes d'un immense aéronef, crashé en plein désert. Modernité oblige, un honnête tâcheron a été chargé de miser sur les effets spéciaux et non sur la psychologie. Les événements spectaculaires se succèdent donc (tempête de sable, orage électrique, attaque de mercenaires fielleux), ponctués de formules définitives. Exemple : «Les religions divisent les peuples, la croyance les unit»... Seul personnage intéressant : Giovanni Ribisi, en petit génie de la mécanique, blondinet, nasillard et mégalo.

Le Vol du Phœnix

Sahara

Frères de sang

SAHARA

BRECK EISNER

Dirk et Al (Matthew McConaughey et Steve Zahn), explorateurs scientifiques doublés d'aventuriers casse-cou, se connaissent depuis toujours et cherchent ensemble des trésors enfouis au fond des mers. Le destin et une pièce d'or appartenant à la cargaison d'un vaisseau disparu pendant la guerre de Sécession vont les mener dans le désert d'Afrique en compagnie d'une ravissante femme médecin (Penélope Cruz, ravissante, en effet) qui veut endiguer une épidémie. Par moments, les cascades de nos deux compères ressemblent à celles des fous furieux de «Jackass» : rien ne leur semble impossible et ils sont plutôt rigolos. Du bon vieux film d'aventure qui détend et s'oublie immédiatement.

FRÈRES DE SANG

KANG JE-GYU

Jin-tae (Dong Kun-yang) et son cadet Jin-seok (Bin Won) sont entraînés malgré eux dans la guerre de Corée. Peu à peu, décidé à sauver à tout prix la vie de son petit frère, Jin-tae se porte volontaire pour des missions de plus en plus suicidaires. La violence et le sang sépareront les deux hommes qui se retrouveront chacun dans un camp différent. Plein de bruit, de fureur et de musique ronflante, ce «Il faut sauver le soldat Jin-seok» coréen explore un thème et un sujet passionnants, mais le pilonnage sonore et l'image en constant mouvement finissent par lasser.

ORLANDO VARGAS

JUAN PITTALUGO

Poussé par des pressions politiques inexpliquées, un homme d'affaires français (Aurélien Recoing) quitte Montevideo pour un village à la frontière du Brésil, avec femme (Elina Löwensohn) et fils (Rodrigo Dambrauskas). Un homme – un flic – semble le surveiller... Ne rien exprimer, c'est tout suggérer : telle semble être la devise de ce jeune réalisateur uruguayen, produit par le prolifique et habile Paolo Branco. Mais rien par rien, ça peut faire rien, parfois. Dans le cas présent, on aboutit à un désert très incolore, bien loin du célèbre rouge antonionien...

POUR L'AMOUR DU PEUPLE

EYAL SIVAN – AUDREY MAURION

Un homme raciste. Un officier de la Stasi. Il parle, sur fond de plans d'actualité qui montrent des villes de l'ex-RDA, des bâtiments où s'entassent, désormais, des dossiers, jadis redoutés. Où résonnent encore des interrogatoires, autrefois meurtriers. Devant nous, cet ex-officier s'explique «Comment peut-on vivre sans idéal? », se demande-t-il. Au fait, oui, comment ? Cet homme n'a rien voulu voir, n'a rien vu. Et s'il a vu, il n'a pas voulu, ou pu empêcher les exactions, les meurtres. On le croit sur parole. Mais, fallait-il la donner, cette parole, à ce criminel convaincu, sous prétexte d'un document historique ? On est loin, ici, de la démarche de Rithy Panh dans «S21, la machine de mort khmère rouge», où le témoignage des bourreaux devenait la plus belle condamnation de l'horreur subie par les victimes.

NEW YORK MASALA

NIKHIL ADVANI

Double problème pour Naina (Preity Zinta), jeune Indienne émigrée à New York : le restaurant de sa mère va mal, alors que le mariage organisé par grand-maman, lui, risque d'avoir lieu. Heureusement débarque Aman (Shahrukh Khan)... Clou de ce petit film mignon – mais qui dure trois heures : la reprise de «Pretty Woman» en hindi, sur fond de bannière étoilée. Manière amusante – mais longuette – de célébrer l'osmose, toujours délicate, des traditions indiennes et des mœurs américaines...

ULTRANOVA

BOULI LANNERS

C'est une comète venue de Belgique, une fable tombée sur la tête comme la voiture sur laquelle s'ouvre (et se clôt) le film et dont émerge, comme un somnambule, Dimitri (Vincent Lecuyer), jeune homme étrange et taciturne. En compagnie de deux confrères, il vend des maisons préfabriquées. Le plat pays qui est le sien n'en finit jamais de finir, et l'ennui de s'insinuer partout. Pourtant, la vie est surprenante : Dimitri croise de douces jeunes femmes, d'improbables rêveurs, un voisin qui cherche son chien, un automobiliste et son *airbag* récalcitrant, et même ses propres parents, dans un centre commercial... Première œuvre déjantée d'un comédien à part, «Ultranova» est une ballade poétique sur un monde désespéré mais pas si désespérant.

LE PRINCE

MOHAMMED ZRAN

Dans cette version moderne du berger et de la princesse, un fleuriste poète (Abdelmonem Chouayet) s'éprend d'une belle banquière (Sonia Mankai). Autour d'eux, tout un monde de rêveurs (chauffeur, journaliste...) se casse plus ou moins les dents sur la dure réalité. La fable sociale, maladroite et longuette, n'atteint que rarement son but. On attendait mieux du deuxième long métrage de Mohamed Zran, après «Essaïda» (1997).

TRAVAUX (ON SAIT QUAND ÇA COMMENCE...)

BRIGITTE ROÜAN

Comme pour nous avertir qu'il s'agit d'une farce, Brigitte Roüan transforme, d'entrée, son héroïne – une avocate de gauche – en Mary Poppins doublée de Cyd Charisse : c'est en s'envolant dans les airs, en faisant des bisous au procureur entre deux entrechats que Carole Bouquet (métamorphosée en «actrice frénétique», comme disait Truffaut de Katharine Hepburn, Rosalind Russell et Kay Kendall), gagne ses procès. Chantal, qui milite pour les sans-papiers et défend la cause des clandestins, doit repeindre son superbe appartement. Elle fait appel à un architecte génial, mais foutraque (Marcial di Fonzo Bo) qui amène, lui, une troupe d'ouvriers latinos, poilus et sympathiques. Devant la pagaille qu'ils installent, la vie de Chantal devient, vite, un enfer, d'autant plus burlesque qu'elle a cédé, un soir, par désœuvrement, à la cour pressante d'un client acquitté par ses soins (Jean-Pierre Castaldi) qui a la fâcheuse idée de l'appeler «Pupuce». Devant cet amant incongru qui apparaît, un matin, dans sa cuisine, sous l'œil rigolard de ses deux enfants, Chantal dissimule sa gêne derrière un bol de café. Et c'est délicieux. La voir quitter, aussi, à quatre pattes, un bistrot dans lequel l'a cernée son soupirant encombrant est un bonheur qui rappelle les réussites américaines de jadis, de Howard Hawks à Blake Edwards. Un peu plus convenu, en revanche, même si continuellement chaleureux, le message social. Notamment la scène où Carole Bouquet, en expédition professionnelle à Barbès, constate la relativité de ses problèmes de grande bourgeoise face à ceux des clandestins, entassés à vingt dans un réduit. Le «politiquement correct» l'emporte, quelques instants, avant que l'amusant désordre de la mise en scène ne fasse triompher la tendresse et la gaîté.

Un fil à la patte

DJOUROU, UNE CORDE À TON COU
OLIVIER ZUCHUAT

Comme bien des pays africains, le Mali va droit dans le mur. Amené à produire de plus en plus de coton, alors que le prix du marché s'effondre. Et condamné à s'endetter toujours plus pour rembourser des intérêts qui, à la longue, sont devenus supérieurs aux sommes empruntées. Le film explique avec une logique sèche les méfaits d'une politique mondialiste qui mise sur la dette pour appauvrir les pauvres et enrichir les riches.

UN FIL À LA PATTE
MICHEL DEVILLE

«Le Fil à la patte» de ce fou furieux de Feydeau revisité par Michel Deville n'est en rien du théâtre filmé. Débarrassé des conventions datées par l'adaptation de Rosalinde Deville, c'est un film à part entière, libre, ensoleillé, qui bat la ville et la campagne. Sur un rythme infernal, il ouvre les portes (qui claquent) et les cœurs (qui chavirent). Au propre (beaucoup) et au figuré (tout le temps), il déshabille chacun et chacune. La nudité est le sel de la vie et l'argent, le nerf de l'amour dans cette guerre en dentelles et en caleçon. La ravissante diva, Lucette (Emmanuelle Béart), ne sait pas que son amant bien-aimé, Bois d'Enghien (Charles Berling), doit se marier le lendemain avec une héritière délurée (Sara Forestier, la révélation de «L'Esquive»), mais elle est conviée à chanter à la noce... Voilà le quiproquo central. Mais tout autour s'en développent bien d'autres : la baronne Duverger (Dominique Blanc), future belle-mère, dirait bien deux mots (tendres) à son futur gendre ; l'ex-mari de Lucette (Tom Novembre) est raide, et sa jeune sœur (Julie Depardieu), frustrée ; le nouveau riche (Stanislas Merhar) parle en vers pour se hisser vers la haute ; le journaliste (Jacques Bonnaffé) a mauvaise haleine ; le clerc de notaire (Patrick Timsit) se retrouve sans pantalon... C'est sensuel, cruel, passéiste, moderne. Épatant.

LE THÉ D'ANIA
SAID OULD-KHELIFA

En Algérie, après 1992, «après 150 000 morts et des milliers de disparus», Mehdi (Miloud Khetib) vit en reclus et il écrit sa peur sur les murs sombres de son appartement. Sa voisine Ania (Ariane Ascaride) tente de l'ouvrir à la vie, à l'espoir, en déposant régulièrement devant sa porte un plateau de thé et de gâteaux... Une belle idée pour un sujet grave, mais la lenteur de la mise en scène émousse bien vite l'intérêt.

COMME ÇA VOUS CHANTE MADAME LA SURVEILLANTE
PIETER KRAMER

Inspiré d'une série télévisée batave, une comédie musicale où les pensionnaires d'une maison de repos cherchent querelle à leur voisin homosexuel, qui voudrait bien se débarrasser de ces importuns. Esprit potache, références à Jacques Demy... Drôle de mélange.

Anthony Zimmer

QUARTIER VIP
LAURENT FIRODE
Un homme d'affaires incarcéré (François Berléand) utilise un maton débonnaire (Johnny Hallyday) pour se venger de son épouse (Valeria Bruni-Tedeschi), partie avec le magot. Une comédie très inégalement interprétée, s'essayant dans un premier temps au cynisme et à la satire politique, avant de se réfugier dans le quiproquo de boulevard et le consensuel mielleux du film romantique.

ANTHONY ZIMMER
JÉRÔME SALLE
Visiblement, le réalisateur apprécie les suspenses sophistiqués de Brian de Palma. Lesquels n'étaient, on le sait, que les brillants reflets de ceux d'Hitchcock. À force de tirer des fac-similés de l'original, on risque d'aboutir à de simples exercices de style, mais Jérôme Salle arrive à se tirer habilement des pièges qui le menacent… Donc, après Isabelle Adjani dans le décevant «La Repentie», Sophie Marceau côtoie, à son tour, Nice, ses merveilles et ses magouilles. Elle drague Yvan Attal dans un train, et le mec, subjugué (on le comprend), devient, aux yeux de tous ceux qui le poursuivent, le mystérieux Anthony Zimmer – un escroc jusqu'alors invisible et, surtout, un homme à abattre. (Les cinéphiles reconnaîtront le point de départ d'un des chefs-d'œuvre de Hitch : «La Mort aux trousses».) Marceau est mieux servie qu'Adjani : son réalisateur ne la force pas à dansoter sur la Promenade des Anglais, mais suit, au moyen de travellings élégants, ses pas qui claquent, ses cheveux qui ondulent au soleil. On se fiche de savoir si Yvan Attal se tirera intact du guêpier où il s'est fourré. On ne voit que celle qui a précipité sa perte.

DAMNATION
BELA TARR
Des bennes glissent le long d'un câble dans un paysage désolé. Un cliquetis entêtant, régulier, rythme le mouvement perpétuel de ce téléférique qui s'inscrit dans l'encadrement de la fenêtre d'un appartement où un homme, de dos, semble hypnotisé par ce manège. En un seul plan, dans un noir et blanc magnifique, tout est dit d'un monde figé, où le désespoir est palpable. L'histoire n'est qu'un prétexte – Karrer (Miklos B. Szekely), amoureux d'une chanteuse blonde, tente d'éloigner le mari de cette dernière en l'entraînant dans un trafic obscur. Nous sommes quelque part à l'est de l'Europe, il pleut, les murs suintent, la boue englue les pas des rares passants, les chiens errent. Au «Titanik», le bar du village, seul lieu de rassemblement et de «liesse», des hommes et des femmes dansent longuement, tristement. Tout ici n'est que renoncement : au couple, au bonheur, à la lumière, à l'utopie politique… Le Hongrois Bela Tarr est un cinéaste exigeant dont la France découvre dans le désordre l'œuvre singulière. Après «Les Harmonies Werckmeister» et «Satantango», «Damnation», son sixième film réalisé en 1987, nous happe et nous hante.

AVANT L'OUBLI
AUGUSTIN BURGER
Marseille, 1957. Tandis que la guerre fait rage en Algérie, une ouvrière espagnole (Nieve de Medina), mariée et mère d'une petite fille, tombe amoureuse d'un Algérien (Sami Bouajila). Elle entre dans un conflit qui la dépasse et qui oppose, sur le sol français, les membres du FLN (Front de libération nationale) et du MNA (Mouvement national algérien). La reconstitution d'époque empruntée et le romanesque pataud laissent parfois exister le vrai sujet : les luttes fratricides et leur cruelle absurdité.

Ella au pays enchanté

ELLA AU PAYS ENCHANTÉ
TOMMY O'HAVER
Ayant reçu à sa naissance de sa bonne fée marraine «le don d'obéissance», Ella (Anne Hathaway) est sans cesse la proie de méchants auxquels elle ne peut rien refuser – notamment ses deux affreuses belles-sœurs. Heureusement, hormis beaucoup de géants, gnomes, ogres et farfadets, un beau prince va croiser son chemin. Un ton irrévérencieux (Eric Ildle des Monthy Python en est le conteur et Joanna Lumley, d'«Absolutely Fabulous», joue la belle-mère) pour ce conte de fées rigolo adapté d'un roman de Gail Carson Levine.

À LA RECHERCHE DE DEBRA WINGER
ROSANNA ARQUETTE
En 2002, alors que sa carrière connaissait un creux, la comédienne Rosanna Arquette prit sa caméra pour interroger une trentaine d'actrices sur leur vie professionnelle et personnelle, la crainte de vieillir, la peur d'être oubliée, la difficulté d'être une femme quand les scénarios – surtout à Hollywood – sont écrits par des hommes pour des hommes… De Jane Fonda à Charlotte Rampling en passant par Whoopi Goldberg, Katrin Cartlidge, Laura Dern, Melanie Griffith, Emmanuelle Béart, Vanessa Redgrave, Robin Wright-Penn, Meg Ryan ou Sharon Stone, toutes jouent le jeu avec sincérité et, parfois, beaucoup de grâce et de pertinence.

MUSICA CUBANA LA NOUVELLE GÉNÉRATION
GERMAN KRAL
Six ans après son très beau succès, «Buena Vista Social Club», Wim Wenders endosse cette fois le rôle de producteur exécutif et envoie sur les traces de la «nouvelle génération» des musiciens cubains un de ses anciens étudiants en cinéma. Nous suivons Pío Leiva, 87 ans, bon pied bon œil et le rythme dans la peau, dans ses rencontres avec la belle Osdalgia, qui chante de langoureuses mélodies, la rappeuse Telmary Díaz, qui dit la misère de son pays avec rage et talent, ou Mayito Rivera, le «Mick Jagger cubain» qui porte bien son surnom.
Réunis avec d'autres sous le nom «Sons of Cuba», ils rejouent ensemble quelques hits, dont «Chan Chan» qui devient «Sommos Cubanos» et finissent en apothéose, à Tokyo, devant un parterre de Japonais conquis reprenant en chœur : «De Cuba vengo, de Cuba soy» («De Cuba je viens, de Cuba je suis»). Si la richesse artistique ne suffit pas à sauver une nation de la pauvreté, elle peut (elle doit) y contribuer.

Musica Cubana la nouvelle génération

RIVERS AND TIDES
THOMAS RIEDELSHEIMER
Andy Goldsworthy est un artiste anglais qui utilise terre, cailloux, fleurs, feuilles pour des assemblages éphémères. Car, après avoir été prises en photo, les œuvres sont condamnées à disparaître. Cette façon de conjuguer l'humilité (l'art est périssable) et l'orgueil (on photographie son travail avant qu'il meure) est la marque de cet artiste, observé, accompagné, cajolé par un cinéaste admiratif, zélé et respectueux. On sent, à chaque instant, Thomas Riedelsheimer soucieux de préserver toutes les beautés que l'artiste s'obstine à vouloir illusoires.

YASMIN
KENNETH GLEENAN
Le père pakistanais a immigré depuis longtemps. Le fils cadet est presque un Anglais comme les autres, désormais. La fille aînée, Yasmin (Archie Panjabi), a conclu un marché : elle porte le voile à la maison, mais s'habille en Occidentale à l'extérieur. Et a exigé un mariage blanc au Paki imposé par son père… Le 11 Septembre survient, et soudain tous les Orientaux deviennent suspects aux yeux des habitants de la petite ville. De malentendus en vexations, l'impensable se produit : le frère de Yasmin, qui ne songeait guère à l'islam, sombre dans l'intégrisme. Et Yasmin elle-même, sans rien y comprendre, revient à des traditions qu'elle voulait fuir. Cette amorce de liberté, soudain stoppée net, rend émouvant ce petit film modeste, joliment écrit et interprété, qui se situe dans la droite ligne de Ken Loach.

BUENOS AIRES 100 KM
PABLO JOSÉ MEZA
Les premières fois ont une force d'émotion indéniable. L'Argentin Pablo José Meza raconte un été dans la vie de cinq adolescents de treize ans : premières déceptions, premières amours, premières larmes… Nostalgie des derniers feux de l'enfance avec son lot de révélations qu'on n'avait pas su (voulu) voir. Un premier film imparfait malgré une foule de détails justes.

Shall we dance ?

Imposture

EL CIELITO
MARIA VICTORIA MENIS

Un jeune homme, dont on devine qu'il a été boxeur, est recueilli par un amateur de ce sport dans une fermette argentine… On pourrait croire, devant les regards que lui lance son hôtesse rudoyée, à un remake latino du «Facteur sonne toujours deux fois». Non : c'est au bébé du couple que s'intéresse Felix (Leonardo Ramirez). Peut-être parce qu'il reconnaît, dans cet enfant, privé d'avenir, son propre passé. D'une campagne terrifiante à une grande ville terrifiée, on suit, donc, le parcours étrange, tout de silence et de sensibilité, d'un homme et d'un enfant. Périple jamais édifiant. La réalisatrice mise sur une émotion contenue (sauf dans les flash-backs lourdement explicatifs) et d'autant plus envoûtante.

SOUS LA PEAU DE LA VILLE
RAKHSHAN BANI-ETEMAD

La réalisatrice iranienne alterne depuis de nombreuses années fictions et documentaires. Filmant le lent effondrement d'une famille iranienne – en dépit des efforts désespérés d'un fils modèle (Mohammad Reza Forutan) pour redresser la logique tragique des événements –, elle témoigne des inégalités sociales de son pays avec une lucidité amère mais fort heureusement dénuée de tout misérabilisme.

SHALL WE DANCE ?
PETER CHELSOM

Monsieur Clark (Richard Gere) s'ennuie un peu dans sa petite vie toute tracée. Levant le nez dans le métro aérien, il aperçoit, à la fenêtre d'un cours de danse de salon, une belle jeune femme (Jennifer Lopez). Ni une ni deux, il s'inscrit, pénètre dans un monde qu'il ignorait, se prend de passion pour la valse et le cha-cha-cha et reprend goût à la vie. Comme il n'a pas averti Beverly, sa délicieuse épouse (Susan Sarandon), celle-ci se croit trompée et engage un détective… Une jolie comédie romantique, plus profonde qu'il n'y paraît, sur l'apparence du bonheur et les rêves qui guérissent.

IMPOSTURE
PATRICK BOUCHITEY

Quinze ans se sont écoulés depuis le premier film insolite, morbide, dérangeant de Patrick Bouchitey, «Lune froide». N'ayant cessé depuis de mettre son talent de comédien au service des autres, il retourne à la mise en scène avec cette «Imposture» curieusement naïve dans sa volonté d'installer un climat de haute perversité et dont il est aussi l'interprète principal. Le film, adapté d'un livre du jeune auteur espagnol José Angel Manas, reprend le même thème – les affres de la création littéraire – que le récent «Je suis un assassin» de Thomas Vincent, tiré pour sa part d'un roman de Donald Westlake. Bouchitey, donc, est Serge Pommier, un écrivain à succès en panne d'inspiration. Une étudiante douée (Laetitia Chardonnet, jolie et intrigante) lui soumet un manuscrit excellent dont il s'empare sans vergogne et qu'il publie sous son nom. Non sans avoir kidnappé la jeune femme qu'il séquestre et enchaîne dans une maison isolée. S'établit alors une vie de couple entravée, mais somme toute bien banale : cocktail sans alcool de gesticulation sadomaso et de syndrome de Stockholm. La fin ne résout pas grand-chose. Des copains bienveillants (Michel Polac, Étienne Chicot, Ariane Ascaride) font de brèves apparitions.

LE CRIME FARPAIT
ALEX DE LA IGLESIA

Chef du rayon féminin d'un grand magasin madrilène, l'ambitieux Rafael (Guillermo Toledo) en vient aux mains avec son rival Don Antonio (Luis Varela), le tue accidentellement et dissimule le cadavre. Mais voilà que celui-ci disparaît mystérieusement ! Rafael comprend qu'il a été vu. Il reçoit des messages d'une certaine Lourdes (Monica Cervera), à qui ce séducteur invétéré ne s'est jamais intéressé en raison de son physique ingrat. Le chantage est sexuel : il sera son mari, son esclave, faute de quoi elle le dénoncera. Cette farce policière lourdingue d'Alex de la Iglesia (qui n'a jamais fait dans la dentelle) mise sur l'outrance et la grossièreté, offrant cette particularité d'être de plus en plus pénible à mesure qu'on avance vers le dénouement. Elle a reçu de la critique et du public un accueil d'une surprenante indulgence.

PAR L'ODEUR ALLÉCHÉ
JEAN MACH

À la suite d'un pari, un dragueur impénitent et cynique (Éric Afergan) met tout en œuvre pour séduire une beauté croisée à la terrasse d'un café. Bricolé, déjà-vu, et un brin vulgaire…

L'Amour aux trousses

L'AMOUR AUX TROUSSES

PHILIPPE DE CHAUVERON

Franck (Jean Dujardin) et Paul (Pascal Elbé) sont flics (maladroits) et copains (inséparables). Mais Franck a couché avec la femme de Paul. Désormais adversaires, ils filent à Toulon rechercher un truand, Carlos (François Levantal) – qui pouponne les petits vieux qu'il prend en otage, redoutant, pour eux, les effets de la canicule… Ça sent bon la comédie policière des *seventies,* façon Lautner/Audiard. Manque, hélas, la fantaisie de l'un et le brio de l'autre. On se console en essayant de trouver drôle l'affrontement entre Jean Dujardin, superstar depuis «Brice de Nice» et Pascal Elbé, révélation de «Père et fils». Sans oublier quelques seconds rôles : Claude Brasseur en oncle escroc, Cyril Lecomte en flic toulonnais…

Crazy Kung-fu

CRAZY KUNG-FU

STEPHEN CHOW

Un malfrat aussi malhabile qu'incompétent rêve d'intégrer le redoutable Gang des Haches. Voulant se faire la main sur de dociles villageois, il découvre que ceux-ci possèdent leur kung-fu sur le bout des poings. Après «Shaolin Soccer», l'acteur scénariste et réalisateur hongkongais rend un savoureux hommage parodique et spectaculaire au genre. Inspirés conjointement par le style manga et Tex Avery, les combats délirants font un peu oublier la minceur du scénario.

DEADLINES

LUDI BOEKEN ET MICHAEL ALAN LERNER

Apprenant qu'un attentat a frappé les forces américaines et françaises à Beyrouth le 23 octobre 1986, un jeune journaliste arriviste, Alex Randal (Stephen Moyer), se rue dans un avion en piégeant l'officiel correspondant de son journal. Sur place, il s'engouffre dans l'ivresse des scoops, grille tous ses confrères grâce à sa rencontre avec Julia (Anne Parillaud), une photographe de guerre très informée, et trace son chemin sans aucun souci de vérification et sans être affecté un seul instant par la désolation et la destruction qui l'entourent. Réalisée par deux anciens journalistes qui ont vécu de près le conflit au Liban, cette fiction imparfaite mais très documentée restitue une époque pas si lointaine avec un certain courage.

Akoibon

Il était un père

IL ÉTAIT UN PÈRE

YASUJIRO OZU

Un inédit de 1942. Monsieur Horikawa (Chishu Ruy, habituel complice d'Ozu), professeur émérite, se croit responsable de la mort d'un enfant qui s'est noyé lors d'une excursion, après avoir désobéi à ses ordres. Il quitte l'enseignement, retourne dans sa province natale où il laisse Ryoshei, son propre fils de huit ans, et prend, en ville, un travail administratif afin de subvenir à ses besoins. Devenu adulte, Ryoshei (Shuji Sano) se rend au chevet de ce père adoré et à peine entrevu pour partager enfin avec lui quelques moments d'intimité... Dans ce film, mineur si l'on songe à «Voyage à Tokyo», mais qui rend soudain dérisoires quelques films d'auteurs actuels, Ozu ne juge personne. Et surtout pas Monsieur Horikawa qui, selon la devise qu'il s'était fixée, a toujours fait «de son mieux, dans la vie», au risque de piétiner, sans en avoir même conscience, les sentiments d'autrui... Comme dans tous les films du Maître, les cadrages sont à la fois audacieux, lyriques et métaphoriques : notamment ce plan incroyable où l'homme et l'enfant sont filmés au loin, assis au bord d'un précipice vertigineux qu'ils semblent ne pas soupçonner.

AKOIBON

ÉDOUARD BAER

Après un premier film, «La Bostella», qui jouait crânement la carte de l'amateurisme de charme, Édouard Baer propose cet «Akoibon» qui porte, hélas, fort bien son titre. La sympathie que suscite l'auteur-acteur et la fraîcheur volatile de son humour incitent tout naturellement à l'indulgence en faveur de cette improbable histoire. Mais dans cet imbroglio avec truands, prise d'otage et machination, la désinvolture est telle qu'elle ignore la rigueur indispensable à toute comédie qui se respecte. Sur une île méditerranéenne et paradisiaque, un cabot tyrannique (Jean Rochefort, très en forme) dirige et anime la Villa Mektoub, où trouve refuge un petit voyou traqué par des gangsters, tandis que Daniel (Édouard Baer) vient y rejoindre sa correspondante d'internet (Marie Denarnaud). Il y a aussi Chiara Mastroianni mariée à Benoît Poelvoorde. Et puis un coup de théâtre – mais il passe presque inaperçu.

Star Wars : épisode III – La Revanche des Sith

George Lucas

176 Une sorte de fatigue sidérale s'était emparée de la saga. Alors qu'il n'avait pas dirigé les deux précédents, George Lucas réalisait «La Menace fantôme » (1999) et «L'Attaque des clones» (2002), épisodes I et II, «préquels» comme on dit, du «Starwars» de 1977, qui nous avaient propulsés, émerveillés «en des temps reculés sur une lointaine, très lointaine galaxie». Décevants voyages, les comédiens n'étaient plus que des figurines de jeu vidéo intégrées à des décors grandioses générés par ordinateur. Et le sage maître Yoda aurait été en droit de soupirer, de son joli parler à l'envers : «Désolé je suis : mais avec Lucas, la force n'est plus». La force est revenue pour une apothéose. «Starwars, épisode III – La revanche des Sith», qui clôt donc définitivement le cycle débuté il y a vingt-huit ans, est un film sombre et superbe, un film d'action et de sentiments, d'intelligence scénaristique et de prouesses technologiques, où les héros parvenus à l'exacte mi-temps de leur destinée oscillent dans un balancement de surhumaine amplitude entre le bien et le mal, l'amour et la haine, la vie et la mort.

À travers le passage du jeune Jedi élu, Anakin Skywalker, du «côté obscur de la force», la tumultueuse intrigue se noue et se dénoue à la fois, on comprend enfin tout ce qui est arrivé et tout ce qui va advenir, le message simple et récurrent de «Star Wars» (la République est en danger) se cristallise et s'incarne, les combats singuliers sans merci au bord des gouffres avides succèdent aux batailles d'engins extravagants dans des cieux noirs incendiés, les acteurs existent à nouveau, la musique de John Williams nappe le tout de son ample tissu lyrique, on est embarqués.

C'est donc la guerre, Anakin (Hayden Christensen) est chargé de la périlleuse mission de libérer le chancelier Palpatine (Ian McDiarmid), dictateur de l'Empire galactique, pris en otage par l'ignoble général Grievous, un nouveau celui-là, androïde aux multiples bras métalliques et au crâne de squelette d'oiseau géant, etc. Quelques furieuses péripéties plus tard, Anakin, pour tenter de sauver son épouse secrète, la belle Padmé (Natalie Portman) va basculer du mauvais côté, tandis qu'elle donne naissance en perdant la vie aux jumeaux Luke et Leia… Vous suivez ? Cela nous vaut, en tout cas, l'ultime combat entre Anakin et le Jedi Obi-Wan Kenobi (Ewan McGregor) : les sabres laser s'entrechoquent sauvagement, les deux anciens amis s'affrontent audessus du magma incandescent d'une planète en fusion, c'est l'enfer tel qu'on le dit, et Anakin en sortira agonisant, écorché vif, à tout jamais méchant. Devenu Dark Vador, on le voit revêtir sa maléfique, sa magnifique armure noire, on entend pour la première fois son légendaire souffle rauque. Tout est en place pour la suite, ce sont les noces brillantes du début et de la fin, la fin de la saga Lucas, une formidable aventure de cinéma.

Danièle Heymann

Marianne

George Lucas ne l'avait sans doute pas prémédité, mais en faisant, à la maturité, une deuxième trilogie racontant les prémices de ses premiers épisodes, il prend le cinéma à rebours et bouleverse l'ordre des générations. Car les enfants de sa galaxie sont à peine nés aujourd'hui, et les vieillards qu'on voyait, il y a vingt-huit ans, ont ressuscité sous les traits de jeunes gens. Cette gageure temporelle, due à la fantaisie d'un auteur qui a préféré remonter la source plutôt que réaliser une suite chronologique, constitue l'un des enjeux les plus intéressants de ce dernier épisode. Cela rend quelque peu bizarre cette «Revanche des Sith» qui ploie sous les moyens techniques, tout en gardant quelque chose d'originel, de presque candide. Il est vrai que depuis 1976, tant de «Matrix» et autres machines de guerre fantastiques se sont succédé, que cet ultime volet tourné il y a un an dans nombre de pays invraisemblables (Italie, États-Unis, Norvège, Thaïlande, Chine, Espagne) peut difficilement renouveler un genre qu'il inventa lui-même. Qu'importe. Les fans ont surtout envie de tenir les clefs de ce récit freudien et de comprendre enfin de quoi retourne cette histoire d'un père racheté par ses enfants. Comprendre enfin comment le bon Anakin devint l'infâme Dark Vador, levée de mystère qui n'a d'ailleurs rien d'une révélation puisque cette mythologie cinématographique repose toujours sur les mêmes ingrédients : la faute et la rédemption, la filiation trahie et la dualité de l'âme toujours tentée par les pires démons. «La Revanche des Sith» puise et recycle, comme tant d'autres films anglo-saxons, les origines du récit de l'histoire des hommes, de la chanson de geste au théâtre shakespearien. Deux êtres dans un même corps, Iago et Othello réunis sous la même peau, cela n'est pas nouveau. Reste la technologie contemporaine qui ajoute au spectaculaire sans forcément gagner en poésie, mais garantit aux batailles un coup de jeune. Au point que George Lucas n'a pas résisté au plaisir d'en placer une toutes les trois minutes, ce qui fait beaucoup quand on n'a pas l'esprit guerrier. Il est vrai que quand on aime, on ne compte pas. Les fans s'y retrouveront donc.

Sophie Avon
Sud-Ouest

Adieu ! Adieu au cinéma argentique dont la saga réussit, d'un point de vue historique, à incarner à la fois l'apogée et le glas. Les premiers maillons ont été les films sur pellicule les plus populaires du monde, les derniers maillons, entièrement tournés en numérique, sifflent la fin d'un règne technologique séculaire. D'un point de vue graphique et formel, «La Revanche des Sith» est d'une virtuosité quasi irréprochable : les textures, la vitesse de l'exécution, les spirales d'orages guerriers qui éclatent dans un enfer de feu et d'acier, atteignent des sommets. On y vérifie aussi que Lucas, en pleine époque post-«Matrix», ne s'est pas laissé déborder : dans la surenchère «scopique», il a encore quelques solides arguments à faire valoir. Adieu ! Adieu à notre jeunesse, enfin, puisque nul nouvel épisode ne viendra plus nous fournir de prétexte à la prolonger encore un peu au cœur de nos vies adultes. À cet égard, ce n'est pas seulement une saga qui s'achève, c'est un deuil qui commence.

Olivier Séguret
Libération

C'est la dernière pièce du puzzle, le chaînon manquant : ce sixième film (en vingt-huit ans !) est un exercice de haute volée sur un cahier des charges très strict. Non seulement le spectateur connaît l'intrigue, préparée par cinq autres épisodes (la métamorphose d'Anakin Skywalker en Dark Vador), mais il convient de fournir le quota habituel de batailles, de duels au sabre-laser, d'effets spéciaux et d'éclaircissements sur la géopolitique de la République galactique. Après les relatives déceptions de «La Menace Fantôme» et de «L'Attaque des clones», voici, enfin, un film réussi : George Lucas y retrouve la magie des débuts, et met en scène des morceaux de bravoure étonnants. Immense bataille interstellaire au début, poursuite en lézard-dragon au milieu, duel sur un océan de lave à la fin... Les faiblesses sont toujours les mêmes : dialogues raides, explications laborieuses, effets spéciaux omniprésents. Mais Lucas surmonte ces obstacles pour orienter son film vers la tragédie, et lui donner une tonalité très sombre. Ainsi la façon dont Anakin est séduit par le côté obscur de la Force, le personnage ambigu du chancelier Palpatine (l'acteur Ian McDiarmid est formidable), le mariage secret du héros, autant de passages superbes, où le space-opera de Lucas trouve enfin sa vraie dimension. Il ne reste plus aux fanatiques qu'à revoir les treize heures

de la saga d'affilée. «La Revanche des Sith» est une belle conclusion du cycle «Star Wars», empreinte de grandeur et de passion. Peut-être est-ce même le meilleur film de George Lucas...
François Forestier
Le Nouvel Obs Télé

*Grâce à cette atmosphère de désastre, à ce sentiment d'inéluctable, cet épisode est infiniment plus plaisant que ses deux prédécesseurs. Ce qui ralentissait «La Menace fantôme» et «L'Attaque des clones» est limité au strict minimum. Lucas reste l'un des pires dialoguistes de l'histoire du cinéma, mais ici les tirades de science politique qui opposaient les partisans de la guilde des marchands (ploutocrates), les Jedi (aristocrates) et les sénateurs (démocrates) sont d'une brièveté reposante. On croit même discerner quelques références directes à notre temps : «Et si cette démocratie pour laquelle nous prétendons combattre n'existait déjà plus ?», demande la belle princesse Padme (Natalie Portman), comme si elle venait de regarder le dernier journal de Fox News. C'est elle qui porte les enfants d'Anakin (les futurs Luke Skywalker et Princesse Leia, les héros de la trilogie de 1977-1983), et la séquence de sa délivrance aux bons soins d'un robot obstétricien mêle le pathos et le burlesque. Ce mélange a toujours propulsé la série, avec des fortunes diverses. Ici, sans doute galvanisé par l'approche de la fin de la guerre, George Lucas a accéléré le tempo, laissé un peu de champ à ses acteurs (Hayden Christensen s'est visiblement amusé à soulever la tempête sous son crâne), et limité les séquences dont la fonction première est de servir de canevas aux jeux vidéo vendus en même temps que le film.
Et c'est presque sans ennui (surtout si l'on goûte les scènes sentimentales empesées, comme celle qui réunit Padme et Anakin) que l'on franchit deux heures pour parvenir au duel final qui oppose Anakin-Vador à son mentor Obi-Wan Kenobi (Ewan McGregor) dans un champ de lave en fusion. Anakin sort vaincu, défiguré et mutilé, de l'affrontement. Son mentor n'a alors plus qu'à assurer sa mutation physique en Dark Vador. On a beau en avoir lu une description détaillée sur de nombreux sites, le plan qui montre, du point de vue d'Anakin, l'application du célèbre masque sur le visage du traître garde sa puissance tragique et naïve. Car il est vrai que depuis un quart de siècle, les plus belles images de «La Guerre des étoiles» viennent du côté obscur de la force.*
Thomas Sotinel
Le Monde

«La Menace fantôme» amenait avec elle tout un lot de nouveaux personnages et d'acteurs. Elle faisait surtout rentrer la saga dans l'ère du numérique. Comme menace fantôme, on ne pouvait guère trouver mieux. Plutôt que la reprise de la sempiternelle bataille entre le côté obscur et lumineux de la force, c'est cet affrontement entre deux âges des effets spéciaux qui créait l'intérêt de cette deuxième série, comme le théorisait d'ailleurs assez brillamment l'épisode II, «L'Attaque des clones». «La Revanche des Sith» n'existe en revanche que pour boucler la baraque avant des congés bien mérités. Son sujet officiel : comment une République bascule-t-elle dans le totalitarisme ? «C'est donc ainsi que meurent les démocraties – sous les applaudissements», commente avec amertume la belle Natalie Portman (seule vraie révélation de la saga part two*), lors de l'annonce que fait le Chancelier Palpatine au sénat de la création d'un Empire. On ne peut pas dire que l'analyse de Lucas soit dénuée d'intérêt ni même d'une certaine finesse, mais on a du mal à être pour autant captivé. Car le vrai sujet de cet opus final ne tient pas dans son commentaire de législation politique mais dans un unique événement narratif : le basculement tant attendu d'Anakin Skywalker du côté obscur de la force. Nulle surprise ainsi à ce que seul le dernier quart d'heure du film fasse preuve d'un peu d'audace. Lors d'une grande scène de bataille entre Anakin et Obi-Wan Kenobi, sur une planète volcanique, le réalisateur s'approche même, comme rarement dans le cinéma hollywoodien, du non-figuratif absolu. Perdus dans des flots rougeâtres de lave numérique, les personnages s'ébattent et se contorsionnent aux limites du perceptible. Mais, plus encore que cette longue séquence infernale, c'est la courte scène suivante, son exact contrepoint, qui marque définitivement les esprits. Il s'agit, bien sûr, de la transformation du corps brûlé d'Anakin en Dark Vador, de la lente descente du casque noir sur le visage défiguré, filmée en vision subjective, à la mise en marche du si célèbre inhalateur. Le plus merveilleux, dans la série «Star Wars», se trouve sans aucun doute ici. Trente ans d'efforts, des millions de dollars dépensés et une révolution technologique pour que, partout à travers le monde, des spectateurs se pâment de ravissement devant un costume de Zorro à peine amélioré et le plus pauvre des gimmicks sonores !*
Patrice Blouin
Les Inrockuptibles

Cela fait vingt-huit ans que les fans de la première heure – ils ont la quarantaine aujourd'hui – puis leurs cadets, s'interrogent sur cette énigme intergalactique : comment un personnage gentil peut-il devenir mauvais ? Avec cet ultime épisode – troisième dans l'ordre chronologique de l'histoire, sixième par ordre d'arrivée sur grand écran – George Lucas comble donc enfin les béances de cette saga exceptionnelle d'invention. En bouclant la boucle, il donne le sentiment, réconfortant, que chaque pièce a trouvé sa place, d'où, sans doute, cette sensation d'évidence, de pureté. L'autre explication, peut-être, c'est que sa «Guerre des étoiles», puisant aux sources grecque mais encore shakespearienne, a tout d'une chanson de geste, au fond. Celle-là même qui peut faire figure d'ancêtre médiéval... de la littérature et du cinéma ! Amours (les personnages féminins sont quand même très réduits), politique : tout se mêle et s'interpelle. Trop fort, trop malin : enfantin !
Ariane Allard
La Provence

Batman begins

BATMAN BEGINS

CHRISTOPHER NOLAN

Le retour aux sources est une figure obligée de tout cycle mythologique qui se respecte (voir la saga «Star Wars»). Certes, les circonstances de la naissance de Batman, l'assassinat par un malfrat de ses parents sous les yeux du jeune Bruce Wayne, la décision de celui-ci de se vouer à la défense du Bien, son choix emblématique de la chauve-souris, tout cela était évoqué épisodiquement dans le premier «Batman» de Tim Burton et dans une des suites signée Schumacher. Mais c'est ici la matière même d'un récit qui se veut cohérent, s'il n'est pas vraiment orthodoxe par rapport à la BD historique de Bob Kane. Respecté des cinéphiles purs et durs grâce à son «Memento» (déjà une histoire à rebrousse-temps), Christopher Nolan a pris l'entreprise à cœur, ne voulant pas se contenter de livrer une imagerie spectaculaire. Devait-il, coscénariste avec David S.Goyer, sacrifier à la mode Extrême-Orient et arts martiaux comme Tarantino lui-même avec «Kill Bill 2» ? Liam Neeson apporte en tout cas à cette occasion une présence réelle, de même que Michael Caine remplaçant le regretté Michael Gough dans le rôle d'Alfred, le très *british* factotum.

XXX 2

LEE TAMAHORI

Un petit Noir placide (Ice Cube), que des trucages transforment en superagent teigneux, lutte contre un secrétaire d'État (Willem Dafoe), désireux d'éliminer un président des États-Unis proche des idées européennes, donc extrêmement suspect... Clou du film : l'attaque du Capitole et l'enlèvement du président, emmené *manu militari* dans son train secret. Le premier épisode (réalisé en 2002 par Rob Cohen, avec Vin Diesel), arrachait quelques sourires. Le deuxième – dont on ose espérer qu'il restera le second – n'apporte rien.

NOIRS DANS LES CAMPS NAZIS

SERGE BILÉ

Sorti dix ans après sa réalisation, à l'occasion de la commémoration de la libération des camps nazis, ce documentaire rappelle que des Noirs (africains et européens) furent également déportés pendant la guerre. Témoignages des survivants et extraits d'archives relatent les humiliations subies par ces prisonniers, leur sort tragique. Un film un peu trop scolaire dans son traitement, mais néanmoins essentiel pour la mémoire.

VANITY FAIR

MIRA NAIR

En Angleterre au XIXe siècle, une petite fille pauvre rêve de faire partie du grand monde. Une adaptation d'un beau roman de l'auteur de «Barry Lyndon», William Makepeace Thackeray, lente et empesée. Les costumes sont bien beaux, mais Reese Witherspoon n'est pas du tout «d'époque».

SIN CITY

ROBERT RODRIGUEZ ET FRANK MILLER

Tout est noir et blanc, à Sin City : les immeubles, les êtres et les sentiments. Tout, sauf les taches rouges du sang qui coule, les baskets et la voiture de Dwight (Clive Owen), ancien journaliste, devenu détective. Ou la peau jaune, omelette pas fraîche, de Roark Jr., le fils du maire (Nick Stahl). Un vrai enfant de salaud, ce type. John Hartigan (Bruce Willis), flic modèle au front orné d'une cicatrice en forme d'étoile, l'a réduit à l'état de larve, jadis. Mais le revoilà, toujours à la poursuite de son amour, une petite fille, devenue femme (Jessica Alba)... Robert Rodriguez a transposé avec une pointilleuse fidélité, tel un maestro déchaîné dirigeant un orchestre d'effets spéciaux perfectionnés, la célèbre BD de

Sin City

Frank Miller, qu'il a nommé coréalisateur. Pour son vieux pote, Quentin Tarantino a accepté de diriger une scène : celle où Clive Owen conduit une voiture avec, pour passager, un mort bavard (Benicio del Toro). C'est le meilleur moment du film… Trois histoires se mêlent. Bruce Willis, épatant en héros noir romantique à la Philip Marlowe, protège une gamine. Mickey Rourke, grimé en Daredevil, qui venge la mort de Goldie (Jaime King), la seule à lui avoir dit «Je t'aime»… L'univers est stylisé, cauchemardesque. Les filles sont interchangeables et canons. Les mecs, d'une virilité et d'une brutalité à toute épreuve. Somptueux Guignol sanglant, «Sin City» provoque l'admiration. Même si une lassitude finit par naître devant ce rythme effréné, devant ces comédiens talentueux qui tentent de donner chair à des esquisses de personnages.

BABY-SITTOR
ADAM SHANKMAN

Opposer un gros musclé (« Comment se fait-il que tu aies des seins plus gros que les miens ?», demande une petite fille) à des enfants menacés, ça paie à tous les coups. Donc, Vin Diesel, héros des «Chroniques de Riddick», est confronté aux caprices de cinq gamins, allant de l'ado au bébé, tout en recherchant l'invention hyper importante d'un scientifique assassiné. L'agent bourru s'humanise : il change les couches, chante et danse une berceuse et règle, *manu militari,* une mise en scène de «La Mélodie du bonheur» dans lequel joue l'aîné des garçons. Accessoirement, il démasque un traître. Pour une fois, le méchant n'est pas au service de la France, mais de la Corée du Nord. Ça change…

AMITYVILLE
ANDREW DOUGLAS

En 1975, la famille Lutz achète une maison où un adolescent a tué toute sa famille à coups de fusil. Au bout de quelques semaines, épouvantés par des événements surnaturels, et malgré l'intervention d'un exorciste, les Lutz s'enfuient pour ne jamais revenir. Un livre conte aussitôt leur histoire, il devient un best-seller, puis un film à succès en 1979, lequel aura plusieurs suites, dont une série télévisée. On se perd en conjectures sur les motivations de ce remake très proche de l'original, si ce n'est le gros succès (d'ailleurs mérité), en 2004, par la même équipe de production, du remake de «Massacre à la tronçonneuse».

Amityville

B-Happy

La Légende de Ron Burgundy, présentateur vedette.

Les Invisibles

B-HAPPY
GONZALO JUSTINIANO
Le destin de Katty (Manuela Martelli) ressemble à une série B. Son père sort de prison pour mieux y retourner. Sa mère meurt de tuberculose. Son frère la quitte pour faire fortune... Gonzalo Justiniano filme sans refuser les lois du mélo, mais sans jouer sur le misérabilisme. De courtes scènes, rythmées par des fondus au noir, font du périple de Katty un roman d'apprentissage. On la quitte, toujours en partance, comme sa lointaine cousine française, la «Petite Voleuse», imaginée par Truffaut et filmée par Claude Miller. Dans le bus qui l'emporte loin, très loin, elle se répète, pour mieux s'en persuader, qu'elle n'a peur de rien. Ni du vent, ni de la nuit, ni de l'aube, ni des villes, ni des flics. Pas même de la mort.

LA LÉGENDE DE RON BURGUNDY, PRÉSENTATEUR VEDETTE
ADAM MCKAY
Ron Burgundy (Will Ferrell) est le célèbre journaliste d'une chaîne de télévision locale dans les années 1970 qui voit d'un œil méfiant débarquer une concurrence à la fois féminine et professionnelle. Ce personnage culte du «Saturday Night Live» est ici porté à l'écran par son créateur. Trop de références nous manquent sans doute pour apprécier la caricature à sa juste valeur. Ne subsiste, de ce côté-ci de l'Atlantique, qu'un humour gras et misogyne.

LE CINQUIÈME EMPIRE
MANOEL DE OLIVEIRA
À la veille de son départ aux croisades, un jeune roi (Ricardo Trepa) ambitionne de fonder un empire chrétien portugais. Unité de temps, de lieu et d'action : cette tragédie dépasse rapidement son carcan historique. Ce qui tombe plutôt bien car si Sebastião, suzerain du XVIe siècle, est une figure légendaire au Portugal, c'est loin d'être le cas chez nous. La pièce dont est inspiré le film s'intéresse plus à la psychologie du monarque qu'aux détails biographiques, traçant le portrait d'un adolescent à peine sorti de l'enfance, tiraillé entre ses aspirations politiques et un doute incoercible. Littéraire, bavard, le texte n'était pas facile à transposer à l'écran. Mais une pertinente utilisation de l'espace de jeu et l'interprétation puissante des comédiens aident le spectateur à ne pas trop perdre pied.

LA MAISON DE CIRE
JAUME COLLET-SERRA
Le premier réflexe serait de poursuivre cette production pour détournement de titre. On attendait au moins un remake, fût-il médiocre, du sublime «House of Wax» de André de Toth (en VF «L'Homme au masque de cire»). En lieu et place, voici un croisement hybride entre ce thème classique du fantastique (le musée de cire) et un autre, très éculé (la bande de jeunes aux prises avec des autochtones dégénérés dans un trou perdu). Après avoir traîné trois quarts d'heure sur le second thème, le réalisateur daigne enfin se pencher sur le premier quand les égarés arrivent dans la ville fantôme. Scénario très téléphoné, agrémenté de quelques gags horrifiques (le doigt et le sécateur) mais qui, heureusement, s'achève sur une bonne idée : la «maison de cire» prise au pied de la lettre, qui fond lors de l'inévitable incendie final.

LES INVISIBLES
THIERRY JOUSSE
Reclus dans un appartement lui servant de studio d'enregistrement, Bruno (Laurent Lucas), musicien électronique, essaie d'échapper à sa solitude grâce à un réseau téléphonique de rencontres. Obsédé par la voix de l'une des interlocutrices, il rencontre celle-ci (Margot Abascal) dans une chambre d'hôtel sous la condition expresse de ne jamais allumer la lumière. Au matin, elle disparaît. Il décide se lancer à sa recherche. Sur cette trame apparemment simple, le cinéaste compose d'étranges et surprenantes variations de ton. Tour à tour sensuelles et inquiétantes, les rencontres jalonnant le parcours de notre héros (Michael Lonsdale en concierge féru de jazz, Lio en productrice attirante) donnent autant de tempos différents à la partition de ce premier essai élégant et atypique d'un ex-critique de cinéma.

LE DÉMON DE MIDI
MARIE-PASCALE OSTERRIETH
Seule sur scène, Michèle Bernier faisait un malheur. Impérieuse, furieuse, malheureuse, elle insufflait à son personnage de femme abandonnée pour une plus jeune, une plus belle, une plus mince, une rage et un humour dévastateurs. Le réalisme du cinéma – mais aussi la platitude de la réalisation – affadissent malheureusement l'historiette (imaginée par Florence Cestac dans sa BD) qui, soudain, devient bien fluette. Même si elle reste sympa comme tout, Michèle Bernier, réfugiée dans des effets qui assuraient son triomphe théâtral, se fait doucement voler la vedette par le mari volage dont Simon Abkarian fait un réjouissant personnage, vaguement ridicule et totalement infantile.

AVANT QU'IL NE SOIT TROP TARD
LAURENT DUSSAUX
C'est le syndrome «The Big Chill» («Les Copains d'abord» de Lawrence Kasdan, 1983) : une bande de trentenaires se retrouve à la montagne, dans le souvenir de l'un d'entre eux, disparu un an auparavant. Ils savent tous que ce sera la dernière fois, car le chalet de l'amitié doit être vendu. On sent les scénaristes au travail au détour de chaque plan : émotions, crises, règlements de compte, rires et larmes sont soigneusement programmés tout au long de ce fertile week-end. Laurent Dussaux en réunit un maximum dans un minimum de temps. D'où une certaine impression d'artifice, qui résiste aux efforts méritants d'un bouquet de jeunes comédiens enthousiastes autour des vedettes en vogue, Frédéric Diefenthal et Émilie Dequenne.

Le Démon de midi

Avant qu'il ne soit trop tard

L'Annulaire

J'adore Huckabees

Sa mère ou moi

L'ANNULAIRE
DE DIANE BERTRAND

La jolie Iris (Olga Kurylenko) se fait embaucher comme hôtesse-secrétaire par le patron mystérieux et austère (Marc Barbé) d'un étrange laboratoire qui fabrique des «spécimens», mise en bocaux de souvenirs ou de fantasmes de clients impénétrables. Un lien troublant, puis crûment érotique, se noue entre elle et lui. Bizarre histoire, adaptée d'un roman japonais de Yoko Ogawa, dont le mystère, vu par Diane Bertrand, ne manque pas d'élégance, mais dégage assez vite un ennui distingué. Marc Barbé en rajoute dans la sévérité impénétrable, ce qui met en valeur en contrepoint la sensualité assumée de la très intéressante débutante Olga Kurylenko.

J'ADORE HUCKABEES
DAVID O. RUSSELL

Dans «Les Rois du désert», son précédent film, David O'Russell avait brillamment abordé la guerre du Golfe de manière parodique et iconoclaste. Il a mis six ans à s'en remettre. Enfin, il ne s'en est pas tout à fait remis, car franchement «J'adore Huckabees», du nom d'un supermarché à visées expansionnistes, fable écolo/intello/parano, cultive la surcharge, la surenchère (et le superflu) jusqu'au malaise.
Même le casting – somptueux – ressemble à un costume trop riche pour le corps qu'il habille. Soit Albert, écologiste militant et déboussolé (Jason Schwartzman) faisant appel à Bernard et Vivian, «détectives existentiels» (Dustin Hoffman et Lily Tomlin, voulant faire drôle et cabotinant gravement). Ceux-ci ont aussi comme clients Tommy, un pompier traumatisé par les événements du 11 Septembre (Marc Wahlberg). Face à eux, Brad, (Jude Law, décoloré, s'essayant à la comédie), cadre ambitieux de la chaîne Huckabees dont Dawn (Naomi Watts) est la blonde (et idiote) égérie. À cette troupe prestigieuse tournant à vide, ne manquait plus qu'une philosophe nihiliste française, errant dans les prés en proférant des axiomes. C'est Isabelle Huppert, très décalée et légitimement perplexe.

SA MÈRE OU MOI
ROBERT LUKETIC

Genre à part entière de l'humour populaire, la rivalité spontanée entre belle-mère et bru sert de fil conducteur à cette comédie gentiment vacharde où Jane Fonda et Jennifer Lopez s'affrontent autour du falot Michael Vartan. Néanmoins, le ton fielleux du départ finit par céder aux exigences de l'inévitable *happy end.* Mais l'autoparodie à laquelle se livrent sans retenue les deux actrices fait souvent mouche.

LA MANIPULATION
MARIUS TH. BARNA

Neuf ans après les événements sanglants qui virent la chute du régime despotique roumain, une journaliste (Christine Boisson) enquête sur la mort de son amant (Thibault de Montalembert), envoyé spécial à l'origine du faux scoop du charnier de Timisoara. Bancale et démonstrative, la fiction peine à se greffer sur les faits historiques. Un travail de mémoire sans doute thérapeutique, mais maladroit.

Fashion Maman

Le Pont du roi Saint-Louis

LE PONT DU ROI SAINT-LOUIS
MARY MCGUCKIAN

Le roman de Thornton Wilder (déjà adapté deux fois) est un classique de la littérature américaine. Le 20 juillet 1714, au Pérou, un pont s'effondre et cause la mort de cinq personnes. Qui étaient-elles ? Est-ce le hasard, la main de Dieu ou le comportement de leurs proches qui les ont réunis, ce jour-là, à la minute exacte de leur décès ? Le frère Juniper (Gabriel Byrne) tente de donner un sens à ces vies interrompues, ce qui le met, très vite, en fâcheuse posture vis-à-vis de l'archevêque de Lima (Robert De Niro) et de la sainte Inquisition… Parce que Tony Blair a récité les derniers paragraphes du livre en guise d'hommage aux disparus du 11 Septembre, Hollywood a, soudain, redécouvert Thornton Wilder. Hélas, avec énormément d'argent dépensé à la va-vite, le film brille surtout par sa fadeur et sa mollesse. La distribution se veut internationale, ce qui, hélas, est le synonyme poli d'hétéroclite : Harvey Keitel se retrouve face à un improbable Samuel Le Bihan et Émilie Dequenne tente de rivaliser avec l'impayable Pilar Lopez de Ayala dans le rôle de La Périchole…

Nordeste

NORDESTE
JUAN SOLANAS

Hélène (Carole Bouquet), belle, la quarantaine, accomplie professionnellement, veut aller jusqu'au bout de son irrépressible désir d'enfant. Jusqu'au bout du monde, précisément, aux confins de l'Argentine, dans ce Nordeste sauvage et pauvre, où, croit-elle, un bébé à adopter l'attend. Ce qu'elle découvrira là-bas la changera profondément et modifiera de façon surprenante le cours de sa vie confortable. À vouloir révéler la misère de son pays natal et dénoncer de multiples compromissions, corruptions, brutalités diverses, Juan Solanas, malgré sa sincérité – et son sens de l'image –, charge trop la barque empathique de son film. Mais il a trouvé en Carole Bouquet mieux qu'une interprète, une porte-parole. D'un engagement total, d'une vaillance extrême, vibrante, vivante, sans maquillage, sans retenue, elle est cette Hélène pleine de révolte et d'amour. Elle force le respect.

FASHION MAMAN
GARRY MARSHALL

L'idée a déjà beaucoup servi : une jeune femme sans prédispositions particulières se retrouve contrainte de mettre son boulot dans une agence de photographes de mode entre parenthèses pour élever les trois enfants de sa sœur décédée. Petit à petit, tout ce petit monde s'apprivoise mutuellement, avec des hauts et puis des bas, forcément. Le problème ici, c'est que, sans rythme, sans dialogues justes, sans rien de ce qui fait le charme de ce genre de films, on s'ennuie ferme. Depuis son apparition magique dans «Presque célèbres», Kate Hudson ne parvient plus vraiment à nous surprendre dans des comédies romantiques trop calibrées et sans âme. Quant à Garry Marshall, il cherche en vain à retrouver le succès depuis «Pretty Woman».

186 **MAN TO MAN**

RÉGIS WARGNIER

Ouverture impressionnante, entre «Les Chasses du comte Zaroff» et «La Forêt d'émeraude», paysages magnifiques de jungle luxuriante, course haletante d'une meute avide, elle veut le gibier vivant, le voilà attrapé, ligoté, nous voyons qu'il s'agit d'une jeune homme noir et d'une jeune fille noire de petite taille...

Projet généreux, ambitieux de Régis Wargnier, revenir à l'obscurantisme anthropométrique d'hier pour brosser une fresque humaniste et suggérer la récurrence d'un racisme jamais éradiqué...Cela se passe donc en 1870 et les chasseurs (Joseph Fiennes, Iain Glen, Hugh Bonneville) sont des ethnologues écossais, trois sujets de Sa Majesté la reine Victoria, espérant avoir découvert avec ces Pygmées (Lomama Boseki, Cécile Bayiha), le chaînon manquant «entre le singe et l'homme». Leurs proies ramenées en Écosse sont convoitées par une très jolie femme (en effet, c'est Kristin Scott Thomas) qui a aidé à leur capture et veut pour sa part les exposer dans un zoo... Tous seront à des degrés divers punis de leur ignorance. Régis Wargnier, pour nous communiquer sa juste colère devant le sort réservé aux cobayes humains, tente de faire de sa fable victorienne une parabole moderne. C'est là que le film trouve ses limites et son ambiguïté, nous transformant malgré nous en voyeurs consentants de l'humiliation des petits captifs enchaînés.

Man to Man

Whisky Romeo Zulu

THE WEATHER UNDERGROUND

SAM GREEN, BILL SIEGEL

Ce documentaire passionnant sur une époque troublée et des événements politiques méconnus tire son titre du nom d'un groupe d'étudiants de gauche. Lors de la guerre du Vietnam, ils cherchèrent à renverser le gouvernement Nixon. Archives et témoignages à l'appui, les réalisateurs analysent l'idéologie révolutionnaire de ces «terroristes nationaux».

WHISKY ROMEO ZULU

ENRIQUE PIÑEYRO

Un pilote d'une compagnie argentine à bas prix refuse de décoller, la maintenance des avions de la LAPA est désastreuse ; la sécurité des passagers, loin d'être assurée. Considéré comme un emmerdeur par ses supérieurs et même par certains de ses collègues craignant de perdre leur emploi, le commandant rebelle finit par donner sa démission. Quelques mois plus tard, le crash d'un Boeing au décollage donne hélas raison au pilote. C'est un de ces «biopic» où un acteur endosse le costume d'un héros véritable. Mais Enrique Piñeyro, pour son premier film en tant qu'acteur-réalisateur, réinvente le genre. Car ce solide comédien vu de loin en loin au cinéma («Garage Olimpo», «Nordeste») se double d'un authentique pilote de ligne. Cette histoire est la sienne : l'emmerdeur, c'est lui ! Et la culpabilité de n'avoir pas évité la catastrophe qui fit 67 victimes le 31 août 1999 le hante. La partie la moins convaincante du film est celle qui ajoute la romance d'une histoire d'amour à la force brute des événements décrits. D'autant que la mise en scène est banale. Mais, lorsqu'il colle aux faits qui ont mené à la catastrophe, Enrique Piñeyro réussit un puissant film social à suspense.

SOMMEIL AMER

MOHSEN AMIRYOUSSEFI

Sentant sa fin venir, un fossoyeur autoritaire (Abbas Esfandiari) convoque ses employés. Dans l'espoir de racheter sa conduite et gagner sa place au paradis, il essaie de se réconcilier avec eux. Délaissant la sempiternelle veine naturaliste du cinéma de son pays, le jeune cinéaste signe une fable mordante, mélancolique sur les angoisses de la mort et l'Iran moderne. Politiquement, le film est très fort.

LE JARDIN DE PAPA

ZEKA LAPLAINE

Un chauffeur de taxi congolais (Rim Turki) renverse accidentellement un enfant. Avec ses passagers blancs (Laurent Labasse, Marie Avril), il est poursuivi par des villageois avides de justice expéditive. Tout en jouant des codes du thriller, l'auteur de «(Paris : XY)» met en évidence, à travers ce drame banal, les fractures sociales et économiques de son pays. Et son incapacité à tourner la page du colonialisme.

Les Poupées russes

LES POUPÉES RUSSES

CÉDRIC KLAPISCH

Un peu comme le diptyque d'Yves Robert («Un éléphant ça trompe énormément», «Nous irons tous au paradis») qui reflétait, dans les années 1970, la France des quadragénaires enfantins, Cédric Klapisch, avec «L'Auberge espagnole» et «Les Poupées russes», décrit, avec verve, la génération des trentenaires immatures. Revoilà, donc, Xavier (Romain Duris), porte-parole de Klapisch depuis «Le Péril jeune», toujours aussi charmant, aussi adolescent, aussi, et de plus en plus, encombré d'histoires amoureuses et sexuelles. Pour lui, les filles sont des poupées russes, enveloppes successives qui doivent l'amener à la seule, l'unique, pour l'instant introuvable. Xavier aime, donc, Martine, son ex (Audrey Tautou), squatte chez Isabelle (Cécile de France) qui aime les filles encore plus que lui, séduit une vendeuse noire (Aïssa Maïga), se pâme pour un top model (Irène Montala), dont il doit écrire les mémoires et manque de tout gâcher avec Wendy (Kelly Reilly, craquante, drôle, émouvante : un vrai bonheur) qui, peut-être, est sa poupée définitive à lui… Même si le rythme faiblit, lors du mariage d'un des personnages à Saint-Pétersbourg, Cédric Klapisch accompagne gaiement les mésaventures croquignolettes de son petit Don Juan. Et en fait le symbole d'une jeunesse légèrement désorientée et totalement séduisante.

L'INTRUS

CLAIRE DENIS

Captée comme un être vivant par la chef opératrice Agnès Godard, la nature frémit, vibre, se glace ou s'échauffe, on est prêt à partir pour un tumultueux voyage intérieur, celui de Louis Trebor (Michel Subor) qui va le conduire des montagnes du Jura, au soleil de Pusan, en Corée, en passant par Genève, la ville-banque, avant qu'il n'aille retrouver comme dans une vie antérieure le charme mortifère de Tahiti. Trebor/Subor, est ce corps donc, à la fois robuste et altéré, jouisseur et entravé, le cœur prêt à lâcher. Vivant dans une cabane avec ses chiens, loin de son fils (Grégoire Colin), pourtant si proche et qu'il ne cessera plus de rechercher, Trebor est dans l'attente d'une transplantation cardiaque, un autre cœur, voilà ce qu'il veut. Ce cœur, ce corps étranger, cet «intrus» qu'il espère et redoute, fera-t-il de lui un autre que celui qu'il est, qu'il hait ? Des femmes passent, Bambou en pharmacienne, Lolita Chammah en sauvageonne, ou Béatrice Dalle qui serait «la reine de l'hémisphère Nord»… Obscur ? Sans doute, mais très beau.

The World

Jia Zhang-ke

Pékin. Le parc d'attraction The World rassemble dans un périmètre réduit (de la taille d'un zoo) quelques-uns des sites touristiques les plus visités au monde. En une journée, le passant en goguette peut divaguer du Vatican aux pyramides du Caire, de Manhattan (avec les Twin Towers toujours debout) à la tour Eiffel, du London Bridge aux jardins zen de Kyoto, après un crochet par la place Rouge… Cette absurdité totale de la planète-Jivaro offre le cadre quasi unique de l'action du nouveau film de Jia Zhang-ke, le plus fascinant depuis son chef-d'œuvre «Platform» (2001), en même temps qu'elle emblématise le présent chinois et, de proche en proche, celui, général, de la vertigineuse modernité. La parc propose quelque chose de complètement fou qui hausse d'un cran la folie du tourisme lui-même : il s'agit de visiter le visitable, de voyager à l'intérieur d'une constellation de monuments échantillonnant chaque pays, abolissant dans un arc fabuleux de contrefaçon la fatigue de l'itinéraire et la valeur même de l'Histoire. C'est un pur décor, certes, mais qui radicalise en somme le sentiment *crescendo* d'un monde devenu inhabitable, composé de villes-musées mises sous cloches pour la galerie et de cités-dortoirs dont la poussée anarchique s'accomplit partout au rythme effréné des ultimes soubresauts de l'exode rural. Cette civilisation exclusivement citadine, avec ses individus aux yeux vides livrés en pâture à une rationalité technique qui tend peu à peu à détruire le sens des émotions, Jia Zhang ke, mieux que quiconque, en donne une vision synthétique et bouleversante dans ce film tourné en vidéo haute-définition, en scope (photo magnifique du fidèle Yu Lik Wai), mis en musique par Lim Giong, compositeur des thèmes de «Goodbye South, Goodbye» et de «Millenium Mambo» de Hou Hsiao-hsien. La protagoniste, Tao, est danseuse au parc. Elle se produit, dans la journée, avec d'autres jeunes filles pour des animations d'un folklorisme disco devant les monuments, et le soir dans un spectacle-défilé de mode déclinant les thèmes de l'exotisme pailleté. Le film la suit dans sa relation difficile avec Taisheng, un autre employé, qui la délaisse pour Qun, une jeune styliste. Le récit, fragmenté en courtes séquences elliptiques, entrecoupé de petits dessins animés à chaque fois que les héros s'envoient des SMS, prend en charge d'autres histoires, d'autres destins, qui, en dépit de leur accumulation, ne permettent pourtant pas au groupe de prendre réellement consistance. L'isolement et l'asthénie finissent par triompher des embryons d'amitié, de la frénésie qu'organise le travail, déguisant filles et garçons de saris, de culottes bouffantes, de tiares et de plumes. La plupart d'entre eux n'ont jamais quitté le pays, n'ont pas de

passeport et ne connaissent de l'avion que la noria furieuse des Boeing dans le ciel pékinois ou l'intérieur défraîchi de l'appareil cloué au sol, une des attractions proposées au public. La ligne d'horizon dessine derrière le *skyline* new-yorkais, comme nanifié, le profil de plomb du boom chinois, avec ses gigantesques zones de construction, ses tours immenses et grises à perte de vue entourées de terrains vagues. La promesse du monde est devenue une farce. Dans le contexte local, après le lavage de cerveau communiste, la conversion à l'économie de marché, l'appétit de croissance et de consumérisme qu'elle a déclenché, l'avenir n'a plus figure humaine. Jia Zhang-ke avait visité le parc avec ses parents quand, en 1993, il a quitté la province de Shanxi, où il a grandi et étudié la peinture, pour s'installer à Pékin. Il lui a fallu quitter la Chine et se rendre dans les festivals, voyager, traverser les frontières, pour prendre la pleine mesure de la situation paradoxale dans laquelle lui et ses contemporains sont plongés. À la fois aux avant-postes du progrès, incitée à prendre une part active à la libre circulation des capitaux et prisonnière du constant bornage idéologique clôturant les esprits, une génération perdue – les enfants des années 1970-80 – ronge son frein et se dessèche dans un interrègne politique stupéfiant, un purgatoire tragi-comique pour les derniers rejetons de l'utopie communiste. Jia Zhang-ke, 35 ans, joue une partie serrée avec «The World», car, pour la première fois, il a obtenu la bénédiction des autorités, après des années de semi-clandestinité. Cette officialisation est âprement commentée dans le milieu artistique chinois, qui ne mégote pas avec la notion de contre-culture. Pour étrenner sa carrière de «cinéaste officiel», Zhang-ke n'a pas vraiment galvaudé son point de vue : «The World», à la morosité splendide d'une anti-«Fureur de vivre» pour début d'un siècle mort-né, fixe l'humeur synchrone du monde : *no future*.

Didier Péron
Libération

C'est un monde hallucinant, surréaliste, totalement factice où s'égaient et se mitraillent les touristes et où travaille dans des conditions déplorables – hélas bien réelles – la jeune danseuse Tao. Avec sa troupe, Tao se produit dans des shows absurdes qui ont pour cadre aussi bien le Taj Mahal que le Fuji Yama et se déhanche au rythme d'une musique techno insipide, assourdissante. Tao est une immigrée de l'intérieur, elle vient de la même province que son copain Taisheng qui, lui, est gardien de sécurité dans le parc. Bien que jamais en phase, ces deux-là évitent la noyade en s'accrochant l'un à l'autre avec l'énergie des désespérés. Autour d'eux gravitent une noria de personnages tout aussi paumés. Cas les plus symptomatiques : une danseuse russe à qui le manager de la troupe a pris soin de confisquer son passeport, un parent de Taisheng, ouvrier du bâtiment, qui se tue – littéralement – à la tâche dans le travail supplémentaire de nuit, une styliste qui désespère d'obtenir son visa pour rejoindre son mari émigré à Paris, à Belleville, mot magique qui suscite tous les espoirs et recouvre une réalité tout autre, comme tant d'illusions semées par la globalisation. Ce monde-là fait-il vraiment envie, demande en filigrane le cinéaste. La question vaut réponse.

Noël Tinazzi
La Tribune

Étrange univers (authentique, le parc existe bien, dans la banlieue de Pékin, où le film a été tourné en décors «naturels», si l'on peut dire) que celui de ce World, caricature en carton-pâte de la globalisation qui avale les personnalités, mixe les cultures et n'enrichit jamais ceux qui en sont les indispensables ouvriers. Il sert de toile de fond kitsch et troublante au tableau du non moins étrange dédoublement d'une poignée de jeunes Chinois, écartelés entre dure réalité économique, âpre solitude affective et poudre aux yeux d'une irréelle occidentalisation… «The World» est le quatrième film d'un jeune Chinois découvert il y a huit ans avec «Xiao Wu artisan pickpocket», un des tout premiers films, tournés clandestinement, qui osaient montrer la face noire et miséreuse de la Chine contemporaine. Depuis, Jia Zhang-ke a confirmé son talent dans «Platform», puis «Plaisirs interdits». Trois films également critiques sur son pays, où ils ont d'ailleurs été également interdits. Présenté en compétition au dernier Festival de Venise, «The World», curieusement, est, lui, autorisé. Parce qu'il montre une Chine «moderne» où l'on s'envoie autant de SMS qu'en Europe ? Pourtant, là encore, le propos n'est guère optimiste. Coupés de leurs racines, de leurs références culturelles, faussement occidentalisés, ces jeunes héros, dans l'atmosphère surréaliste du parc, dessinent l'image d'une génération un peu perdue, écartelée dans la Chine en devenir d'aujourd'hui, entre les paillettes d'une mondialisation aussi fiévreuse que factice et la réalité moins brillante de l'existence au quotidien. Un tableau un peu inquiétant et en tout cas, pour nous, passionnant.

Annie Coppermann
Les Échos

Cette visite d'un parc d'attraction et de ses coulisses aurait pu être un aimable divertissement sur un univers pittoresque. C'est beaucoup plus que cela : un documentaire sur les coulisses de ce rêve d'ailleurs et les conditions de vie de jeunes gens attirés par la magie de la ville, mais aussi une réflexion en forme de fable à plusieurs personnages, dont le scénario tisse les fils avec une grande habileté, sur la vie comme elle va aujourd'hui. Et pas qu'en Chine. Si le nom de ce parc d'attraction est bien «The World» (le monde), ce n'est pas pour rien que le cinéaste l'a retenu sans ajout pour titre. Dans le regard perdu du jeune vigile qui s'est mal conduit et se fait gifler par un camarade sous l'œil d'un dromadaire gardien d'un sphinx de pierre, comme dans l'accablement muet des parents d'un garçon, mort d'avoir trop fait d'heures supplémentaires, c'est toute l'histoire d'une douloureuse adaptation au monde naissant qui se lit. Jia Zhang-ke n'a pas besoin d'expliquer : il suffit de voir les parents de ce garçon, paysans perdus dans l'agitation de la gare de la capitale où tout le monde, sauf eux, connaît sa place, pour mesurer l'immensité de ce pays où les rythmes de développement ne sauraient être partout les mêmes. «Les monuments du parc, dit le réalisateur dans le dossier de presse, servent à satisfaire la curiosité des gens pour le reste du monde.» C'est bien là le miracle : le film tout à la fois dit la légimité de cette attente du neuf et les ravages qu'on en peut attendre. Aucune dérision dans ce voyage à travers les beautés cataloguées des cinq continents, de la mélancolie. «The World», sur un tout autre registre dit, comme «Satantango» du Hongrois Béla Tarr, le douloureux enfantement des temps nouveaux.

Émile Breton
L'Humanité

En filmant ce faux monde, le jeune cinéaste chinois livre une image vraie, celle d'un monde à visage humain où, entre la Grande Pyramide d'Égypte et la place Rouge, entre les gratte-ciel de Manhattan et le Taj Mahal, une jeune femme constate que, non, vraiment, elle ne connaît personne qui ait jamais pris l'avion. Le raccourci est fulgurant : la Chine s'ouvre au monde, Pékin se prépare à accueillir les Jeux Olympiques, Shanghaï explose, les devises affluent, les jeunes Chinois quittent leur campagne pour les grandes villes, et pourtant pour l'humain, rien ne change, car pour lui rien n'a été prévu.
On dira peut-être que la Chine, c'est bien loin, et que l'on a déjà assez de mal avec l'Europe pour encore s'occuper de l'Asie. Sauf que, et c'est aussi ce qui fait la beauté de ce film et situe son importance, à confondre le monde avec un parc d'attractions, à imposer les mêmes marques, les mêmes fringues, les mêmes sandwiches, les mêmes films à Pékin et à Carpentras, à Sydney et à Moscou, les mêmes questions se posent ici comme ailleurs : la vie que filme Jia Zhang-ke ressemble à la nôtre, la vision qu'il propose de la société chinoise offre de comprendre mieux ce qui se passe ici, de prévoir ce que demain sera peut-être. Retournement inattendu et délectable : la mondialisation offre aux artistes de retrouver l'universalité du cinéma. Ensuite, c'est au spectateur de jouer, en choisissant de sortir des sentiers balisés par la promotion et le marketing. Un film chinois de 2h13, ça fait un peu peur, non ? Entre un mauvais film américain et un mauvais film chinois, on choisit toujours l'américain, disait à peu de choses près Godard. Et entre un mauvais film américain et un bon film chinois, pour lequel se décide-t-on ? Pour l'américain aussi, neuf fois sur dix. L'exception devrait profiter à « The World ». Le film en décevra peut-être certains, d'autres le jugeront trop long, quelques-uns sans doute seront déconcertés, voire un peu perdus, pourtant aucun spectateur, me semble-t-il, ne pourra prétendre qu'il a perdu son temps et son argent. C'est du beau, c'est du grand cinéma, qui s'adresse aux yeux, au cœur et à l'esprit. Ce n'est que du plaisir. Rare.

Pascal Mérigeau
Le Nouvel Observateur

192 **CAVALCADE**

STEVE SUISSA

Difficile de comprendre ce qui est arrivé à ce film, l'indifférence avec laquelle il a été accueilli. Il raconte avec ferveur une histoire vraie, celle d'un séducteur fracassé, Bruno de Stabenrath, flamboyant noctambule parisien, condamné à 35 ans au fauteuil roulant après un accident de voiture. Son autobiographie (dont le film s'inspire) a connu en librairie un énorme succès. Le choix insolite de Titoff pour incarner Stabenrath à l'écran se révèle finalement cohérent, l'amuseur/acteur s'étant livré corps et âme au personnage, à ses souffrances, à ses révoltes. Son environnement féminin (Marion Cotillard, Bérénice Bejo, Estelle Lefebure) est délicieux, ses copains (Vincent Martinez, Bruno Todeschini), épatants, son médecin (Richard Bohringer), rugueux mais humain. Alors ? Alors, rien, l'indifférence. Injuste peut-être, mais c'est ainsi.

Cavalcade

LES ENFANTS

CHRISTIAN VINCENT

Bon sujet, moderne, pouvant rencontrer l'adhésion du plus grand nombre : les familles recomposées. Soit Gérard Lanvin (excellent), papa poule, divorcé et débordé, avec deux enfants. Il lui faut trouver un appartement, une charmante responsable d'agence immobilière (Karin Viard, pas très bien servie) lui en fait visiter. Et beaucoup plus, puisque affinités. Elle a aussi deux enfants. Si on compte bien, à eux deux, ça fait quatre. Il ne reste plus qu'à assister au déménagement d'une famille décomposée, à l'emménagement de la famille recomposée, à voir les tensions inhérentes à la situation plus ou moins bien gérées et digérées, à se transporter pour les vacances à la mer où les conflits ne s'apaisent pas vraiment. Et puis, il faut finir le film, et ça, manifestement, c'est difficile. La conclusion choisie, assez pessimiste (chacun rentre chez soi), n'est pas très crédible : les couples de la seconde chance sont en général plus costauds. On a connu Christian Vincent plus subtil. Se souvenir de «La Discrète»...

Les Enfants

JUMELLES

ANDRUCHA WADDINGTON

Deux jumelles (Fernanda Torres x 2) profitent de leur ressemblance pour se jouer des hommes avec une commune désinvolture. Jusqu'au jour où l'une tombe vraiment amoureuse. Une fable macabre sur la jalousie gémellaire, adaptée d'une nouvelle de Nelson Rodrigues, où le manque de moyens techniques est pallié par d'astucieux procédés stylistiques et une double interprétation troublante.

DEAR WENDY

THOMAS VINTERBERG

Abrité derrière un scénario aussi malin que manipulateur de Lars Von Trier, abandonnant comme son mentor les lois contraignantes du «Dogme», Thomas Vinterberg, dont le «Festen» reste inoublié, délivre un film assez déplaisant qui se veut d'un antiaméricanisme militant. Dans une petite ville (américaine) perdue, située ni dans l'espace ni dans le temps, quelques adolescents paumés dont un jeune orphelin solitaire (Jamie Bell, ex «Billy Elliot») forment un club secret de «pacifistes armés». Ils ont tous des armes qu'ils apprennent à manier, à soigner, à aimer. Ils leur donnent des noms, la Wendy, la chère Wendy du titre est un élégant petit revolver. Le shérif (Bill Pullman) aura bientôt son mot à dire. Cela se termine (mal) dans une sanglante parodie de western. Les armes finissent toujours par servir, n'est-ce pas... Quand la dénonciation de la violence tourne au massacre, il est légitime de s'interroger sur son efficacité.

Papa

Douches froides

LE DOMAINE PERDU

RAOUL RUIZ

De 1932 à 1973, les destins croisés de deux aviateurs (François Cluzet et Grégoire Colin) traversant les tragiques heures de la Seconde Guerre mondiale et de la dictature chilienne. Comme à son habitude, le réalisateur des «Trois Couronnes du matelot» et de «La Comédie de l'innocence» dessine avec talent un labyrinthe envoûtant où réalité, illusions, poésie baroque et hommage littéraire (Alain Fournier, Saint-Exupéry) se télescopent.

PAPA

MAURICE BARTHÉLÉMY

Loin de l'humour potache des «Robin des Bois» dont il est un des fondateurs, Maurice Barthélémy entraîne sur les routes de France un père et son petit garçon (Martin Combes) pour un voyage tout en nuances, en demi-teintes sensibles. C'est Alain Chabat, ce papa-là, on sait que c'est un acteur merveilleux, sérieux, pas sérieux, mais, là, il prend ce beau rôle avec une particulière chaleur, une douceur. Ce papa-là est un blagueur, toujours à plaisanter, à faire des bêtises, à chanter des chansons, un papa très drôle, riant d'un rire fêlé par un chagrin que peu à peu on devine. À ses côtés, ce petit morceau d'homme, sage, peut-être trop. Le voyage est ordinaire ; la route, monotone : filmer deux personnages à qui il n'arrive pas grand-chose dans une voiture est une gageure, Bathélémy la relève, le couple père/enfant fonctionne, fusionne. La rencontre un soir, sur un parking, avec une jeune femme qui pleure (Yaël Abecassis) permettra au papa de parler enfin, d'évoquer l'insupportable, de soulever le poids énorme qui lui écrase le cœur, et que son fils, sans le dire, partage depuis le début. Pas de morale, pas de discours, Barthélémy n'a pas eu peur des larmes. Mais il n'a pas eu peur non plus de finir au soleil.

DANS TES RÊVES

DENIS THYBAUD

Rappeur passionné, Ixe (Disiz la Peste) a une amoureuse, des copains qui croient en lui et d'autres qui se servent de lui. Malgré quelques bâtons dans les roues, sa rencontre avec une productrice (Béatrice Dalle) va lui permettre de tester ses amitiés et son amour, ainsi que son talent. Beaucoup d'énergie et pas trop de clichés pour ce film branché et enlevé.

DOUCHES FROIDES

ANTONY CORDIER

Mickael (Johan Libérau) a 17 ans, des parents (Florence Thomassin et Jean-Philippe Ecoffey) fauchés, vraiment fauchés : papa est taxi-chômeur – et buveur – maman, femme de ménage. Mickael est un as du judo et il est fier de sa copine Vanessa, allumeuse soit, mais fidèle (Salomé Stevenin, formidable). Mickael s'entraîne comme un fou, la nuit, dans les gymnases déserts, les piscines fermées, une patinoire obscure. Tout dans «Douches froides» passe par le corps : corps physique, corps social. Arrive dans le paysage l'opulente famille Steiner, son chef (Aurélien Recoing) devient le sponsor de l'équipe de judo dont son fils Clément (Pierre Perrier) fait partie. Le désir de partage, d'appartenance va saisir Mickael, Clément est riche de son argent, lui est riche de Vanessa. Le judo, aux affrontements codifiés assez indéchiffrables, les unira. Les garçons sont à terre, luttent. La fille les rejoint. C'est un moment très beau, sans trivialité, de jeunes corps jouent, puis jouissent. Ce moment, Anthony Cordier ne le dramatise pas, ne le romantise pas, c'était bien à trois, même très bien, voilà. Mais cela n'est pas si simple... «Douches froides» est un premier film, juste et rugueux, sur la difficulté de grandir.

Shizo

Les Mauvais Joueurs

L'Empire des loups

SHIZO
GULSHAT OMAROVA

Un gamin renfrogné (Olzhas Nusupbaev) se laisse entraîner par l'amant de sa mère qui se sert de lui pour braquer une banque ou recruter des boxeurs en vue de combats clandestins. Mais voilà qu'un homme est évacué du ring : avant de mourir, il demande à Shizo de porter son argent à sa femme. L'adolescent y va, trouve une douce boiteuse (Olga Landina) et un petit garçon joueur. D'autres visites suivront. Shizo ne peut plus s'empêcher de retourner là-bas, avec de l'argent, des présents. Avec son cœur... Peu de dialogues, beaucoup de rudesse et quelques scènes comme en apesanteur : ce premier film (coécrit avec Sergueï Bodrov), venu du Kazakhstan, est une très jolie surprise.

TEMPORADA DE PATOS
FERNANDO EIMBECKE

C'est la saison des canards, ces volatiles représentés par un chromo kitsch ornant le mur d'un appartement bourgeois de Mexico où un adolescent de quatorze ans, Flama (Daniel Miranda), a bien l'intention de profiter de l'absence de ses parents pour se gaver de pizzas en gobant de la télé en compagnie de son copain Moko (Digo Cataño). L'intrusion de leur voisine (Danny Perea), pâtissière en herbe, les agace plutôt. Faute d'être payé, le livreur de pizzas (Enrique Arreola) s'incruste aussi. Ainsi constitué, le quatuor imprévu va vivre un week-end qui, on le devine, marquera pour chacun une étape de son évolution. La comédie vaut par la drôlerie insidieuse de la situation, ses apartés cocasses, ses caractères bien dessinés. Un *must* de la Semaine de la Critique à Cannes en 2004.

L'EMPIRE DES LOUPS
CHRIS NAHON

Une jeune femme frappée de crises d'amnésie (Arly Jover), un fringant capitaine enquêtant sur la mort suspecte de trois jeunes ouvrières d'origine turque (Jocelyn Quivrin), un vieux flic aux méthodes expéditives, venu lui prêter main forte (Jean Reno)... Violence, trafic de drogue et de main-d'œuvre, obscurantisme plus deux doigts d'actualité : on retrouve, ici, à peu près les mêmes ingrédients que dans *Les Rivières pourpres* du même Jean-Christophe Grangé et le réalisateur Chris Nahon («Le Baiser mortel du dragon») lorgne sans vergogne du côté du film que son aîné Mathieu Kassovitz en avait tiré. Efficace dans la forme, épais et discutable dans le fond...

LES MAUVAIS JOUEURS
FRÉDÉRIC BALEKDJIAN

Mieux qu'un premier film prometteur. Frédéric Balekdjian a un vrai regard : beaucoup de tendresse pour ses personnages et un étonnant sens du rythme dans les scènes d'action... Vahé (Pascal Elbé) aime toujours la jeune Chinoise dont il s'est séparé. Voilà, sans doute, pourquoi il s'attache au frère de la jeune femme, Yuen (Teng Fei Xiang), ado à problèmes, immigré clandestin qui doit de l'argent à son passeur et défie les mafieux qui l'emploient... Plane sur ce film modeste et réussi l'ombre de Martin Scorsese, celui de «Mean Streets», notamment, avec le périple d'un presque rien, secrètement attiré par la lumière (faut-il parler de rédemption ?) qui traverse une suite d'épreuves : contrôles de police, rivalités tribales, trahisons de celui-là même qu'il veut sauver.

PRIVATE
SAVERIO COSTANZO

Des soldats israéliens réquisitionnent une demeure palestinienne dont les habitants refusent de quitter les lieux. Inspiré de faits réels, cet affrontement est traité sur le mode du documentaire (caméra à l'épaule) et du thriller. À travers ce film politiquement partisan, le cinéaste ausculte les différentes formes de résistance ou de soumission à l'envahisseur.

DOO WOP
DAVID LANZMANN

Ziggy (Mikaël Fitoussi) glande avec ses potes comme les «Vitelloni» de Fellini et arbore fièrement le chapeau du Belmondo d'«À bout de souffle» de Jean-Luc Godard. Il sillonne Paris à la recherche d'argent, d'une maison de disques pour son groupe funk, ou d'une amoureuse (Elina Löwensohn). Au rayon «désarroi post-adolescent», ce premier film de David Lanzmann tout en références (écrasantes) et au scénario épais comme un CD déploie beaucoup d'énergie et affiche un joli (petit) ton.

L'Interprète

MY SUMMER OF LOVE
PAWEL PAWLIKOWSKI

Dans la campagne anglaise, Mona (Nathalie Press), adolescente fragile, vit sous la coupe de son frère (Paddy Considine), un marginal en pleine crise mystique. Le temps d'un été, elle tombe amoureuse de Tasmin (Emily Blunt), séduisante jeune fille de bonne famille. Mais l'automne et les désillusions arrivent. Une chronique sentimentale sur une passion empirique, mise en scène de manière pudique et farouche, à l'image de la relation entre les deux héroïnes.

My Summer of Love

Pieces of April

L'INTERPRÈTE
SYDNEY POLLACK

Sydney Pollack est l'as du thriller politique («Les Trois jours du condor»), un comédien très attachant (chez Robert Altman, Woody Allen ou Stanley Kubrick), un grand metteur en scène éclectique (de «Tootsie» à «Out of Africa»). Tout cela pour dire que l'on attendait avec une totale confiance «L'Interprète», et que, malgré ses qualités évidentes, le film a déçu par un certain didactisme, une retenue, révélant une lassitude, un désenchantement sur le monde qu'il décrit et l'institution qu'il visite. Il s'agit des Nations Unies dont le siège est filmé (et de quelle remarquable façon !) pour la première fois. Silvia Broome y est interprète. Et c'est Nicole Kidman qui l'interprète. Très tendue, le rôle l'exige, parlant couramment le Ku (dialecte africain imaginaire), elle surprend dans ses écouteurs les prémices d'un attentat contre un chef d'État africain. Désormais traquée par des tueurs, elle est mise sous la protection de l'agent fédéral Tobin Keller (Sean Penn, troublant d'intensité lasse). Celui-ci fouille dans son passé (elle est née en Afrique du Sud), en vient presque à la soupçonner. Les deux personnalités s'affrontent, celle qui croit encore au pouvoir des mots contre la violence et celui qui ne croit plus en rien. Le propos est aussi passionnant que pessimiste ; la réalisation, superbe. Mais une flamme semble éteinte.

PIECES OF APRIL
PETER HEDGES

April (Katie Holmes), bien que fâchée avec sa mère (Patricia Clarckson), a décidé de réunir toute la famille autour du traditionnel repas de Thanksgiving dans son petit appartement new-yorkais. Tandis que de leur côté ses parents, son frère, sa sœur et sa grand-mère se mettent en route sans conviction, la jeune femme s'acharne, pour cause de four en panne, à trimballer sa dinde dans tout son immeuble à la recherche d'une bonne âme qui lui prêterait sa cuisine. Tranches de vie un peu saignantes, souvenirs mélancoliques et secrets douloureux traversent cette chronique douce-amère joliment dialoguée et interprétée.

AXIOME
TOM HANSEN

Comme le Zelig de Woody Allen, Axiome, le héros invisible du film, emprunte plusieurs identités pour susciter une réflexion sur le sort des défavorisés du monde. Le film est court (un peu moins d'une heure), généreux (comment ne pas adhérer à la dénonciation de l'injustice ?). Mais son esthétisme sophistiqué (photo en noir et blanc) le rend finalement assez artificiel et gentiment vain.

Dr Kinsey

A dirty Shame

DR KINSEY

BILL CONDON

Où est-il donc, le fameux «rapport Kinsey» qui fit tant de bruit dans les années 1950 ? On reste stupéfait aujourd'hui quand on réalise que ce premier rapport statistique sur la sexualité de la population américaine a pu provoquer à l'époque un tel scandale. Issu d'une famille puritaine, ancien chef scout, le docteur Alfred Kinsey (Liam Neeson, convaincant) est un très sage et sérieux zoologue, animé d'un pur esprit scientifique. Pourtant, entouré d'une escouade d'étudiants propres, il a contribué à bouleverser la vie des couples. Les rapports entre ses travaux et sa propre vie privée constituent une part non négligeable de ce «biopic» classique, dans la bonne tradition du genre.

EN BONNE COMPAGNIE

PAUL WEITZ

La compagnie en question est une société dont le directeur des ventes chevronné, Dan (Dennis Quaid) est placé sous l'autorité d'un jeunot (Topher Grace). Pour tout achever, sa fille (la délicieuse Scarlett Johansson) tombe amoureuse du blanc-bec. La situation est intéressante... Avec un scénario moins lâchement tricoté, et si possible un soupçon de virulence, cette comédie satirique sur le monde du travail aurait pu retenir l'attention.

A DIRTY SHAME

JOHN WATERS

Longtemps, le thème du grand rut universel a été impossible à traiter à l'écran. Il fallait que sautent tous les verrous de la censure pour qu'on puisse assister à un spectacle aussi déculpabilisé que celui de John Waters, le Grand Provocateur des années 1970, reconverti en Grand Récupérateur. L'exercice fonctionne comme une démonstration mathématique : ce qui eut fait dresser jadis les cheveux sur la tête ne suscite plus le moindre haussement de sourcil. Comme dans la plupart des histoires de ce genre, le déchaînement de la furie sexuelle est déclenché par un incident mineur (voir «Le Déclic» de Manara) : ici, un coup sur la tête a la vertu de transformer une mère de famille coincée (Tracey Ullman) en bacchante lubrique, tandis qu'une bourrasque d'érotisme s'abat sur la ville. John Waters s'amuse certes beaucoup à mettre en pièces les mœurs et coutumes de ses compatriotes, mais son «libido show» aboutit à un triste constat : le scandale avait du bon, il était père de l'excitation. Et le scandale est mort...

KINGDOM OF HEAVEN

RIDLEY SCOTT

Ce royaume des cieux, c'est la «Terre sainte» conquise par les Sarrasins (les musulmans), contre lesquels le pape de Rome leva les croisades. Un simple forgeron, Balian (Orlando Bloom), apprend qu'il est le fils naturel d'un de ces croisés (Liam Neeson), donc lui-même chevalier et baron. À la suite de son père, qui meurt en route, il se rend à Jérusalem où règne une paix fragile entre le roi chrétien lépreux Baudouin IV, et le chef musulman modéré Saladin. Idylle impossible entre Balian et la jeune sœur du roi, Sibylle (Eva Green), hélas mariée. Balian rejoint le parti des pacifistes conduit par Tiberias (Jeremy Irons). Le fanatisme, l'obscurantisme et la cupidité sont les cibles de ce film, éloge de l'idéal chevaleresque incarné ici par une minorité de croisés. Un spectacle imposant, bien tenu, bien mené, édifiant et historiquement correct. Rien qui soit susceptible de nous étonner.

THE TAKE

AVI LEWIS, NAOMI KLEIN

Naomi Klein – journaliste auteur du best-seller «No Logo», vue dans «The Corporation» –, est désormais presque aussi incontournable que Michael Moore en matière d'antiglobalisation et d'attaque du capitalisme. Mais, ici, il s'agit de proposer une alternative : cap vers Buenos Aires où des ouvriers au chômage se sont emparés de leurs usines à l'abandon pour les remettre en activité. Passionnant comme un thriller – le gouvernement argentin va-t-il les laisser prouver que l'autogestion fonctionne ? –, on en sort plus instruit, et plus confiant en un avenir possible.

TORREMOLINOS 73

PABLO BERGER

Alors que Franco maintient l'Espagne sous une chape ultra moraliste, un couple (Javier Cámara et Candela Peña) arrondit ses fins de mois en tournant des courts métrages érotiques. Ce récit initiatique (dé)culotté doublé d'un hommage ironique aux *seventies* est mis en scène avec un humour à froid qui déconnecte habilement le côté grivois du sujet.

SWADES – NOUS, LE PEUPLE

ASHUTOSH GOWARIKER

Mohan (Shag Rukh Khan) retourne dans son village natal après avoir passé de nombreuses années aux États-Unis. Il retrouve un pays sclérosé par les inégalités sociales et économiques. Le réalisateur de «Lagaan» tente la greffe délicate des deux genres apparemment antagonistes que

Otage

Les Yeux clairs

sont le réalisme social et la production bollywoodienne. Mais il prouve que bons sentiments et cinéma populaire peuvent faire parfois très bon ménage. Militant pour l'abolition des castes et l'unification de l'Inde, il signe un film sincère, empreint d'une certaine mélancolie et porté de bout en bout par un vibrant message d'espoir.

OTAGE
FLORENT SIRI
Mandé par Bruce Willis soi-même, qui avait été épaté par son «Nid de guêpes» (quelque peu boursouflé), notre petit Français se retrouve à Hollywood pour un film comme on en a vu mille. Soit Jeff Talley, un négociateur qui a laissé mourir des otages et s'est «rangé des voitures», quittant Los Angeles pour redevenir simple flic dans une bourgade paisible. Mais voilà que des voyous s'emparent de la villa et des enfants d'un petit comptable et voilà que la mafia s'en mêle et voilà que la propre famille de Talley est enlevée à son tour pour le forcer à intervenir sur le lieu du drame... La bonne vieille routine d'un cinéma calibré et sans invention.

IN YOUR HANDS
ANNETTE K. OLESEN
Pasteur dans une prison pour femmes, Anna (Ann Eleonora Jorgensen), qui se croyait stérile, apprend de Kate (Trine Dyrholm), une détenue à qui on prête des dons surnaturels, qu'elle est enceinte. Que vaut la foi contre la croyance ? Que vaut le pardon face au crime le plus inacceptable ? Ce deuxième film d'une Danoise gonflée, très bien écrit et interprété avec force par une pléiade de comédiennes épatantes, est mis en scène façon «Dogme» (image fluide mais granuleuse). S'il brasse peut-être un peu trop de sujets, il affiche un vrai ton. Différent. Dérangeant.

LES YEUX CLAIRS
JÉRÔME BONNELL
Depuis son premier film «Le Chignon d'Olga», on sait que Jérôme Bonnell a le don de planter un décor, une étrange maison familiale, en l'occurrence. Il sait, aussi, donner vie à des personnages. Notamment cette Fanny qu'interprète superbement Nathalie Boutefeu. Sa belle-sœur (Judith Rémy) la juge complètement folle, alors que son frère (Marc Citti) voit en elle un être en perdition. Le réalisateur réussit à exprimer très joliment l'incapacité du frère et de la sœur à quitter l'enfance, et le mal qu'ils ont, en même temps, à partager une complicité qui s'épuise au fil des ans... Il croit bon, hélas, dans une deuxième partie hésitante, de lancer Fanny dans un voyage initiatique, où la recherche du père défunt se conjugue avec la rencontre d'un bûcheron mutique... On a droit, alors, à un de ces *road-movies* exsangues dont se repaît, sans que l'on sache pourquoi, une partie du jeune cinéma français. Prix Jean-Vigo 2005.

GARDEN STATE
ZACH BRAFF
Jeune acteur névrosé, Andrew revient dans le village de son enfance pour enterrer sa mère. Il y retrouve un père qui ne l'a jamais compris (Ian

Garden State

Holm) et ses vieux potes qui le regardent comme une curiosité, mais y fait aussi la rencontre de l'imprévisible et séduisante Sam (Natalie Portman). Le film de «retour au pays natal» est presque un genre à part dans le cinéma américain. Souvent autobiographique, il conjugue la plupart du temps mélancolie, adieu à l'enfance et règlement de comptes. Respectant à la lettre cette trilogie, Zach Braff, vedette de la *sitcom* «Toubib or not toubib», est à la fois le scénariste, le metteur en scène et l'interprète de cette comédie initiatique et nostalgique. Un exercice périlleux réussi grâce à un savoureux sens du détail iconoclaste, une infinie tendresse pour les personnages *border-line,* un casting et une direction d'acteurs toute en finesse.

Le 58e Festival de Cannes

Broken Flowers de Jim Jarmusch

Caché de Michael Haneke

Les Trois enterrements de Melquiades Estrada de Tommy Lee Jones

AGRANDIR LES CERCLES

Si un festival se mesure à l'éclat de ses rituelles montées des marches, Cannes 2005 restera comme le cru qui boucla la boucle de la saga de «La Guerre des Étoiles» en accueillant sur son tapis rouge l'équipe de George Lucas au complet pour la projection de «Star Wars : épisode III – La Revanche des Sith». Cet événement populaire et très médiatique n'a pourtant pas été le seul à enflammer la Croisette puisque chaque soir, du 11 au 22 mai, non seulement les équipes des films en compétition, mais aussi le jury présidé par Emir Kusturica – et composé de Nandita Das, Salma Hayek, Toni Morrison, Agnès Varda, Fatih Akin, Javier Bardem, Benoît Jacquot et John Woo – ont mélangé paillettes et émotion, glamour et humanité.
Il y avait cette année une compétition solide de films signés des plus grands auteurs internationaux. Certes, le Taïwanais Hou Hsiao Hsien («Three Times»), le Coréen Hong Sangsoo («Conte de cinéma») et le Canadien Atom Egoyan («Where the Truth lies») n'ont pas fait l'unanimité. Oui, les Français Arnaud et Jean-Marie Larrieu («Peindre ou faire l'amour») et le Canadien David Cronenberg («A History of Violence») ont provoqué la polémique – même s'il y a fort à parier que leurs films, hors la tourmente cannoise, reprendront leurs droits à un accueil plus serein. Mais le Mexicain Carlos Reygadas («Batalla en el cielo»), l'Autrichien Michael Haneke («Caché») ont créé des ondes de choc palpables et l'Américain Jim Jarmusch a séduit avec «Broken Flowers», une tendre ballade sur les amours anciennes entre rire et nostalgie.
Le cercle des réalisateurs deux fois palmés à Cannes ne comptait jusqu'alors que quatre membres – Francis Ford Coppola, Nagisa Oshima, Bille August et Emir Kusturica. Ce dernier a donc contribué, avec ses jurés, à agrandir le cercle en y accueillant Luc et Jean-Pierre Dardenne. Six ans après «Rosetta», «L'Enfant» des deux frères belges recevait la récompense suprême. Mais ils étaient plusieurs à pouvoir prétendre y entrer, puisque trois autres titulaires de la Palme d'Or étaient présents : Wim Wenders avec «Don't come knocking», Lars Von Trier avec «Manderlay», et Gus Van Sant avec «Last Days». Ces quatre films, dans la lignée des précédents opus de leurs metteurs en scène, ont marqué le festival et tous pouvaient prétendre légitimement intégrer le fameux cercle. Que les frères Dardenne aient eu ce privilège avec cet «Enfant» poignant, inscrit dans un réel plus que jamais d'actualité, ne change rien à la qualité globale des œuvres présentées.

L'Enfant de Luc et Jean-Pierre Dardenne

Free Zone d'Amos Gitaï

Il y avait cette année des histoires de retour et de seconde chance, beaucoup d'enfants face à leurs parents (et réciproquement), et de nombreux couples aux prises avec le passé pour mieux construire l'avenir. Il y avait la maison et le monde. La maison comme lieu clos de toutes les intrigues et le monde comme univers à prendre en compte avec ses guerres et ses violences. Un cercle dans un autre cercle. Que le regard des cinéastes présents à Cannes dans la sélection officielle, mais aussi à la Semaine de la Critique et à la Quinzaine des réalisateurs, contribue à agrandir le nôtre : c'est tout ce que nous demandons au cinéma. Et à un festival tel que Cannes.

Isabelle Danel

LE PALMARÈS :

PALME D'OR :
«L'Enfant» de Jean-Pierre et Luc Dardenne (Belgique)
GRAND PRIX DU JURY :
«Broken Flowers» de Jim Jarmusch (États-Unis)
PRIX DU JURY :
«Rêves de Shanghai/ Shanghai Dreams» de Wang Xiaoshuai (Chine)
PRIX D'INTERPRÉTATION FÉMININE :
Hanna Laslo dans «Free Zone» d'Amos Gitaï (Israël)
PRIX D'INTERPRÉTATION MASCULINE :
Tommy Lee Jones dans «Les Trois enterrements de Melquiades Estrada» de Tommy Lee Jones (États-Unis)
PRIX DE LA MISE EN SCÈNE :
«Caché» de Michael Haneke (France)
PRIX DU MEILLEUR SCÉNARIO :
Guillermo Arriaga pour «Les Trois enterrements de Melquiades Estrada» de Tommy Lee Jones (États-Unis)
CAMÉRA D'OR EX-AEQUO :
«Moi, toi et tous les autres» de Miranda July (États-Unis)
«La Terre abandonnée» de Vimukthi Jayasundara (Sri Lanka)
PALME D'OR DU COURT MÉTRAGE :
«Podorozhni» de Igor Strembitsky (Urkaine)
Mention spéciale du Jury des courts métrages
«Clara» de Van Sowerwine (Australie)

PRIX UN CERTAIN REGARD :

PRIX FONDATION GAN POUR LE CINÉMA :
«La Mort de Monsieur Lazarescu» de Cristi Puiu (Roumanie)
PRIX DE L'INTIMITÉ :
«Le Filmeur» d'Alain Cavalier (France)
PRIX DE L'ESPOIR :
«Lève-toi et marche» de Pierre Yameogo (Burkina Fasso)

PRIX DE LA CINÉFONDATION :

PREMIER PRIX :
«Buy it now» d'Antonio Campos (Tisch School de New York University, États-Unis)
DEUXIÈME PRIX :
(Ex-aequo) «Vdvoyom (À deux)» de Nikolay Khomeriki (Fémis, France) et
«Bikur Holim (Visiting Hours)» de Maya Dreifuss (Université de Tel-Aviv, Israël)
TROISIÈME PRIX :
(Ex-aequo) «La Plaine» de Roland Edzard (Le Fresnoy, France) et
«Be quiet» de Sameh Zoabi (Columbia University, États-Unis)

PRIX DE LA SEMAINE DE LA CRITIQUE :

GRAND PRIX :
«Moi, toi et tous les autres» de Miranda July (États-Unis)
PRIX SACD DU MEILLEUR SCÉNARIO :
(Ex-aequo) Ushida Kenji pour «A Stranger of mine» (Japon) et Karin Albou pour «La Petite Jérusalem» (France)
PRIX ACID :
«Mang Zhong» de Zhang Lu (Chine/Corée)
GRAND PRIX CANAL + DU MEILLEUR COURT MÉTRAGE :
«Jona (Tomberry)» de Rosto (Pays-Bas)
PRIX DÉCOUVERTE KODAK DU COURT-MÉTRAGE :
«Respire» de Wi Ding Ho (Taïwan)

PRIX DE LA FIPRESCI :

PRIX DE LA FIPRESCI POUR UN FILM DE LA SÉLECTION OFFICIELLE :
«Caché» de Michael Haneke (France)
PRIX DE LA FIPRESCI POUR UN FILM DE LA SÉLECTION OFFICIELLE UN CERTAIN REGARD :
«Sangre» de Amat Escalante (Mexique)
PRIX DE LA FIPRESCI POUR UN FILM DES SECTIONS PARALLÈLES :
«Crying Fist» de Ryoo Seung-wan (Corée du Sud/La Quinzaine des réalisateurs)

AUTRES PRIX :

PRIX ŒCUMÉNIQUE :
«Caché» de Michael Haneke (France/Sélection Officielle)
MENTION SPÉCIALE DU JURY ŒCUMÉNIQUE :
«Lève-toi et marche» de Pierre Yameogo (Burkina Fasso/Sélection officielle Un certain Regard)

PRIX DE LA JEUNESSE :
«Bahia, ville basse» de Sergio Machado (Brésil/Sélection officielle Un Certain Regard)

PRIX DE L'ÉDUCATION NATIONALE :
«Cinéma, aspirines et vautours» de Marcelo Gomes (Brésil/Sélection officielle Un Certain Regard)

PRIX FRANÇOIS CHALAIS :
«Une fois que tu es né» de Marco Tullio Giordana (Italie/Sélection Officielle)

LABEL EUROPA CINÉMAS :
«La Moustache» d'Emmanuel Carrère (France/La Quinzaine des réalisateurs)

PRIX ART ET ESSAI-CICAE :
«Sisters in Law» de Kim Longinotto et Florence Ayisi (Grande-Bretagne/La Quinzaine des réalisateurs)

PRIX REGARDS JEUNES :
«Alice» de Marco Martins (Portugal)

La Marche de l'empereur de Luc Jacquet

Prix

63E PRIX LOUIS DELLUC

«ROIS ET REINE» d'Arnaud Desplechin
et «QUAND LA MER MONTE» de Yolande Moreau et Gilles Porte

53E PRIX JEAN VIGO

Long métrage : «LES YEUX CLAIRS» de Jérôme Bonnel
Court métrage : «LA PEAU TROUÉE» de Julien Samani

PRIX DU SYNDICAT DE LA CRITIQUE

Prix Méliès du Meilleur Film Français :
«ROIS ET REINE» d'Arnaud Desplechin
Prix Léon Moussinac du Meilleur Film Étranger :
«LOST IN TRANSLATION» de Sofia Coppola (États-Unis)
Prix du Meilleur Premier Film Français :
«BRODEUSES» d'Éléonore Faucher
Prix Coup de cœur :
«RETOUR À KOTELNITCH» d'Emmanuel Carrère
Prix Novais-Texeira du Meilleur Court Métrage Français :
«SOUS MON LIT» de Jihane Chouaib
Prix du Meilleur Livre Français sur le cinéma :
«HOLLYWOOD ET LA DIFFICULTÉ D'AIMER» de Laurent Jullier – Éditions Stock
Prix du Meilleur Livre Étranger sur le cinéma :
(ex-aequo) «LE XXE SIECLE À L'ÉCRAN» de Schlomo Sand – Éditions du Seuil et «OZU OU L'ANTI-CINÉMA» de Kiju Yoshida – Éditions Institut Lumière/Actes Sud/Arte Éditions
Prix du Meilleur Album sur le cinéma :
«FRANÇOIS TRUFFAUT AU TRAVAIL» de Carole Le Berre – Éditions Cahiers du Cinéma

PRIX ROMY SCHNEIDER : Cécile de France
PRIX JEAN GABIN : Clovis Cornillac

21E PRIX TRÈS SPÉCIAL :

«INNOCENCE» de Lucile Hadzihalilovic

PRIX DE LA FIPRESCI 2004 :

«NOTRE MUSIQUE» de Jean-Luc Godard (Suisse/France)
et «ELENI» de Theo Angelopoulos (Grèce)

Récompenses

61E MOSTRA DE VENISE

Lion d'Or :
«Vera Drake» de Mike Leigh (Grande-Bretagne)
Lion d'Argent – Grand prix du jury :
«Mar adentro» d'Alejandro Amenabar (Espagne)
Lion d'Argent – Prix de la mise en scène :
«Locataires» de Kim Ki-duk (Corée)
Lion du Futur – Prix de la meilleure première œuvre :
«Le Grand Voyage» d'Ismaël Ferroukhi (France)
Coupe Volpi du meilleur acteur :
Javier Bardem pour «Mar adentro» de Alejandro Amenabar (Espagne)
Coupe Volpi de la meilleure actrice :
Imelda Staunton pour «VERA DRAKE» de Mike Leigh (Grande-Bretagne)
Prix Horizons :
«Les Petits-fils» d'Ilan Duran Cohen (France)

30E FESTIVAL DE DEAUVILLE

Grand Prix :
«Maria pleine de grâce» de Joshua Marston
Prix du jury :
«The woodsman» de Nicole Kassell
Prix du scénario :
«Final Cut» d'Omar Naïm
Grand Prix du court métrage :
«Happy now» de Frederikke Aspöck
Prix de la critique internationale :
«Maria pleine de grâce» de Joshua Marston
Prix «Journal du dimanche» du public :
«Maria pleine de grâce» de Joshua Marston
Prix «Première» :
«Eternal Sunshine of the Spotless Mind» de Michel Gondry
Prix Michel d'Ornano :
«Brodeuses» d'Éléonore Faucher (France)

55E FESTIVAL DE BERLIN

Ours d'Or :
«U-Carmen eKhayelitsha» de Marc Dornford-May (Afrique du Sud/Grande Bretagne)
Ours d'Argent – Grand prix du Jury :
«Peacock» de Gu Changwei (Chine)
Ours d'Argent du meilleur réalisateur :
Marc Rothemund pour «Sophie Scholl – les derniers jours» (Allemagne)
Ours d'Argent de la meilleure actrice :
Julia Jentsch pour «Sophie Scholl – les derniers jours» de Marc Rothemung (Allemagne)
L'Ours d'Argent du meilleur acteur :
Lou Taylor Pucci pour «Thumbsucker» de Mike Mills (Américain)
Ours d'Argent de la meilleure contribution artistique :
«The Wayward Cloud» de Tsai Ming Liang (France/Taiwan/Chine)
Ours d'Argent de la meilleure musique :
Alexandre Desplat pour «De battre mon cœur s'est arrêté» de Jacques Audiard (France)
Prix du meilleur film européen :
«Paradise Now» de Hany Abu-Assad (Palestine/Allemagne/France/Pays-Bas)
Prix Alfred Bauer :
«The Wayward Cloud» de Tsai Ming Liang (France/Taiwan/Chine).
Prix du public :
«Paradise Now» de Hany Abu-Assad (Palestine/Allemagne/France/Pays-Bas)
Prix Amnesty International :
«Paradise Now» de Hany Abu-Assad (Palestine/Allemagne/France/Pays-Bas)

17E FESTIVAL PREMIERS PLANS D'ANGERS

Premiers longs métrages européens

Grand Prix du Jury :
«Le Cauchemar de Darwin» de Hubert Sauper (Autriche/France/Belgique)
Prix spécial du Jury :
«Uno» d'Aksel Hennie (Norvège)
Prix du public :
«L'Enfant endormi» de Yasmine Kassari (Belgique/Maroc)
Prix de la création musicale :
Giuliano Taviani pour «Saimir» de Francesco Munzi (Italie)

Mention spéciale du Groupement national des cinémas de recherche :

«Dealer» de Benedek Fliegauf (Hongrie)
Prix Mademoiselle Ladubay :
Rachida Brakni et Mounia Osfour pour «L'Enfant endormi» de Yasmine Kassari (Belgique/Maroc)
Prix Jean Carmet :
Vincenzo Pacilli pour «Vento di Terra» de Vincenzo Marra (Italie)

Films européens d'école

Grand prix du Jury :
«Les Étrangers» d'Eskil Vogt (La Fémis – France)
Prix Spécial du Jury :
«Roomservice» d'Emil Graffman (PWSFTVIT – Pologne)
Prix du public :
«Dvier» de Vladimir Kott (VKSR – Russie)

Premiers courts métrages français

Grand Prix du Jury :
«Transit» de Bani Khoshnoudi
Prix du public :
«La Tête dans le vide» de Sophie Letourneur
Prix CCAS :
«21 H 11» d'Arnaud Bigeard
Prix Cinécinéma :
«La nature a horreur du vide» de Gabrielle Cariolle
Prix de la création musicale :
Jean-François Viguie pour «Obras» de Hendrick Dussollier

Premiers courts métrages européens

Grand prix du Jury :
«Hatarontul» d'Arpad Schilling (Hongrie) Prix du public :
«Breaking out» de Marianella Maldonado (Royaume-Uni)
Prix spécial du Jury :
«Trafic» de Catalin Mitulescu (Roumanie)
Prix Arte :
«Trafic» de Catalin Mitulescu (Roumanie)

Lectures de scénarios :
Prix du public :
«LA FORTUNE» de Laurent de Bartillat et Alain Ross
Lu par Laëtitia Spigarelli et Malik Zidi

30e NUIT DES CÉSARS

Meilleur film :
«L'Esquive» d'Abdellatif Kechiche
Meilleur réalisateur :
Abdellatif Kechiche pour «L'Esquive»
Meilleure actrice :
Yolande Moreau pour «Quand la mer monte» de Yolande Moreau et Gilles Porte
Meilleur acteur :
Mathieu Amalric pour «Rois et reine» d'Arnaud Desplechin
Meilleure actrice dans un second rôle :
Marion Cotillard pour «Un long dimanche de fiançailles» de Jean-Pierre Jeunet
Meilleur acteur dans un second rôle :
Clovis Cornillac pour «Mensonges et trahisons et plus si affinités» de Laurent Tirard
Meilleur espoir féminin :
Sara Forestier pour «L'Esquive» d'Abdellatif Kechiche
Meilleur espoir masculin :
Gaspard Ulliel dans «Un long dimanche de fiançailles»
Meilleur scénario :
Abdellatif Kechiche et Ghalya Lacroix pour «L'Esquive»
Meilleur premier film :
«Quand la mer monte» de Yolande Moreau et Gilles Porte
Meilleure musique :
Bruno Coulais pour « Les Choristes» de Christophe Barratier
Meilleur photo :
Bruno Delbonnel pour «Un long dimanche de fiançailles» de Jean-Pierre Jeunet
Meilleur son :
Daniel Sobrino, Nicolas Cantin, Nicolas Naegelen pour « Les Choristes» de Christophe Barratier
Meilleurs costumes :
Madeline Fontaine pour «Un long dimanche de fiançailles» de Jean-Pierre Jeunet
Meilleurs décors :
Aline Bonetto pour «Un long dimanche de fiançailles» de Jean-Pierre Jeunet
Meilleur montage :
Noëlle Boisson pour «Deux Frères» de Jean-Jacques Annaud
Meilleur film de l'Union européenne :
(ex-aequo)
«Just a Kiss» de Ken Loach (Grande Bretagne) et «La vie est un miracle» d'Emir Kusturica
Meilleur film étranger :
«Lost in Translation» de Sofia Coppola (États-Unis)
Meilleur court métrage :
«Cousines» de Lyes Salem
César d'Honneur :
Will Smith et Jacques Dutronc

76e NUIT DES OSCARS

Meilleur film :
«Million Dollar Baby» de Clint Eastwood
Meilleur réalisateur :
Clint Eastwood pour «Million Dollar Baby»
Meilleure actrice :
Hilary Swank pour «Million Dollar Baby» de Clint Eastwood
Meilleur acteur :
Jamie Foxx pour «Ray» de Taylor Hackford
Meilleure actrice dans un second rôle :
Cate Blanchett pour «Aviator» de Martin Scorsese
Meilleur acteur dans un second rôle :
Morgan Freeman pour «Million Dollar Baby» de Clint Eastwood
Meilleure adaptation :
Alexander Payne et Jim Taylor pour «Sideways» d'Alexander Payne
Meilleur scénario original :
Charlie Kaufman, Michel Gondry, Pierre Bismuth pour « Eternal Sunshine of the Spotless Mind» de Michel Gondry
Meilleure photographie :
Robert Richardson pour «Aviator» de Martin Scorsese
Meilleure direction artistique :
Dante Ferretti et Francesca Lo Schiavo pour «Aviator» de Martin Scorsese
Meilleur montage :
Thelma Schoonmaker pour «Aviator» de Martin Scorsese
Meilleurs costumes :
Sandy Powell pour «Aviator» de Martin Scorsese
Meilleur maquillage :
Valli O'Reilly et Bill Corso pour «Les Désastreuses Aventures des orphelins Baudelaire» de Brad Silberling
Meilleurs effets visuels :
John Dykstra, Scott Stokdyk, Anthony LaMolinara et John Frazier pour «Spider-Man 2» de Sam Raimi
Meilleur son :
Scott Millan, Greg Orloff, Bob Beemer et Steve Cantamessa pour «Ray» de Taylor Hackford
Meilleur montage son :
Michael Silvers et Randy Thom pour «Les Indestructibles» de Brad Bird
Meilleure musique :
Jan A.P. Kaczmarek pour «Neverland» de Marc Forster
Meilleure chanson originale :
«Al Otro Lado Del Río», paroles et musique de Jorge Drexler pour «Carnets de voyage» de Walter Salles
Meilleur long métrage d'animation :
«Les Indestructibles» de Brad Bird
Meilleur long métrage documentaire :
«Born into Brothels» de Ross Kauffman et Zana Briski
Meilleur court métrage d'animation :
«Ryan» de Chris Landreth
Meilleur court métrage documentaire :
«Mighty Times : The Children's March» de Robert Hudson et Bobby Houston
Meilleur court métrage de fiction :
«Wasp» d'Andrea Arnold
Meilleur film étranger :
«Mar adentro» de Alejandro Amenabar (Espagne)

Box-office

Les vingt-cinq succès de la saison
(en nombre d'entrées en France)

1.	«STAR WARS : ÉPISODE III – LA REVANCHE DES SITH»	7 180 403
2.	«LES INDESTRUCTIBLES»	5 572 059
3.	«UN LONG DIMANCHE DE FIANÇAILLES»	4 454 353
4.	«BRICE DE NICE»	4 354 309
5.	«LA GUERRE DES MONDES»	3 346 934
6.	«MILLION DOLLAR BABY»	3 085 274
7.	«GANG DE REQUINS»	3 037 161
8.	«OCEAN'S TWELVE»	2 954 468
9.	«MADAGASCAR»	2 742 685
10.	«L'ENQUÊTE CORSE»	2 664 957
11.	«LES POUPÉES RUSSES»	2 519 678
12.	«LE VILLAGE»	2 390 539
13.	«IZNOGOUD»	2 362 630
14.	«LE DERNIER TRAPPEUR»	2 213 790
15.	«BRIDGET JONES : L'ÂGE DE RAISON»	2 133 018
16.	«HITCH, EXPERT EN SÉDUCTION»	2 101 156
17.	«I, ROBOT»	2 096 728
18.	«36, QUAI DES ORFÈVRES»	2 084 883
19.	«LES DALTON»	1 956 749
20.	«CHARLIE ET LA CHOCOLATERIE»	1 950 117
21.	«LA MARCHE DE L'EMPEREUR»	1 817 403
22.	«ESPACE DÉTENTE»	1 787 163
23.	«AVIATOR»	1 718 090
24.	«MON BEAU-PÈRE, MES PARENTS ET MOI»	1 667 144
25.	«COMME UNE IMAGE»	1 629 469

Chiffres fournis par l'hebdomadaire «Le Film français» (Arrêtés au 5 août 2005).

Les premiers films

 Lucile Hadzihalilovic («Innocence») n'est pas référencée ici, car elle était présente dans *L'Année du Cinéma 1996* pour son premier moyen métrage sorti en salle : «La Bouche de Jean-Pierre».

JENNIFER ABBOTT ET MARK ACHBAR
THE CORPORATION
Née au Canada. Réalisatrice de documentaires, monteuse et activiste culturelle, on lui doit entre autres «A Cow at my Table» consacré au marché de la viande aux États-Unis, «Skinned» une installation éphémère pour le Museum of Modern Art de New York et, dernièrement, «Two Brides and a Scalpel : Diary of a Lesbian Mariage», réalisé avec Mark Achbar. Ce dernier est scénariste pour la télévision canadienne. «The Corporation» est leur premier long métrage documentaire sorti en salle.

NIKHIL ADVANI
NEW YORK MASALA
Il débute en collaborant à un feuilleton très populaire de la télévision indienne «Naya Nukkad», puis devient coscénariste et assistant de Sudhir Mishra sur son film «Raat Ki Suddah Hahin». Lors d'une cérémonie de remise de prix, il rencontre le réalisateur Karan Johar, avec lequel il débute une collaboration régulière, tenant le poste de metteur en scène associé sur deux longs métrages de ce dernier «Kuch Kuch hota hai» et «La Famille indienne».

MOHSEN AMIRYOUSSEFI
SOMMEIL AMER
Né en 1972 en Iran, à Abadan, ce titulaire d'une maîtrise de mathématiques se lance au début des années 1990 dans l'écriture de pièces de théâtre et de scénarios avant de passer à la mise en scène. Il a réalisé à ce jour quatre courts métrages – «La Contravention» (1995), «Nader et l'épée» (1998), «Père et fils» (1999) et «Les Mains de marbre» (2000) – ainsi qu'un documentaire, «Caravane», en 2002.

DANIELLE ARBID
DANS LES CHAMPS DE BATAILLE
Née à Beyrouth en 1970. Elle quitte le Liban à l'âge de 17 ans pour aller étudier la littérature et le journalisme à Paris puis Bruxelles. En 1998, elle se lance dans la réalisation de documentaires – «Seule avec la Guerre», «Aux frontières» – et de courts métrages – «Raddem» (1998), «Le Passeur» (1999) et «Étrangères» (2000). La plupart d'entre eux ont été sélectionnés et récompensés dans de nombreux festivals, dont Locarno.

STÉPHANE ARNOUX
LA CAROTTE ET LE BÂTON
Auteur-réalisateur français, metteur en scène de théâtre, enseignant et chercheur en arts du spectacle, il a monté quatre pièces, réalisé quelques courts métrages («Vertige», «Sauf conduite» et «Fuite en mai») ainsi que deux documentaires dont «Révolution(s)».

ROSANNA ARQUETTE
À LA RECHERCHE DE DEBRA WINGER
Américaine, née en 1959. Elle débute sa carrière de comédienne à la fin des années 1970 en se produisant tout d'abord à la télévision. Au cinéma, elle rencontre un large succès grâce à des films tels que «Recherche Susan désespérément», «After Hours», «Le Grand Bleu», «Crash», «Pulp Fiction», «Buffalo 66» ou «Mon voisin le tueur». Une filmographie mettant en évidence l'éclectisme d'une actrice aussi à l'aise dans le cinéma indépendant que dans les productions hollywoodiennes.

SHONA AUERBACH
DEAR FRANKIE
Après s'être d'abord destinée à la photographie, cette jeune Britannique se tourne vers le cinéma en intégrant l'École nationale polonaise de Lodz où elle réalise «Seven», nommé pour le prix du meilleur film au Festival du court métrage britannique en 1996. Après avoir dirigé de nombreuses publicités, elle se lance dans l'écriture de son premier long métrage, sur lequel elle officie à la fois comme réalisatrice et directrice de la photo.

TRISTAN AUROUET
ET GILLES LELLOUCHE
NARCO
Tristan Aurouet est réalisateur et a commencé par la publicité. Comédien, Gilles Lellouche a joué dans de nombreux films, parmi lesquels «Les Sœurs Hamlet», «Ma femme est une actrice», «Mon Idole» et «Anthony Zimmer». Ensemble, les deux jeunes Français ont précédemment écrit et mis en scène un court métrage «Pourkoi... passkeu».

LIONEL BAIER
GARÇON STUPIDE
Diplômé en langues modernes, assistant à la mise en scène, scénariste et gérant d'un cinéma à Aubonne depuis plus de dix ans, ce jeune cinéaste suisse a déjà de nombreux courts métrages à son actif, dont «Mignon à croquer» (1999) et «Jour de défilé» (2000). Il a également réalisé plusieurs documentaires, dont «Celui du pasteur» et «La Parade».

Torremolinos 73 de Pablo Berger

FRÉDÉRIC BALEKDJIAN
LES MAUVAIS JOUEURS
Français d'origine arménienne, il s'est beaucoup inspiré de son enfance, passée dans le quartier du Sentier à Paris, pour écrire le scénario de son premier long métrage.

MARIO BARROSO
LE MIRACLE SELON SALOMÉ
Né en 1974 à Lisbonne, il commence ses études à l'INSAS de Bruxelles avant d'achever sa formation à l'IDHEC, à Paris. Chef opérateur reconnu et maintes fois primé, il a travaillé avec un grand nombre de cinéastes dont Manoel de Oliveira, João César Monteiro, Jean-Claude Biette, Raoul Ruiz et Jacques Otmezguine.

AMAL BEDJAOUI
UN FILS
Née à Alger, elle commence à étudier le cinéma à New York avant de s'installer à Paris pour y suivre les cours de l'IDHEC – dont elle sort diplômée en 1985. Elle a travaillé en tant qu'assistante réalisatrice, réalisatrice de deuxième équipe et directrice de production, puis est passée à l'écriture et à la mise en scène de courts métrages : «Une Vue imprenable» (1993), «Shoot me Angel» (1995) et «Suite saturnienne» (1999).

FRÉDÉRIC BERTHE
ALIVE
Il débute en tant qu'assistant réalisateur sur divers téléfilms et, au cinéma, pour Djamel Bensalah sur «Le Ciel, les oiseaux... et ta mère !» et «Le Raid». Il passe ensuite à la réalisation sur diverses *sitcoms* : «Blague à part», «La Famille Guérin» et «H». Il est également l'auteur de trois courts métrages : «QHS Teaser», «Autopsia» et «AY».

JO BÉRANGER
ET DORIS BUTTIGNOL
VOYAGE EN MÉMOIRES INDIENNES
Ces deux Canadiennes, respectivement nées en 1960 et 1962, travaillent ensemble depuis près de dix ans. Elles ont coécrit et co-réalisé sept documentaires, dont «Les Filles de Zapata» (1996), «La Candidate» (1997), «Citoyennes, citoyens» (1998), «Du Rififi à Seattle» (1999), «Présence verte» (2000) et «Je voudrais vous dire» (2001).

PABLO BERGER
TORREMOLINOS 73
Natif de Bilbao, il réalise un premier court métrage en 1988, «Mama», dont le succès lui permet d'obtenir une bourse pour la New York University. Là, il signe un second court, «Truth and Beauty», pour lequel il est nommé aux «Emmy» des écoles de cinéma et de télévision. Titulaire d'un doctorat, il a enseigné tour à tour à Princenton, Yale et la FEMIS à Paris.

MALEK BESMAIL
ALIÉNATIONS
Né à Constantine en 1966, il réalise tout d'abord des films en super-huit qui lui valent de remporter le prix national du film amateur en Algérie. Après avoir fait ses études à Paris et Saint-Pétersbourg, il participe à la création d'une société de production qu'il dirige de 1990 à 1993, tout en débutant sa carrière de documentariste. Il a signé à ce jour de nombreux courts et documentaires : «Le Trafic des icônes» (1990), «Algerian TV show» (1996), «Boudiaf, un espoir assassiné» (1999), «Plaisirs d'eau» (2002), «Algérie(s)» (2003) et «Thérapies algériennes» (2003).

SIMONE BITTON
MUR
Née au Maroc en 1965, elle a vécu à Rabat, Jérusalem et Paris. Diplômée de l'IDHEC, elle a réalisé plus d'une quinzaine de films documentaires, films d'archives et portraits de musiciens, d'écrivains ou de personnalités politiques. Parmi ses œuvres les plus marquantes, notons «Les Grandes Voix de la chanson arabe» (1990), «Palestine, l'histoire

d'une terre» (1992/93), «Mahmoud Darwich et la terre comme langue» (1997), «L'Attentat» (1998) et «Ben Barka, l'équation marocaine» (2001).

ACHIM VON BORRIES
PARFUM D'ABSINTHE
Il est né à Munich en 1968. Diplômé de l'Académie allemande de cinéma et télévision, il signe un film de fin d'études, «England», récompensé par la critique allemande. Depuis, il a réalisé plusieurs courts métrages et séries télévisées. Il a également participé à l'écriture de «Good Bye Lenin !» de Wolfgang Becker, sans être toutefois crédité au générique.

TOM BRAMAN
ANY WAY THE WIND BLOWS
Il est né en 1972 à Anvers. À dix-sept ans, il fonde le groupe rock «Deus», avec lequel il produit sept albums, de 1933 à 2001, et donne plus de six cents concerts. C'est en 1991 qu'il se lance dans des études de cinéma et débute par la réalisation de ses propres clips vidéo ainsi que de courts métrages, parmi lesquels «Turnpike» avec Seymour Cassel.

ZACH BRAFF
GARDEN STATE
Connu pour son interprétation du Docteur Kohn Dorian, rôle principal de la *sitcom* loufoque et parodique «Toubib or not toubib», ce comédien américain fit ses débuts avec Woody Allen qui lui proposa un rôle dans «Meurtre mystérieux à Manhattan». On a pu le voir, depuis, dans «Getting to know you» et «The Broken Hearts Club».

ANNE-LAURE BRÉNÉOL
EN PLEIN CAUBÈRE
Née en 1970. En 1993, elle réalise un premier court métrage, «La Balade d'un condamné», qui sera suivi de l'écriture d'un long (demeuré à l'état de pilote), «Tête-à-queue». Elle a, entre autres, signé un certain nombre de making-of et de documentaires, dont «École qui roule» (1997), «Balade aux trois Baudets» (1998) et «Au bord de l'école» (2000).

ISABELLE BROUÉ
TOUT LE PLAISIR EST POUR MOI
Cinéaste française. Elle suit les cours de la FEMIS et réalise en même temps divers courts métrages, alternant volontiers les genres et les formats. Elle a signé, entre autres, «Pensons, il en restera toujours quelque chose» (1991), «Mère et fille» (1992), deux courts documentaires, puis «Paroles de femmes»

Tout le plaisir est pour moi d'Isabelle Broué

– moyen métrage sur l'excision –, diverses fictions dont «Chocolat amer» (1993), «Presse-citron» (1994), «Les Jours bleus» (1998) et «À corps perdu» (2000). La même année, elle met en scène, pour Arte, un téléfilm intitulé «Paris-Deauville».

JEAN-STÉPHANE BRON
LE GÉNIE HELVÉTIQUE
Né à Lausanne en 1969. Il étudie le cinéma en Italie aux côtés d'Ermanno Olmi avant de retourner en Suisse où il réalise divers documentaires dont «12 ch. des bruyères» (1995), «Ted Robert, le rêve américain» (1996), «Connu de nos services» (1997), «La Bonne Conduite» (1999) et «En cavale» (2001).

PIETER JAN BRUGGE
L'ENLÈVEMENT
D'origine néerlandaise, il est diplômé de la Netherland Film and Television Academy et a remporté une bourse du ministère des Affaires étrangères pour étudier aux États-Unis. Là, il débute dans la production, acquérant vite une solide réputation. Il est, entre autres, à l'origine de «Bulworth» de Warren Beatty et de «Révélations» de Michael Mann pour lequel il a été cité à l'Oscar.

LULA BUARQUE DE HOLLANDA
PIERRE VERGER, MESSAGER ENTRE DEUX MONDES
Neveu du chanteur brésilien Chico Buarque, il a envisagé d'être masseur avant de suivre une formation d'anthropologue. Il est aujourd'hui réalisateur et producteur de cinéma, de télévision et de publicité.

AUGUSTIN BURGER
AVANT L'OUBLI
Il passe son enfance entre l'Algérie, la Corse et le Sud de la France. Titulaire d'une maîtrise de littérature française et d'une licence en linguistique, il se lance dans le cinéma en 1997 en réalisant coup sur coup ses deux premiers courts métrages «Lu linçoü/Le Drap» et «Sarah et Djemila». Deux ans plus tard, il signe «Cours Belsunce».

ANDY CADIFF
ESPRIT LIBRE
Américain, il débute sa carrière au milieu des années 1980 en réalisant des épisodes de séries télévisées parmi lesquelles «Quoi de neuf, docteur ?», «Code Quantum», «Spin City», «The Geena Davis Show» et «Ma famille d'abord».

NATACHA CAGNARD
CROISIÈRE
Française. Après avoir été assistante caméra, puis photographe, elle décide de passer à la mise en scène. C'est en observant un catamaran en pleine mer qu'elle a eu l'idée de son premier long métrage, une comédie noire filmée en huis clos à bord d'un voilier à la dérive.

PETER CALIN NETZER
MARIA
Né à Petrsani en Roumanie en 1975. Après avoir immigré avec ses parents en Allemagne, il retourne dans son pays natal pour suivre des études de cinéma et de théâtre à Bucarest. Il réalise plusieurs courts métrages, dont «The Snow of the Lambs» distingué au Festival de Tempere en Finlande ainsi que «Maria» (1997), sélectionné à Berlin et Munich, qui servira de base scénaristique à son futur premier long.

ROBIN CAMPILLO
LES REVENANTS
D'origine française, fils de militaire, il passe son enfance entre le Maroc, l'Algérie et Madagascar. De retour en France, il intègre la FEMIS où il rencontre Vincent Dieutre et Laurent Cantet. Quelques années plus tard, ce dernier lui confie le montage des «Sanguinaires» et de «Ressources humaines», puis lui propose de collaborer à l'écriture du scénario de «L'Emploi du temps».

JOEL CANO
SIETE DIAS, SIETE NOCHES
Né à Santa Clara dans l'île de Cuba en 1966. Il s'impose tout d'abord en tant que dramaturge et metteur en scène de théâtre avant de venir s'installer en France où il publie divers romans dont «Le Maquilleur d'étoiles» et «L'Île du peut-être», aux éditions Christian Bourgois.

LEONARDO DI CESARE
BUENA VIDA (DELIVERY)
Il est né le 2 novembre 1968 en Argentine. Après avoir suivi des cours d'art dramatique à la Escuela Nacional de Arte Dramatico, il s'oriente tout d'abord vers une carrière de metteur en scène de théâtre, puis s'attaque au cinéma en réalisant cinq courts métrages : «Colonia montes de oca» (1993), «Tape n°12» et «Denevi a las tres» (1996), «Un Perro» et «Black eleven» (1998).

GARY CHAPMAN
VAILLANT, PIGEON DE COMBAT !
Né à Manchester, il débute comme scénographe d'expositions. À ce titre, il a collaboré avec de grands musées anglais, dont l'Imperial War Museum pour lequel il a reconstitué des scènes de bataille. Au début des années 1990, il s'installe aux États-Unis et débute une carrière dans l'audiovisuel, responsable entre autres de nombreuses émissions destinées au jeune public.

JAUME COLLET SERRA
LA MAISON DE CIRE
Originaire de Barcelone, il s'établit à Los Angeles au début des années 1990, après avoir fait ses premières armes comme monteur, puis comme réalisateur de vidéo musicales et de publicités.

KERRY CONRAN
CAPITAINE SKY ET LE MONDE DE DEMAIN
Il naît en 1967, à Flint dans le Michigan. Passionné depuis sa plus tendre enfance par la science-fiction et le cinéma fantastique, il ambitionne d'abord de faire carrière dans l'animation. Fou de technologie moderne et virtuose de l'ordinateur, il réalise avec son frère, à la fin des années 1990, un court métrage de six minutes – «The World of Tomorrow», un bref aperçu de ce que sera son premier long métrage et qui convaincra les producteurs d'investir dans le projet.

ALEX COOKE
ARNOLD À LA CONQUÊTE DE L'OUEST
D'origine britannique, elle débute en tant que monteuse avant de se consacrer entièrement au documentaire.

Programmatrice durant plus de cinq ans au Festival international de documentaires de Sheffield, elle a également produit un certain nombre de documentaires pour la télévision, notamment Channel 4, avant de passer à la réalisation.

ANTONY CORDIER
DOUCHES FROIDES
Français. Il a étudié le montage à la FEMIS avant de se lancer dans le documentaire. «Beau comme un camion», consacré à ses origines ouvrières, a reçu le prix spécial du jury au Festival de Clermont-Ferrand en 2000. Suivront «Jean Douchet, Arnaud Desplechin, une conversation», en 2003 et «Ken Loach : continuity», l'année suivante. Il est également l'auteur d'un court métrage, «La Vie commune», réalisé en 2000.

Brodeuses d'Éléonore Faucher

SAVERIO COSTANZO
PRIVATE
Il est né le 28 septembre 1975, à Rome. Après avoir suivi des études en communication et avoir rédigé divers scénarios, il quitte l'Italie pour les États-Unis où il travaille comme cameraman sur des documentaires. En 1999, il passe derrière la caméra et réalise «Caffe mille luci, Brooklyn, New York», un docu-soap en 60 épisodes consacré à la communauté italienne vivant en Amérique. De retour en Italie, il filme un docu-fiction sur les urgences, «Sala Rossa», avec lequel il remporte un prix au Festival international de Turin.

BRIAN DANNELLY
SAVED !
À onze ans, il quitte son Allemagne natale pour s'installer, avec sa famille, dans la banlieue de Baltimore. Il a fréquenté tour à tour une école catholique, un camp de vacances juif et un lycée baptiste avant de suivre les cours de l'American Film Institute. Toutes influences qui semblent avoir nourri le scénario de son premier long en tant que scénariste et metteur en scène.

JEAN-PIERRE DANIEL
LE MOINDRE GESTE
Ce cinéaste français fut conseiller auprès du ministère de la Jeunesse et des Sports dans les années 1960 avant de participer à l'aventure du Centre méditerranéen de création cinématographique fondé par René Allio. Il dirige actuellement un centre culturel à Marseille, l'Alhambra Cinémarseille.

BYAMBASURN DAVAA
L'HISTOIRE DU CHAMEAU QUI PLEURE
Née en 1971 à Ulaanbaatar en Mongolie. De 1989 à 1994, elle travaille comme assistante à la réalisation à la télévision nationale avant de suivre des cours de cinéma. En 1999, elle intègre l'école de cinéma de Munich dans la classe documentaire et a déjà réalisé dans le cadre de ses études «Das Orange Pferd» (1999), «Wunsch» (2001) et «Unterweg, portrait of a girl» (2003). Elle a co-signé son premier long avec Luigi Falorni, lui-même déjà réalisateur d'un long métrage en 1992.

BENOÎT DELÉPINE
ET GUSTAVE KERVERN
AALTRA
Ils ont fait leurs premières armes pendant près de quinze ans à la télévision en tant qu'auteurs et interprètes de sketchs. Pour Benoît Delépine, ce fut sur les émissions «Les Guignols de l'info» et «Groland» et pour Gustave Kervern sur «Le plein de super». Il se sont rencontrés en 2000 sur «Grolandsat» avant de signer ensemble la série comique «Toc, Toc, Toc» et le court métrage «Don Quichotte de la Revolucion».

RENAUD DELOURME
LA TERRE VUE DU CIEL
Il débute comme journaliste pour la télévision française, participant, entre autres, à la création du magazine «Thalassa». En 1988, il fonde les Éditions Montparnasse, éditeur vidéo axé sur la sortie (cinéma et vidéo) de documentaires.

PASCAL DEUX
NOBLE ART
Né à Lyon en 1959, il commence à filmer ses premiers films en super-huit à l'âge de 10 ans. Le hasard lui offre la possibilité de travailler sur «Vivement Dimanche !» de François Truffaut – où il fait même un peu de figuration dans le costume d'un policier –, ce qui lui permet de débuter une carrière d'assistant réalisateur, notamment avec Jacques Rivette, Suzanne Schiffman, Laurent Bénégui, Jean-Pierre Améris. En parallèle, il commence à réaliser des courts métrages, dont «Constance» (1989) et «Soigneurs dehors» (1995).

CHRISTINE DORY
BLONDE ET BRUNE
Après des études de philosophie, elle intègre la FEMIS. Son court métrage de fin d'études, «Cendrillon 90», est sélectionné dans de nombreux festivals (Angers, Montréal, Munich...). Elle a également travaillé en tant que scénariste avec Éric Barbier, Emmanuel Salinger et Mathieu Amalric.

ANDREW DOUGLAS
AMITYVILLE
Il débute par la photographie aux côtés de son frère Stuart – ils créent ensemble un style visuel dont l'originalité leur apporte une reconnaissance internationale. Au début des années 1990, ils se lancent dans la réalisation de clips et de campagnes publicitaires avant de se séparer sept ans plus tard. Tout en continuant à tourner de nombreuses publicités, Andrew Douglas a signé plusieurs documentaires dont «Searching for the wrong-eyed Jesus».

JOHN DULLAGHAN
BUKOWSKI
Après avoir passé plus de quinze ans dans l'industrie de la publicité, réalisant un grand nombre de spots, il décide, en 2004, de se consacrer au documentaire.

FERNANDO EIMBCKE
TEMPORADA DE PATOS
Né à Mexico en 1970, diplômé du Centro Universitario de Estudios Cinematographicos, il a réalisé un certain nombre de courts métrages, parmi lesquels «Alcanzar una estrella» (1994), «Disculpe las molestias» (1997) et «La Suerte de la fea... a la bonita no le importa» (2001). Il est également l'auteur des scénarios de deux longs métrages : «Cross your Heart» et «Por no dejar».

BRECK EISNER
SAHARA
Américain. Il débute sa carrière en réalisant de nombreux films publicitaires qui lui valent d'être remarqué par Steven Spielberg. Ce dernier l'invite d'ailleurs à mettre en scène la mini-série télévisée «Taken», en 2003. Toujours pour le petit écran, Breck Eisner a dirigé divers pilotes de série dont «The Invisible Man» et «Toughtcrimes».

RONIT ET SHLOMI ELKABETZ
PRENDRE FEMME
Frère et sœur (Ronit, née en 1965, est l'aînée), ils sont tous deux nés en Israël de parents d'origine marocaine. Ronit débute sa carrière de comédienne dans son pays natal au début des années 1990. En 1997, elle décide de venir travailler en France où elle écrit et interprète un *one-woman show* sur la vie de Martha Graham qui connaît un grand succès. Au cinéma, on la remarque, entre autres, dans «Mariage tardif», «Origine contrôlée», «Alila» et «Mon trésor» – caméra d'or au Festival de Cannes en 2004. À 21 ans, Shlomi part s'installer aux États-Unis où il suit des cours d'art dramatique avant de rejoindre une troupe théâtrale pour laquelle il joue et écrit des pièces. S'orientant ensuite vers le cinéma, il réalise un premier court métrage, «Phone Call», avant de signer un certain nombre de scripts de longs métrages.

JACOB ESTES
MEAN CREEK
Américain, il réalise ses premiers films au cours de ses études à l'Université de Santa Cruz de Californie, tout en suivant en parallèle des cours de mise en scène de théâtre. En 1997, il signe «Positive», court métrage présenté dans plusieurs festivals internationaux, puis, en 2001, «Summoning». Également scénariste, il est l'auteur de «Free Lessons» et de «Nearing's Grace», en cours de production.

ÉLÉONORE FAUCHER
BRODEUSES
Française, elle fait ses classes préparatoires en cinéma à Nantes, puis, en 1991, elle intègre l'École Louis Lumière et réalise un court métrage, «Les

Toilettes de Belle-ville», primé aux Festivals de Créteil et Valenciennes. Cinq ans plus tard, en 1998, elle met en scène «Ne prends pas le large», avant de se lancer dans l'écriture de son premier long métrage.

ISMAEL FERROUKHI
LE GRAND VOYAGE
Né le 26 juin au Maroc, il arrive en France à l'âge de trois ans. C'est en 1992 qu'il écrit et tourne son premier court métrage, «L'Exposé» (sélectionné au Festival de Cannes), puis «L'Inconnu», en 1996. En parallèle, il cosigne les scénarios de trois films de Cédric Khan («Trop de bonheur», «Culpabilité Zéro» et «L'Avion») et réalise, pour France 2, «Un été aux hirondelles» et, pour Arte, «Petit Ben».

JEAN-CLAUDE FLAMAND BARNY
NÈG MARON
Né à Paris, il a grandi à la Guadeloupe. Il débute en réalisant un certain nombre de courts métrages, dont «Retour à la case», «Putain de porte» et «Le Contrat», sélectionnés et récompensés dans de nombreux festivals. Parallèlement, il est assistant réalisateur et travaille sur de nombreux films, dont «Métisse» de Mathieu Kassovitz et «Un héros très discret» de Jacques Audiard. Il a également signé la mise en scène de plusieurs vidéoclips pour des artistes tels que Kassav et Doc Gynéco.

MICHELANGELO FRAMMARTINO
IL DONO
Né en 1968, il étudie l'architecture à Milan puis s'intéresse peu à peu à l'audiovisuel. En 1992, il met en scène son premier court métrage «Tracce» puis, cinq ans plus tard, «La Casa belle addormentate», d'après Yasunari Kawabata et, en 1998, «Film», en hommage à Samuel Beckett.

MITRA FARAHANI
TABOUS
Née en 1975 à Téhéran, elle étudie dès l'âge de 14 ans l'art pictural traditionnel. En 1999, après avoir obtenu une bourse pour se rendre à Paris, elle intègre l'École supérieure des arts décoratifs où elle étudie la vidéo. Elle réalise, en 2001, un premier documentaire sur une transsexuelle, «Juste une femme», sélectionné à Berlin et lauréat du Prix Teddy Awards.

SERGE FRYDMAN
MON ANGE
Français. C'est par un amour conjoint de la littérature et du cinéma qu'il commence à écrire, signant un certain nombre de scripts pour Patrice Leconte, dont «Rue des plaisirs» et «La Fille sur le pont». Sa rencontre avec Vanessa Paradis, lors de ce film, lui a inspiré l'écriture de son premier projet en tant que réalisateur.

Tellement proches ! de Dominic Harari et Teresa De Pelegri

SÉBASTIEN GABRIEL
ET SI JE PARLE
Français. Il a été tour à tour régisseur, électro, machino puis cadreur sur de nombreux clips et publicités avant de passer à la mise en scène. À ce jour, il a réalisé «Un lieu, un site» – un «docuvidéogramme» exposé en galerie d'art – et trois court métrages, dont «Fig.2 Richard».

MILTON MOSES GINSBERG
COMING APART
Après avoir envisagé, un temps, de se tourner vers la littérature, ce réalisateur se lance dans le septième art, fortement influencé par le cinéma européen et en particulier celui d'Antonioni ainsi que par le travail formel d'Andy Warhol. Depuis «Coming Apart», son premier long réalisé en 1969, il a signé trois autres films : «Catwalk» (1995), «The City below the Line» (1999) et «The Haloed Bird» (2002).

FRÉDÉRIC GRAZIANI
LE CADEAU D'ELENA
On a pu voir ce comédien français chez René Féret («La Place d'un autre») ou Nicole Garcia («Le Fils préféré»). Il a également signé trois courts métrages : «Entrez, je vous en prie» (1983), «Naissances» (1993) et «Bonne Pioche» (1997), récompensé au Festival de Clermont-Ferrand.

SAM GREEN ET BILL SIEGEL
THE WEATHER UNDERGROUND
Sam Green est diplômé en journalisme de l'université de Berkeley. Il a réalisé plusieurs documentaires.
Bill Siegel, 40 ans, diplômé en histoire et en journalisme, est enseignant et réalisateur. Il a participé à un grand nombre de documentaires, dont «Muhammad Ali : The Whole Story», «Hoop Dreams» et «One Love». Il travaille actuellement sur un projet de documentaire culturel sur l'histoire du basket.

NICOLAS GUICHETEAU
LA VISITE
Né en 1969. Diplômé de l'INSAS de Bruxelles section image, il a collaboré à plus d'une trentaine de films, dont «Des épaules solides» d'Ursula Meier ou «Vertige de la page blanche» de Raoul Ruiz.

PIERRE ERWAN GUILLAUME
L'ENNEMI NATUREL
Né en Bretagne en 1963. Il est l'auteur ou le co-auteur de plusieurs scénarios, dont «Ni d'Ève, ni d'Adam» de Jean-Paul Civeyrac, «Haut les cœurs !» et «Stormy Weather» de Solveig Anspach, «La Répétition» de Catherine Corsini et «À ce soir» de Laure Duthilleul. Il a, par ailleurs, mis en scène deux courts métrages : «Les Fourmis rouges» (1995) et «Bonne résistance à la douleur» (1998).

DOMINIC HARARI
ET TERESA DE PELEGRI
TELLEMENT PROCHES !
Il est né à Londres en 1965 et elle à Barcelone en 1968. Ils se rencontrent à New York en master de cinéma à l'université de Columbia. Ensemble, ils ont écrit et réalisé le court métrage «Roig», qui sera suivi de «Gusto» – l'un des cinq sketchs du film «El Dominio de los senti dos» – et «Atrapa-la» – un téléfilm pour la chaîne catalane TV3. Ils ont également co-signé de nombreux scénarios et ont été nommés aux Goyas en 2002 dans les catégories meilleur scénario original («Sin Verguenza») et meilleure adaptation («La Isla del Holandes»).

PETER HEDGES
PIECES OF APRIL
Il est né à Des Moines, Iowa, en 1962. À 23 ans, il fonde, avec Marie-Louise Parker et Joe Mantello, une compagnie théâtrale pour laquelle il écrit et dirige de nombreuses créations. Il est également l'auteur de deux romans : «An Ocean in Iowa» et «Gilbert Grape» – dont il signa l'adaptation cinématographique pour Lasse Hallström. On lui doit aussi les scripts de «Une Carte du monde» de Scott Elliott (d'après Jane Hamilton) et «Pour un garçon» de Chris et Paul Weitz (d'après Nick Hornby).

STEPHEN HILLENBURG
BOB L'ÉPONGE
Diplômé de sciences naturelles et licencié en animation expérimentale du California Insitute of Arts, il réalise tout d'abord (en indépendant) de nombreux courts métrages d'animation («The Green Beret», «Wormholes») présentés dans de nombreux festivals internationaux. Il rejoint ensuite les studios Nickelodeon pour lesquels il réalise la dernière saison de «Rocko's modern life» avant de créer, en 2002, le génial personnage de Bob l'éponge, héros d'une série télévisée.

ANCA HIRTE ET JEAN LEFAUX
VOYAGE DANS L'IRRÉALITÉ IMMÉDIATE
Anca Hirte est chimiste de formation. En 1993, elle se lance dans la réalisation de documentaires avec «Dali si Dali». Un an plus tard, elle s'installe à Paris où elle signe «De la chute», «Galipettes et pas de loups» et «Les petits loups dansent». Jean Lefaux a réalisé un grand nombre de courts métrages documentaires et de fiction, dont «De sol à sol» (1976), «Morts à 100%» (1979) «Quartiers d'Asie» (1994), «De la chute» (1998) et «Vers un commerce équitable» (1999).

CRISTOPH HOCHHÄUSLER
LE BOIS LACTÉ
Né à Munich en 1972. Après avoir suivi des études d'architecture à Berlin et effectué divers petits boulots, il se dirige vers l'industrie cinématographique en dessinant des storyboards. Il intègre l'École de télévision et de film de sa ville natale à 21 ans. Il réalise «Erste Life» son premier court métrage deux ans plus tard, en 1995, puis «Nachtschatten», en 1996, «Fieber», en 1999,

«Flirt» en 2000 et enfin «Puls», l'année suivante. Il a également fondé le magazine «Revolver» consacré au cinéma.

JOEL HOPKINS
MARIAGE ET CONSÉQUENCES
Né à Londres, il s'installe aux États-Unis en 1994, afin d'y suivre les cours de cinéma de l'université de New York. Son film de fin d'études «Jorge» est sélectionné au festival de Sundance et remporte de nombreux prix prestigieux, dont le Wasserman Award et le BBC Drama Award. Soit une bourse de 100 000 $ que Joel Hopkins investit immédiatement dans le budget de son premier long métrage. Il a également réalisé quatre courts métrages dont «Growth», «The Independant» et «The South Bank - a day in the Life».

IAN IQBAL RASHID
UN SOUPÇON DE ROSE
Il est né à Der es Salaam en Tanzanie et a passé son enfance à Toronto avant de s'installer en Angleterre. C'est en tant que scénariste pour la télévision britannique qu'il fait ses débuts – il est notamment l'auteur de la série «This Life», lauréate d'un BAFTA Award. Il a également mis en scène deux courts métrages «Surviving Sabu» et «Stag». Auteur reconnu de poésie, son troisième recueil a remporté le Khan Award.

GREGORY JACOBS
CRIMINAL
Originaire du New Jersey, il fait ses études à New York et y débute en tant qu'assistant réalisateur. En 1992, il rencontre Steven Soderbergh : premier assistant sur «Full Frontal», puis producteur exécutif de «Solaris», il est finalement co-producteur d'«Ocean's Twelve» et du sketch «Equilibrium» du film «Eros».

LUC JACQUET
LA MARCHE DE L'EMPEREUR
Biologiste de formation, chargé d'études au CNRS en ornitho-écologie, il a à son actif un très grand nombre de projets (articles, reportages et documentaires) centrés sur le monde animal. Il a également assuré, à de nombreuses occasions, les prises de vues des films animaliers de Jean-Pierre Macchioni. En tant que réalisateur pour la télévision, on lui doit entre autres «Le Printemps des Phoques de Weddell» (1996), «La Part de l'ogre - la chasse du léopard de mer» (1999), «Une plage de trop et des manchots» (2000) et «Shedao, l'île des serpents immortels» (2002). «La Marche de l'empereur» est son premier long sorti en salle.

Les Invisibles de Thierry Jousse

JOÃO JARDIM ET WALTER CARVALHO
FENÊTRE SUR L'ÂME
João Jardim a étudié le cinéma à New York avant d'obtenir un diplôme de journaliste à la faculté de Cidade à Buenos Aires. Il a réalisé de nombreuses publicités et mini-séries pour la télévision brésilienne, ainsi que des documentaires dont «Terra Bresil» et «Free Tibet».
Walter Carvalho est l'un des directeurs de la photo les plus réputés du Brésil. Il a travaillé sur plus de 70 courts et longs métrages auprès, entre autres, de Walter Lima, Nelson Pereira dos Santos ou Walter Salles.

BERNARD JEANJEAN
J'ME SENS PAS BELLE
Il monte à Paris à l'âge de dix-huit ans pour se lancer dans l'aventure théâtrale en tant que comédien. Mais, préférant passer à la mise en scène, il commence à écrire et réaliser ses premiers courts métrages, dont «On n'a pas tous les jours 20 ans», en 1993. Il a également travaillé en tant que scénariste sur la série «PJ».

PATRIC JEAN
LA RAISON DU PLUS FORT
Né en 1968 en Belgique, il entre d'abord au Conservatoire royal de Bruxelles avant d'étudier à l'Université libre de cette même ville. Devenu professeur de français, il intègre l'INSAS en classe de réalisation cinéma. Pendant ses études, il crée «Nemo», un magazine vendu par des sans-abri.

CHRISTINE JEFFS
RAIN
Née à Lower Hutt, en Nouvelle-Zélande, en 1963. Vingt ans après, munie de son diplôme de sociologie et de géographie, elle se lance dans le cinéma en tant qu'assistante monteuse. À vingt-sept ans, à l'issue de ses études à la Australian Film Television and Radio School, elle écrit et met en scène ses premiers courts métrages, dont «Stroke» présenté au Festival de Cannes en 1994 et à Sundance l'année suivante. Elle poursuit en parallèle une carrière de réalisatrice dans le milieu publicitaire.

MANISH JHA
MATRUBHOOMI, UN MONDE SANS FEMMES
Né en 1978 dans l'État de Bihar en Inde. Diplômé de l'université de Delhi, il débute en tant qu'assistant réalisateur à la télévision. Puis il réalise un premier court métrage, «A very silent Movie», prix du Jury au Festival de Cannes, en 2002.

THIERRY JOUSSE
LES INVISIBLES
Né le 24 juin 1961 à Nantes. Rédacteur en chef des «Cahiers du Cinéma» de 1991 à 1996, il a également collaboré aux revues «Les Inrockuptibles» et «Jazz Magazine». En 1998, il passe à la réalisation et a signé, depuis, trois courts métrages : «Le Jour de Noël» (1998), «Nom de code : Sacha» (2001) et «Julia et les hommes» (2003).

NATHANIEL KAHN
MY ARCHITECT
Il grandit à Philadelphie avant de suivre ses études à Yale – où il obtient le Golden Prize pour son travail de metteur en scène de théâtre. Après avoir écrit et dirigé diverses pièces, il signe «The Room», un court métrage de fiction, avant de réaliser des documentaires dont «My Father's Garden», sélectionné à Sundance et «Wilderness : The last Stand», nommé aux Emmy Awards.

PHILIPPE KATERINE
PEAU DE COCHON
Né le 8 décembre 1968 à Chantonnay, en Vendée, ce musicien sort, à 23 ans, son premier album intitulé «Les Mariages chinois». Trois ans plus tard, il livre «L'Éducation anglaise» qui sera suivi par «Mes mauvaises fréquentations» (1996), «L'Homme à trois mains» et «Les Créatures» (1999) qui lui apportent enfin la reconnaissance du public. Il a également composé un album pour Anna Karina, «Une Histoire d'amour» et signé la BO de «Un Homme, un vrai» des frères Larrieu.

JAN KRÜGER
EN ROUTE
Il est né en 1973 à Aachen en Allemagne. Après des études en sciences physiques et sciences sociales, il intègre, à 23 ans, l'Académie des arts audiovisuels de Cologne. Outre de nombreux spots publicitaires, il a signé un documentaire et deux courts métrages : «Hochzeitsvorbereitungen» et «Freunde».

DANIEL KUPFERSTEIN
L'AMITIÉ PLUS FORTE QUE LA HAINE
Documentariste reconnu, il a déjà signé un grand nombre de films diffusés à la télévision, parmi lesquels «Les Oubliés de l'Histoire» (1992), «L'Esclavage d'hier à aujourd'hui» (1995), «Retour au bled» (1997), «Dissimulation d'un massacre» (2001) ou encore «Le Triskell et la croix gammée» (2003).

BOULI LANNERS
ULTRANOVA
Né en Belgique en 1965, peintre et autodidacte, il se fait connaître dans son pays grâce à sa participation à la série «Les Snuls». Il enchaîne alors les rôles, dans «Les Convoyeurs attendent», «Aaltra» et «Un long dimanche de fiançailles». En 1999, il réalise un court en super-huit «Travellinckx» suivi, deux ans plus tard, de «Muno».

DAVID LANZMANN
DOO WOP
Fils de l'écrivain et parolier Jacques Lanzmann, il débute dans le cinéma en tant que cadreur et monteur. En tant que réalisateur, il a déjà à son actif quatre courts métrages : «Bancal» (1996), «Touchez pas à ma poule !» (1999), «Les Chaussettes sales» (2001) et «Bonne nouvelle» (2002).

FRANCIS LAWRENCE
CONSTANTINE
Américain. Dès son plus jeune âge, il se passionne pour le cinéma, écrivant et tournant en super-huit ses premiers films alors qu'il est encore lycéen. Il débute sa carrière en réalisant de nombreux vidéoclips pour Will Smith ou Britney Spears, recevant, à ce titre et en de nombreuses occasions, diverses récompenses – MTV Music Award, MVPA...

YVAN LE BOLLOC'H ET BRUNO SOLO
ESPACE DÉTENTE
Yvan Le Bolloc'h a exercé le métier d'instituteur pendant quatre ans avant de monter à Paris de sa Bretagne natale pour faire de la radio. Il se fait connaître du grand public en présentant, sur Canal+, des émissions aux côtés de Bruno Solo. Au cinéma, il a joué dans «On fait comme on a dit» et «J'ai faim !!!».
Après une petite expérience théâtrale, Bruno Solo débute comme chauffeur de salle. Remarqué par Canal+, il devient animateur sur la chaîne aux côtés d'Yvan Le Bolloc'h. En 2001, ils créent ensemble «Caméra Café», un programme court au succès fulgurant. Côté cinéma, on a pu le voir, entre autres, dans «Tom est tout seul», «Grève-party», «Jet Set» et «La vérité si je mens ! 1&2».

ALEXANDRA LECLERE
LES SŒURS FÂCHÉES
Française. Après avoir songé à jouer la comédie, elle décide de passer derrière la caméra en réalisant en 2002 un court métrage intitulé «Bouche à bouche», sélectionné dans de nombreux festivals dont Valenciennes, Milan, San Paulo...

ANGE LECCIA
AZÉ
Artiste, il se fait connaître dans les années 1980 par une série «d'arrangements» utilisant des objets liés au cinéma. En parallèle, il développe une œuvre autour de la vidéo avec des pièces comme «Maria Callas» (1982) ou «Pierrot le fou» (1986). Centrées autour du septième art, ses expositions sont accueillies dans les musées d'art moderne du monde entier (Paris, New York, Tokyo...). Depuis la fin des années 1990, il se rend régulièrement au Moyen-Orient pour collecter des images et des témoignages qui servent de base à son premier long métrage.

HASSAN LEGZOULI
TENJA
Il est né et a grandi au Maroc. Au début des années 1980, il arrive en France pour étudier les mathématiques.

Les Sœurs fâchées **d'Alexandra Leclère**

Confronté au racisme, il s'interroge sur ses racines et décide de les revendiquer à travers une expression artistique. C'est ainsi qu'il s'oriente vers le cinéma et intègre l'INSAS à Bruxelles. Il réalise plusieurs courts puis un moyen métrage «Quand le soleil fait tomber les moineaux», sélectionné dans de nombreux festivals et diffusé sur Canal+.

LORRAINE LEVY
LA PREMIÈRE FOIS QUE J'AI EU VINGT ANS
Sœur de l'écrivain Marc Levy, cette jeune cinéaste française a débuté par l'écriture pour la télévision. Elle a travaillé sur différentes séries, dont «Joséphine, ange gardien», «La Vocation d'Adrienne», et sur plusieurs téléfilms, dont «L'Emmerdeuse : Les caprices de l'amour» et «Lagardère».

AVI LEWIS ET NAOMI KLEIN
THE TAKE
Avi Lewis est l'animateur et producteur de «Couterspin», l'un des shows les plus controversés de la chaîne canadienne CBC Newsworld. Il débute dans la réalisation au cours des années 1990, se faisant connaître par un documentaire sur le référendum autour de la séparation du Québec en 1995 (le film est récompensé par un Gemini Award). En 2002, il a signé un court métrage, intitulé «Gustavo Benedetto : Presente !», sur l'une des victimes de la répression policière, en décembre 2001, en Argentine.
Née à Montréal en 1970, Naomi Klein est journaliste et économiste, également connue pour être l'auteur de «No Logo» (Actes Sud), un best-seller anti-marketing traduit, depuis sa sortie en 2001, dans vingt-sept langues.

JULIE LIPINSKI
LE PLUS BEAU JOUR DE MA VIE
C'est en faisant de la figuration que cette jeune femme se familiarise avec le monde du cinéma. Une fois le bac en poche, elle décroche divers boulots de scripte, avant de passer à la réalisation avec «Théo, t'es là ?», un film de sept minutes sélectionné dans plusieurs festivals. Suivront d'autres courts, des publicités, un documentaire et, enfin, un premier long métrage.

PHILIPPE LOCQUET
TIC TROUBLE INVOLONTAIRE COMPULSIF
Cinéaste et lui-même ancien «tiqueur», il est l'auteur de trois courts métrages : «Tous les jours sauf Noël», réalisé en 1997 avec Marie-Laure Dougnac, «Mon beau sapin» (1998) avec Bruno Abraham-Kremer et, la même année, «Les Tiqueurs», où le sujet des troubles involontaires compulsifs est déjà abordé mais, selon le réalisateur, de manière «radicalement différente».

JEAN MACH
PAR L'ODEUR ALLÉCHÉ
Né le 26 octobre 1969, il débute sa carrière en tant que scénariste, travaillant sur de nombreux courts métrages avant de passer à la réalisation. Il a signé, entre autres, «Rupture», en 1998 et «Vampire», l'année suivante. Il a également travaillé en tant que metteur en scène sur le long métrage «Macadam Stories» (2002), film à sketches dont il a assuré les transitions.

RUTH MADER
STRUGGLE
D'origine autrichienne, elle a à son actif deux documentaires – «Endstation Obdachlos» (1992) et «Ready for What» (1997) – ainsi que trois courts métrages : «Kilometer 123,5» (1994), «Gfrastra» (1998) et «Null Defizit» (2001).

JACQUES MALATERRE
HOMO SAPIENS
C'est par la fiction télévisée que débute ce metteur en scène travaillant aussi bien sur des téléfilms («La Colère d'une mère», «Le Choix d'une mère») que sur des séries («Boulevard du Palais», «SOS 18» et «Commissariat Bastille»). En 1993, il signe un premier court métrage intitulé «L'Amour dans l'âme». Auteur, par ailleurs, de portraits consacrés à quelques-unes des grandes figures de la littérature française (Pascal Quignard, René Char...), il se voit confier, en 2003, la réalisation d'un documentaire fictionnel «L'Odyssée de l'Espèce» qui remporte un immense succès d'audience et sera suivi d'«Homo Sapiens», qui bénéficie en plus d'une sortie salle.

DON MANCINI
LE FILS DE CHUCKY
Également connu sous le pseudonyme Kit du Bois, ce scénariste débute à la fin des années 1980, montrant dès le départ une prédilection pour le genre horrifique. On lui doit, entre autres, les scripts de «Cellar Dweller» et ceux de l'intégralité de la saga Chucky : «Jeux d'enfants», «Chucky, la poupée de sang», «Child's Play 3» et «La Fiancée de Chucky». Il a également mis en scène certains épisodes de la série «Les Contes de la crypte».

GREG MARKS
11:14
Originaire de Chelmsford dans le Massachusetts, il fait ses études à la Carnegie Mellon University. Ses courts métrages ont été présentés dans plus de cinquante festivals et «Lector», réalisé en 2001, a reçu le Student Academy Award, la plus haute récompense estudiantine.

JOSHUA MARSTON
MARIA PLEINE DE GRÂCE
Né dans le sud de la Californie en 1968. Il étudie d'abord la sociologie à Berkeley avant de travailler à Paris au début des années 1990 pour le magazine «Life» et pour ABC News. Puis il se lance dans le cinéma, en réalisant tout d'abord trois courts métrages : «Bus to Queens» (1999), «Voice of an Angel» (2001) et «Trifecta» (2003).

TOM MCGRATH
MADAGASCAR
Il travaille depuis plus de quinze ans dans l'animation. Il a participé à de

nombreux films dont «Entre chiens et chats», «Le Grinch», «Space Jam» et «Hercule et Xena : the animated movie» et a réalisé des pilotes de série pour les studios Nickelodeon.

ADAM MCKAY
LA LÉGENDE DE RON BURGUNDY, PRÉSENTATEUR VEDETTE
Comédien ayant fait ses classes dans différentes troupes d'improvisation, il rallie l'équipe du «Saturday Night Live» en 2000. Il y met en scène un grand nombre de sketchs où il dirige Steve Buscemi, Willem Dafoe, Jimmy Fallon, Will Ferrell et Ben Stiller.

JOSUÉ MENDEZ
DIAS DE SANTIAGO
Né en 1976 à Lima, au Pérou. Étudiant en Cinéma et civilisation latino-américaine, à Yale, il retourne dans son pays natal en 1998, travaillant dans la publicité, le théâtre et le documentaire. Il passe à la fiction en réalisant trois courts métrages : «Solo buenos amigos» (1997), «Dreams & other adagios» (1997) et «Parelisa» (1999).

PIERRE MEREJKOWSKY
INSURRECTION/RÉSURRECTION
Depuis près de trente ans, il a réalisé plus de 40 films tous supports confondus, principalement au travers de sa structure associative : Les Films du Crime et du Châtiment. Entre documentaire et fiction, ses réalisations sont nourries de son activisme politique, comme l'attestent «Scène de ménage chez les gauchistes» (1976), «Le RMI, c'est la vie avec un point d'exclamation à la fin» (1998) et «Le Tribunal» (2000).

PABLO JOSÉ MEZA
BUENOS AIRES 100 KM
Né à Buenos Aires en 1974. Durant ses études de cinéma, il réalise, en 1995, un premier court métrage «Datras de la Ventana» qui remporte le prix du meilleur scénario de son école. Trois ans plus tard, il signe «Voces blancas» sélectionné entre autres au Festival de Montevideo puis, «Estudiante de cine», en 1999.

PIERRE MOREL
BANLIEUE 13
Chef opérateur, il a collaboré à de nombreux tournages, parmi lesquels «Le Transporteur», «Moi, César, 10 ans 1/2, 1m39», «Sale hasard», «L'Américain» et «Danny the Dog».

YOLANDE MOREAU ET GILLES PORTE
QUAND LA MER MONTE
La première est surtout connue en tant que comédienne. Outre au théâtre,

Gardien de buffles de Minh Nguyen-Vô

surtout chez Jérôme Deschamps et Macha Makeieff, on a pu la voir à la télévision dans la série «Les Deschiens» et dans de nombreux films dont «Sans toi, ni loi», «Le bonheur est dans le pré», «Un air si pur», «Le Fabuleux Destin d'Amélie Poulain», «Le Lait de la tendresse humaine» et «Folle embellie». Le second réalise «Coup de pompe», son premier court métrage, en 1987, puis «Histoire privée» et «Que le spectacle soit», en 1988, «Conte à rebours» en 1990 et «116/1», en 1991. En 1993, il signe un documentaire, «Petro». Il poursuit en parallèle une carrière de directeur de la photographie.

NIELS MUELLER
THE ASSASSINATION OF RICHARD NIXON
Né le 17 mai 1961 à Milwaukee dans le Wisconsin, il est diplômé de la Tufts University et de l'UCLA. Il est par ailleurs le scénariste de «Tadpole – Séduction en mode mineur» et «Sweet Nothing».

MICHEL MULLER
LA VIE DE MICHEL MULLER EST PLUS BELLE QUE LA VÔTRE
Il est né à Vienne, en Autriche, le 9 septembre 1966. Après avoir suivi des études supérieures, il se lance dans le *one-man show* où il remporte vite un grand succès. Ce qui lui vaut d'intégrer Canal+ ,où il anime une rubrique au ton volontiers provocateur «Fallait pas l'inviter». En parallèle, il poursuit une carrière de comédien, dans de nombreux films dont «Astérix et Obélix contre César», «Taxi 2», «Wasabi», «Les Dalton» et «Fanfan la Tulipe».

CELINA MURGA
ANA ET LES AUTRES
Elle est née le 6 avril 1973 à Paraná, en Argentine. Vivant depuis 1993 à Buenos Aires, c'est là-bas qu'elle intègre une école de cinéma. Elle travaille comme assistante réalisatrice et possède déjà à son actif de nombreux courts métrages, dont «Una Tarde Feliz», co-réalisé avec Juan Villegas en 2002.

STÉPHANIE MURAT
VICTOIRE
Actrice, elle a joué tour au tour à la télévision et au cinéma – «La Contre-allée» d'Isabel Sebastian, «J'ai faim !!!» de Florence Quentin, «24 heures de la vie d'une femme» de Laurent Bouhnik ou «Ils se marièrent et eurent beaucoup d'enfants» de Yvan Attal. Côté réalisation, elle est l'auteur de «Ce qui compte pour Mathilde», court métrage réalisé en 2001.

OMAR NAIM
FINAL CUT
D'origine libanaise, il est né en 1977. Il passe sa jeunesse en Jordanie et au Liban avant de gagner les États-Unis pour y suivre les cours de l'Emerson College de Boston. Son documentaire de fin d'études, «Grand Theater : a Tale of Beirut» a été nommé à l'Oscar étudiant du meilleur film. Il a également travaillé en tant que directeur de la photo sur de nombreux courts métrages.

OLIVIER NAKACHE ET ÉRIC TOLEDANO
JE PRÉFÈRE QU'ON RESTE AMIS
Français, ils se sont rencontrés à 18 ans alors qu'ils étaient moniteurs dans une colonie de vacances. Depuis, ils ont signé ensemble trois court métrages : «Le Jour et la nuit» (1995), «Les Petits Souliers» (1998) et «Ces Jours heureux» (2001).

ANTONIO NAVARRO
LES TROIS ROIS MAGES
Né à Madrid en 1959. Il débute par la bande dessinée, en 1973, à l'âge précoce de quatorze ans en collaborant à une célèbre revue de BD de SF ibérique. En 1980, il commence une carrière d'animateur chez Hanna-Barbera, travaillant à la fois sur des séries et des longs métrages. Il a également participé à «Hercule», «Tarzan», «Fantasia 2000» et «Kuzco, l'empereur mégalo», pour les studios Disney.

SAFY NEBBOU
LE COU DE LA GIRAFE
Il n'a que dix-sept ans lorsqu'il quitte le cursus scolaire pour tenter sa chance comme comédien de théâtre. Après une carrière de dix ans, au cours de laquelle il s'essaie également à la mise en scène, il monte à Paris pour suivre une école de cinéma. Il a réalisé quatre courts métrages : «Pédagogie» (1997), «La Vie, ce n'est pas un pique-nique» (1999), ainsi que «Bertzea» (2001) et «Lepokoa» (2003), tous deux parlés en langue basque et sélectionnés dans plus de trente festivals internationaux.

MINH NGUYEN-VÔ
GARDIEN DE BUFFLES
Né en 1956 au Vietnam, il quitte son pays natal pour suivre des études supérieures à Poitiers. Titulaire d'un diplôme d'ingénieur, il poursuit son cursus aux États-Unis avant de tout abandonner pour se consacrer à sa première passion : le cinéma. C'est à l'UCLA qu'il obtient son certificat en cinéma. En parallèle de l'écriture de son premier film, il réalise un court métrage et un documentaire.

DAMIAN NIEMAN
LES MAÎTRES DU JEU
Né à Mooro Bay, ce Californien a toujours avoué deux passions : le cinéma et les cartes. Entretenues l'une comme l'autre lors de ses études à l'université Loloya Marmount où il poursuit des études cinématographiques, le jour, tout en perfectionnant, la nuit, son talent pour le jeu dans un club privé réputé. Tout d'abord assistant de production, il devient ensuite directeur de production sur de nombreux clips et films publicitaires avant de passer au montage et aux effets spéciaux sur divers longs métrages parmi lesquels «Godzilla» et «Fight Club».

FRANK NISSEN
WINNIE L'OURSON ET L'ÉFÉLANT
Né à Auburn en Californie, cet animateur fait d'abord ses classes au Canada avant de rejoindre l'équipe de George Lucas pour travailler sur la série «Ewoks». Chef animateur sur de nombreux projets, il participe à «Little Nemo» et «Fifi Brindacier» avant de rejoindre les studios Disney. Il a collaboré au scénario de «Dinosaure» et «Tarzan» avant de signer le *story-board* de «La Planète au trésor».

DAN OLLMAN, SARAH PRICE ET CHRIS SMITH
THE YES MEN
Dan Ollman travaille avec Chris Smith et Sarah Price depuis 2001. Il achève actuellement un documentaire sur le musicien nigérien Femi Kuti.
Sarah Price a collaboré aux différents films de Chris Smith tout en signant,

en 2000, «Cesar's Park». Elle prépare un documentaire sur les travaux de l'UNICEF en Afghanistan.
Chris Smith a déjà à son actif trois documentaires : «American Job» (1996), «American Movie» (1999) lauréat du Grand Prix du Jury à Sundance et «Home Movie» (2001).

GUKA OMAROVA
SHIZO
Née en 1968 à Almaty au Kazakhstan. À l'âge de quinze ans, elle devient comédienne, puis travaille en tant que journaliste pour la télévision et la radio nationale. Diplômée en 1998 de l'Académie des beaux arts, elle se lance dans la réalisation de courts métrages, signant à la fois des fictions («Ce Cœur à moi», «Le Paysage des corps», «Le Projet d'argile») et des documentaire («Capitaine Kat»). Elle a également participé à l'écriture du scénario de «Sisters» de Serguei Bodrov.

MARIE PASCALE OSTERRIETH
LE DÉMON DE MIDI
Née en Belgique. Productrice, elle est à l'origine de divers films dont «La Méridienne» de Jean-François Amiguet, «Australia» de Jean-Jacques Andrien, «Dingo» de Rolf De Heer ainsi que «Pique-nique» de Éric Théobald, dont elle a également signé le scénario. Elle a coécrit avec l'actrice Michèle Bernier le texte du *one-woman show* de cette dernière, adapté de la BD de Florence Cestac, avant de passer tout naturellement à l'écriture du long métrage qui en est inspiré et à sa réalisation.

ANNA DA PALMA
SANS ELLE
Née à Lisbonne, elle s'installe en France à l'âge de douze ans. Elle s'essaie d'abord à la comédie avant de s'orienter vers la réalisation. Assistante durant plus de dix ans, elle a signé un court métrage, «Bienvenue», et travaille actuellement au scénario du premier long de Hubert Gillet intitulé «Nos retrouvailles».

ROBERT PARIGI
LOVE OBJECT
Américain. Il débute en tant que superviseur post-production sur la série «Les Contes de la crypte». Puis, il est successivement producteur associé et coproducteur sur d'autres programmes télévisés, parmi lesquels «Profiler», «Sleepwalker» et «Dark Skies». Également scénariste, on lui doit le script de «Blair Witch 2 : le livre des ombres» et «The Mirror».

Terre et cendres de Atiq Rahimi

ZAK PENN
INCIDENT AU LOCH NESS
Américain. Scénariste de renom, il est l'auteur des scripts de «Last Action Hero», «Inspecteur Gadget», «X-Men 2», «Suspect zéro» et «Elektra». En tant que comédien, on a pu le voir dans «Chuck & Buck». Il est également le producteur du dessin animé «Osmosis Jones».

STACY PERALTA
RIDING GIANTS
Né en 1957 à Santa Monica, il acquiert la célébrité à dix-neuf ans grâce à ses talents de skate-boardeur. Son style novateur lui vaut d'être appelé par Hollywood en tant que réalisateur de seconde équipe. En 2001, il réalise «Dogtown and the Z-BOYS» récompensé au Festival de Sundance du Prix du public et du Prix du meilleur réalisateur de documentaire. Il a, depuis, collaboré au scénario des «Seigneurs de Dogtown» de Catherine Harwicke (sorti en juillet 2005), qui raconte son histoire et celle de ses camarades skateurs, dans les années 1970.

ENRIQUE PIÑEYRO
WHISKY ROMEO ZULU
Né à Gênes en 1956, il fait ses études de médecine à Buenos Aires avant d'intégrer une université en Caroline du Sud pour y devenir enquêteur sur les accidents de l'aviation. En 1988, il entre en tant que pilote chez LAPA, une compagnie d'aviation argentine qu'il quitte onze ans plus tard pour désaccord. C'est en parallèle de cette carrière qu'il débute celle de comédien en 1990, en tenant divers rôles dans de nombreux films, dont «Alambrado», «Fils», «Esperando al Mesias». En France, on a pu le voir dans «Garage Olimpo» de Marco Bechis et, en 2005, dans «Nordeste» de Juan Solanas.

JUAN PITTALUGA
ORLANDO VARGAS
Né à Madrid en 1960, de nationalité uruguayenne, il grandit entre son pays d'origine, la Suisse et la Belgique. Il arrive à Paris en 1990 où il obtient un diplôme à l'EHESS. En 2001, il signe «Rêver», un court métrage avec Julie Gayet. Entre 2002 et 2004, il est le principal collaborateur de Jonathan Nossiter sur le tournage de «Mondovino», dont il est aussi le producteur associé.

GUILLAUME PIXIE
LE SOUFFLEUR
Après avoir suivi les cours de théâtre de Jean-Laurent Cochet, il s'attaque à l'écriture d'un *one-man show* «Le Merle», où il crée le personnage de Félix, qui sera d'abord le héros d'un court métrage avant de devenir celui de son premier long.

STÉPHANE PLISSON
MASSAÏ – LES GUERRIERS DE LA PLUIE
Français. De 1984 à 1993, il écrit et réalise une vingtaine de reportages sur le sport et l'aventure pour différentes chaînes de télévision françaises et internationales. À partir de 1997, il se spécialise dans le documentaire animalier, la plupart de ses films étant tournés sur le continent africain comme «Les Nettoyeurs de la Savane», «Quand les éléphants meurent» (2001) ou «Fissi, vie et mort d'une hyène» et «Salma, guépard solitaire» (2002).

VINCENT PLUSS
ON DIRAIT LE SUD
Né à Genève en 1969. Après des études à l'université de New York, il travaille durant une dizaine d'années comme monteur aux États-Unis et en Chine. Puis, de retour dans son pays natal, il fonde sa société de production et réalise deux courts métrages – «L'Heure du loup» (1997) et «Tout est bien» (2000) – ainsi que des films sur la danse contemporaine.

DIDIER ET THIERRY POIRAUD
ATOMIK CIRCUS
Ces deux frères d'origine belge partagent depuis toujours une même passion pour le «cinéma bis». Acteurs, scénaristes, décorateurs et producteurs exécutifs de leurs films, ils ont réalisé ensemble de nombreux courts métrages dont «Les Escarpins sauvages» (1994), «Duvetman» (1997), «Meurtre d'un broutemécouilles chinois» (1998) et «Das Fantastische Nacht» (2003).

MICHELLE PORTE
L'APRÈS-MIDI DE MONSIEUR ANDESMAS
C'est par la télévision et le documentaire que cette membre du groupe Recherche Image du Service recherche de l'ORTF débute sa carrière. On lui doit un certain nombre de portraits d'écrivain («Savannah Bay, c'est toi» avec Marguerite Duras, en 1984 ; «Françoise Sagan», en 1996), d'émissions sur le cinéma («À la recherche de Carl Theodor Dreyer», en 1986) et dramatiques télévisées, dont «Le Gardien du feu» (1994), avec André Marcon. Elle fut également l'assistante de Marguerite Duras sur plusieurs de ses films.

JOSÉ POZO
LA LÉGENDE DU CID
Né à Lleida en 1967, José Pozo débute dans le métier en supervisant les séquences animées de nombreuses publicités et comme réalisateur de vidéoclips. Entre 1993 et 1999, il dirige les studios d'animation Dirus, mettant en chantier plusieurs séries pour la télévision, avant de rejoindre, en 2000, le département Filmax Animation au sein duquel il développe divers projets de longs métrages.

ATIQ RAHIMI
TERRE ET CENDRES
Il est né à Kaboul en 1962. En 1984, il quitte l'Afghanistan pour le Pakistan avant de demander l'asile politique à la France, où il étudie le cinéma à la Sorbonne. Documentariste, il a signé, en 1998, «À chacun son journal», suivi de «Zaher Shah, le royaume de l'exil» (2000), «Nous avons partagé le pain et le sel» (2001) et «(A)fghanistan» (2002). Également écrivain, il est l'auteur de «Terre et Cendres» qu'il a choisi d'adapter lui-même pour le cinéma, et des «Mille maisons du rêve et de la terreur».

SANDRINE RINALDI
MYSTIFICATION OU L'HISTOIRE DES PORTRAITS
Connue également sous le nom de Camille Nevers, pseudonyme sous lequel elle signe des textes et critiques de cinéma dans «Les Cahiers du Cinéma», «La Lettre du Cinéma» ou «Bande à part», elle a fait ses débuts en réalisant divers courts métrages en DV.

Les Gaous de Igor Sk

ALAIN RIOU ET RENAN POLLÈS
ELLE CRITIQUE TOUT
Alain Riou est critique de cinéma pour le «Nouvel Observateur» et pour «Le Masque et la plume». Il a déjà réalisé plusieurs courts métrages, dont «Un chevalier d'industrie», «Les Grandes Eaux», «L'Archétype» et «Le Laveur de jalousies». Il est également l'auteur de nombreux scénarios pour la télévision ou le cinéma.
Renan Pollès est directeur de la photo. À ce titre, il a collaboré, entre autres, à «L'An 01» de Jacques Doillon, «Mourir à trente ans» de Romain Goupil ou, plus récemment, «Mon petit doigt m'a dit» de Pascal Thomas. Il a également réalisé divers films pour La Sept, Arte et Canal+.

DANIEL ROBICHAUD
PINOCCHIO, LE ROBOT
Originaire de Montréal, il développe, dès l'enfance, une passion pour le dessin et l'animation. Diplômé en Arts graphiques, il se rend aux États-Unis pour parfaire ses connaissances. Collaborant avec différentes maisons de productions, il est amené à travailler sur des films tels que «Terminator 2», «Titanic», «Appolo 13», «Le Cinquième Élément» ou encore «Willard». Il est également l'auteur de plusieurs courts métrages, dont «Que le meilleur gagne» (1993) et «Tightrope» (1999).

ELI ROTH
CABIN FEVER
Passionné depuis toujours par le cinéma d'horreur, il «démembre» même son frère dans le premier court métrage qu'il réalise à l'âge de onze ans. Diplômé de la section cinéma de la New York University, son film de fin d'études «Restaurant Dog» remporte le Student Academy Award, en 1995. En 1999, il crée «Chowdaheads» une série animée, puis, l'année suivante, «The Rotten Fruit» fondée sur le principe du *stop motion*. Il travaille également depuis de nombreuses années avec David Lynch sur le site du cinéaste.

THILO GRAF ROTHKIRCH ET PIET DE RYCKER
PLUME LE PETIT OURS POLAIRE
Thilo Graf Rothkirch crée en 1976 le Cartoon-film à Berlin avec lequel il s'investit dans de nombreux projets européens d'animation pour le cinéma et la télévision («Feodor», «Otto, the Street Dog» et «Lisa and Paul»...).
Piet de Rucker est né le 22 mai 1957 à Bruxelles. Après avoir fait ses premières armes dans la bande dessinée, il se lance dans l'animation, réalisant, en 1981, un court métrage, «Le Vieux Conteur d'histoires», dont le succès critique lui vaut de se retrouver à la tête d'une série pour la télévision «Quick et Flupke». Puis en 1989, il fonde sa propre société de production avec laquelle il participe à de nombreux projets dont les films «Rock'o Rico» et «Poucette» pour le producteur Don Bluth.

CATARINA RUIVO
ANDRÉ VALENTE
Née en 1971 à Coimbra, Portugal. Diplômée de l'École supérieure de théâtre et de cinéma, elle débute comme monteuse puis réalise, en 1998, un court métrage, «Uma Cerveja no inverno», sélectionné dans de nombreux festivals dont Vila do Conde et Oberhausen.

JILANI SAADI
KHORMA LE CRIEUR DE NOUVELLES
Né en 1962 à Bizerte en Tunisie, il quitte son pays natal à vingt ans pour se rendre à Paris, afin d'y suivre des études cinématographiques. Il réalise son premier court métrage en 1994, «Marchandise nocturne», puis, trois ans plus tard, un moyen métrage intitulé «Café hôtel de l'avenir».

JÉRÔME SALLE
ANTHONY ZIMMER
Il a toujours travaillé dans l'univers cinématographique où il fut tour à tour photographe de presse et directeur artistique. En parallèle, il se lance dans l'écriture de scénarios, parmi lesquels «L'Homme idéal» et «Bob le magnifique», avant de signer son propre court métrage : «Le Jour de grâce».

HUBERT SAUPER
LE CAUCHEMAR DE DARWIN
Né en Autriche, il a réalisé plusieurs courts et moyens métrages documentaires dont «Loin du Rwanda» (1997) et une fiction de 59 mn, inédite en salle.

JEAN-STÉPHANE SAUVAIRE
CARLITOS MEDELLIN
Né le 31 décembre 1968. Assistant réalisateur de 1987 à 2000, il décide de passer derrière la caméra cette même année en réalisant un premier court métrage de fiction, «La Mule». Suivront «A Dios», filmé en Colombie en 2001, et «Matalo», tourné à Mexico en 2003.

GEOFFREY SAX
LA VOIX DES MORTS
À l'issue de ses études, il est engagé par la BBC au sein de laquelle il fait ses classes en réalisant de nombreux épisodes de séries et téléfilms, dont une version contemporaine de «Othello» et la dramatique, inspirée du roman de Sarah Waters «Tipping the Velvet», sur la relation entre deux femmes dans le monde du théâtre à l'époque victorienne.

MICHAEL SCHORR
SCHULTZE GETS THE BLUES
Né en 1965, il entreprend d'abord des études de philosophie qu'il interrompt pour intégrer une école de cinéma à Potsdam. Il a réalisé trois courts – «Dulabn Blu Zig» (1992) «Silentium» (1994), «Savannah Bay» (1995) –, un moyen métrage, «Leben 1, 2, 3» (1999), et quatre documentaires –«Nomadomy» (1993), «Herbsten» (1996), «Fish Meer Blues» (1998) et «Ferner Liefen» (2001).

GUENNADI SIDOROV
LES PETITES VIEILLES
Né le 2 juillet 1962 à Frounzé en Kirghizie. Il obtient son diplôme du VGIK, en 1986, dans les sections comédie et réalisation. Il a produit deux films («Happy Birthday» et «With Love, Lilia» de Larissa Sadilova) et a réalisé, en 1990, un court métrage intitulé «La Nuit».

IGOR SK
LES GAOUS
Ses parents quittent la Yougoslavie à la fin des années 1960 pour s'installer en France. Après avoir fait un long séjour au Maroc, il revient à Vitry pour enseigner dans un lycée professionnel avant de se lancer dans le cinéma en travaillant sur les effets spéciaux de différents courts et longs métrages.

JUAN SOLANAS
NORDESTE
Fils du réalisateur Fernando Solanas, il est né le 4 novembre 1966 à Buenos Aires. Intallé à Paris en 1977, il y étudie l'histoire de l'art tout en se passionnant pour la photo. C'est d'ailleurs en tant qu'étalonneur, puis directeur de la photo, qu'il fait ses premières armes au cinéma avant de signer un court métrage en 2001, «L'Homme sans tête», sélectionné au Festival de Cannes 2003 et lauréat, cette même année, du Prix du Jury puis d'un César en 2004.

JOHN STEVENSON
CINQ ENFANTS ET MOI
Engagé par Jim Henson au début des années 1980, il dirige le Jim Henson's Creatures Shop pendant de nombreuses années. À ce titre, il a collaboré, en tant que superviseur des effets spéciaux, à divers films dont «La Famille Pierrafeu», «Les 101 Dalmatiens» ou «Babe, le cochon devenu berger». Il a également été directeur des effets spéciaux sur «Le Pacte des loups».

OLGA STOPOLSKAYA ET DMITRY TROITSKY
JE T'AIME TOI
Olga est née en 1969 à Moscou, où elle suit des études artistiques et obtient un diplôme de cinéma, en 1997. Elle réalise de nombreuses vidéos, œuvres audiovisuelles et courts métrages dont «Bruner's Trial», en 1999, qui est acheté par le MOMA. Elle fonde, en 2000, sa société de production avec Dmitry Troitsky.
Ce dernier s'est fait connaître en étant à l'origine de nombreux projets, parfois très controversés, de la télévision russe, dont certains programmes de téléréalité. Ensemble, ils décident d'écrire et mettre en scène leur premier long métrage.

HIDENORI SUGIMORI
LA FEMME D'EAU
Né en 1960 au Japon, il suit les cours de l'université de Waseda avant de travailler pour le réseau télévisé NHK, alternant émissions sportives, programmes pour les enfants, dramatiques et reportages. Devenu indépendant, il signe un grand nombre de spots publicitaires, avant de se lancer dans l'écriture de son premier long métrage.

CÉCILE TELERMAN
TOUT POUR PLAIRE
D'origine belge, elle a suivi un parcours atypique, travaillant d'abord à la SACD, puis au CNC, avant de devenir directrice administrative et financière pour la mai-

son de distribution Sagittaire Films. En parallèle, elle a fondé une société de production avec une amie documentariste, tout en travaillant à l'élaboration de divers scénarios.

RAWSON MARSHALL THURBER
MÊME PAS MAL !
Il est né et a grandi à San Francisco. Après avoir suivi les cours de l'Union College et en être sorti diplômé en Anglais et Arts théâtraux, il se lance dans le cinéma et dans l'écriture de scénarios. En 2002, il écrit et réalise un court métrage, «Terry Tate, Office Linebacker».

DENIS THYBAUD
DANS TES RÊVES
Tout juste diplômé en cinéma, il fonde une maison de production avec laquelle il travaille sur des clips et des films institutionnels. Réalisateur pour la télévision (Canal+) durant près de cinq ans, il signe son premier court métrage en 1996, «Just do it», avec Vincent Elbaz, puis conçoit avec Jamel Debbouze, de 1997 à 1999, l'émission «Le Cinéma de Jamel» et réalise le «Jamel Show» pour la chaîne cryptée. En 2000, il met en scène son second film court, «Granturismo», qui sera suivi, l'année suivante, de «Bois Colombes».

ONDI TIMONER
DIG !
Américaine. Elle fonde, en 1994, Interpoler Films, une société de production consacrée au documentaire. À ce jour, elle a réalisé «Voices from inside», sur la détention des femmes aux USA, et «The Nature of Beast», sur la journée épique d'une femme dans le système judiciaire américain. Elle a également mis en scène un court métrage de fiction intitulé «Recycle».

LAURENT TIRARD
MENSONGES ET TRAHISONS ET PLUS SI AFFINITÉS
Ancien journaliste de cinéma à «Studio Magazine», il a déjà écrit et mis en scène deux courts métrages : «De source sûre» (1999) et «Demain est un autre jour» (2001).

MICHEL TOESCA
J'IRAI CRACHER SUR VOS TONGS
Français, il possède plusieurs casquettes : alternativement ingénieur du son pour le théâtre ou le cinéma (sur les films de Claire Simon), documentariste et journaliste à la télévision, scénariste et réalisateur. Il a trois courts métrages à son actif : «Muthos» (1983), «Taratatata» (1998) et «Dans un grand lit carré» (1994).

Calvaire de Fabrice de Welz

JESSY TORRERO
SOUL PLANE
Il est à la fois comédien, directeur de casting, producteur et cinéaste. Il réalise son premier court métrage, «The Clinic», en 2002, puis, l'année suivante, le «segment» «Wanksta» de «50 Cent : The New Breed», un film à sketchs tourné en vidéo.

PETE TRAVIS
OMAGH
Né en Grande-Bretagne, il a travaillé durant de nombreuses années pour la télévision anglaise. Il a réalisé divers téléfilms dont «Henry VIII» avec Ray Winstone, «The Jury», un thriller en six épisodes avec Helen McCrory et «Other People's Children». Il a également mis en scène «Faith», un court métrage d'après une nouvelle de Nick Hornby.

HATSUKI TSUJI
YU-GI-OH ! LE FILM
Ce dessinateur de mangas et animateur de dessins animés débute sa carrière au milieu des années 1980 en participant à la série télévisée «Sherlock Holmes». Il a, depuis, travaillé entre autres sur «Dan et Danny», «Un collège fou fou fou», «Samurai X», «Sous le signe des mousquetaires» et, dernièrement, «Transformers : Car Robots».

STÉPHANE VUILLET
25° EN HIVER
Né à Grenoble en 1969. Après des études de mathématiques, il s'oriente vers la musique. Aux côtés de son frère, il forme un groupe dont il est batteur et percussionniste. À l'issue de cette aventure musicale, il se dirige vers le cinéma, accumulant les petits boulots (électro, cadreur, monteur...) avant de passer à la réalisation de courts métrages. En 1996, il signe «Terre natale», puis, deux ans plus tard, «Le Sourire des femmes», récompensé dans divers festivals dont ceux de Bruxelles et de Huy.

ANDRUCA WADDINGTON
JUMELLES
Né en 1970 à Rio de Janeiro, il débute sa carrière en réalisant plus de 200 spots publicitaires et de nombreux vidéoclips dont le succès lui vaut une grande notoriété. Il se lance dans la fiction à la fin des années 1990 avec «Jumelles», qui sera suivi de deux autres longs métrages, «La Vie peu ordinaire de Dona Linhares» et «Viva São João !».

SEAN WALSH
BLOOM
Il est né à Dublin. Après avoir travaillé tour à tour dans le bâtiment, la banque et même la musique de rue, il débute sa carrière à la télévision et au cinéma, en 1985. Il réalise divers clips, publicités et documentaires, dont «Sunday in september», «Snow in Tears and Blood» et «The Blind Leading the Blind».

JAMES WAN
SAW
D'origine australienne, il s'est fait connaître grâce à de nombreux courts métrages parmi lesquels «Negative», «The Anthem of Marcus Wright» ou encore «Radius». Il fait ses classes en tant que réalisateur à la télévision, en signant un grand nombre de téléfilms («Fly», «Cooking with Karma».). C'est lors de ses études en Australie qu'il fait la rencontre de Leigh Whannel, coscénariste et interprète principal de son premier long métrage.

FABRICE DE WELZ
CALVAIRE
Né le 21 octobre 1972 en Belgique, il est diplômé de l'INSAS, l'école de cinéma de Bruxelles. Dès 1990, il réalise de nombreux films en super-huit et collabore à l'écriture de sketchs pour Canal+ («La Grande famille» et «Nulle part ailleurs»). En 1999, il signe «Quand on est amoureux», un court métrage récompensé du grand prix du Festival de Gérardmer.

HENNER WINKLER
VOYAGE SCOLAIRE
Il est né en Allemagne en 1969 et a étudié le cinéma au Creative Art College d'Offenbach puis au Hamburg Fine Art College. Après avoir obtenu son diplôme, il débute une carrière de scénariste et de réalisateur. Il a, par ailleurs, mis en scène trois courts métrages : «Cool, Darling» (1993), «Lust» (1995) et «Tiptop» (1998).

ALEXANDER WITT
RESIDENT EVIL : APOCALYPSE
Il débute comme assistant caméra puis cadreur avant de devenir alternativement directeur de la photo et réalisateur de deuxième équipe. À ce titre, il a collaboré à la célèbre série «X Files» et à de nombreux films dont «Daredevil», de Mark Steven Johnson, «XXX», de Rob Cohen, «Braquage à l'italienne» de F. Gary Gray, ou encore «La Mémoire dans la peau» de Doug Liman.

KEREN YEDAYA
MON TRÉSOR
Née en 1972 aux États-Unis, elle vit depuis l'âge de trois ans en Israël. Féministe convaincue et militante au sein de nombreuses associations, l'écriture et la réalisation lui permettent de prolonger son engagement. En 1994, elle signe dans le cadre de ses études un premier court métrage intitulé «Elinor», centré sur le sort d'une jeune appelée de l'armée israélienne. Suivent «Lulu», en 1998 et «Les Dessous», qu'elle réalise en France deux ans plus tard.

KENJIRO YOSHIDA ET GUÉNNADI MIKHAÏLOVITCH SOKOLSKI
LES AVENTURES DE LOLO
Kenjiro Yoshida est né à Tokyo le 30 mars 1945. Diplômé du département des Lettres, arts et sciences de l'université de Waseda, il débute sa carrière en tant qu'animateur et réalisateur de séries pour la télévision, parmi lesquelles «Hey ! Bunbuu», «Aidoru densetsu ariko« et «Ranma 1/2».
Guénnadi Mikhaïlovitch Sokolski est né le 1er décembre 1937 à Moscou. Il entre en 1959 aux studios Soyouzmoultfilm, puis devient animateur pour des courts et des longs métrages, en particulier auprès du cinéaste Fiodor Khitrouk. De 1969 à 1991, il passe à la réalisation et signe de nombreux films publicitaires.

OLIVIER ZUCHUAT
DJOUROU, UNE CORDE À TON COU
Né en 1969 à Genève, il suit des études de physique théorique, puis de littérature française et de philosophie, avant de se consacrer à la mise en scène de théâtre et à la dramaturgie. Monteur, il a travaillé auprès de Nicolas Philibert et Dominique Gros. Depuis 2001, il se consacre essentiellement au documentaire. Il a réalisé «Dollar Tobin, FMI, Nasdag et les autres» (2000) et «Mah Damba, un griot en exil» (2001).

En mémoire

ADG (ALAIN DREUX GALLOUX)
19 décembre 1947-1er novembre 2004
De son vrai nom Alain Fournier, ce journaliste d'extrême droite fut aussi un écrivain remarqué de la «Série noire». En 1973, son roman *La Nuit des grands chiens malades* fut adapté par Georges Lautner («Quelques messieurs trop tranquilles»).

KAMAL AL-CHEIKH
1918-2 janvier 2004
Cinéaste égyptien qui, dans l'ombre de Youssef Chahine et Salah Abou Seif, participa au renouveau du cinéma de son pays après la guerre et pendant la période nassérienne. D'abord monteur, il réalise son premier film en 1952 («El Manzel rakam Tletash») et son dernier («Kaher el-zaman») en 1987. Sa carrière prolifique et inégale le verra adapter de nombreuses œuvres littéraires. «Vie et mort» représenta l'Égypte au Festival de Cannes en 1954. Son film le plus connu reste sans doute «Le Voleur et les chiens» (1962).
Autres principaux films : «Amour et larmes» (1956), «L'Étranger» (1956), «Terre de rêves» (1957), «Le Petit Ange» (1958), «La Dame du château» (1959), «Cœur en feu» (1959), «Pour mon amour» (1960), «Ange et Démon» (1960), «Mon unique amour» (1961), «Le Petit Diable» (1964), «La Dernière Nuit» (1964), «L'homme qui avait perdu son ombre» (1968), «Une vie de privation» (1969), «Miramar» (1969), «Crépuscule et aurore» (1970), «Langage du geste» (1973), «Sur qui tire-t-on ?» (1975).

FRANÇOISE AUDÉ
29 mai 1938-3 janvier 2005
Son métier : l'enseignement. Sa passion : le cinéma. Immergée dans le mouvement des ciné-clubs (fédération Jean-Vigo), Françoise Audé n'eut de cesse, depuis les années cinquante, de faire entrer le cinéma dans les classes. Entre deux articles dans «Jeune Cinéma» ou «Rouge» et quelques belles analyses dans «Positif» ou «Les Ailes du désir» (la revue des professeurs d'option cinéma dans les lycées), elle s'est imposée comme une historienne-critique du 7e Art mais aussi comme une militante inlassable du cinéma des femmes (elle écrivit plusieurs ouvrages sur le sujet) et une vulgarisatrice, au sens le plus noble du terme, de grandes œuvres cinématographiques auprès de générations d'adolescents en mal de culture.

KARINE BACH
19 janvier 1973-29 janvier 2005
Connue depuis 1996, date de ses débuts dans la *team* Marc Dorcel, des initiés de la vidéo porno sous le nom de Karen Lancaume, cette actrice fut révélée au grand public en 2000 par le film à scandale «Baise-moi» de Virginie Despentes et Coralie Trinh Thi. Elle y interprétait, aux côtés de Rafaëlla Anderson, une jeune fille victime de la violence masculine qui sombrait dans la haine et le crime. Mais si elle démontrait là de réelles qualités de comédienne, la trentaine de films X dans laquelle elle s'était exhibée sous la caméra de Christian Lavil, Alain Payet, Luca Damiano, Fred Coppula, Mario Salieri ou Andrew Blake l'avait profondément marquée psychologiquement. Elle décrivait avec une virulence pathétique la brutalité et le manque de considération des hommes sur les tournages. Depuis 2000, personne ne lui avait rien proposé, sinon de replonger dans le porno. Le 29 janvier, elle a absorbé une dose mortelle de médicaments.

PIERRE BACHELET
25 mai 1944-15 février 2005
Auteur-compositeur fidèle à son Nord natal et célèbre pour sa chanson «Les Corons» (1982), il travailla beaucoup pour la télévision (générique de «Dim Dam Dom», plusieurs téléfilms) et le cinéma. De «Quelques messieurs trop tranquilles» (Lautner, 1973) à «Un crime au paradis» (Jean Becker, 2001), il composa la musique d'une bonne vingtaine de longs métrages, dont les cultissimes «Emmanuelle» (il chantait même la chanson-titre), entre 1974 et 1993, et «Les Bronzés font du ski» (Leconte, 1979). On lui doit aussi les BO de «La Victoire en chantant» (1976), du «Coup de tête» (1979) de Jean-Jacques Annaud et des «Enfants du marais» (1999) de Jean Becker.

HUMBERT BALSAN
21 août 1954-10 février 2005
Élégance et panache sont les mots qui reviennent le plus souvent après le suicide de ce producteur aimé et reconnu, directeur de la société Ognon Pictures. Il s'agissait d'un acteur incontournable de la production indépendante qui avait abordé le cinéma comme comédien. Il est Gauvain dans «Lancelot du lac» de Robert Bresson (1974), dont il devient l'assistant pour «Le Diable probablement» (1976). Il apparaît dans une dizaine de films, puis, lassé d'attendre des rôles qui ne viennent pas, il s'engage dans la production avec l'étrange «Maître-nageur» de Jean-Louis Trintignant (1978). Il affirme rapidement la volonté de faire découvrir les cinéastes du Moyen-Orient comme les Égyptiens Youssef Chahine – dont il

Anne Bancroft

produit tous les films depuis «Adieu Bonaparte» (1985) – et Yousri Nasrallah (depuis «Mercedes» en 1993 jusqu'à «La Porte du soleil» en 2004), le Libanais Maroun Bagdadi («L'Homme voilé», 1987) ou encore le Palestinien Elia Suleiman («Intervention divine», 2001). À l'inverse de beaucoup de ses confrères, il n'hésite pas non plus à prendre des risques en produisant de jeunes inconnus (qu'il accompagnera souvent ensuite) ou des projets originaux et risqués. De Pierre Kast («Le Soleil en face», 1980) à Yolande Moreau et Gilles Porte («Quand la mer monte», 2004), il permettra l'éclosion de nombreux talents comme Rachid Bouchareb («Bâton rouge», 1985), Philippe Faucon («L'Amour»,1990 ; «Muriel fait le désespoir de ses parents», 1995) ou Sandrine Veysset («Y aura-t-il de la neige à Noël ?», 1996). Il sera toujours capable de faire le grand écart entre un policier de Francis Girod («Mauvais genres», 2001) ou un portrait de «Rembrandt» par Charles Matton (1998). Sa dernière production fut «L'Intrus» de Claire Denis (2004) et son ultime apparition à l'écran, il la fit en banquier dans «Travaux (On sait quand ça commence…)» de Brigitte Roüan (2004).

ANNE BANCROFT
17 septembre 1931-6 juin 2005
Une jambe gainée de soie qui se déplie devant les yeux étonnés du tout jeune Dustin Hoffman. L'affiche du «Lauréat» (Nichols, 1967), comme le film (et la chanson de Simon et Garfunkel), rencontre un immense succès et fait d'Anne Bancroft/Mrs Robinson une actrice éternellement reconnue. Pourtant, depuis ses débuts en 1950 la comédienne, née Anna-Maria Louisa Italiano, s'est déjà fait une belle réputation tant à Hollywood qu'à New York. Après quelques contrats pour la télévision et des seconds rôles au cinéma, dont un aux côtés de Marilyn Monroe dans «Troublez-moi ce soir» (Baker, 1952), elle se tourne vers le théâtre. Arthur Penn lui confie deux de ses plus grands rôles sur la scène, qui lui vaudront deux Tony Awards (les Oscars du théâtre) : «Deux sur la balançoire» puis «Miracle en Alabama». En 1962, Penn adapte cette dernière pièce au cinéma avec Anne Bancroft dans le rôle de la gouvernante Annie Sullivan. Nouvel Oscar, à Hollywood, cette fois. L'année suivante, elle obtient le Prix d'Interprétation à Cannes pour «Le Mangeur de citrouille» (Clayton,1963). Désormais, elle choisira ses personnages avec discernement tant au cinéma qu'au théâtre et à la télévision. En 1964, elle épouse Mel Brooks et en 1966, John Ford lui offre le superbe rôle du docteur Cartwright dans son ultime opus «Frontière chinoise». Elle sera trois fois encore citée aux Oscars pour «Le Lauréat», «Le Tournant de la vie» (Ross, 1977) et «Agnès de Dieu» (Jewison, 1985).
En 1980, elle réalise le film «Fatso», sans lendemain. La dernière apparition de cette comédienne belle et impressionnante remonte à 2001 dans le film «Beautés empoisonnées» (Mirkin), aux côtés de Sigourney Weaver.
Autres principaux films : «Le Trésor du Guatemala» (Daves, 1953), «Les Gladiateurs» (Daves, 1953), «La Charge des tuniques bleues» (A. Mann, 1955), «La Ville de la vengeance» (Dwan, 1957), «Trente minutes de sursis» (Pollack, 1965), «Les Griffes du lion» (Attenborough, 1972), «Le Prisonnier de la deuxième avenue» (Frank, 1974), «L'Odyssée du Hindenburg» (Wise, 1975), «La Dernière Folie de Mel Brooks» (Brooks, 1976), «Jésus de Nazareth» (Zeffirelli, 1976), «Elephant Man» (Lynch, 1980), «To be or not to be» (Brooks, 1984), «À la recherche de Garbo» (Lumet, 1984), «Personne n'est parfait !» (P. Bogart, 1988), «En route pour Manhattan» (P. Bogart, 1992), «Lune de miel à Las Vegas» (A. Bergman), «Nom de code : Nina» (Badham, 1993), «Le Patchwork de la vie» (Moorhouse, 1995), «Week-end en famille» (Foster, 1995), «Dracula : mort et heureux de l'être» (M. Brooks), «Sunchaser» (Cimino, 1996), «À armes égales» (Ridley Scott, 1997), «De grandes espérances» (Cuaron, 1998), «Il suffit d'une nuit» (Haas, 2000), «Au nom d'Anna (Norton, 2000).

JOHN DREW BARRYMORE
4 juin 1932-29 novembre 2004
Après quelques films sans importance, le fils de l'illustre comédien John

Barrymore, et père de l'actrice Drew Barrymore, a la chance de croiser la route de Joseph Losey («La Grande Nuit», 1951) et de Fritz Lang («La Cinquième Victime», 1956)... Rencontres sans lendemain, malheureusement. Une belle composition dans «Les Nuits de Raspoutine» (Chenal, 1960) ne sauve pas sa carrière de la médiocrité sur les chemins italiens du péplum.
Principaux films : «Les Cavaliers du crépuscule» (Templeton, 1950), «La Vallée du solitaire» (LeMay, 1950), «Jeunesse droguée» (Arnold, 1958), «Les Cosaques» (Tourjansky, 1959), «Princesse du Nil» (Tourjansky, 1960), «La Guerre de Troie» (Ferroni, 1961), «Ponce Pilate» (Callegari et Rapper, 1962), «La Bataille de Corinthe» (Costa, 1962), «Par le fer et par le feu» (Cerchio, 1962), «Le Sabre de la vengeance» (Savona, 1963), «Les Possédés du démon» (Josipovici et Molteni, 1964).

PIERRE BAUDRY
28 janvier 1948-15 février 2005
Critique et théoricien du film documentaire, «réalisateur philosophe», écrivain, enseignant, sculpteur... Pierre Baudry vivait plusieurs vies, explorait des chemins nouveaux ou peu empruntés. Des «Cahiers du Cinéma», à la fin des années 1960 (il les quittera dans la tourmente idéologique de 1970), à la revue «Documentaires» qu'il dirige en 1993, des cours qu'il dispense à Paris III à l'IDHEC ou à l'INA. aux scénarios qu'il écrit avec Théo Angelopoulos (souvent non crédité), de ses recherches sur le cinéma muet aux réflexions sur la politique à la télévision, la vidéo domestique ou encore la bande dessinée, Pierre Baudry cultivait le partage, l'amitié, l'intelligence et la curiosité. Après deux films en super-8 («Le Piège diabolique» et «Les Deux cervelles»), il réalisa «La Loi du cœur», un moyen métrage avec des acteurs amateurs qui fut sélectionné à Cannes en 1972.

ELMER BERNSTEIN
4 avril 1922-18 août 2004
Pianiste-concertiste remarquable entre 1939 et 1950, il rencontre Sidney Buchman, vice-président de la Columbia qui lui propose de composer sa première musique de film pour «Saturday's Hero» (Miller, 1950). Un moment inquiété par la commission McCarthy pour ses idées de gauche et inscrit sur la célèbre Liste noire, il fait preuve d'emblée d'un esprit particulièrement novateur dans les films de série Z auxquels il est condamné. En cette époque dominée par les riches couleurs symphoniques de musiciens venus d'Europe

Laura Betti

comme Max Steiner, sa passion du jazz et ses orchestrations sont considérées comme révolutionnaires. Il se voit proposer deux compositions musicales qui vont lancer définitivement sa carrière de musicien hollywoodien : «L'Homme aux bras d'or» (Preminger, 1955) et «Les Dix Commandements» (De Mille, 1956). Bernstein devient un des plus grands compositeurs hollywoodiens, avec plus de deux cents partitions dont certaines sont aujourd'hui de vrais standards : «Les Sept mercenaires» (1959) ou «La Grande Évasion» (1963) de John Sturges. Son talent, ses recherches inlassables, sa volonté de sortir des sentiers battus donnent à sa musique une couleur originale. Il fut quatorze fois nommé aux Oscars (la dernière, en 2002, pour «Loin du paradis» de Todd Haynes) mais n'en reçut finalement qu'un, en 1966, pour «Millie» (George Roy Hill).
Autres principaux films : «Vocations secrètes» (Dieterle, 1951), «Cote 465» (A. Mann, 1957), «Prisonnier de la peur» (Mulligan, 1957), «Le Grand Chantage» (Mackendrick, 1957), «Comme un torrent» (Minnelli, 1958), «Les Boucaniers» (De Mille, 1958), «Le Petit Arpent du bon Dieu» (A. Mann, 1958), «Les Diables au soleil» (Daves, 1958), «Les Pièges de Broadway» (Mulligan, 1960), «Les Comancheros» (Curtiz, 1961), «La Rue chaude» (Dmytryk, 1962), «Le Prisonnier d'Alacatraz» (Frankenheimer, 1962), «Le plus sauvage d'entre tous» (Ritt, 1962), «Du silence et des ombres» (Mulligan, 1963), «Les Quatre Fils de Katie Elder» (Hathaway, 1965), «Frontière chinoise» (Ford, 1966), «Cent dollars pour un shérif» (Hathaway, 1969), «Le Dernier des Géants» (Siegel, 1976), «American College» (Landis, 1978), «Y a-t-il un pilote dans l'avion ?» (Zucker et Abraham, 1980), «Les Blues Brothers» (Landis, 1980), «Cinq jours ce printemps-là» (Zinnemann, 1982), «SOS Fantômes» (Reitman, 1984), «L'Affaire Chelsea Deardon» (Reitman, 1986), «My Left Foot» (Sheridan, 1989), «Les Arnaqueurs» (Frears, 1990), «Le Temps de l'innocence» (Scorsese, 1993), «Canadian Bacon» (M. Moore, 1995), «L'Idéaliste» (F.F. Coppola, 1997), «Wild Wild West» (Sonnenfeld, 1999), «À tombeaux ouverts» (Scorsese, 1999), «Chinese Coffee» (Pacino, 2000).

LAURA BETTI
1er mai 1934-31 juillet 2004
Elle fut une figure de la nuit romaine, une divine chanteuse de cabaret, l'actrice préférée des plus grands cinéastes italiens (Fellini, Bertolucci, Rossellini, Bellocchio) et surtout l'égérie et la gardienne de la mémoire de Pier Paolo Pasolini. Derrière ses récitals de plus en plus provocants, ses rôles de plus en plus engagés tant au théâtre qu'au cinéma, elle acquiert une réputation d'artiste «scandaleuse». Son air de starlette blonde, sa voix vibrante et son jeu désinvolte cachaient un tempérament explosif, une sensibilité à fleur de peau et un puissant engagement social et politique. En 1959, elle débute au cinéma dans «La Dolce Vita» (Fellini) et enchaîne aussitôt avec «Les Évadés de la nuit» (Rossellini, 1960). En 1968, elle collabore au «Théorème» de Pasolini, dans lequel elle joue le rôle de la servante en proie à la lévitation. Cette interprétation lui vaut la Coupe Volpi de la meilleure interprète féminine au Festival de Venise 1968. Dans les années 1970, Laura Betti se montre de plus en plus intransigeante sur le choix de ses rôles et joue avec une obésité grandissante et handicapante. Dans la version italienne de «L'Exorciste» (Friedkin, 1973), elle prête sa voix à Linda Blair possédée par le diable. En 1989, on la découvre aussi romancière avec «Madame».
Autres principaux films : «Rogopag» (épisode «La Ricotta», Pasolini, 1962), «Une hache pour la lune de miel» (M. Bava, 1969), «Paulina s'en va» (Téchiné, 1969). «Far West Story» (Corbucci, 1969), «La Baie sanglante» (M. Bava, 1971), «Au nom du père» (Bellocchio, 1971), «Les Contes de Canterbury» (Pasolini, 1972), «Le Dernier Tango à Paris» (Bertolucci, 1972), «Allonsanfan» (P. et V. Taviani, 1974), «La Femme aux bottes rouges» (J. Bunuel1974), «La Grande Bourgeoise» (Bolognini, 1974). «Vices privés, vertus publiques» (Jancso, 1975), «1900» (Bertolucci, 1976), «La Mouette» (Bellocchio, 1977), «Le Gang» (Deray, 1977), «Un papillon sur l'épaule» (Deray, 1978), «La Nuit de Varennes» (Scola, 1981), «L'Art d'aimer» (Borowczyk, 1983), «Amerika / Rapports

Nelly Borgeaud

de classe» (Straub et Huillet, 1984), «Corps et biens» (Jacquot, 1986), «Noyade interdite» (Granier-Deferre, 1987), «Jane B. par Agnes V.» (Varda, 1987), «Le Champignon des Carpathes» (Biette, 1990), «Mario, Maria et Mario» (Scola, 1993), «À ma sœur !» (Breillat, 2001), «La Felicita, le bonheur ne coûte rien» (Calopresti, 2002).

DIDIER BIENAIMÉ
9 juin 1961-7 août 2004
Seulement deux films pour le cinéma «Marie de Nazareth» (Delannoy, 1994) où il jouait Jésus, et «La Grande vie !» (Dajoux, 2001) à côté d'une carrière déjà bien remplie à la télévision. Il s'y était fait connaître du grand public avec «Entre terre et mer» (1997), grande saga sur la Bretagne et la pêche, en 1926. Il enchaîna ensuite plusieurs dramatiques («Premier de cordée», «L'Inconnue du Val-perdu», «Le Pays des enfants perdus», «Le Miroir de l'eau»...) et se glissa dans quelques séries («La Kiné», «Juliette Lesage»...).

RAYMOND BORDE
28 août 1920-20 septembre 2004
Remarquable essayiste (son «Panorama du film noir américain» coécrit avec E. Chaumeton fait toujours autorité cinquante ans après sa parution), surréaliste dans l'âme, collaborateur des «Temps Modernes» et de «Positif», courageux pourfendeur des excès critiques de Godard et de Truffaut aux «Cahiers du Cinéma»... Il fut l'infatigable créateur, organisateur et animateur de la cinémathèque de «sa» ville, Toulouse, qui acquit grâce à lui une renommée internationale. Il a contribué à la découverte d'un grand burlesque américain oublié : Charley Bowers.

NELLY BORGEAUD
29 novembre 1931-14 juillet 2004
Admirable comédienne et metteur en

scène de théâtre, elle marqua par sa présence sereine et forte les spectacles de Roger Planchon ou de Marcel Maréchal, entre autres. Malgré une certaine réticence pour le cinéma, quelques grands réalisateurs (Buñuel, Resnais, Truffaut), sensibles à son beau visage triste, surent la décider.
Dans «L'homme qui aimait les femmes» (Truffaut, 1977), elle était magnifique en amante qui ne pouvait jouir que dans des lieux insolites. Elle fut aussi une citoyenne engagée, luttant avec une détermination discrète mais efficace contre toutes les discriminations.
Autres principaux films : «Le Dossier noir» (Cayatte, 1955), «Cela s'appelle l'aurore» (Buñuel, 1955), «Codine» (Colpi, 1962), «Muriel ou le temps d'un retour» (Resnais, 1963), «La Sirène du Mississipi» (Truffaut, 1969), «Parlez-moi d'amour» (Drach, 1975), «Le Sucre» (Rouffio, 1978), «Mon oncle d'Amérique» (Resnais, 1980), «Paroles et musique» (Chouraqui, 1984), Nuit de Chine (Corsini, 1986), «Dandin» (Planchon, 1987), «L'Accompagnatrice» (Miller, 1992), «Une nouvelle vie» (Assayas, 1993), «On connaît la chanson» (Resnais, 1997), «La Vie ne me fait pas peur» (Lvovsky, 1999), «La Confusion des genres» (Duran-Cohen, 2000), «Haute fidélité» (Cauvin, 2001), «L'Homme du train» (Leconte, 2002).

Philippe de Broca

PHILIPPE DE BROCA
15 mars 1933-26 novembre 2004
Après des débuts difficiles dans un service cinématographique des armées asphyxié par la censure pendant la guerre d'Algérie, il devient l'assistant d'Henri Decoin avant de rejoindre la Nouvelle Vague et de devenir l'assistant de Claude Chabrol et de François Truffaut sur leurs premiers films. C'est à cette époque qu'il fait la connaissance de Belmondo. «Il avait un sens inné de la comédie, un humour très personnel, un univers très original. Il connaissait très bien les acteurs, car il était un des rares à aller les voir au théâtre. Tout de suite, nous eûmes une complicité absolue… Dans les quatre films que nous avions tournés ensemble, à travers mon personnage, il se dévoilait totalement. J'étais le prolongement idéal de sa personnalité. Et malheureusement, c'étaient les films avec Belmondo qui trouvaient le succès auprès du public.» Cette évocation par Jean-Pierre Cassel (*À nos amours*, Stock, 2004) résume bien le dilemme que vécut de Broca. Il connut en compagnie de Belmondo de véritables triomphes, avec des films d'aventures merveilleux, bijoux rares où son sens aigu de l'image et du rythme, sa verve comique indéniable liée à un scénario parfaitement construit (souvent signé Daniel Boulanger) trouvaient une expression pleine et entière : «Cartouche» (1961), «L'Homme de Rio» (1963), «Les Tribulations d'un Chinois en Chine» (1964) ou encore «Le Magnifique» (1973)... Mais, derrière cette façade somptueuse, de Broca excellait (souvent avec son ami Boulanger) dans les contes doux-amers, faussement désinvoltes dont la sensibilité se parait d'une cruauté lucide, d'un humour subtil et d'une tendresse amère. Ce furent les films avec Jean-Pierre Cassel : «Les Jeux de l'amour» (1959), «Le Farceur» (1960), «L'Amant de cinq jours» (1960) et «Un monsieur de compagnie» (1964). Mais l'échec du «Roi de cœur» – son film préféré, réalisé en 1966, sans Cassel ni Belmondo, terrible évocation de la guerre à l'intérieur d'un hôpital psychiatrique, resta comme une blessure toujours sensible. Si ses dernières comédies marquaient un peu le pas, il retrouva sa verve enthousiaste avec «Le Bossu» (1997), et sa causticité intraitable dans «Vipère au poing» (2004), son ultime réalisation. Deux beaux succès publics.
Autres principaux films : «Les Sept Péchés capitaux» (sketch : «La Gourmandise», 1962); «Les Veinards» (sketchs : «Le Vison» et «Une nuit avec la vedette», 1962), «Le Plus vieux métier du monde» (sketch : «Mademoiselle Mimi», 1967), «Le Diable par la queue» (1969), «Les Caprices de Marie» (1970), «La Poudre d'escampette» (1971), «Chère Louise» (1972), «L'Incorrigible» (1975), «Julie pot-de-colle» (1977), «Tendre poulet» (1978), «Le Cavaleur» (1979), «On a volé la cuisse de Jupiter» (1980), «Psy» (1981), «L'Africain» (1983), «Louisiane» (1984), «La Gitane» (1986), «Chouans !» (1988), «Les Mille et une nuits» (1990), «Les Clés du paradis» (1991), «Amazone» (2000).

BLANCHETTE BRUNOY
5 octobre 1915-3 avril 2005
Filleule de l'académicien Georges Duhamel, Blanchette Bilhaud s'inscrit au Conservatoire et prend le nom de Brunoy. Entre théâtre et cinéma, elle construit une jolie carrière faite de seconds rôles qui imposent son allure d'ingénue franche et sensible. Elle débute au cinéma dans «La Peau d'un autre» (Pujol, 1936), puis donne la réplique à l'impressionnant Raimu dans «La Chaste Suzanne» (Berthomieu, 1936). Lumineuse dans le rôle-titre de «Claudine à l'école» (de Poligny, 1937), parée d'une déchirante inquiétude dans «La Bête humaine» (Renoir, 1938), Blanchette Brunoy devient incontournable dans le cinéma français. L'année 1943 voit sa carrière prendre une nouvelle dimension avec deux prestations remarquables : la sage Muguet dans «Goupi Mains Rouges» (Jacques Becker) et Denise Baudu partagée entre son oncle (Michel Simon) et son patron (Albert Préjean) dans «Au Bonheur des Dames» (Cayatte). En 1949, elle s'impose encore dans le triste et joli rôle d'Odile qui se fait voler Jean Gabin par l'arriviste Marie («La Marie du port», Carné) et comme partenaire de Marcel Cerdan dans «L'Homme aux mains d'argile» (Mathot). En 1954, elle donnera la réplique à Tino Rossi dans «Tourments» (Daniel-Norman), le dernier film du chanteur. Parallèlement à un parcours cinématographique plus chaotique dans les années 1950 et 1960, elle continuait une brillante carrière au théâtre.
À partir des années 1970, Blanchette aborda le petit écran en campant Madeleine, personnage récurrent de «Julie Lescaut». Après 20 ans d'absence, elle revint au cinéma en 1985 dans «L'Amour en douce» (Molinaro). En 1997, elle tourna son dernier film, «Comme elle respire» de Pierre Salvadori avec Marie Trintignant.
Autres principaux films : «Un Mauvais garçon» (Boyer, 1936), «Vous n'avez rien à déclarer ?» (Joannon, 1937), «Le Voleur de femmes» (Gance, 1938), «La Famille Duraton» (Stengel, 1939), «Cavalcade d'amour» (Bernard, 1940), «Elles étaient douze femmes» (Lacombe, 1940), «Vingt-quatre heures de perm» (Cloche, 1940), «L'Empreinte du dieu» (Moguy, 1941), «Dernière aventure» (Péguy, 1942), «Les Cadets de l'océan» (Dréville, 1942), «Le Camion blanc» (Joannon, 1943), «Ceux du rivage» (Séverac, 1943), «Le Voyageur sans bagages» (Anouilh, 1944), «L'Invité de la onzième heure» (Cloche, 1945), «La Taverne du poisson couronné» (Chanas, 1947), «Le Mannequin assassiné» (Hérain, 1948), «La Maternelle» (Diamant-Berger, 1949), «Vient de paraître» (Houssin, 1949), «Le Passage de Vénus» (Gleize, 1951), «Une enfant dans la tourmente» (Gourguet, 1952), «Coiffeur pour dames» (Boyer, 1952) «Le Secret d'une mère» (Gourguet, 1952), «La rafle est pour ce soir» (Dekobra, 1954), «Le Circuit de minuit» (Govar, 1956), «Le Baron de l'Écluse» (Delannoy, 1960), «Les Veinards» (Sketch : «Le Gros Lot», J. Pinoteau, 1963), «Bébert et l'Omnibus» (Robert, 1963), «La Vie conjugale» (André Cayatte, 1964), «Roulez jeunesse» (Fansten, 1993).

DONALD CARDWELL
1er septembre 1935-30 juillet 2004
«Les décors sont de Roger Hart, les costumes de Donald Cardwell» : phrase rituelle entendue de 1966 à 1979 par les téléspectateurs des vaudevilles télévisés d'«Au théâtre ce soir». Au cinéma, Cardwell, Américain installé en France, travailla en 1962 pour Mocky («Snobs») et Melville («Le Doulos»).

HENRI CARTIER-BRESSON
22 août 1908-2 août 2004
Un des plus grands photographes du XXe siècle. Si le cinéma est resté, pour lui, une activité très marginale, dès les années 1930, on le retrouve toutefois dans le collectif qui réalise «La Vie est à nous» avec Jacques Becker, Jacques B. Brunius, Jean-Paul Le Chanois, Maurice Lime, Jean Renoir, Pierre Unik et André Zwoboda. Il réalisera aussi deux documentaires, «Return to Life» en 1938 avec Herbert Kline et «Le Retour» en 1945. Assistant de Renoir sur «Une partie de campagne» (1936) et «La Règle du jeu» (1939), il joue un séminariste dans le premier et l'un des cuisiniers dans le deuxième.
En 1961, il est photographe de plateau sur «Les Désaxés» (Huston). En 1991, il

participe au film collectif «Écrire contre l'oubli», réalisé pour Amnesty International, dans lequel 30 réalisateurs et acteurs lisaient une lettre en faveur d'un prisonnier politique : Cartier-Bresson avait choisi Mamadou Bâ enfermé dans une cellule de Mauritanie. En 2003, H. Bütler lui a consacré un documentaire : «Henri Cartier-Bresson, biographie d'un regard».

ANDRÉ CASTELOT
23 janvier 1911-18 juillet 2004
Connu comme auteur d'ouvrages et d'émissions historiques (souvent avec Alain Decaux), André Castelot fut très tôt attiré par le spectacle (son frère Jacques fut un acteur réputé). Critique pendant la guerre dans la presse de Vichy, il écrivit ensuite dans plusieurs revues de vulgarisation historique et participa à la création de l'inoubliable émission de télévision «La caméra explore le temps». Pour le cinéma, Castelot fut le scénariste du «Grand Cirque» (Péclet, 1949) et de «L'Autrichienne» (P. Granier-Deferre, 1990).

JEAN CAYROL
6 juin 1911-10 février 2005
Dès l'âge de 16 ans, Jean Cayrol se destine à l'écriture. Résistant, il est arrêté en 1942. Sa déportation au camp de Mathausen nourrit ses *Poèmes de la nuit et du brouillard*. En 1947, il obtient le Prix Renaudot pour son roman *Je vivrai l'amour des autres*. Dans les années 1950, il devient éditeur aux Éditions du Seuil et rencontre Alain Resnais. Pour lui, il écrit et scénarise le magnifique texte de «Nuit et brouillard» (1955). En 1963, il retrouve Resnais pour le scénario de «Muriel ou le temps d'un retour». Entre deux romans et la découverte de quelques futurs grands auteurs (Philippe Sollers, Didier Decoin, Roland Barthes, Erik Orsenna…), il réalise avec Claude Durand un court métrage, en 1961 («Madame se meurt») et un long métrage en 1965. «Le Coup de grâce», avec Danielle Darrieux, Michel Piccoli et Emmanuelle Riva est aussi l'histoire d'un retour : un collabo qui revient sur le lieu du crime. Seul, l'année suivante, il met en scène un autre court métrage, «La Déesse». De 1973 à 1995, il est un membre discret de l'Académie Goncourt.

RENÉ CLEITMAN
22 mai 1940-15 décembre 2004
Ce producteur français alliait avec intelligence les grosses cylindrées du cinéma populaire comme les films de Jean-Paul Rappeneau, «Cyrano de Bergerac» (1990) et «Le Hussard sur le toit» (1995), et des œuvres plus difficiles comme celles, controversées, de Bertrand Blier, «Tenue de soirée» (1986) et «Les Côtelettes» (2003) ou «Un cœur qui bat» (Dupeyron, 1991). Il produisit aussi deux beaux films de Nick Cassavetes : «Décroche les étoiles» (1996) et «She's So Lovely» (1997) et trois films de Patrice Leconte : «Tandem» (1987), «Monsieur Hire» (1989) et «Tango» (1993). Il fut un moment de l'aventure avortée du film de Terry Gilliam «Don Quichotte», contée par K. Fulton et L. Pepe dans le documentaire «Lost in La Mancha» (2002).
Autres principaux films : «La Galette du roi» (Ribes, 1986), «La Vie et rien d'autre» (Tavernier, 1989), «Urga» (Mikhalkhov, 1991), «L'Appât» (Tavernier, 1995), «Quasimodo d'El Paris» (Timsit, 1999), «Bronx-Barbès» (de Latour, 2000), «Les Yeux clairs» (Bonnell, 2005).

CY COLEMAN
14 juin 1929-18 novembre 2004
De son vrai nom Seymour Kaufman, ce pianiste et compositeur américain a signé la musique de nombreuses comédies musicales et de grands succès chantés par Frank Sinatra ou Tony Bennett. En 1969, Bob Fosse porta à l'écran sa comédie musicale «Sweet Charity». Il a également écrit des musiques de quelques films, entre autres celles de «Grand méchant loup appelle» (Nelson, 1964), «À la recherche de Garbo» (Lumet, 1984), «Family Business» (Lumet, 1989).

MICHEL COLOMBIER
23 mai 1939-14 novembre 2004
Si l'on évoque Jacques Demy, c'est le nom du compositeur Michel Legrand qui lui est associé. Si on parle de la comédie musicale «Anna», elle sera attribuée à Serge Gainsbourg. Et pourtant, c'est Michel Colombier qui écrivit la sublime musique d'«Une chambre en ville» (Demy, 1982), et participa aux côtés de Gainsbourg largement à la partition musicale d'«Anna». Il travailla d'ailleurs aussi avec lui sur deux films : «L'Horizon» (Rouffio, 1967) et «Mister Freedom» (Klein, 1969). Aussi talentueux que mal connu, il composa les musiques de plus de cent films ou dramatiques télévisées, sans abandonner une brillante carrière «classique» puisqu'il coécrivit avec Pierre Henry la célèbre «Messe pour le temps présent», montée par Maurice Béjart en 1967. Michel Colombier était installé aux États-Unis depuis 1975.
Autres principaux films : «Coplan, agent secret FX 18» (Cloche, 1964), «L'Arme à gauche» (Sautet, 1964),

Richard Dembo

«Marie-Chantal contre le docteur Kha» (Chabrol, 1965), «Un flic» (Deray, 1972), «L'Héritier» (Labro, 1973), «L'Alpagueur» (Labro, 1976), «Contre toute attente» (Hackford, 1984), «Golden Child, l'enfant sacré du Tibet» (Ritchie, 1986), «Cop» (Harris, 1988), «Astérix et le coup du menhir» (Grimond, 1989), «New Jack City» (M. Van Peebles, 1991), «Elisa» (Jean Becker, 1995), «À la dérive» (Ritchie, 2002).

GEORGE PAN COSMATOS
4 janvier 1941-19 avril 2005
Né en Italie, il grandit en Grèce, en Égypte et à Chypre avant de se retrouver aux États-Unis. Il avait commencé sa carrière comme assistant réalisateur sur le film «Exodus» d'Otto Preminger (1960) et avait joué un petit rôle dans «Zorba le Grec» (1964). En 1970, il écrit et réalise son premier long métrage (inédit en France), «The Beloved», puis récidive en 1973 avec un film de guerre, «SS Représailles», qui met en scène Richard Burton et Marcello Mastroianni. Mais c'est avec «Le Pont de Cassandra» (1976) qu'il s'impose réellement à Hollywood. Capable de gérer de lourds castings, fidèle à une tradition du film d'action américain à succès, il se voit confier, en 1979, la réalisation «Bons Baisers d'Athènes» avec un nombre impressionnant de stars (Roger Moore, David Niven, Claudia Cardinale, Telly Savalas…) et, en 1983, un film d'horreur : «Terreur à domicile». Son plus grand succès, George P. Cosmatos l'obtient avec «Rambo II : La Mission» en 1985, suite réussie du premier volet mis en scène par Ted Kotcheff. Le cinéaste retrouve Stallone un an plus tard pour un échec cuisant : «Cobra». En 1989, il s'essaie à la science-fiction («Leviathan») : nouvel échec. Suivront «Tombstone» (1993) et «Haute trahison» (1997).

MARVIN DAVIS
31 août 1925-25 septembre 2004
Magnat américain du pétrole, de l'immobilier et des médias, il fut, un temps, le propriétaire de la Twentieth Century Fox qu'il racheta en 1981 avant de la revendre en 1985 à Rupert Murdoch. En 2002, il s'était mis sur les rangs pour racheter Vivendi Universal. Sans succès.

RODNEY DANGERFIELD
22 novembre 1921-5 octobre 2004
De son vrai nom Jacob Cohen, cet acteur américain, auteur de nombreux sketches à l'humour cynique souvent empreints d'autodérision, était très célèbre aux États-Unis surtout grâce à la télévision. Il apparut dans une vingtaine de films (la plupart inédits) ou téléfilms dont il fut parfois le scénariste. Il écrivit aussi le scénario du dessin animé «Homère, le roi des cabots» (George et Seely, 1991).
Principaux films : «Hold-up en jupons» (Signorelli, 1983), «À fond la fac» (coscénariste, Metter, 1986), «Tueurs nés» (Stone, 1994), «Casper» (Silberling, 1995), «Mes cinq chéries» (Furie, 2000).

RICHARD DEMBO
24 mai 1948-11 novembre 2004
Sa première réalisation, «La Diagonale du fou», un excellent suspense autour d'une partie d'échecs, inspiré du duel «historique» entre Karpov et Kortchnoï en 1978, projeta Richard Dembo sur le devant de la scène avec un César de la meilleure première œuvre et l'Oscar du meilleur film étranger en 1984. Malheureusement, la suite de la carrière de ce réalisateur fut plus laborieuse. En 1993, il tourne «L'Instinct de l'ange» avec Lambert Wilson et François Cluzet. En 1997, il écrit le scénario du film de Claude Pinoteau, «Les Palmes de M. Schulz», adapté de la pièce éponyme. Le film qu'il terminait au moment de sa disparition, «La Maison de Nina» (2004) avec Agnès Jaoui, sortira en octobre 2005.

JACQUES DERRIDA
15 juillet 1930-9 octobre 2004
Icône du gauchisme mondain, philosophe renommé, souvent hermétique mais toujours très médiatique, il apparut au cinéma dans une fiction britannique de McMullen («Ghost Dance», 1983) et fut lui-même dans «D'ailleurs Derrida» (Fathy, 2000) et «Derrida» (Dick et Ziering-Kafman, 2002).

ROBERT DHÉRY
27 avril 1921-5 décembre 2004
Théâtre, radio, music-hall, télévision et, bien sûr, cinéma… Robert Fourrey, alias

Dhéry (Héry étant le nom du petit village bourguignon où il est né), est un homme orchestre. Avec «Faites chauffer la colle», une émission concoctée avec Francis Blanche, il se fait connaître sur les ondes de «Paris-Inter», mais c'est le music-hall qui lui apporte la gloire avec la fameuse troupe des «Branquignols (Branque-guignols)», dont les piliers sont Colette Brosset, son épouse, Micheline Dax, Louis de Funès, Christian Duvaleix, Pierre Tornade, Jacques Legras. À leurs côtés, on retrouvait aussi, occasionnellement, Jacqueline Maillan, Francis Blanche, Raymond Bussières, Jean Carmet, Jean Lefebvre ou Michel Serrault. Dès 1949, les spectacles (sortes d'«Hellzapoppin» à la française) de cette bande de joyeux drilles, promoteurs d'un comique délirant mêlant le loufoque surréaliste, le non-sens britannique et la farce bien gauloise, sont d'immenses succès qu'habillent les incongruités musicales du compositeur Gérard Calvi. Ils s'appellent «Les Branquignols», «Ah! les belles bacchantes» (tous deux immédiatement adaptés au cinéma) ou «La Plume de ma tante». Robert Dhéry apportera la poésie de son cheveu sur la langue et la fantaisie de son grand regard étonné dans de nombreux films où son comique lunaire (à l'image de Stan Laurel) fait merveille. Il saura également montrer une facette plus dramatique de son personnage chez Christian de Chalonge («Malevil», 1980) et Bertrand Tavernier («La Passion Béatrice», 1987). Il se révèlera aussi un réalisateur efficace, maîtrisant parfaitement le sens du burlesque en particulier dans «La Belle Américaine» (1961) et «Allez France !» (1964), deux énormes succès populaires.

Autres principaux films, comme comédien : «Remorques» (Grémillon, 1939), «Une étoile au soleil» (Zwoboda, 1942), «Feu Nicolas» (Houssin, 1943), «Les Enfants du Paradis» (Carné, 1943), «La Fiancée des ténèbres» (de Poligny, 1944), «Le Merle blanc» (Houssin, 1944), «En êtes-vous bien sûr ?» (Houssin, 1946), «Le Château de la dernière chance» (Paulin, 1946), «Les Aventures des Pieds Nickelés» (Aboulker, 1948), «Métiers de fous» (Hunebelle, 1948), «La Demoiselle et son revenant» (Marc Allégret, 1951), «Un cheval pour deux» (Thibault, 1961), «La Communale» (Lhote, 1965), «Trois hommes sur un cheval» (Moussy, 1969), «A Time for Loving» (Miles, 1971), «On est toujours trop bon avec les femmes» (Boisrond, 1971)

Autres principaux films, comme réalisateur et comédien : «Bertrand cœur de lion» (1950), «Le Petit Baigneur» (1967), «Vos gueules les mouettes !» (1974).

CARLO DI PALMA

17 avril 1925-9 juillet 2004

Ce chef opérateur a travaillé avec les plus grands réalisateurs, tous très sensibles à l'esthétisme de ses éclairages (tant en couleurs qu'en noir et blanc), à son génie technique et son sens de l'innovation. Dans les années 1970, il réalisa trois films, tous inédits en France, puis revint à la direction de la photographie pour une belle série de dix films réalisés par Woody Allen : «Hannah et ses sœurs» (1986), «Radio Days» (1987), «September» (1987), «Alice» (1990), «Ombres et brouillards» (1992), «Maris et femmes» (1992), «Meurtres mystérieux à Manhattan» (1993), «Coups de feu sur Broadway» (1994), «Maudite Aphrodite» (1995), «Harry dans tous ses états» (1997).

Autres principaux films : «L'Assassin» (Petri, 1961), «Divorce à l'italienne» (Germi, 1961), «Le Coq du village» (Blasetti, 1963), «Le Désert rouge» (Antonioni, 1964), «Blow-up» (Antonioni, 1966), «L'Armée Brancaleone» (Monicelli, 1966), «La Fille au pistolet» (Monicelli, 1968), «Le Rendez-vous» (Lumet, 1969), «Drame de la jalousie» (E. Scola, 1970), «La Pacifista» (Jancso, 1970), «Moi la femme» (Risi, 1971), «La Tragédie d'un homme ridicule» (Bertolucci, 1981), «Identification d'une femme» (Antonioni, 1982), «Le Monstre» (Benigni, 1994).

SACHA DISTEL

29 janvier 1933-22 juillet 2004

Neveu de Ray Ventura, aidé par Henri Salvador, l'auteur-interprète de «Scoubidou, bidou, eh !» fut un bon *crooner,* et surtout un admirable guitariste de jazz. Sa beauté de jeune premier et sa jolie voix attirent les cinéastes. Mais le résultat est décevant.

Sacha est plus doué pour chanter que pour jouer la comédie. Il tient son propre rôle dans «Nous irons à Deauville» (Rigaud, 1962) et «Le Voyou» (Lelouch, 1970) et compose des musiques pour «Samedi soir» (Andreï, 1960), «Les Mordus» (R. Jolivet, 1960) et pour le sketch «L'Orgueil» de Molinaro dans le film collectif «Les Sept Péchés capitaux» (1962).

Autres films : «Femmes de Paris» (Boyer, 1953), «Zazie dans le métro» (Robert, 1960), «Les Mordus» (P. Jolivet, 1960), «Aimez-vous Brahms ?» (Litvak, 1961), «La Bonne Soupe» (R. Thomas, 1963), «La Bonne Occase» (Drach, 1965), «Sans mobile apparent» (Labro, 1971).

Jacques Dynam

ERIC DOUGLAS

21 juin 1958-6 juillet 2004

Demi-frère de Michael, il avait connu une carrière plutôt discrète. À treize ans, on peut le voir dans l'ombre de son père dans «Dialogue de feu» (Johnson, 1971). Il ne trouvera ensuite que de petits rôles dans «Le Kid de Cincinnati» (Jewison, 1984), «L'Enfant sacré du Tibet» (Ritchie, 1986) et dans trois films inédits en France. En 1990, Il obtiendra un des rôles principaux de «Delta Force 3 : l'enjeu» (Firstenberg), et puis... plus rien, si ce n'est quelques apparitions à la télévision. Entre alcool et drogue, il se débattait dans des problèmes existentiels.

DORIS DOWLING

15 mai 1923-18 juin 2004

Une carrière en dents de scie pour cette actrice américaine qui avait fait des débuts très prometteurs dans «Le Poison» (1945) de Billy Wilder et dans «Le Dahlia bleu» (Marshall, 1946). Après une escapade de quelques mois en Italie où elle fut remarquée dans «Riz amer» (Santis, 1949) et un passage dans le «Othello» d'Orson Welles en 1952, Doris Dowling revient aux États-Unis. Elle n'y tournera plus que quelques films (souvent inédits en France) et se consacrera à la télévision, en particulier dans les séries «Kojak», «Bonanza», «The Incredible Hulk».

Autres principaux films : «La Valse de l'empereur» (Wilder, 1948), «La Fille de la nuit» (Pastina, 1950), «L'Enfer mécanique» (Silverstein, 1977).

SUNIL DUTT

6 juin 1930-25 mai 2005

Ancien acteur vedette du cinéma indien, il était devenu ministre de la Jeunesse et des Sports dans le gouvernement fédéral de son pays. Né au Pakistan, il était arrivé en Inde, à Bombay, après la partition de 1947. Dans les années 1950 et 1960, il devient une des grandes stars de Bollywood. Il sera en particulier le jeune benjamin rebelle de «Mother India», grand classique réalisé, en 1957, par Mehboob Khan. Entre 1955 et 2003, il a joué dans plus de cent films (pratiquement tous inédits en France) et réalisé une dizaine de longs métrages. Depuis 1984, il était élu (et réélu) député (Parti du Congrès) de Bombay au Parlement.

JACQUES DYNAM

30 décembre 1923-12 novembre 2004

Plus de 130 films ou téléfilms et de nombreuses créations théâtrales en soixante-deux ans de carrière, pour ce comédien français sympathique (souvent souffre-douleur de Louis De Funès), acteur de complément et second rôle précieux et indispensable qui faisait partie intégrante du paysage du cinéma populaire français. C'était un de ces interprètes dont on ne se rappelait jamais le nom mais dont la figure était familière et qu'on retrouvait toujours avec plaisir d'un film à l'autre, navet ou chef-d'œuvre.

Principaux films : «Ménage moderne» (Berthomieu, 1942), «Les Petites du quai aux fleurs» (M. Allégret, 1943), «Les Démons de l'aube» (Y. Allégret, 1945), «Fantômas» (Sacha, 1946), «Manon» (Clouzot, 1949), «Millionnaires d'un jour» (Hunebelle, 1949), «La Valse de Paris» (Achard, 1949), «Sans laisser d'adresse» (Le Chanois, 1950), «La Nuit est mon royaume» (Lacombe, 1951), «Ma femme est formidable» (Hunebelle, 1951), «Allô... je t'aime» (A. Berthomieu, 1952), «Mon mari est merveilleux» (Hunebelle, 1952), «Mam'zelle Nitouche» (Y. Allégret, 1953), «L'Impossible Monsieur Pipelet» (Hunebelle, 1955), «La Madelon» (Boyer, 1955), «Crime et châtiment» (Lampin, 1956), «Les Jeux dangereux» (Chenal, 1958), «Maigret voit rouge» (G. Grangier, 1963), «Une ravissante idiote» (Molinaro, 1963), «Une souris chez les hommes» (Poitrenaud, 1964), «Fantômas» (Hunebelle, 1964), «Un monsieur de compagnie» (de Broca, 1965), «Fantômas se déchaîne» (Hunebelle, 1965), «Compartiment tueurs» (Costa-Gavras, 1965), «Fantômas contre Scotland Yard» (Hunebelle, 1967), «L'Homme qui valait des milliards» (Boisrond, 1967), «Les Risques du métier» (Cayatte, 1967), «Les Grandes Vacances» (Girault, 1967), «Le Petit théâtre de Jean Renoir» (Renoir, 1969),

«Les Quatre Charlots mousquetaires» (Hunebelle, 1974), «La Gueule de l'emploi» (Rouland, 1974), «French Connection II» (Frankenheimer, 1975), «La Vie parisienne» (Christian-Jaque, 1977), «Clair de femme» (Costa-Gavras, 1979), «Le Braconnier de Dieu» (Darras, 1983), «L'Été meurtrier» (Jean Becker, 1983), «Tranches de vie» (Leterrier, 1985), «Bonjour l'angoisse» (Tchernia, 1988), «Madame Bovary» (Chabrol, 1991), «Les Enfants du marais» (Jean Becker, 1999), «Le Monde de Marty» (Bardiau, 2000), «Fanfan la Tulipe» (Krawczyk, 2003).

FRED EBB
8 avril 1928-11 septembre 2004
Auteur lyrique américain, créateur, le plus souvent avec John Kander, de spectacles musicaux mondialement connus à Broadway, il participa à la transposition à l'écran de deux d'entre eux : «Cabaret» (Fosse, 1972) et «Chicago» (Rob Marshall, 2002).

LEE EUN-JU
19 novembre 1980-22 février 2005
En cinq ans, Lee Eun-Ju s'était fait une belle place dans le cinéma coréen. Elle avait débuté comme mannequin, accrochant au passage quelques petits rôles dans des séries télévisées. Son premier long métrage, «Rainbow Trout» de Park Chong-wan (1999), lui vaut des commentaires élogieux. Dès son deuxième film, «La Vierge mise à nue par ses prétendants» de Hong Sang-soo (2000, sorti en France en 2003), elle obtient un beau premier rôle. «Bungee Jumping of Their Own» de Kim Dae-seung (2001) et «Take Care of My Cat» de Jeon Jae-eun (présenté en 2001 au Festival de Paris), ses deux films suivants, sont des succès dans son pays et Lee devient une star pour des millions de Coréens. Elle tournera encore dans cinq films (inédits en chez nous) et une série télévisée avant de se suicider, à 24 ans...

RENÉE FAURE
4 novembre 1918-2 mai 2005
Pensionnaire de la Comédie-Française dès 1937, après un premier prix au Conservatoire, puis Sociétaire de 1942 au 30 décembre 1964 (dès 1965, elle sera élevée au rang de Sociétaire honoraire), Renée Faure a, sur près de soixante ans, construit une superbe carrière théâtrale mais aussi une solide filmographie tant pour le 7e Art que pour la télévision. D'emblée, sa première apparition sur un écran de cinéma est lumineuse : c'est «L'Assassinat du Père Noël» de Christian-Jaque, qu'elle épousera en 1947 (pour divorcer en 1953). Sa douceur gracieuse et son charme angélique, son petit rire étonné, la limpidité de ses yeux, sa personnalité singulière qui mêle fragilité apparente et force de caractère fascinent les spectateurs. Avec «Les Anges du péché» de Robert Bresson (1943) et «Sortilèges» de Christian-Jaque (1945), elle poursuit, sans pourtant s'y complaire, son chemin d'ingénue tendre et romantique (mais déterminée). Dans «La Chartreuse de Parme» (Christian-Jaque, 1948), elle est une pathétique Clélia Conti face à Maria Casarès. Elle saura aussi choisir des personnages plus ambigus, meurtris ou dévorés par la passion comme dans «François Villon» (Zwobada, 1945), «Torrents» (Poligny, 1947) ou «Bel Ami» (Daquin, 1954). Les années 1960 la voient à la télévision dans des dramatiques comme «Port-Royal» (1961), «David Copperfield» (1965) ou encore «Maigret et la grande perche» (1992) et dans des séries comme «Les Gens de Mogador» (1972) ou «Les Mystères de Paris» (1980). gée, elle continue d'imposer sa voix grave et son allure gracile, toujours juste et convaincante même en faiseuse d'ange inquiétante dans «La Petite Voleuse» (Miller, 1988).

Renée Faure

Autres principaux films : «Le Prince charmant» (Boyer, 1942), «Des jeunes filles dans la nuit» (Le Hénaff, 1943), «Béatrice devant le désir» (Marguenat, 1944), «La Grande Aurore» (Scotese, 1946), «L'Ombre» (Berthomieu, 1948), «On n'aime qu'une fois» (Stelli, 1950), «Adorables créatures» (Christian-Jaque, 1952), «Koenigsmark» (Terac, 1953), «Raspoutine» (Combret, 1954), «Le Sang à la tête» (Grangier, 1956), «Cargaison blanche» (Lacombe, 1958), «Rue des prairies» (La Patellière, 1959), «Le Président» (Verneuil, 1961), «Les Sultans» (Delannoy, 1966), «Le Juge et l'assassin» (Tavernier, 1976), «Un neveu silencieux» (Robert Enrico, 1979), «L'Amour en douce» (Molinaro, 1985), «Dédé» (Benoît, 1990), «À la vitesse d'un cheval au galop» (Onteniente, 1992), «L'Inconnu dans la maison» (Lautner, 1992), «Homère, la dernière Odyssée» (Carpi, 1997).

MARTINE FELDMAN
1954 - 26 septembre 2004
Metteur en scène et directrice du Théâtre de l'Escalier d'Or à Paris, elle a été la scénariste de «Cœurs croisés» réalisé par la Belge Stéphanie de Mareuil en 1987.

SUZANNE FLON
28 janvier 1918-15 juin 2005
La carrière de Suzanne Flon s'étend sur plus de soixante ans. À 20 ans, elle est la secrétaire d'Édith Piaf puis, très vite, présentatrice ou «commère de revue» sur des scènes de music-hall. Elle commence une carrière de comédienne sur ces mêmes scènes, en faisant des sketches avec Dandy, un comique de l'époque. En 1943, elle séduit Raymond Rouleau qui lui donne un rôle dans «Le Survivant». Elle rencontre ensuite Jean Anouilh et devient une de ses comédiennes préférées. Même si sa carrière cinématographique, commencée à la fin des années 1940, est remarquable, Suzanne Flon n'a jamais caché que le théâtre était resté son art de prédilection et sa vraie passion (elle obtint deux «Molière»). Sa frêle silhouette et sa voix si particulière faisaient merveille dans des registres aussi divers que ceux d'Audiberti, Shakespeare, Tchekhov, Pirandello ou Roussin.
Deux monstres du cinéma, John Huston («Moulin Rouge», 1952) et Orson Welles («Monsieur Arkadin», 1954 et «Le Procès», 1962) sauront discerner chez elle une sensibilité à fleur de peau, cachée derrière une obstination têtue ou une gouaille élégante. En 1963, elle obtient un Prix d'interprétation à Venise avec «Tu ne tueras point» (Claude Autant-Lara, 1963). Tour à tour femme de tête ou charmante écervelée, elle excelle bientôt dans les rôles de grand-mère idéale, ou de vieille dame indigne, drôle et grognon, le cœur sur la main. Dans «L'Été meurtrier» (Jean Becker, 1983), son interprétation de «Sono cassée», la tante «sourde mais pas aveugle», gentiment houspillée par Isabelle Adjani, lui vaut le César du meilleur second rôle.

Suzanne Flon

Autres principaux films : «Le Capitaine Blomet» (Feix,1947), «Dernier amour» (Stelli, 1949), «Suzanne et ses brigands» (Ciampi, 1949), «La Cage aux filles» (Cloche, 1949), «La Belle Image» (Heymann, 1951), «Un singe en hiver» (Verneuil, 1962), «La Porteuse de pain» (Cloche, 1963), «Château en Suède» (Vadim, 1963), «Le Train» (Frankenheimer, 1964), «Le Soleil des voyous» (Delannoy, 1967), «Si j'étais un espion» (Bertrand Blier, 1967), «Tante Zita» (Enrico, 1968), «Sous le signe du taureau» (Grangier, 1969), «Jeff» (Herman, 1969), «Aussi loin que l'amour» (Rossif, 1971), «Teresa» (Vergez, 1973), «Les Volets clos» (Brialy, 1973), «Le Silencieux» (Pinoteau, 1973), «Un amour de pluie» (Brialy, 1974), «Docteur Françoise Gailland» (Bertucelli, 1976), «Comme un boomerang» (Giovanni, 1976), «Monsieur Klein» (Losey, 1976), «Quartet» (Ivory, 1981), «Journal d'un vieux fou» (Rademakers, 1986), «Noyade interdite» (P. Granier-Deferre, 1987), «En toute innocence» (Jessua, 1988), «La Vouivre» (G. Wilson, 1989), «Gaspard et Robinson» (Gatlif, 1990), «Les Enfants du marais» (Jean Becker, 1999), «Je suis né d'une cigogne» (T. Gatlif), «Un crime au Paradis» (Jean Becker, 2000), «La Fleur du mal» (Chabrol, 2002), «Effroyables Jardins» (Jean Becker, 2002), «La Demoiselle d'honneur» (Chabrol, 2004), «Joyeux Noël» (Carion, 2005), «Fauteuils d'orchestre» (D. Thompson, 2005).

ANTONIO GADES
14 novembre 1936-20 juillet 2004
Danseur et chorégraphe espagnol mondialement connu, il travailla beaucoup avec le cinéaste Carlos Saura dont il chorégraphia, scénarisa et interpréta trois films remarquables : «Noces de sang» (1981), «Carmen» (1983) et «L'Amour sorcier» (1986).

Autres principaux films : «The Pleasure Seekers» (Negulesco, 1964), «Con el viento solano» (Mario Camus, 1966), «L'Amour sorcier» (Rovira Beleta, 1967), «Fortunata y Jacinta» (Fons, 1970), «Los Dias del pasado» (Mario Camus, 1978).

VICTOR GARRIVIER

1932-10 décembre 2004

De petits rôles au cinéma (où il excellait toujours) et une grosse activité théâtrale n'avaient pas fait connaître au grand public cet acteur de talent. En quelques épisodes de la série «Avocats et associés», ce fut chose faite. Tant mieux.

Principaux films : «Quelque part quelqu'un» (Bellon, 1972), «Il n'y a pas de fumée sans feu» (Cayatte, 1973), «Salut l'artiste !» (Robert, 1973), «L'Alpagueur» (Philippe Labro, 1976), «Le Plein de super» (Cavalier, 1976), «Les Belles Manières» (Guiguet, 1979), «Une étrange affaire» (P. Granier-Deferre, 1981), «Il faut tuer Birgit Haas» (Heynemann, 1981), «Coup de torchon» (Tavernier, 1981), «Les Fantômes du chapelier» (Chabrol, 1982), «Le Transfuge» (Lefebvre, 1985), «Les Mois d'avril sont meurtriers» (Heynemann, 1987), «Le Cri du hibou» (Chabrol, 1987), «La Gloire de mon père» (Robert, 1990), «Faut-il aimer Mathilde ?» (Baily, 1993), «Le Radeau de la méduse» (Azimi, 1994), «French Kiss» (Kasdan, 1995), «Lautrec» (Planchon, 1998), «Un pur moment de rock'n'roll» (Boursinhac, 1999), «Les Destinées sentimentales» (Assayas, 2000), «Effroyables Jardins» (Jean Becker, 2003), «Les Rivières pourpres 2» (Dahan, 2004), «Pédale dure» (Aghion, 2004).

JERRY GOLDSMITH

10 février 1929-21 juillet 2004

Cet excellent pianiste américain fut aussi un compositeur prolifique (plus de trois cents musiques de films, téléfilms ou séries télévisées) travaillant souvent à la chaîne mais avec aisance dans les sentiers battus de la musique de cinéma pour grosses machineries hollywoodiennes. Il fut nommé dix-sept fois aux Oscar, en remporta un, en 1976, pour sa partition de «La Malédiction» de Richard Donner, et triompha également cinq fois aux Emmy Awards télévisuels.

Autres principaux films : «Freud, passions secrètes» (Huston, 1962), «Seuls sont les indomptés» (D. Miller, 1962), «Sept jours en mai» (Frankenheimer, 1964), «Première victoire» (Preminger, 1965), «Notre homme Flint» (D. Mann, 1965), «L'Express du colonel Von Ryan» (Robson, 1965), «La Canonnière du Yang Tse» (Wise, 1966), «F comme Flint» (Douglas, 1967), «7 secondes en enfer» (Sturges, 1967), «Le Détective» (Douglas, 1968), «La Planète des singes» (Schaffner, 1968), «Bandolero» (McLaglen, 1968), «Justine» (Cukor, 1969), «Patton» (Schaffner, 1969), «Un nommé Cable Hogue» (Peckinpah, 1969), «Les Cent fusils» (Gries, 1969), «Rio Lobo» (Hawks, 1970), «L'Autre» (Mulligan, 1972), «Papillon» (Schaffner, 1973), «Chinatown» (Polanski, 1974), «Ces garçons qui venaient du Brésil» (Schaffner, 1978), «Star Trek» (Wise, 1979), «Alien» (Ridley Scott, 1979), «Poltergeist» (Hooper,1982), «Rambo» (Kotcheff, 1982), «Under Fire» (Spottiswoode, 1983), «Gremlins» (Dante, 1984), «Rambo II – La mission» (Cosmatos, 1985), «Poltergeist II» (Gibson, 1986), «Rambo III» (MacDonald, 1988), «Total Recall» (Verhoeven, 1990), «Basic Instinct» (Verhoeven, 1992), «L.A. Confidential» (Hanson, 1997), «Mulan» (Bancroft et Cook, 1998), «Le Treizième Guerrier» (McTiernan, 1999), «Hollow Man» (Verhoeven, 2000), «Les Looney Tunes passent à l'action» (Dante, 2002).

ODILE GRAND

18 mars 1931-11 avril 2005

Écrire était toute sa vie. Caustique, mordante mais jamais aigre, Odile traquait inlassablement la bêtise et l'absurdité. Critique de cinéma, puis chroniqueuse à «L'Événement du Jeudi», Odile Grand avait fait ses classes à «l'Intran» puis à «Paris-Presse», avec quelques joyeux drilles comme son copain Pierre Desproges. En 1996, elle raconta avec son humour doux-amer une enfance difficile dans *Couleur Citron, côté cœur* (Éd. Anne Carrère). Elle tenait depuis plusieurs années une chronique hebdomadaire dans «Marianne».

HELMUT GRIEM

6 avril 1932-19 novembre 2004

Cet excellent comédien allemand privilégia certes le théâtre mais ses apparitions remarquées au cinéma, à partir du film de Michel Deville, «À cause, à cause d'une femme» en 1963, lui valurent une notoriété internationale. Il fut Aschenbach dans «Les Damnés» de Luchino Visconti (1969) ou Max dans «Cabaret» de Bob Fosse (1972), Simeon dans «Le Désert des tartares» de Valerio Zurlini (1976) ou encore Henrich dans «Les Rendez-vous d'Anna» de Chantal Akerman (1978). Que des beaux rôles. Il joua aussi dans plusieurs téléfilms, dont le «Charlemagne» de Clive Donner.

Autres principaux films : «Fabrique d'officiers SS» (Wisbar, 1960), «Le Crépuscule des dieux» (Visconti, 1972), «Le Voyage des damnés» (Rosenberg, 1976), «L'Allemagne en automne» (film collectif de Kluge, Fassbinder, etc 1977), «La Percée d'Avranches» (McLaglen, 1978), «La Maladie de Hambourg» (Fleischmann, 1979), «La Passante du Sans-Souci» (Rouffio, 1981), «La Montagne magique» (Geisendörfer, 1981), «Faust» (Dom, 1988).

MICHEL GRISOLIA

12 août 1948-29 mars 2005

Michel Grisolia écrit, en 1977, son premier livre, *L'Inspecteur de la mer,* qui, deux ans plus tard, devient à l'écran «Flic et voyou» de George Lautner. Auteur d'une trentaine d'ouvrages, dont beaucoup de romans policiers adaptés au cinéma, il collabore, en 1981, avec Alain Corneau et adapte avec lui son roman «Le Choix des armes». Il écrit aussi les dialogues ou les scénarios de nombreux films, dont «Je vous aime» (Berri, 1980), «L'Étoile du Nord» (P. Granier-Deferre, 1982), «J'embrasse pas» (Téchiné, 1990), «Passage à l'acte» (Girod, 1995). Pour le petit écran, Il cosigne l'adaptation de la série «SOS disparus» et écrit (ou coécrit) plusieurs «Maigret», de 2000 à 2003. Deux autres de ses romans deviennent des téléfilms : «Les Sœurs du Nord» (Grand prix du roman d'aventures) et «650 calories pour mourir». Parolier de Marie-Paule Belle, Régine et Demis Roussos, il écrivit des chroniques cinéma pour le «Nouvel Observateur» et «L'Événement du jeudi» et était critique littéraire et de télévision pour le magazine «L'Express». Enfin, il fit deux apparitions dans «Vivement dimanche !» (Truffaut, 1983) et «Le Bon Plaisir» (Girod, 1984).

ARTHUR HAILEY

5 avril 1920-24 novembre 2004

Officier de la Royal Air Force entre 1939 et 1947, ce romancier et scénariste britannique mit à profit son expérience et ses compétences en aviation dans ses ouvrages comme dans ses scénarios pour la télévision ou le cinéma – «À l'heure zéro» (Bartlett, 1957), «Les Blouses blanches» (Karlson, 1961), «Hôtel San-Gregory» (Quine, 1967)... Seuls «Airport» (Seaton, 1970) et sa suite, «S.O.S. Concorde» (Lowell Rich, 1979) ont connu un très grand succès.

DOROTHY HART

4 avril 1922-11 juillet 2004

D'abord mannequin, cette actrice américaine fit sensation dès ses débuts au cinéma en 1947, dans l'ombre de Rita Hayworth («L'Étoile des étoiles» de Alexander Hall). Quelques apparitions intéressantes dans «L'Exilé» (M. Ophuls, 1948) et «La Cité sans voiles» (Dassin, 1948) lui permettent de jouer de vrais seconds rôles dans «La Comtesse de Monte-Cristo» (Cordova, 1948) et «La Fille des prairies» (Sherman, 1949). Mais elle abandonne les studios après deux interprétations calamiteuses dans des films plus que médiocres : «Tarzan défenseur de la jungle» (Enfield, 1952) et «Les Requins font la loi» (Friedman, 1953).

OLGA HORSTIG

1912-août 2004

Elle fut l'agent artistique de multiples vedettes de la scène et de l'écran parmi lesquelles Michèle Morgan, Brigitte Bardot, Alain Delon, Romy Schneider, Charlotte Rampling, Maria Schell, Edwige Feuillère, Jane Birkin...

YASH JOHAR

6 septembre 1929-26 juin 2004

Producteur de nombreux réalisateurs indiens dans les années 1980 et 90, il produisit aussi, en 1994, le film de l'Américain Stephen Sommers, «Le Livre de la jungle».

HOWARD KEEL

13 avril 1919-7 novembre 2004

Né Harold Clifford Leek, spécialiste des comédies musicales à Broadway, puis à Hollywood, il fut un acteur-chanteur-danseur réputé que Vincente Minnelli, Stanley Donen ou Charles Walters appréciaient beaucoup. Avec sa belle voix de baryton, il fut le partenaire d'Ava Gardner dans «Show Boat» (Sidney, 1950) ou de Doris Day dans «La Blonde du Far West» (D. Butler, 1953). Dans les années 1960 et 70, sa carrière connut un réel déclin, et il ne joua plus que des seconds rôles dans des westerns (de série B) ou des films d'espionnage (de série Z). Mais, dans les années 1980, la télévision lui offrit une rente à vie avec le rôle de Clayton Farlow, le rancher voisin de la famille Ewing dans la série culte «Dallas» !

Autres principaux films : «Annie, la reine du cirque» (Sidney, 1950), «Vénus en uniforme» (Walters, 1951), «Carnaval au Texas (Walters, 1951), «Les Rois de la couture« (Le Roy, 1952), «Quatre jours d'angoisse» (Lewis, 1952), «Fast Company» (Sturges, 1953), «Embrasse-moi chérie» (Sidney, 1953), «La Chérie de Jupiter» (Sidney, 1953), «Rose-Marie» (Le Roy, 1954), «Les Sept Femmes de Barberousse» (Donen, 1954), «Au fond de mon cœur» (Donen, 1954), «Kismet» (Minnelli, 1955), «Simon le pêcheur» (Borzage, 1959), «Fort Bastion ne répond plus» (Springsteen, 1967), «La Caravane de feu» (Kennedy, 1967), «That's Entertainment ! III» (Friedgen et Sheridan, 1994).

ÉVELYNE KER

18 mai 1936-12 juin 2005

Ancienne élève de l'école de la rue Blanche et du Conservatoire d'art dramatique, Évelyne Ker avait débuté au théâtre à Paris en jouant le rôle-titre de «Gigi», en 1955, peu après la mort de Colette. Sans jamais retrouver semblable notoriété, Évelyne Ker avait poursuivi sa carrière au théâtre et au cinéma, notamment dans «Quand vient l'amour» de Maurice Cloche (1957), «Ramuntcho» de Pierre Schoendoerffer (1958), «Classe tous risques» de Claude Sautet (1960) ou encore, bien plus tard, dans «À nous deux», de Claude Lelouch (1979), «À nos amours» (1983), de Maurice Pialat, «Faute de soleil» (1996), de Christophe Blanc. Elle jouera aussi dans plusieurs séries et dramatiques télévisuelles.

Autres principaux films : «Les Fruits sauvages» (Bromberger, 1954), «Tant qu'il y aura des femmes» (Gréville, 1955), «Les Copains du dimanche» (Aisner, 1959), «La Gamberge» (Carbonnaux, 1961), «Comme un pot de fraises» (Aurel, 1974), «Et vive la liberté !» (Korber, 1977), «Les Uns et les autres» (Lelouch, 1981).

RENÉ LE HÉNAFF

1902-5 janvier 2005

Ce monteur réputé qui accompagna en particulier René Clair et Marcel Carné dans leurs meilleurs films s'essaya à la réalisation dans les années 1930 et 40. Il ne fut jamais plus qu'un bon faiseur de comédies et de policiers. On lui doit toutefois une remarquable adaptation du «Colonel Chabert», en 1943, avec Raimu. Dans les années 1950, il revint à son premier métier : monteur.

Principaux films comme monteur : «Sous les toits de Paris» (Clair, 1930), «À nous la liberté» (Clair, 1931), «Quatorze juillet» (Clair, 1933), «Le Scandale» (L'Herbier, 1934), «Le Quai des brumes» (Carné, 1938), «Le jour se lève» (Carné, 1939), «Battement de cœur» (Decoin, 1940), «Le Destin fabuleux de Désirée Clary» (Guitry, 1942), «Lafayette» (Dréville, 1962).

Principaux films comme réalisateur : «Joli monde» (1935), «Les Chevaliers de la cloche» (1937), «Fort Dolorès» (1938), «L'Amant de Bornéo» (1942), «Des jeunes filles dans la nuit» (1943), «Coup de tête» (1944), «Le Mystère Saint-Val» (1945), «Christine se marie» (1946), «Les Gueux au Paradis» (1946),

Jean Lefebvre

«Monsieur de Falindor» (1947), «Scandale» (1948), «Uniformes et grandes manœuvres» (1950).

MATHIAS LEDOUX

1954-10 mars 2005

Réalisateur pour la télévision, il avait acquis une solide réputation dans le documentaire et la captation de spectacles et de grands événements sportifs. Hormis quelques courts métrages, il fit deux incursions dans le cinéma en réalisant deux longs métrages : «En face» (2000) et «Une souris verte» (2003).

JEAN LEFEBVRE

3 octobre 1919-9 juillet 2004

«J'ai toujours eu un visage d'idiot. Mais le public aime ça.» Cette réflexion de Jean Lefebvre résumait parfaitement la relation qu'il avait avec les spectateurs. Pendant longtemps méprisé par la critique, présenté comme le prototype de la sous-culture française, il était pourtant l'un des acteurs les plus populaires de l'Hexagone. Héros de comédies franchouillardes aussi lamentables que délicieuses, aussi ringardes que franchement drôles, il avait débuté dans l'équipe des Branquignols. Sa «tête d'andouille» le cantonna trop souvent dans des rôles imposés d'idiot narquois, d'imbécile heureux ou de paysan mâtin. Au théâtre, peu importait la pièce. Elle n'existait que par son «énaurme» cabotinage. Et il ne faut pas oublier que de la série des «Gendarmes» à l'aventure de «La 7ᵉ Compagnie», il fit rire des millions de spectateurs. Au milieu des nombreux navets terribles signés Balducci ou Pécas, apparaissent quelques bijoux comme bien sûr «La Belle Américaine (Dhéry, 1961) ou «Les Tontons flingueurs» (1963) de Georges Lautner qui l'emploiera de nombreuses fois par la suite. On oublie trop souvent qu'il joua aussi chez Yves Robert, Molinaro, Deville, Costa-Gavras, de Broca. Depuis la fin des années 1980, il ne se consacrait presque plus qu'au théâtre et à la télévision. Son dernier film, «Fifi Martingale» (2001) de Jacques Rozier, est encore à ce jour dans les tiroirs des distributeurs. À 83 ans, il avait décidé de «dételer» pour s'occuper de son restaurant, sous le soleil marocain.

Autres principaux films : «Bouquet de joie» (Cam, 1951), «Une fille sur la route» (Stelli, 1951), «L'Amour, toujours l'amour» (Canonge, 1952), «Les Diaboliques» (Clouzot, 1954), «Cherchez la femme» (André, 1955), «Gas-Oil» (Grangier, 1955), «Les Aventures de Gil Blas de Santillane» (Jolivet, 1955), «Une fille épatante» (André, 1955), «Villa Sans-Souci» (Maurice Labro, 1955), «Les Indiscrètes» (André, 1955), «La Meilleure Part» (Yves Allégret, 1955), «Cette sacrée gamine» (Boisrond, 1955), «La Châtelaine du Liban» (Pottier, 1956), «L'Homme et l'enfant» (André, 1956), «Et Dieu créa la femme» (Vadim, 1956), «Que les hommes sont bêtes» (Richebé, 1956), «La Polka des menottes» (André, 1956), «Le Septième commandement» (Bernard, 1956), «L'Ami de la famille» (Pinoteau, 1957), «Méfiez-vous fillettes» (Yves Allégret, 1957), «Quand la femme s'en mêle» (Yves Allégret, 1957), «La Bigorne, caporal de France» (Darène, 1957), «Le Dos au mur» (Molinaro, 1957), «En légitime défense» (Berthomieu, 1957), «Tabarin» (Pottier, 1957), «La Fille de Hambourg» (Yves Allégret, 1958), «Un drôle de dimanche» (Marc Allégret, 1958), «Houla-houla» (Darène, 1958), «Les Ennemis» (Molinaro, 1961), «La Vendetta» (Chérasse, 1961), «Le Gentleman d'Epsom» (Grangier, 1962), «Un clair de lune à Maubeuge» (Chérasse, 1962), «Konga Yo» (Yves Allégret, 1962), «Le Repos du guerrier» (Vadim, 1962), «Coup de bambou» (Boyer, 1962), «Les Veinards» (sketch de Girault, 1962), «Les Grands Chemins» (Marquand, 1962), «Gigot» (Kelly, 1962), «Paris-Champagne» (Armand, 1962), «Bébert et l'omnibus» (Robert, 1962), «Faites sauter la banque» (Girault, 1962), «Mort d'un tueur» (Hossein, 1962), «Une souris chez les hommes» (Poitrenaud, 1964), «Monsieur» (Le Chanois, 1964), «Les Gorilles» (Girault, 1964), «Relaxe-toi chérie» (Boyer, 1964), «Le Gendarme de Saint-Tropez» (Girault, 1964), «Allez France !» (Dhéry, 1964), «Les Copains» (Robert, 1964), «La Bonne Occase» (Drach, 1964), «Quand passent les faisans» (Molinaro, 1965), «Le Gendarme à New York» (Girault, 1965), «Les Bons Vivants» (sketch de Grangier, 1965), «Compartiment tueurs» (Costa-Gavras, 1965), «Un garçon, une fille» (S. Korber, 1965), «Ne nous fâchons pas» (Lautner, 1965), «Trois enfants dans le désordre» (Joannon, 1966), «On a volé la Joconde» (Deville, 1966), «Du mou dans la gâchette» (Grospierre, 1966), «Le Solitaire passe à l'attaque» (Habib, 1966), «Un idiot à Paris» (Korber, 1966), «Le Fou du labo 4» (Besnard, 1967), «Benjamin ou les mémoires d'un puceau» (Deville, 1967), «Un drôle de colonel» (Girault, 1968), «Le Gendarme se marie» (J. Girault, 1968), «Le Bourgeois gentil mec» (André, 1969), «Une drôle de bourrique» (Canolle, 1969), «L'Ours et la poupée» (M. Deville, 1969), «Le Gendarme en balade» (Girault, 1970), «Quelques messieurs trop tranquilles» (Lautner, 1971), «L'Ingénu» (Carbonnaux, 1971) «L'Île au trésor» (Hough, 1971), «Barbe-bleue» (Dmytryk, 1972), «J'ai mon voyage !» (Héroux, 1972), «La Valise» (Lautner, 1973), «Le Solitaire» (Brunet, 1973), «Le Magnifique» (de Broca, 1973), «Mais où est donc passée la 7ᵉ compagnie ?» (Lamoureux, 1973), L'Île mystérieuse (Bardem et Colpi, 1973), «Comme un pot de fraise» (Aurel, 1974), «C'est pas parce qu'on a rien à dire qu'il faut fermer sa gueule !» (Besnard, 1974), «Impossible... pas français» (Lamoureux, 1974), «C'est jeune et ça sait tout» (Mulot, 1974), «On a retrouvé la 7ᵉ compagnie» (Lamoureux, 1975), «Le Plumard en folie» (Lem, 1975), «Pas de problème» (Lautner, 1975), «La Situation est grave mais pas désespérée» (Besnard, 1975), «Casanova et Co» (Legrand, 1976), «Le Jour de gloire» (Besnard, 1976), «Le Chasseur de chez Maxim's» (Vita, 1976l), «La 7ᵉ compagnie au clair de lune» (Lamoureux, 1977), «Le Maestro» (Vital, 1977), «Freddy» (Thomas, 1978) «Ils sont fous ces sorciers» (Lautner, 1979), «Tendrement vache» (Pénard, 1979), «Plein les poches pour pas un rond» (Daert, 1979), «Duos sur canapé» (Camoletti, 1979), «Le Temps des vacances» (Vital, 1979), «Les Borsalini» (Nerval, 1979), «Le Chêne d'Allouville» (S. Pénard, 1980), «Prends ta Rolls et va pointer» (Balducci, 1981), «On n'est pas sorti de l'auberge» (Pécas, 1982), «N'oublie pas ton père au vestiaire» (Balducci, 1982), «Le Braconnier de Dieu» (Darras, 1982), «Salut la puce !» (Balducci, 1982), «Le Gaffeur» (Pénard, 1985), «La Folle journée ou Le mariage de Figaro» (Coggio, 1989), «À deux minutes près» (Le Hung, 1989).

JANET LEIGH
6 juillet 1927-3 octobre 2004
C'est la cultissime scène de massacre sous la douche dans «Psychose» (Hitchcock, 1960) qui rend célèbre Jeanette Helen Morrisson alias Janet Leigh, jolie comédienne aux yeux pétillants, blonde piquante à la sensualité volcanique. Elle a pourtant déjà une belle carrière derrière elle, aussi à l'aise dans la tragédie médiévale («Prince Vaillant», Hataway, 1954) que dans le film de cape et d'épée («Scaramouche», Sidney, 1952) ou le western («L'Appât», A. Mann, 1952). Elle saura aussi parfaitement trouver sa place entre Orson Welles et Charlton Heston dans «La Soif du mal» (Welles, 1957) et face à Frank Sinatra dans «Un crime dans la tête» (Frankenheimer, 1962). Sans rôle vraiment intéressant à partir de la fin des années 1960, elle se consacre principalement à la télévision. Elle fut mariée un temps à Tony Curtis, avec lequel elle aura une fille, l'actrice Jamie-Lee Curtis.
Autres principaux films : «Quand vient l'hiver» (Saville, 1947), «Ma vie est une chanson» (Taurog, 1948), «Acte de violence» (Zinnemann, 1948), «Les Quatre filles du Dr March» (LeRoy, 1949), «La Dynastie des Forsyte» (Bennett, 1949), «Le Danube rouge» (Sidney, 1949), «Les Espions s'amusent» (von Sternberg, 1950, «L'Intrépide» (Donen, 1952), «Houdini» (Marshall, 1953), «Les Yeux de ma vie» (Bacon, 1953), «Ce n'est pas une vie» (Taurog, 1954), «Le Chevalier du roi» (Maté, 1954), «Sur la trace du crime» (Rowland, 1954), «Ma sœur est du tonnerre» (Quine, 1955), «Safari» (Young, 1956), «Les Vikings» (Fleischer, 1958), «Vacances à Paris» (Edwards, 1959), «Qui était donc cette dame ?» (Sidney, 1959), «Pepe» (Sidney, 1960), «Bye Bye Birdie» (Sidney, 1962), «Détective privé» (Smight, 1965), «Trois sur un sofa» (Lewis, 1966), «Fog» (Carpenter, 1979), «Halloween vingt ans après» (Miner, 1998).

JOSEPH-MARIE LO DUCA
18 novembre 1910-6 août 2004
Ancien collaborateur de «La Revue du Cinéma», Lo Duca fut ensuite parmi les fondateurs des «Cahiers du Cinéma», et en assura la rédaction en chef avant leur prise en main par Éric Rohmer. Parmi une production littéraire riche et variée, on notera ses essais sur Méliès (avec Maurice Bessy), Lumière, et sa somme sur «L'Érotisme au cinéma» parue pour la première fois en 1952. Adhérent de la première heure à L'Association Française de la Critique de Cinéma, puis du SFCC qui lui succéda, il était membre du jury du prix Louis-Delluc.

Janet Leigh

MAC RONAY
1913-21 juin 2004
Assister à l'un des numéros de prestidigitation burlesque de Mac Ronay était un pur bonheur. Le cinéma sut, trop rarement, utiliser son flegme fallacieux et son ironie nonchalante. En 1960, les Italiens Luigi Comencini («La Grande pagaille») et Mario Monicelli («Larmes de joie») en avaient les premiers repéré toutes ses qualités de comédien. Mais c'est Georges Lautner qui saura lui donner un rôle inoubliable : Bastien, le tueur corse aux grands principes des «Tontons flingueurs» (1963).
Autres principaux films : «L'Assassin» (G. Petri, 1961), «Le renard s'évade à trois heures» (De Sica, 1966), «La Nuit des généraux» (Litvak, 1967), «L'Aile ou la cuisse» (Zidi, 1976), «Le Fou du roi» (Chiffre, 1984).

SERGE MARQUAND
12 mars 1930-4 septembre 2004
Frère de Christian Marquand et de Nadine Trintignant, il joua surtout les seconds rôles, entre autres sous la direction de celle-ci, dans près de cent films ou téléfilms. Il fut l'assistant de Roger Vadim et aussi de son beau-frère, Jean-Louis Trintignant, dont il coproduisit «Le Maître nageur» (1978) avec Humbert Balsan.
Principaux films : «Les Liaisons dangereuses» (Vadim, 1959), «Et mourir de plaisir» (Vadim, 1960), «La Bride sur le cou» (Avrel et Vadim, 1961), «Tintin et le mystère de la toison d'or» (Vierne, 1961), «Les Parisiennes» (Boisrond, 1962), «Les Grands Chemins» (Ch. Marquand, 1962), «Le Vice et la Vertu» (Vadim, 1963), «L'Abominable Homme des douanes» (Marc Allégret, 1963), «Méfiez-vous, mesdames !» (Hunebelle, 1963), «Angélique, marquise des anges» (Borderie, 1964), «Merveilleuse Angélique» (Borderie, 1965), «Le Chant du monde» (Marcel Camus, 1965), «Barbarella» (Vadim, 1968), «Une corde, un colt» (Hossein, 1969), «Le Voleur de crimes» (N. Trintignant, 1969), «Le Spécialiste» (Corbucci, 1970), «Les Stances à Sophie» (Mizrahi, 1970), «Ça n'arrive qu'aux autres» (N. Trintignant, 1971), «Les Gants blancs du diable» (Szabo, 1973), «Défense de savoir» (N. Trintignant, 1973), «Le Train» (Frankenheimer, 1973), «Rosebud» (Preminger, 1975), «Section spéciale» (Costa-Gavras, 1975), «Le Jeu avec le feu »(Robbe-Grillet, 1975), «Les Lolos de Lola» (Dubois, 1976), «Il pleut sur Santiago» (Soto, 1976) «Attention les yeux !» (Pirès, 1976), «Police Python 357» (Corneau, 1976), «Le Voyage de noces» (N. Trintignant, 1976), «Une femme fidèle» (Vadim, 1976), «Les Raisins de la mort» (Rollin, 1978), «Au-delà de la gloire» (Fuller, 1980), «Quartet» (Altman, 1981), «Premiers désirs» (Hamilton, 1983), «Frankenstein 90» (Jessua, 1984), «L'Été prochain» (N. Trintignant, 1985), «Adieu blaireau» (B. Decout, 1985), «Chère canaille» (Kurc, 1986), «La Maison de Jade» (N. Trintignant, 1988), «Antonin» (Caumon, 1989), «Krapatchouk» (Gabriel, 1992).

Mike Marshall

MIKE MARSHALL
13 septembre 1944-2 juin 2005
Fils de la comédienne Michèle Morgan et de l'acteur de cinéma américain William Marshall, Mike fut élevé par son père, aux États-Unis, après le divorce de ses parents.
Après ses études, il vient s'installer à Paris et suit des cours de théâtre. Il monte sur scène en 1964 dans «Croque-Monsieur» de Marcel Mithois qu'il jouera 600 fois aux côtés de Jacqueline Maillan.
Il avait goûté au cinéma avec son père qui lui avait donné un rôle dans «Planète fantôme» (1961). Entre deux pièces de théâtre, il jouera dans quelques films et plusieurs téléfilms et séries, mais ses beaux yeux bleus et sa belle prestance ne suffirent pas à le propulser en haut de l'affiche. Une apparition, quelques répliques, une ou deux scènes, jamais plus, sauf dans «La Morte-vivante» (Rollin, 1982) et «Fifi Martingale» (Rozier, 2001) où les auteurs lui ont offert un vrai rôle.
Autres principaux films : «Patate» (Robert Thomas, 1964), «Les Deux orphelines» (Freda, 1965), «Paris brûle-t-il ?» (Clément, 1966), «La Grande Vadrouille» (Oury, 1969), «Les Chemins de Kathmandou» (Cayatte, 1969), «Hello Goodbye» (Negulesco, 1970), «Le Serpent» (Verneuil, 1972), «Quelques messieurs trop tranquilles» (Lautner, 1973), «Moonraker» (Gilbert, 1979), «Le Coup du parapluie» (Oury, 1980), «Téhéran 43» (Alov, 1981), «Ça va pas être triste» (Sissier, 1982), «Maine-Océan» (Rozier, 1985), «Je hais les acteurs» (Krawczyk, 1986), «La Révolution française» (Enrico, 1989), «L'Américain» (Timsit, 2004).

VIRGINIA MAYO
30 novembre 1920-17 janvier 2005
C'est en 1942, à New York, alors qu'elle travaille au Radio City Music Hall, que Samuel Goldwyn remarque sa beauté malicieuse et sensuelle. Née Virginia Clara Jones dans le Missouri, elle faisait depuis plusieurs années du music-hall sous le pseudonyme de Virginia Mayo. Elle signe donc son tout premier contrat en 1943 avec la MGM et débarque à Hollywood pour un petit rôle dans «La Vie aventureuse de Jack London» d'Alfred Santell (elle épousera d'ailleurs l'acteur principal du film, Michael O'Shea). Elle apparaît ensuite dans plusieurs comédies, souvent musicales, aux côtés de Bob Hope («La Princesse et le pirate», Butler, 1944) et surtout de Danny Kaye qu'elle accompagnera pendant cinq films, de «Un fou s'en va-t-en guerre» (Nugent, 1944) à «Si bémol et fa dièse» (Hawks, 1948). Avec «Les Plus Belles Années de notre vie» (Wyler, 1946) et surtout «La Vie secrète de Walter Mitty» (McLeod, 1947), cette jeune blonde au léger strabisme séduisant devient un véritable «sex-symbol» que le sultan du Maroc aurait, paraît-il, décrit comme «la preuve tangible de l'existence de Dieu» !

En 1948, elle est engagée par la Warner et tourne plusieurs westerns à succès, notamment avec Raoul Walsh («La Fille du désert», 1949) et surtout des films policiers. Elle est tout simplement impressionnante en petite amie à la fois terrorisée et machiavélique du gangster psychopathe interprété par James Cagney dans «L'Enfer est à lui». Dans les années 1950, Gordon Douglas, Budd Boetticher et Jacques Tourneur sauront aussi lui offrir quelques rôles intéressants dans des films d'action et d'aventures. À partir des années 1960, elle délaisse le cinéma pour remonter avec succès sur les planches et pour s'adonner ensuite à sa dernière passion : la peinture.

Autres principaux films : «Stand-by for Action» (R. Z. Leonard, 1942), «Rosie l'endiablée» (Cummings, 1943), «Aventure au Harem» (Riesner, 1944), «Broadway en folie» (Seaton, 1944), «Le Joyeux Phénomène» (Humberstone, 1945), «Le Laitier de Brooklyn» (McLeod, 1946), «Au-dessus du ciel» (Jason, 1947), «Du sang sur le tapis vert» (V. Sherman, 1948), «Feu rouge» (Del Ruth, 1949), «La Flèche et le flambeau» (Tourneur, 1950), «Les Cadets de West Point» (Del Ruth, 1950), «Le Désert de la peur» (Walsh, 1951), «Capitaine sans peur» (Walsh, 1951), «Elle cherche un millionnaire» (Butler, 1951), «La Collégienne en folie» (Humberstone, 1952), «La Maîtresse de fer» (Douglas, 1952), «Catherine et son amant» (Douglas, 1953), «Le Bagarreur du Pacifique» (Lubin, 1953), «Nuit sauvage» (Werker, 1953), «Richard Cœur de Lion» (Butler, 1954), «Le Calice d'argent» (Saville, 1954), «Pearl of The South Pacific» (Dwan, 1955), «L'Or et l'amour» (Tourneur, 1956), «Intrigue au Congo» (Pevney, 1956), «Le Shérif» (Webb, 1956), «Les Loups dans la vallée» (Douglas, 1957), «Violence dans la vallée» (Carr, 1957), «Sur la piste des Comanches» (Douglas, 1958), «Le Courrier de l'or» (Boetticher, 1959), «Bagarre au-dessus de l'Atlantique» (Haskin, 1960), «La Révolte des mercenaires» (Costa, 1961), «Fort Utah» (Selander, 1967), «Won Ton Ton, The Dog Who Saved Hollywood» (Winner, 1976), «French Quarter» (Kane, 1977).

ISMAIL MERCHANT

1936-25 mai 2005

Ce producteur indien était lié depuis 1961 au cinéaste américain James Ivory et à la scénariste d'origine allemande Ruth Prawer Jhabvalha. Le trio, qui s'était rencontré au Festival de Cannes, avait monté la maison de production «Merchant-Ivory» qui permit la réalisation de pratiquement tous les films d'Ivory depuis «Shakespeare Wallah» (1965). Au moment de sa mort, Merchant produisait le nouveau film du cinéaste (encore en tournage), «The White Countess». Il aimait les œuvres opulentes dont l'action se situait dans de vastes demeures victoriennes ou de luxueux palais indiens et partageait avec Ivory une grande passion pour Henry James. Il a lui-même réalisé plusieurs films sans grand succès. On retiendra «Cotton Mary» (1999) avec l'actrice Madhur Jaffrey, vieille complice de cinéma et de cuisine (l'autre passion de Merchant) qui jouait déjà dans «Shakespeare Wallah», et «Mystic Masseur» (2001) tiré d'un récit de Naipaul.

RUSS MEYER

21 mars 1922-18 septembre 2004

Ex-photographe de «Playboy», ce cinéaste américain fit tant dans l'énormité salace, l'hypertrophie (et pas seulement mammaire) de ses héroïnes et le mauvais goût, qu'il finit par devenir «culte», un des papes du cinéma-bis. Ses films incongrus sont souvent mal fichus et même totalement ringards. Fascination pour la vulgarité, voyeurisme malsain, Russ Meyer jouait les provocateurs dans la puritaine Amérique des années 1950. Ce fut son grand mérite. Mais depuis longtemps (même aux États Unis) notre homme apparaît plus comme un adolescent attardé que comme un contestataire. Il joue sur les interdits du porno *soft* avec un humour potache lourd et graveleux, rarement drôle. Aujourd'hui, ses films sont catalogués «kitch». Pourquoi pas ? Ne sont-ils pas simplement les précurseurs des «teenage-movie» à l'image de «Scarie Movie» dont l'humour apparaît tout aussi épais ?

Principaux films : «The French Peep Show» (1950), «The Naked Camera» (1961), «Wild Gals of the Naked West» (1962), «Heavenly Bodies !» (1963), «Fanny Hill» (1964), «Le Désir dans les tripes» (1965), «Motor Psycho» (1965), «Mondo Topless» (1966), «Common Law Cabin» (1968), «Vixen !» (1968), «Orgissimo» (1969), «The Seven Minutes» (1971), «Le Serpent noir» (1973), «Supervixens» (1975), «Megavixens» (1976), «Ultravixens» (1979), «Pandora Peaks» (2001).

INGE MEYSEL

30 mai 1910-10 juillet 2004

Cette comédienne allemande fit de brillants débuts au théâtre, mais elle était juive et l'arrivée d'Hitler au pouvoir lui fut fatale. Elle fut bannie des scènes, puis remonta sur les planches en 1945

Russ Meyer

et tourna plusieurs films dans les années 1950. Ils sont inédits en France à l'exception «Des Roses pour le procureur» (1959) de Wolfgang Staudte. Elle se consacra ensuite au théâtre et surtout à la télévision, où elle fut l'héroïne d'une série très populaire.

ARTHUR MILLER

17 novembre 1915-11 février 2005

«Mort d'un esprit libre» titrait «Libération», «C'est un homme droit qui s'est éteint (...), il a laissé l'éclat d'une œuvre et d'une existence hors du commun» écrivait Brigitte Salino dans «Le Monde». Arthur Miller fut sans nul doute un des grands esprits du XXe siècle. Écrivain et dramaturge, rien de ce qu'il faisait ne passait inaperçu. Ses succès théâtraux, ses démêlés avec le pouvoir, ses luttes pour les droits de l'homme, sa résistance au maccarthysme... et même ses amours orageuses avec Marilyn Monroe.

Mais les rapports de Miller avec le cinéma ne se limitent pas à cette relation. Dès 1951, son livre «La Mort d'un commis voyageur» (1949) sera porté au cinéma par Laszlo Benedek. Une nouvelle version, réalisée par Volker Schöndorff, verra le jour en 1985. Accusé de communisme par la commission des affaires anti-américaines, il répond immédiatement avec un livre pamphlet «Les Sorcières de Salem» (1953). Trois ans plus tard, Jean-Paul Sartre l'adapte pour le cinéaste Raymond Rouleau, qui tourne le film avec Yves Montand et Simone Signoret. Miller écrira plusieurs scénarios pour le cinéma et la télévision. Le plus connu est sans nul doute celui des «Désaxés» (1961) de John Huston. Arthur Miller était un implacable agitateur de conscience.

JOHN MILLS

22 février 1908-23 avril 2005

Le Britannique Lewis Ernest Watts Mills tente d'abord sa chance dans une troupe de théâtre. Découvert par le dramaturge Noel Coward qui devient son ami et le lance sur les scènes londoniennes, il interprète avec talent Steinbeck et Shakespeare. Militaire pendant la guerre, il est démobilisé dès 1941 pour raison de santé. Il revêt pourtant l'uniforme en jouant dans des films patriotiques le rôle de soldats courageux. Il est, entre autres, le matelot Shorty Blake dans «Ceux qui servent la mer» (1943), docu-fiction à la gloire de la marine co-réalisé par Coward et David Lean. Ce film est d'ailleurs le début d'une longue collaboration entre Lean et Mills qui incarnera notamment Pip dans «Les Grandes Espérances» (1947) et obtiendra l'Oscar du meilleur second rôle pour «La Fille de Ryan» (1970). Dans les années 1950, sa haute stature et son air martial le cantonneront trop souvent dans les rôles d'officiers. Même s'il a joué dans quelques films hollywoodiens, John Mills a toujours refusé de s'établir aux États-Unis. Aveugle depuis 1990, il a été anobli par la reine et a continué de travailler.

Autres principaux films : «Au revoir Mr Chips» (Wood, 1939), «Cottage à louer» (Asquith, 1941), «Le Jeune Mr Pitt» (Reed, 1942), «Heureux mortels» (Lean, 1944), «Le Chemin des étoiles» (Asquith, 1945), «L'Heure du crime» (Rossen, 1947), «La Nuit commence à l'aube» (Baker, 1950), «Chaussure à son pied» (Lean, 1954), «Opération Tirpitz (Anderson, 1954), «Guerre et paix» (Vidor, 1956), «Le Désert de la peur» (Thompson, 1958), «Les Yeux du témoin» (Thompson, 1959), «Les Fanfares de la gloire» (Neame, 1960), «Les Robinson des mers du sud» (Annakin, 1960), «Le Cavalier noir» (Baker, 1961), «Mystère sur la falaise» (Neame, 1963), «Opération Crossbow» (Anderson, 1965), «Chuka le redoutable» (Douglas, 1967), «Les Amours de Lady Hamilton» (Christian-Jaque, 1968), «Dieu, que la guerre est jolie !» (Attenborough, 1970), «Les Griffes du lion» (Attenborough, 1972), «L'Or noir de l'Oklahoma» (Kramer, 1973), «La Guerre des otages» (Dmytryk, 1975), «Le Grand Sommeil» (Winner, 1978), «Gandhi» (Attenborough, 1983), «Sahara» (MacLaglen, 1983), «Bright Young Things» (inédit, Fry, 2003).

BRIGITTE MIRA

20 avril 1910-8 mars 2005

Actrice de théâtre et chanteuse de cabaret, elle a commencé sa carrière dans les années 1930 en jouant des rôles de soubrette dans des opérettes. En 1973, Fassbinder lui offre un rôle magnifique dans «Tous les autres s'appellent Ali», puis dans «Maman Kursters s'en va au ciel» (1975), plus deux téléfilms. En 1978, Brigitte Mira jouait la propriétaire d'une baraque à frites dans une série très populaire de la télévision allemande : «Trois dames sur le grill».

JEAN NÉGRONI
4 décembre 1920-28 mai 2005
Homme de théâtre avant tout et infatigable défenseur d'une certaine idée de la culture. De la création du Festival d'Avignon avec Jean Vilar aux turbulences de 1968, de la troupe Renaud-Barrault à la direction de la Maison de la culture de Créteil (1968-1976), sa voix grave étonnante et son physique imposant sont de toutes les aventures. C'est cette voix si particulière qu'Alain Resnais et Chris Marker choisissent pour dire le commentaire des «Statues meurent aussi» (1952). En 1961, Négroni tourne avec Armand Gatti qui réalise son premier film : «L'Enclos». Dans les années 1960, le réalisateur de télévision Stellio Lorenzi le dirige dans plusieurs dramatiques historiques, en particulier pour «La Caméra explore le temps».

JERRY ORBACH
20 octobre 1935-28 décembre 2004
Fils d'un acteur de «vaudeville» et d'une chanteuse-vedette, il apparut dans bon nombre de films mais fut surtout connu pour ses prestations télévisées dans la série «Police District».
Principaux films : «Le Prince de New York» (Lumet, 1982), «Dirty Dancing» (Ardolino, 1987), «Traquée» (Ridley Scott, 1987), «Crimes et délits» (Allen, 1990), «Justice sauvage» (Flynn, 1991), «Universal Soldier» (Emmerich, 1992).

GERALDINE PERONI
1953-3 août 2004
Cette monteuse américaine commence comme assistante sur «Matewan» de John Sayles (1987), puis première assistante monteuse sur «La Dernière Tentation du Christ» de Martin Scorsese (1988). Elle devient chef monteuse sur «Iron and Silk» (Sun, 1990) et commence une longue collaboration avec Robert Altman en montant «Vincent et Théo» (1990). Elle travaillera ensuite sur «The Player» (1992), «Short Cuts» (1993), «Prêt-à-Porter» (1994), «Kansas City» (1996), «The Gingerbread Man» (1998), «Docteur T. et les femmes» (2000), «The Company» (2003).
Autres principaux films : «Johnny Suede» (1991, DiCillo), «Cradle Will Rock» (1999, Robbins).

DANIEL PETRIE
26 novembre 1920-22 août 2004
Ce réalisateur d'origine canadienne s'installe aux États-Unis à la fin des années 1940. Il travaille immédiatement pour la toute jeune télévision, adaptant des pièces de théâtre connues. Il passe ensuite au cinéma avec un certain succès (même si beaucoup de ses films restent inédits en France), mais c'est encore à la télévision qu'il obtint ses plus belles satisfactions en réalisant des shows pour Bob Hope, des téléfilms et des épisodes de la série «L'Homme de fer». En 1980, il tourne avec Paul Newman «Le Policeman».
Principaux films : «Le Buisson ardent» (1960), «Un raisin au soleil» (1961), «L'Odyssée sous la mer» (1973), «Buster and Billie» (1974), «Résurrection» (1979), «Un printemps sous la neige» (1984), «Cocoon : le retour» (1988), «Lassie» (1994).

PIERO PICCIONI
6 décembre 1921-23 juillet 2004
Entre le début des années 1950 et la fin des années 1990, il a composé plus de 170 musiques de films pour des cinéastes italiens. Il a aussi participé à l'aventure musicale du western spaghetti.
Principaux films : «La Pensionnaire» (Lattuada, 1954), «Tu es mon fils» (Comencini, 1956), «Pauvres mais beaux» (Risi, 1957), «La Tempête» (Lattuada, 1958), «Profession : Magliari» (Rosi, 1959), «Les Garçons» (Bolognini, 1959), «Le Bel Antonio» (Bolognini, 1960), «Le Bossu de Rome» (Lizzani, 1960), «Ça s'est passé à Rome» (Bolognini, 1960), «Les Adolescentes» (Lattuada,1960), «Romulus et Rémus» (Corbucci, 1961), «Le Mauvais Chemin» (Bolognini,1961), «L'Imprévu» (Lattuada, 1961), «Salvatore Giuliano» (Rosi, 1962), «Quand la chair succombe» (Bolognini, 1962), «La Commare Secca» (Bertolucci, 1962), «Mafioso» (Lattuada,1962), «Le Fils de Spartacus» (Corbucci, 1963), «Main basse sur la ville» (Rosi, 1963), «L'Homme du Minnesota» (Corbucci, 1965), «Le Moment de vérité» (Rosi, 1965), «Les Sorcières» (Bolognini, De Sica, Pasolini, Rossi, Visconti, 1967), «La Belle et le cavalier» (Rosi, 1967), «L'Étranger» (Visconti, 1967), «Mimi Metallo blessé dans son honneur» (Wertmuller, 1972), «L'Argent de la vieille» (Comencini, 1972), «L'Affaire Mattéi» (Rosi, 1972), «Poussières d'étoiles» (Sordi, 1973), «Lucky Luciano» (Rosi, 1974), «Tant qu'il y a la guerre, y a de l'espoir» (Sordi, 1974), «Cœur de chien» (Lattuada, 1975), «Cadavres exquis» (Rosi, 1976), «Le Témoin» (Mocky, 1978), «Le Christ s'est arrêté à Eboli» (Rosi, 1979), «Trois frères» (Rosi, 1981), «Je sais que tu sais que je sais» (Sordi, 1982), «Chronique d'une mort annoncée» (Rosi, 1987).

Christopher Reeve

HENRI POIRIER
21 mars 1932-8 février 2005
Acteur de complément, au mieux second rôle, il partageait sa carrière entre le théâtre, la télévision («Les Cinq dernières minutes», «Vidocq», «Les Brigades du Tigre»), le doublage de séries et de films étrangers et la radio (sa voix résonna plus de quarante ans dans les dramatiques de France Inter et de France Culture). Au cinéma, il débute dans «Les Vaincus» d'Antonioni en 1953. La suite de sa carrière sur grand écran est faite de tout petits rôles en brèves apparitions chez Jean-Pierre Mocky, Yves Boisset et quelques autres…

JACQUES POITRENAUD
1922-2 avril 2005
Il fut l'assistant de Roger Vadim et de Michel Boisrond avant de passer à la réalisation et même à la production («Viva la Muerte» d'Arrabal en 1971). Ses films sont des œuvres de divertissement, très inégales et parfois franchement médiocres. En 1971, il fera une jolie adaptation de «Mendiants et Orgueilleux» d'après Albert Cossery. Parallèlement à sa carrière de cinéaste, Jacques Poitrenaud a été un ardent défenseur du cinéma français en créant en 1973 la section «Perspectives du cinéma français» à Cannes. En 1976, il travaille avec Unifrance pour organiser des semaines du cinéma français à l'étranger. En 1978, il devient responsable de la section «Un Certain Regard» à Cannes. Membre fondateur de l'Association des réalisateurs producteurs (ARP), il a initié les Rencontres de Beaune en 1991.
Principaux films : «Les Portes claquent» (1960), «Strip-tease» (1962), «L'Inconnue de Hong Kong» (1963), «Du grabuge chez les veuves» (1963), «Une souris chez les hommes» (1964), «La Tête du client» (1965), «Le Canard en fer blanc» (1966), «Ce sacré grand-père» (1967), «Qu'est-ce qui fait courir les crocodiles ?» (1969).

JEAN-DANIEL POLLET
20 juin 1936-9 septembre 2004
Cinéaste inclassable, avant-gardiste parfois, ou retrouvant d'autres fois avec bonheur la veine du réalisme poétique dans des films attachants interprétés par l'étonnant et lunaire Claude Melki. Il refusa les clans et les étiquettes. Contemporain de la Nouvelle Vague, il n'en suivra jamais les chemins, traçant sa route en franc-tireur, expérimentateur insolite et artiste authentique. Il reste un des cinéastes les plus singuliers du cinéma hexagonal. Un accident lors d'un repérage, en 1989, l'avait laissé infirme.
Principaux films : «La Ligne de mire» (inédit, 1959), «Méditerranée» (1963), «Paris vu par…» (sketch : «Rue Saint-Denis», 1963), «Bassae» (1964), «Une balle au cœur» (1965), «Le Horla» (1966), «Tu imagines Robinson» (1967), «L'Amour c'est gai, l'amour c'est triste» (1968), «Drôle de jeu» (1968), «Les Maître du temps» (1970), «Le Sang» (1972), «L'Ordre» (1973), «L'Acrobate» (1975), «Pour mémoire» (1978), «Contretemps» (1988), «Trois jours en Grèce» (1991), «Dieu sait quoi» (1995), «Ceux d'en face» (2001).

DAVID RAKSIN
4 août 1912-9 août 2004
Ce musicien américain commença à composer des musiques de films dès 1935 à Hollywood. En 1936, il orchestra la musique des «Temps Modernes» de Chaplin. Très vite, Raksin acquit une notoriété justifiée. Parmi toutes les musiques (plus de cent) qu'il composa, il en est une admirable, celle du film «Laura» (1944) de Preminger, qui enveloppe la lumineuse Gene Tierney d'une aura magique.
Autres principaux films : «Crime passionnel» (Preminger, 1945), «La Vie secrète de Walter Mitty» (Mc Leod, 1947), «Femme ou maîtresse» (Preminger), «L'Enfer de la corruption» (Polonsky, 1948), «Le Mystérieux docteur Korvo» (Preminger, 1949), «La Voix que vous allez entendre» (Wellman, 1950), «Au-

delà du Missouri» (Wellman, 1951), «Les Ensorcelés» (Minnelli, 1952), «Bronco Apache» (Aldrich, 1954), «Association criminelle» (Lewis, 1954), «Derrière le miroir» (Nicholas Ray, 1956), «L'Homme de nulle part» (Daves, 1956), «Femmes coupables» (Wise, 1957), «Quinze jours ailleurs» (Minelli, 1962), «La Ballade des sans-espoir» (John Cassavetes, 1962), «Jerry souffre-douleur» (Lewis, 1964), «Sylvia» (Douglas, 1965), «Will Penny, le solitaire» (Gries, 1968).

CHRISTOPHER REEVE

25 septembre 1952-10 octobre 2004

Mondialement connu pour avoir incarné, à ses débuts en 1978, le héros volant «Superman» dans le film de Richard Donner (et ses deux suites réalisées par Richard Lester en 1979 et 1983), l'acteur américain Christopher Reeve ne pouvait rêver mieux pour commencer une carrière. Suivent une vingtaine de films, beaucoup d'apparitions sur le petit écran et, surtout, au théâtre où il démontre toutes ses qualités de comédien. Malheureusement, un jour funeste de 1995 le voit chuter de cheval et se briser la colonne vertébrale. Sa carrière s'arrête brutalement. Paralysé, il tente courageusement de faire face. En 1997, il réalise un téléfilm et en 1998, il reprend le rôle de James Stewart dans un remake du «Fenêtre sur cour» d'Hitchcock réalisé par Jeff Bleckner. Et puis l'espoir de remarcher un jour s'est éteint doucement, et puis son cœur s'est arrêté brutalement.

Autres principaux films : «Piège mortel» (Lumet, 1981), «Les Bostoniennes» (Ivory, 1985), «La Rue» (Schatzberg, 1986), «Superman IV» (Furie, 1986), «Scoop» (Kotcheff, 1987), «Bruits de coulisses» (Bogdanovich, 1991), «Les Vestiges du jour» (Ivory, 1992), «Le Village des damnés» (Carpenter, 1994).

SERGE REGGIANI

2 mai 1922-22 juillet 2004

Au théâtre, il sera à jamais Franz, nazi hanté, dans «Les Séquestrés d'Altona» de Jean-Paul Sartre. Au cinéma, il restera toujours Manda, le charpentier, amant maudit de Simone Signoret dans «Casque d'Or» de Jacques Becker (1951)… sans oublier la scène, où il transportait les foules, de «La Java des bombes atomiques» aux «Loups sont entrés dans Paris». Fils unique d'immigrés italiens qui avaient fui le fascisme, il arriva à Paris à 8 ans. Très vite, il délaisse son métier d'apprenti coiffeur pour faire de la figuration au Châtelet – mais aussi de la boxe, du cyclisme… et aussi entraîner sa jolie voix de baryton. C'est finalement le théâtre et le cinéma qui l'accueillent. Sa dégaine de petit voyou, moustache sombre et clope au bec, lui collera à la peau, mais lui vaudra quelques extraordinaires compositions, comme celle du formidablement veule Guy Sénéchal des «Portes de la nuit» (Carné, 1946). Plus tard, son image changera et il sera inoubliable dans «Marie-Octobre» (Duvivier, 1959) ou «Le Doulos» (Melville, 1962). Récitals, théâtre et cinéma composeront alors son quotidien. Avec l'âge, son regard plus doux, un peu triste, l'entraînera vers des personnages sages et lucides comme dans «Vincent, François, Paul et les autres» (Sautet, 1974). Le pathétique Sergio de «La Terrasse» (Scola, 1979) fut son dernier vrai beau rôle. Ensuite, il se lassa du cinéma, et s'effondra après le suicide de son fils Stéphane avec qui il s'était auparavant produit triomphalement à Bobino. Serge Reggiani était un homme d'exception.

Autres principaux films : «Le Voyageur de la Toussaint» (Daquin, 1942), «Le Carrefour des enfants perdus» (Joannon, 1943), «François Villon» (Zwoboda, 1945), «Le Dessous des cartes» (Cayatte, 1948), «Les Amants de Vérone» (Cayatte, 1949), «Manon» (Clouzot, 1949), «Au royaume des cieux» (Duvivier, 1949), «Le Parfum de la dame en noir» (Daquin, 1949), «La Ronde» (Ophuls,1950), «Les Anciens de Saint-Loup» (Lampin, 1950), «Un acte d'amour» (Litvak, 1954), «Napoléon» (Guitry, 1954), «Les salauds vont en enfer» (Hossein, 1955), «Les Misérables» (Le Chanois, 1957), «Échec au porteur» (Grangier, 1957), «La Grande Pagaille» (Comencini, 1960), «Le Guépard» (Visconti, 1962), «À cheval sur le tigre» (Comencini, 1962), «Marie-Chantal contre le Dr Kha» (Chabrol, 1965), «La 25ᵉ heure» (Verneuil, 1966), «Les Aventuriers» (Enrico, 1966), «La Mafia fait la loi» (Damiani, 1966), «L'Armée des ombres» (Melville, 1969), «Compte à rebours» (Pigaut, 1970), «Les Caïds» (Enrico, 1972), «Touche pas à la femme blanche» (Ferreri, 1973), «Le Chat et la souris» (Lelouch, 1975), «Le Bon et les méchants» (Lelouch, 1975), «Une fille cousue de fil blanc» (M. Lang, 1976), «Violette et François» (Rouffio, 1976), «Fantastica» (Carle, 1979), «L'Empreinte des géants» (Enrico, 1979), «L'Apiculteur» (Angelopoulos, 1986), «Mauvais sang» (Carax, 1986), «Ne réveillez pas un flic qui dort» (Pinheiro, 1988), «Il y a des jours et des lunes» (Lelouch, 1989), «J'ai engagé un tueur» (Aki Kaurismaki, 1990), «De force avec d'autres» (Simon Reggiani, 1993), «Le Petit garçon» (P. Granier-Deferre, 1993), «Héroïnes» (Krawczyk, 1996).

Madeleine Robinson

MADELEINE ROBINSON

5 novembre 1916-1ᵉʳ août 2004

Elle eût une enfance assez dure, dans la banlieue parisienne, et fut ouvrière un temps avant de débuter au théâtre sous la férule de Charles Dullin et aux côté de Jean-Louis Barrault et de Jean Marais… Madeleine Svoboda va connaître rapidement une consécration tant sur les planches qu'au cinéma. Son pseudonyme lui est imposé par le cinéma qui, à cette époque, s'accommode mal des noms à consonance étrangère. Elle choisit Robinson en hommage à Crusoé qu'elle considérait, elle-même, comme «son frère en solitude et son modèle dans la lutte pour la vie». Après quelques figurations devant la caméra, la défection de l'actrice principale du mélodrame de Léonide Moguy, «Le Mioche» (1936), lui permet de décrocher le premier rôle. Elle y fait preuve de sobriété et d'émotion. Avec son visage sec, tout en longueur, son regard farouche, son francparler, sa beauté grave, elle bâtit une formidable carrière au théâtre en jouant Williams, Cocteau, Achard, Roussin, Brecht, Sauvageon… Son intransigeance et son perfectionnisme entraînent parfois des conflits violents avec ses partenaires : les représentations de «Qui a peur de Virginia Woolf ?» (elle fut sacrée à cette occasion meilleure actrice de l'année 1965) tournèrent au pugilat avec son partenaire Raymond Gérôme. Un «Molière d'honneur» en 2001 couronna ses brillantes décennies théâtrales. Son nom demeure associé à l'âge d'or du cinéma français. Elle y interprète souvent – et fort bien – la fille au grand cœur, fraîche, franche et sans complexes. Au fil des films, son personnage évolue. Si dans «Lumière d'été» (Grémillon, 1942), elle incarne une jeune amoureuse assez conventionnelle, dans «Douce» (Autant-Lara, 1943) elle est une gouvernante ambiguë et dans «Sortilèges» (Christian-Jaque, 1944), une rude montagnarde jalouse qui défend son amour. Son parcours cinématographique est ainsi jalonné de rôles marquants – amazone («Les Chouans», Calef, 1946), humble servante («Les frères Bouquiquant», Daquin, 1947) ou créature démoniaque («Léviathan», Keigel, 1962). En 1967, Madeleine Robinson quitte la France pour s'installer en Suisse. Elle continue de jouer au théâtre, mais son activité cinématographique n'existe plus que par quelques scènes, toujours fortes, dans de rares films.

Principaux films : «Tartarin de Tarascon» (Bernard, 1934), «Les Beaux Jours» (M. Allégret, 1935), «Nuit de feu» (L'Herbier, 1937), «Grisou» (de Canonge, 1938), «Gosse de riche» (de Canonge, 1938), «La Nuit merveilleuse» (Paulin, 1940), «Promesse à l'inconnue» (Berthomieu, 1942), «La Croisée des chemins» (Berthomieu, 1942), «Une si jolie petite plage» (Y. Allégret, 1948), «Entre onze heures et minuit» (Decoin, 1948), «Dieu a besoin des hommes» (Delannoy, 1950), «Le Garçon sauvage» (Delannoy, 1951), «Seuls au monde» (Chanas, 1951), «Je suis un mouchard» (Chanas, 1952), «Leur dernière nuit» (Lacombe, 1953), «L'Affaire Maurizius» (Duvivier, 1953), «Les Chiffonniers d'Emmaüs» (Darène, 1954), «Mannequins de Paris» (Hunebelle, 1956), «Les Louves» (Saslavsky, 1957), «La Bonne Tisane» (Bromberger, 1957), «À double tour» (Chabrol, 1959), «Les Arrivistes» (Daquin, 1959), «Le Goût de la violence» (Hossein, 1960), «Le Procès» (Welles, 1962), «Le Gentleman d'Epsom» (Grangier, 1962), «Un monde nouveau» (De Sica, 1965), «Piège pour Cendrillon» (Cayatte, 1965), «Le Voyage du père» (De La Patellière, 1966), «Le Cœur fou» (Albicocco, 1969), «Aussi loin que l'amour» (Rossif, 1970), «Le Petit Matin» (Albicocco, 1970), «L'Amant de poche» (Queysanne, 1977), «On peut le dire sans se fâcher» (Coggio, 1977), «Une histoire simple» (Sautet, 1978), «Les 7 jours de janvier» (Bardem, 1978), «Corps à cœur» (Vecchiali, 1978), «J'ai épousé une ombre» (Robin Davis, 1982), «Hors-la-loi» (R. Davis, 1984), «Camille Claudel» (Nuytten, 1987), «L'Ours en peluche» (Deray, 1993).

Renée Saint-Cyr

Maria Schell

ISMAEL RODRIGUEZ

19 octobre 1917-7 août 2004

Moins connu à l'étranger qu'Emilio Fernandez, figure charismatique du cinéma mexicain, Ismaël Rodriguez donna pourtant ses lettres de noblesse à un cinéma populaire, rarement exporté mais garant d'un beau succès dans son pays. Il réalisa près de quatre-vingt-dix films, touchant à tous les genres, de la comédie au mélodrame. Il dirigea toutes les stars nationales et en particulier Pedo Infante qu'il fit tourner seize fois. Après des débuts dans la figuration (il apparaît en 1931 dans «Santa» d'Antonio Moreno, le premier film parlant mexicain) et la sonorisation, il fonde une maison de production avec ses deux frères Roberto et Roselito («Pelliculas Rodriguez») et débute dans la réalisation en 1942. Peu de ses films ont été distribués en France. Seuls «Tizoc» (Ours d'Argent à Berlin en 1956), «Quand gronde la colère» (1957) et «Le Cafard» avec Maria Felix, Dolorès del Rio, Pedro Armendariz et Emilio Fernandez, présenté à Cannes en 1959, ont eu droit à une distribution hexagonale. En 1992, dans une rétrospective de cent films mexicains organisée par le Centre Pompidou, on put découvrir trois autres films d'Ismaël Rodriguez : «Nosotros los pobres» (1948), «Dos tipos de cuidado» (1953) et «Los Hermanos del hierro» (1961). Il co-réalisa aussi deux films américains : «The Beast of Hollow Mountain» (avec Edward Nassour, 1956) et «Daniel Boone, l'invincible trappeur» (avec Albert Gannaway, 1956). Il a tourné son dernier film en 1997 : «Reclusorio».

FRANÇOISE SAGAN

21 juin 1935-24 septembre 2004

Une gamine qui affiche son goût de l'alcool et des hommes argentés dans un premier roman. Voilà de quoi choquer, surtout que Françoise Quoirez, alias Sagan, n'a pas 19 ans quand elle dépose le manuscrit de «Bonjour Tristesse» chez Julliard. Deux ans après, 200 000 mille exemplaires sont déjà vendus : une romancière est née. Dans ces années de be-bop et de guerre d'Algérie, elle représente une certaine jeunesse dorée, provocatrice, parisienne. Les tirages de ses romans suivants grimpent allègrement. Les médias s'attachent à ses pas pour ne plus la quitter. Elle travaille pour la télévision, collabore à «L'Express», signe en 1960 le «Manifeste des 121» pour le droit à l'insoumission dans la guerre d'Algérie et en 1971 le «Manifeste des 343» femmes pour la liberté de l'avortement.

Quant au cinéma, il s'intéresse beaucoup à ses best-sellers mais force est de constater qu'aucune des adaptations de ses œuvres, auxquelles elle collabora le plus souvent, ne donna un film pleinement réussi. Elle réalisa elle-même «Les Fougères bleues» (1977), joua dans «Aimez-vous Brahms ?» (Litvak, 1961), et écrivit deux scénarios : «Landru» (Chabrol, 1963) et «Le Bal du comte d'Orgel» d'après le roman de Raymond Radiguet (Marc Allégret, 1970). En 1979, elle fut présidente du jury du Festival de Cannes.

Œuvres adaptées au cinéma : «Bonjour Tristesse» (Preminger, 1958), «Un certain sourire» (Negulesco, 1958)), «Château en Suède» (Vadim, 1963), «La Chamade» (Cavalier, 1968), «Un peu de soleil dans l'eau froide» (Deray, 1971), «De guerre lasse» (Enrico, 1987), «La Femme fardée» (Pinheiro, 1990).

RENÉE SAINT-CYR

16 novembre 1904-11 juillet 2004

Renée Saint-Cyr, née Raymonde-Renée Vittore, mourut presque centenaire, tranquillement, chez elle. Brune piquante et fantasque, séduisante, énergique et sensuelle, tels sont les qualificatifs qui revenaient le plus souvent lorsqu'on l'évoquait. Jeune épouse d'un homme d'affaires, Léopold Lautner, c'est la «grande crise» qui la poussa, à 28 ans, à tenter sa chance sur les planches et dans les studios d'un cinéma parisien. Sa carrière démarra très vite avec le rôle principal (aux côtés de Rosine Dercéan) des «Deux orphelines» de Maurice Tourneur (1932). Elle se partagea, avec la joie de vivre qui la caractérisait, entre le théâtre et le cinéma. Mais c'est sur grand écran qu'elle imposa sa voix aiguë et ses rires de gorge dans quelques beaux rôles : «Marie-Martine» (Valentin, 1942), «Pierre et Jean» (Cayatte, 1943) ou «Le Prince au masque rouge» (Cottafavi, 1953). À partir des années 1970, elle ne tourna pratiquement plus que dans les films de son fils, Georges Lautner – «Quelques Messieurs trop tranquilles» (1973), «Pas de problème !» (1975), «On aura tout vu» (1976), «Ils sont fous ces sorciers» (1977), «Est-ce bien raisonnable ?» (1980), «Attention, une femme peut en cacher une autre» (1983), «Le Cow-Boy» (1984), «L'Invité surprise» (1988), «Room service» (1991). Elle écrivit quelques romans et récits de souvenirs.

Autres principaux films : «Toto» (Tourneur, 1933), «Le Dernier Milliardaire» (Clair, 1934), «L'École des cocottes» (Colombier, 1935), «Valse royale» (Grémillon, 1935), «Le Cœur dispose» (Lacombe, 1936), «Les Pattes de mouche» (Grémillon, 1936), «27, rue de la Paix» (Pottier, 1936), «Les Perles de la couronne» (Guitry et Christian-Jaque, 1937), «Prisons de femmes» (Richebé, 1938), «Le Chemin de l'honneur» (Paulin, 1939), «Roses écarlates» (de Sica, 1940), «La Symphonie fantastique» (Christian-Jaque, 1941), «Madame et le mort» (Daquin, 1942), «Retour de flamme» (Fescourt, 1942), «L'Insaisissable Frédéric» (Pottier, 1945), «Le Beau Voyage» (Cuny, 1946), «La Voix du rêve» (Paulin, 1948), «Tous les deux» (Cuny), «Fusillé à l'aube» (Haguet, 1950), «Capitaine Ardant» (Zwobada, 1951), «Si Paris nous était conté» (Guitry, 1955), «La Fayette» (Dréville, 1961), «Le Monocle rit jaune» (Lautner, 1964), «Fleur d'oseille» (Lautner, 1967), «Vous intéressez-vous à la chose ?» (Baratier, 1973).

MARIA SCHELL

15 janvier 1926-26 avril 2005

Née à Vienne d'un père écrivain et d'une mère actrice, c'est tout naturellement que Margarete Schell-Noë débute à l'âge de 16 ans, en Suisse, où sa famille s'est établie, une carrière prolifique et rapidement internationale tournée surtout vers le cinéma, abordant toutefois régulièrement le théâtre puis la télévision. Son frère Maximilian, de quatre ans son cadet, la suivra d'ailleurs, avec succès, sur les mêmes chemins. La guerre tonne autour des frontières et l'industrie du cinéma helvétique tourne à plein régime. Elle est la vedette de plusieurs films (inédits en France) réalisés en particulier par Sigfrit Steiner. Après la guerre, le producteur-réalisateur Alexander Korda lui propose un contrat : elle se retrouve à Londres, en 1948, et tourne sous la direction d'Anthony Buschell, «Angel with a Trumpet». À l'orée des années 1950, de plus en plus demandée, elle se partage entre l'Allemagne (sous la direction de Rudolph Jugert ou Gustav Uciky) et l'Angleterre, où elle joue dans «La Boîte magique» (Boulting, 1951) et «Je ne suis pas une héroïne» (Bennett, 1952). Elle est alors l'incarnation de la jeune fille blonde et pure au sourire désarmant, et à l'accent délicieux (elle parlait couramment plusieurs langues). Mais c'est son regard bleu qui transperce et subjugue toutes les caméras. En 1954, elle obtient un Prix d'Interprétation à Cannes pour «Le Dernier Pont» (Kaütner). Sa carrière est définitivement lancée. René Clément en fait une «Gervaise» très sensuelle (1956) et Luchino Visconti, une jeune fille amoureuse et finalement cruelle dans «Les Nuits blanches» (1957). Hollywood l'appelle pour tourner avec Yul Brynner dans «Les Frères Karamazov» (R. Brooks, 1958), Gary Cooper dans «La Colline des potences» (Daves, 1959) et Glenn Ford dans «La Ruée vers l'Ouest» (A. Mann, 1960). Au début des années 1960, elle connaît un très net déclin et abandonne le cinéma pour se consacrer à sa famille. On ne la verra plus que dans des rôles d'appoint. Sa dernière apparition date de 1996, dans la série télévisée allemande «Tatort».

Autres principaux films : «Le Fond du problème» (O'Farrell, 1951), «Tant que tu m'aimeras» (Braun, 1953), «Le Journal d'une amoureuse» (Von Baky, 1953), «Napoléon» (Guitry, 1954), «Les Rats» (Siodmak, 1955), «Une Vie» (Astruc, 1957), «Le Brigand au grand cœur» (Käutner, 1958), «La Marque» (Green, 1961), «La Grande Roue» (von Radvanyi, 1961), «L'assassin connaît la musique» (Chenal, 1963), «Le Diable par la queue» (de Broca, 1968), «Dans la poussière du soleil» (Balducci, 1972), «Le Dossier Odessa» (Neame, 1974), «Folies Bourgeoises» (Chabrol, 1976),

Simone Simon

«Le Voyage des damnés» (Rosenberg, 1976), «Superman» (Donner, 1978), «Just a Gigolo» (Hemmings, 1978), «Chroniques martiennes» (Anderson, 1979), «La Passante du Sans-Souci» (Rouffio, 1982).

ARTIE SHAW
23 mai 1910-30 décembre 2004
Il fut un clarinettiste à la très longue carrière. Côté cinéma, Artie Shaw, né Arthur Arshawsky, devint un temps producteur. Il apparut dans quelques films, dont «Swing Romance» (Potter, 1940), «Les Marx au grand magasin» (Reisner, 1941) ou encore «Millionaire de cinq sous» (Shavelson, 1959). Lana Turner, en 1940, et Ava Gardner, de 1945 à 1947, partagèrent sa vie.

SIMONE SIMON
23 avril 1910-22 février 2005
Simone Simon entame une brève carrière de mannequin et de dessinatrice de mode avant d'embrasser celle d'actrice. Elle obtient quelques figurations au théâtre et au cinéma. Son sourire félin et sa grâce de petite fille, ses grands yeux étonnés et son regard boudeur, sa fraîcheur irradiante ne laissent pas les metteurs en scène indifférents. Elle obtient son premier vrai rôle en 1931 dans «Le Chanteur inconnu» (Tourjansky), elle a 20 ans. Marc Allégret tombe sous le charme et lui fait tourner cinq films dont «Lac aux dames», en 1934, qui révèle aux yeux du grand public cette ingénue perverse aux côtés de Jean-Pierre Aumont. Subjugué, Darryl Zanuck, dirigeant de la Fox, lui offre un contrat à Hollywood. Elle y séjournera jusqu'en 1944 et y tournera onze films, dont «L'Heure suprême» (King, 1937), «La Féline» (Jacques Tourneur, 1942) où sa prestation de femme-panthère marquera à jamais le public américain, et «Mademoiselle Fifi» (Wise, 1944) où elle incarne Boule de Suif. En 1938, lors d'un retour en France, Jean Renoir lui offre un de ses plus beaux rôles, celui de Séverine, amoureuse et machiavélique, dans «La Bête humaine», et Raymond Bernard, malgré une grave mésentente, un de ses plus gros succès avec «Cavalcade d'amour» (1939). Dans les années 1950, Simone Simon tourne à deux reprises sous la direction de Max Ophuls («La Ronde» [1950] et «Le Plaisir» [1952]) avant de disparaître des écrans pour se consacrer entièrement au théâtre. En 1972, Michel Deville saura la décider à revenir devant la caméra, une dernière fois dans «La Femme en bleu». Nostalgie…
Autres principaux films : «La Petite Chocolatière» (M. Allégret, 1931), «Mam'zelle Nitouche» (M. Allégret, 1931), «Le Roi des palaces» (Gallone, 1932), «Un fils d'Amérique (Gallone, 1932), «L'Étoile de Valencia» (de Poligny, 1933), «Les Beaux jours» (M. Allégret, 1935), «Les Yeux noirs» (Tourjansky, 1935), «Dortoir de jeunes filles» (Cummings, 1936), «Ladies in Love» (E. Griffith, 1936), «Yvette, Yvette» (Lanfield, 1937), «Josette» (Dwan, 1938), «Tous les biens de la terre» (Dieterle, 1941), «Tahiti Honey» (Auer, 1943), «La Malédiction des hommes-chats» (Wise et von Frisch, 1944), «Johnny doesn't live here anymore» (May, 1944), «Petrus» (M. Allégret, 1946), «Temptation Harbour» (Comfort, 1947), «Femmes sans nom» (Radvanyi, 1949), «Olivia» (Audry, 1950), «Vêtir ceux qui sont nus» (Pagliero, 1953), «Double Destin» (Vicas, 1954), «The Extra Day» (Fairchild, 1956).

SUSAN SONTAG
1933-28 décembre 2004
Romancière, essayiste, grande intellectuelle à la pointe des combats pour la démocratie, Susan Sontag a écrit, entre autres, une virulente critique de l'œuvre de Leni Riefenstahl («Fascinating Fascism», 1975) et un ouvrage essentiel sur nos rapports à l'image (Sur la Photographie, 1977). Elle prolongea quatre fois sa réflexion écrite par le biais de la caméra : «Duett för Kannibaler» (1969), «Les Gémeaux» (1971) avec Geneviève Page et Laurent Terzieff, «Promised Lands» (1974), et «Unguided Tour» (1983).

ANDRÉE TAINSY
26 avril 1911-19 décembre 2004
Cette comédienne belge présente une carrière exemplaire. Au théâtre surtout, de ses débuts dans la Compagnie Pitoeff à Paris, avant la guerre, à sa dernière création en 2001, au Festival d'Avignon. À la radio, aussi, où elle mit sa voix douce à la diction si particulière rehaussée d'un accent indéfinissable au service de nombreuses émissions, pièces, dramatiques : «Tribune de l'Histoire», «Les Maîtres de l'Histoire»… À la télévision, bien sûr, où son jeu discret et toujours juste irradiait beaucoup de téléfilms. Au cinéma, enfin, si elle n'eut jamais la vedette, nombre de cinéastes lui proposèrent des seconds rôles dans lesquels elle donnait le meilleur d'elle-même comme dans «Poulet au vinaigre» (Chabrol, 1985) où elle est la gouvernante trop aimante de Jean Topart.
Autres principaux films : «Le Fruit mordu» (Rémy, 1945), «Au royaume des cieux» (Duvivier, 1949), «Ma femme est formidable» (Hunebelle, 1951), «La neige était sale» (Saslavsky, 1952), «Marie-Antoinette» (Delannoy, 1955), «Mannequins de Paris» (Hunebelle, 1956), «Une vie» (Astruc, 1958), «Le Journal d'une femme de chambre» (Bunuel, 1964), «Fantômas» (Hunebelle, 1964), «Z» (Costa-Gavras, 1969), «Peau d'âne» (Demy, 1970), «Beau Masque» (Paul, 1972), «L'Événement le plus important depuis que l'homme a marché sur la lune» (Demy, 1973), «L'Horloger de Saint-Paul» (Tavernier, 1974), «Que la fête commence» (Tavernier, 1975), «L'important c'est d'aimer» (Zulawski, 1975), «La Communion solennelle» (Féret, 1977), «Des enfants gâtés» (Tavernier, 1977), «Seuls» (Reusser, 1980), «Boulevard des assassins» (Tioulong, 1982), «Le Cœur fantôme» (Garrel, 1996), «Love etc.» (Vernoux, 1996), «Les Gens de passage» (Marini, 1998), «Code inconnu» (Hanecke, 2000), «Sous le sable» (Ozon, 2000), «Dans le rouge du couchant» (Cozarinsky, 2003), «Après vous» (Salvadori, 2003), «Rois et reine» (Desplechin, 2004).

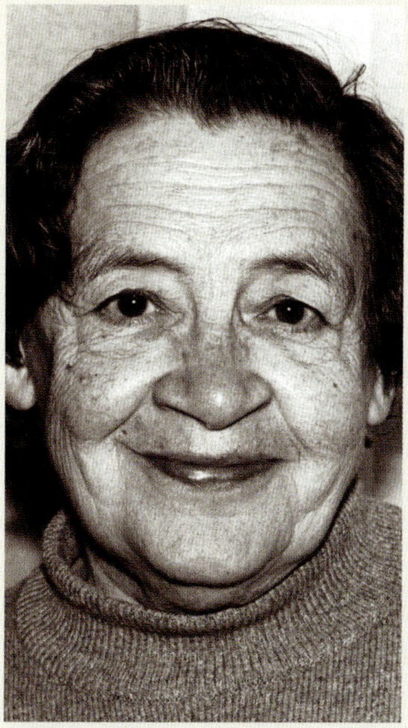

Andrée Tainsy

WAGUIH TAKLA
1943-12 novembre 2004
Comédien de vocation, Waguih Takla s'est retrouvé par hasard traducteur dans les festivals et les conférences de presse françaises. Fraîchement débarqué de New York où il enchaînait les rôles au théâtre, déjà parfaitement bilingue, il commence comme simple assistant d'attachée de presse au Festival de Cannes, aux alentours de 1985, puis, de fil en aiguille, débarque à Deauville et en devient la figure emblématique. Toujours soucieux de mettre l'artiste à l'aise, il s'efface chaque fois modestement et transforme à l'occasion remarques désagréables et charabias journalistiques en questions pertinentes. Avec élégance, humilité et gentillesse, il n'avait qu'un but : que les gens communiquent entre eux. Il travaillait aussi pour le Forum Cinéma et Littérature à Monaco et pour le Festival International de Cinéma au Caire. Présentateur de l'émission «Movie Stars» sur TPS cette année, il était toujours prêt à reprendre son métier de comédien pour une «panouille».

FRANK THOMAS
5 septembre 1912-8 setembre 2004
Il fut l'un des neuf dessinateurs-animateurs que Walt Disney engagea en 1934 pour la réalisation de son premier long métrage, «Blanche-Neige et les sept nains» : Frank Thomas s'occupa particulièrement de «Grincheux». Il a alors 22 ans et hormis pendant la période de la guerre où il partira combattre, Frank travaillera dans les studios jusqu'en 1977. Il animera Pinocchio ou Bambi glissant sur la mare gelée… Après la guerre, il participera à l'élaboration de la plupart des longs métrages du studio jusqu'au «Livre de la jungle» (1967). Il s'était spécialisé dans l'animation des méchants savoureux : la belle-mère de «Cendrillon», la reine de cœur d'«Alice

Pierre Trabaud

aux pays des merveilles» et le capitaine Crochet de «Peter Pan» lui doivent beaucoup – et nous aussi !

PIERRE TRABAUD
1922- 26 février 2005
Né Pierre Pibaret, il fait d'abord l'École des beaux-arts avant de fréquenter le cours Simon. En 1946, Jacques Becker lui offre le rôle principal d'«Antoine et Antoinette», puis le reprend, trois ans plus tard, pour «Rendez-vous de juillet» aux côtés de Daniel Gélin. Ces deux films font de lui une vedette et il enchaîne les rôles. La douceur grave, la tranquillité sereine qui émane de lui l'entraînent vers des personnages d'ecclésiastique comme dans «Le Défroqué» (1954) et «Le Désert de Pigalle» (1958) de Leo Joannon. Deux autres personnages ont beaucoup marqué sa carrière et nos mémoires : l'aviateur de l'escadrille «Normandie-Niemen» (Dréville, 1960) et l'instituteur de «La Guerre des boutons» (Robert, 1962). Et puis, Pierre Trabaud, c'est une voix, grave, profonde, tranquille : tout naturellement, il travailla dans le doublage et prêta sa voix à une kyrielle de personnages animés, de Popeye à Joe Dalton en passant par Daffy Duck. Mais il fut aussi la voix française de grands acteurs américains tels que Marlon Brando. Il travailla pour la télévision et réalisa en 1983 un joli film avec Jean-Pierre Castaldi et Jean-Pierre Darras : «Le Voleur de feuilles».
Autres principaux films : «Le Jugement dernier» (Chanas, 1945), «Sans laisser d'adresse» (Le Chanois, 1951), «Horizons sans fin» (Dréville, 1953), «Les Chiffonniers d'Emmaüs» (Darène, 1955), «Tu es mon fils» (Comencini, 1956), «Autour de minuit» (Tavernier, 1986), «La Vie et rien d'autre» (Tavernier, 1989).

THÉO VAN GOGH
23 juillet 1957-2 novembre 2004
Cinéaste et comédien souvent provocateur, Théo Van Gogh combattait depuis des mois la montée de l'extrémisme islamique au Pays-Bas. En 2004, il avait réalisé un téléfilm («Soumission») qui dénonçait la condition faite aux femmes par l'islam intégriste, avec la participation de la députée Ayaan Hirsi Ali. Il en est mort, égorgé très probablement par un islamiste d'origine marocaine, et Ayaan Hisri Ali dut se cacher face aux menaces de mort qu'elle avait reçues. Les films, parfois difficiles, de Théo Van Gogh sont pratiquement tous inédits en France.
Principaux films : «Luger» (1982) «Een Dagje naar het strand» (1984), «Charley» (1986), «Terug naar Oegstgeest» (1987), «Loos» (1989), «Vals licht» (1993), «Blind Date» (1996), «Au !» (1997), «De Pijnbank» (1998), «De Kampioen» (1999), «Baby Blue» (2001), «Interview» (2003), «Visions of Europe» (collectif de 25 réalisateurs, sketch : «Euroquiz», 2004), «Cool !» (2004).

CATHERINE VARLIN-WINTER
1925-22 décembre 2004
Pendant la guerre, Judith Hai-Hin, fille d'immigrés, a rejoint à quinze ans, les FTP – MOI dans la Résistance et prend le pseudonyme de Catherine Varlin. Elle sera ensuite journaliste à «L'Humanité» mais quittera le PC après l'écrasement de la révolution hongroise de 1956. À partir de 1960, elle réalise des documentaires dans les pays d'Afrique, seule ou avec Chris Marker, écrit plusieurs scénarios pour d'autres documentaristes et participe notamment à la production de «La Guerre est finie» (Resnais, 1965) et «Dupont-Lajoie» (Boisset, 1975).

GÉRARD DE VERBIZIER
25 juillet 1942-25 juillet 2004
Militant trotskiste de la première heure, aux côtés d'Alain Krivine et d'Henri Weber, Gérard de Verbizier s'implique largement dans le combat politique pendant les années 1960 et 70. Peu à peu, il va délaisser ses activités pour se consacrer au cinéma. Malgré une maladie rare de la rétine qui le rend progressivement aveugle, il collabore à la réalisation de plusieurs documentaires, notamment avec Anne Duruflé, scénarise les «Chroniques hongroises» de Gazdag (1991), et réalise avec Gilles Chevalier un film consacré à la rafle du Vél d'Hiv, «Sans oublier les enfants». Il produit, en 1988, «Témoins», le documentaire que Marcel Lozinski consacre à l'assassinat en Pologne (en juillet 1946) de rescapés du Génocide. Enfin, passionné d'automobile, il signe avec Marcel Teulade un documentaire à la gloire de «Renault, l'automobile de France».

Jacques Villeret

PASTOR VEGA
12 février 1940-2 juin 2005
Ce cinéaste est l'une des principales figures de l'industrie cinématographique cubaine des dernières décennies. Il fut responsable des relations internationales de l'Icaic (école de cinéma) et a dirigé pendant douze ans le Festival de cinéma de La Havane. Son premier long métrage de fiction, «Portrait de Thérèse» (1979), fut son plus grand succès tant à Cuba qu'à l'étranger. «Habanera» (1984) posait la problématique du féminisme sans vraiment convaincre. «Amour en terrain miné» (1988), «Dans l'air» (1992), «Vies parallèles» (1993) et «Les Prophéties d'Amanda» (2001), et ses films suivants, manqueront vraiment d'inspiration. Il était marié à l'actrice Daisy Granados, avec laquelle il a eu deux fils, dont Aaron Vega, lui-même acteur et metteur en scène de cinéma.

JACQUES VILLERET
6 février 1951-28 janvier 2005
Jacques Villeret fait ses armes au théâtre et Yves Boisset, le premier, lui donne sa chance au cinéma, dans «RAS» (1972). Acteur de composition, il incarnera très souvent le Français moyen, gentil rondouillard, assez naïf, fréquemment souffre-douleur des plus beaux ou des plus forts. Acteur fétiche de Claude Lelouch, il tourne à huit reprises avec le réalisateur. Ce dernier lui offre ses premiers rôles importants dans «Le Bon et les méchants» (1976) et surtout «Robert et Robert» (1978), qui lui vaut un César du meilleur second rôle. Jacques Villeret triomphe par ailleurs sur la scène dans des *one-man shows* désopilants. Il est pour la première fois en vedette au cinéma dans «Bête mais discipliné» (Zidi, 1979), mais c'est «La Soupe aux choux» (Girault, 1981), où il incarne un drôle et sympathique extra-terrestre face à Louis De Funès, qui l'impose définitivement aux yeux du grand public. Si le registre du comique est son jardin, il est à l'aise dans tous les genres : Jean-François Stévenin («Le Passe-montagne», 1978), Claude Sautet («Garçon !», 1983), Jean-Luc Godard («Prénom Carmen», 1984) ou encore Gérard Krawczyk («L'Été en pente douce», 1987) et quelques autres avaient compris que son œil malicieux pouvait masquer une grande mélancolie, que son air bonhomme cachait peut-être une tristesse profonde, et son exubérance, un mal-être existentiel. Au début des années 1990, il prend un certain recul avec le cinéma et triomphe au théâtre avec «La Contrebasse», d'après Patrick Süskind. C'est avec le rôle de François Pignon, qu'il avait créé sur scène, qu'il revient au cinéma dans «Le Dîner de cons» (Veber, 1998). Plus de 9 millions de spectateurs riront aux déboires du tandem Villeret-Lhermitte et un deuxième César, du meilleur acteur cette fois, salue sa performance. À l'orée du XXIe siècle, il collectionne les succès avec «Les Enfants du marais» (1999) et «Un crime au paradis» (2000) de Jean Becker, «Malabar Princess» (2004) de Gilles Legrand, «Vipère au poing» (2004) de Philippe de Broca et «Iznogoud» (2004) de Patrick Braoudé. Il avait achevé fin décembre 2004 le tournage des «Âmes grises» d'Yves Angelo.
Autres principaux films : «Un amour de pluie» (Brialy, 1974), «La Gueule ouverte» (Pialat, 1974), «Toute une vie» (Lelouch, 1974), «Dupont Lajoie» (Boisset, 1975), «Les Naufragés de l'île de la tortue» (Rozier, 1976), «Si c'était à refaire» (Lelouch, 1976), «Un autre

homme, une autre chance» (Lelouch, 1977), «Molière ou la vie d'un honnête homme» (Mnouchkine, 1978), «Mon premier amour» (Chouraqui, 1978), «Confidences pour confidences» (Pascal Thomas, 1979), «Mais où est donc Ornicar» (Van Effenterre, 1979), «Un balcon en fôret» (Mitrani, 1979), «À nous deux» (Lelouch, 1979), «Rien ne va plus» (Ribes, 1979), «Malevil» (de Chalonge, 1981), «Les Uns et les autres» (Lelouch, 1981), «Le Grand Frère» (Girod, 1982), «Danton» (Wajda, 1983), «Effraction» (Duval, 1983), «Édith et Marcel» (Lelouch, 1983), «Circulez, y a rien à voir» (Leconte, 1983), «Papy fait de la résistance» (Poiré, 1983), «Les Morfalous» (Verneuil, 1984), «Drôle de samedi» (Okan, 1985), «Hold-Up» (Arcady, 1985), «La Galette du roi» (Ribes, 1986), «Les Folles Années du twist» (Zemmouri, 1986), «Les Frères Pétard» (Palud, 1986), «Black Mic Mac» (Gilou, 1986), «Dernier été à Tanger» (Arcady, 1987), «Soigne ta droite» (Godard, 1987), «La Petite Amie» (Béraud, 1988), «Mangeclous» (Mizrahi, 1988), «Trois années» (Cazeneuve, 1990), «Les Secrets professionnels du docteur Apfelglück» (Palud, 1991), «588, rue Paradis» (Verneuil, 1992), «Le Bal des casse-pieds» (Robert, 1992), «La Montre, la croix et la manière» (Lewin, 1992), «Le Fils du Mékong» (Leterrier, 1992), «Parano» (Piquer, 1994), «Golden Boy» (Vergne, 1996), «Le Dîner de cons» (Veber, 1997), «Mookie» (Palud, 1998), «Les Acteurs» (Bertrand Blier, 2000), «Un aller simple» (Heynemann, 2001), «Effroyables Jardins» (Jean Becker, 2002), «Le Furet» (Mocky, 2003), «L'Antidote» (de Brus, 2005).

PHILIPPE VOLTER

23 mars 1959-13 avril 2005

Fils du metteur en scène de théâtre belge Claude Volter et de la comédienne Jacqueline Bir, Philippe Volter fait ses premiers pas sur une scène à quatre ans. Il débute au cinéma en Belgique dans des petits rôles. Avec son physique de jeune premier mystérieux, il retient l'attention de Gérard Corbiau qui lui propose le rôle du voyou apprenant le chant auprès d'un baryton dans «Le Maître de musique» (1988). Son rôle de mari violent dans «Les Bois noirs» (Deray, 1989) lui vaut une nomination au César du meilleur espoir, en 1990. La même année Krzysztof Kieslowski lui confie le rôle de l'amant d'Irène Jacob dans «La Double Vie de Veronique» et l'engage ensuite pour «Trois couleurs Bleu» (1993). En 1991, ce comédien à

Teresa Wright

la fois sensible et énergique est le héros de «Simple Mortel», audacieuse incursion de Pierre Jolivet dans la science-fiction. Les années 1990 le verront beaucoup s'impliquer au théâtre et à la télévision. Son dernier rôle au cinéma, il l'interprète dans «Les gens honnêtes vivent en France» (2004) de Bob Decout. Dépressif, il a mis fin à ses jours. Il venait d'avoir 46 ans.

FAY WRAY

10 septembre 1907-8 août 2004

D'origine canadienne, Fay Wray arrive très jeune à Los Angeles avec ses parents. Elle joue dès l'âge de seize ans dans de nombreux films muets. En 1926, Erich von Stroheim lui offre le rôle principal de son film monumental «La Symphonie nuptiale-Mariage de prince» et la place à l'orée de la gloire. Elle devient la partenaire des grands «amoureux» de l'époque : Gary Cooper, Fredric March ou William Powell. En trois films fantastiques, sa carrière bascule : le sculpteur bafoué Lionel Atwill en tombe amoureux fou dans «Masques de cire» (Curtiz, 1933) ; elle est traquée, en compagnie de Joel McCrea, par le dément Leslie Banks dans «Les Chasses du Comte Zaroff» (Shoedsack et Pichel, 1932) ; et, surtout, elle se trouve confrontée au «plus grand et au plus ténébreux séducteur d'Hollywood», le singe géant de l'immortel «King Kong» (Cooper et Shoedsack, 1933). C'est d'ailleurs son image de fiancée-prisonnière de l'animal qui lui collera définitivement à la peau. Loin de lui ouvrir les portes, ce rôle mythique l'emprisonne : sa carrière plafonne, s'enlise. À partir des années 1940, elle ne tourna plus qu'épisodiquement dans des films où elle n'était pas la vedette. On la vit encore quelques années à la télévision et sur les scènes de théâtre. Elle écrivit ses mémoires en 1989 («On The Other Hand»).

Autres principaux films : «Les Pilotes de la mort» (Wellman, 1928), «La Rue du péché» (Stiller, 1928), «L'Assommeur» (von Sternberg, 1929), «Les Quatre Plumes blanches» (Cooper, Schoedsack et Mendes, 1929), «Le Jardin impie» (Fitzmaurice, 1931), «Docteur X» (Curtiz, 1932), «L'Or des mers» (Rogell, 1933), «Le Bateau de nos rêves» (Roberts, 1933), «Le Faubourg aux mille péchés» (Walsh, 1933), «Madame Spy» (Freund, 1934), «Viva Villa» (Conway, 1934), «Les Amours de Cellini» (La Cava, 1934), «La Fille la plus riche du monde» (Seiler, 1934), «Le Clairvoyant» (Elvey, 1935), «La Famille Stroddard» (Ratoff, 1940), «Le Trésor du Guatemala» (Daves, 1953), «Le Joyeux Prisonnier» (Kardos, 1953), «La Toile d'araignée» (Minnelli, 1955), «Une Femme diabolique» (MacDougall, 1955), «Colère noire» (Tuttle, 1955), «Meurtrière ambition» (Oswald, 1957), «Tammy et le célibataire» (Pevney, 1957).

TERESA WRIGHT

27 octobre 1918-6 mars 2005

C'est après l'avoir vue à Broadway que Samuel Goldwyn l'engage, pour donner la réplique à Bette Davis dans «La Vipère» (Wyler, 1941). Elle se spécialise dans les rôles de jeune fille de bonne famille, plutôt désinvolte, ou de mère dévouée comme dans «Madame Miniver» (Wyler, 1942), qui lui vaut un Oscar du meilleur second rôle. Elle est ensuite inoubliable en Charlie, nièce admirative d'un oncle meurtrier, assaillie par les preuves de sa culpabilité dans «L'Ombre d'un doute» (Hitchcock, 1943). Après son troisième film avec Wyler («Les Plus Belles Années de notre vie», 1946), elle se voit enfin offrir des personnages plus adultes dans «La Vallée de la peur» de Raoul Walsh (1947) et «C'étaient des hommes» de Fred Zinnemann (1950), où elle donne la réplique à un débutant nommé Brando. Teresa Wright ne se considérait pas comme une actrice «glamour» et sa carrière déclinant dans les années 1950, elle se tourna vers la télévision en plein essor. James Ivory («Rendez-vous à Roseland», 1977) et Francis Ford Coppola («L'Idéaliste», 1997) lui offriront ses derniers rôles importants au cinéma.

Autres principaux films : «Vainqueur du destin» (Wood, 1942), «Vous qui avez vingt ans» (Reisz, 1948), «La Capture» (Sturges, 1949), «Californie en flammes» (Landers, 1952), «Gloire et fortune» (Cukor, 1953), «Escapade au Japon» (1957, Lubin), «Des yeux pour pleurer» (Kautner, 1958), «The Happy Ending» (Richard Brooks, 1969), «Déluge sur la ville» (Bellamy, 1976).

AHMED ZAKI

18 novembre 1949-27 mars 2005

L'Égypte et le monde arabe ont pleuré cette grande figure du cinéma national. Grand, brun, séducteur, les yeux noirs fiévreux, la bouche charnue et le teint mat, Ahmed Zaki avait abandonné, dans sa jeunesse, une formation de métallurgiste pour embrasser une carrière de comédien de théâtre d'abord, de cinéma ensuite. Dans la vingtaine de films (pratiquement tous inédits en France) qu'il avait tournés, nombreux étaient les rôles engagés qui dénonçaient la corruption politique ou l'oppression des paysans par de gros propriétaires sans scrupule. Dans «Alexandrie, pourquoi ?» (Chahine, 1978), il était un jeune révolutionnaire égyptien amoureux d'une jeune fille juive riche. Son immense popularité, il la devait aussi à deux rôles emblématiques : il avait été successivement Gamal Abdel Nasser dans «Nasser 56» (1996) et Anouar El Sadate dans «Ayam El-Sadat» (2001) de Mohamed Khan. Zaki est mort pendant le tournage d'un film sur la vie du célèbre chanteur de charme Abdel Halim Hafez, lui-même décédé en 1977.

MONICA ZETTERLUND

20 septembre 1937-12 mai 2005

Cette chanteuse de jazz suédoise avait connu son heure de gloire internationale en accompagnant le pianiste américain Bill Evans. Dans les années 1970, elle flirta sans lendemain avec le cinéma en jouant dans «Les Émigrants» (Troell, 1971) et «Tom Foot» (Widerberg, 1974).

Tous les génériques

JUILLET 2004

ALEXANDRIE... NEW YORK
Franco-égyptien (2 h 08). Réal. : Youssef Chahine. Scén. : Youssef Chahine, Khaled Youssef. Image : Ramses Marzouk. Son : Jérôme Ayasse, Dominique Hennequin. Décors : Hamed Hemdan. Cost. : Monia Fath El Bab. Mont. : Rachida Abdel Salam. Mus. : Yehia El Mougy. Avec Mahmoud Hémeida, Yousra, Ahmed Yéhia, Yousra El Lozy, Hala Sedki, Magda El Khatib, Nelly Karim, Sanaa Younes. Prod. : Ognon Pictures, MISR International Films, France 2 Cinéma, Soread 2M, Gimages Films. Dist. : Pyramide. (7 juillet 2004).

L'AMÉRICAIN
Français (1 h 34). Réal. : Patrick Timsit. Scén. : Patrick Timsit, Jean-Carol Larrivé, Jean-François Halin. Image : Pierre Morel. Son : Amaury de Nexon, Seppe Van Groeningen, Jean-Paul Hurier. Décors : Carlos Conti. Cost. : Béatrice Cousson, Juliette Chanaud. Mont. : Marcela Figueroa, Catherine Renault. Mus. : Nicolas Errèra, Valérie Lindon. Avec Lorànt Deutsch, Thierry Lhermitte, Émilie Dequenne, Paolo Seganti, Mathias Mlekuz, Patrick Leluherne, Richard Berry, Marianne Denicourt, Thomas Doucet. Prod. : Cipango Films, M6 Films, Tentative d'Évasion. Dist. : SND. (7 juillet 2004).

L'AMOUR SIX PIEDS SOUS TERRE
(PLOTS WITH A VIEW)
Britannique (1 h 36). Réal. : Nick Hurran. Scén. : Frederick Ponzlov. Image : James Welland. Son : Steve Cook, Alan Jones. Décors : Keith Maxwell. Mont. : John Richards. Mus. : Rupert Gregson-Williams. Avec Brenda Blethyn, Alfred Molina, Christopher Walken, Naomi Watts, Lee Evans, Jerry Springer. Prod. : Spice Factory Ltd, Snowfall Films Inc. Dist. : La Fabrique de Films. (28 juillet 2004).

ANA ET LES AUTRES
(ANA Y LOS OTROS)
Argentin (1 h 20). Réal., Scén., Prod. : Celina Murga. Image : Marcelo Lavintman, José Maria Pigu Gomez. Son : Federico Billordo. Décors : Sebastian Corujo. Mont. : Martin Mainoli. Avec Camila Toker, Ignacio Uslenghi, Natacha Massera, Juan Cruz Diaz La Barba. Dist. : ID Distribution. (28 juillet 2004).

ANY WAY THE WIND BLOWS
Belge (2 h 02). Réal., Scén., Mus. : Tom Barman. Image : Renaat Lambeets. Son : Christian Monheim, Thomas Gauder. Décors : Johan Van Essche. Mont. : Els Voorspoels. Avec Franck Vercruysssen, Diane de Belder, Eric Kloeck, Natali Broods, Matthias Schoenaerts, Sam Louwyck, Dirk Roofthooft, Jonas Boel, Titus de Voogdt. Prod. : Corridor. Dist. : ID Distribution. (7 juillet 2004).

L'APRÈS-MIDI DE MONSIEUR ANDESMAS
Français (1 h 19). Réal., Scén. : Michelle Porte, d'après le roman de Marguerite Duras. Image : Dominique Le Rigoleur. Son : Erwan Kerzanet. Décors : Loula Morin. Mont. : Colette Culbert. Mus. : Carlos d'Alessio. Avec Michel Bouquet, Miou-Miou, Paloma Veinstein, Anne Isserman, Patrick Roques. Prod. : MK2. Dist. : MK2 Diffusion. (14 juillet 2004).

ATOMIK CIRCUS
Franco-germano-britannique (1 h 29). Réal. : Didier et Thierry Poiraud. Scén. : Jean-Philippe Dugand, Vincent Tavier, Marie Carrel Weiss, Didier et Thierry Poiraud. Image : Philippe Le Sourd. Son : Brigitte Taillandier. Décors : Hervé Gallet. Mont. : Mario Battistel. Mus. : The Little Rabbits. Avec Vanessa Paradis, Jason Flemyng, Benoît Poelvoorde, Jean-Pierre Marielle, Venantino Venantini, Vincent Tavier. Prod. : Entropie Films. Dist. : TFM Distribution. (21 juillet 2004).

AUTOROUTE RACER
(AUTOBAHNRASER)
Germano-luxembourgeois (1 h 30). Réal. : Michael Keusch. Scén. : Robert Kulzer, Herman Weigel. Image : Hannes Hubach. Son : Stefan Busch, Michael Kranz. Décors : Christina Schaffer, Ralph Küfner. Mont. : Stefan Essel, Alexander Berner. Mus. : Stephen Keusch, Marco Meister. Avec Luke J. Wilkins, Alexandra Neldel, Henriette Richter-Röhl, Niels Bruno Schmidt, Manuel Cortez. Prod. : Constantin Film. Dist. : Metropolitan Filmexport. (21 juillet 2004).

BALLISTIC
(BALLISTIC : ECKS VS SEVER)
Américano-allemand (1 h 31). Réal. : Wych Kaosayananda. Scén. : Alan McElroy. Image : Julio Macat. Décors : Douglas Higgins. Mont. : Jay Cassidy, Caroline Ross. Mus. : Don Davis. Avec Antonio Banderas, Lucy Liu, Gregg Henry, Ray Park, Talisa Soto, Miguel Sandoval, Terry Chen. Prod. : Chris Lee Productions, Franchise Pictures. Dist. : Quinta Communications. (28 juillet 2004)

BONJOUR, MONSIEUR SHLOMI
(HA-KOCHAVIM SHEL SHLOMI)
Israëlien (1 h 34). Réal., Scén. : Shemi Zarhin. Image : Itzik Portal. Son : Eli Yarkoni. Décors : Ariel Glazer. Mont. : Einat Glaser Zarhin. Mus. : Yonatan Bar-Giora. Avec Oshri Cohen, Esti Zakheim, Arieh Elias, Albert Iluz, Yonatan Rozen. Prod. : Eitan Evan. Dist. : Limelight Distribution. (21 juillet 2004).

LE CADEAU D'ELENA
Franco-britannique (1 h 29). Réal. : Frédéric Graziani. Scén. : Danièle Giorico, Frédéric Graziani. Image : Antoine Héberlé. Son : Malcolm Davies. Décors : Sylvia Ghipponi. Cost. : Olga Pelletier. Mont. : Christophe Pinel. Mus. : Ilona Sekacz. Avec Michel Duchaussoy, Stéphane Rideau, Vahina Giocante, Andréa Ferréol, Marie-José Nat, Frédéric Graziani, Serge Nicolai, Elsa Saladin. Prod. : Ciné Nominé, Wild Bunch. Dist. : Rezo Films. (7 juillet 2004).

LA CAMÉRA DE BOIS
(THE WOODEN CAMERA)
Franco-africain du Sud (1 h 30). Réal. : Ntshavheni Wa Luruli. Scén. : Yves Buclet, Peter Speyer. Image : Gordon Spooner. Son : Chris Martin. Mont. : Kako Kelber. Mus. : Phil Sawyer. Avec Junior Singo, Innocent Msimango, Dana de Agrella, Lisa Petersen, Nicholas Jara, Jean-Pierre Cassel, Fats Bookholane. Prod. : Odelion. Dist. : Eurozoom. (28 juillet 2004).

CAUSE TOUJOURS !
Français (1 h 27). Réal. : Jeanne Labrune. Scén. : Jeanne Labrune, Richard Debuisne. Image : Christophe Pollock. Son : Éric Devulder, Jean-Pierre Laforce. Décors : Gabriel Cascarino, Frédérique Hurpeau. Cost. : Claire Fraïsse. Mont. : Anja Lüdcke. Mus. : Bruno Fontaine. Avec Victoria Abril, Jean-Pierre Darroussin, Sylvie Testud, Didier Bezace, Claude Perron, Richard Debuisne, Dominique Besnehard, Michèle Ernou. Prod. : Art-Light Productions, ARP, France 2 Cinéma, Rhône-Alpes Cinéma. Dist. : ARP Sélection. (28 juillet 2004).

CETTE SALE TERRE
(THIS FILTHY EARTH)
Britannique (1 h 51). Réal. : Andrew Kötting. Scén. : Andrew Kötting, Sean Lock, d'après le roman «La Terre» d'Émile Zola. Image : N. G. Smith. Son : John Pearson. Décors : Judith Stanley-Smith. Mont. : Cliff West. Mus. : David Burnand. Avec Shane Attwooll, Rebecca Palmer, Demelza Randall, Xavier Tchili, Ina Slough, Dudley Sutton. Prod. : Tall Stories. Dist. : E.D. Distribution. (28 juillet 2004).

CINÉVARDAPHOTO
Français (1 h 30). Réal. Agnès Varda. «Ydessa, les ours et etc.» (2004, 0 h 42). Image : Claire Duguet, John Holosko, Rick Kearney, Markus Seitz. Son : Jens Christian Börner, Robert Fletcher, Jason Milligan. Mont. : Jean-Baptiste Morin, Agnès Varda. Mus. : Didier Lockwood, Isabelle Olivier. «Ulysse» (1982, 0 h 21). Image : Jean-Yves Escoffier, Pascal Rabaud. Mont. : Marie-Josée Audiard, Hélène de Luze. «Salut les Cubains» (1963, 0 h 27). Image : Per Olaf Csongova, J. Marques. Mont. : Janine Verneau. Prod. : Ciné Tamaris, Garance, Société Nouvelle Pathé Cinéma. Dist. : Ciné Tamaris. (7 juillet 2004).

COMING APART
Américain, 1969 (1 h 50). Réal., Scén., Décors : Milton Moses Ginsberg. Image : Jack Yager. Son : Thomas M. Daniel, Al Gramaglia. Mont. : Lawrence Tetenbaum. Mus. : Francis Xavier. Avec Rip Torn, Sally Kirkland, Robert Blankshine, Darlen Cotton, Phoebe Dorin, Julie Garfield. Prod. : Kaleidoscope Films. Dist. : Gemini Films. (14 juillet 2004).

ELENI
(TRILOGIA I : TO LIVADI POU DAKRYZEI)
Franco-gréco-italien (3 h 05). Réal. : Theo Angelopoulos. Scén. : Theo Angelopoulos, Tonino Guerra, Petros Markaris, Giorgio Silvagni. Image : Andreas Sinanos. Son : Marinos Anthanassopoulos. Décors : Costas Dimitriadis, Giorgos Patsas. Cost. : Ioulia Stavridou. Mont. : Giorgos Triantafyllou. Mus. : Eleni Karaindrou. Avec Alexandra Aidini, Giorgos Armenis, Vassilis Kolovos, Nikos Poursanidis, Eva Kotamanidou. Prod. : Bac Films, Hellenic Radio et Television, Intermédias SA, Arte France Cinéma, Eurimages, Classic Srl. Dist. : Bac Films Distribution. (14 juillet 2004).

ESPRIT LIBRE
(CHASING LIBERTY)
Américain (1 h 48). Réal. : Andy Cadiff. Scén. : Derek Guiley, David Schneiderman. Image : Ashley Rowe. Son : Colin Nicolson. Décors : Martin Childs. Mont. : Jon Gregory. Mus. : Christian Henson. Avec Mandy Moore, Matthew Goode, Martin Hancock, Jeremy Piven, Annabella Sciorra, Caroline Goodall. Prod. : TradeMark Films. Dist. : Warner Bros. (21 juillet 2004).

ET L'HOMME CRÉA LA FEMME
(THE STEPFORD WIVES)
Américain (1 h 33). Réal. : Frank Oz. Scén. : Paul Rudnik, d'après le roman de Ira Levin. Image : Rob Hahn. Son : Danny Michael. Décors : Jackson De Govia. Mont. : Jay Rabinowitz. Mus. : David Arnold. Avec Nicole Kidman, Matthew Broderick, Bette Midler, Glenn Close, Christopher Walken, Roger Bart. Prod. : Scott Rudin Productions, De Line Pictures, DreamWorks SKG, Paramount Pictures. Dist. : UIP. (7 juillet 2004).

FAHRENHEIT 9/11
Américain (1 h 52). Réal., Scén. : Michael Moore. Image : Mike Desjarlais. Son : Francisco Latorre. Mont. : Kurt Engfehr, Christopher Seward, T. Woody Richman. Mus. : Jeff Gibbs. Avec Michael Moore, George W. Bush, John Conyers, Blaine Ober, Gordon Bobbitt. Prod. : Dog Eat Dog Films, Miramax Films. Dist. : Mars Distribution. (7 juillet 2004).

LA FERME SE REBELLE
(HOME ON THE RANGE)
Américain (1 h 16). Réal., Scén. : Will Finn, John Sanford. Direction artistique : David Cutler. Son : Tim Chau, Chris Pinkston, Dan Cubert. Mont. : H. Lee Peterson. Mus. : Alan Menken. Avec les voix en VO de Roseanne Barr, Judi Dench, Jennifer Tilly, Steve Buscemi, Cuba Gooding Jr. ; en VF de Marie Vincent, Claire Keim, Anthony Kavanagh, Martine Meirhaeghe. Prod. : Walt Disney Pictures. Dist. : Buena Vista International. (28 juillet 2004).

FILLES DE BONNE FAMILLE
(UPTOWN GIRLS)
Américain (1 h 32). Réal. : Boaz Yakin. Scén. : Julia Dahl, Mo Ogrodnik, Lisa Davidowitz. Image : Michael Ballhaus. Son : Robert Carr, Tod A. Maitland. Décors : Kalina Ivanov. Mont. : David Ray. Mus. : Lesley Barber, Joel McNeely. Avec Brittany Murphy, Dakota Fanning, Marley Shelton, Donald Faison, Heather Locklear, Jesse Spencer. Prod. : MGM, GreeneStreet Films. Dist. : UFD. (21 juillet 2004).

FOLLE EMBELLIE
Franco-belgo-canadien (1 h 50). Réal. : Dominique Cabrera. Scén. : Dominique Cabrera, Antoine Montperrin. Image : Hélène Louvart. Son : Olivier Calvert, Xavier Griette, Hans-Peter Strobl, Bernard Gariépy-Strobl. Décors : Raymond Sarti. Cost. : Nathalie Raoul. Mont. : Sophie Brunet. Mus. : Milan Kymlicka. Avec Miou-Miou, Jean-Pierre Léaud, Morgan Marinne, Maryline Canto, Julie-Marie Parmentier, Yolande Moreau, Gabriel Arcand, Olivier Gourmet. Prod. : Les Films de la Croisade, Ad Libitum, Tarantula, imX Communications. Dist. : ARP Sélection. (7 juillet 2004).

LES GAOUS
Franco-britannico-allemand (1 h 33). Réal. : Igor SK. Scén. : Igor SK, Jean-Marie Poiré. Image : Fritz Seemann, Michel Thiriet. Son : Jean-Marie Blondel, François-Joseph Hors, William Flageolet. Mont. : James et Glen French. Mus. : Julian Sykes, Vincent Prezioso. Avec Matthias Van Khache, Hervé Lassînce, Richard Bohringer, Mareva Galanter, Ticky Holgado. Prod. : ComédieStar, Carrère Group. Dist. : Océan Films. (7 juillet 2004).

GOODBYE, DRAGON INN
(BU SAN)
Taiwanais (1 h 20). Réal., Scén. : Tsai Ming-Liang. Image : Liao Pen-Jung. Son : Du Tuu-Chih. Cost. : Sun Huei-Mei. Mont. : Chen Sheng-Chang. Avec Lee Kang-Sheng, Chen Shiang-Chyi, Kyonobu Mitamura, Miao Tien, Shih Chun, Yang Kuei-Mei, Chen Chao-Jung. Prod. : Homegreen Films. Dist. : Diaphana Distribution. (21 juillet 2004).

GOZU
(GOKUDO KYOFU DAI-GEKIJO : GOZU)
Japonais (2 h 07). Réal. : Takashi Miike. Scén. : Sakichi Sâto. Image : Tanaka Kazunari. Son : Hitoshi Tsurumaki, Akira Nakano. Décors : Akira Ishige. Mont. : Yasuji Shimamura. Mus. : Hitoshi Tsurumaki, Akira Nakano. Avec Hideki Sone, Sho Aikawa, Kimika Yoshino, Shohei Hino, Keiko Tomita, Harumi Sone. Prod. : Klock Worx Co., Rakuei-sha. Dist. : Pretty Pictures. (14 juillet 2004).

HEAD-ON
(GEGEN DIE WAND)
Germano-turc (2 h). Réal., Scén. : Fatih Akin. Image : Rainer Klausman. Son : Richard Borowski. Décors : Tamo Kunz. Cost. : Katrin Aschendorf. Mont. : Andrew Bird. Mus. : Alexander Hacke. Avec Birol Ünel, Sibel Kekilli, Güven Kiraç, Meltem Cumbul, Cem Akin, Aysel Iscan, Demir Gœkgœl. Prod. : Wüste Filmproduktion, Corazon International, Arte, NDR, Panfilm. Dist. : MK2 Diffusion. (21 juillet 2004).

I, ROBOT
Américain (2 h). Réal. : Alex Proyas. Scén. : Jeff Vintar, Akiva Goldsman, d'après «Les Robots» d'Isaac Asimov. Image : Simon Duggan. Son : Tim Gomillion, James Kusan. Décors : Patrick Tatopoulos. Cost. : Elizabeth Keogh Palmer. Effets spéciaux : Mike Vézina. Effets visuels : John Nelson. Mont. : Jeffrey Ford, William Hoy, Richard Learoyd, Armen Minasian. Mus. : Marco Beltrami. Avec Will Smith, Bridget Moynahan, Alan Tudyk, James Cromwell, Bruce Greenwood, Adrian L. Ricard, Chi McBride, Jerry Wasserman, Fiona Hagan. Prod. : Davis Entertainment, Laurence Mark Prod., Overbrook, Canlaws Productions. Dist. : UFD. (28 juillet 2004).

JUST A KISS
(AE FOND KISS)
Britannique (1 h 43). Réal. : Ken Loach. Scén. : Paul Laverty. Image : Barry Ackroyd. Son : Ray Beckett. Décors : Martin Johnson. Cost. : Carole Miller. Mont. : Jonathan Morris. Mus. : George Fenton. Avec Atta Yaqub, Eva Birthistle, Ahmad Riaz, Shamshad Akhtar, Shabana Bakhsh, Ghizala Avan, David McKay, Gary Lewis, Raymond Mearns. Prod. : Sixteen Films, Bianca Films, EMC, Tornasol Films, Matador Pictures, Scottish Screen. Dist. : Diaphana Distribution. (14 juillet 2005).

KHORMA LE CRIEUR DE NOUVELLES
Franco-tunisien (1 h 20). Réal., Scén. : Jilani Saadi. Image : Gilles Porte. Son : David Rit, Moez Becheikh, Thomas Gauder, Benoît Biral. Décors : Anes Talmoudi. Mont. : Philippe Ravœt. Mus. : Khaled Namlaghi. Avec Med Graya, Med Mourali, Ramzi Brari, Hassen Khalsi, Lazhari Sbaï, Dalila Meftahi. Prod. : Pierre Javaux Productions, K-Star, K2, Jilani Saadi Productions. Dist. : Eurozoom. (14 juillet 2004).

MADAME BROUETTE
Canado-sénégalo-français (1 h 44). Réal. : Moussa Sene Absa. Scén. : Moussa Sene Absa, Gilles Desjardins. Image : Jean-Jacques Bouhon. Décors : Moustapha Ndiaye. Mont. : Mathieu Roy-Decarie. Mus. : Majoly Serga Fiori. Avec Ousseynou Diop, Rokhaya Niang, Aboubacar Sadikh Bâ, Kadiatou Sy. Prod. : Productions de la Lanterne, Productions La Fête et MSA Productions. Dist. : Océan Films. (21 juillet 2004).

LES MAÎTRES DU JEU
(SHADE)
Américain (1 h 35). Réal., Scén. : Damian Nieman. Image : Tony B. Richmond. Son : John Bires, Jeff Glueck, Rick Ash, Drew Webster, Stacy Hill. Cost. : Susanna Puisto. Mont. : Steven Kemper, Glen Garland, Jeff Gullo, Scott Conrad. Mus. : Christopher Young. Avec Sylvester Stallone, Stuart Townsend, Gabriel Byrne, Thandie Newton, Jamie Foxx, Melanie Griffith, Patrick Bauchau, Dina Merrill. Prod. : RKO Pictures, Blue Dolphin Productions. Dist. : Metropolitan Filmexport. (14 juillet 2004).

NE DIS RIEN
(TE DOY MIS OJOS)
Espagnol (1 h 49). Réal. : Iciar Bollain. Scén. : Iciar Bollain, Alicia Luna. Image : Carles Gusi. Son : Eva Valiño. Décors : Victor Molero. Mont. : Angel Hernandez. Mus. : Alberto Iglesias. Avec Laia Marulli, Luis Tosar, Candela Peña, Rosa Maria Sardà, Kiti Manver. Prod. : Alta Produccion, Producciones La Iguana. Dist. : Haut et Court. (7 juillet 2004).

POUR LE PLAISIR
Franco-belgo-britannique (1 h 22). Réal. : Dominique Deruddere. Scén. : Guy Zilberstein. Image : Jean-françois Robin. Son : Malcolm Davies. Décors : Hubert Pouille. Cast. : Patrick Hella. Mont. : Ludo Troch. Avec Samuel le Bihan, François Berléand, Nadié Farès, Olivier Gourmet, Lorànt Deutsch, Cécile Cassel, Harry Cleven, Anne Kessler, Lucy Russel. Prod. : Fildebroc, Capac, Zephyr Films, Otomatic, France 2 Cinéma. Dist. : Bac Films. (14 juillet 2004).

RADIO
Américain (1 h 49). Réal. : Mike Tollin. Scén. : Mike Rich. Image : Don Burgess. Son : Jeffree Bloomer. Décors : Clay A. Griffith. Mont. : Chris Lebenzon. Mus. : James Horner. Avec Cuba Gooding Jr., Ed Harris, Alfre Woodard, S. Epatha Merkerson, Brent Sexton. Prod. : Tollin/Robins Productions, Revolution Studios, Radio Productions. Dist. : Columbia TriStar Films. (14 juillet 2004).

RAIN
Néo-zélandais (1 h 32). Réal., Scén. : Christine Jeffs, d'après le roman de Kirsty Gunn. Image : John Toon. Son : Sam Petty, David Madigan. Cost. : Kirsty Cameron. Mont. : Paul Maxwell. Mus. : Neil Finn, Edmund McWilliams. Avec Alicia Fulford-Wierzbicki, Sarah Peirse, Marton Csokas, Alistair Browning, Aaron Murphy, David Taylor, Alison Routledge. Prod. : Rose Road, Communicado Productions, Rain Film Production, New Zealand Film Commission. Dist. : ARP Sélection. (21 juillet 2004).

RIDING GIANTS
Américain (1 h 37). Réal. : Stacy Peralta. Scén. : Stacy Peralta, Sam George. Image : Peter Pilafian, Don King, Sonny Miller, Grant Washburn. Son : Dane A. Davis, Eddie Kim, Lori Dovi. Mont. : Paul Crowder. Mus. : Matte. Avec Greg Noll, Jeff Clark, Laird Hamilton, Sam George, Dick Brewer, Peter Cole, Ricky Crigg, Pat Curren. Prod. : Forever Films. Dist. : Bodega Films. (21 juillet 2004).

SAN ANTONIO
Franco-britannico-italien (1 h 35). Réal. : Frédéric Auburtin. Scén. : Laurent Touil-Tartour, d'après «San Antonio» de Frédéric Dard. Image : Willy Stassen. Son : Pierre Gamet. Décors : Christian Marti. Mont. : Guy Lecorne. Mus. : Jean-Yves d'Angelo. Avec Gérard Lanvin, Gérard Depardieu, Michel Galabru, Barbara Schulz, Ériq Ebouaney, Michèle Bernier. Prod. : Pathé Renn Production. Dist. : Pathé Distribution. (21 juillet 2004).

SIETE DIAS, SIETE NOCHES
Franco-italo-cubain (1 h 46). Réal., Scén., Image, Mus. : Joel Cano. Son : Laurent Bailly, Alvaro Gramigna. Mont. : Adeline Yoyotte-Husson. Avec Orisel Gaspar, Eruadyé Muñiz, Ludmila Alonso-Yodu, Ingrid Gonzales, Mercedes Morales, Xiomara Palacios. Prod. : Les Films du Requin, Mélange, Sintra. Dist. : Shellac. (14 juillet 2004).

SPIDER-MAN 2
Américain (2 h 07). Réal. : Sam Raimi. Scén. : Alvin Sargent, d'après la bande dessinée de Stan Lee et Steve Ditko. Image : Bill Pope. Son : Adam Michalak, Joseph Geisinger, Douglas J. Schulman. Décors : Neil Spisak. Cost. : James Acheson. Effets spéciaux : John Dykstra. Effets visuels : Greg Anderson. Mont. : Bob Murawski. Mus. : Danny Elfman. Avec Tobey Maguire, Kirsten Dunst, James Franco, Alfred Molina, Rosemary Harris, J. K. Simmons. Prod. : Marvel Enterprises, Laura Ziskin Production, Columbia Pictures Corporation, Sony Pictures Ent. Dist. : Columbia TriStar Films. (14 juillet 2004).

LES TÉMOINS
(THE GATHERING)
Américano-britannique (1 h 32). Réal. : Brian Gilbert. Scén. : Anthony Horowitz. Image : Martin Fuhrer. Son : David Lay, Albert Bailey. Décors : Caroline Amies. Mont. : Masahiro Hirakubo. Mus. : Anne Dudley. Avec Christina Ricci, Ioan Gruffudd, Stephen Dillane, Kerry Fox, Peter McNamara, Harry Forrester, Robert Hardy. Prod. : Granada Film Productions, Samuelson Productions. Dist. : Swift Distribution. (14 juillet 2004).

TOLÉRANCE ZÉRO
(WALKING TALL)
Américain (1 h 26). Réal. : Kevin Bray. Scén. : Mort Briskin. Image : Glen MacPherson. Son : Matthew Iadarola. Décors : Brent Thomas. Mont. : George Bowers. Mus. : Tree Adams, Johnny Cash, Graeme Revell. Avec The Rock, Neal McDonough, Johnny Knoxville, John Beasley, Barbara Tarbuck, Khleo Thomas, Kristen Wilson. Prod. : Ashok Amritraj, Jim Burke, Lucas Foster. Dist. : UFD. (7 juillet 2004).

UN DUPLEX POUR TROIS
(DUPLEX)
Américain (1 h 37). Réal. : Danny DeVito. Scén. : Larry Doyle. Image : Anastas N. Michos. Son : Robert Renga. Décors : Robin Standefer, Stephen Alesch. Mont. : Lynzee Klingman, Greg Hayden. Mus. : David Newman. Avec Ben Stiller, Drew Barrymore, Eileen Essell, Harvey Fierstein, Justin Theroux, James Remar. Prod. :Red Hour Films, Flower Films. Dist. : TFM Distribution. (7 juillet 2004).

UN MARIAGE À BOSTON
(THE LATE GEORGE APLEY)
Américain, 1947 (1 h 38). Réal. : Joseph L. Mankiewicz. Scén. : Philipe Dunne, d'après la pièce de George S. Kaufman et John P. Marquand, inspirée du roman de ce dernier, «The Late George Apley»). Image : Joseph LaShelle. Son : Bernard Freericks, Roger Heman. Cost. : Ren Hubert. Mont. : James B. Clark. Mus. : Cyril J. Mockridge, Alfred Newman. Avec Ronald Colman, Peggy Cummins, Vanessa Brown, Richard Haydn, Charles Russell, Richard Ney, Edna Best, Mildred Natwick. Prod. : 20th Century Fox. Dist. : Cipa. (7 juillet 2004).

25° EN HIVER
Belgo-franco-espagnol (1 h 30). Réal. : Stéphane Vuillet. Scén. : Stéphane Vuillet, Pedro Romero, Stéphane Malandrin. Image : Walther Vanden Ende. Son : Olivier Espel, Emmanuel de Boissieu. Décors : Manu Demeulemeester. Cost. : Bernadette Corstens. Mont. : Anne-Laure Guégan. Mus. : Tristan Guillet. Avec Jacques Gamblin, Carmen Maura, Ingeborga Dapkunaite, Raphaëlle Molinier, Pedro Romero, Lubna Azabal, Laurence Vielle, Patrick Massieu. Prod. : Man's Films Production, Lancelot Films, Alokatu, RTBF. Dist. : Les Films du Safran. (21 juillet 2004).

AOÛT 2004

A GUY THING (IVRESSE ET CONSÉQUENCES)
(A GUY THING)
Américain (1 h 41). Réal. : Chris Koch. Scén. : Bill Wrubel, Matt Tarses, Pete Schwaba, Greg Glienna. Image : Robbie Greenberg. Son : Larry Sutton. Décors : Dan Davis. Mont. : David Moritz. Mus. : Mark Mothersbaugh. Avec Jason Lee, Julia Stiles, Selma Blair, James Brolin, Shawn Hatosy, Lochlyn Munro, Diana Scarwid, David Koechner, Julie Hagerty, Thomas Lennon, Jackie Burroughs, Jay Brazeau. Prod. : David Ladd Films, MGM. Dist. : Bodega Films. (11 août 2004).

ASSASSINATION TANGO
Américain (1 h 54). Réal., Scén. : Robert Duvall. Image : Félix Monti. Son : Steve C. Aaron. Décors : Stefania Cella. Cost. : Beatriz De Benedetto. Mont. : Stephen Mack. Mus. : Luis Enriquez Bacalov. Avec Robert Duvall, Ruben Blades, Kathy Baker, Luciana Pedraza, Julio Oscar Mechoso, James Keane. Prod. : American Zoetrope, Butcher's Run Films. Dist. : Bodega Films. (18 août 2004).

LE BOIS LACTÉ
(MILCHWALD)
Allemand (1 h 27). Réal. : Christoph Hochhäusler. Scén. : Christoph Hochhäusler, Benjamin Heisenberg. Image : Ali Olay Gözkaya. Son : Thorsten Bolze. Décors : Maximilian Lange. Mont. : Gisela Zick. Avec Judith Engel, Sophie Conrad, Miroslaw Baka, Horst-Günter Marx, Leo Bruckmann. Prod. : Clarens Grollmann, Mario Stefan. Dist. : ASC Distribution. (4 août 2004).

CABIN FEVER
Américain (1 h 32). Réal. : Eli Roth. Scén. : Eli Roth, Randy Pearlstein. Image : Scott Kevan. Son : Brian Best. Décors : Franco-Giacomo Carbone. Mont. : Ryan Fosley. Mus. : Angelo Badalamenti. Avec Rider Strong, Jordan Ladd, James DeBello, Cerina Vincent, Joey Kern, Giuseppe Andrews, Arie Verveen. Prod. : Lion Gate Entertainment. Dist. : Metropolitan Filmexport. (25 août 2004).

LES CHRONIQUES DE RIDDICK
(PITCH BLACK 2 : CHRONICLES OF RIDDICK)
Américain (1h55). Réal., Scén. : David Twohy, d'après les personnages créés par Jim et Ken Wheat. Image : Hugh Johnson. Son : John Bires, Rob Young. Décors : Holger Gross. Effets spéciaux : Bill Orr. Effets visuels : Peter Chiang, Jamie Dixon. Mont. : Martin Hunter, Tracy Adams, Denis Virkler. Mus. : Graeme Revell. Avec Vin Diesel, Judi Dench, Keith David, Thandie Newton, Colm Feore, Karl Urban, Alexa Davalos. Prod. : Radar Pictures. Dist. : UIP. (18 août 2004).

CRIME CONTRE L'HUMANITÉ
(THE STATEMENT)
Canado-franco-américain (2 h). Réal. : Norman Jewison. Scén. : Ronald Harwood, d'après le roman de Brian Moore. Image : Kevin Jewison. Mont. : Andrew S. Eisen, Stephen Rivkin. Mus. : Normand Corbeil, Paul Intson. Avec Michael Caine, Tilda Swinton, Jeremy Northam, Alan Bates, Charlotte Rampling, John Neville. Prod. : Serendipity Point Films, BBC Productions. Dist. : Bac Films. (25 août 2004).

EN EAUX PROFONDES
(OPEN WATER)
Américain (1 h 20). Réal., Scén., Mont. : Chris Kentis. Image : Chris Kentis, Laura Lau. Son : Tom Ozanich, Glenn T. Morgan. Mus. : Joel C. High.

Avec Blanchard Ryan, Daniel Travis, Saul Stein, Estelle Lau, Michael E. Willliamson, Christina Zenarro. Prod. : Plunge Pictures LLC. Dist. : Metropolitan Filmexport. (11 août 2004).

ÉROS THÉRAPIE
Français (1 h 40). Réal. : Danièle Dubroux. Scén. : Danièle Dubroux, Pascal Richou. Image : Jean-Marc Fabre. Son : François Maurel. Décors : Valérie Saradjian. Cost. : Dolores Gonzales. Mont. : Laurent Roüan, Emmanuel Labbé. Mus. : Reno Isaac. Avec Catherine Frot, Isabelle Carré, François Berléand, Melvil Poupaud, Claire Nebout, Julie Depardieu, Eva Ionesco, Marc Andreoni, Emmanuelle Riva, Jacques François, Bruno Sermone. Prod. : Maïa Films. Dist. : Gemini Films. (25 août 2004).

EXILS
Français (1 h 44). Réal., Scén. : Tony Gatlif. Image : Céline Bozon. Son : Philippe Welsh. Décors : Brigitte Brassart. Mont. : Monique Cartonne. Avec Romain Duris, Lubna Azabal, Leïla Makhlouf, Habib Cheik, Zouhir Gacem. Prod. : Princes Films. Dist. : Pyramide Distribution. (25 août 2004).

LA FEMME DE SEISAKU
(SEISAKU NO TSUMA)
Japonais, 1965 (1 h 33). Réal. : Yasuso Masumura. Scén. : Kaneto Shindô, d'après le roman de Genjiro Yoshida. Image : Tomohiro Akino. Décors : Tomoo Shimogawara. Mont. : Tatsuji Nakashizu. Avec Ayako Wakao, Takahiro Tamura, Yuka Konno, Nobuo Chiba, Yuzo Hayakawa. Prod. : Masaichi Nagata. Dist. : Zootrope Films. (4 août 2004).

GARFIELD
Américain (1 h 20). Réal. : Peter Hewitt. Scén. : Joel Cohen, Alec Skolow, d'après la bande dessinée de Jim Davis. Image : Dean Cundey. Son : David MacMillan. Mont. : Peter Berger. Mus. : Christophe Beck. Avec Breckin Meyer, Jennifer Love Hewitt, Stephen Tobolowsky, Evan Arnold et la voix de Bill Muray. Prod. : 20th Century Fox. Dist. UFD. (11 août 2004).

HELLBOY
Américain (2 h 02). Réal. : Guillermo Del Toro. Scén. : Guillermo Del Toro, Peter Briggs, d'après les bandes dessinées de Mike Mignola. Image : Guillermo Navarro. Son : Frédéric Le Louet, Steve Boeddeker, Mark Holding. Décors : Stephen Scott. Cost. : Wendy Partridge. Effets spéciaux : Nick Allder. Effets visuels : Edward Irastorza, Jonathan Rothbart. Mont. : Peter Amundson. Mus. : Marco Beltrami. Avec Ron Perlman, John Hurt, Selma Blair, Rupert Evans, Karel Roden, Jeffrey Tambor. Prod. : Lawrence Gordon Productions, Revolution Studios. Dist. : Gaumont Columbia TriStar Films. (11 août 2004).

HIGHWAYMEN
Américain (1 h 20). Réal. : Robert Harmon. Scén. : Craig Mitchell, Hans Bauer. Image : Rene Ohashi, João Fernandes. Son : John Bires, John J. Thomson. Mont. : Chris Peppe. Mus. : Mark Isham. Avec Jim Caviezel, Rhona Mitra, Colm Feore, Frankie Faison, Andrea Roth. Prod. : Mike Marcus, Carroll Kemp, Brad Jenkel, Avi Lerner. Dist. : Metropolitan Filmexport. (4 août 2004).

ILS SE MARIÈRENT ET EURENT BEAUCOUP D'ENFANTS
Français (1 h 40). Réal., Scén. : Yvan Attal. Image : Rémy Chevrin. Son : Didier Saïn, Jean-Paul Hurier, Jean Goudier, Marc Doise. Décors : Katia Wyszkop. Cost. : Jacqueline Bouchard. Mont. : Jennifer Augé. Avec Charlotte Gainsbourg, Yvan Attal, Alain Chabat, Alain Cohen, Emmanuelle Seigner, Angie David, Marie-Sophie Wilson, Claude Berri, Anouk Aimée, Aurore Clément, Stéphanie Murat, Ruben Marx, Johnny Depp. Prod. : Pathé Renn Production. Dist. : Pathé Distribution. (25 août 2004).

JE SUIS UN ASSASSIN
Français (1 h 52). Réal. : Thomas Vincent. Scén. : Thomas Vincent, Maxime Sassier, d'après le roman de Donald E. Westlake, «Le Contrat». Image : Dominique Bouilleret. Son : François Maurel, Olivier Dô Hùu. Décors : Michel Barthélémy. Cost. : Pascaline Chavanne. Effets visuels : Stéphane Bidault. Mont. : Pauline Dairou. Mus. : Krishna Levy. Avec François Cluzet, Karin Viard, Bernard Giraudeau, Anne Brochet, Jacques Spiesser, Dominique Constanza, Antoine Chappey, Cécile Richard. Prod. : Fidélité Productions, France 3 Cinéma, Gimages Films. Dist. : Mars Distribution. (11 août 2004).

J'ME SENS PAS BELLE
Français (1 h 25). Réal., Scén. : Bernard Jeanjean. Image : Pierre Aïm. Son : Laurent Benaïm. Décors : Laurent Allaire. Cost. : François Billard. Mont. : Nathalie Hubert. Mus. : Valmont. Avec Marina Foïs, Julien Boisselier. Et les voix de Isabelle Nanty, Didier Benureau, Julie Durand, Matthias Van Khache. Prod. : Karé Productions, Delante Films, SND. Dist. : SND. (4 août 2004).

LADY CHANCE
(THE COOLER)
Américain (1 h 41). Réal. : Wayne Kramer. Scén. : Wayne Kramer, Frank Hannah. Image : Jim Whitaker. Décors : Tony Corbett. Mont. : Arthur Coburn. Mus. : Mark Isham. Avec William H. Macy, Alec Baldwin, Maria Bello, Shawn Hatosy, Ron Livingston, Paul Sorvino. Prod. : Content Film. Dist. : Bac Films. (18 août 2004).

LA LÉGENDE DU CID
(EL CID, LA LEYENDA)
Espagnol (1 h 30). Réal., Scén : José Pozo. Animation : Ando Tammik. Mont. : Félix Bueno. Mus. : Oscar Arujo. Avec les voix de Manuel Fuentes, Sancho Gracia, Carlos Latre, Loles Leon, Natalia Verbeke. Prod. : Castelao Producciones. Dist. : CTV International. (18 août 2004).

MAFIA LOVE
(AVENGING ANGELO)
Américain, 2002 (1 h 36). Réal. : Martyn Burke. Scén. : Will Aldis, Steve Mackall. Image : Ousama Rawi. Son : Greg Chapman. Décors : Eric Fraser. Mont. David Codron. Mus. : Bill Conti. Avec Sylvester Stallone, Madeleine Stowe, Anthony Quinn, Raoul Bova. Prod. : Quinta Communications, Cinema Holdings, Lionweed. Dist. : Quinta Communications. (11 août 2004).

MARIAGE ET CONSÉQUENCES
(JUMP TOMORROW)
Américain (1 h 37). Réal., Scén. : Joel Hopkins. Image : Patrick Cady. Décors : John Paino. Mont. : Susan Littenberg. Mus. : John Kimbrough. Avec Tunde Adebimpe, Hippolyte Girardot, Natalia Verbeke, Patricia Mauceri, James Wilby, Isiah Whitlock Jr, Kaili Vernoff. Prod. : Eureka Pictures. Dist. : ARP sélection. (11 août 2004).

LE MIRACLE SELON SALOMÉ
(O MILAGRE SEGUIA SALOMÉ)
Franco-portugais (1 h 36). Réal., Image : Mario Barroso. Scén. : Carlos Saboga, d'après le roman de José Rodrigues Miguéis. Son : Pedro Melo. Mont. : Francisco Salvador. Mus. : Bernardo Sassetti. Avec Nicolau Breyner, Ana Bandeira, Ricardo Pereira, Paulo Pires, Filipe Duarte, Ana Padrão, Margarida Miranda. Prod. : Madragoa Filmes, Gemini Films. Dist. : Gemini Films. (18 août 2004).

MON BOSS, SA FILLE ET MOI
(MY BOSS'S DAUGHTER)
Américain (1 h 26). Réal., Scén. : David Zucker. Image : Martin McGrath. Son : Eric J. Batut. Décors : Johanne Hubert. Mont. : Samuel Craven, Patrick Lussier. Mus. : Teddy Castellucci. Avec Ashton Kutcher, Tara Reid, Terence Stamp, Michael Madsen, Carmen Electra, Jeffrey Tambor, Andy Richter, Jon Abrahams. Prod. : Dimension Films. Dist. : TFM Distribution. (25 août 2004).

MON PÈRE EST INGÉNIEUR
Français (1 h 48). Réal. : Robert Guédiguian. Scén. : Robert Guédiguian, Jean-Louis Milési. Image : Renato Berta. Son : Laurent Lafran. Décors : Michel Vandestien. Cost. : Juliette Chanaud. Mont. : Bernard Sasia. Mus. : Arto Tunçboyaciyan. Avec Ariane Ascaride, Jean-Pierre Darroussin, Gérard Meylan, Pascale Roberts, Jacques Boudet, Pierre Banderet, Patrick Bonnel, Frédérique Bonnal, Christine Brücher, Mathilda Duthu, Youssef Sahbeddine. Prod. :Agat Films & Cie, France 3 Cinéma, Gimages Films, Mikros Image. Dist. : Diaphana Distribution. (18 août 2004).

MON VOISIN LE TUEUR 2
(THE WHOLE TEN YARDS)
Américano-allemand (1 h 38). Réal. : Howard Deutch. Scén. : George Gallo, d'après les personnages de Mitchell Kapner. Image : Neil Roach. Son : Edward Tise. Décors : Virginia Randolph-Weaver. Mont. : Seth Flaum. Mus. : John Debney. Avec Bruce Willis, Matthew Perry, Amanda Peet, Kevin Pollack, Natasha Henstridge, Frank Collison, Johnny Messner. Prod. : Cheyenne Enterprises. Dist. : Warner Bros. (11 août 2004).

MRS DALLOWAY
Américain, 1997 (1 h 37). Réal. : Marleen Gorris. Scén. : Eileen Atkins, d'après le roman de Virginia Woolf. Image : Sue Gibson. Mont. : Michel Reichwein. Mus. : Illona Sekacs. AvecVanessa Redgrave, Natascha McElhone, Rupert Graves, Michael Kitchen, Alan Cox, Sarah Badel. Prod. : Bayly, Paré. Dist. : Les Acacias. (25 août 2004).

NE QUITTEZ PAS !
Français (1 h 42). Réal. : Arthur Joffé. Scén. : Arthur Joffé, Guy Zilberstein. Image : Philippe Welt. Son : Pierre Gamet. Décors : Michèle Abbe. Mont. : Marie Castro-Vasquez. Mus. : Angélique & Jean-Claude Nachon. Avec Sergio Castellito, Isabelle Gélinas, Rachida Brakni, Tchéky Karyo, Dominique Pinon, Laszlo Szabo, Lisette Malidor, et la voix de Michel Serrault. Prod., Dist. : Les Films du Losange. (18 août 2004).

NOS AMIS LES FLICS
Français (1 h 30). Réal. : Bob Swaim. Scén. : Bob Swaim, Mathieu Fabiani, Laurent Chalumeau, d'après le roman de Jay Cronley, «Cheap Shot». Image : Thierry Jault. Son : Antoine Deflandre. Décors : Denis Mercier. Mont. : Emmanuelle Labbé. Mus. : Philippe Kelly. Avec Frédéric Diefenthal, Armelle Deutsch, Lorànt Deutsch, Daniel Auteuil, Atmen Kelif, François Levanthal, Hippolyte Girardot. Prod. : Alicéléo. Dist. : TFM Distribution. (4 août 2004).

PÈRE ET FILLE
(JERSEY GIRL)
Américain (1 h 43). Réal., Scén. : Kevin Smith. Image : Vilmos Zsigmond. Son : Tom Myers. Décors : Robert Holtzman. Mont. : Scott Mosier, Kevin Smith. Mus. : Robert Smith, James L. Venable. Avec Ben Affleck, Liv Tyler, George Carlin, Stephen Root, Mike Starr, Raquel Castro, Jason Biggs, Jennifer Lopez. Prod. : Miramax Films. Dist. : TFM Distribution. (11 août 2004).

LES PETITS BRAQUEURS
(CATCH THAT KID)
Américano-allemand (1 h 32). Réal. : Bart Freundlich. Scén. : Michael Brandt, Derek Haas. Image : Julio Macat. Son : Ed White, Robert Carr. Décors : Tom Meyer. Cost. : Salvador Pérez Jr. Mont. : Stuart Levy. Mus. : George S. Clinton. Avec Kirsten Stewart, Corbin Bleu, Max Thieriot, Jennifer Beals, Sam Robards, John Carroll Lynch, James Le Gros, Michael Des Barres, Stark Sands, Lennie Loftin, François Girodet. Prod. : Catch that Girl, Splendid Productions, Mediastream Dritte Film, Mad Chance. Dist. : UFD. (4 août 2004).

RENDEZ-VOUS AVEC UNE STAR
(WIN A DATE WITH TAD HAMILTON !)
Américain (1 h 35). Réal. : Robert Luketic. Scén. : Victor Levin. Image : Peter Lyons Colister. Son : Erin Michael Retting, David M. Ronne. Décors : Missy Stewart. Cost. : Catherine Adair. Mont. : Scott Hill. Mus. : Liz Phair, Ed Shearmur, John Mayer, BT et Rose McGowan. Avec Kate Bosworth, Topher Grace, Josh Duhamel, Nathan Lane, Sean Hayes, Gary Cole. Prod. : Dreamworks, Red Wagon Productions. Dist. : UIP. (4 août 2004).

LE ROI ARTHUR
(KING ARTHUR)
Américain (2 h 06). Réal. : Antoine Fuqua. Scén. : David Franzoni. Image : Slawomir Idziak. Décors : Dan Weil. Mont. : Conrad Buff, Jamie Pearson. Mus. : Hans Zimmer. Avec Clive Owen, Ioan Gruffudd, Keira Knightley, Stellan Skarsgård, Stephen Dillane, Ray Winstone, Hugh Dancy. Prod. : Touchstone Pictures. Dist. : Buena Vista International. (4 août 2004).

LE SOLEIL ASSASSINÉ
Franco-belgo-algérien (1 h 25). Réal., Scén. : Abdelkrim Bahloul. Image : Charlie Van Damme. Son : Faouzi Thabet. Décors : Bruno Beaugé, Taoufik Behi. Mont. : Jacques Witta, Pierre Didier. Mus. : Jean-Marie Sénia. Avec Charles Berling, Mehdi Dehbi, Ouassini Embarek, Clotilde de Bayser, Abbes Zahmani, Julia Maraval, Lofti Abdelli. Prod. : Mact Production. Dist. : Pierre Grise Distribution. (18 août 2004).

TIC TROUBLE INVOLONTAIRE COMPULSIF
Français (1 h 30). Réal., Scén. : Philippe Locquet. Image : Tatiana Margaux. Son : Georges Prat, Lucien Balibar, Anne Maisonhaute. Décors : Laurent Dorat. Mont. : Suzanne Koch. Avec Mathieu Lagarrigue, Annie Pauleau-Gautier, Bruno Therasse, Nelly Amado, Max Boublil, Léandre Torrès. Prod. : Extravaganza, Caroline Production. Dist. : Tecumseh. Works. (4 août 2004).

LE TOUR DU MONDE EN 80 JOURS
(AROUND THE WORLD IN 80 DAYS)
Américain (2 h). Réal. : Franck Coraci. Scén. : David Titcher, David Benulto, David Goldstein, d'après le

roman de Jules Verne. Image : Phil Meheux. Son : Nick Adams, Ian Voigt. Décors : Perry Blake. Cost. : Anna Shepard. Mont. : Tom Lewis. Mus. : Trevor Jones. Avec Jackie Chan, Steve Coogan, Jim Broadbent, Cécile de France, Ewen Bremner, Ian McNeice, Kathy Bates, John Cleese. Prod. : Mostow/Lieberman Productions. Dist. : Pathé Distribution. (11 août 2004).

TOUT LE PLAISIR EST POUR MOI
Français (1 h 22). Réal. : Isabelle Broué. Scén. : Isabelle Broué, Hélène Woillot. Image : Christophe Offenstein. Son : Laurent Benaïm. Décors : Yan Arlaud. Mont. : Andrea Sedlackova. Mus. : Éric Neveux. Avec Marie Gillain, Julien Boisselier, Garence Clavel, Brigitte Roüan, Tsilla Chelton, Lionel Abelanski, Idit Cebula, François Marthouret, Agathe Teyssier. Prod. : Elzévir Films. Dist. : Mars Distribution. (18 août 2004).

30 ANS SINON RIEN
(13 GOING ON 30)
Américain (1 h 38). Réal. : Garry Winick. Scén. : Josh Goldsmith, Cathy Yuspa. Image : Don Burgess. Son : David Macmillan, James Sabat. Décors : Garreth Stover. Mont. : Susan Littenberg. Avec Jennifer Garner, Mark Ruffalo, Judy Greer, Andy Serkis, Kathy Baker, Phil Reeves, Samuel Ball. Prod. : Revolution Studios. Dist. : Gaumont Columbia TriStar Films. (4 août 2004).

UN FILS
Français (53 mn). Réal. : Amal Bedjaoui. Scén. : Amal Bedjaoui, Isabelle Pichaud. Image : Nara Keo Kosal. Décors : Chloé Trevelot. Mont. : Gwen Mallauran. Mus. : Matthieu Charter. Avec Mohamed Hicham, Hammou Graïa, Isabelle Pichaud, Aurélien Recoing, Ticino da Silva, Olivier Rabourdin, Philippe Carta, Walid Afkir. Prod. : ML Productions. Dist. : Eurozoom. (25 août 2004).

UNE JOURNÉE À NEW YORK
(NEW YORK MINUTE)
Américain (1 h 30). Réal. : Dennie Gordon. Scén. : Emily Fox, Adam Cooper, Bill Collage. Image : Greg Gardiner. Son : Brian W. Jennings. Décors : Michael Carlin. Mont. : Roderick Davis, Michael Jablow. Mus. : George S. Clinton. Avec Ashley et Mary-Kate Olsen, Eugene Levy, Andy Richter, Riley Smith, Jared Padalecki, Drew Pinsky. Prod. : Dualstar, Di Novi Pictures. Dist. : Warner Bros. (18 août 2004).

LE VILLAGE
(THE VILLAGE)
Américain (1 h 48). Réal., Scén. : M. Night Shyamalan. Image : Roger Deakins. Son : Thomas S. Drescher. Décors : Tom Foden. Cost. : Anne Roth. Effets spéciaux : Steve Cremin. Effets visuels : Syd Hutton. Mont. : Christopher Tellefsen. Mus. : James Newton Howard. Avec Joaquin Phœnix, Bryce Dallas Howard, Adrien Brody, William Hurt, Sigourney Weaver, Brendan Gleeson, Cherry Jones, Jayne Atkinson, Judy Greer, Fran Kranz, Michael Pitt, Celia Weston. Prod. : Touchstone Pictures. Dist. : Buena Vista International. (18 août 2004).

SEPTEMBRE 2004

ADIEU
Français (2 h 04). Réal., Scén., Mont. : Arnaud des Pallières. Image : Julien Hirsch. Son : Jean-Pierre Duret. Mus. : Martin Wheeler. Avec Michael Lonsdale, Alex Bogousslavsky, Olivier Gourmet, Laurent Lucas, Auroré Clément, Mohamed Rouabhi, Thierry Bosc, Carlo Brandt, Karole Rocher, Jacques Dacqmine et la voix de Mathieu Amalric. Prod. : Les Films d'Ici, Arte France, Conseil Régional d'Auvergne. Dist. : Shellac. (8 septembre 2004).

CARNETS DE VOYAGE
(DIARIOS DE MOTOCICLETA)
Argentino-péruvio-chilio-brésilo-américain (2 h 06). Réal. : Walter Salles. Scén. : José Rivera, d'après «Diarios de motocicleta» de Ernesto Che Guevara et «With Che through Latin America» de Alberto Granado. Image : Éric Gautier. Son : Jean-Claude Brisson. Décors : Carlos Conti. Cost. : Beatriz Di Benedetto, Marisa Urruti. Mont. : Daniel Rezende. Mus. : Gustavo Santaolalla. Avec Gael Garcia Bernal, Rodrigo De La Serna, Mia Maestro, Mercedes Moran, Jean-Pierre Noher, Lucas Oro, Marina Glezer, Sofia Bertolotto, Franco Solazzi. Prod. : South Fork Pictures, Tu Vas Voir. Dist. : Diaphana Distribution. (8 septembre 2004).

CATWOMAN
Américain (1 h 44). Réal. : Pitof. Scén. : John Brancato, Michael Ferris, John Rogers, d'après les personnages créés par Bob Kane. Image : Thierry Arbogast. Son : Rob Young. Décors : Bill Brzeski. Cost. : Angus Strathie. Effets spéciaux : Tony Lazarowich. Effets visuels : Chris Anderson. Avec Halle Berry, Benjamin Bratt, Sharon Stone, Lambert Wilson, Frances Conroy, Alex Borstein, Byron Mann, Kim Smith, Christopher Heyerdahl. Prod. : Di Novi Pictures. Dist. : Warner Bros Pictures. (8 septembre 2004).

5 X 2
Français (1 h 30). Réal. : François Ozon. Scén. : François Ozon, Emmanuelle Bernheim. Image : Yorick Le Saux. Son : Jean-Pierre Duret, Brigitte Taillandier. Décors : Katia Wyszkoy. Cost. : Pascaline Chavanne. Mont. Monica Coleman. Mus. : Philippe Rombi. Avec Valéria Bruni Tedeschi, Stéphane Freiss, Géraldine Pailhas, Françoise Fabian, Michael Lonsdale, Antoine Chappey, Marc Ruchman, Jason Tavassoli, Jean Pol Brissart. Prod. : Fidélité. Dist. : Mars Distribution. (1er septembre 2004).

CLEAN
Franco-canado-britannique (1 h 50). Réal., Scén. : Olivier Assayas. Image : Éric Gautier. Son : Guillaume Sciama, Richard Flynn, Herwig Gayer. Décors : François-Renaud Labarthe, Bill Fleming. Cost. : Anaïs Romand. Mont. : Luc Barnier. Mus. : Brian Eno, David Roback, Tricky. Avec Maggie Cheung, Nick Nolte, Béatrice Dalle, Jeanne Balibar, Don McKellar, Martha Henry, Rémi Martin, Laetitia Spigarelli, James Johnston, James Dennis, Tricky, David Roback, Elizabeth Densmore. Prod. : Rectangle Productions, Leap Films, Arte France Cinéma, Haystack Productions. Dist. : ARP sélection. (1er septembre 2004).

LES CLEFS DE LA MAISON
(LE CHIAVI DI CASA)
Italo-franco-allemand (1 h 45). Réal., Scén. : Gianni Amelio, d'après «Nés deux fois» de Giuseppe Pontiggia. Image : Luca Bigazzi. Décors : Giancarlo Basili. Cost. : Cristina Francioni. Mont. : Simona Paggi. Mus. : Franco Piersanti. Avec Kim Rossi Stuart, Andrea Rossi, Charlotte Rampling, Pierfrancesco Favino, Manuel Katzy, Ingrid Appenroth, Thorsten Schwarz, Ralf Schlesener. Prod. : 01 Rai Cinema, Eurimages. Dist. : Pathé. (15 septembre 2004).

THE COAST GUARD
(HAE ANSPECT)
Coréen du Sud, 2002 (1 h 31). Réal., Scén. : Kim Kiduk. Image : Baek Dong-hyun. Décors : Yun Juhun. Mont. : Kim Sum-min. Mus. : Jang Youngguy. Avec Kang Han Chol, Mee-young, Cheol-gu. Prod. : Lee Seung-jae. Dist. : Pretty Pictures. (1er septembre 2004).

COLLATERAL
Américain (2 h). Réal. : Michael Mann. Scén. : Stuart Beattle. Image : Dion Beebe, Paul Cameron. Son : Lee Orloff. Décors : David Wasco. Cost. : Jeffrey Kurland. Effets spéciaux : Thomas L. Fisher. Mont. : Jim Miller, Paul Rubell. Mus. : James Newton Howard. Avec Tom Cruise, Jamie Foxx, Jada Pinkett Smith, Mark Ruffalo, Peter Berg, Bruce McGill, Irma P. Hall, Barry Shabaka Henley, Javier Bardem, Emilio Rivera, Richard T. Jones. Prod. : DreamWorks Pictures, Paramount Pictures. Dist. : United International Pictures. (29 septembre 2004).

COMME UNE IMAGE
Français (1 h 50). Réal. : Agnès Jaoui. Scén. : Agnès Jaoui, Jean-Pierre Bacri. Image : Stéphane Fontaine. Son : Jean-Pierre Duret. Décors : Olivier Jacquet. Cost. : Jackie Budin, Aline Dupays. Mont. : François Gédigier. Mus. : Philippe Rombi. Avec Marilou Berry, Agnès Jaoui, Jean-Pierre Bacri, Laurent Grévill, Virginie Desarnauts, Keine Bouhiza, Grégoire Oestermann, Serge Riaboukine, Michèle Moretti, Jean-Pierre Lazzerini, Jacques Boko, Yves Verhoeven, Samir Guesmi, Bob Zaremba, Roberte Kiehl. Prod. : Les Films A4. Dist. : Mars Distribution. (22 septembre 2004).

CONNIE ET CARLA
(CONNIE & CARLA)
Américain (1 h 39). Réal. : Michael Lembeck. Scén. : Nia Vardalos. Image : Richard Greatrex. Mont. : David Finfer. Mus. : Randy Edelman. Avec Nia Vardalos, Toni Collette, David Duchovny, Stephen Spinella, Alec Mapa, Christopher Logan, Robert Kaiser, Ian Gomez, Nick Sandow. Prod. : Birnbaum/Barber. Dist. : UIP. (1er septembre 2004).

LE COU DE LA GIRAFE
Français (1 h 28). Réal. : Safy Nebbou. Scén. : Agnès Yobregat, Safy Nebbou. Adaptation et dialogues : Danielle Thompson, Safy Nebbou. Image : Romain Winding. Son : Franck Struys. Décors : Cyril Gomez-Mathieu. Cost. : Kristin Van Passel. Mont. : Bernard Sasia. Mus. : Pascal Gaigne. Avec Claude Rich, Sandrine Bonnaire, Louisa Pili, Darry Cowl, Maurice Chevit, Monique Mélinand, Marie Mergey, Geneviève Penchenat. Prod. : Telema, France 2 Cinéma, Saga Film, Move Movie. Dist. : UFD. (29 septembre 2004).

DEBOUT
(CHEN MO HE MEITING)
Sino-allemand, 2002 (1 h 18). Réal., Scén. : Liu Hao. Image : Li Bingqiang. Son : Wang Yu. Mont. : Li Qing. Mus. : Song Ge. Avec Du Huanan, Wang Lingbo. Prod. : Zero Films, Hao Liu Film Production, Network Movie, Zweites Deutsches Fernsehen, Arte Cinéma. Dist. : Héliotrope Films. (15 septembre 2004).

LA FEMME DE GILLES
Belgo-franco-luxembourgeois (1 h 43). Réal. : Frédéric Fonteyne. Scén. : Frédéric Fonteyne, Philippe Blasband, Marion Hänsel, d'après le roman de Madeleine Bourdouxhe. Image : Virginie Saint-Martin. Son : Étienne Curchod. Décors : Véronique Sacrez. Cost. : Agnès Dubois, Anne Fournier, Christian Schnezler. Mont. : Ewin Ryckaert. Mus. : Vincent D'Hondt. Avec Emmanuelle Devos, Clovis Cornillac, Laura Smet, Alice et Chloé Verlinden, Colette Emmanuelle, Gil Lagay. Prod. : Artémis Productions, Liaison Cinématographique, Samsa Film, Eyescreen, Nord-Ouest Production, Fama Film, RTBF, France 3 Cinéma. Dist. : Mars Distribution. (15 septembre 2004).

FENÊTRE SUR L'ÂME
(JANELA DAL ALMA)
Brésilien, 2001 (1 h 13). Réal., Scén. : Walter Carvalho, João Jardim. Image : Walter Carvalho. Mont. : Karen Harley, João Jardim. Mus. : José Miguel Wisnik. Avec Evgen Bavcar, Raimunda Da Conceição Filha, Oliver Sacks, Agnès Varda, Wim Wenders, Hanna Schygulla, Arnaldo Godoy, Walter Lima Jr. Prod. : Brazil Telecom, Ravina Filmes. Dist. : Bodega Films. (15 septembre 2004).

GAMBLING, GODS AND LSD
Canadien (3 h). Réal., Scén., Image : Peter Mettler. Mont. : Peter Mettler, Roland Schlimme. Mus. : Fred Frith, Dimmitri de Perrot, Henryk Mikolaj Gorecki. Prod. : Maximage GMBH, Grimhorpe Film. Dist. : K-Films. (22 septembre 2004).

LE GENRE HUMAIN : LES PARISIENS
Français (1 h 59). Réal. : Claude Lelouch. Scén. : Claude Lelouch, Pierre Uytterhoeven. Image : Gérard de Battista. Son : Harald Maury. Décors : François Chauvaud. Cost. : Karine Serrano. Mont. : Stéphane Mazalaigue. Mus. : Francis Lai. Avec Maïwenn Le Besco, Massimo Ranieri, Mathilde Seigner, Arielle Dombasle, Ticky Holgado, Michel Leeb, Francis Perrin, Michèle Bernier, Patrick Fierry, Agnès Soral, Xavier Deluc, Grégori Dérangère, Constantin Alexandrov, Pierre Santini, Claude Lelouch, Alessandra Martines, Cristiana Réali, Évelyne Buyle. Prod., Dist. : Les Films 13. (15 septembre 2004).

IL DONO
Italien (1 h 20). Réal., Scén. : Michelangelo Frammartino. Image : Mario Piccoli. Son : Davide Zampieri. Décors : Giuseppe Briglia, Fernando Ritorto. Mont. : Michelangelo Frammartino. Avec Angelo Frammartino, Gabriella Maiolo. Prod. : Santamira Produzioni, Coop CA. RI. NA. Dist. : Pierre Grise Distribution. (29 septembre 2004).

INFERNAL AFFAIRS
(WU JIAN DAO)
Hong-kongais (1 h 37). Réal. : Andrew Lau Wai Keung, Alan Mak Siu Fai. Scén. : Felix Chong, Alan Mak Siu Fai. Image : Lai Yiu-Fai, Andrew Lau Wai Keung. Son : Kinson Tsang. Décors : Choo Sung Pong, Wong Ching Ching. Cost. : Lee Pik Kwan. Mont. : Ching Hei Pang, Danny Pang. Mus. : Chan Kwong Wing. Avec Andy Lau, Tony Leung Chiu Wai, Anthony Wong, Eric Tsang, Kelly Chen, Sammi Cheng, Edison Chen, Shawn Yue, Elva Hsiao, Chapman To. Prod. : Basic Pictures, Media Asia Films. Dist. : TFM Distribution. (1er septembre 2004).

INSIDE JOB
(FEAR X)
Britannico-danois (1 h 31). Réal. : Nicolas Winding Refn. Scén. : Nicolas Winding Refn, Hubert Selby Jr. Image : Larry J. Smith. Son : Jens Bonding, Peter Schultz. Décors : Peter De Neergaard. Cost. : Darena Snowe. Mont. : Moviehouse Entertainment, Det Danske Filminstitut, Fear X Ltd, NWR Aps, Nordisk Film, TV2 Danmark. Dist. : Éditions Montparnasse. (22 septembre 2004).

LAND OF PLENTY
Américain (1 h 43). Réal. : Wim Wenders. Scén. : Wim Wenders, Michael Meredith, Scott Derrick-

son. Image : Franz Lustig. Son : Michael Bird. Décors : Dominique Navarro. Cost. : Alexis Scott. Mont. : Moritz Laube. Mus. : Nackt, Thom. Avec Michelle Williams, John Diehl, Richard Edson, Yuri Elvin, Bernard White, Burt Young, Golan Ramras, Wendell Pierce, Gloria Stuart, Shaun Toub. Prod. : Emotion Pictures, InDigEnt, Reverse Angle International. Dist. : Océan Films. (22 septembre 2004).

LOVE OBJECT
Américain (1 h 24). Réal., Scén. : Robert Parigi. Image : Jerry Sidell. Décors : Trae King. Mont. : Troy Takaki. Avec Desmond Harrington, Melissa Sagemiller, Rip Torn, Brad Henke, John Cassini, Bryan Crump, Ellen Green, Lyle Kanouse, Udo Kier. Prod. : Base 12 Productions, Catapult Films, Content Film, Lo Lo Film Inc. Dist. : Bac Films. (8 septembre 2004).

MANIFESTO
(Los abajos firmantes)
Espagnol (1 h 30). Réal. : Joaquin Oristrell. Scén. : Juan Diego et Maria Botto, Javier Camara, Elvira Minguez, Joaquin Oristrell. Image : Mischa Lluch. Son : Alvaro Lopez. Mont. : Miguel Angel Santamaria. Mus. : Nacho Mastretta. Avec Juan Diego Botto, Javier Camara, Elvira Minguez, Maria Botto, José Manuel Cervino, Secun De la Rosa, Pepa Zaragoza, Pedro Almodovar, Hector Alterio. Prod. : Garbo Producciones, Cantinela, Centro de Nuevos Creadores. Dist. : ID Distribution. (29 septembre 2004).

MEAN CREEK
Américain (1 h 29). Réal., Scén. : Jacob Aaron Estes. Image : Sharone Meir. Son : Emile Razpopov. Décors : Greg McMickle. Cost. : Cynthia Morrill. Mont. : Madeleine Gavin. Mus. : Tomandandy. Avec Rory Culkin, Ryan Kelley, Scott Mechlowicz, Trevor Morgan, Josh Peck, Carly Schroeder, Branden Williams, Raissa Fleming, Heath Lourwood, Ryan Peterson. Prod. : Whitewater. Dist. : Metropolitan Filmexport. (29 septembre 2004).

MÊME PAS MAL !
(DODGEBALL : A TRUE UNDERDOG STORY)
Américain (1 h 32). Réal., Scén. : Rawson Marshall Thurber. Image : Jerzy Zielinski, Lloyd Ahern, Barry Peterson. Son : David V. Butler. Décors : Maher Ahmad. Cost. : Carol Ramsey. Mont. : Alan Baumgarten. Mus. : Kenneth Burgomaster, Theodore Shapiro. Avec Vince Vaughn, Ben Stiller, Christine Taylor, Rip Torn, Justin Long, Stephen Root, Joel Moore, Chris Williams, Alan Tudyk. Prod. : Red Hour Films. Dist. : UFD. (22 septembre 2004).

MÉMOIRE D'UN SACCAGE
(MEMORIA DEL SAQUEO)
Argentin (2 h). Réal., Scén. : Fernando E. Solanas. Image : Alejandro Fernandez Moujan, Fernando E. Solanas. Son : Gaspar Scheuer, Jürg Von Allmen. Mont. : Juan Carlos Macias, Sebastian Mignogna, Fernando E. Solanas. Mus. : Gerardo Gandini. Avec la voix de Fernando E. Solanas. Prod. : ADR Productions. Dist. : Ad Vitam. (29 septembre 2004).

MENSONGES ET TRAHISONS ET PLUS SI AFFINITÉS
Français (1 h 30). Réal., Scén. : Laurent Tirard. Image : Gilles Henry. Son : Éric Devulder. Décors : Alain Guffroy. Cost. : Martine Rapin. Mont. : Valérie Deseine. Mus. : Philippe Rombi. Avec Édouard Baer, Marie-Josée Croze, Clovis Cornillac, Alice Taglioni, Éric Berger, Jean-Michel Lahmi, Jean-Christophe Bouvet. Prod. : Fidélité, Europacorp, TF1 Films Production. Dist. : Europacorp Distribution. (8 septembre 2004).

MODIGLIANI
Américano-britannico-français (1 h 54). Réal., Scén. : Mick Davis. Image : Emmanuel Kadosh. Décors : Gabriela Nechita. Cost. : Pam Downe. Mont. : Emma E. Hickox. Mus. : Guy Farley. Avec Andy Garcia, Elsa Zyberstein, Omid Djalili, Susie Amy, Hippolyte Girardot, Beatrice Chiriac, Lance Henriksen, Udo Kier. Prod. : Lucky UKFS, Mediapro Pictures, Bauer Martinez Studios, Frame Werk Produktion GmbH. Dist. : Limelight Distribution. (29 septembre 2004).

LA MORT DANS LA PEAU
(THE BOURNE SUPREMACY)
Américain (1 h 49). Réal. : Paul Greengrass. Scén. : Tony Gilroy d'après le roman de Robert Ludlum. Image : Oliver Wood. Son : Kirk Francis. Décors : Dominic Watkins. Cost. : Dinah Collin. Mont. : Christopher Rouse, Richard Pearson. Mus. : John Powell. Avec Matt Damon, Franka Potente, Brian Cox, Julia Stiles, Joan Allen, Karl Urban, Gabriel Mann, Marton Csokas, Tom Gallop, John Bedford Lloyd. Prod. : Kennedy/Marshall pour Universal Pictures, MP Theta Productions, Ludlum Entertainment. Dist. : UIP. (8 septembre 2004).

LA NIÑA SANTA
Argentino-hispano-italien (1 h 46). Réal., Scén. : Lucrecia Martel. Image : Felix Monti. Son : Marcos de Aguirre, David Miranda, Guido Berenblum. Cost. : Julio Suarez. Mont. : Santiago Ricci. Mus. : Andres Gerszenzon. Avec Maria Alché, Mercedes Moran, Carlos Belloso, Julieta Zylberberg, Alejandro Urdapilleta, Monica Vila, Marta Lubos, Alejo Mango. Prod. : Lita Stantic, El Deseo, INCAA, ICAA, Fondazione Montecinemaverita, HBO Films. Dist. : Pyramide. (15 septembre 2004).

NOBLE ART
Français (1 h 20). Réal., Scén. : Pascal Deux. Image : Pascal et Sébastien Deux. Mont. : Anny Danché. Avec Fabrice Bénichou, Jean Molina, Michel Chemin, Michel Pisaneschi. Prod. : Buddy Movies. Dist. : Tadrart Films. (1er septembre 2004).

N'OUBLIE JAMAIS
(THE NOTEBOOK)
Américain (2 h 01). Réal. : Nick Cassavetes. Scén. : Jeremy Leven, d'après «Les Pages de notre amour» de Nicholas Sparks. Image : Robert Fraisse. Son : Jonathan S. Gaynor. Décors : Sarah Knowles. Cost. : Karyn Wagner. Mont. : Alan Heim. Mus. : Aaron Zigman. Avec Ryan Gosling, Rachel McAdams, Gena Rowlands, James Gardner, James Marsden, Sam Shepard, Joan Allen, Tim Ivey, Ed Grady, Geoffroy Knight. Prod. : GRAN VIA. Dist. : Metropolitan Filmexport. (8 septembre 2004).

OLD BOY
Coréen du sud (1 h 59). Réal. : Park Chan-wook. Scén. : Hwang Jo-yun, Lim Jun-hyung, Park Chan-wook, d'après le manga de Tsuchiya Garon et Minegishi Nobuaki. Image : Chung Chung-wook. Son : Lee Seong-chul. Mont. : Kim Sang-bum. Mus. : Cho Young-wuk. Avec Choi Min-sik, Yoo Jitae, Gang Hye-jung, Kim Byoung-ok, Chi Dae-han, Oh Dal-su, Lee Seung-shin. Prod. : Show East. Dist. : Bac Films, Wild Side Films. (29 septembre 2004).

ORDO
Franco-portugo-canadien (1 h 46). Réal. : Laurence Ferreira Barbosa. Scén. : Laurence Ferreira Barbosa, Nathalie Najem, d'après le roman de Donald E. Westlake. Image : Julien Hirsch. Son : Philippe Morel. Cost. : Pierre-Yves Gayraud. Mont. : Isabelle Poudevigne. Mus. : Ghislain Hervet. Avec Roschdy Zem, Marie-Josée Croze, Marie-France Pisier, Yves Jacques, Scali Delpeyrat, Hélène Patarot, Margaux Vallé, Daphné Baiwir, Philippe Duquesne, Jean-Pierre Léonardini. Prod. : Gemini Films, Madragoa Filmes, Cinemaginaire INC, Canal +, Cinécinéma. Dist. : Gemini Films. (15 septembre 2004).

OSEAM
Coréen du Sud (1 h 15). Réal. : Sung Baek-yeop. Scén. : Choi Min-yong, Lee Seo-gyung, Sung Baek-yeop, d'après le conte de Jeong Chae-bong. Création des personnages : Hong Won-taek. Dessins : Lee Kang-yong, Lee Gun-hae, Im Jong-cheol, Yu Jihoon, Gwon Jong-won, Kim Eun-young. Son : Lee Young-bin. Décors : Choi Hyun-joo. Direction artistique : Song Guy-hwan, Lee Yoon-ho. Avec les voix de Kim Seo-young, Park Sun-young, Sohn Jong-hwan (VO), Magali Rosenzweig, Marine Boiron, Matéo Capelli (VF). Prod. : Kim Bueong-hyun, Lee Jeong-ho. Dist. : Les Films du Préau. (22 septembre 2004).

LA PELOTE BASQUE : LA PEAU CONTRE LA PIERRE
(LA PELOTA VASCA, LA PIEL CONTRA LA PIEDRA)
Espagnol (2 h 55). Réal., Scén., Mont. : Julio Medem. Image : Javier Aguirre, Jon Elicegui, Ricardo De Gracia. Mus. : Mikel Laboa. Avec Xavier Arzalluz, Bernardo Atxaga, Txiki Benegas, Txetxo Bengoetxea, Julen de Madariaga. Prod. : Alicia produc. Dist. : Colifilms Distribution. (1er septembre 2004).

PÈRE ET FLIC
(CITY BY THE SEA)
Américain (1 h 43). Réal. : Michael Caton-Jones. Scén. : Ken Hixon, d'après un article de Mike McAlary. Image : Karl Walter Lindenlaub. Son : Barney Cabral. Décors : Jane Musky. Cost. : Richard Owings. Mont. : Jim Clark. Mus. : John Murphy. Avec Robert de Niro, Frances McDormand, James Franco, Eliza Dushku, Patti Lupone, Drena De Niro, Stephi Lineburg. Prod. : Brad Grey Pictures, Franchise Pictures, Sea Breeze Productions. Dist. : Quinta Communications. (22 septembre 2004).

POUPÉES D'ARGILE
Franco-maroco-tunisien (1 h 40). Réal., Scén. : Nouri Bouzid. Image : Tarek Ben Abbdallah, Gilberto Azevedo. Mont. : Caroline Emery, Anita Fernandez, Ingrid Ralet, Benoît Bruwier. Mus. : Rabii Zamouri. Avec Hend Sabri, Ahmed Hefiane, Lofti Abdelli, Oumeyma Ben Afsia. Prod. : AMPA, Canadian Television, Canal Horizons, Nouveau Regard, Soread-2M, Touza Productions. Dist. : Collifilms Distribution (29 septembre 2004).

POURQUOI (PAS) LE BRÉSIL ?
Français (1 h 32). Réal., Scén. : Laetitia Masson, d'après «Pourquoi le Brésil ?» de Christine Angot. Image : Crystel Fournier. Son : Pierre André. Décors : Mathieu Menut. Cost. : Catherine Bouchard. Mont. : Aïlo Auguste. Mus. : Benjamin Biolay, Jean-Louis Murat. Avec Elsa Zylberstein, Marc Barbé, Bernard Lecoq, Pierre Arditi, Laetitia Masson, Daniel Auteuil, Francis Huster, Léonore Chastagner, Christine Angot, Alain Sarde, André Marcon, Ludmila Mikael. Prod. : Salomé, Rézo Productions. Dist. : Rézo Films. (15 septembre 2004).

SALVADOR ALLENDE
Chilio-franco-belge (1 h 40). Réal., Scén. : Patricio Guzman. Image : Julia Munoz, Patricio Guzman. Son : Alvaro Silva Wuth, Yves Warnant. Mont. : Claudio Martinez. Mus. : Jorg Arriagada. Prod. : JBA Production, Les Films de la Passerelle, CV Films, Mediapro, Université de Guadalajara, P. Guzman Producciones Cinematograficas. Dist. : Memento Films. (8 septembre 2004).

STEAMBOY
Japonais (2 h 06). Réal. : Katsuhiro Ôtomo. Scén. : Sadayuki Murai, Katsuhiro Ôtomo. Superviseur de l'animation : Tatsuya Seyama. Direction de l'animation : Shinji Takagi. Son : Keiichi Momose. Effets spéciaux : Takashi Hashimoto. Mus. : Steve Jablonsky. Avec les voix de Anne Suzuki, Nanami Konishi, Katsuo Nakamura, Masane Tsukayama, Kiyoshi Kodama. Prod. : Steamboy Committee pour Bandai Vision. Dist. : Columbia TriStar Films. (22 septembre 2004).

LE TERMINAL
(THE TERMINAL)
Américain (2 h 08). Réal. : Steven Spielberg. Scén. : Sacha Gervasi, Jeff Nathanson. Image : Janusz Kaminski. Son : Ronald Judkins. Décors : Alex McDowell. Cost. : Mary Zophres. Mont. : Michael Kahn. Mus. : John Williams. Avec Tom Hanks, Catherine Zeta-Jones, Stanley Tucci, Chi McBride, Diego Luna, Barry Shabaka Henley, Kumar Pallana, Zoë Saldana, Eddie Jones, Jude Ciccolella, Corey Reynolds. Prod. : Parkes/MacDonald Productions pour DreamWorks Pictures. Dist. : UIP. (15 septembre 2004).

LA TERRE VUE DU CIEL
(TE AMO)
Français (1 h 07). Réal., Scén. : Renaud Delourme. Image : Daniel Marchetti. Son : Francis Wargnier. Mus. : Armand Amar. Avec les voix de Bernard Giraudeau, Nils Hugon. Prod. : Montparnasse Productions, Altitude. Dist. : Haut et Court. (22 septembre 2004).

TOUT PRÈS DU SOL
(CQ2/SEEK YOU TOO)
Canado-français (1 h 40). Réal., Scén. : Carole Laure. Image : Gérard Simon. Son : Sylvain Bellemare, Luc Boudrias, Thierry Morlaas-Lurbe. Chorégraphies : Claude Godin, Emmanuel Jouthe, Ginette Laurin. Décors : Patrick Bengle. Mont. : Marie-Blanche Colonna, Hugo Carvana. Mus. : Jeff Fisher. Avec Clara Furey, Danielle Hubbard, Jean-Marc Barr, Mireille Thibault, Emmanuel Bilodeau, Simon Alarie. Prod. : Cité-Amérique, Productions Laure, Toloda, France 2 Cinéma. Dist. : Pan Européenne. (29 septembre 2004).

TROIS PETITES FILLES
Franco-belge (1 h 42). Réal., Scén. : Jean-Loup Hubert. Image : Renaud Chassaing. Son : Alain Curvelier. Décors : Sébastien Monteux. Cost. : Nathalie Lecoultre. Mont. : Frédéric Duru. Avec Morgane Cabot, Sabrina Ouazani, Lucie de Saint-Thibault, Gérard Jugnot, Adriana Karembeu, Marco Andreoni, Tania Garbarski. Prod. : Noé Productions, Alexis Films, Studio Canal. Dist. : Noé Distribution. (29 septembre 2004).

UNE AFFAIRE DE CŒUR
(LAWS OF ATTRACTION)
Irlando-britannico-américain (1 h 27). Réal. : Peter Howitt. Scén. : Aline Brosh McKenna, Robert Harling. Image : Adrian Biddle. Mont. : Tony Lawson. Mus. : Ed Shearmur. Avec Pierce Brosnan, Julianne Moore, Michael Sheen, Parker Posey, Frances Fisher, Nora Dunn, Heather Ann Nurnber, Johnny Myers. Prod. : Deep River Productions, Irish Dream Time, Initial Entertainment Group, Fern Valley Li-

mited, Intermedia Productions. Dist. : TFM Distribution. (8 septembre 2004).

UTOPIA
Franco-espagnol (1 h 46). Réal. : Maria Ripoll. Scén. : Curro Royo, Juan Vicente Pozuelo. Image : David Carretero. Mont. : Nacho Ruiz Capillas. Mus. : Najwa Nimri. Avec Leonardo Sbaraglia, Najwa Nimri, Tchéky Karyo, José Garcia, Emma Vilarasau, Fele Martinez, Hector Alterio, Juan Carlos Vellido. Prod. : Alquimia Cinema S.A. Dist. : Floris Films. (1er septembre 2004).

OCTOBRE 2004

AALTRA
Franco-belge (1 h 33). Réal., Scén. : Benoît Delépine, Gustave Kervern. Image : Hughes Poulain, Jackson Elizondo. Son : Guillaume Le Braz, Laurent Cercleux. Décors, Cost. : Isabelle Girard. Mont. : Anne-Laure Guégan. Avec Benoît Delépine, Gustave Kervern, Jan Bucquoy, Pierre Carles, Aki Kaurismäki, Benoît Poelvoorde, Michel de Gavre, Robert de Houx, Isabelle Delépine. Prod. : OF2B Productions, La Partie Production. Dist. : Ad Vitam. (13 octobre 2004).

ALIEN VS. PREDATOR
Américano-britannique (1 h 40). Réal. : Paul W.S. Anderson. Scén. : Paul W.S. Anderson, Dan O'Bannon, Ronald Shusett. Image : David Johnson. Son : Petr Forejt. Décors : Richard Bridgland. Cost. : Magali Guidasci. Mont. : Alexander Berner. Mus. : Harald Kloser. Avec Sanaa Lathan, Raoul Bova, Lance Henricksen, Ewen Bremmer, Colin Salmon, Joseph Rye. Prod. : Davis Entertainment Company, Brandywine Production, Impact Pictures, Stillking Films, Zweite Babelsberg. Dist. : UFD. (27 octobre 2004).

ALIVE
Franco-belge (1 h 25). Réal. : Frédéric Berthe. Scén. : Philippe Lyon, Ivan Calbérac, d'après une idée originale de Julien Seri et Ph. Lyon. Image : Philippe Pavans de Ceccatty. Son : Pierre Mertens. Décors : Mathieu Menut. Cost. : Karen Muller Terreau. Mont. : Antoine battellement Achdé. Mus. : Maxim Nucci. Avec Richard Anconina, Maxim Nucci, Valeria Golino, Lionel Abelanski, Laetitia Lacroix, Éric Naggar, Véronique Biefnot. Prod. : KL Productions, AT Productions, TF1 Films Production. Dist. : TFM Distribution. (20 octobre 2004).

ARSÈNE LUPIN
Franco-italo-espagnol (2 h 10). Réal. : Jean-Paul Salomé. Scén. : Jean-Paul Salomé, Laurent Vachaud, d'après le roman de Maurice Leblanc, «La Comtesse de Cagliostro». Image : Pascal Ridao. Son : Édouard Dubois, Dean Humphreys. Décors : Françoise Dupertuis. Cost. : Pierre-Jean Larroque. Mont. : Marie-Pierre Renaud. Mus. : Debbie Wiseman. Avec Romain Duris, Kristin Scott-Thomas, Pascal Greggory, Eva Green, Robin Renucci, Patrick Toomey, Mathieu Carrière, Philippe Magnan, Marie Bunel, Philippe Lemaire, Jessica Boyde. Prod. : Hugo Films, M6 Films, TF1 Films Production, Poisson Rouge Pictures, Vertigo Films, Rai Cinema. Dist. : SND. (13 octobre 2004).

THE ASSASSINATION OF RICHARD NIXON
Américain (1 h 35). Réal. : Niels Mueller. Scén. : Niels Mueller, Kevin Kennedy. Image : Emmanuel Lubetzki. Son : José Antonio Garcia. Décors : Lester Cohen. Cost. : Aggie Guerard Rodgers. Mont. : Jay Lash Cassidy. Mus. : Steven M. Stern. Avec Sean Penn, Naomi Watts, Don Cheadle, Jack Thompson, Michael Wincott, Brad Henke, Jared Dorrance, Nick Searcy, Jenna Milton. Prod. : Anhelo Productions, Appian Way. Dist. : UFD. (27 octobre 2004).

BASSE NORMANDIE
Français (1 h 57). Réal, Scén. : Patricia et Simon Mazuy-Reggiani. Textes extraits des «Carnets du sous-sol» de Fedor Dostoïevski. Image : Lena Rouxel, Mohammed Siad. Son : Samuel Mittelman, Hélène Ducret, Dominique Dalmasso. Mont. : Mathilde Muyard. Mus. : Asphalt Jungle. Avec Simon Reggiani, Patricia Mazuy, Bernard Maurel, Thierry et Lionel Duhazé, Michel Thoury, Pascal Guimard. Prod. : Maïa Films, Tact et sentiment, ACCAAN, M.P. Production. Dist. : Les Films du Losange. (13 octobre 2004).

BIENVENUE À MOOSEPORT
(WELCOME TO MOOSEPORT)
Américano-britannique (1 h 51). Réal. : Donald Petrie. Scén. : Tom Schulman, d'après une histoire de Doug Richardson. Image : Victor Hammer. Son : David Lee, Robert Renga. Décors : David Chapman. Cost. : Vicki Graef. Mont. : Debra Neil-Fisher. Avec Gene Hackman, Ray Romano, Marcia Gay Harden, Maura Tierney, Christine Baranski, Fred Savage, Rip Torn, June Squibb, Wayne Robson, John Rothman, Karl Pruner. Prod. : Mooseport Productions, Intermedia Films, Mediastream Vierte Film. Dist. : UFD. (6 octobre 2004).

BRODEUSES
Français (1 h 28). Réal. : Éléonore Faucher. Scén. : Éléonore Faucher, Gaëlle Macé. Image : Pierre Cottereau. Son : François Guillaume. Décors : Philippe Van Herwijnen. Cost. : Pascaline Suty. Mont. : Joëlle Van Effenterre. Mus. : Michael Galasso. Avec Lola Naymark, Ariane Ascaride, Marié Félix, Thomas Laroppe, Arthur Quehen, Jacky Berroyer, Anne Canovas, Marina Tomé, Elisabeth Commelin. Prod. : Sombrero Productions, Mallia Films. Dist. : Pyramide Distribution. (13 octobre 2004)

CARLITOS MEDELLIN
Français (1 h 15). Réal., Scén., Image : Jean-Stéphane Sauvaire. Son : Auro Brun, Hervé Buirette. Mont. : Jean-Stéphane Sauvaire, François Quiqueré, Lise Beaullieu. Mus. : Luis Alberto Posada. Avec Davidson Ospina, Maria Auxiliadora, Marta Dazul, Maria Villegas, Jose Cardona. Prod. : Killers Films. Dist. : Solaris Distribution. (27 octobre 2004).

LE CARTON
Français (1 h 28). Réal. : Charles Nemes. Scén. : Sébastien Fechner, Clément Michel, d'après la pièce de ce dernier. Image : Gilles Henry. Son : Laurent Poirier. Décors : Pierre Queffelean. Mont. : Dominique Gallieni. Mus. : Jamblock. Avec Vincent Desagnat, Bruno Salomone, Armelle Deutsch, Fed Testot, Omar Sy, Catherine Benguigui, Émilie Chesnais. Prod. : Source Films, Warner Bros. France, 2003 Productions, France 2 Cinéma. Dist. : Warner Bros. (6 octobre 2004).

CINQ ENFANTS ET MOI
(FIVE CHILDREN AND IT)
Américano-britannique (1 h 30). Réal. : John Stephenson. Scén. : David Salomons, d'après le roman de Edith Nesbit, «Une drôle de fée». Image : Michael Brewster. Son : Jamie Luker, Simon Okin. Effets spéciaux : Jim Henson's Creature Shop, Jamie Courtier, Sharon Smith. Effets visuels : Sean Lewkiw, Michael Turoff. Décors : Roger Hall. Cost. : Phoebe De Gaye. Mont. : Michael Ellis. Mus. : Jane Antonia Cornish. Avec Jonathan Bailey, Jessica Claridge, Freddie Highmore, Poppy Rogers, Kenneth Branagh, Alexander Pownall, Zoe Wanamaker. Prod. : Jim Henson Company, Capitol Films, Davis Films. Dist. : Metropolitan Filmexport. (20 octobre 2004).

DANS LE ROUGE DU COUCHANT
Franco-espagnol (1 h 30). Réal. : Edgardo Cozarinsky. Scén. : Edgardo Cozarinsky, Jean-Marie Duprez. Image : Jacques Bouquin. Son : Alexandre Abrard, Pepe Pieguezuelos. Décors : Gil Mas. Mont. : Martine Bouquin. Mus. : Carlos Franzetti. Avec Marisa Paredes, Féodor Atkine, Bruno Putzulu, Didier Flamand, Élisabeth Kaza, Aurélien Recoing, Bérénice Béjo, Andrée Tainsy. Prod. : Les Films d'Ici, Mallerich Films, Marco Poch, Manga Films, Envol. Dist. : Les Films d'Ici. (13 octobre 2004).

DE-LOVELY
Américain (2 h 05). Réal. : Irwin Winkler. Scén. : Jay Cocks. Image : Tony Pierce-Roberts. Son : Tim Fraser. Décors : Eve Stewart. Cost. : Janty Yates. Mont. : Julie Monroe. Mus. : Cole Porter. Avec Kevin Kline, Ashley Judd, Jonathan Pryce, Kevin McNally, Sandra Nelson, Allan Corduner, Peter Polycarpou, Keith Allen, James Wilby, Kevin McKidd, Richard Dillane. Prod. : United Artists pour metro Goldwyn-Mayer. Dist. : UFD. (6 octobre 2004).

2046
Hongkongo-Français (2 h 09). Réal., Scén. : Wong Kar-wai. Image : Christopher Doyle, Lai Yu-fai, Kwan Pun-leung. Son : Claude Letessier, Tu Duu-chih. Décors, Cost. : William Chang Suk-ping. Mont. : William Chang Suk-ping. Mus. : Peer Raben, Shigeru Umebayashi. Avec Tony Leung Chiu-wai, Gong Li, Zhang Ziyi, Kimura Takuya, Faye Wong, Carina Lau Ka-ling, Chang Chen, Wang Sum, Siu Ping-lam. Prod. : Paradis Films, Orly Films, Block 2 Pictures. Dist. : Océan Films. (20 octobre 2004).

LES ENFANTS DE RUSSIE
(LOS NIÑOS DE RUSIA)
Espagnol (1 h 33). Réal., Scén. : Jaime Camino, d'après une idée de Roman Gubern. Image : Martin Ardanaz, Arturo Olmo, Rafael Solis. Son : Jose Maria Bloch, Ricardo Casals. Mont. : Nuria Esquerra. Mus. : Albert Guinovart. Avec Ernesto, Francisco et Piedad Vega de la Iglesia, Araceli Sanchez, Adelina Alvarez, Juanita Prieto, Serafin Gonzales, Francisco Peñafiel. Prod. : Tibidabo Films. Dist. : Les Grands Films Classiques. (27 octobre 2004).

L'ENQUÊTE CORSE
Français (1 h 32). Réal. : Alain Berberian. Scén. : Christian Clavier, Michel Delgado. Image : Pascal Gennesseaux. Son : Pierre Lenoir, Frédéric Dubois, Bernard Le Roux. Décors : Jean-Jacques Gernolle. Mont. : Véronique Parnet. Mus. : Alexandre Desplat. Avec Christian Clavier, Jean Reno, Katerina Murino, Didier Flamand, Pierre Salasca, Alain Maratrat, François Orsoni, Nathanaël Maïni. Prod. : Légende, Gaumont, Ouille Productions, TF1 Films Productions. Dist. : Gaumont Columbia TriStar Films. (6 octobre 2004).

ETERNAL SUNSHINE OF THE SPOTLESS MIND
Américain (1 h 48). Réal. : Michel Gondry. Scén. : Charlie Kaufman. Image : Ellen Kuras. Son : Thomas Nelson. Décors : Dan Leigh. Cost. : Melissa Toth. Mont. : Valdis Oskarsdottir. Mus. : Jon Brion. Avec Jim Carrey, Kate Winslet, Kirsten Dunst, Elijah Wood, Mark Ruffalo, Tom Wilkinson, Thomas Jay Ryan, Jane Adams, David Cross, Ryan Whitney. Prod. : Anonymous Content pour Universal Pictures. Dist. : UIP. (6 octobre 2004).

FBI FAUSSES BLONDES INFILTRÉES
(WHITE CHICKS)
Américain (1 h 49). Réal. : Keenen Ivory Wayans. Scén. : Keenen Ivory, Shawn et Marlon Wayans, Andy McElfresh, Michael Anthony Snowden, Xavier Cook. Image : Steven Bernstein. Son : Brian Basham. Décors : Paul J. Peters. Cost. : Jori Woodman. Mont. : Jeff Gourson, Stuart Pappé. Mus. : Teddy Castellucci. Avec Shawn et Marlon Wayans, Jaime King, Brittany Daniel, Frankie Faison, Lochlyn Munro. Prod. : Wayans Bros, Revolution Studios. Dist. : Gaumont Columbia TriStar Films. (20 octobre 2004).

GANG DE REQUINS
(SHARK TALE)
Américain (1 h 31). Réal. : Eric «Bibo» Bergeron, Vicky Jenson, Rob Letterman. Scén. : Rob Letterman, Michael J. Wilson. Son : Richard L. Anderson. Décors : Daniel St Pierre. Animation : Ken Stuart Duncan, Lionel Gallat, Fabrice Joubert, Fabio Lignini, William Salazar. Direction artistique : Samuel Michlap, Seth Angstrom. Mont. : Nick Fletcher. Mus. : Hans Zimmer. Avec les voix de Will Smith, Robert De Niro, Renée Zellweger, Angelina Jolie, Jack Black, Martin Scorsese, Peter Falk (VO) ; Éric Judor, Jacques Frantz, Ludivine Sagnier, Virginie Ledoyen, Patrick Timsit, Jean Benguigui (VF). Prod. : DreamWorks Animation. Dist. : UIP. (13 octobre 2004).

GENESIS
Franco-italien (1 h 20). Réal., Scén. : Claude Nuridsany, Marie Pérennou. Image : Claude Nuridsany, Marie Pérennou, Patrice Aubertel, William Lubtchansky, Cyril Tricot. Son : Bruno Charier, Gérard Lamps. Mont. : Marie-Josèphe Yoyotte, Pauline Casalis. Mus. Beuno Coulais. Avec Sotigui Kouyaté. Prod. : Les Films Alain Sarde, Les Films de la Véranda, R.T.1. Dist. : Bac Films Distribution. (20 octobre 2004).

LE GRAND RÔLE
Français (1 h 29). Réal. : Steve Suissa. Scén. : Steve Suissa, Sophie Tepper, Daniel Cohen, d'après le roman de Daniel Goldenberg. Image : Christophe Offenstein, Guillaume Schiffman. Son : Sophie Laloy. Décors : Éric Barboza. Mont. : Monica Coleman. Avec Stéphane Freiss, Bérénice Béjo, Peter Coyote, François Berléand, Lionel Abelanski, Olivier Sitruk, Laurent Bateau, Rufus, Clément Sibony. Prod. : Égérie Productions, Les Films de l'Espoir. Dist. : Mars Distribution. (13 octobre 2004).

L'HISTOIRE DU CHAMEAU QUI PLEURE
Germano-mongole (1 h 30). Réal., Scén. : Byambasuren Davaa et Luigi Falorni. Image : Luigi Falorni. Son : Marc Meusinger. Mont. : Anja Pohl. Mus. : Borte. Avec Uuganbaatar Ikhbayar, Odgerel Ayusch, Janchiv Ayurzana, Enkhbulgan et Guntbaar Ikhbayar, Amgaabazar Gonson. Prod. : Hochschuhle für Fernsehen und Film München, Bayerischer Rundfunk, FilmFernsehFonds Bayern. Dist. : ARP Sélection. (6 octobre 2004).

IMPRESSION DE MONTAGNE ET D'EAU ET AUTRES HISTOIRES
Chinois (0 h 44). Impression de montagne et d'eau (19', 1968) ; Réal. : Te Wei. Image : Chai Lianfang. Animation : Ge Guiyun, Wang Rongzhen. La Mante religieuse (5', 1988) ; Réal. : Hu Jinqing. Image : Chai Lianfang. Animation : Wu Yunchu, Wang Rongzhen, Xu Jianping, Mu Duo. L'Épouvantail (10', 1985) ; Réal. : Hu Jinqing. Image : Jiang Youyi. Animation : Sun Mengzi, Xu Xiaoming, Zhu Shuqin. Les singes qui veulent attraper la

lune (10', 1981) ; Réal. : Zhou Keqin. Image : Duan Xiaoxuan, Lou Ying. Animation : Sun Zongqing, Yao Xin, Lu Chengfa, Xu Jianguo, Jin Zhongxiang. Prod. : Shanghai Animation Film Studio. Distr. : Les Films du Paradoxe. (6 octobre 2004).

MAN ON FIRE
Américain (2 h 26). Réal. : Tony Scott. Scén. : Brian Helgeland, d'après le roman de A.J. Quinnell (1980). Image : Paul Cameron. Son : Willie D. Burton. Décors : Benjamin Fernandez, Chris Seagers. Cost. : Louise Frogley. Mont. : Christian Wagner. Mus. : Harry Gregson-Williams. Avec Denzel Washington, Dakota Fanning, Marc Anthony, Radha Mitchell, Christopher Walken, Giancarlo Giannini, Rachel Ticotin, Jesus Ochoa. Prod. : New Regency et Scott Free pour Fox 2000 Pictures, Regency Enterprises. Dist. : UFD. (13 octobre 2004).

MORASSEIX
Français (1 h 31). Réal. : Damien Odoul. Scén. : Damien Odoul, Antoine Lacomblez. Image : Pierre David. Son : Pascal Armand. Décors : Alain Frentzel. Cost. : Anne Schotte. Mont. : Marie-France Pouli-zac. Avec Damien Odoul, Audrey Bellessort, Valérie Allain, Pascal Pagnat, Jean Fuentes, Dora Doll, Alain Marpinard, Anita Francillon. Prod. : D. O. Films, La Sept/Arte. Dist. : Action Cinémas, Théâtre du Temple. (13 octobre 2004).

MUR
Franco-israélien (1 h 40). Réal., Scén. : Simone Bitton. Image : Jacques Bouquin. Son : Jean-Claude Brisson. Mont. : Catherine Poitevin-Meyer, Jean-Michel Perez. Prod. : Ciné-Sud Promotion, Arna Productions. Dist. : Les Films du Paradoxe. (20 octobre 2004).

MY ARCHITECT
Américain (1 h 56). Réal., Scén. : Nathaniel Kahn. Image : Bob Richman. Son : Eddie O'Connor. Mont. : Sabine Krayenbühl. Mus. : Joseph Vitarelli. Avec Nathaniel Kahn, Vincent Scully, I.M. Pei, Frank O. Gehry, Robert A.M. Stern, Edmund Bacon. Prod. : Louis Kahn Project Inc. Dist. : Films Sans Frontières. (13 octobre 2004).

NICHOLAS NICKLEBY
Américano-britannique (2 h 12). Réal., Scén. : Douglas McGrath, d'après lme roman de Charles Dickens. Image : Dick Pope. Décors : Eve Stewart. Cost. : Ruth Myers. Mont. : Lesley Walker. Mus. : Rachel Portman. Avec Charlie Hunnam, Jamie Bell, Chrsitopher Plummer, Jim Broadbent, Juliet Stevenson, Tom Courtenay, Edward Fox, Romolo Garai, Timothy Spall. Prod. : Hart-Sharp Entertainment pour United Artists. Dist. : Bodega Films. (20 octobre 2004).

NICOTINA
Mexicain (1 h 33). Réal. : Hugo Rodriguez. Scén. : Martin Salinas. Image : Marcelo Iaccarino. Son : Lena Esquenazi, Nerio Barberis. Décors : Dario Ramos. Cost. : Alejandra Dorantes. Mont. : Alberto De Toro. Mus. : Fernando Corona. Avec Diego Luna, Marta Belaustegui, Lucas Crespi, Jesus Ochoa, Rafael Inclan, Rosa Maria Bianchi. Prod. : Altavista Films, Arca Diffusion, Cacerola Films, Oberon Films, Cinecolor. Dist. : SND. (27 octobre 2004).

OUTFOXED
(Outfoxed : Rupert Murdoch's War on Journalism) Américain (1 h 17). Réal., Scén. : Robert Greenwald. Image : James Curry, Will Miller, Glen Pearcy, Richard Pérez, Luke Riffle, Bob Sullivan. Son : David Hutten, Mark Jasper, Eugene E. Thompson. Mont. : Jane Abramowitz, Jovan Bell, Douglas Cheek, Chris M. Gordon, Monica Kowalski, Hannah Williams. Mus. : Nicolas O'Toole. Avec Eric Alterman, Joel Barkin, Wally Bowen, David Brock, David Burnett, Joseph Cafasso. Prod. : Carolina Productions, MoveOn.Org. Dist. : MK2 Diffusion. (20 octobre 2004).

PAR-DEVANT NOTAIRE
Français (1 h 12). Réal., Scén. : Sophie Bruneau, Marc-Antoine Roudil. Image : Antoine-Marie Meert. Son : Yves Capus, Philippe Baudhuin. Mont. : Philippe Boucq. Avec Claude Faucher-Garros. Prod. : ADR Productions, Cobra Films, France 2. Dist. : Bodega Films. (13 octobre 2004).

PÉDALE DURE
Français (1 h 30). Réal. : Gabriel Aghion. Scén. : Gabriel Aghion, Bertrand Blier. Image : Jean-Marc Fabre. Son : Brigitte Taillandier, Laurent Bailly, Dominique Gaborieau. Décors : Dan Weil, Bettina Von Den Steinen. Cost. : Olivier Bériot. Mont. : Laurence Bawedin, Luc Barnier. Mus. : Jean-Claude Petit. Avec Gérard Darmon, Michèle Laroque, Dany Boon, Jacques Dutronc, Guillaume Cramoisan, Ruben Alves, Dominique Besnehard, Nathalie Corré, Firmine Richard, Victor Garrivier, Eliane Pine Carrington. Prod. : Galfin Productions, Aussie Films, Sans contrefaçon Production, TF1 Films Production. Dist. : Pathé Distribution. (20 octobre 2004).

LA PLUS BELLE VICTOIRE
(WIMBLEDON)
Britannique (1 h 38). Réal. : Richard Loncraine. Scén. : Adam Brooks, Jennifer Flackett, Mark Levin. Image : Darius Khondji. Décors : Brian Morris. Cost. : Louise Stjernsward. Mont. : Humphrey Dixon. Mus. : Edward Shearmur. Avec Kirsten Dunst, Paul Bettany, Sam Neill, Jon Favreau, Austin Nichols, Nikolaj Coster-Waldau, Robert Lindsay, Celia Imrie. Prod. : Working Title pour Universal Pictures, Studio Canal. Dist. : Mars Distribution. (20 octobre 2004).

LA PORTE DU SOLEIL
(BAB EL CHAMS)
Franco-égyptien (4 h 38). Réal. : Yousry Nasrallah. Scén. : Yousry Nasrallah, Mohamed Soueid, Elias Khoury, d'après le roman de ce dernier. Image : Samir Bahsan. Son : Jérôme Ayasse, Guillaume Le Braz. Décors : Adel El-Maghrabi. Cost. : Nahed Nasrallah. Mont. : Luc Barnier. Mus. : Tamer Karawan. Avec Rim Turki, Orwa Nyrabeya, Hiam Abbass, Bassel Khayyat, Nadira Omran, Hala Omran, Béatrice Dalle. Prod. : Ognon Pictures, Arte France, Soread 2M, Gimages Films, MISR International Films. Dist. : Pyramide. (9 octobre 2004).

LA PREMIÈRE FOIS
QUE J'AI EU VINGT ANS
Français (1 h 35). Réal., Scén. : Lorraine Lévy, d'après le roman de Susie Morgenstern, «La Première fois que j'ai eu seize ans». Image : Emmanuel Soyer. Son : Jean-Paul Bernard. Décors : Yves Fournier. Cost. : Laurence Royer, Marie-José Escolar. Mont. : Sophie Reine. Mus. : Sébastien Souchois. Avec Marilou Berry, Catherine Jacob, Serge Riaboukine, Pierre Arditi, Myriam Moraly, Stéphanie Pasterkamp, Laurent Spielvogel, Adrien Jolivet, Michel Vuillermoz. Prod. : Arena Films. Dist. : Pathé Distribution. (6 octobre 2004).

QUAND LA MER MONTE
Franco-belge (1 h 33). Réal., Scén. : Yolande Moreau, Gilles Porte. Scén. : Yolande Moreau, Gilles Porte. Image : Gilles Porte. Son : Baptiste Kleitz, Éric Lesachet, Benoît Biral. Décors : Marc-Philippe Guerig, Serge Berkenbaum. Mont. : Éric Renault. Mus. : Philippe Rouèche. Avec Yolande Moreau, Wim Willaert, Olivier Gourmet, Jacky Berroyer, Philippe Duquesne, Jacques Bonnaffé, Séverine Caneele, Bouli Lanners. Prod. : Ognon Pictures, Stromboli Pictures, RTBF. Dist. : Pirates Distribution. (27 octobre 2004).

RESIDENT EVIL : APOCALYPSE
Canado-britannique (1 h 34). Réal. : Alexander Witt. Scén. : Paul Anderson, d'après le jeu vidéo édité par Capcom. Image : Christian Sebaldt, Derek Rogers. Son : David Lee. Décors : Paul Denham Austerberry. Cost. : Mary McLeod. Mont. : Eddie Hamilton. Mus. : Jeff Dana. Avec Milla Jovovich, Sienna Guillory, Oded Fehr, Thomas Kretschmann, Sophie Vavasseur, Raz Adoti, Jared Harris. Prod. : Davis Films, Impact, Constantin Film United. Dist. : Metropolitan Filmexport. (6 octobre 2004).

LE RETOUR DE CAGLIOSTRO
(IL RITORNO DI CAGLIOSTRO)
Italien (1 h 43). Réal., Scén. : Daniele Cipri, Franco Maresco. Image : Daniele Cipri. Son : Luca Bertolin, Michele Tarantola. Décors : Cesare Inzerillo, Nicola Sferruzza. Cost. : Patrizia Quaranta. Mont. : Fabio Nunziata. Mus. : Salvatore Bonafede. Avec Luigi Maria Burruano, Franco Scaldati, Pietro Giordano, Mauro Spiltaleri, Robert Englund, Davide Marotta. Prod. : Cinico Cinema, Instituto Luce. Dist. : Surreal Films. (27 octobre 2004).

LES REVENANTS
Français (1 h 45). Réal. : Robin Campillo. Scén. : Robin Campillo, Brigitte Tijou. Image : Jeanne Lapoirie. Son : Olivier Mauvezin, Valérie Deloof. Décors : Mathieu Menut. Mont. : Robin Campillo, Stéphanie Léger. Mus. : Martin Wheeler, Jocelyn Pook. Avec Géraldine Pailhas, Jonathan Zaccaï, Frédéric Pierrot, Victor Garrivier, Catherine Samie, Djemel Barek, Marie Matheron, Saady Delas. Prod. : Haut et Court, France 3 Cinéma, Gimages Développement. Dist. : Haut et Court. (27 octobre 2004).

SAMARIA
Coréen du Sud (1 h 35). Réal., Scén., Décors, Mont. : Kim Ki-duk. Image : Sun Sang-jae, Lee Sung-hwan. Son : Song Ye-jin. Cost. : Lim Seung-hee. Mus. : Park Ji. Avec Lee Uhl, Kwak Ji-min, Seo Min-jung, Kwon Hyun-min, Oh Young, Im Gyun-ho, Jung Yoon-soo. Prod. : Kim Ki-duk Films. Dist. : Wild Side Films/Bac Films. (27 octobre 2004).

LE SORTILÈGE DES TROIS LUTINS
(POHADKA O HONZIKOVI A MARENCE)
Tchèque (1 h 16). Réal., Scén. : Karel Zeman. Image : Zdenek Krupa. Son : Radomir Koutek. Mont. : Ivan Matous. Mus. : Karel Svoboda. Avec les voix françaises de Gabriel Ledoze, Serge Biavan, Jean-Paul Solal, Marc Seclin, Jean-Claude De Goros. Prod. : Studio de Gottwaldov. Dist. : Gebeka Films. (13 octobre 2004).

STRUGGLE
Autrichien (1 h 14). Réal. : Ruth Mader. Scén. : Ruth Mader, Barbara Albert, Martin Leidenfrost. Image : Bernard Keller. Son : Elisabeth Reeh. Mont. : Niki Mossböck. Avec Aleksandra Justa, Gottfried Breitfuss, Martin Brambach, Wiktoria Nowak, Margit Wrobel. Prod. : Struggle Films, Amour Fou. Dist. : Zootrope Films. (13 octobre 2004).

UNCOVERED : TOUT SUR LA GUERRE EN IRAK
(UNCOVERED : THE WAR ON IRAQ)
Américain (1 h 26). Réal. : Robert Greenwald. Image, Son : John Arnold, Hamish Campbell, Marc Levy, Glen Pearcy, Richard Perez, Bob Seeberger, Bob Sullivan, Scott Williams. Mont. : Kimberly Ray. Mus. : Brad Chiet, Jim Ervin, Mars Lasar. Avec David Albright, Robert Baer, John Dean, Mel Goodman, David Kay, Ray McGovern, Milt Bearden, Rand Beers. Prod. : Caroline Productions Film, Moveon.org, The Center for Américain Progresse, Cinéma Libre Studio, Artists United. Dist. : Metropolitan Filmexport. (13 octobre 2004).

UN LONG DIMANCHE DE FIANÇAILLES
Français (2 h 14). Réal. : Jean-Pierre Jeunet. Scén. : Jean-Pierre Jeunet, Guillaume Laurant, d'après le roman de Sébastien Japrisot. Image : Bruno Delbonnel. Son : Jean Umansky, Sophie Chiabaut, Vincent Arnardi. Décors : Aline Bonetto. Cost. : Madeline Fontaine. Mont. : Hervé Schneid. Mus. : Angelo Badalamenti. Avec Audrey Tautou, Gaspard Ulliel, Dominique Pinon, Clovis Cornillac, Albert Dupontel, Denis Lavant, Jean-Pierre Darroussin, Jodie Foster, Marion Cotillard, Jean-Pierre Becker, Chantal Neuwirth. Prod. : 2003 Productions, Warner Bros. France, Tapioca Films, TF1 Films Productions. Dist. : Warner Bros. (27 octobre 2004).

UN MARIAGE DE PRINCESSE
(THE PRINCES DIARIES 2 : ROYAL ENGAGEMENT)
Américain (1 h 55). Réal. : Gary Marshall. Scén. : Sondra Rhimes, Meg Chabot, d'après une histoire de Gina Wendkos et Sondra Rhimes. Image : Charles Minsky. Son : Terry Porter. Décors : Albert Brenner. Cost. : Gary Jones. Mont. : Bruce Green. Mus. : John Debney. Avec Julie Andrews, Anne Hathaway, Hector Elizondo, Chris Pine, John Rhys-Davies, Heather Matarazzo, Callum Blue. Prod. : Walt Disney Pictures, BrownHouse Production. Dist. : Buena Vista International. (20 octobre 2004).

UN SOUPÇON DE ROSE
(TOUCH OF PINK)
Américain (1 h 32). Réal., Scén. : Ian Iqbal Rashid. Image : David A. Markin. Son : Bill McMillan. Décors : Gavin Mitchell. Mont. : Susan Maggi. Mus. : Andrew Lockington. Avec Jimy Mistry, Kyle MacLachlan, Kristen Holden-Reid. Prod. : Martin Pope Productions, Sienna Films Inc. Dist. : Gaumont Columbia TriStar Films. (13 octobre 2004).

VIPÈRE AU POING
Franco-britannique (1 h 40). Réal. : Philippe de Broca. Scén. : Olga Vincent et Philippe de Broca, d'après le roman d'Hervé Bazin. Image : Yves Lafaye. Son : Jean-Jacques Ferran. Décors : Christian Siret, Milly Burns. Cost. : Sylvie de Segonzac. Mont. : Anna Ruiz. Mus. : Brian Lock. Avec Catherine Frot, Jacques Villeret, Jules Sitruk, Cherie Lunghi, Hannah Taylor Gordon, Richard Bremmer, Sabine Haudepin, William Touil, Pierre Stévenin. Prod. : Rezo Productions, Ramona Productions, Zephyr Films, France 3 Cinéma. Dist. : Rezo Films. (6 octobre 2004).

NOVEMBRE 2004

ANACONDAS – À LA POURSUITE DE L'ORCHIDÉE DE SANG
(ANACONDAS)
Américain (1 h 37). Réal. : Dwight H. Little. Scén. : John Claflin, Daniel Zelman, Michael Miner, Ed Neumeier. Image : Stephen F. Windon. Son : Kirk Godfrey. Décors : Bryce Perrin. Cost. : Terry Ryan. Mont. : Marcus D'Arcy. Mus. : Nerida Tyson-Chew. Avec Johnny Messner, KaDee Strickland, Matthew Marsden, Nicholas Gonzalez, Eugene Byrd, Karl Yune. Prod. : Middle Fork Productions. Dist. : Gaumont Columbia TriStar Films. (10 novembre 2004).

BAD SANTA
Américain (1 h 30). Réal. : Terry Zwigoff. Scén. : Glenn Ficarra, John Requa. Image : Jamie Eterson. Son : Dan Wallin, Lee Orloff, Mark Weingarten. Décors : Sharon Seymour. Cost. : Wendy Chuck. Mont. : Robert Hoffman. Mus. : David Kitay. Avec Billy Bob Thornton, Tony Cox, Bret Kelly, Lauren Graham, Bernie Mac, John Ritter, Ajay Naidu. Prod. : Triptych Pictures. Dist. : Gaumont Columbia TriStar Films. (17 novembre 2004).

BANLIEUE 13
Français (1 h 23). Réal. : Pierre Morel. Scén. : Luc Besson, Bibi Nacéri. Image : Manuel Teran. Son : Frédéric Ullmann, Didier Lozahic. Décors : Hughes Tissandier. Mont. : Frédéric Thoraval. Mus. : DA. Octopuss. Avec Cyril Raffaelli, David Belle, Tony D'Amario, Bibi Nacéri, Dany Verissimo, François Chattot, Nicolas Woirion, Patrick Olivier. Prod. : EuropaCorp, TF1 Films Productions. Dist. : EuropaCorp Distribution. (10 novembre 2004).

BARBERSHOP 2
(BARBERSHOP 2 : BACK IN BUSINESS)
Américain (1 h 46). Réal. : Kevin Rodney Sullivan. Scén. : Don D. Scott, d'après les personnages créés par Mark Brown. Image : Tom Priestley Jr. Son : Robb Navrides. Décors : Robb Wilson King. Mont. : Paul Seydor. Mus. : Richard Gibbs, RZA, Wu Tan Clan, Eminem. Avec Ice Cube, Cedric the Entertainer, Sean Patrick Thomas, Troy Garity, Michael Ealy, Leonard Earl Howze, Harry J. Lennix, Robert Wisdom. Prod. : State Street Pictures, Cube Vision. Dist. : Bodega Films. (17 novembre 2004).

BIGUINE
Français (1 h 30). Réal., Scén. : Patrick Chamoiseau. Image : Jacques Boumendil. Son : Emmanuel Coulanges. Décors : Marie-Laure Elmin. Mont. : Aïlo Auguste, Joël Rangon. Mus. : Amos Coulanges. Avec Max Télèphe, Micheline Mona. Prod., Dist. : Kréol Productions. (10 novembre 2004).

BIRTH
Américain (1 h 40). Réal. : Jonathan Glazer. Scén. : Jean-Claude Carrière, Milo Addica, Jonathan Glazer. Image : Harris Savides. Son : Michael Barosky, Paul Hamblin, Stuart Hilliker. Décors : Kevin Thompson. Cost. : John Dunn. Effets spéciaux : John et Ronald Ottesen. Effets visuels : Tom Debenham. Avec Nicole Kidman, Cameron Bright, Danny Huston, Lauren Bacall, Alison Elliot, Arliss Howard, Anne Heche, Peter Stormare, Michel Desautels. Prod. : New Line Cinema, Metropolitan Filmexport. Dist. : Metropolitan Filmexport. (3 novembre 2004).

CATERINA VA EN VILLE
(CATERINA VA IN CITTÀ)
Italien (1 h 56). Réal. : Paolo Virzi. Scén. : Paolo et Francesco Virzi. Image : Arnaldo Catinari. Son : Mario Iaquone. Décors : Tonino Zera. Cost. : Bettina Pontiggia. Mont. : Cecilia Zanuso. Mus. : Carlo Virzi. Avec Sergio Castellito, Alice Teghil, Antonio Carnevale, Margherita Buy, Paola Tiziana, Zach Wallen, Federica Sbrenna. Prod. : Rai Cinema, Cattleya. Dist. : Pretty Pictures. (24 novembre 2004).

CELLULAR
Américain (1 h 35). Réal. : David R. Ellis. Scén. : Chris Morgan, d'après une histoire de Larry Cohen. Image : Gary Capo. Son : Jon Title. Décors : Jaymes Hinkle. Cost. : Christopher Lawrence. Mont. : Eric Sears. Mus. : John Ottman. Avec Kim Basinger, Chris Evans, Christian Olsen, Noah Emmerich, William H. Macy, Jessica Biel, Jason Statham, Richard Burgi, Eddie Driscoll. Prod. : New Line Cinema, Electric Entertainment. Dist. : Metropolitan Filmexport. (17 novembre 2004).

CHRONIQUES INDIENNES
(MONDO MEYER UPAKHYAN)
Indien, 2003 (1 h 30). Réal., Scén. : Buddhadeb Dasgupta. Image : Venu. Son : Anup Mukhopadahyay. Décors : Jayanta Kundu, Kaushik Sarkar. Mont. : Raviranjan Maitra. Mus. : Biswadep Dasgupta. Avec Ramgopal Bajaj, Samata Das, Rituparna Sengupta, Arpan Basar, Padreep Mukherjee, Tapas Pal, June Malia. Prod. : Arjoe Entertainment, Cinemavault Releasing Inc. Dist. : CTV International. (17 novembre 2004).

LA CONFIANCE RÈGNE
Français (1 h 43). Réal. : Étienne Chatiliez. Scén. : Laurent Chouchan, Étienne Chatiliez. Image : Philippe Welt. Son : Pierre Gamet. Décors : Stéphane Makedonsky. Cost. : Élisabeth Tavernier. Mont. : Catherine Renault. Mus. : Matthew Herbert. Avec Cécile de France, Vincent Lindon, Éric Berger, Anne Brochet, Martine Chevalier, Jacques Boudet, Pierre Vernier, Jean-Marc Roulot, Érick Desmaretz, Évelyne Didi, André Wilms. Prod. : Téléma, Les Productions du Champ Poirier. Dist. : UFD. (10 novembre 2004).

CONTES PERSANS
Iranien (0 h 47). Le Plus Long Voyage (10'15, 2000). Réal., Scén. : Mohammad Moghadam. Image : Mohammad Rahim Bakhtiari. Animation : Elaleh Goudarzi. Son : Changuiz Sayad. La Pomme (14', 2001) ; Réal., Animation : Mozaffar et Ramin Sheydaï. Scén., Image : Mozaffar Sheydaï. Le Retour (16', 1987) ; Réal. : Vadjiollah Fard Moghadam. Image : Homayoun Haghighi. La Vache et le fermier (6', 2003) ; Réal., Scén. : Fatemeh Goudarzi. Image : Mohammad Rahim Bakhtiari. Animation : Fatemeh Goudarzi et Akram Motifar. Prod. : Kanoon. Dist. : Gebeka Films. (24 novembre 2004).

LA DEMOISELLE D'HONNEUR
Franco-allemand (1 h 50). Réal. : Claude Chabrol. Scén. : Pierre Leccia et Claude Chabrol, d'après le roman de Ruth Rendell. Image : Eduardo Serra, Michel Thiriet. Son : Pierre Lenoir, ThierryLebon. Décors : Françoise Benoît-Fresco. Cost. : Mic Cheminal. Mont. : Monique Fardoulis. Mus. : Matthieu Chabrol. Avec Benoît Magimel, Laura Smet, Aurore Clément, Bernard Le Coq, Solène Bouton, Anna Mihalcea, Michel Duchaussoy, Suzanne Flon, Éric Seigne, Philippe Duclos. Prod. : Aliceleo, Integral Films, Canal Diffusion, France 2 Cinéma. Dist. : Bac Films. (17 novembre 2004).

LE DERNIER JOUR
Français (1 h 45). Réal., Scén. : Rodolphe Marconi. Image : Hélène Louvart. Son : Frédéric Ullmann, Nathalie Vidal. Décors : Antoine Platteau. Cost. : Marielle Robaut. Mont. : Isabelle de Vinck. Avec Nicole Garcia, Gaspard Ulliel, Mélanie Laurent, Bruno Todeschini, Alysson Paradis, Chrsitophe Malavoy, Thibault Vinçon. Prod., Dist. : Gemini Films. (3 novembre 2004).

DIAS DE SANTIAGO
Péruvien (1 h 23). Réal., Scén. : Josué Mendez. Image : Juan Duran. Son : Francisco Adrianzén. Décors : Claudia Aguirre. Mont. : Roberto Benavides Espino. Avec Pietro Sibille, Milagros Vidal, Marisela Puicon, Alheli Catsillo, Lili Urbina. Prod. : Chullachaki Producciones. Dist. : Les Films du Safran. (10 novembre 2004).

DOGORA - OUVRONS LES YEUX
Français (1 h 20). Réal., Scén. : Patrice Leconte. Image : Jean-Marie Dreujou. Son : Didier Lizé, Jean Goudier, Dominique Hennequin. Mont. : Joëlle Hache. Mus. : Étienne Perruchon. Direction du chœur : Métodi Matakiev. Direction de l'orchestre : Yanko Miladinov. Prod. : Épithète Films, Zoulou Films. Dist. : Warner Bros. (10 novembre 2004).

L'ENLÈVEMENT
(THE CLEARING)
Américain (1 h 34). Réal. : Pieter Jan Brugge. Scén. : Justin Haythe. Image : Denis Lenoir. Son : Paul P. Soucek. Décors : Chris Gorak. Cost. : Florence-Isabelle Megginson. Mont. : Kevin Tent. Mus. : Craig Armstrong. Avec Robert Redford, Helen Mirren, Willem Defoe, Alessandro Nivola, Matt Craven, Melissa Sagemiller, Wendy Crewson, Larry Pine, Diana Scarwid, Elizabeth Ruscio. Prod. : Thousand Works, Mediastream III, Wildwood Enterprises, Fox Searchlight Pictures. Dist. : UFD. (24 novembre 2004).

L'ÉQUIPIER
Français (1 h 44). Réal. : Philippe Lioret. Scén. : Philippe Lioret, Emmanuel Courcol, Christian Sinniger. Image : Patrick Blossier. Son : Jean-Marie Blondel, Germain Boulay, Éric Tisserand. Décors : Yves Brover. Cost. : Pierre Béchir. Mont. : Mireille Leroy. Mus. : Nicola Piovani. Avec Sandrine Bonnaire, Philippe Torreton, Grégori Derangère, Émilie Dequenne, Anne Consigny, Martine Sarcey, Nathalie Besançon, Thierry Lavat, Béatrice Laout. Prod. : Nord-Ouest Production, Studio Canal, La Guéville, Fin Août Production. Dist. : Mars Distribution. (3 novembre 2004).

L'EXORCISTE – AU COMMENCEMENT
(EXORCIST : THE BEGINNING)
Américain (1 h 52). Réal. : Renny Harlin. Scén. : Alexi Hawley, Caleb Carr, William Wisher, d'après les personnages du roman de William Peter Blatty. Image : Vittorio Storaro. Son : Michael C. Moore. Décors : Stefano Ortolani. Cost. : Luke Reichle. Effets spéciaux : Danilo Bollettini. Maquillage : Fabrizio Sforza. Mont. : Mark Goldblatt, Todd E. Miller. Mus. : Trevor Rabin. Avec Stellan Skarsgard, Izabella Scorupco, James d'Arcy, Remy Sweeney, Julian Wadham, Andrew French, Ralph Brown. Prod. : Warner Bros. Pictures. Dist. : Warner Bros. (17 novembre 2004).

LES FAUTES D'ORTHOGRAPHE
Français (1 h 31). Réal. : Jean-Jacques Zilbermann. Scén. : Philippe Lasry, Jean-Jacques Zilbermann. Image : Georges Diane. Son : Pierre Lorrain. Décors : Valérie Grall. Cost. : Catherine Gorne-Achdjian. Mont. : Monica Coleman. Mus. : Laurent Vallero. Avec Damien Jouillerot, Carole Bouquet, Olivier Gourmet, Raphaël Goldman, Franck Bruneau, Anthony Decadi, Khalid Maadour, Arnaud Giovaninetti, Deborah Grall. Prod. : Agat Films et Cie, Studio Canal, France 3 Cinéma. Dist. : Bac Films. (3 novembre 2004).

LE GÉNIE HELVÉTIQUE
Suisse (1 h 30). Réal., Scén. : Jean-Stéphane Bron. Image : Éric Stitzel. Son : Luc Yersin. Mont. : Karine Sudan. Mus. : Christian Garcia. Avec Maya Graf, Josef Kunz, Liliane Chappuis, Professeur Neirynck. Prod. : Robert Boner. Dist. : Documentaire sur Grand Écran. (3 novembre 2004).

G.O.R.A.
Turc (1 h 47). Réal. : Ômer Faruk Sorak. Scén. : Cem Yilmas. Image : Veli Kuzlu. Son : Levent Intepe, Erkan Altinok. Décors : Bahattin Demirkol. Mont. : Mustafa Presheva, Cagri Turkkan. Mus. : Ozan Colakoglu. Avec Cem Yilmas, Ozkan Ugur, Özge Özberk, Cezmi Baskin, Idil Firat, Engin Günaydin. Prod. : BKM Besiktas Kültür Merkezi, Böceck Film. Dist. : Too Cool Productions & Distribution. (17 novembre 2004).

LE GRAND VOYAGE
Franco-marocain (1 h 48). Réal., Scén. : Ismaël Ferroukhi. Image : Kathel Djian. Son : Xavier Griette. Décors : Gilles Tissot. Cost. : Christine Brottes. Mont. : Tina Baz. Mus. : Fowzi Guerdjou. Avec Nicolas Cazalé, Mohamed Majd, Jacky Nercessian, Ghina Ognianova, Kamel Belghazi, Atik Mohamed, Malika Mesrar El Adaoui, François Baroni. Prod. : Les Films du Passage, Casablanca Film Production, Ognon Pictures. Dist. : Pyramide. (24 novembre 2004).

HOLY LOLA
Français (2 h 08). Réal. : Bertrand Tavernier. Scén. : Tiffany Tavernier, Dominique Sampiero, avec la participation de Bertrand Tavernier. Image : Alain Choquart. Son : Dominique Levert, Élisabeth Paquotte, Gérard Lamps. Décors : Giuseppe Ponturo. Cost. : Ève-Marie Arnault. Mont. : Sophie Brunet. Mus. : Henri Texier. Avec Jacques Gamblin, Isabelle Carré, Bruno Putzulu, Lara Guirao, Frédéric Pierrot, Maria Pitarresi, Jean-Yves Roan, Séverine Caneele, Gilles Gaston-Dreyfus, Anne Loiret, Philippe Saïd. Prod. : Little Bear, Les Films Alain Sarde, TF1 Films Production. Dist. : TFM Distribution. (24 novembre 2004).

INCIDENT AU LOCH NESS
(INCIDENT AT LOCH NESS)
Américain (1 h 34). Réal., Scén. : Zak Penn. Image : John Bailey. Son : Matthew Nicolay, Steven Avila. Mont. : Howard E. Smith, Abby Schwarzwalder. Mus. : Henning Lohner. Avec Werner Herzog, Zak Penn, Michael Karnow, Robert O'Meara, Kitana Baker, Gabriel Beristan, Russell Williams, John Bailey, Jeff Goldblum, David A. Davidson, Steven Gardner. Prod. : Eden Rock Media. Dist. : La Fabrique de films. (10 novembre 2004).

LES INDESTRUCTIBLES
(THE INCREDIBLES)
Américain (2 h 03). Réal., Scén. : Brad Bird. Image : Andrew Jimenez, Janet Lucroy. Son : Randy Thom. Décors : Lou Romano. Effets visuels : Mach Tony Kobayashi. Mont. : Stephen Schaffer. Mus. : Michael Giacchino. Avec les voix de Craig T. Nelson, Holly Hunter, Samuel L. Jackson, Jason Lee, Teddy Newton (VO), Marc Alfos, Deborah Perret, Thierry Desroses, Bruno Salomone, Patrick Poivre d'Arvor (VF). Prod. : Pixar Animation Studios, Walt Disney Pictures. Dist. : Buena Vista International. (24 novembre 2004).

INSURRECTION/RÉSURRECTION
Français (1 h 10). Réal., Scén. : Pierre Merejkowsky. Image : Emmanuelle Le Fur. Son : Francis Bonfanti, Adam Wolny. Décors : Marie-Noëlle Lacassin. Mont. : Michèle Le Guernevel. Avec Pierre Merejkowsky, Isabelle Bouchema, Éric Feldman, Claude Rambaut, Astrid Adverbe, Jean-François Gallotte, Patrick Zocco, Alexandra Roudier. Prod. : Les Films Sauvages, Lardux Films. Dist. : Les Films Sauvages. (10 novembre 2004).

MEMORIES
(THE I INSIDE)
Américano-germano-britannique (1 h 30). Réal. : Roland Suso Richter. Scén. : Timothy Scott Bogart, Michael Cooney. Image : Martin Langer. Son : Steve Cook, Roger Walker. Décors : Allan Starski.

Mont. : Chris Blunden, Jonathan Rudd. Mus. : Nicholas Pike. Avec Ryan Philippe, Sarah Polley, Piper Perabo, Stephen Rea, Robert Sean Leonard, Stephen Lang, Peter Egan, Stephen Graham. Prod. : Media 8 Entertainment, Miramax, Dimension Films, RCD Productions Ltd, VIP 1 Medienfonds. Dist. : SND. (10 novembre 2004).

LE MOINDRE GESTE
Français (1 h 45). Réal. : Fernand Deligny, Josée Manenti, Jean-Pierre Daniel. Scén. : Fernand Deligny. Image : Josée Manenti. Son : Aimé Agnel, Jean-Pierre Ruh. Mont. : Jean-Pierre Daniel. Avec Yves Guignard, Richard Brougère, Numa et Anita Durand, Marie-Rose Aubert, Fabienne D. Prod. : Slon, Iskra. Dist. : Shellac. (17 novembre 2004).

MOI, PETER SELLERS
(THE LIFE AND DEATH OF PETER SELLERS)
Américano-britannique (2 h 08). Réal. : Stephen Hopkins. Scén. : Christopher Markus, Stephen McFeely. Image : Peter Levy. Son : Simon Kaye. Décors : Norman Garwood. Cost. : Jill Taylor. Mont. : John Smith. Mus. : Richard Hartley. Avec Geoffrey Rush, Charlize Theron, Emily Watson, John Lithgow, Miriam Margolyes, Peter Vaughan, Sonia Aquino, Stanley Tucci, Stephen Fry, He,ry Goodman. Prod. : DeMann Entertainment, Company Pictures. Dist. : Océan Films. (17 novembre 2004).

MONDOVINO
Américano-français (2 h 15). Réal., Scén., Mont. : Jonathan Nossiter. Image : Jonathan Nossiter, Stéphanie Pommez, Juan Pittaluga. Son : Juan Pittaluga, Nostradine Benguezzou. Avec Yvonne Hegoburu, Battista et Lina Columbu, Michel Rolland, Robert Parker, Aimé Guibert, la famille Mondavi, la famille de Montille, Bill Harlan, Patrick Léon. Prod. : Ricardo Preve Films, Sophie Dulac Productions, Diaphana Films. Dist. : Diaphana Distribution. (3 novembre 2004).

LOS MUERTOS
Argentino-français (1 h 18). Réal., Scén., Mont. : Lisandro Alonso. Image : Cobi Migliora. Son : Catriel Vildolsola. Mus. : Flormaleva. Avec Argentino Vargas. Prod. : 4L, Fortuna Films, Slot Machine, Arte France Cinéma. Dist. : ID Distribution. (3 novembre 2004).

NOBODY KNOWS
(DARE MO SHIRANAI)
Japonais (2 h 21). Réal., Scén., Mont. : Hirokazu Kore-eda. Image : Yutaka Yamazaki. Son : Yutaka Tsurumaki. Décors : Toshihiro Isomi, Keiko Mitsumatsu. Mus. : Gontiti. Avec Yuya Yagira, Ayu Kitaura, Hiei Kimura, Momoko Shimizu, Hanae Kan, You, Kazumi Kushida, Yukiko Okamoto, Sei Hiraizumi. Prod. : TV Man Union Inc, Bandai Visual Co. Ltd, Engine Film Inc., C-style. Dist. : ARP Sélection. (10 novembre 2004).

NUIT NOIRE
(NOITE ESCURA)
Franco-portugais (1 h 40). Réal. : João Canijo. Scén. : João Canijo, Pierre Hodgson, Mayanne Von Ledebur. Image : Mario Castanheira. Son : Philippe Morel, Gérard Rousseau. Décors, Cost. : Zé Branco. Mont. : João Braz, Jackie Bastide. Mus. : Alexandre Soares. Avec Beatriz Batarda, Rita Blanco, Fernando Luis, Cleia Almeida, José Raposo, Dimitri Bogomolov, João Reis. Prod. : Madragoa Filmes, Gemini Films. Dist. : Gemini Films. (17 novembre 2004).

ONE DOLLAR CURRY
Franco-indien (1 h 30). Réal., Scén. : Vijay Singh. Image : Benoît Chamaillard. Son : Philippe Blanche. Décors : Jean-Marc Tran Tan Ba. Cost. : Cédric Grenapin. Mont. : Nadine Verdier. Mus. : Zakir Hussain, Taufiq Qureshi. Avec Vikram Chatwal, Smriti Mishra, Gabriella Wright, Trevor A. Stephens, Benoît Solès, Stéphanie Guieu, Partha Majumdar. Prod. : Silhouette Films, Tessalit Productions, France 2 Cinéma, Zee TV. Dist. : Bodega Films. (24 novembre 2004).

LES PETITES VIEILLES
(STAROUKHI)
Russe (1 h 40). Réal., Scén. : Guennadi Sidorov. Image : Anatoli Petriga. Son, Mus. : Andrei Khudyakov. Décors : Vladimir Iarine. Avec Valentina Bezroutskaïa, Galina Smirnova, Zoä Norkina, Tamara Klimova, Bronislava Zakharova. Prod. : Guennadi Sidorov. Dist. : Arkeion Films. (10 novembre 2004).

LES PETITS-FILS
Français (1 h 30). Réal., Scén., Image : Ilan Duran Cohen. Son : Stéphane Thiébaut. Mont. : Fabrice Rouaud. Mus. : Bertrand Bonello. Avec Reine Ferrato, Guillaume Quatravaux, Jean-Philippe Sêt, Brice Cauvin, Samuel de Gunzburg, Régis Gambier, Ilan Duran Cohen. Prod. : Haut et Court, Ilan Duran Cohen. Dist. : Haut et Court. (17 novembre 2004).

LE SECRET DES POIGNARDS VOLANTS
(SHI MIAN MAI FU)
Chinois (1 h 59). Réal. : Zhang Yimou. Scén. : Li Feng, Wang Bin, Zhang Yimou. Image : Zhao Xiaoding. Son : Tao Jing. Décors : Huo Tingxiao. Cost. : Emi Wada. Mont. : Cheng Long. Mus. : Shigeru Umebayashi. Avec Takeshi Kaneshiro, Andy Lau Wah, Zhang Ziyi, Song Handan. Prod. : Edko Films, Zhang Yimou Studio pour Elite Group, Beijjing New Picture Film Co. Ltd. Dist. : UIP. (17 novembre 2004).

SHE HATE ME
Américain (2 h 18). Réal. : Spike Lee. Scén. : Spike Lee, Michael Genet. Image : Matthew Libatique. Son : Ken Ishii. Décors : Brigitte Broch. Cost. : Donna Bertwick. Mont. : Barry Alexander Brown. Mus. : Terence Blanchard. Avec Anthony Mackie, Kerry Washington, Ellen Barkin, Dania Ramirez, Monica Bellucci, Jim Brown, Jamel Debbouze, Ossie Davis, John Turturro. Prod. : 40 Acres & a Mule. Dist. : Pathé Distribution. (17 novembre 2004).

SI SEULEMENT
(IF ONLY)
Américain (1 h 45). Réal. : Gil Junger. Scén. : Christine Welsh. Image : Giles Nuttgens. Son : Ted Swanscott. Décors : Joseph Bennett. Cost. : Odile Dicks-Mireaux. Mont. : William Anderson, Padraic McKinley. Mus. : Adrian Johnston. Avec Jennifer Love Hewitt, Paul Nichols, Tom Wilkinson, Diana Hardcastle, Lucy Davenport, Roy Sampson, Kevin Moore, Neville Phillips. Prod. : Intermedia Films, Outlow, Love Spell Entertainment, Box Film. Dist. : SND. (24 novembre 2004).

SOUL PLANE
Américain (1 h 26). Réal. : Jessy Terrero. Scén. : Bo Zenga, Chick Wilson. Image : Jonathan Sela. Son : David Wadley, David E. Stone. Décors : Robb Buono. Mont. : Michael R. Miller. Mus. : Beyoncé Knowles, Christopher Lennertz, RZA. Avec Snoop Dogg, Method Man, Tom Arnold, Kevin Hart, K.D. Aubert, Brian Hooks, D.L. Hughley, Arielle Kebbel. Prod. : Turbo Productions, Boz Productions, Metro-Goldwin-Mayer. Dist. : Bodega Films. (17 novembre 2004).

TARNATION
Américain (1 h 28). Réal., Scén., Image, Mus. : Jonathan Caouette. Son : Jonathan Caouette, Lora Hirschberg. Mont. : Jonathan Caouette, Brian A. Kates. Avec Jonathan Caouette, Renée LeBlanc, David Sanin Paz, Rosemary et Adolph Davis. Prod. : Wellspring, Nightlight Films. Dist. : U Talkin' 2 Me. (10 novembre 2004).

36, QUAI DES ORFÈVRES
Français (1 h 50). Réal. : Olivier Marchal. Scén. : Olivier Marchal, Franck Mancuso, Julien Rappeneau, avec la collaboration de Dominique Loiseau. Image : Denis Rouden. Son : Pierre Mertens, François Maurel, Sylvain Lasseur, Joël Rangon. Décors : Ambre Fernandez. Cost. : Nathalie du Roscoät. Mont. : Hachdé. Mus. : Erwann Kermmorvant, Axelle Renoir. Avec Daniel Auteuil, Gérard Depardieu, André Dussollier, Roschdy Zem, Valeria Golino, Daniel Duval, Francis Renaud, Catherine Marchal, Guy Lecluyse, Alain Figlarz. Prod. : LGM Cinéma, KL Production, Gaumont, TF1 Films Production. Dist. : Gaumont Columbia TriStar Films. (24 novembre 2004).

TROPICAL MALADY
(SUD PRALAD)
Franco-thaïlando-italiano-allemand (1 h 58). Réal., Scén. : Apichatpong Weerasethakul. Image : Vichit Tanapanitch, Jarin Pengpanitch, Jean-Louis Vialard. Son : Akritchalerm Kalayanamitr. Mont. : Lee Chatametikool. Avec Banlop Lomnoi, Sakda Kaewbuadee, Sirivech Jareonchon, Udom Promma, Huai Deesom. Prod. : Anna Sanders Films, TIFA, Downtown Pictures, Thoke + Moebius Film, Kick The Machine. Dist. : Ad Vitam. (24 novembre 2004).

UN CRIME DANS LA TÊTE
(THE MANCHURIAN CANDIDATE)
Américain (2 h 20). Réal. : Jonathan Demme. Scén. : Daniel Pyne, Dean Georgaris, d'après le roman de Richard Condon et le scénario de George Axelrod. Image : Tak Fujimoto. Son : Christopher Newman, Travis Call. Décors : Kristi Zea. Cost. : Albert Wolsky. Mont. : Carol Littleton, Craig McKay. Mus. : Rachel Portman. Avec Denzel Washington, Meryl Streep, Liev Schreiber, Jeffrey Wright, Kimberly Elise, Jon Voight, Ted Levine, Miguel Ferrer, Bruno Ganz. Prod. : Clinica Estetico Ltd, Paramount Pictures. Dist. : UIP. (3 novembre 2004).

WHISKY
Uruguayo-argentino-espagnol (1 h 34). Réal. : Juan Pablo Rebella et Pablo Stoll. Scén. : Juan Pablo Rebella, Pablo Stoll, Gonzalo Delgado Galiana. Image : Barbara Alvarez. Son : Catriel Vildosola, Daniel Yfalian. Décors : Gonzalo Delgado Galiana. Mont. : Fernando Epstein. Mus. : Pequena Orquesta Reincidentes. Avec Andrés Pazos, Mirella Pascual, Jorge Bolani, Ana Katz, Daniel Hendler. Prod. : Control Z Films, Rizoma Films, Pandora Filmproduktion. MK2 Diffusion. (17 novembre 2004).

YU-GI-OH ! LE FILM
Américano-japonais (1 h 30). Réal. : Tsuji Hatsuki. Scén. : Matthew Drdek, Lloyd Goldfine, Norman J. Grossfeld, Michael Pecoriello, d'après une histoire de Junki Takegami et Masahiro Hikokubo. Image : Hiroaki Edamitsu, Duk Gyu Choi, Tae Hee Heo, Kang Ok Kim. Mont. : Masao Nakagawa. Mus. : Gil Talmi. Avec les voix anglaises de Dan Green, Eric Stuart, Amy Birnbaum, Wayne Grayson. Prod. : Studio Gallop, 4 Kids Entertainment. Dist. : Warner Bros. (10 novembre 2004).

DÉCEMBRE 2004

À BOIRE
Français (1 h 30). Réal. : Marion Vernoux. Scén. : Marion Vernoux, Frédéric Jardin, Thomas Bidegain. Image : Dominique Colin. Son : Michel Casang. Décors : François Emmanuelli. Cost. : Virginia Vogwill. Mont. : Camille Cotte. Mus. : Bogue. Avec Emmanuelle Béart, Édouard Baer, Atmen Kelif, Yves Verhoeven, Jean-Michel Tinivelli, Claude Perron, Jackie Berroyer, Marina Foïs, Pierre-Louis Lannier. Prod. : ADR Productions, Chic Films, France 3 Cinéma. Dist. : Rezo Films. (29 décembre 2004).

ALIÉNATIONS
Franco-algérien (1 h 45). Réal., Scén., Image : Malek Bensmaïl. Son : Hamid Osmani, Francisco Camino, Olivier Schweitzer. Mont. : Mathieu Bretaud. Mus. : Phil Marbœuf. Prod. : INA. Dist. : Eurozoom. (15 décembre 2004).

L'AMITIÉ PLUS FORTE QUE LA HAINE
Français (1 h 28). Réal., Scén. : Daniel Kupferstein. Image : Olivier Barbier, Ali Lakrouf. Son : Claude Gazeau. Mont. : Chantal Quaglio. Prod. : Neyrac Films. Dist. : Esperanza Productions. (22 décembre 2004).

À TOUT DE SUITE
Français (1 h 35). Réal., Scén. : Benoît Jacquot, d'après une histoire d'Élisabeth Fanger. Image : Caroline Champetier. Son : Michel Vionnet, Arnaud Rolland. Décors, Cost. : Antoine Platteau. Mont. : Luc Barnier. Avec Isild Le Besco, Ouassini Embareck, Nicolas Duvauchelle, Laurence Cordier, Fotini Kodoukaki, Léonor Graser, Emmanuelle Bercot, Odile Vuillemin. Prod. : Natan Productions, Arte France Cinéma. Dist. : Pyramide. (8 décembre 2004).

AZÉ
Français (1 h 10). Réal., Scén., Image : Ange Leccia. Son : Katia Bonnenfant. Mont. : Patricia Adelheim. Prod. : Caméra Lucida. Dist. : Pointligneplan. (2 décembre 2004).

BENJAMIN GATES ET LE TRÉSOR DES TEMPLIERS
(NATIONAL TREASURE)
Américain (2 h 10). Réal. : Jon Turteltaub. Scén. : Ted Elliot, Terry Rossio, Marianne et Cormac Wibberley, Jim Kouf. Image : Caleb Deschanel. Son : William B. Kaplan. Décors : Norris Spencer. Mont. : William Goldenberg. Avec Nicolas Cage, Diane Kruger, Justin Bartha, Sean Bean, Jon Voight, Harvey Keitel, Christopher Plummer, David Dayan Fisher, Stewart Finlay-McLennan, Oleg Taktarov. Prod. : Jerry Bruckheimer Films, Declaration Production, Saturn Films, Touchstone Pictures, Walt Disney Pictures. Dist. : Buena Vista International. (22 décembre 2004).

BLADE TRINITY
Américain (1 h 46). Réal., Scén. : David S. Goyer, d'après le personnage créé par Marv Wolfman et Gene Colan. Image : Gabriel Beristain. Son : Patrick Ramsay. Décors : Chris Gorak. Cost. : Laura Jean Shannon. Mont. : Howard E. Smith, Conrad Smart. Mus. : Ramin Djawadi, RZA. Avec Wesley Snipes, Kris Kristofferson, Dominic Purcell, Jessica

Biel, Ryan Reynolds, Parker Posey, Mark Berry, John Michael Higgins, Callum Keith Rennie. Prod. : Amen RA Films, Imaginary Forces pour New Line Cinema. Dist. : Metropolitan Filmexport. (8 décembre 2004).

BRIDGET JONES : L'ÂGE DE RAISON
(BRIDGET JONES : THE EDGE OF REASON)
Britannico-franco-irlando-américain (1 h 40). Réal. : Beeban Kidron. Scén. : Andrew Davies, Richard Curtis, Adam Brooks, Helen Fielding, d'après le roman de cette dernière. Image : Adrian Biddle. Décors : Gemma Jackson. Mont. : Greg Hayden. Mus. : Harry Gregson-Williams. Avec Renée Zellweger, Hugh Grant, Colin Firth, Jim Broadbent, Gemma Jones, Shirley Henderson, Sally Phillips, James Callis, Celia Imrie, Neil Pearson, Jacinda Barrett. Prod. : Working Title, Studio Canal, Universal Pictures, Miramax Films. Dist. : Mars Distribution. (8 décembre 2004).

CAFÉ LUMIÈRE
(KOHI JIKO)
Japonais (1 h 49). Réal. : Hou Hsiao-hsien. Scén. : Hou Hsiao-hsien, Chu T'ien-wen. Image : Lee Ping-bing. Son : Tu Duu-chih. Mont. : Liao Ching-sung. Mus. : Inoue Yousui. Avec Hitoto Yo, Asano Tadanobu, Hagiwara Masaro, Kobayashi Nenji, Yo Kimiko. Prod. : Shochiku Co. Ltd., Asahi Shimbun, Sumitomo Corporation, Eisei Gekijo Co. Ltd., Imagica Corporation. Dist. : Diaphana. (8 décembre 2004).

THE CORPORATION
Canadien (2 h 25). Réal. : Jennifer Abbott, Mark Achbar. Scén. : Joel Bakan, Harold Crooks. Image : Mark Achbar, Rolf Cutts, Jeff Koffman, Kirk Tougas. Son : Velcrow Ripper. Mont. : Jennifer Abbott. Mus. : Leonard J. Paul. Avec Jane Akre, Ray Anderson, Maude Barlow, Chris Barret, Noam Chomsky, Peter Drucker, Samuel Epstein, Milton Freidman, Naomi Klein, Susan E. Linn. Prod. : Big Pictures Media Corporation. Dist. : ARP Sélection. (29 décembre 2004).

COUP DE FOUDRE À BOLLYWOOD
(BRIDE & PREJUDICE)
Indo-américano-britannique (1 h 52). Réal. : Gurinder Chadha. Scén. : Paul Mayeda Berges, Gurinder Chadha, d'après le roman de Jane Austen, «Orgueil et préjugés». Image : Santosh Sivan. Son : John Hayes, Steve Price. Décors : Nick Ellis. Cost. : Ralph Holes, Eduardo Castro. Mont. : Justin Krish. Mus. : Anu Malik, Craig Pruess. Avec Aishwarya Rai, Martin Henderson, Naveen Andrews, Indira Varma, Namrata Shirodkar, Peeya Rai Chodhuri. Prod. : Pathé Pictures, Nayar-Chadha, Miramax Films, Kintop Pictures, Bend It Films. Dist. : Pathé Distribution. (22 décembre 2004).

LES DALTON
Franco-hispano-allemand (1 h 29). Réal. : Philippe Haïm. Scén. : Michal Hazanavicius, Éric & Ramzy, Philippe Haïm, d'après les personnages créés par Morris et Goscinny. Image : David Carratero. Son : Lucien Balibar. Décors : Olivier Raoux. Cost. : Charlotte David. Mont. : Richard Marizy. Mus. : Alexandre Azaria. Avec Éric Judor, Ramzy Bedia, Saïd Serrari, Romain Berger, Till Schweiger, Marthe Villalonga, Sylvie Joly, Ginette Garcin, Marie-Pierre Casey, Elie Semoun, Michel Muller. Prod. : UGC Images, Integral Films, Castelao Producciones, TF1 Films Production, 4MLP et 4MBP. Dist. : UFD. (8 décembre 2004).

DANS LES CHAMPS DE BATAILLE
(MAAREK HOB)
Franco-belgo-libanais (1 h 30). Réal., Scén. : Danielle Arbid. Image : Hélène Louvart. Décors : André Fonsny. Mont. : Nelly Quettier. Avec Marianne Feghali, Rawia Elchab, Laudi Arbid, Aouni Kawass, Carmen Lebbos, Roger Assaf, Danielle Arbid. Prod. : Quo Vadis, Versus Production, Taxi Films, RTBF. Dist. : Memento Films Distribution. (29 décembre 2004).

LE DERNIER TRAPPEUR
Franco-canadien (1 h 34). Réal., Scén. : Nicolas Vanier. Image : Thierry Machado. Son : Emmanuel Hachette. Mont. : Yves Chaput. Mus. : Krishna Lévy. Avec Norman Winther, May Loo, Alex Van Bibber, Ken Bolton, Denny Denison. Prod. : MC4, TF1 Films, Mikado, Pandora Film Produktion, JMH, L'Office National du Film Canada. Dist. : TFM Distribution. (15 décembre 2004).

LES DÉSASTREUSES AVENTURES DES ORPHELINS BAUDELAIRE
(LEMONY SNICKET'S A SERIES OF UNFORTUNATE EVENTS)
Américain (1 h 40). Réal. : Brad Silberling. Scén. : Robert Gordon, d'après les trois premiers romans de la série de Lemony Snicket. Image : Emmanuel Lubezki. Son : Pud Cusack. Décors : Rick Heinrichs. Cost. : Colleen Atwood. Mont. : Michael Kahn. Mus. : Thomas Newman. Avec Jim Carrey, Liam Aiken, Emily Browning, Kara et Shelby Hoffman, Jude Law, Timothy Spall, Catherine O'Hara, Billy Connolly, Meryl Streep, Luis Guzman, Jamie Harris. Prod. : DreamWorks Pictures, Paramount Pictures, Nickelodeon Movies. Dist. : UIP. (22 décembre 2004).

DIAS DE CAMPO
Franco-chilien (1 h 30). Réal., Scén. : Raul Ruiz, d'après une nouvelle de Federico Gana. Image : Inti Briones. Son : Felipe Zabala, Jean Denis Buré, Gérard Rousseau. Mont. : Jean-Christophe Hym. Mus. : Alfonso Leng, Jorge Arriagada. Avec Marcial Edwards, Mario Montilles, Belgica Castro, Ignacio Agüero, Rosita Ramirez, Monica Echeverria. Prod. : Margo Films, RR Producciones. Dist. : Gemaci. (15 décembre 2004).

ELLE CRITIQUE TOUT
Français (1 h 10). Réal. : Alain Riou et Renan Pollès. Scén. : Alain Riou, d'après sa pièce «Maud ou l'école des femmes critiques». Image, Mont. : Renan Pollès. Son : Arnaud Dorin, Vincent Gouffier, Claude Val, Christophe Girard. Décors : Anne Paris. Avec Alain Riou, Élisabeth Quin, François Reynaert, Florence Riou, Jean-Pierre Starck, Claire Riou, Mira Fary. Prod. : Rosem Films, Paris Première. Dist. : Esperanza Productions. (1er décembre 2004).

EN CHANTANT DERRIÈRE LES PARAVENTS
(CANTANDO DIETRO I PARAVENTI)
Italo-britannico-français (1 h 40). Réal., Scén. : Ermanno Olmi. Image : Fabio Olmi. Son : Robert Farr. Décors : Luigi Marchione. Cost. : Francesca Sartori. Mont. : Paolo Cottignola. Mus. : Han Yong. Avec Bud Spencer, Jun Ichikawa, Sally Ming Zeo Ni, Camillo Grassi, Makoto Kobayashi, Wen Li Guzang. Prod. : Cinema Undici, France 2 Cinéma, Pierre Grise Production, Rai Cinema, Lakeshore Entertainment. Dist. : Pierre Grise Distribution. (15 décembre 2004).

L'ENNEMI NATUREL
Français (1 h 37). Réal. : Pierre Erwan Guillaume. Scén. : Pierre Erwan Guillaume avec la collaboration de Zoé Galeron, Gladys Marciano. Image : Pierre Milon. Son : Philippe Lecœur, Valérie Deloof, Peter Maxwell. Décors : Igor Gabriel. Mont. : Anne Riegel. Mus. : Sarah Class, Roland Cahen. Avec Jalil Lespert, Aurélien Recoing, Patrick Rocca, Doria Achour, Florence Loiret-Caille, Lucy Russel, Anne Coessens, Alexandra London, Fred Ulysse, Anne-Louise Trividic, Éric Savin. Prod. : Movimento Production, Arte France Cinéma, Zephyr Films, Mikros Image. Dist. : Épicentre Films. (8 décembre 2004).

ET LES LÂCHES S'AGENOUILLENT
(COWARD BEND THE KNEE)
canadien (1 h 04). Réal., Scén. : Guy Maddin. Image : Ruben Guzman, Guy Maddin. Décors : Shawna Connor. Mont. : John Gurdebeke. Avec Darcy Fehr, Melissa Dionisio, Amy Stewart, Tara Birtwhistle, Louis Negin, Mike Bell, David Stuart Evans, Henry Mogatas. Prod. : The Power Plant. Dist. : E.D. Distribution. (29 décembre 2004).

FAMILLE À LOUER
(SURVIVING CHRISTMAS)
Américain (1 h 31). Réal. : Mike Mitchell. Scén. : Deborah Kaplan, Harry Elfont, Jeffrey Ventimilia, Joshua Sternin. Image : Peter Collister, Tom Priestley Jr. Son : John Paul Huntsman. Décors : Caroline Hanania. Cost. : Mary Jane Fort. Mont. : Craig McKay. Mus. : Randy Edelman. Avec Ben Affleck, James Gandolfini, Christina Applegate, Catherine O'Hara, Josh Zuckerman, Bill Macy, Jennifer Morrison. Prod. : Tall Trees, LivePlanet pour DreamWorks Pictures. Dist. : UIP. (15 décembre 2004).

GIRL NEXT DOOR
(THE GIRL NEXT DOOR)
Américain (1 h 50). Réal. : Luke Greenfield. Scén. : Stuart Blumberg, David T. Wagner, Brent Goldberg. Image : Jamie Anderson. Son : Andrew DeCristofaro. Décors : Stephen J. Lineweaver. Mont. : Mark Livolsi. Mus. : Paul Haslinger. Avec Elisha Cuthbert, Emile Hirsch, Timothy Oliphant, James Remar, Chris Marquette, Paul Dano, Timothy Bottoms, Donna Bullock. Prod. : Fox 2000 Pictures, New Regency Pictures. Dist. : UFD. (29 décembre 2004).

THE GRUDGE. NE PAS OUBLIER, NE JAMAIS PARDONNER
(THE GRUDGE)
Américain (1 h 31). Réal. : Takashi Shimizu. Scén. : Stephen Susco, d'après le film de Takashi Shimizu, «Ju On». Image : Hideo Yamamoto, Lukas Ettlin. Son : Ryan Juggler. Décors : Iwao Saito. Mont. : Jeff Betancourt. Mus. : Christophe Young. Avec Sarah Michelle Gellar, Jason Behr, Kadee Strickland, Clea DuVall, Bill Pullman, Grace Zabriskie, Rosa Blasi, Ted Raimi, William Mapother, Ryo Ishibashi. Prod. : Ghost House Pictures, Vertigo Entertainment, Renaissance Pictures. Dist. : Metropolitan Filmexport. (29 décembre 2004).

INNOCENCE – GHOST IN THE SHELL 2
(INOSENSU)
Japonais (1 h 40). Réal., Scén. : Mamoru Oshii, d'après le manga de Shirow Masamune. Image : Miki Sakuma. Son : Kazuhiro Wakabayashi. Décors : Yohei Taneda. Direction artistique : Shuichi Hirata. Animation : Kazuchika Kise, Tetsuya Nishio. Couleurs : Kumiko Yusa. Mont. : Sachiko Miki, Chihiro Nakano, Junichi Uematsu. Mus. : Kenji Kawai. Avec les voix de Akio Ôhtsuka, Kôichi Yamadera, Naoto Takenata, Yutaka Nakano (VO) ; Daniel Beretta, Adrien Antoine, George Claiss, Jean-Yves Chatelain (VF). Prod. : Production IG, Studio Ghibli. Dist. : UIP. (1er décembre 2004).

IRRÉSISTIBLE ALFIE
(ALFIE)
Américain (1 h 46). Réal. : Charles Shyer. Scén. : Elaine Pope, Charles Shyer, d'après la pièce de Bill Naughton et le film de Lewis Gilber. Image : Ashley Rowe. Son : John Casali, Ben Barker, Max Hoskins. Décors : Sophie Becher. Mont. : Padraic McKinley. Mus. : Mick Jagger, John Powell. Avec Jude Law, Susan Sarandon, Marisa Tomei, Omar Epps, Nia Long, Jane Krakowski, Sienna Miller, Renée Taylor. Prod. : Paramount Pictures. Dist. : UIP. (29 décembre 2004).

KAMCHATKA
Hispano-argentin (1 h 43). Réal. : Marcelo Piñeyro. Scén. : Marcelo Piñeyro, Marcelo Figueras. Image : Alfredo Mayo. Son : Carlos Abate, José Luis Diaz. Décors : Jorge Ferrari, Juan M. Roust. Mont. : Juan Carlos Macias. Mus. : Bingen Mendizabal. Avec Ricardo Darin, Cecilia Roth, Matias Del Pozo, Milton De la Canal, Hector Alterio. Prod. : Patagonik Film Group, Oscar Kramer S.A., Alquimia Cinema. Dist. : Colifilms Distribution. (1er décembre 2004).

MARIA PLEINE DE GRÂCE
(MARIA, LLENA ERES DE GRACIA)
Américano-colombien (1 h 41). Réal., Scén. : Joshua Marston. Image : Jim Denault. Décors : Monica Marulanda, Debbie De Villa. Mont. : Anne McCabe. Mus. : Jacobo Lieberman, Leonardo Heiblum. Avec Catalina Sandino Moreno, Yenny Paola Vega, Wilson Guerrero, Johanna Andrea Mora, John Alex Toro, Jaime Osorio Gomez, Guilied Lopez. Prod. : HBO Films, Tucan Producciones, Altercíné. Dist. : ARP Sélection. (8 décembre 2004).

MASSAÏ – LES GUERRIERS DE LA PLUIE
Français (1 h 33). Réal. : Pascal Plisson. Scén. : Pascal Plisson, Olivier Dazat. Image : Manu Téran. Son : Olivier Schwob. Décors : Guy Hakim. Cost. : Éléna Aniere Arrigoni. Mont. : Valéry Anne Sarcy. Mus. : Yvan Cassar. Avec Ngotiek Ole Mako, Paul Nteri Ole Sekenan, Parkasio Ole Muntet, Musurpei Ole Toroge, Swakei Kipilosh, Kiaki Ole Narikae. Prod. : Eskwad, Mordicus, Exception Wild Bunch. Dist. : Mars Distribution. (22 décembre 2004).

MÉMOIRE EFFACÉE
(THE FORGOTTEN)
Américain (1 h 31). Réal. : Joseph Ruben. Scén. : Gerald Dipego. Image : Anastas Michols. Son : Eddie Bydalek, Craig Mann, Michael Barosky. Décors : Bill Groom. Mont. : Richard Francis-Bruce. Mus. : James Horner. Avec Julianne Moore, Dominic West, Gary Sinise, Anthony Edwards, Alfre Woodard, Linus Roache, Christopher Kovaleski, Matthew Pleszewicz. Prod. : Revolution Studios, Jinks/Cohen Company. Dist. : Gaumont Columbia TriStar Films. (1er décembre 2004).

MÊ THAO - IL FUT UN TEMPS
(ME THAO – THOI VANG BONG)
Vietnamo-français, 2002 (1 h 44). Réal. : Viet Linh. Scén. : Viet Linh, Serge Le Péron, d'après le roman de Nguyen Tuan, «Chua Dan». Image : Pham Hoang Ham. Son : Hoang Anh, Trong Tung, Minh Khanh, Dang Khoa, Dominique Dalmasso. Décors : Pham Hong Phong. Mont. : Cam Van, Thuy Hung. Mus. : Van Dung. Avec Minh Trang, Thuy Nga, Dung Nhi, Dong Duong, Hong Chuong. Prod. : Les Films d'Ici, Giai Phong Film Studio. Dist. : Cinéma Public Films. (8 décembre 2004).

MON TRÉSOR
(OR)
Israélo-français (1 h 40). Réal. : Keren Yedaya. Scén. : Keren Yedaya, Sari Ezouz. Image : Laurent

Brunet. Son : Tully Chen. Décors : Avi Fahima. Mont. : Sari Ezouz. Avec Ronit Elkabetz, Dana Igvy, Meshar Cohen, Katia Zimbris, Shmuel Edelman. Prod. : Bizibi, Transfax Film Production. Dist. : Rezo Films. (1er décembre 2004).

NARCO

Français (1 h 47). Réal. : Tristan Aurouet, Gilles Lellouche. Scén. : Gilles Lellouche, d'après une histoire originale d'Alain Attal et Philippe Lefebvre. Image : Tetsuo Nagata. Son : Marc-Antoine Beldent, Guillaume Bouchateau, Aymeric Devoldère, Jean-Paul Hurier. Décors : Philippe Chiffre. Mont. : Samuel Danesi. Mus. : Sébastien Tellier, Vincent Montrobert. Avec Guillaume Canet, Zabou Breitman, Benoît Poelvoorde, Guillaume Galienne, François Berléand, Jean-Pierre Cassel, Vincent Rottiers, Béa Drucker, Gilles Lellouche, Jean-Noël Brouté, Lionel Abelanski. Prod. : Les Productions du Trésor, Studio Canal, TF1 Films production, M6 Films. Dist. : Mars Distribution. (1er décembre 2004).

NOUS ÉTIONS LIBRES
(HEAD IN THE CLOUDS)

Américano-britannico-hispano-canadien (2 h 12). Réal., Scén. : John Duigan. Image : Paul Sarossy. Décors : Jonathan Lee. Cost. : Mario Davignon. Mont. : Dominique Fortin. Mus. : Terry Frewer. Avec Charlize Theron, Penelope Cruz, Stuart Townsend, Thomas Kretschmann, Steven Berkoff, David la Haye, Karine Vanasse, Gabriel Hogan. Prod. : Remstar, Spice Factory, Dakota Films, Tusk Productions. Dist. : La Fabrique de Films. (29 décembre 2004).

OCEAN'S TWELVE

Américain (2 h 05). Réal. : Steven Soderbergh. Scén. : George Nolfi, d'après les personnages créés par George Clayton Johnson et Jack Golden Russell. Image : Peter Andrews. Son : Paul Ledford. Décors : Kristen Toscano. Mont. : Stephen Mirrione. Mus. : David Holmes. Avec George Clooney, Brad Pitt, Matt Damon, Catherine Zeta-Jones, Andy Garcia, Don Cheadle, Bernie Mac, Julia Roberts, Casey Affleck, Scot Caan. Prod. : Warner Bros. Pictures, Village Roadshow Pictures. Dist. : Warner Bros. (15 décembre 2004).

ON DIRAIT LE SUD

Suisse (1 h 06). Réal., Mont. : Vincent Pluss. Scén. : Laurent Toplitsch, Stéphane Mitchell, Vincent Pluss. Image : Luc Peter. Son : Vincent Kappeler, Gilbert Hamilton. Avec Jean-Louis Johannides, Céline Bolomey, Frédéric Landenberg. Prod. : Intermezzo Films. Dist. : Héliotrope Films. (15 décembre 2004).

11 : 14

Américain (1 h 35). Réal., Scén. : Greg Marks. Image : Shane Hurlbut. Son : Shawn Holden, Martin Schloemer. Décors : Deborah Herbert. Mont. : Dan Lebental, Richard Nord. Mus. : Clint Mansell. Avec Henry Thomas, Blake Heron, Barbara Hershey, Clark Gregg, Hilary Swank, Shawn Hatosy, Patrick Swayze. Prod. : La William Morris Agency, Firm Films. Dist. : SND. (1er décembre 2004).

PARFUM D'ABSINTHE
(WAS NÜTZ DIE LIEBE IN GEDANKEN)

Germano-français (1 h 29). Réal. : Achim von Borries. Scén. : Achim von Borries, Hendrik Handloegten. Image : Jutta Pohlmann. Mont. : Gergan Voigt, Antje Zynga. Mus. : Thomas Feiner, Ingo L. Frenzel. Avec Daniel Brühl, August Diehl, Anna Maria Mühe, Jana Pallaske, Thure Lindhardt, Christoph Luser, Marius Frey. Prod. : X-Films Creative Pool. Dist. : Antiprod. (1er décembre 2004).

PLUME, LE PETIT OURS POLAIRE
(DER KLEINE EISBÄR)

Allemand (1 h 15). Réal. : Piet De Rycker, Thilo Graf Rothkirch. Scén. : Bert Schrickel, Thomas Wittenburg, Piet De Rycker, d'après les livres de Hans De Beer. Animation : Kris Van Halphen. Son : Barbara Hasenleder, Stefan Rüdel. Décors : Alexander Lindner. Mus. : Nigel Clarke, Michael Csanyi-Wills. Avec les voix françaises de Christophe Peyroux, Patrick Osmond, Suzanne Sindberg, Sébastien Brandt. Prod. : Rothkirch, Cartoon-Film, Warner Bros. Dist. : Gebeka Films. (8 décembre 2004).

LE PÔLE EXPRESS
(THE POLAR EXPRESS)

Américain (1 h 39). Réal. : Robert Zemeckis. Scén. : Robert Zemeckis, William Boyles Jr, d'après le livre de Chris Van Allsburg. Image : Don Burgess, Robert Presley. Animation : David Schaub. Décors : Doug Chiang, Rick Carter. Mont. : Jeremiah O'Driscoll, R. Orlando Duenas. Mus. : Alan Silvestri. Chansons : Glan Ballard. Avec les voix américaines de Tom Hanks, Leslie Zemeckis, Eddie Deezen, Nona Gaye. Prod. : Playtone, Imagemovers, Golden Mean, Castel Rock Entertainment, Shangri-La Entertainment. Dist. : Warner Bros. (1er décembre 2004).

ROIS ET REINE

Français (2 h 31). Réal. : Arnaud Desplechin. Scén. : Arnaud Desplechin, Roger Bohbot. Image : Éric Gautier. Son : Jean-Pierre Laforce. Décors : Dan Bevan. Cost. : Nathalie Raoul. Mont. : Laurence Briaud. Avec Emmanuelle Devos, Mathieu Amalric, Catherine Deneuve, Maurice Garrel, Nathalie Boutefeu, Jean-Paul Roussillon, Magali Woch, Hippolyte Girardot, Noémie Lvovsky, Elsa Woliaston. Prod. : Why Not Productions. Dist. : Bac Films. (22 décembre 2004).

SARABAND

Suédois (1 h 47). Réal., Scén. : Ingmar Bergman. Image : Per Sundin. Son : Börge Johansson, Gabor Pastor. Cost. : Inger Pehrson. Mont. : Sylvia Ingemarsson. Avec Arland Josephson, Liv Ullmann, Börje Ahlstedt, Julia Dufvenius, Tunnel Fred. Prod. : Sveriges Television, DR, NRK, Rai, ZDF, Network Movie. Dist. : Rezo Films. (15 décembre 2004).

LE SILENCE

Français (1 h 57). Réal. : Orso Miret. Scén. : Orso Miret, Roger Bohbot, Agnès de Sacy. Image : Olivier Chambon. Son : Martin Boisseau. Décors : Christian Roudil. Cost. : Ann Dunsford. Mont. : Bénédicte Brunet, Agnès Bruckert. Mus. : Reno Isaac. Avec Mathieu Demy, Natacha Regnier, Thierry de Peretti, Muriel Solvay, Pierre-Marie Mosconi, Didier Ferrari, Laurent Barbolosi, Olivier Guglielmi. Prod. : Sunday Morning Productions. Dist. : Les Films du Losange. (29 décembre 2004).

LES SŒURS FÂCHÉES

Français (1 h 33). Réal., Scén. : Alexandra Leclère. Image : Michel Amathieu. Son : Jean Umansky, Jean-Paul Hurier. Décors : Carlos Conti. Cost. : Ester Waltz. Mont. : Hervé de Luze, Jacqueline Mariani. Mus. : Philippe Sarde. Avec Isabelle Huppert, Catherine Frot, François Berléand, Brigitte Catillon, Michel Vuillermoz, Christiane Millet, Alexandre Beaufils, Rose Thiéry, Bruno Chiche. Prod. : Pan-Européenne Production, France 2 Cinéma, Studio Canal. Dist. : Pan-Européenne. (22 décembre 2004).

TABOUS
(ZOHRE & MANOUCHEHR)

Franco-iranien (1 h 10). Réal., Scén. : Mitra Farahani, d'après le poème d'Iraj Mirza. Image : Jérôme Krumenacker, Son : Serge Rouaquairole, Fred Bielle. Mont. : Sou Abadi. Mus. : Armand Amar. Avec Coralie Revel, Sophiane Benrezzak. Prod. : Small Camera, Jérônimo. Dist. : Les Films Sauvages. (8 décembre 2004).

TATOUAGE
(IREZUMI)

Japonais, 1966 (1 h 26). Réal. : Yasuzo Masumura. Scén. : Kaneto Shindô, d'après la nouvelle de Junichirô Tanizaki. Image : Kazuo Miyagawa. Mont. : Nanji Suganuma. Avec Ayako Wakao, Akio Hasegawa, Gaku Yamamoto, Kei Sato, Reiko Fujiwara. Prod. : Hiroaki Fujii. Dist. : Zootrope Films. (22 décembre 2004).

LES TEMPS QUI CHANGENT

Français (1 h 38). Réal. : André Téchiné. Scén. : André Téchiné, Laurent Guyot, Pascal Bonitzer. Image : Julien Hirsch. Son : Jean-Paul Mugel. Décors : Zé Branco. Cost. : Christian Gasc, Catherine Leterrier. Mont. : Martine Giordano. Mus. : Juliette Carrigues. Avec Catherine Deneuve, Gérard Depardieu, Gilbert Melki, Lubna Azabal, Malik Zidi, Tanya Lopert, Jabir Elomri, Nabila Baraka. Prod. : Gemini Films, France 2 Cinéma. Dist. : Gemini Films. (15 décembre 2004).

LES TROIS ROIS MAGES
(LOS REYES MAGOS)

Franco-espagnol (1 h 15). Réal. : Antonio Navarro. Scén. : Juan Ignacio Peña, Juanjo Ibañez, Javier Aguirreamalloa. Animation : Manuel G. Galiana. Son : Fred Echerlard. Décors : Franck Broquet. Direction artistique : Marcos Mateu Mestre, Charlotte Ravieri. Mont. : Saïd Ouadfel, Jean-Philippe Adande. Mus. : José Battaglio, Kaelo Del Rio. Avec les voix de Imanol Arias, José Coronado, Juan Echanove, Javier Gurruchaga (VO), Éric Ebouanay, André Wims, Olivier Perrier, François Nadin. Prod. : Carrere Group, Animagicstudio. Dist. : Carrere Group. (8 décembre 2004).

UN NOËL DE FOLIE
(CHRISTMAS WITH THE KRANKS)

Américain (1 h 39). Réal. : Joe Roth. Scén. : Chris Columbus, d'après le roman de John Grisham «Pas de Noël cette année». Image : Don Burgess. Son : Willie D. Burton. Décors : Garreth Stover. Effets spéciaux : Allen Hall. Effets visuels : Sheena Duggal. Mont. : Nick Moore. Mus. : John Debney. Avec Tim Allen, Jamie Lee Curtis, Dan Aykroyd, Erik Per Sullivan, M. Emmet Walsh, Cheech Marin, Jake Busey. Prod. : Revolution Studios, 1492 Films pour Columbia TriStar. Dist. : Gaumont Columbia TriStar Films. (15 décembre 2004).

UN PETIT JEU SANS CONSÉQUENCES

Français (1 h 28). Réal. : Bernard Rapp. Scén. : Bernard Rapp, Jean Dell, Gérard Sibleyras, d'après la pièce de ces deux derniers. Image : Patrick de Ranter, Gérard de Battista. Son : Pierre Gamet, Thomas Desjonqueres, Dominique Hennequin. Décors : Yves Fournier. Cost. : Corinne Jorry. Mont. : Lise Beaulieu. Mus. : Sébastien Souchois. Avec Sandrine Kiberlain, Yvan Attal, Jean-Paul Rouve, Marina Foïs, Lionel Abelanski, Michel Vuillermoz, Annick Blancheteau, Philippe Lefebvre, Olivier Mag. Prod. : Arena Films, France 3 Cinéma, Everybody on Deck. Dist. : Pathé Distribution. (15 décembre 2004).

VICTOIRE

Français (1 h 24). Réal., Scén. : Stéphanie Murat. Image : Thomas Bataille. Son : Olivier Péria. Décors : Baptiste Glaymann. Cost. : Magdalena Labuz. Mont. : Benoît Alavoine. Mus. : Marco Prince. Avec Sylvie Testud, Mylène Demongeot, Pierre Arditi, Philippe Khorsand, Catherine Samie, Florence-Loiret Caille. Prod. : ADR Productions, Samsa Films. Dist. : ID Distribution. (22 décembre 2004).

VOYAGE DANS L'IRRÉALITÉ IMMÉDIATE

Français (1 h 17). Réal., Scén. : Jean Lefaux, Anca Hirte. Image : Renaud Personnaz, Georges Diane. Son : Laurent Malan, Myriam René. Mont. : Françoise Collin. Mus. : Arthur Thomassin. Avec Nicu Naste, Lucien Mindruta, Oana Mihalcea, Horia-Roman Patapievici. Prod. : Les Productrices, INA, Transat Productions. Dist. : Les Productrices. (15 décembre 2004).

VOYAGE EN FAMILLE
(FAMILIA RODANTE)

Argentino-britannico-espagnol (1 h 43). Réal., Scén. : Pablo Trapero. Image : Guillermo Nieto. Son : Martin Grignaschi. Mont. : Nicolas Goldbart, Ezequiel Borenstein. Mus. : Leon Gieco, Juaujo Soza. Avec Liliana Capurro, Graciana Chironi, Ruth Dobel, Federico Esquerro, Bernardo Forteza, Laura Glave, Leila Gomez. Prod. : Matanza Cine, Pol-Ka Producciones, Buena Onda Films, Paradis Films, Pandora Films, Videofilmes, Lumina Films, Alta Classics. Dist. : Océan Films. (1er décembre 2004).

WILBUR
(WILBUR BEGAR SELVMORD)

Danois (1 h 45). Réal. : Lone Scherfig. Scén. : Lone Scherfig, Anders Thomas Jensen. Image : Jorgen Johansson. Son : Rune Palving. Décors : Jette Lehmann. Mont. : Gerd Tjur. Mus. : Joachim Holbek. Avec Jamie Sives, Adrian Rawlins, Shirley Henderson, Lisa McKinlay, Mads Mikkelsen, Julia Davis, Susan Vidler. Prod. : Zentropa Entertainment , Wilbur Ltd. Dist. : Les Films du Losange. (1er décembre 2004).

JANVIER 2005

À CORPS PERDUS
(NON TI MUOVERE)

Italien (1 h 58). Réal. : Sergio Castellitto. Scén. : Sergio Castellitto, Margaret Mazzantini, d'après le roman de cette dernière, «Écoute-moi». Image : Gianfilippo Corticelli. Son : Mario Iaquone. Décors : Francesco Frigeri. Mont. : Patrizio Marone. Mus. : Lucio Godoy. Avec Sergio Castellitto, Penélope Cruz, Claudia Gerini, Angela Finocchiaro, Marco Giallini, Pietro De Silva, Vittoria Piancastelli. Prod. : Cattleya, Alquimia Cinema, The Producers Films, Medusa Film, Telecinco. Dist. : EuropaCorp Distribution. (5 janvier 2005).

ALEXANDRE
(ALEXANDER)

Américano-franco-britannique (2 h 50). Réal. : Oliver Stone. Scén. : Oliver Stone, Christopher Kyle, Laeta Kalogridis. Image : Rodrigo Prieto. Son : Jean-Paul Mugel. Décors : Jan Roelfs. Cost. : Jenny Beavan. Mont. : Tom Nordberg, Yann Hervé, Alex Marquez. Mus. : Vangelis. Avec Colin Farrell, Angelina Jolie, Val Kilmer, Jared Leto, Anthony Hopkins, Elliott Cowan, Joseph Morgan, Ian Beattie, Jonathan Rhys Meyers, Denis Conway. Prod. : Pathé, Intermedia Films, IMF, Warner Bros. Dist. : Pathé Distribution. (5 janvier 2005).

ANDRÉ VALENTE

Portugais (1 h 11). Réal., Scén., Mont. : Catarina Ruivo. Image : Rui Pocas. Son : Vasco Pimentel. Mus. : Paulo Pimentel. Avec leonardo Viveiros, Rita

Durao, Dimitry Bogomolov, Pedro Larceda, Camila Bessa. Prod. : Clap Filmes. Dist. : Gemini Films. (26 janvier 2005).

APRÈS, UN VOYAGE DANS LE RWANDA
Français (1 h 45). Réal., Image, Mont. : Denis Gheerbrandt. Avec Esther Mujawayo, Monique Kankera, Henry Faÿe, Déo Gratias Gasana. Prod. : Les Films d'Ici. Dist. : Les Films du Paradoxe. (26 janvier 2005).

L'AUTRE RIVE
(UNDERTOW)
Américain (1 h 47). Réal. : David Gordon Green. Scén. : David Gordon Green, Joe Conway, d'après une histoire de Lingard Jervey. Image : Tim Orr. Décors : Richard A. Wright. Mont. : Zene Baker, Steve Gonzales. Mus. : Philip Glass. Avec Jamie Bell, Josh Lucas, Devon Alan, Dermot Mulroney, Shiri Appleby, Pat Healy, Bill McKinney, Kristen Stewart, Robert Longstreet, Terry Loughlin. Prod. : United Artists, Contentfilm, Sunflower. Dist. : Wild Side Films. (5 janvier 2004).

AVIATOR
(THE AVIATOR)
Américano-germano-japonais (2 h 45). Réal. : Martin Scorsese. Scén. : John Logan. Image : Robert Richardson. Son : Travis Call. Décors : Dante Ferretti. Cost. : Sandy Powell. Mont. : Thelma Schoonmaker. Mus. : Howard Shore. Avec Leonardo Di Caprio, Cate Blanchett, Kate Beckinsale, John C. Reilly, Alec Baldwin, Alan Alda, Ian Holm, Danny Huston, Jude Law, Gwen Stefani, Adam Scott. Prod. : Forward Pass, Appian Way, IMF pour Miramax International, Initial Entertainment Group. Dist. : TFM Distribution. (26 janvier 2005).

AYURVEDA
Helvético-Indo-allemand (1 h 42). Réal., Scén. : Pan Nalin. Image : Serge Guez. Son : Dominique Davy. Mont. : Pan Nalin, Ben Von Grafenstein, Rudi Heinen. Mus. : Cyril Morin. Avec Brahamand Swamigal, Vaidya Narayan Murthy, Dr Nicolas Kostopoulos, Vaidya Ashwin Barot, Dr Scott Gerson, Vaidya Puranchand Malviya. Prod. : Monsoon Films Private Limited, Pandora Filmproduktion Gmbh, Sunrise Filmvertriebs AG. Dist. : Diaphana Distribution. (12 janvier 2005).

LES BOUCHERS VERTS
(DE GRONNE SLAGTERE)
Danois (1 h 35). Réal., Scén. : Anders Thomas Jensen. Image : Sebastian Blenkov. Son : Nino Jacobsen. Décors : Mia Stensgaard. Mont. : Anders Villadsen. Avec Nicolaj Lie Kaas, Mads Mikkelsen, Line Kruse, Ole Thestrup, Bodil Jorgensen. Prod. : M&M Productions. Dist. : EuropaCorp. (26 janvier 2005).

BUKOWSKI
(BUKOWSKI : BORN INTO THIS)
Américain (1 h 30). Réal., Scén., Prod. : John Dullaghan. Image : Matt Mindlin, Art Simon. Son : Richard Burton. Mont. : Victor Livingston. Mus. : James Wesley Stemple. Avec Charles Bukowski, Bono, Sean Penn, Tom Waits, Barbet Schroeder, Linda Lee et Marina Bukowski, Harry Dean Stanton. Dist. : Pretty Pictures. (26 janvier 2004).

LE CHÂTEAU AMBULANT
(HAURU NO UGOKO SHIRO)
Japonais (1 h 59). Réal., Scén. : Hayao Miyazaki, d'après le roman de Diana Wynne Jones. Animation : Akihiko Yamashita, Takeshi Inamura, Kitaro Kosaka. Son : Kazuhiro Wakabayashi. Mont. : Takeshi Seyama. Mus. : Joe Hisaishi, Yômi Kimura. Avec les voix japonaises de Chieko Baisho, Takuya Kimura, Akihiro Miwa, Tatsuya Gashuin, Ryunosuke Kamiki. Prod. : Studio Ghibli, Tokuma Shoten, NTV, Dentsu, Buena Vista Home Entertainment, Mitsubishi Shoji, Toho. Dist. : Biena Vista International. (12 janvier 2005).

LA CHUTE
(DER UNTERGANG)
Allemand (2 h 30). Réal. : Olivier Hirschbiegel. Scén. : Bernd Aichinger, d'après les ouvrages de Joachim Fest, «Les Derniers Jours d'Hitler» et de Traudl Junge, «Jusqu'à la dernière heure : la dernière secrétaire d'Hitler». Image : Rainer Klaussmann. Son : Nico Krebs, Stefan Busch. Décors : Bernd Lepel. Cost. : Claudia bob sin. Mont. : Hans Funck. Mus. : Stephan Zacharias. Avec Bruno Ganz, Alexandra Maria Lara, Corinna Harfouch, Ulrich Matthes, Julianne Köhler, Heino Ferch, Thomas Kretschmann, Ulrich Noethen. Prod. : Constantin Film Produktion. Dist. : TFM. (5 janvier 2005).

CLOSER – ENTRE ADULTES CONSENTANTS
(CLOSER)
Américain (1 h 54). Réal. : Mike Nichols. Scén. : Patrick Marber, d'après sa pièce, «Tout contre». Image : Stephen Goldblait. Son : Ron Bochar. Décors : Tim Hatley. Cost. : Ann Roth. Mont. : John Bloom, Antonia Van Drimmelen. Avec Julia Roberts, Jude Law, Natalie Portman, Clive Owen, Nick Hobbs, Colin Stinton, Steve Benham. Prod. : Icarus Productions, John Calley Productions, Avenue Pictures Productions, Inside Track. Dist. : Gaumont Columbia TriStar Films. (19 janvier 2005).

CRIMINAL
Américain (1 h 26). Réal. : Gregory Jacobs. Scén. : Gregory Jacobs, Steven Soderbergh, d'après le film de Fabian Bielinski, «Les Neuf Reines». Image : Chris Menges. Son : Mark Weingarten. Décors : Philip Messina. Cost. : Jeffrey Kurland. Mont. : Stephen Mirrione. Mus. : Alex Wurman. Avec John C. Reilly, Diego Luna, Maggie Gyllenhaal, Peter Mullan, Jonathan Tucker, Zitto Kazann, Laura Ceron, Soledad St Hilaire, Ellen Geer, Brandon Keener. Prod. : Section Eight pour Warner Independent Pictures, 2929 Entertainment. Dist. : Warner Bros Pictures. (19 janvier 2005).

L'EMPREINTE DE LA MORT
(WAKE OF DATE)
Américain (1 h 26). Réal. : Philippe Martinez. Scén. : Philippe Martinez, Laurent Fellous. Image : Emmanuel Kadosh. Mont. : Dedan Ouziel. Mus. : Guy Farley. Avec Jean-Claude Van Damme, Simon Yam, Lisa King, Valérie Tian, Tony Schiena. Prod. : Bauer Martinez Studios, Lucky 7 Productions, LLC. Dist. : Limelight Distribution. (19 janvier 2005).

ET SI JE PARLE
Français (1h27). Réal., Mont. : Sébastien Gabriel. Scén. : Sébastien Gabriel, Nathalie Kauffman. Image : Arnaud et Sébastien Gabriel. Mus. : François-Xavier Ballon, Pedro Camasara. Avec Christian Gonon, Ivanah Coppola, Anné-Élodie Sorlin. Prod. : Agora Films. Dist. : Agora Films. (19 janvier 2005).

LES EX DE MON MEC
(LITTLE BLACK BOOK)
Américain (1 h 47). Réal. : Nick Hurran. Scén. : Mellissa Carter, Elisa Bell. Image : Theo Van De Sande. Mont. : John Richards. Mus. : Christophe Beck. Avec Brittany Murphy, Holly Hunter, Kathy Bates. Prod. : Revolution Srudios, Blue Star Pictures. Dist. : Gaumont Columbia TriStar Films. (12 janvier 2005).

FABLES D'ÉTÉ, FABLES D'HIVER
Franco-belge (0 h 45). «Les Fables en délire» (9'30'', 2003) ; Réal., Scén., Image : Fabrice Luang-Vija. Animation : Gabriel Jacquel. Mus. : Christophe Jacquelin. «L'Éléphant et l'escargot» (6'30'', 2002) ; Réal., Scén. : Christa Moesker. Mus. : Fay Lovsky. «Bonhommes» (8'30'', 2003) ; Réal., Scén. : Cecilia Merreiros Marum. Animation : Gabriel Jacquel. Mus. : Michel De Rudder. «Les Voltigeurs» (5'30'', 2003) ; Réal., Scén., Animation : Isabelle Favez. «Les Fables en délire 2e partie» (10', 2003). Réal., Scén., Image : Fabrice Luang-Vija. Animation : Gabriel Jacquel. Prod. : La Boîte, Les Films du nord, Fargo Dynamo, Digital Graphics, Digital Anima, CRRAV, Phanta Vision Film International, Suisse Effects. Dist. : Les Films du Préau. (19 janvier 2005).

LE FANTÔME DE L'OPÉRA
(THE PHANTOM OF THE OPERA)
Américain (2 h 20). Réal. : Joel Schumacher. Scén. : Joel Schumacher, Andrew Lloyd Weber, d'après le roman de Gaston Leroux et le spectacle créé par Andrew Lloyd Weber. Image : John Mathieson. Décors : Anthony Pratt. Cost. : Alexandra Byrne. Effets visuels : Nathan McGuiness. Mont. : Terry Rawlings. Mus. : Andrew Lloyd Weber. Avec Gerard Butler, Emmy Rossum, Patrick Wilson, Miranda Richardson, Minnie Driver, Ciaran Hinds, Simon Callow, Victor McGuire, Jennifer Allison. Prod. : Really Useful Films, Scion Filmss pour Warner Bros Pictures. Dist. : Metropolitan Filmexport. (12 janvier 2005).

GARÇON STUPIDE
Suisse (1 h 34). Réal. : Lionel Baier. Scén. : Lionel Baier, Laurent Guido. Image : Séverine Barde, Lionel Baier. Mont. : Christine Hoffet. Avec Pierre Chatagny, Natacha Koutchoumov, Rui Pedro. Prod. : Saga Production. Dist. : Pierre Grise Distribution. (19 janvier 2005).

INNOCENCE
Franco-britannico-belge (1 h 55). Réal., Scén. : Lucile Hadzihalilovic, d'après la nouvelle de Frank Wedekind, «Mine-Haha, ou l'éducation corporelle des jeunes-filles». Image : Benoît Debie. Son : Pascal Jasmes. Décors : Arnaud de Moléron. Cost. : Laurence Benoît. Mont. : Adam Finch. Mus. : Leos Janacek, Sergei Prokoviev, Pietro Galli, Richard Cooke. Avec Zoé Auclair, Alisson Lalieux, Joséphine Van Wambecke, Astrid Homme, Lea Bridarolli, Marion Cotillard, Hélène de Fougerolles, Ana Palomo-Diaz. Prod. : Ex Nihilo, Les Ateliers de Baere, BlueLight, UK Film Council, Love Streams, Gimages. Dist. : Mars Distribution. (12 janvier 2005).

J'AIME LA VIE, JE FAIS DU VÉLO, JE VAIS AU CINÉMA
Français (1 h 30). Réal., Scén., Prod. : Francis Fourcou. Image : Jean-Marie Dagonneau. Mont. : Robin Barrière. Mus. : Rudi Sordes. Dist. : Écransud Distribution. (26 janvier 2005).

LILA DIT ÇA
Français (1 h 29). Réal. : Ziad Zoueri. Scén. : Ziad Zoueri, Joëlle Tourna, d'après le roman de Chimo. Image : John Daly. Son : Laurent Lafran, Nicolas Naegelen. Décors : Yves Bernard. Mont. : Tina Baz. Mus. : Nitin Sawhny. Avec Vahina Giocante, Mohammed Khouas, Karim Benhadou, Edmonde Franchi, Carmen Lebbos. Prod. : 8 1/2 Prod., Zeal Srl, Passion Pictures Ltd, France 2 Cinéma, Pyramide Productions. Dist. : Pyramide Distribution. (26 janvier 2005).

LE LIVRE DE JÉRÉMIE
(THE HEART IS DECEITFUL ABOVE ALL THINGS)
Américano-britannique (1 h 37). Réal. : Asia Argento. Scén. : Asia Argento, Alessandro Magania, d'après le roman de J. T. Leroy, «Sarah». Image : Eric Edwards. Son : Sandy Berman. Décors : Anuradha Metha. Cost. : Andrea Sweet. Mont. : Jim Mol. Mus. : Marco Castoldi, Sonic Youth. Avec Asia Argento, Jimmy Bennett, Cole et Dylan Sprouse, Peter Fonda, Ornella Muti, Winona Ryder, Michael Pitt, John Robinson, Marilyn Manson. Prod. : Above All Things Inc., Muse Productions, Bluelight. Dist. : Rezo Films. (19 janvier 2005).

LOLITA MALGRÉ MOI
(MEAN GIRLS)
Américain (1 h 38). Réal. : Mark Waters. Scén. : Tina Fey, d'après le roman de Rosalind Wiseman, «Queen Bees and Wannabees». Image : Daryn Okada. Mont. : Wendy Greene Bricmont. Mus. : Rolfe Kent. Avec Lindsay Lohan, Rachel McAdams, Tina Fey. Prod. : Paramount Pictures. Dist. : UIP. (26 janvier 2005).

THE MACHINIST
Américano-espagnol (1 h 42). Réal. : Brad Anderson. Scén. : Scott Kosar, Fernado De Felipe. Image : Javier Gimenez. Son : Albert Manera. Effets spéciaux : Raul Romanillos, Pedro De Diego. Mont. : Luis De La Madrid. Mus. : Roque Baños. Avec Christian Bale, Jennifer Jason Leigh, Aitana Sanchez-Gijon, John Sharian, Michael Ironside, Larry Gilliard. Prod. : Filmax. Dist. : CTV International. (19 janvier 2005).

LA MARCHE DE L'EMPEREUR
Français (1 h 24). Réal., Scén. : Luc Jacquet. Image : Laurent Chalet, Jérôme Maison. Son : Pascal Dedeye. Mont. : Sabine Emiliani. Mus. : Émilie Simon. Avec les voix de Romane Bohringer, Charles Berling, Jules Sitruk. Prod. : Bonne Pioche, APC, Buena Vista International Film Production. Dist. : Buena Vista International. (26 janvier 2005).

MATRUBHOOMI, UN MONDE SANS FEMMES
Franco-indien (1 h 38). Réal., Scén. : Manish Jha. Image : Venu Gopal. Son : Resul Pookuty. Décors : Wasiq Khan. Mont. : Shrish Kunder, Ashmith Kunder. Mus. : Salim-Sualaiman. Avec Tulip Joshi, Sudhir Pandey, Piyush Mishra, Pankaj Jha, Deepak et Sanjay Kumar, Mukesh Bhatt. Prod. : SMG Productions, Diaphana Films. Dist. : Diaphana Distribution. (26 janvier 2005).

MELINDA ET MELINDA
(MELINDA & MELINDA)
Américain (1 h 40). Réal., Scén. : Woody Allen. Image : Vilmos Zsigmond. Son : Gary Alper. Décors : Santo Loquasto. Cost. : Judy Ruskin Howell. Mont. : Alisa Lepselter. Avec Radha Mitchell, Chloë Sevigny, Amanda Peet, Will Ferrell, Johnny Lee Miller, Chiwetel Ejiofor, Wallace Shawn, Neil Pepe. Prod. : Gravier Production. Dist. : 20th Century Fox. (12 janvier 2005).

MON AMI MACHUCA
(MACHUCA)
Chilio-hispano-britannico-français (2 h). Réal., Scén. : Andres Wood. Image : Miguel J. Littin. Son : Marcos Maldasky. Décors : Rodrigo Bazaes. Mont. : Fernando Pardo. Mus. : José Miguel. Avec Manuella Martelli, Matias Quer, Ariel Mateluna, Aline Küppenheim, Tamara Acosta. Prod. : Andres

Wood Producciones, Tornasol Films. Dist. : Océan Films. (19 janvier 2005).

MON ANGE
Français (1 h 34). Réal., Scén. : Serge Frydman. Image : Vilko Filac. Son : Marc-Antoine Beldent. Décors : Pierre-François Limbosch. Mont. : Philippe Bourgueil, Valérie Deseine. Mus. : Colin Towns, Tom Waits. Avec Vanessa Paradis, Vincent Rottiers, Eduardo Noriega, Éric Ruff, Claude Perron, Thomas Fersen, Anne-Marie Loop, Jean-Benoît Ugeux. Prod. : Egmond Film & Television, MK2 Productions, Milly Films. Dist. : MK2 Diffusion. (19 janvier 2005).

NÈG MARON
Français (1 h 35). Réal. : Jean-Claude Flamand Barny. Scén. : Jean-Claude Flamand Barny, Alain Agat. Image : Claude Garnier. Son : Éric Boiteau, Ken Yasumoto. Décors : Philippe Renucci. Mont. : Stratos Gabrielidis. Mus. : Pierre Aviat. Avec Admiral T, Didier Daly, Stomy Bugsy, Alex Descas, François Levantal, Jocelyne Béroard, Jose Jernidier, Émile Cérito. Prod. : Mat Films, Kasso Inc. Productions, France 2 Cinéma. Dist. : Mars Distribution. (19 janvier 2005).

LE PLUS BEAU JOUR DE MA VIE
Français (1 h 44). Réal. : Julie Lipinski. Scén. : Julie Lipinski, Laurent Tirard. Image : Christophe Paturange. Son : Pascal Jasmes, Thomas Gauder, Marc Bastien. Décors : Olivier Jacquet. Cost. : Natacha Gauthier. Mont. : Valérie Deseine. Mus. : Thibault Chenaille, Antoine Vidal. Avec Hélène de Fougerolles, Jonathan Zaccaï, François Berléand, Marisa Berenson, Michel Duchaussoy, Éva Darlan, Élise Larnicol. Prod. : Les Films Manuel Munz, Entre Chien et Loup, Ateliers de Baere, RTL TVI. Dist. : SND. (5 janvier 2005).

PRENDRE FEMME
(VE' LAKHTA LEHE ISHA)
Franco-israélien (1 h 37). Réal., Scén. : Ronit et Shlomi Elkabetz. Image : Yaron Scharf. Son : Yochai Moshe. Décors : Avi Fahima. Mont. : Joelle Alexis. Mus. : Michel Korb. Avec Ronit Elkabetz, Simon Abkarian, Gilbert Melki, Sulika Kadosh, Dalia Malka Beger, Kobi Regev. Prod. : Transfax Film Production, Zanagar Films. Dist. : Sophie Dulac Distribution. (26 janvier 2005).

QUAND JE SERAI STAR
Français (1 h 54). Réal., Mont. : Patrick Mimouni. Scén. : Patrick Mimouni, Yvan Fahl, Frédéric Strauss. Son : Henri Maïkoff, Arnaud Trochu. Cost. : Maud Molyneux, Michèle Rimbault, Éva Ionesco. Mus. : Reno Isaac. Avec Arielle Dombasle, Yvan Fahl, Éva Ionesco, Pierre-Loup Rajot, Nini Crépon. Prod. : Les Films du Labyrinthe. Dist. : Labyrinthe Distribution. (19 janvier 2005).

RENCONTRE À WICKER PARK
(THE WICKER PARK)
Américain (1 h 54). Réal. : Paul McGuigan. Scén. : Brandon Boyce, d'après le film de Gilles Mimouni, «L'Appartement». Image : Peter Sova. Mont. : Andrew Hulme. Mus. : Cliff Martinez. Avec Josh Harnett, Diane Kruger, Rose Byrne, Matthew Lillard, Christopher Cousins, Jessica Paré. Prod. : MGM Pictures, Lakeshore Entertainment. Dist. : SND. (26 janvier 2004).

RÊVES DE SABLE
(KHAB-E KHAK)
Franco-iranien (1 h 22). Réal., Scén., Décors : Sepideh Farsi. Image : Mohamad-Reza Sharifi. Son : Mehran Malakouti. Mont. : Bonita Papastathi. Mus. : Ardeshir Kamkar. Avec Hossein Mahjoub, Roya Nonahali, Mohamad Hemassi, Hossein Samandari, Mohsen Salmanizadeh. Prod. : Rêves d'Eau Production. Dist. : Les Films du Paradoxe. (12 janvier 2005).

SCHULTZE GETS THE BLUES
Allemand (1 h 48). Réal., Scén. : Michael Schorr. Image : Axel Schneppat. Son : Dirk Niemeier. Décors : Natascha E. Tagwek. Cost. : Constanze Hagedorn. Mont. : Tina Hillmann. Mus. : Thomas Wittenbecher. Avec Horst Krause, Harald Warmbrunn, Karl-Fred Müller, Ursula Schucht, Hannelore Schubert. Prod. : Filmkombinat GmbH & Co. Dist. : Solaris Distribution. (26 janvier 2005).

TELLEMENT PROCHES !
(SERRES QUERIDOS)
Espagnol (1 h 33). Réal., Scén. : Teresa De Pelegri, Dominic Harari. Image : Danny Cohen. Décors : Soledad Seseña. Cost. : Estibaliz Markiegi. Mont. : Fernando Pardo. Mus. : Charlie Mole. Avec Norma Aleandro, Guillermo Toledo, Maria Botto, Maria Aguilera, Fernando Ramallo. Prod. : Tornasol Films, Greenpoint Films, Patagonik Film Group, Madragoa Production. Dist. : Haut et Court Distribution. (26 janvier 2005).

TERRE ET CENDRES
(KHAKESTAR-O-KHAK)
Franco-afghan (1 h 45). Réal., Cost. : Atiq Rahimi. Scén. : Kambozia Partovi, Atiq Rahimi, d'après le roman de ce dernier. Image : Éric Guichard. Son : André Rigaut, Bruno Tarrière, Selim Azzazi. Décors : Jean-Luc Le Floc'h. Mont. : Ursula Lesiak. Mus. : Khaled Arman, Francesco Russo. Avec Abdul Ghani, Jawan Mard Homayoun, Walli Tallosh, Guilda Chahverdi, Kader Arefi, Mirza Hussein, Shir Agha. Prod. : Les Films du Lendemain, Afghan Film, France 3 Cinéma. Dist. : Bodega Films. (5 janvier 2005).

TERRE PROMISE
(PROMISED LAND)
Franco-israélien (1 h 30). Réal. : Amos Gitaï. Scén. : Amos Gitaï, Marie-José Sanselme. Image : Caroline Champetier. Son : Daniel Ollivier, Oleg Kaiserman. Décors : Eli Zion. Cost. : Laura Dinulescu. Mont. : Isabelle Ingold. Avec Rosamund Pike, Diana Bespechny, Hanna Schygulla, Anne Parillaud, Alla An, Kristina Likhnyski. Prod. : Recorded Picture Company, MP Productions, Agav Films, Arte France Cinéma. Dist. : Ad Vitam. (12 janvier 2005).

TU MARCHERAS SUR L'EAU
(WALK ON WATER)
Israélien (1 h 44). Réal. : Eytan Fox. Scén. : Gal Uchovsky. Image : Tobias Hochstein. Son : Itay Elohev, Christoph Merg. Mont. : Yosef Grunfeld. Mus. : Ivri Lider. Avec Lior Ashkenazi, Knut Berger, Carolina Peters, Gidon Shemer, Carola Regnier. Prod. : Lama Films, United King Films. Dist. : ID Distribution. (5 janvier 2005).

TU VAS RIRE, MAIS JE TE QUITTE
Français (1 h 37). Réal. : Philippe Harel. Scén. : Éric Assous, Philippe Harel, d'après le roman d'Isabelle Alexis. Image : Matthieu Poirot-Delpech. Son : Dominique Tarnier. Décors : Emmanuelle Duplay. Cost. : Anne Schotte. Mont. : Julie Clémencin. Mus. : Alexandre Desplat. Avec Judith Godrèche, Sagamore Stévenin, Ariane Séguillon, Coralie Revel, Wladimir Yordanoff, Patrick Chesnais, Guillaume Gallienne, Philippe Lefebvre, Dan Herzberg. Prod. : Loma Nasha Production, Thorp Prod. Dist. : Rezo Films. (5 janvier 2005).

L'UN RESTE, L'AUTRE PART
Français (1 h 38). Réal. : Claude Berri. Scén. : Claude Berri, Philippe Ratton. Image : Éric Gautier. Son : Christian Monheim, Nadine Muse, Gérard Lamps. Décors : Hoang Thanh At. Cost. : Jacqueline Bouchard. Mont. : François Gédigier. Mus. : Frédéric Botton. Avec Daniel Auteuil, Charlotte Gainsbourg, Nathalie Baye, Pierre Arditi, Miou-Miou, Laure Duthilleul, Aïssa Maïga, Noémie Lvovsky, Nicolas Lebovici, Nicolas Choyé. Prod. : Hirsch, Pathé Renn Production, TF1 Films Production. Dist. : Pathé Distribution. (12 janvier 2005).

LA VIE DE MICHEL MULLER EST PLUS BELLE QUE LA VÔTRE
Français (1 h 30). Réal. : Michel Muller. Scén. : Michel Muller, Antoine Benguigui, Christophe Bettati. Image : Vincent Muller. Son : Pascal Blanc. Décors : Armel Rebillard. Mont. : Gianni Collot. Avec Michel Muller, Jean Benguigui, Ludovic Berthillot, Sophie Cattani, Thierry Godard, Pierre-Ange Le Pogam. Prod. : MM Productions, KCraft & Co, Entrevue, Super Sonic. Dist. : KCraft & Co. (26 janvier 2005).

VOYAGE EN MÉMOIRES INDIENNES
(ONE OF MANY)
Franco-canadien (1 h 36). Réal. : Jo Béranger, Doris Buttignol. Scén. : Jo Béranger, Doris Buttignol, Sally Tissiga. Image : Hugues Poulain. Son : Bernd Schmidt. Mont. : Annick Hurst. Prod. : Lardux Films, E-Motion Picture, ZDF-Arte. Dist. : Gebeka Film. (5 janvier 2005).

FÉVRIER 2005

ADRESSE INCONNUE
(SCHOOCHWIEEN BODMYUNG)
Coréen du sud (1 h 57). Réal., Scén. : Kim Ki-duk. Image : Seo Jung-min. Son : Ahn Sang-ho. Mont. : ham Sung-won. Mus. : Park Ho-jun. Avec Yang Dong-kun, Ban Mi-jung, Kim Young-min, Bang Eun-jin, Myeong Gye-mam, Lee In-ok. Prod. : Tube Entertainment. Dist. : Zootrope. (9 février 2005).

ARNOLD À LA CONQUÊTE DE L'OUEST
(HOW ARNOLD WON THE WEST)
Britannico-américano-français (1 h 20). Réal., Scén., Image : Alex Cooke. Son : Nigel Edwards. Mont. : Pierre Aberer, James Marshall. Mus. : Julian Cox. Avec Arnold Schwarzenegger, Maria Shriver, Darrell Issa, Gary Coleman, Mary Carey. Prod. : Article Z, The Governator Ltd. Dist. : Les Films du Safran. (16 février 2005).

BLOOM
Irlandais (1 h 53). Réal., Scén. : Sean Walsh, d'après le roman de James Joyce. Image : Ciaran Tanham. Son : Vinny Kilcullen. Décors : Steve Simmonds. Cost. : Tara Van Zyl. Mont. : Sarah Armstrong. Mus. : David Kahne. Avec Stephen Rea, Angelina Ball, Hugh O'Conor, Patrick Bergin, Alan Devlin. Prod. : Odyssey Pictures. Dist. : Films Sans Frontières. (9 février 2005).

BOB L'ÉPONGE
(THE SPONGEBOB SQUAREPANTS MOVIE)
Américain (1 h 22). Réal. : Stephen Hillenburg. Scén. : Derek Drymon, Tim Hill, Kent Osborne, Aaron Springer, Paul Tibbitt, Stephen Hillenburg, d'après la série de ce dernier. Image : Jerzy Zielinski. Son : Timothy J. Borquez. Animation : Dong Kun Won, Yu Mun Jeong, Hoon Choi, Hee Man Yang, Sang Kyun Shin. Mont. : Lynn Hobson. Mus. : Gregor Narholz. Avec les voix américaines de Tom Kenny, Clancy Brown, Rodger Bumpass, Bill Fagerbakke, Jill Talley, Scarlett Johansson, Carolyn Lawrence. Prod. : Nickelodeon Movies, United Plankton Pictures pour Paramount Pictures. Dist. : UIP. (9 février 2005).

LA CAROTTE ET LE BÂTON
Français (1 h 14). Réal., Scén. : Stéphane Arnoux. Mus. : Bernard Lubat, Les Têtes Raides, Michel Lauwers, C Rrocks. Prod. : Tact Production, Phinéas Production. Dist. : K Films. (9 février 2005).

CHOK DEE
Français (1 h 45). Réal. : Xavier Durringer. Scén. : Christophe Mordellet, Xavier Durringer, Véra Belmont, François Greze, Dida Diafat, d'après le roman de ce dernier «Dida, de l'enfer de la banlieue à Hollywood». Image : Guillaume Schiffman. Son : Jean-Luc Audy. Décors : Éric Durringer, Arin Pinjavararak. Mont. : Raphaëlle Urtin. Mus. : Sig, Calbo, Yvan. Avec Dida, Bernard Giraudeau, Florence Vanida Faivre, Lakshan, Sombati Medhandee, Jean-Pierre Léonardini, Fariza Mimolin, Rit Luecha. Prod. : Stéphan Films, Télégraphe, France 2 Cinéma. Dist. : Rezo Films. (16 février 2005).

LES CONSÉQUENCES DE L'AMOUR
(LE CONSEGUENZE DELL'AMORE)
Italien (1 h 40). Réal., Scén. : Paolo Sorrentino. Image : Luca Bigazzi. Son : Emanuele Cecere, Daghi Rondanini. Décors : Lino Fiorito. Mont. : Giogio Franchini. Mus. : Pasquale Catalano. Avec Toni Servillo, Olivia Magnani, Adriano Giannini, Raffaele Pisu, Angela Goodwin, Diego Ribon, Giselda Volodi. Prod. : Fandango, Indigo Film, Medusa Film, Angelo Curti. Dist. : Océan Films. (16 février 2005).

CONSTANTINE
Américain (2 h 01). Réal. : Francis Lawrence. Scén. : Franck Cappello, Mark Bomback, Kevin Brodbin, d'après la BD d'Alan Moore, «Hellblazer». Image : Philippe Rousselot. Décors : Noami Sholan. Mont. Wayne Wahrman. Mus. : Brian Tyler. Avec Keanu Reeves, Rachel Weisz, Djimoun Hounsou, Tilda Swinton, Pruitt Taylor Vince, Peter Stormare, Gavin Rossdale. Prod. : Donners Company, Batfilm Production, Weed Road Pictures, 3 Arts Entertainment Production. Dist. : Warner Bros. (16 février 2005).

COUP D'ÉCLAT
(AFTER THE SUNSET)
Américain (1 h 38). Réal. : Brett Ratner. Scén. : Paul Zbyszewski, Craig Rosenberg. Image : Dante Spinotti. Son : Gregory King. Décors : Geoffrey Kirkland. Mont. : Mark Helfrich. Mus. : Lalo Schifrin. Avec Pierce Brosnan, Salma Hayek, Woody Harrelson, Don Cheadle, Naomie Harris, Chris Penn, Russell Hornsby. Prod. : Film Films, Rat Entertainment pour New Line Cinema. Dist. : Metropolitan Filmexport. (2 février 2005).

DANNY THE DOG
Franco-américano-britannique (1 h 43). Réal. : Louis Leterrier. Scén. : Luc Besson. Image : Pierre Morel. Son : Vincent Tulli. Décors : Jacques Bufnoir. Cost. : Olivier Bériot, Camille Janbon, Corinne Bruant. Mont. : Nicolas Trembasiewicz. Mus. : Massive Attack. Avec Jet Li, Morgan Freeman, Bob Hoskins, Kerry Condon, Michael Jenn, Vincent Regan, Dylan Brown, Tamer Hassan. Prod. : EuropaCorp, Danny The Dog Ltd. Dist. : EuropaCorp. (2 février 2005).

THE EDUKATORS
Germano-autrichien (2 h 04). Réal. : Hans Weingartner. Scén. : Katharina Held, Hans Weingart-

ner. Image : Mathias Schellenberg, Daniela Knapp. Son : Uwe Dresch. Mont. : Dirk Oetekshoven, Andreas Wodraschke. Mus. : Andreas Wodraschke. Avec Daniel Brühl, Julia Jentsch, Stipe Erceg, Burghart Klaussner, Peer Martiny, Petra Zieser, Laura Schmidt, Sebastian Butz. Prod. : Y3 Film, Coop 99, Südwestrundfunk, Arte. Dist. : Bac Films. (2 février 2005).

EN ATTENDANT LE DÉLUGE
Français (1 h 20). Réal., Scén., Décors, Cost. : Damien Odoul. Image : Patrick Ghiringhelli. Son : Lazare Pedron. Mont. : Gwenola Heaulme. Mus. : Éric Daubresse. Avec Pierre Richard, Anna Mouglalis, Damien Odoul. Prod. : DO Films, Yo Yo Prod. Dist. : Ciné Classic. (23 février 2005).

EN PLEIN CAUBÈRE
Français (1 h 30). Réal., Scén., Images : Anne-Laure Brénéol. Mont. : Guillaume Germaine, Anne-Laure Brénéol. Avec Philippe Caubère, Véronique Coquet, Roger Goffinet, Philippe «Luigi» Olivier. Prod. : Château-Rouge Productions, TV10 Angers. Dist. : Malavida. (9 février 2005).

EN ROUTE
(UNTERWEGS)
Allemand (1 h 20). Réal., Scén. : Jan Krüger. Image : Bernadette Paassen. Mont. : Nathali Barrey. Mus. : Max Mueller. Avec Anabelle Lachatte, Lena Beyerling, Iwona Domaszewicz, Agnieszka Grochowska, Martin Kiefer. Prod. : Schramm Film. Dist. : ASC Distribution (9 février 2005).

L' ENVOÛTEMENT DE SHANGHAI
(EL EMBRUJO DE SHANGHAI)
Espagnol (2 h 08). Réal., Scén. : Fernando Trueba, d'après le roman de Juan Marse. Image : Jose Luis Lopez Linares. Son : Pierre Gamet. Mont. : Carmen Frias. Avec Fernando Fernan Gomez, Eduard Fernandez, Aida Folch, Fernando Tielve, Ariadna Gil, Antonio Resines. Prod. : Andres Gomes Vicente Gomez, Christina Huete. Dist. : Artédis. (23 février 2005).

ESPACE DÉTENTE
Français (1 h 42). Réal. : Yvan Le Bolloc'h, Bruno Solo. Scén. : Yvan Le Bolloc'h, Bruno Solo, Alain Kappauf, Alexandre Apergis, Frédéric Le Bolloc'h, Jean-Pierre Pascaud, d'après la série «Caméra Café». Image : Philippe Guilbert. Son : Kamal Ouazene, François fayard, Éric Tisserand, William Schmit. Décors : Nikos Meletopoulos. Cost. : Pauline Siboni. Mont. : Nicole Saunier. Mus. : Pascal Comelade. Avec Bruno Solo, Yvan Le Bolloc'h, Thierry Frémont, Sylvie Lœillet, Gérard Chaillou, Shirley Bousquet, Alexandre Pesle, Armelle, Alain Bouzigues. Prod. : CALC Production, Solo Moi, Kenavo, Short Com, MP Productions, M6 Films. Dist. : ARP Sélection. (2 février 2005).

L'EX FEMME DE MA VIE
Français (1 h 35). Réal., Scén. : Josiane Balasko. Image : Pascal Gennesseaux. Son : Michel Kharat. Décors : Olivier Radot. Cost. : Fabienne Katany. Mont. : Claudine Merlin. Avec Thierry Lhermitte, Karin Viard, Josiane Balasko, Nadia Farès, Nicolas Silberg, Didier Flamand, Micheline Dax, Francia Seguy, Stella Rocha. Prod. : Ice 3, Josy Films, 2003 Productions, France 2 Cinéma, Warner Bros. Dist. : Warner Bros. (2 février 2005).

LE FIL DE LA VIE
(STRINGS)
Danois (1 h 30). Réal. : Anders Ronnow Klarlund. Scén. : Naja Marie Aidt, Anders Ronnow Klarlund. Image : Kim Hattersen, Jan Weicke. Son : Hans Moller. Décors : Sven Wichmann. Direction artistique : David Drachmann. Mont. : Leif Axel Kjeldsen. Mus. : Horgen Lauritsen. Avec les voix françaises de Valérie Siclay, Adeline Chepail, Cédric Dumont, Pascal Renwick, Philippe Catoire, Feodor Atkine. Prod. : Bald Film, Zentropa Films, Nordisk Film Production, Bob Film Sweden, Bird Film. Dist. : Haut et Court Distribution. (16 février 2005).

FINAL CUT
(THE FINAL CUT)
Américain (1 h 35). Réal., Scén. : Omar Naim. Image : Tak Fujimoto. Décors : James Chinlund. Mont. : Dede Allen, Robert Brakey. Mus. : Brian Tyler. Avec Robin Williams, Mira Sorvino, Jim Caviezel, Mimi Kuzyk, Thom Bishops. Prod. : Metropolitan Filmexport, Lions Gate Films. Dist. : Metropolitan Filmexport. (23 février 2005).

GÖNÜL YARASI
Turc (2 h 18). Réal., Scén. : Yavuz Turgul. Image : Sovkut Turan. Avec Meltem Cumbul, Sener Sen, Timucin Esen, Guven Kirac. Prod. : Filma-Cass, Most Production, Too Cool Productions & Distribution. Dist. : Too Cool Productions & Distribution. (9 février 2005).

IZNOGOUD
Français (1 h 38). Réal., Scén. : Patrick Braoudé, d'après la bande dessinée de Goscinny et Tabary. Image : Jérôme Robert. Son : Michel Kharat, Paul Lainé. Décors : Thierry Flamand. Cost. : Mimi Lempicka, Adélaïde Gosselin. Effets visuels : Christian Rijaud. Mont. : Yves Deschamps. Mus. : Jacques Davidovici. Avec Michaël Youn, Jacques Villeret, Kad et Olivier, Franck Dubosc, Bernard Farcy, Rufus, Elsa Pataky. Prod. : Vertigo Productions. Dist. : TFM Distribution. (9 février 2005).

JE PRÉFÈRE QU'ON RESTE AMIS
Français (1 h 40). Réal., Scén. : Éric Toledano, Olivier Nakache. Image : Pascal Ridao. Son : Paul Lainé. Décors : Hervé Gallet. Mont. : Dorian Rigal Ansous. Avec Gérard Depardieu, Jean-Paul Rouve, Annie Girardot, Lionel Abelanski, Isabelle Renauld, Yves Jacques, Élisabeth Vitali. Prod. : Quad, Yume, Studio Canal, France 3 Cinéma. Dist. : Mars Distribution. (23 février 2005).

JE T'AIME TOI
(YA LYUBLU TEBYA)
Russe (1 h 23). Réal. : Olga Stoplovskaya, Dmitry Troitsky. Scén. : Olga Stoplovskaya. Image : Alexandr Simonov. Son : Alexandr Abromov. Mont. : Sergey Pluschenko, Oleg Raevsky. Mus. : Richardas Norvila. Avec Damir Badmaev, Lubov Tolkalina, Evgeny Koryakovsky. Prod. : Malevich Productions. Dist. : Antiprod. (23 février 2005).

JOUR ET NUIT
Chinois (1 h 35). Réal., Scén. : Wang Chao. Image : Yi Huhe-wula. Son : Wang Xue-yi. Décors : Qiu Sheng. Mont. : Zhou Xin xia. Mus. : Qin Wen-chen. Avec Liu Lei, Xiao Ming, Wang Lan, Wang Zheng, Sun Guilin. Prod. : Laurel Films, Rosem Films. Dist. : Rosem Distribution. (2 février 2005).

KIÉ LA PETITE PESTE
(JARINKO CHIE)
Japonais (1 h 45). Réal., Image : Isao Takahata. Scén. : Noboru Shiroyama, Isao Takahata, d'après Etsumi Haruki. Son : Toshi Kato. Animation : Yasuo Otsuka, Yôichi Kotabe. Direction artistique : Nizo Yamamoto. Prod. : TMS, Kitty Music, Toho. Dist. : Wild Side Films, Gebeka Film. (9 février 2005).

MAR ADENTRO
Espagnol (2 h 05). Réal. : Alejandro Amenabar. Scén. : Alejandro Amenabar, Mateo Gil. Image : Javier Aguirresarobe. Son : Ricardo Steinberg. Décors : Benjamin Fernandez. Cost. : Sonia Grande. Mont. : Ivan Aledo. Mus. : Alejandro Amenabar, Carlos Nuñez. Avec Javier Bardem, Belen Rueda, Lola Duenas, Mabel Rivera, Celso Bugallo, Clara Segura, Joan Dalmau, Alberto Jimenez. Prod. : Sogecine, Himenoptero. Dist. : UGC Distribution. (2 février 2005).

MARSEILLE
Germano-français (1 h 35). Réal., Scén. : Angela Schanelec. Image : Reinhold Vorschneider. Son : Andreas Mücke-Niesytka, Jörg Kidrowski. Décors : Ulrika Andersson, Felicity Good, Roland Mabille. Mont. : Bettina Böher. Avec Maren Eggert, Alexis Loret, Marie-Lou Sellem, Eva Lageder, Emily Atef, Elisabeth Beyer, Matthias Baudez. Prod. : Schramm Film, Néon Productions. Dist. : ASC Distribution. (9 février 2005).

LES MÉTAMORPHOSES DU CHŒUR
Français (1 h 38). Réal., Scén. : Marie-Claude Treilhou. Image : Pierre Stoeber. Mont. : Kadisha Bariha. Mus. : Marc-Antoine Charpentier. Prod., Dist. : Les Films d'Ici. (2 février 2005).

MON BEAU-PÈRE, MES PARENTS ET MOI
(MEET THE FOCKERS)
Américain (1 h 56). Réal. : Jay Roach. Scén. : Jim Herzfeld, John Hamburg, d'après les personnages créés par Greg Glienna, Mary Ruth Clarke. Image : John Schwartzman. Décors : Rusty Smith. Mont. : Jon Poll, Lee Haxall. Mus. : Randy Newman. Avec Robert De Niro, Ben Stiller, Dustin Hoffman, Barbra Streisand, Blythe Danner, Teri Polo, Owen Wilson, Spencer Pickren. Prod. : Tribeca, Everyman Pictures. Dist. : UIP. (16 février 2005).

NEVERLAND
(FINDING NEVERLAND)
Américain (1 h 41). Réal. : Marc Forster. Scén. : David Magee, d'après la pièce de Allan Knee, «The Man who was Peter Pan». Image : Roberto Schaefer. Son : David Crozier. Décors : Trisha Edwards. Cost. : Marion Weise. Mus. : Jan A.P. Kaczmarek. Avec Johnny Depp, Kate Winslet, Freddie Highmore, Julie Christie, Radha Mitchell, Dustin Hoffman, Joe Prospero, Nick Roud, Luke Spill, Ian Hart. Prod. : Film Colony pour Miramax International. Dist. : TFM Distribution. (23 février 2005).

LA PETITE CHARTREUSE
Français (1 h 30). Réal. : Jean-Pierre Denis. Scén. : Jean-Pierre Denis, Yvon Rouve, d'après le roman de Pierre Péju. Image : Benoît Dervaux. Son : Ludovic Hénault, Thomas Gauder. Décors : Bruno Margery. Mont. : Marie-Hélène Dozo. Mus. : Michel Portal. Avec Olivier Gourmet, Marie-Josée Croze, Bertille Noël-Bruneau, Marysa Borini, Yves Jacques. Prod. : CDP, Rhône-Alpes Cinéma, France 2 Cinéma. Dist. : Pyramide. (23 février 2005).

LES PETITS SOLDATS
Français (1 h 10). Réal., Image : François Margolin. Scén. : François Margolin, Guillaume Vincent. Son : Léo Hinstin. Mont. : Jean-Christophe Hym. Prod. : Les Films du Rêve, Arte France, Margo Films. Dist. : Gemaci. (9 février 2005).

PINOCCHIO, LE ROBOT
Franco-canado-espagnol (1 h 20). Réal. : Daniel Robichaud. Scén. : Claude Scasso, d'après Carlo Colodi. Animation : Christian Garcia. Son : Sylvain Bourgault. Mont. : Claudette Duff. Mus. : James Gelfand. Avec les voix françaises de Maxime Baudouin, Marc Alfos. Prod. : Animakids Productions, France 2 Cinéma, Cinégroupe, Filmax Animation. Dist. : Pan Européenne Distribution. (9 février 2005).

POLLUX, LE MANÈGE ENCHANTÉ
(THE MAGIC ROUNDABOUT)
Franco-britannique (1 h 25) Réal. : Jean Duval, Frank Pssingham, Dave Borthwick. Scén. : Paul Bassett Davies, Raoff et Stéphane Sanoussi, d'après les personnages de Serge Danot. Image : François Hogue. Son : Frédéric Echelard, Manu Mertens. Animation : Frédéric Bonometti. Mont. : Mathieu Morfin. Mus. : Mark Thomas. Avec les voix françaises de Henry Salvador, Vanessa Paradis, Dany Boon, Michel Galabru, Gérard Jugnot, Valérie Lemercier, Élie Semoun, Eddy Michell. Prod. : Films Action, SPZ Entertainment, Bolexbrothers, Pathé Renn Production, France 2 Cinéma, Pricel, Vertigo Productions, Pathé Pictures. Dist. : Pathé Distribution. (2 février 2005).

PROFILS PAYSANS CHAPITRE II : LE QUOTIDIEN
Français (1 h 25). Réal., Scén. : Raymond Depardon. Son : Claudine Nougaret. Mont. : Simon Jacquet. Prod. : palmeraie et Désert, Canal +. Dist. : Palmeraie et Désert. (23 février 2005).

LE PROMENEUR DU CHAMP-DE-MARS
Français (1 h 57). Réal. : Robert Guédiguian. Scén. : Gilles Taurand, Georges-Marc Benamou, d'après le livre de ce dernier, «Le Dernier Mitterrand». Image : Renato Berta. Son : Laurent Lafran. Décors : Michel Vandestien. Cost. : Juliette Chanaud. Mont. : Bernard Sasia. Avec Michel Bouquet, Jalil Lespert, Philippe Fretun, Anne Cantineau, Sarah Grappin, Catherine Salviat, Jean-Claude Frissung, Philippe Lemercier. Prod. : Film Oblige, Agat Films & Cie. Dist. : Pathé Distribution. (16 février 2005).

LA RAISON DU PLUS FORT
Français (1 h 26). Réal. : Patric Jean. Scén. : Patric Jean, Laurent Fenart. Image : Patric Jean, Laurent Fenart, Ronnie Ramirez, Pierre Gordower, Hicham Allaouie, Elle Van Den Hove. Son : Jean-jacques Quinet, Rafick Affejee, Alain Champelovier, Cosmas Antoniadis, Érik Ménard. Mont. : Nathalie Delvoye. Prod. : Lapsus, Arte France, Centre Vidéo de Bruxelles. Dist. : EuroZoom. (2 février 2005).

RAY
Américain (2 h 32). Réal. : Taylor Hackford. Scén. : James L. White, d'après une idée originale de Taylor Hackford et James L. White. Image : Pawel Edelman. Son : Steve Cantamessa. Décors : Stephen Altman. Cost. : Sharen Davis. Mus. : Craig Armstrong. Avec Jamie Foxx, Kerry Washington, Clifton Powell, Aunjanue Ellis, Harry Lennix, Terrence Dashon. Prod. : Howard et Karen Baldwin, Taylor Hackford, Stuart Benjamin. Dist. : UIP. (23 février 2005).

SIDEWAYS
Américain (2 h 04). Réal. : Alexander Payne. Scén. : Alexander Payne, Jim Taylor, d'après le roman de Rex Pickett. Image : Phedon Papamichael. Son : Frank Gaeta. Décors : Jane Ann Stewart. Mont. : Kevin Tent. Mus. : Rolfe Kent. Avec Paul Giamatti, Thomas Haden, Virginia Madsen, Sandra Oh, Marylouise Burke, Jessica Hecht, Missy Doty. Prod. : Fox Searchlight Pictures. Dist. : Twentieth Century Fox. (9 février 2005).

TENJA
Franco-marocain (1 h 20). Réal. : Hassan Legzouli. Scén. : Hassan Legzouli, Emmanuelle Sardou. Image : Diego Martinez Vigniatti. Son : Olivier de Nesle, Stéphane Thiebaut. Décors : Éric Barboza, Bruno Lefebvre. Mont. : Nathalie Hubert. Mus. : Najib Cherradi, A. Ahouzar. Avec Roschdy Zem, Aure Atika, Abdou El Mesnaoui, Mohammed El Majd. Prod. : Why Not Productions, Videorama, Soread-2 M. Dist. : Pierre Grise Distribution. (2 février 2005).

LES TORTUES VOLENT AUSSI
Irano-irakien (1 h 35). Réal., Scén. : Bahman Ghobadi. Image : Shahriar Assadi. Son : Bahman Ardalan. Mont. : Moustafa Khergheposh, Hayedeh Safiyari. Mus. : Housein Alizadeh. Avec Soran Ibrahim, Hirsh Feyssal, Avaz Latif. Prod. : Mij Films. Dist. : Bac Films. (23 février 2005).

TROUBLE JEU
(HIDE & SEEK)
Américain (1 h 36). Réal. : John Polson. Scén. : Ari Schlossberg. Décors : Judy Gurr, Beth Kushnick. Effets spéciaux : Steven Kirshoff. Mont. : Jeffrey Ford. Mus. : John Ottman, Robert Kraft. Avec Robert De Niro, Dakota Fanning, Famke Janssen, Elisabeth Shue, Amy Irving. Prod. : Fox 2000 Pictures. Dist. : 20th Century Fox. (23 février 2005).

VERA DRAKE
Britannico-français (2 h 05). Réal., Scén. : Mike Leigh. Image : Dick Pope. Son : Tim Fraser. Cost. : Jacqueline Durran. Mont. : Jim Clark. Mus. : Andrew Dickson. Avec Imelda Staunton, Phil Davis, Peter Wight, Adrian Scarborough, Heather Craney, Daniel Mays, Alex Kelly, Ruth Sheen, Jim Broadbent, Helen Coker. Prod. : Thin Man Films, Les Films Alain Sarde. Dist. : Mars Distribution. (9 février 2005).

LA VOIX DES MORTS
(WHITE NOISE)
Américano-britannique (1 h 38). Réal. : Geoffrey Sax. Scén. : Niall Johnson. Image : Chris Seager. Décors : Michael S. Bolton. Mont. : Nick Arthurs. Mus. : Claude Foisy. Avec Michael Keaton, Deborah Kara Unger, Chandra West, Ian McNeice. Prod. : White Noise UK, Brightlight Pictures Production, Endgame Entertainment. Dist. : UIP. (2 février 2005).

VOYAGE SCOLAIRE
(KLASSENFAHRT)
Allemand (1 h 28). Réal., Scén. : Henner Winckler. Image : Janne Busse. Mont. : Bettina Böhler. Mus. : Cem Oral. Avec Steven Sperling, Sophie Kempe, Maxi Warwel, Jakob Panzek, Bartek Blaszczyk. Prod. : Schramm Film, ZDF. Dist. : ASC Distribution. (9 février 2005).

ZE FILM
Français (1 h 45). Réal. : Guy Jacques. Scén. : Guy Jacques, Emmanuel List, d'après une idée originale de Constantine Attia. Image : Jean Poisson. Son : Xavier Griette. Décors : Nicolas Prier. Mont. : Didier Loiseau. Mus. : Sergent Garcia, Passi, Matthias Duplessy. Avec Clément Sibony, Dan Herzberg, Micky El Mazroui, Lorànt Deutsch. Prod. : Ze prod, EuropaCorp. Dist. : EuropaCorp Distribution. (23 février 2005).

MARS 2005

L'ANTIDOTE
Français (1 h 47). Réal. : Vincent de Brus. Scén. : Arnaud Lemort, d'après un scénario original de Éric et Jacques Besnard. Image : Laurent Machuel. Son : Jacques Pibarot. Décors : Franck Benezech. Mont. : Sylvie Gadmer. Mus. : Germinal Tenas. Avec Christian Clavier, Jacques Villeret, Agnès Soral, Annie Grégorio, François Levantal, François Morel, Éric Prat, Ken Samuels, Judith Magre. Prod. : Les Films Christian Fechner, France 2 Cinéma. Dist. : Warner Bros. (30 mars 2005).

ASSAUT SUR LE CENTRAL 13
(ASSAULT ON PRECINT 13)
Américano-français (1 h 50). Réal. : Jean-François Richet. Scén. : james DeMonaco, d'après le film de John Carpenter, «Assaut». Image : Robert Gantz. Son : David Lee. Décors : Paul Denham Austerberry. Effets spéciaux : John MacGillivary. Mont. : Bill Pankow. Mus. : Graeme Revell. Avec Ethan Hawke, Laurence Fishburne, John Leguizamo, Maria Bello, Jeffrey Atkins, Drea De Matteo, Matt Craven. Prod. : Why Not Productions, Liaison Films, Focus Features, Rogue Pictures. Dist. : Metropolitan Filmexport. (2 mars 2005).

AU SUD DES NUAGES
Suisse (1 h 21). Réal. : Jean-François Amiguet. Scén. : Anne Gonthier, Jean-François Amiguet. Image : Hughes Ryffel. Son : François Musy. Décors : Greti Kläy. Mont. : Valérie Loiseleux. Mus. : Laurence Revey, Stimmhorn. Avec Bernard Verley, François Morel, Maurice Aufaire, Jean-Luc Borgeat, Jean-Pierre Gros, Zoé Eggs. Prod. : Native, Langfilm, Zagora Films SA, SFPC. Dist. : Cinéma Public Films. (1 h 21). Avec Bernard Verley, François Morel, Maurice Aufaire, Jean-Luc Borgeat, Jean-Pierre Gros, Zoé Eggs. Prod. : Native, Langfilm, Zagora Films SA, SFPC. Dist. : Cinéma Public Films. (16 mars 2005).

AVANIM
Israélo-français (1 h 50). Réal., Scén. : Raphaël Nadjari. Image : Laurent Brunet. Son : Chen Harpaz. Décors, Mont. : Godefroy Fouray. Mus. : Nathaniel Mechaly. Avec Asi Levi, Uri Gabriel, Florence Bloch, Shaul Mizrahi, Danny Steg, Gabi Amrani-Gur, Eli Eltonyo, Sarah Adler. Prod. : Transfax Film, BVNG Productions La Compagnie des Phares et des Balises. Dist. : Sophie Dulac Distribution. (16 mars 2005).

BAB EL WEB
Français (1 h 39). Réal., Scén. : Merzak Allouache. Image : Antoine Roch. Son : Olivier Mauvezin. Décors : Sylvie Deldon. Mont. : Sylvie Gadmer. Mus. : Valmont, DJ Abdel. Avec Samy Nacéri, Faudel, Julie Gayet, Hacène Benzerari, Boualem Benani, Bakhta Benouis, Yacine Mesbah. Prod. : Maïa Films, Baya Films, France 3 Cinéma, Les Productions JMH, Pyramide Productions, ENTV, Gimages Développement. Dist. : Pyramide. (16 mars 2005).

BE COOL
Américain (1 h 59). Réal. : F. Gary Gray. Scén. : Peter Steinfeld, Elmore Leonard, d'après le roman de ce dernier. Image : Jeffrey L. Kimball. Décors : Michael Corenblith. Cost. : Mark Bridges. Mont. Sheldon Kahn. Mus. : Mary Ramos. Avec John Travolta, Uma Thurman, Vince Vaughn, Cedric the Entertainer, Andre Benjamin, Steven Tyler, Robert Pastorelli, Harvey Keitel, Christian Milian. Prod., Dist. : 20th Century Fox. (23 mars 2005).

BEFORE SUNSET
Américain (1 h 20). Réal. : Richard Linklater. Scén. : Richard Linklater, Julie Delpy, Ethan Hawke. Image : Lee Daniel. Décors : Baptiste Glaymann. Mont. : Sandra Adair. Avec Julie Delpy, Ethan Hawke, Vernon Dobtcheff, Louise Lemoine Torres, Rodolphe Pauly, Mariane Plasteig, Diabolo, Denis Evrard. Prod. : Detour Filmproduction pour Warner Independent. Dist. : CTV International (16 mars 2005).

BLONDE ET BRUNE
Français (0 h 59). Réal., Scén. : Christine Dory. Son : Cedric Deloche. Mont. : Agnès Bruckert. Mus. : Reno Isaac. Avec Christèle Tual, Aude Briant, Bertrand Bossard, Pierre-Louis Calixte, Rémy Carpentier. Prod. : Les Films de la Grande Ourse, Le Fichier Électronique du Spectacle, Les Deuxième Souffle Films & Associés. Dist. : Shellac. (9 mars 2005).

BOUDU
Français (1 h 54). Réal. : Gérard Jugnot. Scén. : Philippe Lopes Curval, d'après la pièce de René Fauchois, «Boudu sauvé des eaux». Image : Gérard Simon. Son : Michel Kharat, Jean Gargonne, Claude Villand. Décors : Jean-Louis Poveda. Cost. : Martine Rapin. Mont. : Catherine Kelber. Avec Gérard Depardieu, Catherine Frot, Gérard Jugnot, Constance Dolle, Bonnafet tarbouche. Prod. : GMT Production, Novo Arturo, DD Productions, TF1 Films Production, Pathé Distribution. Dist. : Pathé Distribution. (9 mars 2005).

BUENA VIDA (DELIVERY)
Argentino-français (1 h 33). Réal. : Leonardo Di Cesare. Scén. : Leonardo Di Cesare, Hans Garrino. Image : Leandro Martinez. Son : Maxi Gorriti. Mont. : Liliana Nadal. Mus. : Sebastian Volco, Pablo Della Maggiora. Avec Ignacio Toselli, Moro Anghileri, Oscar Nuñez, Alicia Palmes, Sofia Da Silva, Ariel Staltari, Pablo Ribba. Prod. : La Normanda Producciones, INCAA. Dist. : ID Distribution. (2 mars 2005).

BYE BYE TIGER
Allemand (1 h 25). Réal., Scén. : Helena Villovitch, Jan Peters. Image : Marcus Winterbauer. Décors : Volko Kamensky, Dirk Herzog. Prod. : abz abbildungszentrum. (23 mars 2005).

CALVAIRE
Franco-belgo-luxembourgeois (1 h 30). Réal. : Fabrice du Welz. Scén. : Fabrice du Welz, Romain Protat. Image : Benoît Debie. Son : Marc Engels. Décors : Emmanuel de Meulemeester. Cost. : Géraldine Picron. Mont. : Sabine Hubeaux. Mus. : Vincent Cahay. Avec Laurent Lucas, Jackie Berroyer, Philippe Nahon, Jean-Luc Couchard, Brigitte Lahaie, Gigi Coursigni, Philippe Grand'Henry. Prod. : The Film, La Parti, Tarantula, Studio Canal. Dist. : Mars Distribution (16 mars 2004).

CAPITAINE SKY ET LE MONDE DE DEMAIN
Américano-brittanico-italien (1 h 46). Réal., Scén., Décors, Cost. : Kerry Conran. Image : Eric Adkins. Effets spéciaux : Stephen Lawes. Effets visuels : Scott E. Anderson, Darin Hollings. Mont. : Sabrina Plisco. Mus. : Edward Shearmur. Avec Jude Law, Gwyneth Paltrow, Angelina Jolie, Giovanni Ribisi, Michael Gambon, Bay Ling, Omid Djalili, Trevor Baxter, Julian Curry. Prod. : Paramount Pictures. Dist. : UIP. (16 mars 2005).

LE CAUCHEMAR DE DARWIN
(DARWIN'S NIGHTMARE)
Franco-austro-belgo-canadien (1 h 47). Réal., Scén., Image : Hubert Sauper. Son : Cosmas Antoniadis. Mont. : Denise Vindevogel. Prod. : Mille et Une Productions, Coop 99, Saga Films, Arte, WDR. Dist. : Ad Vitam. (2 mars 2005).

LE CERCLE 2 – THE RING 2
(THE RING 2)
Américain (1 h 50). Réal. : Hideo Nakata. Scén. : Ehren Kruger. Image : Gabriel Beristain. Son : David McMillan. Décors : Jim Bissel. Cost. : Wendy Chuck. Mont. : Michael Knue. Mus. : Hans Zimmer. Prod. : DreamWorks Pictures. Dist. : UIP. (30 mars 2005).

CINÉASTES À TOUT PRIX
Belge (1 h 06). Réal., Scén. : Frédéric Sojcher. Image : Michel Houssiau. Son : Paul Heymans. Mont. : Denise Vindevogel. Avec Jean-Jacques Rousseau, Jacques Hardy, Max Naveaux, Noël Godin, Bouli Lanners, Benoît Poelvoorde. Prod. : Flight Movie Production, RTBF, WIP. Dist. : L'Envers du Décor. (2 mars 2005).

LE COUPERET
Franco-belge (2 h 02). Réal. : Costa-Gavras. Scén. : Costa-Gavras et Jean-Claude Grumberg, d'après le roman de Donald Westlake. Image : Patrick Blossier. Son : Nicolas Naegelen, Nicolas Moreau, Thomas Gauder. Mont. : Yannick Kergoat. Mus. : Armand Amar. Avec José Garcia, Karin Viard, Ulrich Tukur, Olivier Gourmet, Geordy Monfils, Christa Theret, Yvon Back, Thierry Hancisse. Prod. : KG Productions, Studio Canal, France 2 Cinéma, Les Films du Fleuve, RTBF, Scope Invest, Wanda Vision. Dist. : Mars Distribution. (2 mars 2005).

CROISIÈRE
Français (1 h 39). Réal. : Natacha Cagnard. Scén. : Aurélia Bernard, Natacha Cagnard. Image : Pierre Isnardon. Son : François Sempé, Jacques Guillot. Décors : Christian Siret. Mont. : Natacga Cagnard, Bertrand Soupey. Mus. : Dumb. Avec Caroline Ducey, Jérémie Covillault, Catherine Lefroid. Prod., Dist. : Adret Films. (30 mars 2005).

CRUSTACÉS ET COQUILLAGES
Français (1 h 33). Réal., Scén. : Olivier Ducastel et Jacques Martineau. Image : Mathieu Poirot-Delpech. Son : Laurent Lafran. Décors : Lise Petermann. Cost. : Anne-Marie Giacalone. Chorégraphies : Sylvie Giron. Mont. : Dominique Galliéni. Mus. : Philippe Miller. Avec Valeria Bruni-Tedeschi, Gilbert Melki, Jean-Marc Barr, Jacques Bonnaffé, Édouard Collin, Romain Torres, Sabrina Seyvecou. Prod. : Agat Films & Cie, Bac Films. Dist. : Bac Films. (30 mars 2005).

DE BATTRE MON CŒUR S'EST ARRÊTÉ
Français (1 h 47). Réal. : Jacques Audiard. Scén. : Jacques Audiard, Tonino Benacquista, d'après le film de James Toback, «Fingers». Image : Stéphane Fontaine. Son : Brigitte Taillandier, Pascal Villard, Cyril Holtz, Philippe Amouroux. Décors : François Emmanuelli. Cost. : Virginie Montel. Mont. : Juliette Welfling. Mus. : Alexandre Desplat. Avec Romain Duris, Niels Arestrup, Linh-Dan Pham, Aure Atika, Emmanuelle Devos, Jonathan Zaccaï, Gilles Cohen, Anton Yakovlev. Prod. : Why Not Productions. Dist. : UGC Distribution. (16 mars 2005).

DE NUREMBERG À NUREMBERG
Français, 1989 (2 h 57). Réal., Image : Frédéric Rossif. Montage : Dominique Caseneuve, Marie-Sophie Dubus. Musique : Vangelis. Avec la voix de Philippe Meyer. Prod. : CDG. Dist. : Les Éditions Montparnasse. (30 mars 2005)

DEAR FRANKIE
Britannique (1 h 45). Réal., Image : Shona Auerbach. Scén. : Andrea Gib. Mont. : Oral Nottie Ottey. Mus. : Alex Heffes. Avec Emily Mortimer, Gerard

Butler, Sharon Small, Jack McElhone, Mary Riggans. Prod. : Scorpio Films, Sigma Films, Inside Track Productions. Dist. : Pathé Distribution. (16 mars 2005).

DISPARITIONS
(IMAGINING ARGENTINA)
Britannico-espagnol (1 h 47). Réal., Scén. : Christopher Hampton, d'après le livre de Lawrence Thornton. Image : Guillermo Navarro. Décors : Barbara Perez Solero. Mont. : George Akers. Mus. : George Fenton. Avec Antonio Banderas, Emma Thompson, Ruben Blades, Maria Canals, Kuno Becker, Leticia Dolera, John Wood, Claire Bloom. Prod. : Geoffrey C. Lands, Michael Peyser, Diane Sillan Isaacs, Santiago Pozo, Raoul Outeda. Dist. : La Fabrique de Films (23 mars 2005).

ELEKTRA
Américain (1 h 30). Réal. : Rob Bowman. Scén. : Zak Penn, Stuart Zicherman, Raven Metzner, d'après les personnages de la bande dessinée de Stan Lee et Joe Orlando. Image : Bill Roe. Son : Michael T. Williamson. Décors : Graeme Murray. Cost. : Lisa Tomczeszyn. Mont. : Kevin Stitt. Mus. : Christophe Beck. Avec Jennifer Garner, Terence Stamp, Kirsten Prout, Goran Visnjic, Cary-Hiroyuki Tagawa, Will Yun Lee, Chris Ackerman, Edson T. Ribeiro, Natassia Malthe, Bob Sapp, Colin Cunningham. Prod. : 20th Century Fox, New Regency Pictures, Marvel Entreprise, Horseshoe Bay Productions. Dist. : 20th Century Fox. (9 mars 2005).

ÉTAT DE GUERRE
Français (1 h 32). Réal., Scén. : Béatrice Pignède, Francesco Condemi. Avec Dieudonné, Thierry Meyssan. Prod. Dist. : Clap 36. (9 mars 2005)

LE FANTÔME D'HENRI LANGLOIS
Français (3 h 30). Réal., Scén. : Jacques Richard. Image : Jérôme Blumberg, Jacques Richard. Mont. : Fabrice Radenac. Mus. : Nicolas Baby, Liam Farrell. Avec Henri Alekan, Claude Berri, Freddy Buache, Pierre Cardin, Claude Chabrol. Prod. : Les Films Élémentaires. Dist. : Eurozzom. (2 mars 2005).

LA FIANCÉE SYRIENNE
(HA-KALA HA-SURIT)
Franco-germano-israélien (1 h 36). Réal. : Eran Riklis. Scén. : Suha Arraf, Eran Riklis. Image : Michael Wiesweg. Son : Gil Toren. Mont. : Tova Ascher. Mus. : Cyril Morin. Avec Hiam Abbass, Makram J. Khoury, Clara Khoury, Ashraf Barhoum, Eyad Sheety, Evelyne Kaplun, Julie-Anne Roth, Adnan Trabshi, Marlene Bajjali. Prod. : MACT Productions, Eran Riklis Productions, Neue Impuls Film. Dist. : Océan Films Distribution. (9 mars 2005).

LE FILS DE CHUCKY
(SEED OF CHUCKY)
Américain (1 h 27). Réal., Scén. : Don Mancini, d'après les personnages créés par lui-même et David Kirschner. Image : Vernon Layton. Son : Tim Hands. Décors : Peter James Russell, Christian Niculescu. Cost. : Oana Paunescu. Effets spéciaux : Paul Dunn, Tony Gardner. Effets visuels : Graham Cristie. Mont. : Chris Dickens. Mus. : Pino Donaggio. Avec Jennifer Tilly, Redman, Hannah Spearritt, John Waters, Keith-Lee Castle, Steve Lawton. Prod. : Rogue Pictures, La Sienaga Productions. Dist. : SND. (2 mars 2005).

LE FILS DU MASK
(SON OF THE MASK)
Américain (1 h 37). Réal. : Lawrence Guterman. Scén. : Lance Khazei. Image : Gregory Gardiner. Son : Paul «Salty» Brincat. Décors : Leslie Dilley. Effets visuels : James E. Rice. Mont. : Malcolm Campbell, Debra Neil Fisher. Mus. : Randy Edelman. Avec Jamie Kennedy, Alan Cumming, Liam et Ryan Falconer, Traylor Howard, Bob Hoskins, Steven Wright, Kal Penn, Ben Stein. Prod. : Radar Pictures, Dark Horse Entertainment pour New Line Cinema. Dist. : Pathé Distribution. (23 mars 2005).

GARDIEN DE BUFFLES
(MUA LEN TRAU)
Franco-belgo-vietnamien (1 h 42). Réal., Scén. : Minh Nguyen-Vô. Image : Yves Cape. Son : Marc Engels. Décors : Pham Hong Phong. Mont. : Rudi Maerten. Mus. : Tôn Thât Tiêt. Avec Lê Thê Lu, Nguyen Thi Khiêu Trinh, Nguyen Huu Thânh, Kra Zan Sram. Prod. : 3B Productions, Novak Prod., Hang Phim Giai Phong. Dist. : Tadrart Films. (23 mars 2005).

LES GENS HONNÊTES VIVENT EN FRANCE
Franco-belgo-colombien (1 h 34). Réal. : Bob Decout. Scén. : Bob Decout, Thierry Forte. Image : José Gerel. Mont. : France Duez. Mus. : Dominique Perrier, Temps Réel. Avec Victoria Abril, Bruno Putzulu, Hélène de Fougerolles, Philippe Volter, Artus de Penguern, Olivier Parenty, Valérie Bonneton, Patricia Ercole. Prod. : DMVB Films, Fehrmann Production, Mate Production, La Coopérative Nouveau Cinéma. Dist. : Challenge Films. (2 mars 2005).

HECTOR
Espagnol (1 h 47). Réal. : Gracia Querejeta. Scén. : Gracia Querejeta, David Planell. Image : Angel Iguacel. Son : Ivan Marin, Polo Aledo, José Antonio Bermudez. Mont . : Nacho Ruiz-Capillas. Mus. : Angel Illaramendi. Avec Adriana Ozores, Nilo Mur, Damian Alcazar, Joaquim Climent, Unax Ugalde, Nuria Gayo, Pepo Oliva. Prod. : Elias Querejeta PC, DeAplaneta Ensueño Films. Dist. : Colifilms Distribution. (2 mars 2005).

HITCH, EXPERT EN SÉDUCTION
(HITCH)
Américain (1 h 58). Réal. : Andy Tennant. Scén. : Kevin Bisch. Image : Andrew Dunn. Son : Terence J. O' Mara. Décors : Jane Musky, Patricia Woodbridge. Cost. : Marlene Stewart. Mont. : Troy Takaki, Tracey Wadmore-Smith. Mus. : George Fenton. Avec Will Smith, Eva Mendes, Kevin James, Amber Valletta, Julie Ann Emery, Adam Arkin, Robinne Lee, Nathan Lee Graham, Michael Rapaport, Jeffrey Donovan. Prod. : Overbrook Entertainment pour Columbia Pictures. Dist. : Gaumont Columbia TriStar Films. (16 mars 2005).

HÔTEL
(HOTEL)
Autrichien (1 h 20). Réal., Scén. : Jessica Hauer. Image : Martin Gschlacht. Son : Frieder Gloeckner. Décors : Katharina Wöppermann. Mont. : Karina Ressler. Avec Franziska Weisz, Birgit Minichmayr, Marlene Streeruwitz, Rosa Waissnix, Christopher Schärf, Peter Strauss. Prod. : Coop 99 Filmproduktion, Essential Films Produktion. Dist. : Équation. (9 mars 2005).

HÔTEL RWANDA
(HOTEL RWANDA)
Britannico-africain du Sud (2 h). Réal. : Terry George. Scén. : Keir Pearson, Terry George, d'après l'histoire de Paul Rusesebagina. Image : Robert Fraisse. Son : Nigel Mills. Effets visuels : Val Wardlaw. Décors : Tony Burrough, Johnny Breedt. Mont. : Naomi Geraghty. Mus. : Andrea Guerra, Rupert Gregson-Williams, Afro Celt Sound System. Avec Don Cheadle, Sophie Okonedo, Nick Nolte, Joaquin Phoenix, Desmond Dube, David O'Hara, Cara Seymour. Prod. : Miracle Pictures, Seamus, Inside Track, Mikado Films pour United Artists, Lions Gate Entertainment. Dist. : Metropolitan Filmexport. (30 mars 2005).

J'AIME TRAVAILLER
(MI PIACE LAVORARE)
Italien (1 h 29). Réal. : Francesca Comencini. Scén. : Francesca Comencini, Assunta Cestaro, Daniele Ranieri. Image : Luca Bigazzi. Son : Marzia Cordo. Décors : Paola Comencini. Mont. : Massimo Fiocchi. Mus. : Gianni Coscia, Gianluigi Trovesi. Avec Nicoletta Braschi, Camille Dugay Comencini, Rose Matteucci. Prod. : Bianca Film, Rai Cinema, Bim Distribuzione. Dist. : ACADRA Distribution. (9 mars 2005).

J'IRAI CRACHER SUR VOS TONGS
Français (1 h 13). Réal., Scén. : Michel Toesca, d'après «Les Carnets du sous-sol» de Fedor Dostoïevski. Image : Katel Djian, Germain Desmoulins. Son : Sylvain Girardeau. Décors, effets spéciaux : Benoît Pfauvadel. Mont. : Julie Pelat. Mus. : Arthur Simon. Avec Sacha Bourdo, Romain Longuépé, Valérie Trajanovski, Patrick Chesnais, Laetitia Fourcade. Prod. : Ellabel Productions. Dist. : Tecumseh.works. (2 mars 2005).

LEON ET OLVIDO
(LEON Y OLVIDO)
Espagnol (1 h 52). Réal., Scén. : Xavier Bermudez. Image : Alfonso Sanz Alduan. Son : Ibiricu. Mont. : Javier Alberto Correa Harley. Mus. : Coche Villanueva. Avec Marta Larralde, Guillem Jimenez, Gary Piquer, Mighello Blanco, Jaime Vazquez. Prod. : El Paso Producciones Cinematograficas SL, Xamalu Filmes. Dist. : Colifilms Distribution. (16 mars 2005).

MARIA
Roumain-franco-allemand (1 h 37). Réal.: Peter Calib Netzer. Scén. : Peter Calib Netzer, Gordan Mihic. Image : Mihail Sarbusca. Décors : Alexandru Zidaru. Avec Diana Dumbrava, Horatiu Malaele, Serban Ionescu, Rona Hartner. Prod. : Adrian Popovici, Cornelia Palos, Artis. Distr. : Les Films du Safran. (30 mars 2003).

MILLION DOLLAR BABY
Américain (2 h 12). Réal. : Clint Eastwood. Scén. : Paul Haggis, d'après les nouvelles de F.X. Toole, «Million Dollar Baby – La Brûlure des cordes». Image : Tom Stern. Son : Walt Martin. Décors : Henry Bumstead. Cost. : Deborah Hopper. Mont. : Joel Cox. Mus. : Clint Eastwood, Lennie Niehaus. Avec Hilary Swank, Clint Eastwood, Morgan Freeman, Jay Baruchel, Mike Colter, Lucia Rijker, Brian O'Byrne, Anthony Mackie. Prod. : Malpaso, Ruddy Morgan pour Lakeshore Entertainment, Warner Bros Pictures. Dist. : Mars Distribution. (23 mars 2005).

MOOLAADÉ
Sénégalo-français (1 h 57). Réal., Scén. : Ousmane Sembene. Image : Dominique Gentil. Son : Denis Guilhem. Décors : Jospeh Kpobly. Mont. : Abdellatif Raïss. Mus. : Boncana Maïga. Avec Fatoumata Coulibaly, Maïmouna Hélène Diarra, Salimata T. Zeida, Mah Compaore. Prod. : Ciné-Sud Promotion, Filmi Doomirew, Les Films de la Terre Africaine. Dist. : Les Films du Paradoxe. (9 mars 2005).

LES MOTS BLEUS
Français (1 h 54). Réal. : Alain Corneau. Scén. : Alain Corneau, Dominique Mainard, d'après le roman de cette dernière, «Leur histoire». Image : Yves Angelo. Son : Pierre Gamet. Décors : Solange Zeitoun. Cost. : Julie Maillard. Mont. : Thierry Derocles. Mus. : Christophe. Avec Sylvie Testud, Sergi Lopez, Camille gauthier, Mar Sodupe, Cédric Chevalme, Isabelle Petit-Jacques, Prune Lichtle, Esther Gorentin, Gabrielle Lopes Benites. Prod. : ARP, France 3 Cinéma. Dist. : ARP sélection. (23 mars 2005).

MYSTERIOUS SKIN
Américain (1 h 39). Réal., Scén., Mont. : Gregg Araki. Image : Steve Gainer. Son : Coleman Metts. Décors : Erin K. Smith. Mus. : Harold Budd, Robin Guthrie. Avec Chase Ellison, George Webster, Rachael Kraft, Lisa Long, Chris Mulkey, Elisabeth Shue, David Lee Smith, Bill Sage, Riley McGuire. Prod. : Antidote Films, Desperate Pictures. Dist. : MK2 Diffusion. (30 mars 2005).

MYSTIFICATION OU L'HISTOIRE DES PORTRAITS
Français (0 h 59). Réal. : Sandrine Rinaldi. Scén. : Sandrine Rinaldi (sous le nom de Camille Nevers), d'après Denis Diderot. Image : Sébastien Buchmann. Son : Laurent Gabiot. Mont. : François Quiqueré. Mus. : «Les Sauvages» de Jean-Philippe Rameau, interprété par Marcelle Meyer. Avec Camille Cayrol, Lucia Sanchez, Laurent Le Doyen, Laurent Lacotte, Serge Bozon, Valérie Donzelli. Prod. : Les Films Hatari, Les Productions Balthazar. Dist. : Shellac. (9 mars 2005).

NE FAITES PAS DE CINÉMA
Franco-belge (1 h 11). Réal., Scén. : Oren nataf. Image : Ernesto Giollitti, François Brey. Son : André Cibel. Mont. : Jean-François Elie. Avec Marc Lévie, et l'équipe du film «Le Festin de la Mante». Prod. : Les Films du Babue, Marc Lévie visual. Dist. : Oxigène Associés. (2 mars 2005)

9 SONGS
Britannique (1 h 09). Réal., Scén. : Michael Winterbottom. Image : Marcel Zyskind. Son : Stuart Wilson. Mont. : Mat Whitecross. Mus. : Michael Nyman, Black Rebel Motorcycle Club, Von Bondies, Elbow, Primal Scream, Dandy Warhols, Super Furry Animals, Franz Ferdinand. Avec Margo Stilley, Kieran O'Brien. Prod. : Revolution Films. Dist. : Pan Européenne. (2 mars 2005).

L'ŒIL DE L'AUTRE
Français (1 h 24). Réal. : John Lvoff. Scén. : John Lvoff, Camille Fontaine. Image : Sabine Lancelin. Son : Jérôme Thiault. Décors : Manu de Chauvigny. Mont. : Valérie Condroyer. Mus. : Sarah Murcia. Avec Julie Depardieu, Dominique Reymond, Éric Elmosnino, André Maron. Prod. : Pierre Grise Productions, Rhône-Alpes Cinéma. Dist. : Pierre-Grise Distribution. (23 mars 2005).

OMAGH
Irlando-anglais (1 h 46). Réal. : Pete Travis. Scén. : Paul Greengrass, Guy Hibbert. Image : Donal Gilligan. Son : Kevin Brazier. Mont. : Clive Barrett. Avec Stuart Graham, Peter Balance, Gerard McSorley, Michele Forbes, Pauline Hutton, Fiona Glascott, Michael Liebman, Lorcan Cranitch. Prod. : Tiger Aspect, Hell's Kitchen International. Dist. : Haut et Court Distribution. (23 mars 2005).

PALINDROMES
Américain (1 h 40). Réal., Scén. : Todd Solondz. Image : Tom Richmond. Son : Eric Offin. Décors :

David Doernberg. Cost. : Victoria Farrell. Mont. : Mollie Goldstein, Kevin Messman. Mus. : Nathan Larson. Avec Emani Sledge, Ellen Barkin, Valerie Shusterov, Richard Masur, Hannah Freiman, Rachel Corr, Will Denton, Sharon Wilkins, Shayna Levine. Prod. : Extra Large Pictures. Dist. : Diaphana Distribution. (9 mars 2005).

LA PEAU TROUÉE

Français (0 h 56). Réal., Image, Son : Julien Samani. Mont. : Stratis Vouyoucas, Pauline Gaillard. Mus. : Franz Schubert. Prod. : Avenue B Productions. Dist. : Shellac. (23 mars 2005).

PIÈGE DE FEU
(LADDER 49)

Américain (1 h 55). Réal. : Jay Russel. Scén. : Lewis Colick. Image : James L. Carter. Effets spéciaux : Larry Fioritto. Mont. : Bud Smith, M. Scott Smith. Mus. : William Ross. Avec Joaquin Phoenix, John Travolta, Jacinda Barrett, Robert Patrick, Morris Chestnut, Billy Burke, Balthazar Getty, Tim Guinee. Prod. : Touchstone Pictures, Beacon Pictures. Dist. : TFM. (16 mars 2005).

PIERRE VERGER, MESSAGER ENTRE DEUX MONDES
(PIERRE VERGER, MENSAGEIRO ENTRE DOIS MUNDOS)

Brésilien (1 h 22). Réal. : Lula Buarque de Hollanda. Scén. : Marcos Bernstein. Image : Cesar Charlone. Son : Valeria Ferro. Mont. : Kiko Ribeiro, Vicente Kubrusly. Avec Gilberto Gil. Prod. : Conspiração Filmes, GNT/Globosat, Gege Produções. Dist. : Jangada Distribution. (30 mars 2005).

LA PORNOGRAPHIE
(PORNOGRAFIA)

Polonais-français (1 h 52). Réal. : Jan Jakub Kolski. Scén. : Jan Jakub Kolski, Gérard Brach, Luc Bondy, d'après le roman de Witold Gombrowicz. Image : Krzysztof Ptak. Son : Bertand Come. Mont. : Witold Chominski. Mus. : Zygmunt Konieczny. Avec Krzysztof Majchrzak, Adam Ferncy, Krzysztof Pieczynski, Krzysztof Globisz, Grayna Bêcka Kolska. Prod. : Mact Productions, Heritages Films, Lew Rywin. Dist. : Équation. (23 mars 2005).

SAW

Américain (1 h 44). Réal. : James Wan. Scén. : James Wan, Leigh Whannell. Image : David Armstrong. Son : John C. Taylor. Décors : Julie Berghoff. Cost. : Jennifer Soulages. Mont. : Kevin Greutert. Mus. : Charlie Clouser. Avec Leigh Whannell, Cary Elwes, Danny Glover, Ken Leung, Dina Meyer, Mike Butters, Paul Gutrecht, Micheal Emerson, Benito Martinez. Prod. : Lions Gate Films. Dist. : Metropolitan Filmexport. (16 mars 2005).

LE SOUFFLEUR

Français (1 h 13). Réal., Scén. : Guillaume Pixie. Image : Frank Tymezuk. Son : Laurent Zeilig. Décors : Hughes Tissandier. Cost. : Catherine Bouchard. Mont. : Fabien Ferreri. Avec Guillaume Pixie, Frédéric Diefenthal, Linda Hardy, Élodie Navarre, Stéphane Olivie-Bisson, Vanessa Guedj, Bastien Lecoquierre, Patrick Ligardes. Prod. : Avalanche Productions, Europacorp, TF1 Films Prod. Dist. : EuropaCorp Distribution. (9 mars 2005).

SPANGLISH

Américain (2 h12). Réal., Scén. : James L. Brooks. Image : John Seale. Son : Michael O' Farrell. Décors : Ida Random. Mont. : Richard Marks. Mus. : Hans Zimmer. Avec Adam Sandler, Téa Leoni, Paz Vega, Cloris Leachman, Shelbie Bruce, Sarah Steele, Ian Hyland, Victoria Luna, Cecilia Suarez. Prod. : Gracie Films pour Columbia TriStar Pictures. Dist. : Gaumont Columbia TriStar Films. (2 mars 2004).

STAGE BEAUTY

Américano-britannique (1 h 37). Réal. : Richard Eyre. Scén. : Jeffrey hacher. Image : Andrew Dunn. Son : Jim Greenhorn. Décors : Jim Clay. Cost. : Tim Hatley. Mont. : Tariq Anwar. Mus. : George Fenton. Avec Billy Crudup, Claire Danes, Rupert Everett, Tom Wilkinson, Zoé Trapper, Richard Griffiths, Ben Chaplin, Hugh Bonneville, Edward Fox, Alice Eve. Prod. : Qwerty Films, Lions Gate Films, Tribeca, N1 European Filmproduktion GmbH, Co KG, Artisan Ent., Momentum Pictures, Returning Productions. Dist. : Haut et Court Distribution. (2 mars 2005).

SUSPECT ZÉRO

Américain (1 h 39). Réal. : E. Elias Merhige. Scén. : Zak Penn, Billy Ray. Image : Michael Chapman. Décors : Ida Random. Mont. : John Gilroy, Robert K. Lambert. Mus. : Clint Mansell. Avec Aaron Eckhart, Ben Kingsley, Carrie-Anne Moss. Prod. : Cruise-Wagner. Dist. : Gaumont Columbia TriStar. (23 mars 2005).

TEAM AMERICA – POLICE DU MONDE
(TEAM AMERICA : WORLD POLICE)

Américain (1 h 37). Réal. : Trey Parker. Scén. : Trey Parker, Matt Stone, Pam Brady. Image : Bill Pope. Décors : Jim Dultz. Cost. : Karen Patch. Effets visuels : Estee Chandler. Direction artistique : Tom Valentine, John Berger. Mont. : Thomas M. Vogt. Mus. : Harry Gregson-Williams. Avec les voix américaines de Trey Parker, Matt Stone, Kristen Miller, Daran Norris, Phil Hendrie, Maurice LaMarche. Prod. : Paramount Pictures. Dist. : UIP. (9 mars 2004).

TOUT POUR PLAIRE

Français (1 h 45). Réal. : Cécile Telerman. Scén. : Cécile Telerman, Jérôme Soubeyrand. Image : Matthieu Poirot-Delpech. Son : Jean-Luc Audy. Décors : André Fonsny. Cost. : Caroline de Vivaise. Mont. : Marie Castro. Mus. : Adrien Blaise. Avec Mathilde Seigner, Judith Godrèche, Anne Parillaud, Mathias Mlekuz, Thierry Neuvic, Pascal Elbé, Pierre Cassignard, Marc Citti, Riton Liebman. Prod. : La Mouche du Coche Films, Les Films de la Greluche, France 3 Cinéma, Saga Films, RTL, TVI. Dist. : Diaphana. (16 mars 2005).

TROUBLE

Franco-belge (1 h 38). Réal. : Harry Cleven. Scén. : Harry Cleven, avec la collaboration de Jérôme Salle, Isabelle Coudrier, Yann Le Nivet, Sophie Hiet. Image : Vincent Mathias. Son : Christian Monheim. Décors : Hubert Pouille. Cost. : Monic Parelle. Avec Benoît Magimel, Natacha Régnier, Nathan Lacroix, Olivier Gourmet, Christian Crahay, Patrick Descamps, Hanna Novak, Benjamin Engelman. Prod. : Outsider Productions, To Do Today Productions, VnO Media, France 3 Cinéma, RTBF. Dist. : TFM Distribution (9 mars 2005).

UNE FAMILLE ALLEMANDE
(AGNES UND SEINE BRÜDER)

Allemand (1 h 55). Réal., Scén. : Oskar Roehler. Image : Carl F. Koschnick. Décors : Sabine Rudolph. Mont. : Julianne Lorenz, Simone Hofmann. Mus. : Martin Todsharow. Avec Martin Weiss, Moritz Bleibtreu, Herbert Knaup, Katja Riemann, Tom Schilling, Susan Anbeh. Prod. : Bavaria Films International. Dist. : Les Films du Losange. (16 mars 2005).

UNE FEMME CORÉENNE
(BARAMNAN GAJOK)

Coréen (1 h 47). Réal., Scén. : Im Sang-Soo. Image : Kim Woo-Hyung. Son : Kim Suk-Won, Han Chul-Hee. Mont. : Lee Eun-Soo. Avec Moon Sori, Hwang Jungmin, Yun Yeo-jung, Kim Innum, Bong Tae-Kyu. Prod. : Myung Films. Dist. : Cipa. (30 mars 2005).

VA, VIS ET DEVIENS

Franco-israélien (2 h 20). Réal. : Radu Mihaileanu. Scén. : Radu Mihaileanu, Alain-Michel Blanc. Image : Rémy Chevrin. Son : Henri Morelle. Décors : Eytan Levy. Mont. : Ludo Troch. Mus. : Armand Amar. Avec Yaël Abecassis, Roschdy Zem, Moshe Agazai, Mosche Abebe, Sirak M. Sabahat, Roni Hadar, Yitzhak Edgar. Prod. : Elzévir Films, Oï Oï Oï Productions, Cattleya, K2, Transfax, France 3 Cinéma, RTL-TVI, Scope Invest. Dist. : Les Films du Losange. (30 mars 2005).

VAILLANT, PIGEON DE COMBAT !
(VAILLANT)

Américain (1 h 30). Réal. : Gary Chapman. Scén. : Jordan Katz, George Melrod, George Webster, d'après une histoire de ce dernier. Animation : Quentin Miles. Son : Danny Sheehan. Mont. : Jim Stewart. Mus. : George Fenton. Avec les voix de Ewan McGregor, Ricky Gervais, Tim Curry, Jim Broadbent (VO), Ramzy Bedia, Éric Judor, Richard Darbois, Bernard Metraux (VF). Prod. : Vanguard Animation, Odyssey Entertainment, Take Film Partnerships. Dist. : SND. (30 mars 2005).

LA VIE AQUATIQUE
(THE LIFE AQUATIC WITH STEVE ZISSOU)

Américain (1 h 58). Réal. : Wes Anderson. Scén. : Wes Anderson, Noah Baumbach. Image : Robert Yeoman. Son : Pawel Wdowczak. Décors : Mark Friedberg. Cost. : Milena Canonero. Mont. : David Moritz. Mus. : Mark Mothersbaugh, Randall Poster. Avec Bill Murray, Owen Wilson, Cate Blanchett, Anjelica Huston, Willem Dafoe, Jeff Goldblum, Michael Gambon, Noah Taylor. Prod. : American Empirical. Dist. : Buena Vista International. (9 mars 2005).

VILLA-LOBOS, UNE VIE PASSIONNÉE
(VILLA LOBOS – UNA VIDA DE PAIXÃO)

Brésilien, 2000 (2 h 10). Réal. : Zelito Viana. Scén. : Joaquim Assis. Image : Walter Carvalho. Mont. : Eduardo Escorel. Mus. : Silvio Barbato. Avec Antonio Fagundes, Marcos Palmeira, Leticia Spiller, Ana Beatriz Nogueira, José Wilker, Marieta Severo. Prod. : Mapa Filmes. Dist. : Jangada Dist. (9 mars 2005)

LA VISITE

Français (0 h 56). Réal., Image : Nicolas Guicheteau. Scén. : Nicolas Guicheteau, Joanna Grudzinska. Son : Josefina Rodriguez. Mont. : Patric Chiha. Avec Joanna Grudzinska. Prod. : Les Films du Poisson. Dist. : Shellac. (23 mars 2005).

THE YES MEN

Américain (1 h 31). Réal., Scén. : Chris Smith, Dan Ollman, Sarah Price. Image : Chris Smith, Dan Ollman. Mont. : Dan Ollman. Prod. : Free Speech, LLC. Dist. : Rezo Films. (30 mars 2005).

AVRIL 2005

À LA RECHERCHE DE DEBRA WINGER
(LOOKING FOR DEBRA WINGER)

Américain (1h37). Réal. : Rosanna Arquette. Image : Jean-Marc Barr, Olivier Boucreux, Cort Fey, Joey Forsyte, Nathan Hope, Michael G. Wojciechowski. Mont. : Gail Yasunaga. Avec Rosanna et Patricia Arquette, Emmanuelle Béart, Jane Fonda, Holly Hunter, Whoopi Goldberg, Gwyneth Platrow, Sharon Stone, Katrin Cartlidge, Robin Wright-Penn, Debra Winger. Prod. : Immortal Entertainment, Flower Child Productions, 2929 Productions. Dist. : Limelight. (6 avril 2005).

AKOIBON

Français (1 h 35). Réal. : Édouard Baer. Scén. : Édouard Baer, Fabrice Roger-Lacan. Image : Antoine Roch. Son : Marc-Antoine Beldent. Mont. : Marco Cave. Mus. : François Hasdenteufel. Chansons : Julien Baer. Avec Édouard Baer, Jean Rochefort, Chiara Mastroianni, Benoît Poelvoorde, Marie Denarnaud, Jeanne Moreau, Nader Boussandel. Prod. : Gemini Films, Les Productions en Cabine. Dist. : Gemini Films. (13 avril 2005).

ANTHONY ZIMMER

Français (1 h 30). Réal., Scén. : Jérôme Salle. Image : Denis Rouden. Son : Didier Saïn, Marc Doisne. Décors : Laurent Piron. Cost. : Carine Sarfati. Mont. : Richard Marizy. Mus. : Frédéric Talgorn. Avec Sophie Marceau, Yvan Attal, Sami Frey, Gilles Lellouche, Daniel Olbrychski, Samir Guesmi, Dimitri Rataud, Arnaud Duléry. Prod. : Fidélité Productions, Alter Films. Dist. : Mars Distribution. (27 avril 2005).

LES AVENTURES DE LOLO
(CHHISANA PENGUIN LOLO NO BOUKEN)

Sino-russe (1 h 15). Réal. : Kenjiro Yoshida, Guénnadi Sokolski. Scén. : Eiichi Taji, Shozo Matsuda, Viktor Merejko. Image : A. Tchekovski. Son : Noriyoshi Matsuura, V. Koutouzov. Création des personnages : Hiromitsu Morita. Dessins : A. Dogorov, V. Zakharov, G. Zebrova. Mus. : Masahito Maruyama, Raphaël Devillers. Prod. : Takeo Nishiguchi, Toru Komori, Lifework Corporation, Sovin Film. Dist. : Arkeïon Films. (13 avril 2005).

LA BLESSURE

Français (2 h 40). Réal. : Nicolas Klotz. Scén. : Élisabeth Perceval. Image : Hélène Louvart. Son : Alain Sironval, Julie Brenta, Thomas Gauder. Décors, Cost. : Françoise Arnaud. Mont. : Rose-Marie Lausson. Mus. : Joy Division. Avec Noëlla Mossaba, Adama Doumbia, Matty Djambo, Ousman Diallo, Mamoudou Koundio, Gaston Ndiki-Nawete. Prod. : Aurora Films, Tarantula, Petits et Grands Oiseaux, Arte. Dist. : Shellac. (6 avril 2005).

BREAKING NEWS
(DAI SI GEIN)

Hongkongais (1 h 31). Réal. : Johnnie To. Scén. : Chan Hing Kai et Yip Yin Shing. Image : Cheng Siu Keung. Décors : Bruce Yu. Mont. : David Richardson. Mus. : Chung Chi Wing, Ben Cheung. Avec Richie Jen, Kelly Chen, Nick Cheung, Cheng Siu Fai, Hui Siu Hung, Lam Suet, You Yong. Prod. : Milkyway Image. Dist. : Pathé Distribution. (20 avril 2005).

BRICE DE NICE

Français (1 h 38). Réal. : James Huth. Scén. : Karine Angeli, James Huth, Jean Dujardin, d'après une idée originale de ce dernier. Image : Philippe Piffeteau. Son : Jean Minondo, William Flageolet, François-Joseph Hors. Décors : Alain Veissier. Cost. : Sandrine Weill. Mont. : James Huth, Antoine Vareille. Mus. : Bruno Coulais. Avec Jean Dujardin, Clovis Cornillac, Élodie Bouchez, Bruno Salomone, Alexandra Lamy, François Chattot, Mathias

Mlekus, Patrick Ligardes, Isabelle Caubère. Prod. : Mandarin Films, M6 Films. Dist. : TFM. (6 avril 2005).

COMME ÇA VOUS CHANTE MADAME LA SURVEILLANTE
(JA ZUSTER, NEE ZUSTER)

Hollandais, 2002 (1 h 45). Réal. : Pieter Kramer. Scén. : Harry Bannink, Frank Houtappels, Annie MG Schmidt, Pieter Kramer. Image : Piotr Kukla. Mont. : Elja de Lange. Mus. : Raymund van Santen. Avec Loes Luca, Paul Kooij, Tjitske Reidinga, Waldemar Torenstra. Prod. : Burny Bos, Peter Jan Brouwer, Michiel de Rooij, Sabine Veenendaal. Dist. : L'Archipel. (13 avril 2005).

DAMNATION
(KARHOZAT)

Hongrois, 1987 (1 h 56). Réal. : Béla Tarr. Scén. : Laszlo Krasznahorkai, Béla Tarr. Image : Gabor Medvigy. Son : Peter Laczkovich, Tamas Markus. Cost. : Gyulia Pauer. Mont. : Agnes Hranitzky. Mus. : Mihaly Vig. Avec Miklos B. Szekely, Vali Kerekes, Hedi Temessy, Gyorgy Cserhalmi, Gyula Pauer. Prod. : Hungarian Film Institute, Hungarian Television. Dist. : Pierre Grise Distribution. (20 avril 2005).

DANS TES RÊVES

Français (1 h 42). Réal., Scén. : Denis Thybaud. Image : Myriam Vinocour. Son : Antoine Deflandre. Décors : Philippe Chiffre. Cost. : Nadia Chmilewsky. Mont. : Chantal Hymans. Mus. : Madizim, Sec Undo, Stéphanie Saunier, Florent Barbier, Kool Shen. Avec Disiz la Peste, Béatrice Dalle, Alex Descas, Vincent Elbaz, Édouard Montoute, Blandine Bury, Léa Drucker, Jean-Pierre Cassel, Simon Abkarian. Prod. : Mosca Films, Studio Canal, France 2 Cinéma. Dist. : Mars Distribution. (13 avril 2005).

DES ÉTOILES PLEIN LES YEUX
(FIRST DAUGHTER)

Américain, 2003 (1 h 30). Réal. : Forest Whitaker. Scén. : Jessica Bendinger, Jerry O'Connell, Kate Kondell. Image : Tocomichi Kurita. Mont. : Richard Chew. Mus. : Michael Kamen. Avec Katie Holmes, Marc Blucas, Michael Keaton, Amerie Rogers, Margaret Colin. Prod. : Regency Enterprises, New Regency Pictures. Dist. : 20th Century Fox. (20 avril 2005).

DIG !

Américain (1 h 47). Réal., Mont. : Ondi Timoner. Image : Ondi Timoner, Vasco Lucas Nunes, David Timoner. Avec la voix de Courtney Taylor et les musiciens The Dandy Warhols, The Brian Jonestown Massacre, Greg Shaw, Nina Ritter, Adam Shore. Prod. : Interloper. Dist. : Celluloid Dreams Distribution. (13 avril 2005).

DR KINSEY
(KINSEY)

Américano-franco-allemand (1 h 58). Réal., Scén. : Bill Condon. Image : Frederick Elmes. Son : T.J. O'Mara. Décors : Richard Sherman. Cost. : Bruce Finlayson. Effets visuels : Marlo Pabon. Mont. : Virginia Katz. Mus. : Carter Burwell. Avec Liam Neeson, Laura Linney, Chris O'Donnell, Peter Sarsgaard, Timothy Hutton, John Lithgow, Tim Curry, Oliver Platt, Dylan baker. Prod. : N1 European Film Produktions, American Zoetrope, Pretty Pictures. Dist. : Pyramide. (6 avril 2005).

L'EMPIRE DES LOUPS

Français (2 h 08). Réal. : Chris Nahon. Scén. : Chris Nahon, Christian Clavier, Franck Ollivier, Jean-Christophe Grangé, d'après le roman de ce dernier. Image : Michel Abramowicz. Son : Pierre Excoffier, Guillaume Bouchateau, Vincent Arnardi. Décors : Guy-Claude François. Cost. : Olivier Bériot. Effets spéciaux : David Danesi. Mont. : Marco Cavé. Mus. : Dan Levy. Avec Jean Reno, Jocelyn Quivrin, Arly Jover, Laura Morante, Philippe Bas, David Kammenos, Didier Sauvegrain, Patrick Floersheim, Étienne Chicot. Prod. : Gaumont, TF1. Dist. : Gaumont Columbia TriStar Films. (20 avril 2005).

LES ENFANTS

Français (1 h 28). Réal. : Christian Vincent. Scén. : Christian Vincent, Dan Franck. Image : Hélène Louvart. Son : Olivier Mauvezin. Décors : Sylvie Olivé. Cost. : Sylvie Gautrelet. Mont. : Guy Lecorne. Mus. : Thomas Dutronc. Avec Gérard Lanvin, Karin Viard, Brieuc Quiniou, Nicolas Jouxtel, Pharaelle Onoyan, Martin Combes, Nathalie Richard, Anne Rousselet, Léopold Szabatura. Prod. : Pathé Renn Production, Hirsch, TF1 Films Production. Dist. : Pathé Distribution. (6 avril 2005).

GARDEN STATE

Américain (1 h 42). Réal., Scén. : Zach Braff. Image : Lawrence Sher. Son : Mitch Gettleman. Décors : Judy Becker. Cost. : Michael Wilkinson. Mont. : Myron Kerstein. Mus. : Chad Fisher. Avec Zach Braff, Natalie Portman, Peter Sarsgaard, Ian Holm, Alex Burns, Armando Riesco, Michael Weston, Ron Leibman, Ann Dowd, Ato Essandoh. Prod. : Fox Searchlight Pictures, Jersey Films, Large's Ark Productions, Camelot Pictures. Dist. : Buena Vista International. (20 avril 2005).

HAIR HIGH

Américain (1 h 17). Réal., Scén., Prod. : Bill Plympton. Image : John Donnelly. Son : Bill Seery. Supervision artistique : Celia Bullwinkel, Andrea Dias Breitman, Biljana Labovic, Signe Baumane. Mont. : Rob Hall. Avec les voix américaines de Dermot Mulroney, Sarah Silverman, David et Keith Carradine, Craig Bierko, Beverly D'Angelo. Dist. : E.D. Distribution. (20 avril 2005).

IN YOUR HANDS
(FORBRYDELSER)

Danois (1 h 41). Réal. : Annette K. Olesen. Scén. : Annette K. Olesen, Kim Fupz Aakeson. Image : Boje Lomholdt. Son : Christian Lund. Mont. : Molly Malene. Mus. : Jeppe Kaas. Avec Ann Eleonora Jorgensen, Trine Dyrholm, Nicolaj Kopernikus, Sonja Richter, Lars Ranthe, Henrick Prip, Jens Albinus, Kirsten Olesen. Prod. : Zentropa Entertainments. Dist. : Épicentre Films. (13 avril 2005).

J'ADORE HUCKABEES
(I HEART HUCKABEES)

Américain (1 h 46). Réal. : David O'Russell. Scén. : Jeff Baena, David O'Russell. Image : Peter Deming. Décors : K.K. Barrett. Cost. : Mark Bridges. Mont. : Robert K. Lambert. Mus. : Jon Brion. Avec Jason Schwartzmann, Isabelle Huppert, Dustin Hoffman, Lily Tomlin, Jude Law, Mark Wahlberg, Naomi Watts, Angela Grillo, Ger Duany. Prod., Dist. : 20th Century Fox. (20 avril 2005).

JUMELLES
(GEMEAS)

Brésilien, 1999 (1 h 06). Réal. : Andrucha Waddington. Scén. : Elena Soares, d'après la nouvelle de Nelson Rodrigues. Image : Breno Silveira. Mont. : Sergio Mekler. Mus. : Michelle DiBucci. Avec Fernanda Torres, Evandro Mesquita, Francisco Cuoco. Prod. : Conspiração Filmes, Globosat, Casablanca Brazil e Rio Vermelho. Dist. : Jangada Distribution. (6 avril 2005).

JUSQU'AU COU
(WITHOUT A PADDLE)

Américain (1 h 35). Réal. : Steven Brill. Scén. : Jay Leggett, Mitch Rouse, d'après une idée originale de Fred Wolf, Harris Goldberg, Tom Nursall. Image : Jonathan Brown. Mont. : Debra Neil-Fisher, Peck Prior. Mus. : Christophe Beck. Avec Matthew Lillard, Seth Green, Dax Shepard, Burt Reynolds. Prod. : De Line Pictures, Paramount. Dist. : UIP. (13 avril 2005).

LÉO, ROI DE LA JUNGLE

Japonais, 1997 (1 h 40). Réal., Scén. : Yoshio Takeuchi, d'après une histoire originale de Osamu Tezuka. Image : Yoshiyuki Tamagawa. Superviseur de l'animation : Akiko Sugino. Animation : Yoshihiro Shimizu, Minoru Kotoku, Yasuo Ishida. Direction artistique : Yukio Abe. Mont. : Seiji Morita. Mus. : Isao Tomita. Avec les voix françaises de Arnaud léonard, Michel Angelo Marchese, Raphaëlle Bruneau, Béatrice Wegniez, Nicolas Dubois, Alexandra Correa. Prod. : Tezuka Productions, Shochiku. Dist. : Gebeka, Wild Side Films. (20 avril 2005).

LOCATAIRES
(BIN-JIP)

Coréen du Sud (1 h 30). Réal., Scén., Mont. : Kim Ki-duk. Image : Jang Seung-beck. Décors : Chung Sol Art. Cost. : Koo Hea-heon. Mus. : Slvian. Avec Lee Seung-yeon, Jae Hee, Kwon hyuk-ho, Joo Jinmo, Choi Jeong-ho. Prod. : Kim Ki-duk Films, Cineclick Asia, Happinet Pictures. Dist. : Pretty Pictures. (13 avril 2005).

MAN TO MAN

Franco-britannique (2 h 02). Réal. : Régis Wargnier. Scén. : William Boyd, Régis Wargnier, Michel Fessler, Frédéric Fougea, d'après une idée originale de ces deux derniers. Image : Laurent Dailland. Son : Guillaume Sciama, Patrice Grisollet, François Groult. Décors : Maria Djurkovic. Cost. : Pierre-Yves Gayraud. Mont. : Yann Malcor. Musique : Patrick Doyle. Avec Joseph Fiennes, Kristin Scott Thomas, Iain Glen, Hugh Bonneville, Lomama Boseki, Cécile Bayiha, Flora Montgomery, Hubert Saint-Macary. Prod. : Vertigo Productions, Skyline, France 2 Cinéma, France 3 Cinéma, Boréales. Dist. : ARP sélection. (13 avril 2005).

LES MAUVAIS JOUEURS

Français (1 h 25). Réal., Scén. : Frédéric Balekdjian. Image : Pierre Milon. Son : Ludovic Henault. Décors : Catherine Keller. Cost. : Nathalie Raoul. Mont. : Mike Fromentin. Avec Pascal Elbé, Simon Abkarian, Isaac Sharry, Linh Dan Pham, Teng Fei Xiang, Guillaume Gouix, Richard Taxy. Prod. : Pyramide Productions, France 3 Cinéma. Dist. : Pyramide. (20 avril 2005).

MISS FBI DIVINEMENT ARMÉE
(MISS CONGENIALITY 2 : ARMED AND FABULOUS)

Américain (1 h 55). Réal. : John Pasquin. Scén. : Marc Lawrence. Image : Peter Menzies. Décors : Maher Ahmad. Cost. : Deena Appel. Mont. : Garth Craven. Mus. : Randy Edelman. Avec Sandra Bullock, Regina King, Enrique Murciano, William Shatner, Ernie Hudson, Heather Burns, Dietrich Bader, Treat Williams. Prod. : Castle Rock Entertainment, Village Roadshow Pictures, Fortis Films pour Warner Bros. Dist. : Warner Bros. (13 avril 2005).

MON PETIT DOIGT M'A DIT

Français (1 h 50). Réal. : Pascal Thomas. Scén. : François Caviglioli, Nathalie Lafaurie, Pascal Thomas, d'après le roman d'Agatha Christie, «By the pricking of my Thumbs». Image : Renan Pollès. Décors : Katja Wyszkop. Mont. : Catherine Dubeau, Marie de La Selle. Mus. : Reinhardt Wagner. Avec Catherine Frot, André Dussollier, Geneviève Bujold, Laurent Terzieff, Valérie Kaprisky, Bernard Verley, Alexandra Stewart, Sarah Biasini. Prod. : Ah ! Victoria ! Films, France 2 Cinéma, Rhône-Alpes Cinéma. Dist. : UGC Distribution. (13 avril 2005).

NEW YORK MASALA
(KAL HO NAA HO)

Indien (3 h 06). Réal. : Nikhil Advani. Scén. : Karan Johar. Image : Anil Mehta. Décors : Sharmishta Roy. Cost. : Manish Malhotra. Mont. : Sanjay Sankla. Mus. : Shankar Ehsaan Loy. Avec Jaya Bachchan, Shah Rukh Khan, Pretty Zinta, Saif Ali Khan, Suhma Seth, Reema Lagoo, Delnaaz Paul, Ketki Dave. Prod. : Yash Johar. Dist. : Bodega Films. (27 avril 2005).

NOIRS DANS LES CAMPS NAZIS

Franco-ivoirien (0 h 52). Réal., Scén., Prod. : Serge Bilé. Image : Francis Huss, Jacques Massard, Thierry Masdeu, Belly Sy, Henning Jessel, Samy Chatti. Mont. : Pape Diene, Ritchie Grabowski. Mus. : Meiway. Dist. : Orisha Distribution. (13 avril 2005).

LA NOUNOU 3

Russe (0 h 50). Réal., Scén. : Garri Bardine. Image : Alexander Dvigbsky. Son : Olga Barinova. Animation : Lidia Mayatnikova, Irina Sabinova-Kassil, Natalia Timofeeva. Couleurs : Svetlana Anisimova. Mont. : Irina Sobinova-Kassil. Prod. : Studio Stayer. Dist. : Gebeka. (6 avril 2005).

OTAGE
(HOSTAGE)

Americano-germano-français (1 h 55). Réal. : Florent Siri. Scén. : Doug Richardson, d'après le roman de Robert Crais, «Otages de la peur». Image : Giovanni Fiore Coltellaci. Son : Steven Ticknor. Décors : Larry Fulton. Cost. : Elisabetta Beraldo. Mont. : Olivier Gajan. Mus. : Alexandre Desplat. Avec Bruce Willis, Kevin Pollak, Ben Foster, Jonathan Tucker, Marshall Allman. Prod. : Cheyenne Enterprises, Equity Pictures Medienfonds GmbH. Dist. : Metropolitan Filmexport. (27 avril 2005).

PEAU DE COCHON

Français (1 h 24). Réal., Scén., Image : Philippe Katerine. Mont. : Albane Penaranda. Avec Anthony Karoui, Gaëtan Chataigner, Héléna Noguera, Thierry Jousse, Dominique A., Philippe Katerine. Prod. : Les Films Hatari. Dist. : Malavida. (20 avril 2005).

PIECES OF APRIL

Américain (1 h 20). Réal., Scén. : Peter Hedges. Image : Tami Reiker. Son : Aaron J. Rudelson. Décors : Rick Butler. Mont. : Mark Livolski. Mus. : Stephen Merritt. Avec Kathie Holmes, Derek Luke, Patricia Clarckson, Oliver Platt, Alison Pill, John Gallagher Jr., Alice Drummond. Prod. : InDigEnt, IFC Productions. Dist. : Bodega Films. (20 avril 2005).

POUR L'AMOUR DU PEUPLE

Franco-allemand (1 h 28). Réal. : Eyal Sivan, Audrey Maurion. Scén. : Eyal Sivan, Audrey Maurion, Aurélie Tyszblat. Image : Peter Bardel. Son : Werner Phillip. Mont. : Audrey Maurion, Dirk W. Jakob. Prod. : Arcapix, Zero Films. Dist. : Les Films du Paradoxe. (13 avril 2005).

PRIVATE
Italien (1 h 30). Réal. : Saverio Costanzo. Scén. : Saverio et Camilla Costanzo, Alessio Cremonini, Sayed Qashua. Image : Luigi Martinucci. Son : Gabrielle Moretti, Antonio Dolce. Mus. : Alter Ego. Avec Lior Miller, Mohammad Bakri, Tomer Russo, Arren Omari, Hend Ayoub. Prod. : Offside, Instituto Luce, Rai Cinema, Cydonia. Dist. : ID Distribution. (6 avril 2005).

REGARDE CETTE CHANSON
(VEJA ESTA CANÇÃO)
Brésilien (1 h 44). Réal. : Carlos Diegues. Scén. : Carlos Diegues, Euclydes Marinho, Miguel Faria Jr., Walter Lima Jr., Isabel Diegues, Betse de Paula, Nelson Nadotti. Image : Alexandre Fonseca, José Guerra, José Tadeu, Leonardo Bartucci. Son : Jorge Saldanha e Heron Alencar, Cristiano Maciel. Mont. : Mair Tavares. Mus. : Milton Nascimento, Jorge Ben, Gilberto Gil, Gaetano Veloso. Avec Leon Goes, Carla Alexandar, Jacqueline Debora Bloch, Pedro Cardoso. Prod. : Mapa Filmes e YV Cultura, Riofilme. Dist. : Jangada Distribution. (20 avril 2005).

RIVERS AND TIDES
Germano-finlando-britannique (1 h 30). Réal., Scén., Image, Mont. : Thomas Riedelsheimer. Mus. : Fred Frith. Prod. : Mediopolis. Dist. : Eurozoom. (27 avril 2005).

ROBOTS
Américain (1 h 30). Réal. : Chris Wedge, Carlos Saldanha. Scén. : David Lindsay-Abaire, Lowell Ganz, Babaloo Mandel, d'après un sujet original de Ron Mita, Jim McClain, David Lindsay Abaire. Directeur artistique : Steve Martino. Chef dessinateur personnages : Greg Couch. Mont. : John Carnochan. Mus. : John Powell. Avec les voix de Ewan McGregor, Halle Berry, Robin Williams, Mel Brooks (VO), Vincent Cassel, Monica Bellucci, Élie Semoun, Jean Rochefort (VF). Prod. : 20th Century Fox, Blue Sky Studios. Dist. : 20th Century Fox. (6 avril 2005).

THE TAKE
Canadien (1 h 27). Réal., Scén. : Avi Lewis, Naomi Klein. Image : Mark Ellam. Son : Jason Milligan. Mont. : Ricardo Acosta. Mus. : David Wall. Prod. : Barna-Alper Productions, Klein-Lewis Productions. Dist. : MK2 Diffusion. (27 avril 2005).

THE TASTE OF TEA
Japonais (2 h 23). Réal., Scén., Mont. : Katsuhito Ishii. Image : Kosuke Matsushima. Décors : Yuji Tsuzuki. Cost. : Ikuko Utsunomiya. Mus. : Tempo Little. Avec Maya Banno, Takahiro Sato, Tadanobu Asano, Satomi Tezuka, Tatsuya Gashuin, Tomoko Nakajima, Ikki Todoroki. Prod. : Grasshoppa. Dist. : CTV International. (20 avril 2005).

TEMPORADA DE PATOS
Mexicain (1 h 28). Réal., Scén. : Fernado Eimbcke. Image : Alexis Zabé. Son : Antonio Diego. Décors : Diana Quiroz. Cost. : Lissi de la Concha. Mont. : Mariana Rodriguez. Mus. : Alejandro Rosso. Avec Enrique Arreola, Diego Cataño, Daniel Miranda, Danny Perea. Prod. : Lulu Producciones, Cinepantera. Dist. : Rezo Films. (20 avril 2005).

LES TROIS CHAMBRES DE LA MÉLANCOLIE
(MELANCHOLIAN 3 HUONETTA)
Fino-dano-germano-suédois (1 h 46). Réal., Scén., Image : Pirhjo Honkasalo. Son : Mart Otsa. Mont. : Niels Pagh Andersen. Mus. : Sanna Salmenkallio. Prod. : Py Millenium Film Ltd. Dist. : Océan Films. (20 avril 2005).

TROIS COUPLES EN QUÊTE D'ORAGES
Français (1 h 45). Réal., Scén. : Jacques Otmezguine, d'après le roman de Lionel Duroy. Image : Mario Barroso. Son : Ricardo Castro. Décors : Emmanuel Sorin. Mont. : Jean Dubreuil. Mus. : Stéphane Zidi. Avec Aurélien Recoing, Samuel Labarthe, Claire Nebout, Hippolyte Girardot, Philippine Leroy-Beaulieu, Laurence Côte, Delphine Rollin, Steve Suissa. Prod. : Mazel Productions, France 2 Cinéma, Carrère Group, Groupe TSF, Saga Films. Dist. : Challenge Films. (27 avril 2005).

UN FIL À LA PATTE
Français (1 h 20). Réal. : Michel Deville. Scén. : Rosalinde Deville, d'après la pièce de Georges Feydeay. Image : Laurent Dhainaut. Son : Thierry Desjonquières. Décors : Thierry Leproust. Cost. : Madeline Fontaine. Mont. : Andrea Sedlackova. Mus. : Charles Gounod. Avec Emmanuelle Béart, Charles Berling, Dominique Blanc, Jacques Bonnaffé, Mathieu Demy, Julie Depardieu, Sara Forestier, Stanislas Merhar, Tom Novembre, Clément Sibony, Patrick Timsit. Prod. : Éléfilm, France 2 Cinéma, Rhône-Alpes Cinéma, Les Films du Losange. Dist. : Les Films du Losange. (27 avril 2005).

THE WEATHER UNDERGROUND
Américain (1 h 32). Réal., Scén. : Sam Green, Bill Siegel. Image : Andy Black, Federico Salsano. Son : David Westby. Mont. : Sam Green, Dawn Logsdon. Mus. : Dave Cerf, Amy Domingues. Avec Billy Ayers, Cathleen Cleaver, Bernardine Dohrn, Brian Flanagan, David Gilbert, Todd Gitlin, Fred Hampton, Abbie Hoffman. Prod. : The Free History Project. Dist. : Novociné SA. (27 avril 2005).

WINNIE L'OURSON ET L'ÉFÉLANT
(POOH'S HEFFALUMP MOVIE)
Américain (1 h 06). Réal. : Frank Nissen. Scén. : Brian Hohlfeld, Evan Spiliotopoulos. Directeur de l'animation : Tony Pulham. Prod. : Disney Toon Studios. Dist. : Buena Vista International. (13 avril 2005).

XXX 2
(XXX 2 : THE NEXT LEVEL)
Américain (1 h 47). Réal. : Lee Tamahori. ScéN ; Simon Kinberg. Image : David Tattersall. Superviseur effets spéciaux : John Frazier. Décors : Gavin Bocquet. Cost. : Sanja Milkovic Hays. Mont. : Mark Goldblatt, Steven Rosenblaum, Todd E. Miller. Mus. : Marco Beltrami. Avec Ice Cube, Samuel L. Jackson, Willem Dafoe, Scott Speedman, Sunny Marbey, Nona Gaye. Prod. : Revolution Studios. Dist. : Gaumont Columbia TriStar Films. (27 avril 2005).

YASMIN
Britannique (1 h 27). Réal. : Kenny Glenaan. Scén. : Simon Beaufoy. Image : Toni Slater-Ling. Son : Stuart Bruce. Décors : Jason Carlin. Cost. : Carole K. Millar. Mont. : Kristina et Tina Hetherington. Mus. : Stephen McKeon. Avec Archie Panjabi, Renu Setna, Steve Jackson, Syed Ahmed, Shahid Ahmed, Badi Uzzaman, Amar Hussain, Joanna Booth. Prod. : Parallax Independent, EuroArts Medien AG. Dist. : Les Films du Safran. (6 avril 2005).

LES YEUX CLAIRS
Français (1 h 27). Réal., Scén. : Jérôme Bonnell. Image : Pascal Lagriffoul. Son : Laurent Benaïm. Décors : Anne Bachala. Cost. : Carole Girard. Mont. : Fabrice Rouaud. Avec Nathalie Boutefeu, Marc Citti, Lars Rudolph, Judith Rémy, Olivier Rabourdin. Prod. : Theus Production. Dist. : EuropaCorp Distribution. (27 avril 2005).

MAI 2005

AVANT QU'IL NE SOIT TROP TARD
Français (1 h 24). Réal. : Laurent Dussaux. Scén. : Alain Layrac. Image : Myriam Vinocour. Mont. : Loïc Jaspard. Mus. : Aymeric Beguin. Avec Frédéric Diefenthal, Émilie Dequenne, Élodie Navarre, Olivier Sitruk, Édouard Montoute. Prod. : Attention Moteurs ! Dist. : Mars Distribution. (4 mai 2005).

BUENOS AIRES 100 KM
(BUENOS AIRES 100 KILOMETROS)
Argentino-franco-espagnol (1 h 33). Réal., Scén. : Pablo José Meza. Image : Carla Stella. Mont. : Andrés Tambornino. Mus. : Nicolas Olivera. Avec Ignacio Perez Roca, Emiliano Fernandez, Alan Ardel, Hernan Wainstein. Prod. : Cinematres, Pyramide Productions. Dist. : Pyramide. (25 mai 2005).

CAVALCADE
Français (1 h 30). Réal. : Steve Suissa. Scén. : Steve Suissa, Laurent Chalumeau, Bruno de Stabenrath, d'après le livre de ce dernier. Image : Christophe Offenstein. Décors : Françoise Dupertuis. Mont. : Monica Coleman, Marine Benveniste. Mus. : Michel Legrand. Avec Titoff, Marion Cotillard, Richard Bohringer, Bérénice Béjo, Laurent Bateau, Vincent Martinez, Bruno Todeschini. Prod. : 55 Productions, Studio Canal. Dist. : Mars Distribution. (25 mai 2005).

LE CINQUIÈME EMPIRE
Franco-portugais (2 h 07). Réal., Scén. : Manoel De Oliveira, d'après le roman de José Régio, «El Rei Sebastião – Poema espectacular em três actos». Image : Sabine Lancelin. Son : Philippe Morel. Décors : Zé Branco. Cost. : Isabel Branco. Mont. : Valérie Loiseleux. Mus. : Carlos Paredes. Avec Ricardo Trepa, Luis Miguel Cintra, Gloria de Matos, David Almeida, Miguel Guilherme. Prod. : Gemini Films, Madragoa Filmes. Dist. : Gemini Films. (4 mai 2005).

CONTES D'ISTANBUL
(ANLAT ISTANBUL)
Turc (1 h 40). Réal. : Umit Unal, Kudret Sabanci, Selim Demirdelen, Yücel Yolcu, Omür Atay. Scén. : Umit Unal, Yavuz Turgul. Image : Mehmet Aksin. Mus. : Gökhan Kirdar. Avec Altan Erkekli, Özgü Namal, Çetin Tekindor, Azra Akin, Mehmet Günsür. Prod. : Erol Avci, TMC. Dist. : Too Cool Productions et Distribution. (4 mai 2005).

CREEP
Américano-britannique (1 h 25). Réal., Scén. : Christopher Smith. Image : Danny Cohen. Décors : John Frankish. Mont. : Kate Evans. Mus. : The Insects. Avec Franka Potente, Vas Blackwood, Jeremy Sheffield, Sean Harris, Kelly Scott. Prod. : Dan Films, Zero West. Dist. : Bac Films. (4 mai 2005).

LE CRIME FARPAIT
(CRIMEN FERPECTO)
Hispano-italien (1 h 42). Réal. : Alex De la Iglesia. Scén. : Jorge Guerricaechevarria, Alex De la Iglesia. Image : José L. Moreno «Moti». Son : Sergio Bürmann. Effets spéciaux : Félix Berges. Effets visuels : Antonio Molina. Mont. : Alejandro Lazaro. Mus. : Roque Baños. Avec Guillermo Toledo, Monica Cervera, Luis Varela, Enrique Villen, Fernando Tejero, Javier Gutierrez. Prod. : Panico Films, Sogecine. Dist. : La Fabrique de Films. (11 mai 2005).

ELLA AU PAYS ENCHANTÉ
(ELLA ENCHANTED)
Américain, 2003 (1 h 36). Réal. : Tommy O'Haver. Scén. : Laurie Craig, Karen McCullah Lutz, Kirsten Smith, Jennifer Heath, Michele J. Wolff, d'après le roman de Gail Carson Levine. Image : John de Borman. Montage : Masahiro Hirakubo. Avec Anne Hathaway, Hugh Dancy, Cary Elwes, Vivica A. Fox, Joanna Lumley, Minnie Driver, Eric Idle. Prod. : Miramax Films. Dist. : TFM. (11 mai 2005).

EN BONNE COMPAGNIE
(IN GOOD COMPANY)
Américain (1 h 49). Réal., Scén. : Paul Weitz. Image : Remi Adefarasin. Son : David Wyman, Valerie Davidson. Décors : William Arnold. Mont. : Myron I. Kerstein. Mus. : Stephen Trask. Avec Dennis Quaid, Topher Grace, Scarlett Johansson, Marg Helgenberger, David Paymer, Clark Gregg, Philipp Baker Hall, Selma Blair, Frankie Faison. Prod. : Universal Pictures, Depth of Field. Dist. : Pathé Distribution. (11 mai 2005).

FASHION MAMAN
(RAISING HELEN)
Américain (? h ?). Réal. : Garry Marshall. Scén. : Jack Amiel, Michael Begler, d'après une histoire de Patrick J. Clifton, Beth Rigazio. Image : Charles Minsky, Michael Stone. Mont. : Bruce Green, Tara Timpone. Mus. : John Debney.
Avec Kate Hudson, John Corbett, Joan Cusck, Hayden Panettiere, Spencer Breslin, Abigail Breslin, Helen Mirren. Prod. : Walt Disney Pictures, Hyde Park Entertainment, Touchstone Pictures, Beacon Pictures. Dist. : SND. (18 mai 2005).

LA FEMME D'EAU
(MIZU NO ONNA)
Japonais (1 h 55). Réal., Scén., Mont. : Hidenori Sugimori. Image : Hiroshi Machida. Décors : Yuji Hayashida. Mus. : Yoko Kanno. Avec Ua, Tadanobu Asano, Hikaku, Yutaka Enatsu. Prod. : Artist Film Inc., Nikkatsu Corporation. Dist. : Les Films Sans Frontières. (4 mai 2005).

FRÈRES DE SANG
(TAEGUKGI)
Coréen du Sud (2 h 27). Réal. : Kang Je-gyu. Scén. : Han Ji-hoon, Kim Sang-don. Image : Hong Gyunpyo, Yoo Young-jong. Son : Lee Tae-gyu, Kim Seok-won. Décors : Shin Bo-gyung. Cost. : Lee Jayoung, Kim Jung-won. Mont. : Park Gok-ji, Chung Jin-hee. Mus. : Lee Dong-jun. Avec Jang Donggun, Won Bin, Lee Eun-joo, Gong Hyung-jin, Jang Min-ho, Lee Young-ran. Prod. : Kangjegyu Films. Dist. : UIP. (11 mai 2005).

HOMO SAPIENS
Français (1 h30). Réal., Scén. : Jacques Malaterre. Avec la voix de Philippe Torreton. Dist. : Buena Vista International. (4 mai 2005).

IMPOSTURE
Français (1 h 41). Réal. : Patrick Bouchitey. Scén. : Patrick Bouchitey, Gilles Laurent, Jacky Berroyer, Gabrielle Macé, d'après le roman de José Angel Mañas, «Je suis un écrivain frustré». Image : Antoine Roch. Son : Lucien Balibar. Décors : François Emmanuelli. Mont. : Laurent Roüan. Avec Patrick Bouchitey, Laetitia Chardonnet, Isabelle Renauld, Ariane Ascaride, Patrick Catalifo, Didier Flamand, Pierre Diot, Michel Field, Michel Polac. Prod. : EuropaCorp, Studio lavabo, TF1 Films Production. Dist. : EuropaCorp Distribution. (25 mai 2005).

L'INTRUS
Français (2 h 10). Réal. : Claire Denis. Scén. : Claire Denis, Jean-Pol Fargeau, d'après le livre de Jean-Luc Nancy. Image : Agnès Godard. Son : Jean-Louis Ughetto, Dominique Hennequin. Décors : Arnaud

de Moleron. Cost. : Judy Shrewsbury. Mont. : Nelly Quettier. Mus. : Stuart A. Staples. Avec Michel Subor, Grégoire Colin, Katia Golubeva, Bambou, Florence Loiret-Caille, Lolita Chammah, Alex Descas, Kim Dong-ho, Chang Se-tak. Prod. : Ognon Pictures, Arte France. Dist. : Pyramide. (4 mai 2005).

LE JARDIN DE PAPA
Franco-congolais (1 h 15). Réal., Scén. : Zéka Laplaine. Image : Jean-Marc Bouzou. Son : Alioune M'Bow. Décors : Moustapha P. Ndiaye. Mont. : Marie-Hélène Mora, Alima Arouali. Mus. : Gilles Fournier. Avec Rim Turki, Princess Erika, Akela Sagna, Laurent Labasse, Thierno Ndiaye Doss, Kader Diarra. Prod., Dist. : Les Histoires Weba. (18 mai 2005).

KINGDOM OF HEAVEN
Britannico-américano-espagnol (2 h 25). Réal. : Ridley Scott. Scén. : William Monahan. Image : John Mathieson. Son : Michael Minkler, Myron Nettinga, David Stephenson. Effets spéciaux : Neil Corbould. Décors : Arthur Max. Cost. : Janty Yates. Mont. : Dody Dorn. Mus. : Harry Gregson-Williams. Avec Orlando Bloom, Éva Green, Jeremy Irons, David Thewlis, Brendan Gleeson, Marton Csokas, Liam Neeson, Ghassan Massoud, Edward Norton, Khaled Nabawy, Velibor Topi. Prod. : Scott Free Productions, Kanzaman SA, 20th Century Fox. Dist. : Pathé Distribution. (4 mai 2005).

LAST DAYS
Américain (1 h 37). Réal., Scén., Mont. : Gus Van Sant. Image : Harris Savides. Son : Felix Andrew. Décors : Sarah McMillan. Cost. : Michelle Matland. Mus. : Thurston Moore. Avec Michael Pitt, Lukas Haas, Asia Argento, Scott Green, Nicole Vicius, Ricky Jay, Ryan Orion, Harmony Korine, The Hermitt, Kim Gordon, Adam Friberg. Prod. : HBO Films, Pie Films Inc. Dist. : MK2 Diffusion. (13 mai 2005).

LA LÉGENDE DE RON BURGUNDY, PRÉSENTATEUR VEDETTE
(ANCHORMAN : THE LEGEND OF RON BURGUNDY)
Américain (1 h 34). Réal. : Adam McKay. Scén. : Will Ferrell, Adam McKay. Image : Thomas E. Ackerman. Son : Kevin Hyde, Mark A. Mangini. Décors : Clayton Hartley. Mont. : Brent White. Mus. : Alex Wurman. Avec Will Ferrell, Christina Applegate, Paul Rudd, Steve Carell, David Koechner, Fred Willard, Chris Parnell. Prod. : DreamWorks, Apatow Productions. Dist. : UIP. (18 mai 2005).

LEMMING
Français (2 h 09). Réal. : Dominik Moll. Scén. : Dominik Moll, Gilles Marchand. Image : Jean-Marc Fabre. Son : François Maurel, Gérard Lamps. Décors : Michel Barthélémy. Cost. : Virginie Montel, Isabelle Pannetier. Mont. : Mike Fromentin. Mus. : David Sinclair Whitaker. Avec Laurent Lucas, Charlotte Gainsbourg, Charlotte Rampling, André Dussollier, Jacques Bonnaffé, Véronique Affholder, Michel Cassagne, Florence Desille. Prod. : Diaphana Films, France 3 Cinéma. Dist. : Diaphana. (11 mai 2005).

LA MAISON DE CIRE
(HOUSE OF WAX)
Américain (1 h 53). Réal. : Jaume Serra. Scén. : Charles Belden, Carey et Chad Hayes. Image : Stephen F. Windon. Décors : Graham Walker. Mont. : Joel Negron. Avec Elisha Cuthbert, Chad Michael Murray, Brian Van Holt, Paris Hilton, Jared Padalecki. Prod. : Warner Bros, Village Roadshaw Pictures, Imagemovers, Silver Pictures. Dist. : Warner Bros. (25 mai 2005).

LA MANIPULATION
(SINDROMUL TIMISOARA)
Franco-roumain (1 h 30). Réal. : Marius Th Barna. Mont. : Adina Georgescu. Avec George Alexandru, Christine Boisson, Marinela Chelaru, Dan Condurache, Thibault de Montalemebert. Prod. : Antoine de Clermont-Tonnerre, Basile Neagoe. (4 mai 2005)

NORDESTE
Franco-argentin (1 h 44). Réal. : Juan Solanas. Scén. : Juan Solanas, Juan Pablo Domenech, Eduardo Berti. Image : Félix Monti. Son : Alfonso Raposo. Décors : Sergio Rud. Cost. : Paula Moore. Mont. : Fernando Franco. Mus. : Eduardo et Sergio Makaroff. Avec Carole Bouquet, Aymara Rovera, Mercedes Sampietro, Ignacio Ramon Jimenez, Emilio Bardi, Juan Pablo Domenech, Jorge Roman, Rodrigo Alejandro Hornos. Prod. : Onyx Films, Monfort Producciones, France 2 Cinéma. Dist. : TFM. (13 mai 2005)

PAR L'ODEUR ALLÉCHÉ
Français (1 h 37). Réal., Scén. : Jean Mach. Image : Johan Valette. Mus. : Nicolas Alberny. Avec Julien Masdoua, Pierre-Luc Scotto, Élodie Saos, Sylvie Chaintrier, Éric Afergan. Prod. : MAD Films, Faux Raccords Productions. Dist. : MAD Films. (11 mai 2005).

LE PONT DU ROI SAINT-LOUIS
(THE BRIDGE OF SAN LUIS REY)
Britannico-américano-franco-espagnol (2 h). Réal., Scén. : Mary McGuckian, d'après le roman de Thornton Wilder. Image : Javier Aguirresarobe. Décors : Gil Parrondo. Cost. : Yvonne Blake. Mont. : Kant Pan. Mus. : Lalo Schifrin. Avec Kathy Bates, F. Murray Abraham, Gabriel Byrne, Robert de Niro, Émilie Dequenne, Harvey Keitel, Géraldine Chaplin, Samuel Le Bihan. Prod. : Davis Films, Pembridge Pictures, Kanzaman, Tribeca Productions. Dist. : Metropolitan Filmexport. (25 mai 2005).

LE PRINCE
Franco-tunisien (1 h 48). Réal., Scén. : Mohamed Zran. Image : Tarek Benabdallah. Son : François Guillaume. Mont. : Andrée Davanture. Mus. : Rabu Zammouri. Avec Abdelmonem Chouayet, Sonia Mankai, Mustapha Adouani, Ahmed Snoussi, Tayeb Weslati, Nasreddine Shili. Prod. : Mandala Productions, Sangho Films. Dist. : Océan Films. (4 mais 2005).

QUARTIER VIP
Français (1 h 40). Réal. : Laurent Firode. Scén. : Jean-Marie Chevret, Laurent Firode. Image : Bruno Romiguière. Son : Didier Codoul. Décors : Bruno Beaugé. Mont. : Didier Ranz. Mus. : Yvan Cassar. Avec Johnny Hallyday, Valeria Bruni-Tedeschi, François Berléand, Pascal Légitimus, Catherine Jacob, Jean-Claude Brialy, Bruno Lochet, Philippe Duquesne. Prod. : Mact Production, Studio Canal, TF1 Films Productions. Dist. : Quinta Communications. (25 mai 2005).

SANS ELLE
Franco-portugais (1 h 40). Réal. : Anna Da Palma. Scén. : Anna Da Palma, Patrick de Lassange. Image : Tony Costa. Mont. : Monique Cartonne. Mus. : François Gondouin. Avec Aurélien Wiik, Bérénice Béjo, Vitor Norte, Maria Emilia Correira, Jocelyn Quivrin, Hélèna Noguerra. Prod. : Maria João Mayer. Dist. : Challenge Films. (11 mai 2005).

SAVED !
Américain (1 h 32). Réal. : Brian Dannelly. Scén. : Brian Dannelly, Michael Urban. Image : Bobby Bukowski. Mont. : Pamela Martin. Mus. : Christophe Beck. Avec Macaulay Culkin, Jena Malone, Mandy Moore, Patrick Fugit, Heather Matarazzo, Eva Amurri, Chad Faust. Prod. : Single Cell Pictures, Infinity Media Productions. Dist. : Bodega Films. (11 mai 2005).

LE SEPTIÈME JOUR
(EL SEPTIMO DIA)
Franco-espagnol (1 h 43). Réal. : Carlos Saura. Scén. : Ray Loriga. Image : François Lartigue. Mont. : Julia Juaniz. Mus. : Roque Baños. Avec Juan Diego, José Luis Gomez, José Garcia, Victoria Abril, Yohana Cobo, Eulalia Ramon. Prod. : Lolafilms, Artédis. Dist. : Artedis. (25 mai 2005).

SHADOWING THE THIRD MAN
Britannique (1 h 35). Réal., Scén. : Frederik Baker. Image : Christian Mehofer, Richard Numeroff, Alexander Boboschewski, Vaughan Matthews. Prod. : Turner Classic. Dist. : Carlotta Films. (25 mai 2005).

SHALL WE DANCE ?
Américain (1 h 46). Réal. : Peter Chelsom. Scén. : Audrey Wells. Image : John de Borman. Son : Robert Scherer. Décors : Caroline Hanania. Cost. : Sophie de Rakoff Carbonell. Mont. : Charlie Ireland, Robert Leighton. Mus. : Gabriel Yared, John Altman. Avec Richard Gere, Jennifer Lopez, Susan Sarandon, Stanley Tucci, Bobby Cannavale, Lisa Ann Walter, Omar Benson Miller, Anita Gillette, Richard Jenkins. Prod. : Miramax Films. Dist. : SND. (4 mai 2005).

SHIZO
Kazakh-russo-franco-allemand (1 h 25). Réal. : Guka Omarova. Scén. : Guka Omarova, Serguei Bodrov. Image : Khasanbek Kydyraliyev. Son : Andrey Vlaznev, Julien Cloquet. Décors, Cost. : Talgat Asyrankoulov. Mont. : Ivan Lebedev. Mus. : Siegfried. Avec Olzhas Nusupbaev, Eduard Tabyschev, Olga Landina, Bathybek Baymukhanbetov, Viktor Soukhorukov, Gulnara Jeralieva. . Prod. : CTB Film Company, Studio Kazakhfilm, Kinofabrika, Les Petites Lumières. Dist. : Zootrope Films. (4 mai 2005).

SOUS LA PEAU DE LA VILLE
Iranien (1 h 32). Réal. : Rakhshan Bani-Etemad. Scén. : Rakhshan Bani-Etemad, Farid Mostafavi. Image : Hossein Jafarian. Mont. : Mostapha Khergheh-Poush. Avec Golab Adineh, Mohammad-Reza Forutan, Baran Kosari, Ibrahim Shaybani. Dist. : Noblesse Oblige. (25 mai 2005).

STAR WARS : ÉPISODE III – LA REVANCHE DES SITH
(STAR WARS : EPISODE 3 – REVENGE OF THE SITH)
Américain (2 h 20). Réal., Scén. : George Lucas. Image : David Tattersall. Son : Matthew Wood, Ben Burtt. Effets spéciaux : Industrial Light & Magic. Effets visuels : Dave Elsey, John Knoll. Décors : Gavin Bocquet, Richard Roberts. Cost. : Trisha Biggar. Mus. : John Williams. Avec Hayden Christensen, Ewan McGregor, Natalie Portman, Ian McDarmid, Samuel L. Jackson, Anthony Daniels, Kenny Baker, Peter Mayhew. Prod. : Lucasfilm Ltd. Dist. : 20th Century Fox. (18 mai 2005).

LE THÉ D'ANIA
Franco-algérien (1 h 35). Réal. : Saïd Ould-Khelifa. Scén. : Saïd Ould-Khelifa, Lou Inglebert. Image : Marc Konninkcx. Mont. : Jean Dubreuil. Mus. : Marc Perrone. Avec Miloud Khetib, Ariane Ascaride, Rym Takoucht, Djamel Allam, Rachid Farès. Prod. : Agat Films et Cie, ENTV. Dist. : Héliotrope Films. (4 mai 2005).

3 EXTRÊMES
(THREE... EXTREMES)
Hongkongo-coréen du sud-japonais (2 h 05). «Nouvelle cuisine», Réal., Mont. : Fruit Chan. Scén. : Lilian Lee. Image : Christopher Doyle. Mus. : Chan Kwong-wing. Avec Miriam Cheung, Bai Ling, Tony Leung Ka-fai. «Coupez !», Réal., Scén. : Park Chan-wook. Image : Chung Chung-hoon. Mont. : Kim Sang-bum, Kim Jae-bum. Mus. : Peach. Avec Lee Byung-hun, Lim Won-hee, Gang Hye-jung. «La Boîte», Réal. : Takashi Miike. Scén. : Haruko Fukushima. Image : Koichi Kawakami. Mont. : Yasushi Shimamura. Mus. : Kouji Endo. Avec Kyoko Hasegawa, Atsuro Watabe. Dist. : Pan-Européenne-Wild Side Films. (4 mai 2005).

ULTRANOVA
Belgo-français (1 h 23). Réal., Scén. : Bouli Lanners. Image : Jean-Paul de Zaeytidi. Son : Olivier Hespel, Franco Piscopo, Benoît Biral. Décors : Paul Rouschop. Mont. : Ewin Ryckaert. Avec Vincent Lécuyer, Hélène De Reymaeker, Michael Abiteboul, Vincent Belorgey, Marie Du Bled, Viviane Robert. Prod. : Versus Production, Les Films Pelleas, Scope Invest, Prime Time, RTBF. Dist. : Ad Vitam. (11 mai 2005).

VANITY FAIR
Américain (2 h 21). Réal. : Mira Nair. Scén. : Julian Fellowes, Matthew Faulk, Mark Skeet, d'après le roman de William Makepeace Thackeray. Image : Declan Quinn. Son : Drew Kunin. Décors : Maria Djurkovic. Cost. : Beatrix Aruna Pasztor. Effets spéciaux : Mark Holt. Mont. : Allyson C. Johnson. Mus. : Mychael Danna. Avec Reese Witherspoon, Eileen Atkins, Jim Broadbent, Gabriel Byrne, Romola Garai, Bob Hoskins, Rhys Ifans, Geraldine McEwan, Jonathan Rhys-Meyers. Prod. : Tempesta Films, Granada Films. Dist. : UIP. (4 mai 2005).

VILLA PARANOÏA
(VILLA PARANOIA)
Danois (1 h 46). Réal., Scén. : Erik Clausen. Image : Rasmus Videbaek. Son : Henrik Langkilde. Mont. : Kasper Leick. Mus. : Kim Hyttel. Avec Erik Clausen, Sonja Richter, Frits Helmuth, Soren Westerberg Bentsen, Sidse babett Knudsen, Nicolak Kopernikus, Pernille Hojmark. Prod. : Clausen Film. Dist. : K-Films (25 mai 2005).

LE VOL DU PHŒNIX
(FLIGHT OF THE PHOENIX)
Américain (1 h 53). Réal. : John Moore. Scén. : Scott Frank, Edward Burns, d'après le film de Robert Aldrich. Image : Brendan Calvin. Son : Tim Gomillion, Dennis Rogers, Ian Voigt. Décors : Patrick Lumb. Cost. : George L. Little. Mont. : Don Zimmerman. Mus. : Marco Beltrami. Avec Dennis Quaid, Tyrese Gibson, Giovanni Ribisi, Miranda Otto, Tony Curran, Kirk Jones, Jacob Vargas. Prod. : Aldrich Group, Davis Entertainment Company. Dist. : 20th Century Fox. (11 mai 2005).

JUIN 2005

A DIRTY SHAME
Américain (1 h 29). Réal., Scén. : John Waters. Image : Steve Gainer. Son : Rick Angelella, Reilly Steele. Décors : Vincent Peranio. Cost. : Van Smith. Mont. : Jeffrey Wolf. Avec Tracey Ullman, Johnny Knoxville, Selma Blair, Chris Isaak, Suzanne Shepherd, Mink Stole, Patricia Hearst. Prod. : Killer Films, This is That Productions. Dist. : Metropolitan Filmexport. (8 juin 2005).

AMITYVILLE
(THE AMITYVILLE HORROR)
Américain (1 h 30). Réal. : Andrew Douglas. Scén. : Scott Kosar, d'après le livre de Jay Anderson et le scénario de Sandor Stern. Image : Peter Lyons Collister. Mont. : Christian Wagner, Roger Barton. Mus. : Steve Jablonsky. Avec Ryan Reynolds, Philip Baker Hall, Jesse James, Melissa George, Jimmy Bennett. Prod. : Platinum Dunes, Radar Pictures. Dist. : 20th Century Fox. (22 juin 2005).

L'AMOUR AUX TROUSSES
Français (1 h 33). Réal. : Philippe de Chauveron. Scén. : Philippe de Chauveron, Guy Laurent. Image : Christophe Paturange. Son : Dominique Tarnier. Décors : Denis Mercier. Mont. : Manuel de Sousa. Mus. : Marc Chouaran. Avec Jean Dujardin, Pascal Elbé, Katerina Murino, François Levantal, Jean-Luc Porraz, Patrick Rocca, Claude Brasseur, Cyril Lecomte. Prod. : Cipango, Gaumont, M6 Films. Dist. : Gaumont Columbia TriStar Films. (29 juin 2005).

L'ANNULAIRE
Français (1 h 40). Réal., Scén. : Diane Bertrand, d'après le roman de Yoko Agawa. Image : Alain Duplantier. Son : Laurent Zeilig. Décors : Thierry François. Cost. : Pascaline Chavanne. Mont. : Nathalie Langlade. Mus. : Beth Gibbons. Avec Olga Kurylenko, Marc Barbé, Stip Erceg, Édith Scob, Anne Benoît, Sotigui Kouyaté, Hanns Zichler. Prod. : Les Films du Veyrier, Integral Film, The Bureau, Tapioca Films. Dist. : Memento Films. (8 juin 2005).

AVANT L'OUBLI
Franco-espagnol (1 h 40). Réal., Scén. : Augustin Burger. Image : Bruno de Keyzer. Son : Olivier Hespeel, Mike Wood, Robert Farr. Décors : André Fonsny. Mont. : Khadicha Bariha. Mus. : Hughes Tabar-Nuval. Avec Nieve de Medina, Sami Bouajila, Frédéric Pierrot, Marie Vialle, Hammou Graia. Prod. : Quo Vadis Cinéma, Elias Querejeta PCSL, Versus Production, Zephyr Films. Dist. : Albarès Productions. (15 juin 2005).

AXIOME
Français (0 h 54). Réal. : Tom Hanson. Son : Xavier Marchand. Mont. : Thierry Bréant. Prod. : BFC Productions. Dist. : Les Films Grains de Sable. (22 juin 2005)

BABY-SITTOR
(THE PACIFIER)
Américain (1 h 35). Réal. : Adam Shankman. Scén. : Thomas Lennon, Robert Garant. Image : Peter James. Décors : Linna De Scenna. Cost. : Kirston Mann. Mont. : Christopher Greenbury. Mus. : John Debney. Avec Vin Diesel, Lauren Graham, Faith Gord, Carol Kane, Brad Garrett, Brittany Snow. Prod. : Walt Disney Pictures, Spyglass Entertainment. Dist. : Buena Vista International. (8 juin 2005).

BATMAN BEGINS
Américain (2 h 14). Réal. : Christopher Nolan. Scén. : Christopher Nolan, David S. Goyer, d'après la bande dessinée de Bob Kane. Image : Wally Pfister. Son : Peter Lindsay. Effets spéciaux : Duncan Capp. Effets visuels : Dan Glass, Janek Sirrs, Andrew Morley. Décors : Nathan Crowley. Costumes : Lindy Hemming. Mont. : Lee Smith. Mus. : James Newton Howard, Hans Zimmer. Avec Christian Bale, Michael Caine, Katie Holmes, Liam Neeson, Morgan Freeman, Gary Oldman, Ken Watanabe, Cillian Murphy, Tom Wilkinson, Rutger Hauer. Prod. : Syncopy, Di Bonaventura Pictures. Dist. : Warner Bros. (15 juin 2005).

B-HAPPY
Chilien (1 h 29). Réal. : Gonzalo Justiniano. Scén. : Fernando Aragon, Sergio Gomez, Daniela Lillo, Gonzalo Justiniano. Image : Andres Garreton. Son : Mauricio Molina. Mont. : Danielle Fillios. Avec Manuela Martelli, Felipe Rios, Lorene Prieto, Eduardo Barril. Prod. : Sahara Films. Dist. : Hola Films. (1er juin 2005).

CAMPING À LA FERME
Français (1 h 30). Réal. : Jean-Pierre Sinapi. Scén. : Azouz Begag. Image : Pierre Aïm. Son : Jean-Michel Chauvet. Décors : Émile Ghigo. Mont. : Catherine Schwartz. Mus. : Louis Sclavis, Dominique Pifarély. Avec Roschdy Zem, Rafik Ben Mebarek, Jean-Noël Cridlig-Veneziano, Hassan Ouled-Bouarif, Yves Michel, Julie Delarme, Julie Gayet, Dominique Pinon, Bruno Lochet. Prod. : Pan-Européenne Films, France 3 Cinéma, Studio Canal, Rhône-Alpes Cinéma. Dist. : Pan-Européenne. (29 juin 2005).

CHIENS ÉGARÉS
(SAG-HAYE VELGARD)
Irano-français (1 h 33). Réal., Scén. : Marziyeh Meshkini. Image : Ebrahim Ghafouri. Son : Farrokh Fadaei, Behrooz Shahamat. Décors : Akbar Meshkini. Mont. : Mastaneh Mohajer. Mus. : Mohammad Reza Darvishi. Avec Gol-Ghoti, Zahed, Agheleh Rezaii, Sorhad Akbari, Jamil Ghanizadeh, le chien Twiggy. Prod. : Makhmalbaf Film House, Wild Bunch. Dist. : Bac Films. (15 juin 2005).

LE COURAGE D'AIMER
Français (1 h 43). Réal., Scén. : Claude Lelouch. Image : Gérard de Battista, Jean-Marie Dreujou. Son : Harald Maury. Décors : François Chauvaud. Cost. : Karine Serrano. Mont. : Stéphane Mazalaigue. Mus. : Francis Lai. Avec Mathilde Seigner, Maïwenn Le Besco, Massimo Ranieri, Arielle Dombasle, Michel Leeb, Claude Lelouch, Alessandra martines, Line Renaud, Pierre Arditi, Sara Forestier, Ticky Holgado. Prod., Dist. : Les Films 13. (29 juin 2005).

CRAZY KUNG-FU
(GONG FU)
Sino-hongkongo-américain (1 h 39). Réal. : Stephen Chow. Scén. : Stephen Chow, Tsang Kancheong, Xin Huo, Chan Man Keung. Image : Poon Hang-sang. Son : Leung Chi-Tat. Effets visuels : Frankie Chung. Décors : Olivier Wong. Cost. : Shirley Chan. Mont. : Angie Lam. Mus. : Raymond Wong. Avec Stephen Chow, Yuen Wah, Leung Siu Lung, Dong Zhi Hua, Chiu Chi Ling. Prod. : The Star Overseas Ltd, Beijing Film Studio, China Film Group Corporation. Dist. : Gaumont Columbia TriStar Films. (8 juin 2005).

CURSED
Américain (1 h 36). Réal. : Wes Craven. Scén. : Kevin Williamson. Image : Robert McLachlan. Son : Jim Stuebe, Gabriel Guy. Décors : Chris Cornwell, Bruce A. Miller. Cost. : Alix Friedberg. Effets spéciaux : Ron Bolanowski. Effets visuels : David S. Dranitzke. Mont. : Patrick Lussier, Lisa Romaniw. Mus. : Marco Beltrami. Avec Christina Ricci, Joshua Jackson, Jesse Eisenberg, Judy Greer, Scott Baio, Milo Ventimidia, Kristina Anapau, Portia De Rossi. Prod. : Outerbanks Entertainment, Craven-Maddalena Films, Dimension Films. Dist. : TFM Distribution. (29 juin 2005).

DEADLINES
Franco-britannico-tunisien (1 h 43). Réal. : Ludi Boeken, Michael Alan Lerner. Image : Ivan Strasbourg. Décors : Taoufik Behi, Nehla Semati, Mourad Negri. Mont. : Suzanne Fenn. Mus. : Justin Adams. Avec Stephen Moyer, Anne Parillaud, Omid Djalili, Georges Siatidis, Ibrahim Zarrouk, Larry Lamb. Prod. : Raphaël Films. Dist. : Zootrope. (8 juin 2005).

DEAR WENDY
Danois (1 h 41). Réal. : Thomas Vinterberg. Scén. : Lars Von Trier. Image : Anthony Dod Mantle. Son : Kristian Eidnes Andersen. Effets spéciaux : Soren Skov Haraldsted. Décors : Karl Juliusson, Jette Lehmann. Cost. : Annie Perrier. Mont. : Mikkel E.G. Nielsen. Mus. : Benjamin Wallfisch. Avec Jamie Bell, Bill Pullman, Michael Angarano, Danso Gordon, Novella Nelson, Chris Owen, Alison Pill, Mark Webber. Prod. : Lucky Punch, Zentropa Entertainments, Nimbus Film. Dist. : Les Films du Losange. (22 juin 2005).

LE DÉMON DE MIDI
Français (1 h 30). Réal. : Marie-Pascale Osterrieth. Scén. : Marie-Pascale Osterrieth, Michèle Bernier, d'après leur pièce de théâtre adaptée de la bande dessinée de Florence Cestac. Image : Charlie Van Damme. Son : Henri Morelle, Christian Fontaine. Décors : Olivier Jacquet. Mont. : Guy Lecorne. Mus. : Jacques Davidovici. Avec Michèle Bernier, Simon Abkarian, Mathias Arguillère, Hiam Abbas, Alexandra Pandev, Florence Viala. Prod. : Pathé Renn Productions, Hirsch, TF1 Films Productions. (22 juin 2005).

DJOUROU, UNE CORDE À TON COU
Français (1 h 04). Réal., Scén., Mont. : Olivier Zuchuat. Image : Corinne Maury, Olivier Zuchuat. Son, Mus. : Makanfing Konate, Gautier Stoll, Frédéric Choffat. Prod. : Les Films d'Ici, Les Films du Mélangeur, TV10 Angers, TV5 Monde. Dist. : Les Films du paradoxe. (8 juin 2005).

LE DOMAINE PERDU
Français (1 h 46). Réal., Scén. : Raoul Ruiz. Image : Ion Marinescu. Son : Philippe Morel, Gérard Rousseau. Mont. : Valeria Sarmiento. Mus. : Jorge Arriagada. Avec François Cluzet, Grégoire Colin, Christian Colin, Marianne Denicourt, Julie Delarme, Laurence Cordier, Édith Scob. Prod. : Elzévir Productions, Atlantis Films, Revolver, Impossible Films, Gemini Films. Dist. : Gemini Films. (1er juin 2005).

DOO WOP
Français (1 h 30). Réal., Scén., Mont. : David Lanzmann. Image : Pascal Lagriffoul. Son : Ferdinand Bouchara, Laurent Chassaigne. Mus. : Les Chaussettes Sales. Avec Mikaël Fitoussi, Caroline Ducey, Elina Lowensöhn, Philippe Nahon, Clovis Cornillac, Diego Montes. Prod. : Les Films de la Gaïole, Les Aventuriers de l'Image, Ubangui. Dist. : Limelight Distribution. (29 juin 2005).

DOUCHES FROIDES
Français (1 h 42). Réal. : Antony Cordier. Scén. : Antony Cordier, avec la participation de Julie Peyr. Image : Nicolas Gaurin. Son : Pierre Tucat, Nicolas Naegelen. Décors : François Girard. Mont. : Emmanuelle Castro. Mus. : Nicolas Lemercier. Avec Johan Libereau, Salomé Stévenin, Florence Thomassin, Jean-Philippe Ecoffey, Claire Nebout, Aurélien Recoing, Pierre Perrier. Prod. : Why Not Productions. Dist. : Bac Films. (22 juin 2005).

EL CIELITO
Argentino-français (1 h 38). Réal. : Maria Victoria Menis. Scén. : Maria Victoria Menis, Alejandro Brodersohn. Image : Marcelo Laccarino. Son : Martin Litmavovich, Martin Grignaschi. Mont. : Alejandro Brodersohn. Mus. : Diego Rolon, Luis Volcoff. Avec Leonardo Ramirez, Dario Levy, Monica Lairana, Rodrigo Silva, Damian Piedrabuena. Prod. : Todocine, Sophie Dulac Productions. Dist. : Sophie Dulac Distribution. (8 juin 2005).

IL ÉTAIT UN PÈRE
(CHICHI ARIKI)
Japonais, 1942 (1 h 26). Réal. : Yasujiro Ozu. Scén. : Tadao Ikeda, Takao Yanai, Yasujiro Ozu. Image : Yunharu Atsuta. Mont. : Yoshiyasu Hamamura. Mus. : Kuoichi Saiki. Avec Chishu Ryu, Shuji Sano, Shin Saburi, Takeshi Sakamoto, Mitsuko Mito. Prod. : Shochiku Films Ltd. Dist. : Carlotta Films. (29 juin 2005).

L'INTERPRÈTE
(THE INTERPRETER)
Américano-britannique (2 h). Réal. : Sydney Pollack. Scén. : Charles Randolph, Scott Frank, Stephen Zailian, d'après une histoire de Martin Stellmen, Brian Ward. Image : Darius Khondji. Son : Danny Michael. Décors : Jon Hutman. Cost. : Sarah Edwards. Mont. : William Steinkamp. Mus. : James Newton Howard. Avec Nicole Kidman, Sean Penn, Catherine Keener, Jesper Christensen, Yvan Attal, Earl Cameron, George Harris. Prod. : Working Title, Misher Films, Mirage Enterprises, Studio Canal. Dist. : Mars Distribution. (8 juin 2005).

LES INVISIBLES
Français (1 h 25). Réal. : Thierry Jousse. Scén. : Camille Taboulay, Louis-Stéphane Ulysse, Thierry Jousse. Image : Josée Deshaies. Son : Emmanuel Croset, Jean-Jacques Ferran. Décors : Antoine Platteau. Mont. : Tatjana Jankovic, Yannick Kergoat. Mus. : Noël Akchoté, David Grubbs. Avec Laurent Lucas, Lio, Noël Akchoté, Michael Lonsdale, Margot Abascal, Éva Ionesco, Jean-Pierre Léonardini. Prod. : Les Productions Bagheera. Dist. : Pierre Grise Distribution. (15 juin 2005).

MADAGASCAR
Américain (1 h 26). Réal. : Eric Darnell, Tom McGrath. Scén. : Mark Burton, Billy Frolick, Eric Darnell, Tom McGrath. Animation : Rex Grignon. Effets spéciaux : Scott Singer. Effets visuels : Philippe Gluckman. Mont. : Clare De Chenu, H. Lee Peterson. Mus. : Hans Zimmer. Avec les voix de Ben Stiller, Chris Rock, David Schwimmer, Jada Pinkett Smith (VO) ; José Garcia, Anthony Cavanagh, Jean-Paul Rouve, Marina Foïs (VF). Prod. : DreamWorks Animation, Pacific Data Images. Dist. : UIP. (22 juin 2005).

MUSICA CUBANA LA NOUVELLE GÉNÉRATION
(MUSICA CUBANA)
Germano-italien (1 h 28). Réal. : German Kral. Scén. : German Kral, Stephan Buchner. Image : Jorg Widmer. Mixage son : Martin Steyer, Hubertus Rath. Mont. : Peter Przygodda, Wolfgang Weigl, Andre Bendocchi-Alves. Mus. : Martin Muller. Avec Pio Leiva, Barbaro Marin, Mario "Mayto" Rivera, Pedro "El Nene" Luno Martinez, Telmary Diaz, Osdalgia Lesmes. Prod. : Victory Media Group,De Angelis Group, Victory 21 Filmproduktion GmbH, Termidor Musikverlag. Dist. : Pyramide. (22 juin 2005).

MY SUMMER OF LOVE
Britannique (1 h 26). Réal. : Pawel Pawlikowski. Scén. : Pawel Pawlikowski, Michael Wynne, d'après le roman d'Helen Cross. Image : Ryszard Lenczewski. Son : John Pearson. Décors : John Stevenson. Mont. : David Charap. Mus. : Alison Gold-

frapp, Will Gregory. Avec Natalie Press, Emily Blunt, Paddy Considine, Dean Andrews, Paul Antony-Barber. Prod. :Take Partnerships, Apocalypso Picture. Dist. : TFM. (22 juin 2005).

ORLANDO VARGAS
Franco-uruguayen (1 h 20). Réal., Scén. : Juan Pittaluga. Image : Crystel Fournier. Son : César Lamschtein. Décors : Raquel Armas. Mont. : Claudio Hugues. Avec Aurélien Recoing, Elina Lowensöhn, Diego Bernabe, Hector Guido, Ximena Decuadro, Rosa Simonelli, Ernesto Liotti. Prod. : Gemini Films, Laroux Cine, Les Films du Rat. Dist. : Gemini Films. (22 juin 2005).

PAPA
Français (1 h 18). Réal., Scén. : Maurice Barthélémy. Image : Laurent Machuel. Son : Guillaume Sciama. Décors : Franck Schwarz. Mont. : Fabrice Rouaud. Avec Alain Chabat, Martin Combes, Yaël Abecassis, Judith Godreche, Anne Benoît, Michel Scourneau, Pierre Richards, Valérie Moreau, Florence Muller. Prod. : Les Films de la Suane, Gaumont, France 2 Cinéma. (1er juin 2005).

LA PÈGRE
(HARYU INSAENG)
Coréen (1 h 37). Réal, Scén. : Im Kwon-taek. Image : Jung Il-sung. Son : Choi Dae-lim. Décors : Ju Byong-do. Cost. : Hong Sung-wan. Mont. : Park Soon-duk. Mus. : Shin Joong-hyun. Avec Cho Seung-woo, Kim Min-sun, Kim Hak-Joon, Yoo Hajoon. Prod. : Taeheung Pictures. Dist. : Pathé Distribution. (8 juin 2005).

LES POUPÉES RUSSES
Français (2 h 05). Réal., Scén. : Cédric Klapisch. Image : Dominique Colin. Son : Cyril Moisson, Dominique Dalmasso. Décors : Marie Cheminal. Cost. : Anne Schotte. Mont. : Francine Sandberg. Mus. : Loïk Dury, Laurent Levesque. Avec Romain Duris, Cécile de France, Audrey Tautou, Kelly Reilly, Kevin Bishop, Evguenia Obraztsova, Lucy Gordon, Aïssa Maiga, Irène Montala, Cristina Brondo. Prod. : Ce Qui Me Meut Motion Picture, Studio Canal, France 2 Cinéma, Lunar Films. Dist. : Mars Distribution. (15 juin 2005).

SA MÈRE OU MOI
(MONSTER IN LAW)
Américain (1 h 35). Réal. : Robert Luketik. Scén. : Anya Kochoff. Image : Russell Carpenter. Son : Steve Cantamessa. Décors : Missy Stewart. Cost. : Kym Barret. Mont. : Scott Hill, Kevin Tent. Mus. : David Newman. Avec Jennifer Lopez, Jane Fonda, Michael Vartan, Wanda Sykes, Elaine Stritch, Adam Scott, Monet Mazur. Prod. : Benderspink, Avery Productions, New Line Cinema. Dist. : Metropolitan Filmexport. (22 juin 2005).

SAHARA
Américain (2 h 05). Réal. : Breck Eisner. Scén. : Thomas Dean Donnelly, Joshua Oppenheimer, John C. Richards, James V. Hart, d'après le roman de Clive Cussler. Image : Seamus McGarvey. Son : Chris Munro, Leslie Shatz. Décors : Allan Cameron. Cost. : Anna Sheppard. Mont. : Andrew MacRitchie. Mus. : Clint Mansell. Avec Matthew McConaughey, Penélope Cruz, Steve Zahn, William H. Macy, Lambert Wilson, Glynn Turman, Delroy Lindo, Rain Wilson, Lennie James. Prod. : Paramount Pictures, Baldwin Entertainment. (1er juin 2005).

SIN CITY
Américain (2 h 03). Réal. : Robert Rodriguez, Frank Miller. Scén. : Frank Miller, d'après ses bandes dessinées. Image, Mont., Mus. : Robert Rodriguez. Son : Paula Fairfield, Craig Henigan, William Jacobs, Carla Murray. Effets spéciaux : Lino Stavole, John McLeod. Effets visuels : Thierry Delattre, Alex Friderici. Décors : David Hack, Jeanette Scott. Cost. : Annette Hauffman McCaughtry. Avec Bruce Willis, Clive Owen, Benicio Del Toro, Jessica Alba, Mickey Rourke, Brittany Murphy, Rosario Dawson, Elijah Wood, Michael Clarke Duncan, Michael Madsen. Prod. : Troublemakers Studios pour Miramax International, Dimension Films. Dist. : Pan-Européenne. (1er juin 2005).

SOMMEIL AMER
(KHAB-E TALKH)
Iranien (1 h 27). Réal., Scén., Décors, Mont. : Mohsen Amiryoussefi. Image : Bayram Fazli. Son : Hosseyn Ghourchian, Mohammad-Reza Delpak. Avec Abbas Esfandiari, Delbar Ghasri, Mohsen Rahimi, Yadollah Anvari. Prod. : Touba Films. Dist. : Les Films du Paradoxe. (1er juin 2005).

SUMMER STORM
Allemand (1 h 38). Réal. : Marko Kreuzpainter. Scén. : Marko Kreuzpainter, Thomas Bahmann. Image : Daniel Gottschalk. Mont. : Hansjörg Weissbrich. Mus. : Miki Reiser. Avec Robert Stadlober, Kostja Ullmann, Alicia Bachledacurus, Tristano Casanova, Miriam Morgenstern. Prod. : Claussen & Wöbke Filmproduktion. Dist. : Équation. (29 juin 2005).

SWADES – NOUS, LE PEUPLE
(SWADES)
Indien (3 h 30). Réal., Scén. : Ashutosh Gowariker, d'après une histoire de M. G. Sathya et Ashutosh Gowariker. Image : Mahesh Aney. Décors : Nitin Chandrakant Desai. Cost. : Bhanu Athaiya. Chorégraphies : Saroj Khan, Raju Khan, Vaibhavi Merchant, Bosco-Caesar. Mont. : Ballu Saluja. Mus. : A. R. Rahman. Avec Shah Rukh Khan, Gayatri Joshi, Kishori Balal, Master Smit Seth, Makrand Deshpande, Peter Rawley. Prod. : Ashutosh Gowariker Productions. Dist. : Bodega Films. (29 juin 2005).

TORREMOLINOS 73
Hispano-danois (1 h 33). Réal., Scén. : Pablo Berger. Image : Kiko De La Rica. Son : Agustin Peinado. Décors : José Luis Terron. Cost. : Estibaliz Markiegi. Mont. : Rori Sainz De Roza. Mus. : Mastretta. Avec Javier Camara, Candela Peña, Juan Diego, Mads Mikkelsen, Fernando Tejero, Malena Alterio, Ramon Barea, Thomas Bo Larsen. Prod. : Telespan, Nimbus Films, Estudios Picasso, Mama Films. Dist. : Épicentre Films. (15 juin 2005).

TRAVAUX (ON SAIT QUAND ÇA COMMENCE...)
Français (1 h 35). Réal. : Brigitte Roüan. Scén. : Brigitte Roüan, Éric Besnard, Jean-François Goyet, Philippe Galland. Image : Christophe Pollock. Son : Yolande Decarsin, Philippe Heissler, Dominique Gaboriau. Décors : Guy-Claude François, Thierry François. Mont. : Laurent Roüan. Mus. : Stephen Warbeck. Avec Carole Bouquet, Jean-Pierre Castaldi, Aldo Maccione, Didier Flamand, Françoise Brion, Marcial Di Fonzo Bo, Alvaro Llanos, Carlos Gasca, Alejandro Piñeros, Rona Hartner, Lassina Touré. Prod. : Ognon Pictures, Arte France Cinéma, Augustin Pictures. Dist. : Pyramide. (1er juin 2005).

WHISKY ROMEO ZULU
(VOL : WHISKY ROMEO ZULU)
Argentin (1 h 43). Réal., Scén. : Enrique Piñeyro. Image : Ramiro Civita. Son : Marcos De Aguirre. Décors : Stella Maris Iglesias. Mont. : Jacopo Quadri, Alejandro Brodersohn. Mus. : Eduardo Criscuolo. Avec Enrique Piñeyro, Mercedes Moran, Alejandro Awada, Adolfo Yanelli, Sergio Boris, Carlos Portaluppi, Martin Slipak. Prod. : Aquafilms. Dist. : MK2 Diffusion. (29 juin 2005).

THE WORLD
Chinois (2 h 13). Réal., Scén. : Jia Zhang-ke. Image : Yu Lik wai. Son : Zhang Yang. Décors : Wu Lizhong. Mont. : Kong Jinglei. Mus. : Lim Giong. Avec Zhao Tao, Chen Taisheng, Jing Jue, Jiang Zhongwei, Wang Yiqun, Wang Hongwei, Liang Jingdong, Xiang Wan, Lu Juan. Prod. : Office Kitano, Lumen Films, Xstream Pictures. Dist. : Ad Vitam. (8 juin 2005).

Index

M

N

O

P

Q

R

S

Les Poupées russes